Oldenbourg

Herausgegeben von
Dr. Klaus Becker-Berke

TSO

Time Sharing Option
im Betriebssystem z/OS MVS

Das ausführliche Lehr- und Handbuch für den erfolgreichen TSO-Benutzer

von
Michael Teuffel

7., erweiterte Auflage

Oldenbourg Verlag München Wien

Die Deutsche Bibliothek - CIP-Einheitsaufnahme

Teuffel, Michael:
TSO : Time-Sharing-Option im Betriebssystem z/OS MVS ; das
ausführliche Lehr- und Handbuch für den erfolgreichen TSO-Benutzer /
von Michael Teuffel. – 7., erw. Aufl.. – München ; Wien : Oldenbourg, 2002
ISBN 3-486-25560-6

Rosenheimer Straße 145, D-81671 München
Telefon: (089) 45051-0
www.oldenbourg-verlag.de

Lektorat: Irmela Wedler
Herstellung: Rainer Hartl
Umschlagkonzeption: Kraxenberger Kommunikationshaus, München
Gedruckt auf säure- und chlorfreiem Papier
Gesamtherstellung: Druckhaus „Thomas Müntzer“ GmbH, Bad Langensalza

Vorwort zur 1. Auflage

Von einem, der auszog, TSO zu lehren

Seit nunmehr fast fünfzehn Jahren ist TSO, *das* Dialog-System im MVS, im Rechenzentrum des IBM Entwicklungslabors Böblingen installiert.

Man begann damit in einer Zeit, in der die Lochkartenfabriken ihre Hochkonjunktur hatten. Die ersten TSO-Benutzer machten sich mit der Handhabung der schreibmaschinenähnlichen Terminals vertraut, nachdem es bis dahin üblich war, die Eingabedaten oder Programmlisten in handschriftlicher Form an die Damen der Locherei weiterzuleiten.

Und fast so lange laufen im Schulungsbereich des Labors Kurse über TSO, für Anfänger ebenso wie für erfahrene Benutzer. Basierend auf diesen Kursen entstand die Idee, alles Wissenswerte über TSO in einem Buch zusammenzutragen. Wissenswert sind dabei nicht nur die Aufzählung und Beschreibung aller Funktionen, sondern auch Zusammenhänge zwischen Datenstruktur und Verwaltung, Datensicherheit oder Jobverarbeitung.

Die oben erwähnten Kurse beginnen mit der Erklärung des Begriffs TSO:

T oll

S uper

O ptimal

Wohl wissend, daß man schon ein sehr begeisterter Datenverarbeiter sein muß, um im Angesicht eines Computers derart ins Schwärmen zu geraten, wird trotzdem versucht, den Leser von dieser Interpretation zu überzeugen.

Jedem Leser dieses Buches sollte klar sein, daß man die Aufgabe, sich mit einem Dialog-System wie dem TSO vertraut zu machen, nicht nur in der Theorie - sprich: durch das Lesen eines Buches - lösen kann. Wesentlicher Bestandteil derartiger Bemühungen muß die praktische Übung am Terminal sein. Deshalb sollten einerseits die aufgezeigten Beispiele selbst nachvollzogen und andererseits - und das ist besonders wichtig - die Übungen mit der notwendigen Intensität bearbeitet werden.

Ein Wort noch zur Sprache: IBMer wissen es, und Nicht-IBMer haben vermutlich davon gehört: die Sprache der Datenverarbeiter ist kein reines Hoch- oder landschaftlich gefärbtes Deutsch, sondern ein Neu-Deutsch, das seine amerikanischen Einflüsse nicht verleugnen kann. Und das wird der geschätzte Leser auch auf den folgenden Seiten feststellen. Da tauchen dann schon Begriffe wie *Userid* (anstatt *Benutzer-Identifikation*) oder *Batch*-Verarbeitung (anstatt *Stapel*-Verarbeitung) auf, wem die Bezeichnung *Verschiebe-Lader* besser als *Linkage Editor* gefällt, wird sich erst etwas auf diesen Stil einstellen müssen. Aber auch der mit der englischen Sprache nicht so vertraute Leser wird deshalb keine Schwierigkeiten haben.

Noch einmal zurück zum Begriff TSO. Bei einer Reise anläßlich einer Konferenz nach Austin, der Hauptstadt des Staates Texas, sah ich beim Stadtbummel von weitem ein großes Geschäftsschild mit den leuchtenden Buchstaben: **T S O**. Ich stellte mir die Frage: Wird hier etwa TSO vermarktet? Beim Näherkommen erkannte ich des Rätsels Lösung: *Texas State Optical*. Es war ein Brillengeschäft, war das etwa ein Hinweis darauf, daß ich alles, was mit TSO zusammenhängt, durch eine (rosarote?) Brille sehe? Ich glaube nicht, aber ein bißchen Begeisterung und Engagement gehören sicherlich dazu, sich an eine Aufgabe wie diese zu wagen.

Ich hoffe, es hat sich gelohnt.

Michael Teuffel

Vorwort zur 7. Auflage

"*TSO - Time Sharing Option im Betriebssystem z/OS MVS*" - eine neue Bezeichnung taucht im Titel dieses Buches auf: **z/OS**. Was hat es damit auf sich? Seit Jahren, oder besser gesagt, seit Jahrzehnten hatte man sich daran gewöhnt, daß die IBM Großrechnerfamilie einen sich stetig entwickelnden (und irgendwie den Jahrzehnten angepaßten) Namen hatte. In den 60er-Jahren begann die Entwicklung mit den Rechnern der S/360-Familie, dann kamen für 20 Jahre die S/370-Rechner, bis es im letzten Jahrzehnt die S/390-Rechner gab. Und unter Experten wurden schon Wetten abgeschlossen, wie es mit der Namensgebung weitergehen könnte. S/400 ging natürlich nicht, das gab es schon und hätte auch nicht recht gepaßt, S/2000 ging erst recht nicht, die gab es schon bei der Konkurrenz. Also mußte man sich etwas Neues einfallen lassen.

Nun ging es aber nicht nur um einen von den Marketing-Spezialisten entwickelten neuen Namen, mit dem man die Kunden auf die neuen Rechner neugierig machen konnte, sondern durch den Namen sollte verdeutlicht werden, daß es mit Beginn des neuen Jahrtausends auch etwas wirklich Neues gab. Aus den vielen unterschiedlichen Rechnern und Architekturen hatten sich im Lauf der Zeit vier Linien abgezeichnet. Und hier lag der Ansatz für die Zukunft: man wollte das alles unter ein gemeinsames Dach bringen. Dieses gemeinsame Dach sollte das weltweite elektronische Geschäft sein, in dem die Zukunft liegt, das e-business. Aus diesem Grund hat man die Entscheidung getroffen, diese Linien zu einer gemeinsamen Familie zusammenzufassen: die neuen @server.

Die @server gibt es in vier Ausprägungen:

- iSeries - Application Server (basierend auf dem AS/400-System)
- pSeries - Web Server (basierend auf den Unix-Rechnern der RS/6000)
- xSeries - Netfinity Server
- zSeries - Enterprise Server (die Weiterentwicklung der S/390-Rechner)

Es ist nun bei einer solchen Entscheidung nicht damit getan, daß man den Systemen neue Namen unter einer gemeinsamen Bezeichnung, nämlich @server, gibt, um zum Ausdruck zu bringen, daß hier etwas zusammengehört (oder zusammengehören soll), was bis dahin doch recht unterschiedlich war. Aber es drückt die Absicht aus, die vier Familien zusammenzuführen. Für die zSeries, wie auch für die anderen Server, gilt, daß alle Programme und Anwendungen, die auf einem S/390-Rechner laufen, natürlich auch auf dem neuen Rechner laufen, das ist aus Sicht der Kunden eine Selbstverständlichkeit. Was ist jetzt das Neue an diesen Rechnern, die unter dem Namen z900 mit den Modellen 2064 die Nachfolger der 9672-Rechner sind?

Die wesentliche Neuerung der zArchitektur besteht darin, daß es sich um eine 64-Bit-Architektur handelt, daß also die internen Register, mit denen hauptsächlich gearbeitet wird, eine Größe von 8 Bytes und nicht mehr von 4 Bytes haben. Das hat wesentliche Auswirkungen auf die Adressierbarkeit des Speichers und das gesamte Leistungsvermögen der Rechner. Außerdem wird das Mehrrechner-System in einem sogenannten Central Processor Complex von 12 auf 16 Einzelrechner erweitert.

Parallel zur Hardware wurde natürlich auch die Software weiterentwickelt, und so wurde aus dem OS/390 das neue z/OS. Hierbei handelt es sich weiterhin um ein gemeinsames Software-Paket, in dem alle Funktionen zusammengefaßt sind, die zum Betrieb eines z900 Servers notwendig sind. Der Kern des Betriebssystems ist MVS, die Dialogkomponente ist weiterhin TSO/E mit ISPF und allem, was sonst noch dazugehört.

Und somit ändert sich aus der Sicht des TSO-Benutzers eigentlich nichts wesentliches, die durch die zArchitektur bedingten Neuerungen werden uns hier nicht weiter beschäftigen. Dort, wo es für den Endbenutzer Verbesserungen gibt, beispielsweise im ISPF, wird es natürlich reflektiert, und es wird auch besonders auf neue Funktionalität hingewiesen.

Im Rahmen von e-business prägen auch Begriffe wie heterogene Systeme und offene Systeme (Open Systems) immer mehr die Diskussion, und das spiegelt sich auch in dieser neuen Auflage wider. Unix gewinnt auf den Großrechnern eine immer größere Bedeutung, es gibt seit einigen Jahren im OS/390 die Unix-Implementierung unter dem Namen OpenEdition, die die Ausführung von Unix-Anwendungen auf den S/390-Rechnern möglich machte. Im z/OS steht Unix unter dem Namen z/OS UNIX System Services zur Verfügung, und man kann von TSO auf die Unix Shell zugreifen. Diese in ihrer Bedeutung gestiegene Betriebssystem-Komponente wird ausführlich dargestellt, und zwar speziell für die Benutzer, die mit Unix-Kenntnissen in das MVS kommen und sich hier zurechtfinden wollen. Fragen zu den unterschiedlichen Datenstrukturen im MVS und Unix, zur Ausführung von Programmen und der Benutzung von ISPF werden ausführlich behandelt. Damit soll besonders den jungen Informatikern der Weg in die MVS-Welt erleichert werden, die als Unix-Spezialisten von der Universität kommen, und für die die 390-Dinosaurierer oder jetzt die @server der zSeries noch recht fremd sind.

Eine andere Erweiterung wird der erfahrene Leser noch im Kapitel *Jobverarbeitung* finden, hier ist die Funktion SDSF, mit der man auf recht benutzerfreundliche Art seine Jobs bearbeiten kann, hinzugefügt worden.

Ansonsten sind alle Kapitel auf den technisch neuesten Stand von z/OS Version 1 Release 2 gebracht worden, was für den einen oder anderen Leser eine Ankündigung für das sein wird, was er auf seinem System in naher Zukunft erwarten kann.

Ich wünsche allen Lesern weiterhin viel Spaß - jetzt in der neuen Umgebung auf dem @server der zSeries.

Michael Teuffel

Inhaltsverzeichnis

1.0 Einleitung

- Daten-Verarbeitung von der Lochkarte zur Workstation

  In vierzig Jahren hat sich in der Welt der Datenverarbeitung viel geändert.

- Mit Batch-Jobs hat es angefangen

  Ein Programm nach dem anderen - es mußte alles seine Ordnung haben.

- TSO - Was es bedeutet und was man damit machen kann

  TSO ist das Fenster zur Datenverarbeitung in der z/OS MVS Welt.

Datenverarbeitung - ein weites Gebiet in der Welt der Computer, sehr unterschiedlich zu sehen zwischen dem Personal Computer einerseits und den Groß-Systemen bis hin zum neuen e-server z900 der zSeries im Sysplex in den Rechenzentren, also unterschiedliche Anforderungen an die Rechner und unterschiedliche Möglichkeiten, mit ihnen zu arbeiten. Während man den einen Rechner für sich allein hat, muß man sich den anderen mit weiteren Benutzern teilen, wobei sichergestellt sein muß, daß alle Teilnehmer eines Systems voneinander unabhängig arbeiten können.

Die unterschiedlichen Anforderungen und Anwendungen haben es mit sich gebracht, daß sich im Lauf der letzten Jahrzehnte unterschiedliche Systeme entwickelt haben. Ohne ganz an den Anfang der Entwicklung zurückgehen zu wollen, sei doch ein Blick zurück erlaubt, wie man etwa Mitte der sechziger Jahre Datenverarbeitung betrieb. Das war der Beginn einer Rechner-Familie vom Typ S/360, deren Grundstruktur, wenn auch wesentlich erweitert und verbessert, bis in die Großrechner S/390 erhalten ist. Im Jahr 2000 kam mit Beginn des neuen Jahrtausends eine wesentliche Erweiterung hinzu. Erstmals gibt es mit der zSeries Großrechner mit der zArchitektur, die sich von der S/390 Architektur dadurch unterscheidet, daß es sich um 64-bit-Rechner handelt, die ein deutlich verbessertes Leistungsverhalten haben.

Batch-Betrieb

Zur Datenverarbeitung braucht man einerseits Daten und andererseits Programme. Und beides hatte man anfangs in Form von Lochkarten gespeichert.

Wollte man nun ein Programm zur Ausführung bringen, so wurden die Lochkarten über einen Kartenleser in das System eingelesen, das Programm wurde dann gestartet und lief ab. Nach Beendigung eines Programms konnte mit dem nächsten begonnen werden. Man spricht hier von **Batch-Verarbeitung**. 'Batch' heißt 'Stapel', und damit ist gemeint, daß alle auszuführenden Programme, man nennt sie **Jobs**, nacheinander, d.h. so wie sie gestapelt sind, ausgeführt werden.

Die Programme haben nicht nur die über die Lochkarten direkt eingelesenen Daten verarbeitet, sondern auch auf Datenspeicher wie Magnetband oder Magnetplatte während der Ausführung zugegriffen. Das Lesen oder Schreiben von Daten ist allerdings ein sehr langsamer Vorgang, vergleicht man ihn mit der eigentlichen Verarbeitungsgeschwindigkeit im Rechner. Das hat zur Folge, daß der Rechner relativ viele Wartezeiten hat, in denen gelesen oder geschrieben wird, und die eigentlich für andere Aufgaben genutzt werden könnten. Deshalb haben sich die Entwickler der Betriebssysteme, also der systeminternen Steuerprogramme, Mechanismen einfallen lassen, die es erlauben, mehrere Programme parallel laufen zu lassen. Und parallel bedeutet eben, daß während der Wartezeit des einen Programms ein anderes ausgeführt werden kann. Das Ganze bezeichnet man als **Multiprogramming**.

Charakteristisch für diese Art der Datenverarbeitung ist, daß man sich als Benutzer vorher genau überlegen muß, was wann in welcher Reihenfolge zu geschehen hat. Wenn die Karten erst einmal in das System eingelesen sind, so hat man keinen Einfluß mehr auf den Ablauf, sondern muß warten, bis das Programm - oder die Programm-Sequenz - beendet ist, um dann die Ergebnisse überprüfen zu können.

Und dann kam das Dialog-System

Der nächste Schritt in der Entwicklung der Datenverarbeitung brachte dem Benutzer die Möglichkeit, aktiv in das Geschehen einzugreifen. Für diesen Zweck wurden spezielle 'Datenstationen' geschaffen, auch Terminals genannt, die in ihrer ersten Stufe schreibmaschinenähnliche Geräte waren. Sie konnten über eine direkte Leitung oder über eine Telefon-Wählleitung mit dem Rechner verbunden sein.

Mit dem Terminal und den unterstützenden Funktionen im Rechner ergab sich somit für den Benutzer die Möglichkeit, interaktiv, also in einem Dialog mit dem System zu arbeiten. Von den verschiedenen interaktiven Systemen, die entwickelt wurden, werden wir uns mit

TSO (Time Sharing Option)

beschäftigen. Das dazu gehörige Betriebssystem, das den Gesamtablauf im Rechner steuert, heißt MVS (Multiple Virtual Storage) und hat sich über MVS/SP, MVS/XA, MVS/ESA und OS/390 MVS zu z/OS MVS entwickelt. Dabei ist MVS der eigentliche Kern des Betriebssystems und z/OS ist die Zusammenfassung aller wesentlichen Komponenten, die zum Betrieb des Rechners notwendig sind. Doch das sei hier nur am Rande erwähnt, auf Einzelheiten und Unterschiede wollen wir nicht eingehen. Dennoch sollte gesagt werden, daß sich die im weiteren Verlauf dieses Buches aufgeführten Funktionen immer auf die neueste MVS-Version beziehen, so daß es durchaus vorkommen kann, daß der Leser die eine oder andere Funktion in seinem eigenen System noch nicht findet.

Was bedeutet Time Sharing Option?

Mehrere Benutzer können gleichzeitig mit dem System arbeiten. Was heißt mehrere? Als man 1972 im IBM Labor Böblingen anfing, TSO auf einem Rechner 370/65 zu installieren, war man froh, wenn es bei 5 oder 6 Benutzern vernünftige Antwortzeiten gab, andererseits kann man den neuesten Großrechnern bei vielen 100 Benutzern Antwortzeiten erwarten, die im sogenannten 'Subsecond'-Bereich liegen, also kleiner als eine Sekunde sind.

Doch zurück zu den mehreren Benutzern, die parallel und voneinander unabhängig arbeiten. Da der Rechner immer nur einen Benutzer zu einer Zeit bedienen kann, hat man ein Verfahren entwickelt, das die zur Verfügung stehende Rechenzeit für die einzelnen Benutzer aufteilt, und dieses Verfahren nennt man **Time Sharing**.

TSO ist integraler und fester Bestandteil von z/OS, das war aber nicht immer so. Am Anfang seiner Entwicklung hatten die Systemprogrammierer eines Rechenzentrums die Möglichkeit (Option), TSO zu installieren oder das System ausschließlich im Batch-Betrieb, also mit den schon kennengelernten Jobs, laufen zu lassen. Und diese Option schließlich rundet den Namen ab. Da TSO im Lauf der Zeit natürlich erweitert wurde, bestand irgendwann einmal die Notwendigkeit, dies auch im Namen sichtbar zu machen:

TSO/E - Time Sharing Option Extensions

Der Einfachheit halber, und weil so auch der Umgangston ist, bleiben wir im weiteren Verlauf bei der gängigen Bezeichnung **TSO**.

Die Durchführung des Dialogs zwischen Benutzer und System geschieht mittels einer speziellen Sprache, die aus einzelnen **Commands** (Befehlen) besteht. Durch Eingabe eines Commands, zu dem in den meisten Fällen auch noch Parameter gehören, teilt man dem Rechner mit, welche Funktion er ausführen soll, und erhält danach die Antwort an das Terminal zurück.

Das äußere Format eines solchen Dialogs im TSO ist durch die Tatsache festgelegt, daß anfangs, wie bereits erwähnt, die Terminals schreibmaschinen-ähnliche Geräte waren, das bedeutet, daß sowohl die Eingabe wie auch die Ausgabe von Daten zeilenweise geschieht.

Wie jeder weiß, ist die Zeit dieser Geräte vorbei, sie wurden zuerst durch Bildschirm-Terminals abgelöst. Und in der heutigen modernen IT-Umgebung ist für die meisten Benutzer sicherlich die Workstation der gängige Standard. Und obwohl es auch im TSO Funktionen gibt, die den Bildschirm direkt unterstützen und die Vorteile, die er gegenüber den älteren Geräten hat, ausnutzen (man bezeichnet diese Technik als 'Full-Screen'-Mode), ist der 'Line'-Mode, also der zeilenweise Verarbeitung, in den Standard-Funktionen des TSO auch heute noch üblich.

Den Weg vom Terminal zur Workstation ist TSO bis jetzt noch nicht gegangen, aber Anwendungsprogramme unter TSO, wie beispielsweise ISPF, haben für die Workstation eine spezielle Unterstützung entwickelt, die wir später noch kennenlernen werden.

Was kann man mit TSO machen?

TSO ist ein anwendungsneutrales Dialog-System. Der Benutzer kann mit Hilfe der verschiedenen Commands

- Daten am Terminal eingeben, speichern und ändern
- Programme in Assembler, FORTRAN, PL/I, C++ und anderen Programmiersprachen entwickeln und testen
- Anwendungsprogramme ausführen
- mit anderen Teilnehmern kommunizieren
- Bücher, die im Softcopy-Format gespeichert sind, lesen

Und TSO bietet auch den Einstieg in die Unix-Welt im z/OS. Für viele ist Unix die gängige Arbeitsumgebung, mit der man vertraut ist, und die sich wesentlich von dem unterscheidet, wie sich Datenverarbeitung in der S/390-Welt (diese Bezeichnung wird sich als eingebürgert sicherlich noch eine Weile halten, auch wenn wir jetzt von der zSerie sprechen sollten) darstellt. Seit einigen Jahren hat auch Unix auf den Großrechnern Einzug gehalten und steht nunmehr als z/OS UNIX System Services zur Verfügung. Also: man kann im TSO auch als Unix-Anwender arbeiten.

Darüber hinaus besteht weiterhin die Möglichkeit (und wird natürlich auch sehr intensiv genutzt), in traditioneller Weise Jobs im Batch-Betrieb laufen zu lassen.

In diesem Zusammenhang seien zwei Begriffe aus der TSO-Welt erklärt:

- **FOREGROUND**

  Alle Aktivitäten, die wir durch TSO-Commands ausführen, d.h. unsere Arbeiten am Bildschirm, werden als Foreground bezeichnet.

- **BACKGROUND** (Hintergrund)

  Wenn wir Jobs im Batch-Betrieb laufen lassen und ihre Verarbeitung damit asynchron zu den Tätigkeiten am Terminal geschieht, so spricht man von Background-Aktivitäten.

Was gibt es noch außer TSO?

TSO ist, wie gesagt, ein Dialogsystem im MVS, allerdings nicht das einzige, es gibt auch noch andere, auch in anderen Betriebssystemen. Wo liegt der Unterschied? Auf die von einzelnen Installationen selbst entwickelten Anwendungen kann hier natürlich nicht eingegangen werden, aber es sollten zumindest einige der standardmäßig angebotenen Systeme erwähnt werden.

Neben interaktiven Systemen gibt es auch noch die sogenannten 'Online'-Systeme, wie beispielsweise **IMS**, **DB2**, oder **CICS**, letzteres steht nicht nur im MVS, sondern auch im **VSE**, einem anderen IBM Betriebssystem, zur Verfügung. Diese Systeme sind, im Gegensatz zum TSO, nicht mehr anwendungsneutral, so daß man beliebige Datenverarbeitungsfunktionen aufrufen könnte, sondern sind eng mit speziell aufgebauten Datenbanken verbunden, auf die man durch die zur Verfügung stehenden Funktionen zugreifen kann.

Neben MVS und VSE gibt es in der 'IBM-Welt' noch ein drittes großes Betriebssystem: **VM**. Und im VM steht mit **CMS** ein dem TSO doch ziemlich ähnliches Dialogsystem zur Verfügung. Der CMS-Benutzer kann im wesentlichen die gleichen Funktionen aufrufen, die oben für den TSO-Benutzer aufgeführt worden sind. Worin besteht nun der Unterschied zwischen beiden Systemen?

Zur Beantwortung dieser Frage muß etwas ausgeholt werden: der Name VM ist eine Abkürzung für **Virtual Machines**, und VM wurde entwickelt, um auf **einem physikalischen** Rechner **mehrere virtuelle** (d.h. logisch voneinander unabhängige) Rechner zu simulieren. Damit kann man beispielsweise mehreren Programmierern von Betriebssystemen zur selben Zeit jeweils eine 'eigene Maschine' zum Testen ihrer Programme zur Verfügung stellen, ohne daß sie sich gegenseitig beeinflussen. Ohne VM bräuchte jeder dieser Programmierer seine eigene **physikalische** Maschine, was natürlich viel aufwendiger wäre. Darauf basiert nun aber die VM-Philosophie, daß jeder Benutzer, und das gilt auch für den CMS-Benutzer, sein eigenes, in sich abgeschlossenes System hat. Und dazu gehören dann auch die eigenen Platten, im VM heißen sie 'Minidisk' und sind eigentlich auch wieder virtuelle Platten - als Teil einer physikalischen Platte.

Ein Rechner mit einem MVS-Betriebssystem bietet sich allen Benutzern dagegen als ein gemeinsames System an, alle Systemkomponenten und alle Daten stehen allen Benutzern zur Verfügung, wenn man einmal von speziellen Zugriffsautorisierungen absieht. Das vereinfacht die Zusammenarbeit vieler Benutzer in einem gemeinsamen Projekt und dürfte damit auch einer der Gründe für eine Installation sein, sich für MVS zu entscheiden, wenn derartige Aufgabenstellungen zu lösen sind. Selbstverständlich ist auch im VM die gemeinsame Nutzung von Daten durch mehrere Benutzer möglich, allerdings nicht in so einfacher Form wie im MVS.

1.1 Vorschau

Das Ziel dieses Buches ist, dem TSO-Benutzer einen umfassenden Überblick über die Datenverarbeitung zu geben:

- Daten erstellen, speichern und verwalten

- Daten verarbeiten
- Daten schützen

Das soll ihn in die Lage versetzen, die zur Verfügung stehenden Commands und Funktionen möglichst optimal zur Lösung seiner Aufgaben einzusetzen.

Dieses Ziel wird in den folgenden Kapiteln zu erreichen versucht:

- **Daten - Ihre Struktur**

  Die Magnetplatte als wichtigster Datenspeicher sowie der sequentielle und Partitioned Dataset mit ihren wesentlichen Parametern stehen im Mittelpunkt dieses Kapitels.

- **TSO - Der Beginn**

  Beginn und Ende einer TSO-Session, die Command Struktur und allgemeine Hinweise werden in diesem Kapitel behandelt.

- **ISPF - Ein erstes Kennenlernen**

  ISPF dürfte mit seiner Vielzahl von Funktionen der Mittelpunkt fast jeder TSO-Installation sein. Zuerst beschäftigen wir uns mit dem Erstellen und Speichern von Daten.

  Nachdem erste Grundbegriffe der Datenverarbeitung behandelt worden sind, soll ein Abstecher zur Job-Verarbeitung gemacht werden, einerseits, um Material für praktische Übungen zu bekommen, andererseits, um das Thema ISPF etwas aufzulockern.

- **Job-Verarbeitung im Background**

  Dieses Kapitel stellt die Job-Kontrollsprache JCL und die Verarbeitung von Jobs im Batch-Betrieb vor.

- **ISPF - 2. Teil**

  Die Fülle der im ISPF angebotenen Funktionen - besonders sei der Editor erwähnt - wird in diesem Kapitel zum Abschluß gebracht.

- **RACF - Datenschutz**

  Datenschutz - ein Thema, das immer mehr an Bedeutung gewinnt, wird hier dem Benutzer vorgestellt.

- **Prozeduren**

  Mit Prozeduren hat jeder Benutzer die Möglichkeit, sich in zwei unterschiedlichen Sprachen bestimmte Handlungsabläufe zu erstellen und ablaufen zu lassen.

  Es gibt

  - die historische ältere Form der Command Prozedur, die man kurz als CLIST (Abkürzung für *Command List*) bezeichnet,
  - die, zumindest für TSO, neue Form der EXEC, die die strategisch wichtige und bedeutende Sprache REXX *(Restructured EXtended eXecutor)* erlaubt.

- **Die Unix-Umgebung**

  Wer sich im Unix auskennt und sich nun mit einer neuen Umgebung vertraut machen will, findet hier die notwendigen Informationen.

- **Ausführung von Programmen**

  Anwendungsprogramme lassen sich nicht nur über Batch-Jobs ausführen, man kann sie auch im Foreground aufrufen - wie das zu machen ist, wird in diesem Kapitel beschrieben. Genausogut kann man auch TSO-Commands oder Command Prozeduren als Batch-Jobs laufen lassen: TSO im Background.

- **Programmierung im TSO**

  Die Programmierer unter den Lesern finden hier Hinweise, wie sie ihre Programme in TSO entwickeln und testen können. Nicht beschrieben wird allerdings, wie man programmiert - dafür gibt es andere Bücher.

- **Datenverwaltung und Datensicherung**

  Dieses Kapitel beschreibt Datenverwaltung auf verschiedenen Speicher-Hierarchien und die Möglichkeit, auf Sicherungskopien defekter Daten oder Datenträger zurückzugreifen.

- **Zugriff auf Online-Dokumentation**

  Die Tendenz, Bücher und Dokumente online zur Verfügung zu stellen, verstärkt sich - hier wird erklärt, wie man damit arbeiten kann.

- **Kommunikation**

  Wie kann man Informationen und Daten zu anderen Benutzern weiterleiten? In diesem Kapitel findet man eine Antwort darauf.

- **TSO-Commands**

  Alle Commands werden hier noch einmal im Zusammenhang vorgestellt und, soweit sie in keinem der obigen Kapitel besprochen werden konnten, erklärt.

Jedes Kapitel wird mit einer Zusammenfassung der wichtigsten Begriffe und Commands abgeschlossen und stellt hierbei alle vorher im Detail beschriebenen Informationen in einem logischen Zusammenhang dar.

Zu den meisten Kapiteln gehören außerdem Übungsaufgaben, die helfen sollen, die theoretischen Kenntnisse in der Praxis zu vertiefen. Dem Leser sei dringend nahegelegt, sich intensiv mit den Aufgaben zu beschäftigen, denn es ist sehr schwierig, sich allein durch die theoretische Behandlung mit dem Thema 'TSO' die notwendigen Kenntnisse zu verschaffen.

Zu jedem richtigen Buch gehört auch ein

- **Anhang**

  Dort werden immer die Themen untergebracht, für die nirgendwo anders Platz ist. Das sagt aber nichts über ihre Bedeutung aus, und deshalb sei hier auch mit der notwendigen Betonung auf die folgenden Kapitel hingewiesen:

- **Lösung der Übungsaufgaben**

  Es werden nur Lösungsvorschläge vorgestellt, denn in den meisten Fällen gibt es mehr als eine Lösung.

- **TSO-Literatur**

  Hier wird die umfangreiche Literatur, die es zum Thema TSO im speziellen und z/OS MVS in allgemeinen gibt, aufgelistet.

Es sei noch eine generelle Bemerkung zur Auswahl der Themen und der Genauigkeit, mit der Details behandelt werden, erlaubt.

Die Zielsetzung dieses Buches ist, dem Leser eine möglichst umfassende Darstellung der Datenverarbeitung zu geben und die vielen zur Verfügung stehenden Funktionen im Zusammenhang zu erklären. Deshalb ist es nicht möglich, auf alles im Detail einzugehen, sondern es wird versucht, sich auf die Einzelheiten der jeweiligen Funktionen zu beschränken, die für die praktische Arbeit im TSO eine Bedeutung haben könnten. Es gibt zu allen Bereichen ausführliche Literatur, in der man beispielsweise für TSO-Commands **alle** Operanden und für JCL **alle** Recordtypen und Parameter genau erklärt finden kann, auf ihre Angabe im Anhang sei hier hingewiesen.

1.2 z/OS - Eine Übersicht

In der Vorschau sind die verschiedenen Themen vorgestellt worden, mit denen wir uns beschäftigen wollen, um TSO kennenzulernen. Man kann diese Themen mit Namen belegen, die die einzelnen Komponenten im z/OS beschreiben:

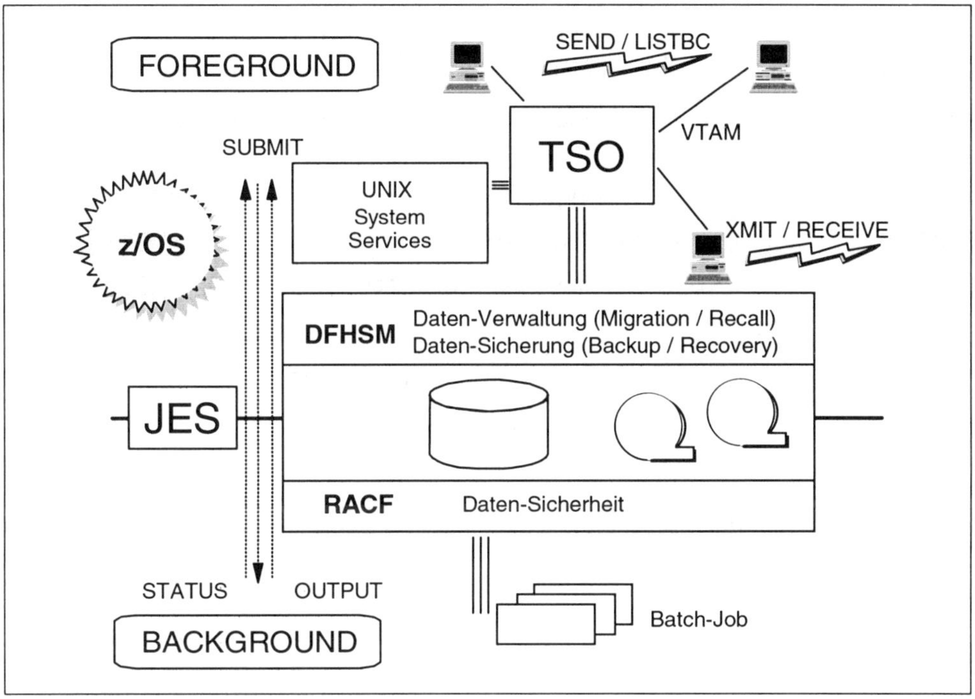

Wir haben die MVS-Welt in die zwei Teile

Foreground Die Aktivitäten im TSO

und

Background Asynchrone Job-Verarbeitung

aufgeteilt. Kontrolliert werden alle Aktivitäten von

JES Wir werden später zwischen den beiden Varianten JES2 und JES3 zu unterscheiden haben.

Zwischen beiden Ebenen finden wir die

Daten sie sind auf verschiedenen Medien wie Platte oder Magnetband gespeichert.

Und in diesem Zusammenhang werden wir die wichtigen Systemkomponenten

RACF verantwortlich für Datenschutz

und

DFHSM ein Datenverwaltungs- und Sicherungsprogramm

kennenlernen.

Der TSO-Benutzer braucht

VTAM die Verbindung zwischen dem Terminal und dem Rechner

und hat die Möglichkeit, mit anderen Benutzern zu kommunizieren:

SEND/LISTBC Kommunikation im selben System

XMIT/RECEIVE Kommunikation über die Systemgrenzen hinaus

Die Verbindung zwischen Foreground und Background geschieht im TSO über Commands wie

SUBMIT Starten eines Jobs

STATUS Überprüfen eines Jobs

OUTPUT Verarbeitung der Ergebnisse

Und dann gibt es noch die

UNIX System Services Die Unix-Implementierung im z/OS

Hier hat man die Möglichkeit, seine Unix-Anwendungen im z/OS zur Ausführung zu bringen.

Diese Übersicht soll dabei helfen, auch dann noch den Überblick über das System und das Zusammenspiel der einzelnen Komponenten zu wahren, wenn wir uns in den verschiedenen Kapiteln intensiv mit den zur Verfügung stehenden Funktionen auseinandersetzen werden.

Genug der Vorrede, wenden wir uns den vor uns liegenden Aufgaben zu und beginnen mit den Daten und ihren Eigenschaften.

2.0 Daten - Ihre Struktur

- Die Magnetplatte - und wie Daten gespeichert werden

  Von allen Speichermedien ist die Platte der wichtigste Datenträger.

- Sequentielle und Partitioned Datasets - und wie wir sie benutzen werden

  Für den TSO-Benutzer haben diese beiden Datenorganisationen die größte Bedeutung.

- VTOC und Catalog - und wie im MVS die Daten gefunden werden

  Aus der Sicht des Benutzers läuft hier fast alles automatisch ab.

2.1 Datenspeicher

Datenverarbeitung: Arbeiten mit TSO heißt *Arbeiten mit Daten*. Deshalb ist es sicherlich notwendig, etwas über Daten und Datenspeicher zu wissen. Welche Datenspeicher gibt es ?

Zuerst fällt uns dabei vielleicht die Platte (**DASD** = Direct Access Storage Device) ein, eine Magnetplatte mit mehreren Spuren (ähnlich wie eine Schallplatte und doch anders). Dann gibt es das Magnetband und die Magnetband-Kassette; die Lochkarte ist ein Relikt aus Opa's Zeiten, es gibt sie nur noch im Museum für Datenverarbeitung. Allerdings lassen viele Daten und Anwendungen im System von ihrem Format her darauf schließen, daß hier ursprünglich einmal mit Lochkarten gearbeitet wurde. Deshalb wird im weiteren Verlauf durchaus noch auf Lochkarten verwiesen, um einzelne Begriffe der Datenverarbeitung anschaulicher darzustellen.

Was gibt es noch? Wer an Disketten oder CD-ROMs denkt, liegt durchaus richtig, allerdings gehören diese Medien zum PC und werden im Großsystem nicht unterstützt. Man sollte sich aber auch darüber klar sein, daß die Liste, die aus dem Computer kommt, ein wichtiger und häufig benutzter Datenspeicher ist, auch wenn aus der Sicht des Rechners nur das Schreiben, nicht aber das Lesen von Daten möglich ist.

Der Hauptspeicher des Rechners ist, wie der Name schon sagt, ebenfalls ein Datenspeicher, wenn auch nur temporär. Daten, die zu einer Anwendung gehören, sind nur so lange im Hauptspeicher, wie die Anwendung aktiv ist, danach werden sie dort gelöscht. Ein anderer auch nur temporärer Speicher ist der Bildschirm.

Magnetplatte - DASD

Wenn von einer Platte (**Volume**) die Rede ist, handelt es sich, genauer gesagt, nicht um eine, sondern um mehrere Platten, die ein **logisches** Volume bilden. Sie sind übereinander angebracht und drehen sich um eine gemeinsame Achse. Die Zahl der physikalischen Platten, die eine logische Platte bilden, ist abhängig vom Plattentyp.

Für lange Zeiten waren die Typen **3380** und **3390** mit verschiedenen Modellen dominierend und haben mit ihrer Struktur auch die nachfolgenden Entwicklungen geprägt.

In den letzten Jahren ist die Entwicklung neuer Speicherplatten sehr schnell vorangegangen. Nach RAMAC und RAMAC Virtual Array (RVA) gibt es jetzt das **Enterprise Storage Subsystem (ESS)**. Aus der Sicht des Benutzers gibt es eigentlich kaum einen Unterschied, alle Platten haben typischerweise ein 3390-Format, aus der Sicht der Installation gibt es allerdings, was die Performance oder die Speicherkapazität betrifft, sehr deutliche Unterschiede, auf die wir hier aber nicht eingehen wollen. Beim ESS handelt es sich allerdings nicht um eine einzige Platte, sondern um ein sehr komplexes Gebilde mit vielen realen und virtuellen Platten, die dem Benutzer als 3390 erscheinen. Wen es genauer interessiert, möge in der Literatur [1] nachlesen.

[1] IBM Enterprise Storage Server

Jede Platte hat eine Vielzahl von Magnetspuren in Form von konzentrischen Kreisen

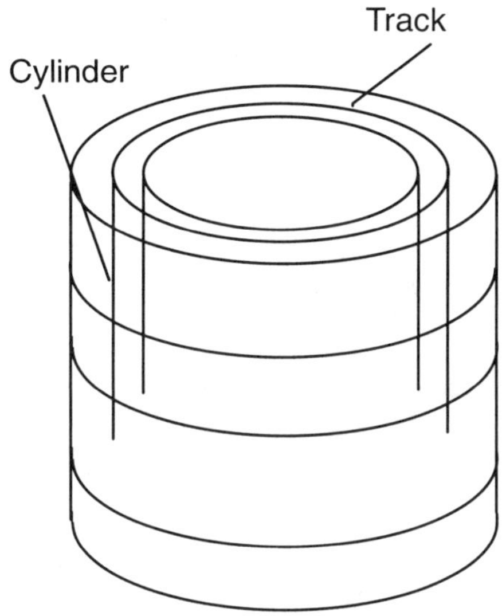

(und das ist der bereits oben erwähnte formale Unterschied zur Schallplatte mit jeweils einer spiralförmigen Spur auf jeder Seite). Diese Spuren, auf denen die Daten gespeichert werden, heißen **Tracks**. Obwohl die einzelnen Tracks auf einer Plattenoberfläche natürlich unterschiedliche Länge haben, ist ihre Speicherkapazität gleich und hängt nur vom Plattentyp ab, es wird dabei mit unterschiedlicher Schreibdichte gespeichert.

Alle Tracks eines Volumes, die denselben Radius haben und damit direkt übereinander liegen, bilden einen **Cylinder**. Die Zahl der Tracks auf einer Oberfläche gibt damit die Zahl der Cylinder eines Volumes.

Für die oben aufgeführten Plattentypen gelten folgende Werte:

Platten-Übersicht				
	Bytes/Trk	**Trk/Cyl**	**Cyl/Vol**	**Bytes/Vol**
3380	47476	15	885-2655	630-1890 MB
3390	56664	15	1113-3339	946-2838 MB
9345	46456	15	1440-2156	1000-1500 MB

MB = Megabytes = etwa 1.000.000 Bytes

Die Daten werden auf der Platte in Form von **Bytes** gespeichert. Ein Byte besteht aus 8 Bits, von denen jedes den Informationswert 0 oder 1 haben kann und in einer bestimmten Kodierung (EBCDIC-Code) zur Darstellung von Zeichen oder Zahlen benutzt wird. Handelt es sich beispielsweise um Textdaten, die wir gespeichert haben, so entspricht jedes Zeichen einem Byte. Numerische Werte werden in vier oder acht Bytes gespeichert, abhängig davon, ob es sich um ganze oder rationale Zahlen handelt. Die Bytes werden nicht einzeln auf die Platte geschrieben, sondern zu größeren logischen Einheiten (**Records**) zusammengefaßt.

Magnetband - Tape

Das Magnetband als billiges, aber langsames Speichermedium findet hauptsächlich im Zusammenhang mit Datensicherung und Archivierung Verwendung, oder es wird zum Datentransport zwischen einzelnen Computern verwendet. Da beim Zugriff auf Bänder oftmals der Rechenzentrums-Operator eingreifen muß (falls es kein Band-Archiv gibt), kann es wegen der damit verbundenen Wartezeiten auch zu rechnerinternen Problemen kommen, so daß man in den meisten Installationen davon Abstand genommen hat, dem TSO-Benutzer einen direkten Zugriff zu Magnetbändern zu ermöglichen.

Das Magnetband ist heute im wesentlichen durch die Magnetband-Kassette (3480, 3490 oder 3590) abgelöst, deren Handhabung für den Operator wesentlich einfacher oder sogar automatisch ist, für den Benutzer gibt es allerdings keinen Unterschied.

Damit soll es genug sein mit der Aufzählung. Wichtigstes Speichermedium ist und bleibt die **Magnetplatte**, auf der wir als TSO-Benutzer unsere Daten speichern.

2.2 Datasets

Um Daten auf der Platte speichern zu können, muß man dort einen **Dataset** (oder auch Datensatz, Datei) anlegen, der aus mehreren Records bestehen wird. Das ist natürlich nicht auf die Platte beschränkt, man kann auch auf den anderen Datenspeichern Datasets haben. Oder man kann einen Stapel Lochkarten oder eine Ausgabeliste als einen Dataset ansehen, wobei dann jede Lochkarte oder jede Zeile der Liste einem Record entspricht.

Datenorganisation

Doch kommen wir zurück zur Platte. Es gibt im MVS verschiedene Arten der Datenorganisation, und es wird oftmals von der Anwendung abhängen, welche Wahl man beim Erstellen eines Datasets trifft. Die einfachste Form der Datenorganisation ist ein

Sequentieller Dataset

Alle Records sind sequentiell angeordnet (wie bei einem Kartenstapel) und werden auch sequentiell verarbeitet (gelesen, geschrieben usw.).

Eine andere Möglichkeit, Daten zu speichern, bietet der

Partitioned Dataset

Seine Struktur ist schon komplizierter, er besteht aus einem Inhaltsverzeichnis (**Directory**) und mehreren unabhängigen Teilen (**Member**), von denen jedes für sich die Struktur eines sequentiellen Datasets hat. Das klingt vermutlich komplizierter als es ist, man kann sich das aber dadurch klar machen, daß man diesen Dataset mit einem Buch vergleicht, das auch ein Inhaltsverzeichnis und mehrere Kapitel hat, wobei in jedem Kapitel (Member) die Zeilen nacheinander zu lesen (d.h. sequentiell zu verarbeiten) sind.

Die dritte Variante der Datenorganisation, mit der wir uns beschäftigen werden, ist der

Extended Partitioned Dataset

Die äußeren Charakteristiken sind die gleichen wie bei einem Partitioned Dataset, allerdings hat dieser Dataset-Typ die modernere interne Organisation und ist damit benutzerfreundlicher. Einzelheiten dazu werden wir noch kennenlernen.

Für die Datenorganisation (**DSORG**) gibt es die folgenden Bezeichnungen:

- Sequentieller Dataset `DSORG = PS` (Physical Sequential)
- Partitioned Dataset `DSORG = PO` (Partitioned Organized)
- Extended Partitioned Dataset `DSORG = PO-E`

Diese Arten der Datenorganisation werden uns auch im wesentlichen im TSO begegnen, und es gibt eine Reihe von Funktionen (**Commands**), mit denen wir diese Datasets anlegen, mit Daten füllen, speichern, auflisten, ändern usw. können. Alle Datasets, die eine andere Organisation haben, es gibt beispielsweise VSAM Datasets (Virtual Sequential Access Method), können nur über entsprechende Anwendungsprogramme verarbeitet werden und werden deshalb in diesem Rahmen in Zukunft nicht behandelt.

Dataset-Namen

Jeder Dataset muß einen Namen haben, mit dem er gespeichert und verarbeitet werden kann. Für diese Namen gibt es die folgenden Regeln:

- Ein Name besteht aus einem oder mehreren (das ist der Normalfall) **Qualifiern**, die jeweils durch einen Punkt miteinander verbunden sind.
- Jeder Qualifier besteht aus 1 bis 8 Zeichen, wobei Buchstaben, Ziffern und die drei Zeichen #, @ und $ erlaubt sind, er darf aber nicht mit einer Ziffer anfangen.

  Die Buchstaben sind dabei Großbuchstaben. Im Zusammenhang mit Unix ist zwischen Groß- und Kleinbuchstaben zu unterscheiden.

- Die Gesamtlänge des Namens ist maximal 44 Zeichen, wobei die Punkte mitzählen.
- Für den Namen eines Members in einem Partitioned Dataset gelten die gleichen Regeln wie für einen Qualifier.

Gültige Dataset-Namen sind beispielsweise

```
USER1.TEST.DATA
SYS1.PARMLIB
MAX.PROGRAMM.VERSION1.ASM
```

Ungültig sind dagegen

```
USER3-X.BEISPIEL.LIST
8TEST.LISTE
EMIL.TESTPROGRAMM1
```

Ein Member in einem Partitioned Dataset wird folgendermaßen angesprochen

```
USER1.PROGRAMM.LIBRARY(PROG1)
```

An dieser Stelle sei darauf hingewiesen, daß es in der Praxis unbedingt notwendig ist, bei der Wahl der Dataset-Namen darauf zu achten, daß man aus dem Namen auf den Inhalt des Datasets schließen kann, anderenfalls ist die Gefahr sehr groß, daß man bei einer Vielzahl von Datasets den Überblick verliert und bald nicht mehr weiß, welche Daten wo zu finden sind.

Record-Format

Ein Dataset besteht, wie wir gesehen haben, aus Records. Diese werden aus einer gewissen Anzahl von Zeichen (Bytes) zusammengesetzt und können verschiedene Formate habe. Man unterscheidet

Feste Länge Alle Records in einem Dataset haben die gleiche feste Länge, ein typisches Beispiel dafür wäre wieder die Lochkarte: jeder Record hat die gleiche Länge von 80 Zeichen.

Variable Länge Die Records können eine unterschiedliche Länge haben, es ist für den Dataset nur eine maximale Länge definiert.

Unbestimmte Länge Diese Art des Datenformats tritt im wesentlichen bei Datasets auf, die ausführbare Programme (Load Modules) enthalten, ihre interne Struktur wird durch eine System-Funktion, die die Programme zur Ausführung aufbereitet (Linkage Editor), festgelegt.

Die Wahl des richtigen Formats wird durch die entsprechende Anwendung bestimmt. Das bedeutet beispielsweise, daß viele Standard-Anwendungen (Programmierung, Job-Verarbeitung usw.) mit Records arbeiten, deren Format dem der Lochkarte entspricht, d.h. feste Länge mit 80 Zeichen.

Hat man es dagegen mit Daten zu tun, deren Struktur oder Länge recht unterschiedlich sein kann, so ist das variable Format zu empfehlen, weil es weniger Plattenplatz belegt.

Damit kommen wir zu der Frage: Wie werden die Daten auf der Platte gespeichert? Die Antwort ist sehr simpel: Jeder Track hat eine bestimmte Anfangsadresse, und bei dieser Adresse beginnend werden die Daten Record für Record gespeichert, und wenn ein Track voll ist, wird auf dem nächsten Track weitergeschrieben.

Anmerkung: Der 'nächste' Track ist übrigens nicht der danebenliegende, sondern der darunterliegende! Warum ? Wir erinnern uns, daß eine Platte (Volume) physikalisch gesehen aus mehreren Platten besteht. Es gibt dafür einen gemeinsamen Schreib/Lesekopf, der, ohne sich mechanisch bewegen zu müssen, alle Tracks eines Cylinders durch ein internes Umschalten ansprechen kann. Daraus ergibt sich, daß man auf mehrere Tracks nacheinander schneller zugreifen kann, wenn sie auf einem Cylinder, d.h. untereinander, angebracht sind.

Warum geblockte Daten?

Zurück zur Speicherung: Die einzelnen Records auf einem Track sind jeweils durch einen Zwischenraum (Gap) getrennt, um sie voneinander unterscheiden zu können. Die Größe des Gaps ist durch die Mechanik der Platte vorgeben und ist recht beachtlich: Sie beträgt beispielsweise bei einer Platte vom Typ 3390 mehr als 650 Bytes. Der nicht benutzbare Platz nimmt somit einen wesentlich größeren Teil auf dem Track ein, ein wahrlich recht ineffektives Verfahren der Datenspeicherung. Deshalb gibt es die Möglichkeit, den Plattenplatz dadurch besser auszunützen, daß man mehrere Records zu Blöcken zusammenfaßt. Dann benötigt man die Gaps nur noch zwischen jeweils zwei Blöcken. Bei einer Record-Länge 80 passen in ungeblocktem Zustand nur 78 Records auf einen 3390-Track, während mit einer Blockgröße von 27920 (1/2 Track) insgesamt 698 Records gespeichert werden können.

Es gibt noch einen zweiten Vorteil, der dafür spricht, die Daten 'geblockt' zu speichern: die Zugriffsgeschwindigkeit. Das Lesen oder Schreiben von Daten ist wegen der damit verbundenen mechanischen Vorgänge (Positionierung des Schreib/Lesearms auf dem richtigen Track, Rotation der Platte, Warten auf einen freien Übertragungsweg zum Hauptspeicher usw.) ein Vorgang, der im Vergleich zur internen Verarbeitungsgeschwindigkeit im Rechner relativ langsam ist. Darum sollte einem klar sein, daß bei Daten, die nicht in Form von Blöcken gespeichert sind, dieser Vorgang für jeden Record, anderenfalls aber für jeden Block durchgeführt wird. Diesen Unterschied wird man am Bildschirm bei kleinen Datasets vermutlich kaum bemerken, müssen aber für eine Anwendung mehrere tausend Records in den Speicher gelesen werden, dann führt das zu wesentlich längeren Antwortzeiten.

Im Zusammenhang mit dem Record-Format gibt es die folgenden Bezeichnungen:

- Record-Länge: `LRECL` (Logical Record Length)
- Blockgröße: `BLKSIZE` (Block Size)
- Record-Format: `RECFM` (Record Format)

  Die wichtigsten Record-Formate sind:

`RECFM=F / FB`	Fixed / Fixed Blocked
`RECFM=V / VB`	Variable / Variable Blocked
`RECFM=U`	Undefined

  Es gibt noch andere Varianten dieser Formate, beispielsweise

  `RECFM=FBA` oder `RECFM=VBA`

  Hierbei steht das `A` für ANSI-Steuerzeichen, und das bedeutet, daß das erste Zeichen jedes Records als Kontrollzeichen für eine Druckersteuerung (Zeilen- oder Seitenvorschub) interpretiert wird.

  Für Daten, deren Records größer als die maximale Länge von 32756 sind, kann man das Format
  `RECFM=VBS`

  wählen, wobei `S` für *Spanned* steht, das bedeutet, daß ein Record automatisch in mehrere Records zerlegt wird, ohne daß die Anwendung davon etwas merkt.

Wie groß kann man nun einen Block wählen? Die maximale Größe eines Blocks ist durch die Länge eines Tracks gegeben und damit abhängig vom Plattentyp. Auf den ersten Blick erscheint nach obigen Ausführungen eine Blockgröße günstig zu sein, die möglichst nahe an der Track-Kapazität liegt.

Das geht allerdings schon deshalb nicht, weil nur eine maximale Blockgröße von 32760 Bytes erlaubt ist.

Beispiel:

Plattentyp : 3390 - 56664 Bytes pro Track

`LRECL=80, RECFM=FB`

Maximale Blockgröße : `BLKSIZE=32720` - 409 Records

32720 ist die größte durch 80 teilbare Zahl, die kleiner als 32760 ist, und ein Block kann nur ein ganzzahliges Vielfaches der Record-Länge sein. Man erkennt aber sofort, daß bei dieser Definition ein Track nur einen Block aufnehmen kann und somit nur zu etwa 58% genutzt wird.

Empfohlene Blockgröße: `BLKSIZE=27920` - 349 Records

Warum dieser 'krumme' Wert? Diese Blockgrößen entspricht 1/2 Track (unter Berücksichtigung der Gaps).

Für Daten mit variabler Record-Länge gelten dieselben Empfehlungen, obwohl man hier die Zahl der Records pro Track nicht genau berechnen kann.

Man wird in der Praxis oft auch andere Werte finden, beispielsweise `BLKSIZE=6160`. Das hat oftmals historische Gründe, die sich aus der Track-Kapazität älterer Plattentypen (3330/3350) ergeben haben.

Dataset-Größe

Beim Erstellen eines Datasets muß man auch seine Größe festlegen. Diese kann in verschiedenen Größenordnungen angegeben werden:

- Block
- Track
- Cylinder

Das bedeutet, man kann entweder die Zahl der Tracks oder der Cylinder angeben, oder man kann festlegen, aus wieviel Blöcken der Dataset bestehen soll. Letzteres erscheint eventuell am einfachsten, in der Praxis zeigt sich aber besonders bei großen Datasets, daß die Zugriffszeiten aus systeminternen Gründen kürzer sind, wenn man bei der Definition (**Allocation**) die Zahl von Tracks angegeben hat. Die kleinste Größe eines Datasets ist übrigens ein Track, d.h. auch wenn man nur 2 Blöcke definiert hat, wird ein ganzer Track belegt. Wie kann man nun feststellen, welche Größe für einen Dataset notwendig ist? Die Antwort darauf hängt natürlich von der Anwendung ab. Sehen wir uns das an einem Beispiel an.

Beispiel:

Für eine spezielle Anwendung benötigt man einen Dataset, dessen Records die feste Länge 80 haben sollen. Schätzungsweise 5000 Records müssen gespeichert werden. Wieviel Platz benötigt man auf einer 3390 Platte? Einen Track, 100 Tracks, die ganze Platte?

Mit

```
LRECL=80 und BLKSIZE=27920
```

sind 349 Records (27920/80 = 349) in einem Block und 2 Blöcke auf einem Track (Kapazität = 56664 Bytes), d.h. 698 Records pro Track.

5000/698 = 7.16 Tracks, das bedeutet, daß der Dataset 8 Tracks groß sein muß, um 5000 Records speichern zu können.

Ein Dataset besteht aus Extents

Ähnlich wie in diesem Beispiel muß man sich in jedem Fall überlegen, welche Größe man für einen Dataset wählt. Damit ist dann auf der Platte der entsprechende Platz reserviert, und man kann mit dem Speichern der Daten beginnen. Was passiert aber nun, wenn man bei der Berechnung des notwendigen Platzes zu sparsam war, vielleicht, weil man auch nicht so recht wußte, wieviel Daten für diese spezielle Anwendung eigentlich im Lauf der Zeit zu speichern sein würden? Wie soll das System reagieren, wenn man noch Records auf die Platte schreiben will, der reservierte Platz aber nicht mehr ausreicht?

- Es erscheint eine Fehlermeldung, man solle in Zukunft besser planen, jetzt geht nichts mehr, sorry ...
- Die Records fallen beim Speichern einfach unter den Tisch, sorry ...
- Das System legt einen neuen Dataset an, man hat seine Daten dann in zwei Datasets, auch nicht so gut, oder?
- Das System vergrößert einfach automatisch den Dataset.

Letztere Idee hört sich ganz gut an, so ähnlich geht es dann auch weiter. Was aber, wenn hinter dem letzten Track unseres Datasets schon ein anderer Dataset liegt? Der darf doch wohl nicht überschrieben werden. Das bedeutet, so einfach ist das mit dem Vergrößern nun auch nicht. Die Lösung liegt darin, daß ein Dataset aus mehreren Teilen (**Extents**) bestehen kann. Wenn nun der erste Bereich (**Primary Allocation**), dessen Größe wir unter Heranziehung aller unserer mathematischen Künste berechnet haben, belegt ist, reserviert das System automatisch einen zweiten Bereich (**Secondary Allocation**), in dem dann die Speicherung der Daten fortgesetzt werden kann. Wie groß ist dieser zweite Bereich? Auch das muß beim Erstellen des Datasets festgelegt werden. Als Benutzer merkt man von diesem Vorgang nichts, d.h. man bekommt keine Information darüber, ob die Daten im ersten oder zweiten Extent gespeichert sind, wieso auch? Alles läuft automatisch 'hinter der Bühne' ab.

Es gehört nun nicht viel Phantasie dazu, die Frage zu stellen, was wohl passieren wird, wenn der zweite Extent voll ist. Wir haben Glück, daß das System soviel Geduld mit uns hat, es gibt uns automatisch einen weiteren Extent in derselben Größe wie den zweiten (er gehört damit auch zur Secondary Allocation). Und so weiter, und so weiter,... Wie lange? Bis die Platte voll ist, und dann auf die nächste Platte? Nein, irgendwann ist Schluß damit, und zwar, wenn unser Dataset aus maximal 16 Extents (1 Primary und 15 Secondaries) besteht.

Diese Begrenzung ist allerdings nur für den sequentiellen und den Partitioned Dataset gültig. Wenn wir uns für einen PDSE-Dataset entschieden haben, gelten andere Regeln. Darauf kommen wir etwas später noch ausführlicher zurück.

Sind wir mit dem Speichern immer noch nicht fertig sind, werden wir vom System mehr oder weniger gewaltsam gestoppt. Dieses 'mehr oder weniger' hängt von unserer Anwendung ab: Die meisten Programme überlassen es dem System, und das bedeutet, der Benutzer bekommt eine Fehlermeldung (**ABEND Code** - ABEND = ABnormal END), und das Programm wird abgebrochen. Etwas benutzerfreundlicher verhält sich der Editor (Funktion zum Eingeben der Daten am Terminal), der gibt uns nämlich die

Möglichkeit, noch korrigierend einzugreifen. Einzelheiten dazu später, wenn wir uns genauer mit dem Editor beschäftigen.

Wenn man nun so einen ABEND-Code im Bildschirm oder in seiner Programm-Liste sieht, handelt es sich dabei um eine dreistellige Zahl, die obendrein noch hexadezimal dargestellt ist. Will man dann Genaueres wissen, muß man in der entsprechenden System-Literatur[2] die Bedeutung nachlesen. Für unseren speziellen Fehlerfall kommen die folgenden Codes in Betracht:

- B37 - Der Dataset (sequentiell) hat 16 Extents und ist voll, oder die Platte ist voll
- D37 - Es wurde keine Secondary Allocation definiert
- E37 - Der Dataset (partitioned) hat 16 Extents und ist voll

Muß man sich um alles selbst kümmern?

Grundsätzlich hat man bei 16 Extents keine andere Möglichkeit, als einen neuen größeren Dataset anzulegen und die Daten dann in diesen neuen Dataset zu kopieren.

Hat man als sorgfältiger Benutzer die Möglichkeit, diesem Fehler vorzubeugen? Man bekommt ja, wie erwähnt, keine direkte Information darüber, wenn wieder einmal ein neuer Extent angelegt wird. Ja, es gibt Commands im System, mit denen man die Zahl der Extents eines Datasets feststellen kann, so daß man, wenn sich die Gefahr am Horizont abzeichnet, schon vorher durch Neuanlegen und Kopieren vorbeugend eingreifen kann.

Es gehört übrigens zu guten 'Data Management'-Praktiken eines Rechenzentrums, das ja letztendlich für alle Platten und die darauf angelegten Datasets zuständig ist, daß durch entsprechende System-Funktionen regelmäßig überprüft wird, ob es auf einer Platte Datasets mit zu vielen (beispielsweise mehr als 3) Extents gibt, und dann wird automatisch eine Bereinigung durchgeführt, ohne daß der Benutzer davon etwas merkt oder eingreifen muß. Und das bedeutet schließlich, daß sich der Benutzer in den meisten Fällen um diesen scheinbar komplizierten Mechanismus nicht zu kümmern braucht. Aber er sollte um die Zusammenhänge wissen, um im Fehlerfall, der nie ganz auszuschließen ist, regulierend eingreifen zu können.

Wie groß ist eine Directory?

Neben der Primary und der Secondary Allocation ist für den Partitioned Dataset noch die Größe der Directory zu definieren. Durch diesen Wert ist die Zahl der Members begrenzt, die in dem Dataset, unabhängig von ihrer Größe, gespeichert werden können.

Man unterscheidet dabei zwischen Directory-Einträgen mit und ohne Benutzerdaten. In ersterem Fall - wir werden das später beim Arbeiten mit Partitioned Datasets im ISPF kennenlernen, wenn in der Directory gewisse statistische Informationen gespeichert werden - hat man pro Directory-Block Platz für die Informationen von 5 Members. Ohne Benutzerdaten kann man pro Block 20 Members speichern.

Das bedeutet, wenn wir planen, etwa 50 Members in unserem Dataset zu speichern, so sollten wir 50/5 = 10 Directory-Blöcke definieren.

[2] z/OS MVS System Codes, z/OS MVS System Messages

Sequential oder Partitioned ?

In der Einführung haben wir zwei Arten der Daten-Organisation kennengelernt, den sequentiellen und den Partitioned Dataset. Erstere Organisation erscheint einfacher, wozu also die zweite? Oder generell die Frage:

Wann lege ich meinen Dataset sequentiell an, und wann sollte es besser ein Partitioned Dataset sein?

Wir wissen, daß die minimale Größe eines Datasets 1 Track ist. Das ist ja nun wirklich nicht viel, oder? Wieviele Records passen aber auf einen Track - wir haben es bereits in einem Beispiel berechnet: bei LRECL=80 sind es auf einer 3390-Platte immerhin 698 Records. Wir werden aber im Lauf der Zeit viele Anwendungen kennenlernen, bei denen wir in einem Dataset vielleicht nur 15 oder 20 Records speichern wollen. Das bedeutet, mehr als 95% des Tracks bleiben frei und können nicht mehr genutzt werden, selbst wenn der Dataset nur mit der Minimalgröße angelegt wurde. Andererseits können mehrere Members eines Datasets auf einem Track liegen und damit den Platz besser ausnutzen.

Man kann sich natürlich als 'Otto Normalverbraucher' auf den Standpunkt stellen: was kümmert mich der Plattenplatz (wenn ich das Glück habe, in einem Rechenzentrum zu arbeiten, das nicht generelle Begrenzungen für den einzelnen Benutzer festlegt - sonst muß ich sowieso mit meinem Platz gut wirtschaften). Aber es ist klar, daß in jedem Rechenzentrum der zur Verfügung stehende Platz beschränkt ist und es somit immer - früher oder später - zu irgendwelchen Aktionen kommen muß, die wieder Platz schaffen, da nicht beliebig oft neue Platten installiert werden können. Deshalb muß es im Interesse eines jeden Benutzers liegen, möglichst sinnvoll mit dem zur Verfügung stehenden Platz umzugehen.

Doch Schluß jetzt mit dem Vernunfts-Appell. Es gibt noch einen zweiten handfesten Grund, sich mit dem Partitioned Dataset vertraut zu machen. Die Erfahrung zeigt, daß man, soweit keine generellen Beschränkungen von seiten der Installation vorliegen, auch als TSO-Anfänger relativ schnell zu einem großen Bestand von Datasets kommt, und je mehr Datasets man hat, desto schwieriger wird es, den Überblick über alle Daten zu behalten, und desto häufiger kommt es vor, daß man Daten doppelt erstellt, und damit ... und so weiter. Deshalb ist es sehr zu empfehlen, die Daten, die logisch zusammenhängen und dasselbe Format haben, als Members in einem Partitioned Dataset zu speichern.

Partitioned spart Platz, oder?

Aber (es gibt immer ein Aber) der Partitioned Dataset hat auch einen Nachteil: die Art, wie die einzelnen Members intern verarbeitet werden (für den Benutzer nicht direkt zu erkennen). Was ist damit gemeint? Beobachten wir einmal einen solchen Dataset.

Der Dataset wird neu angelegt, er hat damit eine Directory, die eine feste Größe hat (diese muß man beim Erstellen angeben), die formatisiert, aber leer ist, Members sind noch keine vorhanden.

Dann wird das erste Member MEMBX1 angelegt, dann das zweite ADR1, dann folgt das dritte Member NAMEN. Die drei Members werden nacheinander auf einem oder mehreren Tracks, je nach ihrer Größe, gespeichert. Jetzt nehmen wir an, daß das Member MEMBX1 verändert werden soll, beispielsweise durch den Editor am Bildschirm. Kein Problem: MEMBX1 einlesen, verändern, wegspeichern. Wohin wird es jetzt aber gespeichert? Auf seinen alten Platz? Nein! Es könnte ja sein, daß die Zahl der Records größer geworden ist, dann würde es nicht mehr an diese Stelle passen.

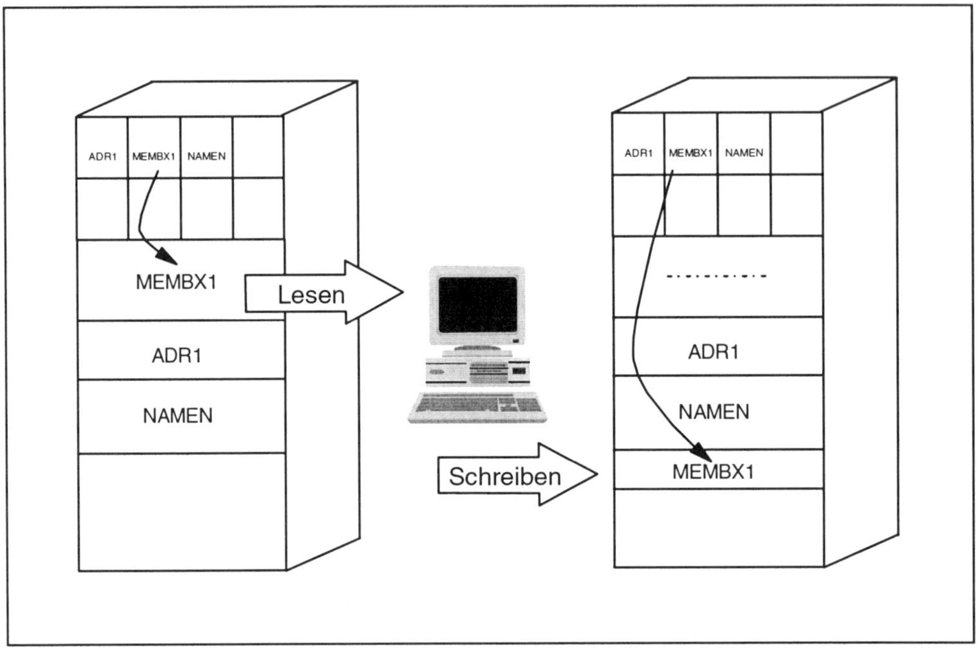

Sicherlich gibt es auch Fälle, daß die Größe gleich oder kleiner ist (in letzterem Fall entstände dann eine Lücke), aber was soll's. Man hat sich beim Design des Partitioned Datasets entschlossen, eine Überprüfung der Member-Größe nicht durchzuführen, sondern das geänderte Member grundsätzlich hinter das zuletzt gespeicherte Member (in obigem Beispiel NAMEN) zu schreiben und den Eintrag in der Directory entsprechend zu ändern. Was ist mit dem alten Platz von MEMBX1? Der ist erst einmal verloren.

Man ahnt nun Schlimmes, wenn man daran denkt, daß die einzelnen Members möglicherweise häufig verarbeitet und geändert werden. Es wird immer mehr Platz im Dataset belegt, obwohl sich am Umfang der Daten vielleicht gar nichts ändert, glücklicherweise gibt es ja einen zweiten, einen dritten Extent usw., aber irgendwann ist die Geduld des Systems, wie wir bereits wissen, am Ende. In diesem Fall ja wohl auch zu Recht, denn sonst wäre bald der meiste Platz auf der Platte ungenutzt verschwendet.

Es muß aufgeräumt werden

"Was tun?" sprach Zeus. Man muß den Dataset aufräumen, sprich umkopieren. Wie das geschieht, werden wir später im Kapitel *4.5 ISPF - EDIT* kennenlernen. Beim Umkopieren werden die einzelnen Members wieder ordentlich hintereinander geschrieben und belegen nur noch den echt benötigten Platz, bis zur nächsten Änderung ...

Auch eine solche Reorganisation 'aufgeblähter' Datasets fällt in den Rahmen der 'Mehr-Extent'-Bereinigung, die wir bereits früher kennengelernt haben.

Ist das Ganze aber nicht ein entscheidender Nachteil des Partitioned Datasets, nachdem wir doch am Anfang diese Datenorganisation als platzsparend angepriesen haben? Nur dann, wenn es sich um 'große' Members handelt. Rechnen wir das doch noch einmal mit einem 20-Records-Member durch: Man könnte dieses Member 34mal speichern (bei einer Track-Kapazität vom 698 Records), ehe ein Track belegt und 'vergeudet' wäre, den dieses Member als sequentieller Dataset mindestens belegen würde. Also ganz so schlimm ist es mit der Platzverschwendung nun doch nicht. Anders sieht es aus, wenn es sich um Daten handelt, die viele Tracks belegen. Dann gehen bei jedem Speichern viele Tracks verloren, und man sollte sich überlegen, ob nicht besser ein sequentieller Dataset zum Speichern dieser Daten zu wählen ist. Der wird bei einer Änderung der Daten immer wieder von Beginn an beschrieben, so daß hier durch derartige Aktivitäten kein Platz verlorengehen kann. Es wurde bewußt darauf verzichtet zu definieren: Was ist ein 'großes' Member, wieviel Tracks? Hier wird man sicherlich im Lauf der Zeit ein gewisses Fingerspitzengefühl dafür bekommen, welche Art der Datenorganisation im Einzelfall die richtige ist.

Zwei Spezialfälle seien noch erwähnt, in denen man keine Wahl hat, sondern wo es ein **Muß** gibt:

1. Für eine spezielle Anwendung sollen Daten gesammelt werden, d.h. sie werden stets an das Ende des Datasets angefügt. Das ist nur in einem sequentiellen Dataset, nicht aber in einem Member möglich. Warum nicht im Member? Weil wir nichts an das Ende des Members schreiben können, da steht doch schon das nächste Member, wir müßten also das gesamte Member einlesen, die neuen Daten anfügen und alles wieder speichern; es geht zwar somit indirekt auch, ist aber nicht zu empfehlen.
2. Datasets, die ausführbare Programme (Load Modules) enthalten, das sind die mit dem komischen RECFM=U, müssen per Definition Partitioned Datasets sein, da haben wir nun absolut keine andere Wahl.

System-verwalteter Speicher (SMS)

Die oben skizzierten Unbequemlichkeiten bei der Organisation und Verwaltung von Daten (aus der Sicht des Benutzers wie aus der des Rechenzentrums) hat nun zu neuen Speicherkonzepten im MVS geführt, die unter dem Namen *SMS (System Managed Storage)* entwickelt wurden.

Die Konzepte von SMS sehen eine möglichst automatische Kontrolle und Sicherung der Daten vor, die allerdings für den Endbenutzer weitgehend transparent sind und hier nicht weiter behandelt werden.

Wichtig zu erwähnen ist allerdings, daß in diesem Zusammenhang eine neue Dataset-Organisation (**PDSE = Partitioned Data Set Extended**) geschaffen wurde. Es handelt sich dabei um den *klassischen* Partitioned Dataset ohne die beschriebenen Nachteile:

- Die Directory hat keine feste Größe, sondern es können beliebig viele Members gespeichert werden.
- Es entsteht durch Änderungen im Dataset kein nicht-benutzbarer Platz, die Daten werden stets automatisch optimal gespeichert, so daß keinerlei Reorganisation mehr notwendig ist.
- Die Zahl der möglichen Extents wird von 16 auf 123 erhöht.

2.3 VTOC und Katalog

Wir haben jetzt viele Einzelheiten über Datasets und ihre Struktur kennengelernt und sollten nun noch einen kurzen Überblick erhalten, wie die vielen in einem System vorhandenen Datasets so organisiert sind, daß man in möglichst einfacher und schneller Form mit ihnen arbeiten kann. Dabei werden aber keine Details zur Sprache kommen, denn für die ist der Systemprogrammierer zuständig.

VTOC

Jede Platte hat einen Namen (Label oder Volume Serial Number = **VOLSER**) und ein Inhaltsverzeichnis (**VTOC - Volume Table of Content**). Im VTOC sind alle Datasets mit ihren Einzelheiten (Format, Größe, Track-Adresse) sowie die nicht belegten Tracks verzeichnet. Die Verwaltung des VTOC geschieht über Systemfunktionen, mit denen wir als Benutzer nichts zu tun haben, d.h. das Auffinden bestehender Datasets oder das Anlegen neuer Datasets wird systemseitig vorgenommen. Es gibt auch Funktionen, die jedem Benutzer zur Verfügung stehen und später noch behandelt werden, mit denen man sich am Bildschirm auflisten lassen kann, welche Datasets sich auf einer bestimmten Platte befinden oder wieviel freier Platz noch zur Verfügung steht.

Katalog

Zu einem System gehört nun eine Vielzahl von Platten, so daß über das Inhaltsverzeichnis einer Platte hinaus noch Informationen notwendig sind, die die Suche nach einem Dataset ermöglichen, ohne jede Platte einzeln zu untersuchen, was sicherlich sehr aufwendig wäre. Diese Informationen befinden sich in **Katalogen**.

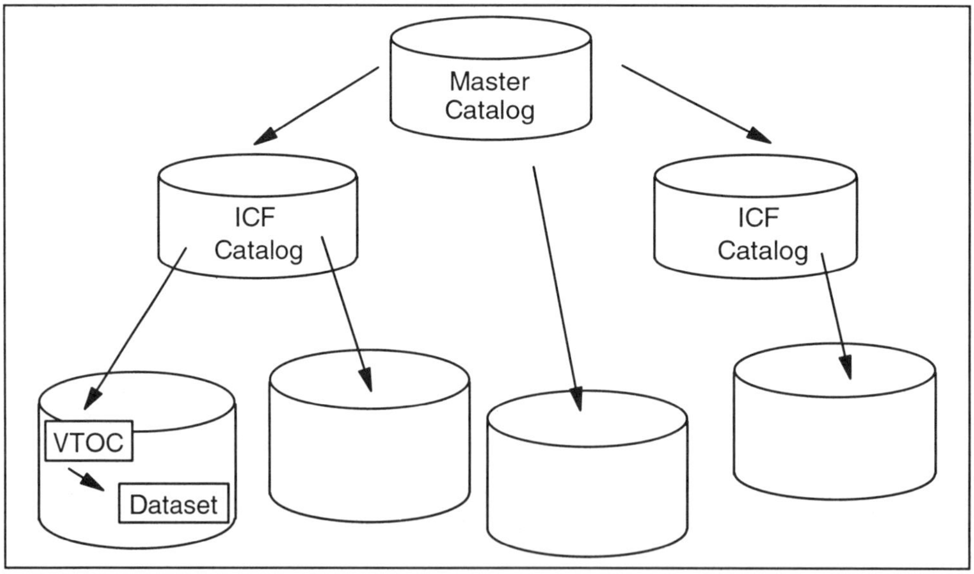

Es wäre denkbar, alle Datasets in einem Katalog zu speichern, d.h. die Zuordnung Dataset-Name → VOLSER. Da dies aber als ein übermäßig stark frequentierter Dataset mit Sicherheit ein Engpaß im System wäre, hat man in jedem System eine Katalogstruktur, die aus einem **Master Catalog** und weiteren Katalogen **(ICF Catalog** - Integrated Catalog Facility), besteht. Diese Struktur ist so aufgebaut, daß alle in einem System definierten **ersten Qualifier** (Alias) im Master Catalog die Information haben, auf welcher Platte sich der Katalog befindet, in dem alle zu dem jeweiligen ersten Qualifier gehörenden Datasets verzeichnet sind.

Ergänzend sei dazu noch bemerkt, daß es in vielen Systemen üblich ist, alle Datasets eines Qualifiers auf einer Platte zusammen mit dem sie beschreibenden Katalog zu haben. Das kann unter Umständen in dem Fall, daß eine Platte defekt ist (auch so etwas kann vorkommen), die Wiederherstellung der Platte mit ihren Datasets vereinfachen.

Damit haben wir alles für den TSO-Benutzer Wesentliche über Datasets kennengelernt, es sollte hier niemand zu einem Data-Manager ausgebildet werden, aber einen Überblick über die wichtigsten Zusammenhänge zu haben, kann sicherlich in der einen oder anderen Situation nützlich sein.

2.4 Zusammenfassung

Daten - Ihre Struktur

- **Datasets**

Organisation

`DSORG=PS`	Sequentiell
`DSORG=PO`	Partitioned
`DSORG=PO-E`	Partitioned Extended

Namen

Mehrere Qualifier (jeweils maximal 8 alphanumerische Zeichen)
Maximale Länge: 44

`RECFM=FB`	Feste Länge
`RECFM=VB`	Variable Länge
`RECFM=U`	Unbestimmte Länge

- **Platten-Übersicht**

	Bytes/Trk	Trk/Cyl	Cyl/Vol	Bytes/Vol
3380	47476	15	885-2655	630-1890 MB
3390	56664	15	1113-3339	946-2838 MB
9345	46456	15	1440-2156	1000-1500 MB

MB = Megabytes = etwa 1.000.000 Bytes

3.0 TSO - Der Beginn

- LOGON - Die Eintrittskarte in das TSO-Abenteuerland

  Mit dem LOGON-Command beginnt die TSO-Sitzung: READY

- TSO - Commands und wie sie benutzt werden

  Das Spektrum der Funktionen ist groß, und wir sollten kennenlernen, diese optimal zu nutzen.

- HELP - Der Unwissende bleibt nicht im Regen stehen

  Zu jeder Funktion gibt es eine Erklärung, über HELP können wir sie abfragen.

Wie heißt es so schön: "Drei Dinge braucht der Mann". Und das gilt auch für den TSO-Benutzer, er braucht

- eine TSO-Zugangsberechtigung (Userid = User Identification)
- ein Password
- ein Terminal

um mit TSO arbeiten zu können.

3.1 Userid

Am Anfang steht also, wie könnte es auch anders sein, die Administration, der man - aber das ist in jeder Installation unterschiedlich - die Notwendigkeit eines Zugangs zum TSO-System nachweisen muß. Nach wohlwollender Prüfung und dem ermahnenden Hinweis, daß man das System nur zu geschäftlichen Zwecken benutzen darf, erhält man dann seine Benutzer-Identifikation zugeordnet, die wir als *Userid* bezeichnen. Hierbei handelt es sich um eine maximal 7-stellige Zeichenfolge, die oftmals aus dem Namen oder der Personalnummer hergeleitet wird.

3.2 Password

Der eigentliche Schlüssel zum System ist das Password. Während Userids, besonders wenn sie nach obigen Kriterien gebildet werden, oftmals allgemein bekannt sind oder aus Kommunikationsgründen sogar bekannt gemacht werden, so sieht das mit dem Password anders aus. Das sollte man niemandem mitteilen, wenn man sicherstellen will, daß niemand sonst mit dem eigenen Userid arbeitet. Und das ist schließlich aus den unterschiedlichsten Gründen (es seien nur Datenschutz und Abrechnungskosten erwähnt) wichtig.

Dieses Password ist auch eine mehrstellige Buchstaben- und Zahlenkombination, und jedes Rechenzentrum hat seine eigenen Regeln, was erlaubt ist und was nicht. Die TSO-Systeme, die ihren Datenschutz, und darunter fällt auch die Zugangskontrolle, mit RACF, und das ist heute der Standard in der MVS-Welt, durchführen, haben zumindest einige generelle Regeln, die sich auf das Password beziehen:

- Jeder Benutzer bekommt bei seiner Anmeldung ein sogenanntes 'Default'-Password zugeordnet. Es ist der Name der RACF-Benutzergruppe, der er auf Grund administrativer Gesichtspunkte zugeordnet wurde. Dieser Name ist nun auch wieder nichts besonders Geheimnisvolles, aber:
- Mit diesem Password kann man nur einmal LOGON machen, so bezeichnet man den Beginn einer TSO-Sitzung, und während des LOGON muß man bereits ein neues Password angeben, das übrigens nicht auf dem Bildschirm zu lesen ist. Also aufgepaßt: Erhöhte Aufmerksamkeit beim Eingeben dieses neuen Passwords ist angebracht, damit man nicht auf Grund eines Schreibfehlers ein anderes Password angibt und es nicht merkt.

- Das neue Password hat nur eine zeitlich begrenzte Gültigkeitsdauer, die jeder Benutzer innerhalb der von der Installation festgelegten Maximaldauer selbst bestimmen kann. Falls man das Password nicht vor Ablauf der Frist verändert, wird man beim ersten LOGON nach Ablauf der Frist (das kann ein Tag danach sein oder aber auch später) aufgefordert, das Password zu ändern. Das heißt, einmal kommt man nach Ablauf der Frist noch mit dem alten Password ins System, sofern man dann nur ein neues angibt. Man braucht also keine Bedenken zu haben, wenn man wegen Urlaub, Krankheit oder ähnlichem sein Password nicht rechtzeitig ändern kann. Neben bestimmten Regeln, wie ein solches Password aussehen darf, gilt noch die Einschränkung, daß man ein einmal benutztes Password nicht wiederholen darf.

  Einzelheiten darüber sind installationsabhängig, und man sollte sich im Rechenzentrum danach erkundigen.

- Man muß sich sein Password natürlich merken, das darf allerdings keineswegs so aussehen, daß man es auf den Bildschirm schreibt oder auf einen Zettel, den man unter die Schreibtischplatte klebt. Hier hat jeder sicherlich genug Phantasie, sich ein wirkungsvolles Verfahren auszudenken. Es gibt keine Möglichkeit, sich vom Rechenzentrum sein Password mitteilen zu lassen, falls man es vergessen oder sich beim Eingeben verschrieben hat.

  Was macht man dann, wenn wirklich ein solcher Fall auftritt? Man muß sich natürlich an den zuständigen TSO-Administrator wenden, der einem dann entweder sein Default-Password oder ein neues Password zuordnet, mit dem man erneut ein einziges Mal LOGON machen kann, wobei man selbstverständlich auch wieder eine Änderung vornehmen muß.

3.3 Terminals

Drei Dinge braucht ..., richtig, ein Terminal gehört auch noch dazu, also anschalten und auf geht's.

Alle Terminals bestehen aus zwei Teilen, nämlich

- Bildschirm
- Tastatur (Keyboard)

Neben dem *klassischen* 3270-Typ-Terminal (3278, 3279) setzt sich auch in der TSO-Umgebung immer stärker die *Workstation* durch, wobei allerdings zu beachten ist, daß viele ihrer Funktionen, wie beispielsweise die Maus, in einem TSO-System noch nicht unterstützt werden (es sei denn, man hat andere PC-basierende Funktionen dafür zur Verfügung). Man benutzt die Workstation als TSO-Terminal im 3270-Mode. Allerdings gibt es hier auch schon Weiterentwicklungen, und wir werden später noch die ISPF-Workstation-Funktion kennenlernen.

Die einzelnen Tasten brauchen sicherlich nicht erklärt zu werden, es sollten lediglich einige TSO-spezifische Bemerkungen zum Umgang mit Bildschirm und Tastatur gemacht werden.

Neben den Standard-Eingabetasten gibt es 12 oder 24 Tasten, die ursprünglich *Programm-Funktionstasten*, in der neueren Terminologie aber *Funktionstasten* genannt werden. Auf einer 3270-Tastatur findet man noch die Bezeichnung PF1 - PF24, während auf modernen Workstation-Tastaturen die Bezeichnung F1 - F24 zu sehen ist.

Die Bedeutung dieser Tasten wird in speziellen Anwendungen definiert. Im Standard-TSO, d.h. im READY-Mode, den wir später noch kennenlernen werden, haben sie keine Bedeutung, und es ist auch nicht möglich, ihnen irgendwelche Funktionen zuzuordnen.

Zu erwähnen sind noch die ATTN- und die PA1-Taste, mit denen wir ein laufendes Programm oder einen Command unterbrechen können. Nach dem Unterbrechen hat man zwei Möglichkeiten:

- Durch Aufruf einer neuen Funktion wird das *unterbrochene* Programm *abgebrochen.*
- Durch ENTER wird das unterbrochene Programm weitergeführt.

Es gibt auch Programme und Anwendungen, die intern so definiert sind, daß sie nicht unterbrochen werden können.

Falls Sie TSO auf der Workstation laufen lassen, hängt die Unterbrechungsmöglichkeit von der Definition der ATTN-Funktion im Communication Manager ab, üblicherweise ist die Funktion über die rechte Maustaste erreichbar.

Noch einige technische Bemerkungen zur Arbeit mit dem Bildschirm, die sich auf den 'Line'-Mode beziehen:

- Zeilenfortsetzung

  Wir geben TSO-Commands, die in Abhängigkeit der Zahl möglicher Parameter eine unterschiedliche Länge haben, ein und starten dann ihre Ausführung durch ENTER - das haben wir bereits kennengelernt. Aber was können wir machen, wenn mehr Text einzugeben ist als in eine Zeile paßt? Es gibt mehrere Möglichkeiten:

  - Das Bildschirm-Terminal erlaubt ein unproblematisches Überschreiten des Zeilenrandes dadurch, daß der Cursor in die nächste Zeile springt, in der wir weiterschreiben können.
  - Man kann eine Zeile mit einem Fortsetzungszeichen beenden, ENTER drücken und dann in der nächsten Zeile fortfahren. Diese Technik stammt noch aus der Zeit mit den Schreibmaschinen-Terminals, die ja obige Lösung nicht erlaubten.

    Es gibt als Fortsetzungszeichen das + und das -, die sich in ihrer Funktion dadurch unterscheiden, daß beim + führende Leerzeichen in der nächsten Zeile unterdrückt werden.

- Überschreiben einer Bildschirmzeile

  Die momentan auf dem Bildschirm angezeigten Textzeilen sind in einem internen Bildschirm-Puffer gespeichert und können deshalb für die Eingabe eines weiteren Commands benutzt werden. Das heißt, man bewegt im Bedarfsfall den Cursor in die entsprechende Zeile und überschreibt dann mindestens ein Zeichen, falls man den dort stehenden Command unverändert wiederholen will, um dem System zu erkennen zu geben, daß hier die Neueingabe eines Commands stattgefunden hat. Oder man modifiziert die Zeile so, daß damit ein etwas geänderter Command ausgeführt wird.

- Eingabesperre

  Außer der direkten Eingabesperre, die durch eine Blockierung der Tastatur keine Dateneingabe erlaubt und mittels RESET gelöst werden kann, gibt es noch eine logische Sperre. Die tritt dann auf, wenn wir an der letzten Zeile des Bildschirms angelangt sind und vom System die Zeichen

  ***

  angezeigt bekommen. Das ist eigentlich als *Bildschirm-Fortsetzungszeichen* anzusehen und bedeutet, daß systemseitig nichts anderes als ENTER oder CLEAR akzeptiert wird, um den Bildschirm zur Fortsetzung löschen zu können.

  Da die Tastatur frei ist, sind wir in der Lage, jeden beliebigen Command einzugeben, dieser wird aber vom System ignoriert.

  Die '***'-Zeichenfolge werden wir auch im 'Full-Screen'-Mode kennenlernen, und zwar für den Fall, daß eine Meldung vom System an den Bildschirm übertragen wird, die nicht direkt zu dem angezeigten Bildschirm-Aufbau gehört. Auch in diesem Fall müssen wir durch ENTER oder CLEAR dem System mitteilen, daß wir die Meldung gelesen haben und sie somit wieder vom Bildschirm gelöscht werden kann.

3.4 Verbindung mit dem System

Es gibt verschiedene Möglichkeiten, eine Verbindung zwischen den Terminals und dem Rechner herzustellen:

- Die Terminals sind durch direkte Leitungen mit dem System verbunden, eine solche Verbindung ist nur über eine begrenzte Distanz möglich ('lokal' angeschlossen), aber man kann durch Zwischenschaltung von speziellen Steuereinheiten auch größere Entfernungen überbrücken ('remote' angeschlossen).

- Die Workstations sind an ein Netzwerk (LAN - Local Area Network) angeschlossen. Diesen Kommunikationsweg wird man häufig in größeren Installationen finden, da ein solches Netzwerk für viele Anwendungen im Workstation-Bereich nutzbar ist.

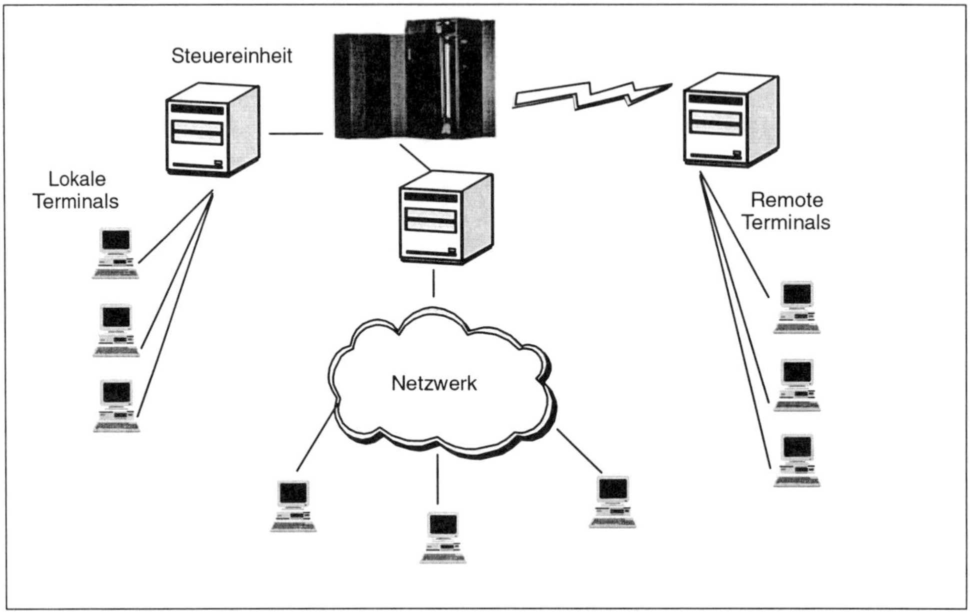

Es gibt im z/OS zwei Funktionen, die die Kommunikation zwischen dem Rechner und den Terminals steuern, aus der Sicht des TSO-Benutzers ist der Unterschied allerdings nicht sichtbar:

- VTAM - Virtual Telecommunication Access Method
- TCP/IP - Transmission Control Protocol / Internet Protocol

Das erste Bild, das man nach dem Einschalten des Bildschirms sieht, wird in jeder Installation anders sein. Da man immer mehr Computer-Netze aufbaut und den Benutzern über eine Leitung die Verbindung zu mehreren Systemen geben will, könnte ein solches erstes Einschalt-Bild etwa folgendermaßen aussehen.

```
IBM Deutschland                                          Terminal:CUP1A2F6/
                                                                    Seite 1
                                         15:54, Dienstag  , Juni 26, 2001
-----------------------------------------------------------------------------

LABTSO            07:25  |  |  FRANVM2           06:45   |
IMS               07:25  |  |  HAMBVM1           23:10   |
DSXIOF            07:25  |  |  HAMBVM2           23:10   |
DSXIOF1           12:22  |  |  MAZVM01           05:58   |
DSXIOF2           12:22  |  |  MAZVM02           05:58   |
DSXIOF3           12:22  |  |  EHPTSO            07:07   |
DSXIOF4           12:22  |  |  EHPTSO2           07:07   |
BOEVMN            07:28  |  |  EHPTSO3           07:07   |
BOEVM1            10:52  |  |  EHPTSO4           07:07   |
BOEVM2            07:28  |  |                            |
BOEVM3            07:28  |  |                            |
BOEVM4            15:37  |  |                            |

==> labtso ed1_
```

Hier sind der Name des Systems, mit dem wir arbeiten wollen, und die Userid anzugeben. In diesem Beispiel heißt das System LABTSO, das wird in anderen Systemen anders heißen.

Falls der Systemprogrammierer Ihrer Installation etwas Phantasie hat, könnte das Einschaltbild auch so ähnlich wie im Washington Systems Center aussehen, muß es aber nicht...

```
|||||||||||       |||||||||||      |||||||||||
 ||||~~~~~~~       ||||~~~~~~~      ||||~~~~~~~
 SOFTWARE          SERVICES     &  SUPPORT
 ~|||||||||        ~|||||||||      ~|||||||||                        %%
  ~~~~~~~||||       ~~~~~~~||||     ~~~~~~~||||                     %%%%
   %%%%% |||| %%%%%%%%%% |||| %%%%%%%    ||||                     %%%%%     I
 ||||||||||| %%% ||||||||||| %%% ||||||||||| %%                 %%%%%%%     A
 ~~~~~~~~~~ %%%% ~~~~~~~~~~ %%%% ~~~~~~~~~~ %%%%               %%%%%% /&mt.
 %%%%%%%%%%%%%%%%%%%%%%%%%%%%%%%%%%%%%%%%%%%%%%%%    %%%%%%% |''| @@@@@@@
%%%%%%%%%%%%%%%%%%%%%%%%%%%%%%%%%%%%%%%%%%%%%%%%%%%%%%%%%%%% |   d@@@@@@@b
%%%%%%%%%%%%%%%%%%%%%%%%%%%%%%%%%%%%%%%%%%%%%%% Washington % |   @@@@@@@@@
%%%%%%%%%%%%%%%%%%%%%%%%%%%% %%%%%%%%%%%%%%%%%% Systems <> %    IIIIIIIII
%%%%%%%%%%%%%%%%%%%%%%%%%%% | %%%%%%%%%%%%%%%%%% Center %%%%   ====_-_====
 %%%%%%%%%%%%%%%%%%%%%%%%% || %%%%%%%%%%%%%%%%%%%%%%%%%% _====_ |_-    -_| _==
 %%%%%%%%%%%%%%%%%%%%%%%%   || | %% _ _ %%%%%%%%%%%%%%%%% |    |=============|
  %%%%%%%%%%%%%%%%%%%%%% | ||_| % | \/ | %%%%%%%%%%%%%%%   |    | | | | | | | |
   %%%%%%%%%%%%%%%%%%%%% |_||  %% |    | %%%%%%%%%%%%%%%% |    | | | | | | | |
    %%%%%%%%%%%%%%%%%%     ||  \___@@@@@@___/ %%%%%%%%%%%      | | | | | | | |
      %%%%%%%%%%%%% |\_/| ||    %%%%%%%%%%%%%%%%%%%%%%%%% @@@@@@@@@@@@@@@@@@@@@@
        %%%%%%%%%%  |*|*| ||   %%%%%%%%%%%%%%%%%%%%%%%%%%%
             %%%%%% | | | || %%%%% Dallas %%%%          %%%%
                    | * |  | %%%% * Systems              %%%%
                    |__  \__ %%%%%%% Center                %%
                  *-|_|\____>  %%%%
                                 %%%

------------------------------------------------------------------------------
 Help Desk 1-800-........ | >>>> If travelling, enter | MVS PRONTO on 9672-RX3
 Operator..... .......... | IBMNET nodename to access | OS/390
 F1 for Help  OFF to Exit | your US Office system <<< | Terminal: X7D
==>
```

3.5 LOGON

Um eine TSO-Sitzung (Session) beginnen zu können, muß man den LOGON-Command eingeben. In vielen Systemen wird dieser Command automatisch ausgeführt, wenn man die notwendigen Parameter in ein sogenanntes 'LOGON-Menu' eingibt. Unter einem Menu versteht man einen systemseitigen vorbereiteten Bildschirm mit einigen Eingabefeldern.

Ein solches LOGON-Menu könnte beispielsweise folgendermaßen aussehen:

```
------------------------------ TSO/E LOGON ---------------------------------

Enter LOGON parameters below:           RACF LOGON parameters:

Userid       ===> ED1
Password     ===> _                     New Password   ===>
Procedure    ===> BASIC                 Group Ident    ===>
Acct Nmbr    ===> EDUC
Size         ===>
Perform      ===>
Command      ===>

Enter an 'S' before each option desired below:
_ Nomail     _ Nonotice     _ Reconnect     _ OIDcard

PF1/PF13=>Help    PF3/PF15=>Logoff    PA1=>Attention    PA2=>Reshow
You may request specific help information by entering a '?' in any entry field
```

Die meisten Parameter beziehen sich auf den LOGON-Command, der folgendes Format hat:

```
Syntax -
   LOGON      userid ACCT(account) PROC(procedure) SIZE(integer)
              PERFORM(integer) GROUP(group-id) OIDCARD
              MAIL/NOMAIL NOTICES/NONOTICES
  oder
   LOGON      userid RECONNECT

Notwendig - userid

Defaults  - ACCOUNT/PERFORM/GROUP (im Benutzer/RACF-Profil
            definiert)
            MAIL NOTICES
```

An dieser Stelle eine generelle Bemerkung zur Struktur und Schreibweise aller TSO-Commands:

- Jeder Command kann sowohl Positions-Parameter (in der Syntax als Kleinbuchstaben angegeben) wie auch Keyword-Parameter (Großbuchstaben) haben, das bedeutet, daß
  - Positions-Parameter, oben beispielsweise **userid**, ihre Bedeutung durch ihre Reihenfolge haben und nicht vertauscht werden dürfen,
  - Keyword-Parameter, oben beispielsweise **ACCT** oder **PROC**, ihre Bedeutung durch ihren Namen haben und in beliebiger Reihenfolge angegeben werden können.
- Positions-Parameter müssen angegeben werden, bei Keyword-Parametern ist das nicht unbedingt notwendig, sie haben, falls nicht angegeben, einen Defaultwert.

Was versteht man unter einem **Default** oder Defaultwert? Die Übersetzung von Default lautet 'Mangel - Nichterscheinen', und das ist für die weiteren Betrachtungen so zu verstehen, daß für einen Parameter systemseitig ein Wert definiert ist, falls vom Benutzer nichts angegeben wird.

- Wenn man einen Positions-Parameter nicht oder einen Keyword-Parameter falsch (z.B. ACT statt ACCT) angibt, so wird man vom System darauf hingewiesen und nach den fehlenden/richtigen Daten gefragt. Man bezeichnet diesen Vorgang des Nachfragens als **Prompting**.

- Einen Keyword-Parameter kann man durch Weglassen der Buchstaben von hinten abkürzen, und zwar so weit, wie der Parameter noch eindeutig bleibt, in obigem LOGON-Command beispielsweise

  - ACCT oder ACC oder AC oder A, nicht aber ACT,
  - PROC oder PRO oder PR, nicht aber P, da es noch den Parameter PERFORM gibt.

  Falls man P eingeben würde, bekäme man als Antwort zurück

  ```
  PARAMETER P AMBIGUOUS, REENTER
  ```

  d.h. der Parameter P ist nicht eindeutig und muß genauer angegeben werden.

- Werden zwei Parameter in der Form

  ```
  MAIL/NOMAIL
  ```

  angezeigt, so schließen sie sich gegenseitig aus, es darf also nur einer von ihnen angegeben werden.

Sehr wichtig: Falls man eine Systemmeldung erhält, daß etwas fehlt oder fehlerhaft ist, so bedeutet das, daß wirklich nur der entsprechende Wert, *nicht aber* der ganze Command neu eingegeben werden soll. Denn dann würde der Command als Parameter interpretiert werden und die Fehlersituation nur verschlechtert.

Also: genau hinsehen, wonach man gefragt wird, und dann die richtige Antwort geben.

Und was soll man machen, wenn man doch einmal in eine solche dumme Fehlersituation kommen sollte, aus der man keinen Ausweg findet? Ausschalten? Nein, denn auch wenn man ausschaltet, bleibt die Session vorläufig bestehen, und falls es einem dann gelingen sollte, überhaupt wieder in das System zu kommen, so befindet man sich in derselben Fehlersituation wie vorher.

Es gibt eine Möglichkeit, einen Command abzubrechen: die ATTN-Taste. Danach kann man den Command wieder neu und nun hoffentlich fehlerfrei eingeben.

Noch eine wichtige Bemerkung: Die Abkürzungsregel gibt es nur für die Parameter, nicht aber für den Command-Namen. Man kann also beispielsweise

```
LOGON
```

nicht durch

```
LOGO oder LOG
```

abkürzen. Für viele Commands gibt es einen zweiten (kürzeren) Namen, der dann unter der Bezeichnung

`Alias`

angegeben wird.

Nachdem wir nun die wesentlichen Regeln für TSO-Commands kennengelernt haben, wollen wir uns die Bedeutung der einzelnen Parameter ansehen.

userid	TSO Userid
ACCT(account)	Abrechnungsnummer
PROC(procedure)	LOGON Prozedur

Die beiden letzteren Parameter brauchen nur dann angegeben zu werden, wenn man autorisiert ist, mit verschiedenen Abrechnungsnummern, z.B. für unterschiedliche Projekte, oder mit verschiedenen LOGON-Prozeduren zu arbeiten. Ansonsten werden die über die Anmeldung als TSO-Benutzer festgelegten Werte genommen.

Was ist eine LOGON-Prozedur?

Durch Bereitstellung verschiedener System-Datasets wird eine gewisse Anwendungsumgebung festgelegt. Damit kann man einzelnen Benutzergruppen spezielle Daten zur Verfügung stellen, die für spezielle Anwendungen notwendig sind. Da die zur Verfügung stehenden Prozeduren sehr systemabhängig sind, sollte man sich im eigenen Rechenzentrum erkundigen, für welche Prozeduren man sich autorisieren lassen kann.

PERFORM(integer)	Performance-Gruppe: spezielle Prioritätendefinition, die wir als 'Normalbenutzer' vergessen können
GROUP(group-id)	RACF-Gruppe: wir lassen sie frei, dann wird unsere bereits oben erwähnte Default-Gruppe genommen
SIZE(integer)	Größe des Hauptspeichers, in dem wir arbeiten werden, für spezielle Anwendungen kann man hier einen Wert innerhalb des systemseitigen Maximums angeben:
	Beispiel: `SIZE(4000)` - 4000K Bytes als Hauptspeicher
OIDCARD	Angabe einer Terminal-Identifikationskarte
MAIL/NOMAIL	Persönliche Mitteilungen
NOTICES/NONOTICES	Allgemeine Mitteilungen

Die beiden letzten Parameter haben etwas mit dem im TSO-System vorhandenen Kommunikationssystem zu tun. Es gibt einen BRODCAST-Dataset (eigentlich müßte es ja BROADCAST heißen, aber wegen der 8-Zeichen-Regel für Dataset-Namen heißt es BRODCAST), in dem Mitteilungen gespeichert sind, die für die TSO-Benutzer bestimmt sind. Man unterscheidet dabei

- NOTICES - das sind allgemeine Mitteilungen an alle, die beispielsweise vom System-Operator geschickt werden
- MAIL - persönliche Mitteilungen an einen TSO-Benutzer, etwa vom Operator oder einem anderen Teilnehmer

Durch die beiden Parameter MAIL/NOMAIL und NOTICES/NONOTICES kann man angeben, ob vorhandene Mitteilungen während des LOGON-Vorgangs angezeigt werden sollen oder nicht. Wenn man nichts angibt, so wird alles angezeigt.

Wir haben oben den LOGON-Command noch in einer zweiten Form gesehen, nämlich außer dem Userid nur mit dem Parameter

RECONNECT Diesen Parameter gibt man an, wenn man eine bestehende Session fortsetzen will, die wegen einer Leitungsstörung, z.B. Ausschalten des Terminals, unterbrochen wurde.

Dem aufmerksamen Leser sollte eigentlich nicht entgangen sein, daß ein Parameter nicht aufgetaucht ist, den wir anfangs ausführlich besprochen haben: das **Password**. Der Command ist so definiert, daß das Password nicht als Parameter angegeben wird, sondern daß danach systemseitig gefragt wird. Dadurch kann mittels spezieller Terminal-Steuerzeichen erreicht werden, daß das angegebene Password nicht auf dem Bildschirm zu sehen ist - auch wieder wegen der Datensicherheit. Dasselbe gilt, wie bereits erwähnt, wenn wegen Terminablauf nach einem neuen Password gefragt wird.

Wir sehen, daß beide Parameter im LOGON-Menu erscheinen, aber auch hier ist sichergestellt, daß die Angaben nicht auf dem Bildschirm zu sehen sind.

Die angegebenen Parameter werden auf ihre Gültigkeit überprüft, die über die LOGON-Prozedur definierten Datasets bereitgestellt, die allgemeinen und persönlichen Mitteilungen auf den Bildschirm gebracht, und dann ist es soweit. Wir erhalten die Mitteilung

```
READY
```

und das bedeutet, daß der LOGON-Vorgang erfolgreich abgeschlossen wurde und das System bereit ist, weitere Commands in Empfang zu nehmen.

Noch eine Bemerkung: Es ist im TSO möglich, systemseitig über die LOGON-Prozedur festzulegen, daß während des LOGONs ein bestimmtes Programm oder eine spezielle Commandfolge abläuft, die der Benutzer selbst definieren kann. Da diese Implementierung installationsabhängig ist, sollte man sich in seinem Rechenzentrum erkundigen, was man hier machen kann.

Außerdem kann man im LOGON-Panel im Feld

```
Command ===>
```

einen Command angeben, der nach der Initialisierung automatisch ausgeführt werden soll.

3.6 LOGOFF

Die TSO-Session wird mit dem LOGOFF-Command beendet.

```
Syntax -
   LOGOFF
```

Es gibt theoretisch noch die Parameter **DISCONNECT/HOLD**, sie beziehen sich auf eine TSO-Session an einem Terminal, das über eine Wählleitung mit dem System verbunden ist, und sind somit heutzutage vermutlich von keiner praktischen Relevanz.

Der LOGOFF-Command ist nicht die einzige Möglichkeit, daß eine TSO-Session beendet wird. Systemseitig wird genau registriert, ob an einem Terminal Aktivitäten stattfinden, und für TSO-Benutzer, die in einen seeligen Büroschlaf (gibt es so etwas?) gefallen sind, hat das MVS-System nur eine begrenzte Geduld. Der TSO-Administrator hat eine bestimmte Zeitdauer, beispielsweise 30 Minuten, definiert, nach deren Ablauf eine inaktive TSO-Session beendet wird, sorry ...

Aktivität heißt in diesem Zusammenhang *Interaktion mit dem System.* Sie mögen vielleicht sehr geschäftig mit der Eingabe eines längeren Textes im Full-Screen-Mode sein und gelegentlich auch längere Denkpausen einlegen, um die richtige Formulierung zu finden - falls Sie nicht von Zeit zu Zeit ENTER drücken, merkt das System von Ihrer Arbeit nichts ... tschüss ...

Und alle Daten, die Sie eingegeben haben, sind verloren. Also bitte ein gelegentliches ENTER als Lebenszeichen.

3.7 HELP-Funktion

Im TSO stehen den Benutzern Unterstützungsfunktionen zur Verfügung, mit deren Hilfe man feststellen kann, welche Commands benutzt werden können und wie sie funktionieren. Dafür gibt es den HELP-Command.

```
Syntax -
   HELP      command-name  FUNCTION SYNTAX
             OPERANDS(keyword list) POSITIONAL(nn) ALL

Notwendig - kein Parameter

Defaults  - ALL, falls FUNCTION, SYNTAX und OPERANDS nicht
            angegeben wurden

Alias     - H
```

Ruft man den HELP-Command ohne Parameter auf, so erhält man eine Auflistung aller Commands mit einer kurzen Erklärung ihrer Funktion. Will man dann zu einem speziellen Command Genaueres wissen, so gibt man den Commandnamen als Parameter an und hat damit noch die folgenden Keyword-Parameter zur Verfügung:

FUNCTION Was macht der Command?

SYNTAX Wie wird der Command aufgerufen und welche Parameter hat er?

OPERANDS Was ist die Bedeutung eines bestimmten Parameters?

POSITIONAL Erklärung eines Positions-Parameters

ALL Ist der Default, wenn nichts anderes angegeben wird, und bedeutet, daß die gesamte Information angezeigt wird.

Neben dem HELP-Command gibt es noch eine andere Funktion, die dem TSO-Benutzer gewisse Informationen zur Verfügung stellt. Wir haben ja früher bereits kennengelernt, daß es im TSO die Funktion des PROMPTINGs gibt, und zwar für den Fall, daß wir einen Command falsch oder unvollständig eingeben. Dann werden wir systemseitig auf das Problem hingewiesen und nach den richtigen oder vollständigen Daten gefragt. Oftmals ist eine solche Fragestellung durch ein + abgeschlossen. Dieses Zeichen sagt uns, daß wir durch Eingabe eines Fragezeichens noch zusätzliche Systeminformation erfragen können.

3.8 TSO-Namenskonvention

Im Kapitel *2. Daten - Ihre Struktur* haben wir viele Informationen über Datasets kennengelernt, die ganz generell in einem MVS-System gelten, unabhängig davon, ob die Daten über TSO oder auf eine andere Art verarbeitet werden. Es gibt aber speziell im TSO einige Namenskonventionen, die nun genauer betrachtet werden sollen.

Es gilt in (vermutlich) allen TSO-Installationen die Regel, daß die Dataset-Namen eines TSO-Benutzers als ersten Qualifier den Userid haben. Die weiteren Qualifier sind dann, falls eine Installation keine eigenen Regeln hat, beliebig. Es gibt zwar eine Reihe von 'letzten' Qualifiern, die wir noch kennenlernen werden, sie sind aber nicht zwingend vorgeschrieben.

Die Normalform eines TSO-Dataset-Namens ist dreiteilig

```
USERID.NAME.TYP
```

wobei der NAME vom Benutzer frei wählbar ist, aber möglichst eine aussagekräftige Beschreibung des Dataset-Inhalts sein sollte.

Wenn wir (und das System) nun davon ausgehen, daß alle unsere Datasets mit unserem Userid beginnen, ist es dann noch notwendig, daß wir diesen jedesmal angeben, wenn wir auf einen Dataset zugreifen wollen? Nein, das System kennt unseren Userid und setzt ihn automatisch vor den von uns angegebenen Namen. Für die folgenden Beispiele wollen wir annehmen, daß unser Userid ED1 ist.

Wenn wir uns beispielsweise das Format des Datasets ED1.MYDATA.TEXT am Terminal anzeigen lassen wollen, es gibt dafür einen LISTDS-Command, so brauchen wir nur

```
listds mydata.text
```

anzugeben. Wollen wir danach das Member TEST3 in dem Partitioned Dataset ED1.PROGRAMM.ASM löschen, so kann das mit dem DELETE-Command folgendermaßen geschehen:

```
delete programm.asm(test3)
```

Will man nun auf Daten, die anderen Benutzern oder dem System gehören, zugreifen, sofern man dazu autorisiert ist, so muß man die Namen **voll qualifiziert** angeben, und zwar dadurch, daß man sie in Hochkommas (') setzt, etwa

```
smcopy fromdataset('ed2.test.data') todataset(test2.data)
```

Dataset-Typen

Wie bereits oben erwähnt, gibt es eine Reihe von letzten Namens-Qualifiern, die den Typ eines Datasets charakterisieren und in jedem TSO-System definiert sind. Sie beziehen sich auf spezielle Anwendungen und müssen nicht unbedingt in allen Fällen benutzt werden. Es empfiehlt sich aber, mit ihnen zu arbeiten. Die wichtigsten Qualifier sind:

`CNTL`	Job Control (JCL)	`ASM`	Assembler-Programm
`CLIST`	Command Prozedur	`C`	C/C++ Programm
`EXEC`	REXX Prozedur	`PLI`	PL/I-Programm
`LIST`	Programm-Listen	`COBOL`	COBOL-Programm
`OUTLIST`	Output-Listen	`OBJ`	Object Dataset
`SCRIPT`	Script-Daten	`LOAD`	Load Dataset
`DATA`	Allgemeine Daten	`LINKLIST`	Linkage Editor Listen

Einzelne TSO-Commands erwarten diesen letzten Namens-Qualifier (Typ). Ohne hier bereits auf Einzelheiten dieser Commands eingehen zu wollen, sei doch ein Beispiel genannt.

Mit dem EXEC-Command kann man Command oder REXX Prozeduren (das sind mehrere Commands, die in einer bestimmten Reihenfolge ablaufen sollen) zur Ausführung bringen. Wie oben ersichtlich, gibt es für diese Datasets den Typ CLIST und EXEC. Wenn wir beispielsweise unsere Prozeduren im Dataset ED1.MYPROC.CLIST haben, so kann die Prozedur PRINT, die im Member PRINT gespeichert ist, durch

`exec myproc.clist(print)` oder

`exec myproc(print)`

zur Ausführung gebracht werden. TSO nimmt an, daß der letzte Qualifier CLIST heißt (für eine REXX-Prozedur müßte noch der Parameter EXEC angegeben werden), und ergänzt demzufolge den Dataset-Namen damit. Das bedeutet aber andererseits, daß wir die Prozedur TEST voll qualifiziert aufrufen müssen, obwohl der Dataset-Name ED1.BEISPIEL.CMDPROC mit dem eigenen Userid beginnt:

```
exec 'ed1.beispiel.cmdproc(test)'
```

Geben wir nur

```
exec beispiel.cmdproc(test)
```

ein, so wird der Dataset-Name vorn, wie erwartet, durch den Userid ED1, hinten aber durch den Qualifier CLIST zu ED1.BEISPIEL.CMDPROC.CLIST ergänzt, und damit wäre ein falscher Dataset-Name entstanden. Ähnliches gilt für andere anwendungsspezifische Commands.

3.9 Zusammenfassung

TSO - Der Beginn

- **Zugangsberechtigung zu einem TSO-System**

Userid	Benutzer-Identifikation
Password	Zugangskontrolle über das Password, es muß regelmäßig geändert werden und darf sich nicht wiederholen

- **Die TSO-Sitzung**

LOGON	Beginn der Sitzung
READY	Das System ist bereit, Commands zu verarbeiten
LOGOFF	Beendigung der Sitzung

- **System-Hilfen**

HELP	Auskunftsmöglichkeit zu Commands und ihren Funktionen
PROMPTING	Das System erfragt Korrekturen zu fehlenden oder fehlerhaften Eingabedaten
?	Systemmeldungen, die mit einem + abgeschlossen sind, können durch Eingabe von ? ergänzt werden.

- **TSO Namenskonvention**

Eigene Datasets	Angabe des Namens ohne den ersten Qualifier = Userid
Andere Datasets	Der Name wird 'voll qualifiziert', d.h. komplett angegeben und in Hochkommas eingeschlossen.

4.0 ISPF - Ein Erstes Kennenlernen

- Primary Option Menu

  Der Start in die komplette Funktionalität von ISPF.

- Tutorial

  Wir lernen kennen, wie wir ISPF kennenlernen können.

- ISPF Settings

  Die Definition der richtigen Umgebung ist sehr wichtig.

- Der Erste Dataset

  Es ist nicht schwierig, Datasets zu erstellen und mit ihnen zu arbeiten.

- EDIT - Erstellen und Speichern von Daten

  Eingeben, Ändern, Löschen und Speichern sind wichtige Funktionen des ISPF-Editors.

- Utilities

  Ein weites Angebot von Funktionen der Datenverarbeitung steht uns hier zur Verfügung.

- Command Shell

  Diese Umgebung ermöglicht auch Funktionen über ISPF hinaus.

Interactive System Productivity Facility (**ISPF**) - diese Funktion ist integraler Teil von z/OS und deshalb wird es wohl kaum ein TSO-System geben, in dem nicht über ISPF den Benutzern alle die Funktionen zur Verfügung gestellt werden, die sie für eine erfolgreiche und benutzerfreundliche Durchführung ihrer Aufgaben benötigen. Aus dem Namen des Produkts kann man die ursprüngliche Intention ableiten: die Produktivität der Benutzer im interaktiven Betrieb mit dem MVS-System zu erhöhen[3].

ISPF war das erste Produkt im TSO, das im sogenannten *Full-Screen-Mode* arbeitet und somit alle Möglichkeiten des Bildschirm-Terminals ausnutzt. Das erscheint heutzutage eine Selbstverständlichkeit, ist es aber nicht, wenn man bedenkt, daß man im READY-TSO immer noch im *Line-Mode* arbeitet, d.h. zeilenweises Ein- und Ausgeben der Daten.

Ursprünglich gab es zwei zusammengehörende Produkte: ISPF und ISPF/ Program Development Facility (**ISPF/PDF** oder **PDF**). Diese wurden aber im Lauf der Jahre zu einem Produkt ISPF kombiniert.

Die momentan neueste Version von ISPF ist Version 5.2 als integraler Bestandteil von z/OS Version 1.2. Sie ist Grundlage für die folgenden Ausführungen. Deshalb kann das eine oder andere Panel in Ihrer Installation etwas anders aussehen, falls bei Ihnen noch nicht die neueste Version zur Verfügung steht - das sollte aber zu keinen Verständnisproblemen führen, sondern in Ihnen höchstens Vorfreude auf weitere Verbesserungen im ISPF hervorrufen.

Die hauptsächlichen Funktionen im ISPF sind:

- **Full-Screen-Editieren** mit der Möglichkeit, mehrere Eingaben und Änderungen auf dem Bildschirm mit nur einer Kommunikation zum System durchzuführen,
- **Scrolling**, d.h. Verschieben des Bildschirms vor einer Liste (wie mit einer Lupe) oder einem Dataset in jeder Richtung,
- **Split-Screen** erlaubt die Aufteilung des Bildschirms in zwei (oder mehr) voneinander unabhängige Teile,
- **Utilities**, Funktionen zum Erstellen und Verarbeiten von Datasets,
- **Programmier-Unterstützung** durch Aufruf von Compilern, Assembler, Linkage Editor usw.,
- Unterstützung in der **Entwicklung von Text-Dokumenten** durch eine Verbindung zum Programm-Produkt BookMaster,
- Direkte **Tutorial-Unterstützung** zur Einführung, Referenz und für den Fehlerfall,
- **Browse und Edit-Service**, der von anderen Anwendungen aufgerufen werden kann.

[3] Anfangs hieß das Produkt SPF, und das stand für *Structured Programming Facility* - und davon haben sich viele von denen, die keine Programmierer waren, abhalten lassen - Produktivität wollen wir dagegen alle erreichen.

Charakteristisch für das Arbeiten mit ISPF ist, daß alle Funktionen über Panels (oder Menus) aufgerufen und gesteuert werden. Unter einem Panel versteht man eine systemseitig aufbereitete Bildschirm-Ausgabe, in die man als Benutzer die notwendigen Daten eingeben kann.

Genau wie im READY-Mode außerhalb des ISPF wird dann durch ENTER die Verarbeitung der eingegebenen Daten begonnen.

Bemerkung: Alle Panels und Informationen in ISPF sind standardmäßig in englischer Sprache. Das sollte aber auch den TSO-Benutzer, der mit der englischen Sprache nur wenig vertraut ist, nicht hindern, mit diesem sehr effektiven Programm-Paket zu arbeiten. Vielleicht wird man nicht so schnell mit den letzten Feinheiten vertraut, die wesentlichen Standard-Funktionen sind dagegen leicht zu lernen. Die Sprachprobleme wirken sich vermutlich dann aus, wenn man in den sogenannten Tutorial-Teil (er wird später noch ausführlich erklärt) kommt, der umfangreiche Erklärungen zu den einzelnen Funktionen geben kann.

Es gibt jedoch verschiedensprachige Versionen von ISPF, und jedes Rechenzentrum muß entscheiden, ob es bei der gewohnten englischsprachigen Version bleibt oder seinen Benutzern den Service eines ISPF in deutscher Sprache anbietet.

Wichtiger Hinweis: Es gibt auch eine *Schweizer-Deutsche* Variante. Also auf, Eidgenossen, das ist Eure Chance ...

Objekt-Aktions-Orientierung

Das Grundprinzip, das der Panel-Struktur zugrunde liegt, ist eine *Objekt-Aktions*-Orientierung. Dem Benutzer werden Objekte zur Auswahl angeboten, mit denen dann eine Aktion ausgeführt werden kann. Man spricht hier von der **Action Bar**, sie ist eine Auflistung von Funktionen, die in einem Panel ausgeführt werden können, und ist jeweils die erste Zeile eines Panels.

Client/Server-Anwendungen

Mit Version 4 hat ISPF einen Schritt in eine neue Welt gemacht. Während man in der Vergangenheit eine strenge Trennung zwischen dem Großrechner (auch *Host* genannt) und der Workstation hatte, wird in immer stärkerem Ausmaß ein Zusammenarbeiten angestrebt. Man spricht hier auch von *Client/Server-Verarbeitung*, da immer mehr 'Rechner-Intelligenz' in die Workstation (*PWS = Programmable Workstation*) gebracht wird.

Ziel der Vorgehensweise ist, den Host von all den Aufgaben zu entlasten, die man auf einer Workstation erledigen kann, und zwar nicht, um auf Dauer den Jumbo entbehrlich zu machen und ihn ganz durch Workstations zu ersetzen, sondern um dort die notwendigen Kapazitäten für rechen- und datenintensive Anwendungen zu haben.

Das hat nun zur Folge, daß Anwendungen entwickelt werden, die sowohl auf der Workstation wie auf dem Host laufen sollen, und zwar mit einer möglichst konsistenten Benutzerschnittstelle. ISPF ist jetzt auch eine solche Anwendung, und wir werden im weiteren Verlauf noch kennenlernen, daß man ISPF mit gleicher Funktionalität auch auf der Workstation benutzen kann.

Wir werden aber nicht in jedem einzelnen Kapitel darauf hinweisen, sondern diese Thematik im Kapitel *6.7 ISPF und die Workstation* besprechen.

Was gibt es Neues im ISPF?

In jüngster Vergangenheit, also etwa zwischen OS/390 2.8 und z/OS 1.2, hat es im ISPF einige Verbesserungen und neue Commands gegeben, die wichtigsten davon sollen denjenigen Benutzern vorgestellt werden, die schon seit längerem mit ISPF arbeiten:

- Auf der Workstation ist COPY/CUT/PASTE ein gängiges Verfahren, Daten zu kopieren und zu verschieben. Diese Funktionalität steht jetzt im EDIT und VIEW mit den Commands CUT und PASTE zur Verfügung.
- Wenn man mit den Move/Copy Utilities oder den EDIT-Commands CREATE und REPLACE in einen neuen Dataset kopieren will, so kann dieser Dataset dynamisch angelegt werden, braucht also noch nicht zu existieren.
- Bei den EDIT-Commands CREATE, REPLACE, COPY und MOVE kann man einen Dataset-Namen direkt angeben.
- Der EDIT-Command COMPARE wurde in seiner Funktionalität verbessert.
- Für die Member-Liste im EDIT/VIEW gibt es jetzt einen REFRESH-Command.
- Die Benutzung der Client/Server-Variante ist durch die Commands WSCON und WSDISCON einfacher, mit diesen beiden Commands kann man die ISPF-Session auf der Workstation starten und beenden. Darüber hinaus gibt es den Command SWITCH, mit dem man während der Workstation-Session in den 3270-Mode wechseln kann.

Genug der Vorrede, rein ins Vergnügen. Man kann so viel über ISPF schreiben bzw. lesen, wie man will, richtig lernen kann man es nur in der Praxis, d.h. durch die Benutzung am Bildschirm. Die folgenden Seiten sollen dafür eine Anleitung sein.

4.1 Primary Option Menu

ISPF wird im READY-Mode durch den Befehl

`ISPF` oder `PDF`

aufgerufen, der Command-Name kann in einzelnen Installationen unterschiedlich sein. Als Antwort erhält man auf dem Bildschirm ein Menu, das die Hauptfunktionen des ISPF vorstellt, das sogenannte **Primary Option Menu**.

Versierte Benutzer, die die einzelnen Optionen im ISPF bereits kennen, können diese gezielt aufrufen, z.B.

`ISPF 2` - Direkter Aufruf des Editors
`ISPF 3.3` - Direkter Aufruf der COPY/MOVE-Funktion

```
  Menu  Utilities  Compilers  Options  Status  Help
--------------------------------------------------------------------------
                           ISPF Primary Option Menu
Option ===> _

0  Settings      Terminal and user parameters          User ID . : ED1
1  View          Display source data or listings       Time. . . : 16:28
2  Edit          Create or change source data          Terminal. : 3278
3  Utilities     Perform utility functions             Screen. . : 1
4  Foreground    Interactive language processing       Language. : ENGLISH
5  Batch         Submit job for language processing    Appl ID . : ISR
6  Command       Enter TSO or Workstation commands     TSO logon : BASIC
7  Dialog Test   Perform dialog testing                TSO prefix: ED1
9  IBM Products  IBM program development products      System ID : IDF1
10 SCLM          SW Configuration Library Manager      MVS acct. : EDUC
11 Workplace     ISPF Object/Action Workplace          Release . : ISPF 5.2

Enter X to Terminate using log/list defaults
```

Das hier gezeigte Menu ist nur ein Beispiel, es kann in jeder TSO-Installation anders aussehen. Es wird sicherlich kaum Unterschiede in den Grundfunktionen geben, es ist aber für den Systemprogrammierer im Rechenzentrum relativ einfach, dieses Menu zu ändern oder zu erweitern, und deshalb wird es in vielen Installationen gern durch eigene Anwendungen ergänzt. Auf die kann hier natürlich nicht eingegangen werden, so daß im folgenden nur die überall gleichen Basisfunktionen erklärt werden.

Man hat verschiedene Möglichkeiten, eine dieser Funktionen aufzurufen.

- Man gibt die entsprechende Option (Ziffer/Buchstabe) im Feld
  `Option ===>`

  ein, durch ENTER wird die Funktion dann zur Ausführung gebracht.

- *Point-and-Shoot* Text-Felder
  Unter diesem Begriff versteht man Text-Felder auf dem Bildschirm, die *cursor-sensitiv* sind. Das bedeutet, daß man den Cursor auf ein solches Feld positionieren und ENTER drücken kann.

  Im Primary Option Menu sind das die Felder

  ```
  Settings
  View
  Edit
  Utilities
  Foreground
  Batch
  Command
  Dialog Test
  IBM Products
  SCLM
  Workplace
  ```

  Setzt man beispielsweise den Cursor auf das Feld `View` und drückt ENTER, so wird die VIEW-Funktion aufgerufen, mit der man sich die Daten am Bildschirm anzeigen lassen kann.

- *Action Bar*

  Man positioniert den Cursor entweder mit Hilfe der Cursor-Tasten oder mit F10 (ACTIONS) auf ein Feld der Action Bar, dort bewegt man den Cursor mit der TAB-Taste. Nach Auswahl der gewünschten Aktion erreicht man durch ENTER, daß ein *Pull-Down Menu* angezeigt wird, aus dem man sich für eine Funktion entscheiden kann. Die drei Punkte bei einem Text im Pull-Down zeigen an, daß man für die Wahl zu einem weiteren *Pop-Up Window* geführt wird.

  Will man in einem Pull-Down keine Auswahl angeben, so kann man dieses durch F12 (CANCEL) beenden.

Übersicht

Eine kurze Beschreibung der Grundfunktionen, wobei sich hinter jeder wieder ein ganzes Bündel von Funktionen zeigen wird, soll den Einstieg in ISPF erleichtern.

Option 0 : Settings

Hier hat der Benutzer die Möglichkeit

- sein Terminal zu charakterisieren (Zeilenzahl, Tastatur, usw.)
- über das Erstellen eines LOG-Datasets (Protokoll) zu entscheiden
- die Funktionstasten zu definieren

Option 1: View

VIEW steht für Anzeigen, d.h. mit dieser Funktion kann man sich einen Dataset am Bildschirm anzeigen lassen.

Option 2: Edit

EDIT ist zweifellos die wichtigste und umfangreichste Funktion, sie ermöglicht die Eingabe und Änderung von Daten.

Wichtig: Man kann nur bestehende Datasets editieren, d.h. man kann mit dieser Funktion keinen Dataset neu erstellen.

Option 3: Utilities

Unter dieser allgemeinen Überschrift ist eine Vielzahl von Funktionen zu verstehen, die wir zur Datenverarbeitung benötigen, wie etwa

- Erstellen und Löschen von Datasets
- Kopieren von Datasets

und vieles andere.

Option 4: Foreground / Option 5: Batch

Die Bezeichnung FOREGROUND ist nicht sonderlich aussagekräftig (denn das meiste machen wir im TSO ja im FOREGROUND), sondern soll diese Option nur gegen die nächste Option BATCH abgrenzen, in der die gleichen Funktionen, nämlich die Language Processors (Sprach-Prozessoren), als BATCH-Jobs zur Ausführung kommen. Gemeint sind damit die verschiedenen Programmiersprachen (Assembler, PL/I, FORTRAN, C++ usw.), für die man hier die entsprechenden Compiler (Übersetzungsprogramme) aufrufen kann. Option 4 und 5 sind somit für die Programmierer unter den TSO-Benutzern bestimmt.

Option 6: Command

Die ISPF Command Shell gibt die Möglichkeit, diejenigen TSO-Funktionen, die nicht direkt im ISPF zur Verfügung stehen, zur Ausführung zu bringen.

Option 7: Dialog Test

Zur Entwicklung neuer Anwendungen im ISPF steht diese TEST-Funktion zur Verfügung.

Option 8: Existiert nicht

In früheren Versionen gab es die Option LM FACILITY, diese Funktion steht mit ISPF 5.2 nicht mehr zur Verfügung.

Option 9: IBM Products

Diese Option gibt Zugriff auf Programm-Entwicklungsprodukte wie Tivoli Service Desk for OS/390, COBOL/SF und SDF. Damit werden wir uns nicht beschäftigen.

Option 10: SCLM

Kontrolle und Wartung aller Komponenten einer Anwendung im Rahmen von SCLM (Software Configuration and Library Manager). Dieses Thema wird hier nicht behandelt.

Option 11: Workplace

Der ISPF Workplace bietet einen völlig neuen Ansatz: die Objekt-Orientierung. Man hat in **einem** Panel die Möglichkeit, alle ISPF-Funktionen auf ein bestimmtes Objekt (Dataset, Library, Volume) anzuwenden.

Zu guter Letzt noch der Hinweis, wie man ISPF beenden kann, irgendwann muß ja auch einmal Schluß sein. Man hat dafür sowohl den X-Command wie den END-Command, der Unterschied zwischen beiden bleibt noch zu erklären.

Action Bar

Wir werden uns jetzt die Action Bar etwas genauer ansehen, wobei zu beachten ist, daß ihr Inhalt vom jeweiligen Panel abhängt und somit sehr unterschiedlich sein kann.

Menu

```
  Menu  Utilities  Compilers  Options  Status  Help
+----------------------------+ ------------------------------------------
| _  1. Settings             | Primary Option Menu
|    2. View                 |
|    3. Edit                 |
|    4. ISPF Command Shell   | er parameters           User ID . : ED1
|    5. Dialog Test...       | data or listings        Time. . . : 16:28
|    6. Other IBM Products...| e source data           Terminal. : 3278A
|    7. SCLM                 |  functions              Screen. . : 1
|    8. ISPF Workplace       | guage processing        Language. : ENGLISH
|    9. Status Area...       | language processing     Appl ID . : ISR
|   10. Exit                 | rkstation commands      TSO logon : BASIC
+----------------------------+ testing                 TSO prefix: ED1
9  IBM Products  IBM program development products      System ID : IDF1
10 SCLM          SW Configuration Library Manager      MVS acct. : EDUC
11 Workplace     ISPF Object/Action Workplace          Release . : ISPF 5.2

Enter X to Terminate using log/list defaults
```

Hier werden die Funktionen des Primary Option Menu angeboten, das scheint im Primary Option Menu direkt nicht sehr sinnvoll zu sein, ist es aber an anderer Stelle durchaus, hier ist es nur aus Konsistenzgründen vorhanden.

Utilities

```
  Menu  Utilities  Compilers  Options  Status  Help
------+-------------------------+ ------------------------------------------
      | _ 1. Library            | ary Option Menu
Optio |   2. Data set           |
      |   3. Move/Copy          |
0  Se |   4. Data Set List      | arameters            User ID . : ED1
1  Vi |   5. Reset Statistics   |  or listings         Time. . . : 16:39
2  Ed |   6. Hardcopy           | urce data            Terminal. : 3278
3  Ut |   7. Download...        | ctions               Screen. . : 1
4  Fo |   8. Outlist            | e processing         Language. : ENGLISH
5  Ba |   9. Commands...        | uage processing      Appl ID . : ISR
6  Co |  *0. Reserved           | ation commands       TSO logon : BASIC
7  Di |  11. Format             | ing                  TSO prefix: ED1
9  IB |  12. SuperC             | ment products        System ID : IDF1
10 SC |  13. SuperCE            | brary Manager        MVS acct. : EDUC
11 Wo |  14. Search-For         | Workplace            Release . : ISPF 5.2
      |  15. Search-ForE        |
      +-------------------------+
Enter X to Terminate using log/list defaults
```

Dieses Funktionsangebot entspricht der Option 3.

Compilers

Hier finden wir die über die Optionen 4 und 5 angebotenen Funktionen.

Options

Diese Funktionen beziehen sich auf die Definition der ISPF-Session, die Farbe, die Keys und vieles mehr. Vielleicht sollte man das, aber nicht unbedingt als erstes, einfach einmal ausprobieren ...

Status

Sie haben die Möglichkeit, den Inhalt des Status-Feldes (rechter Teil des Primary Option Menu) zu wählen. Wenn Sie sich den Monatskalender anzeigen lassen wollen - hier können Sie sich dafür entscheiden.

Help

Alles, was Sie schon immer über ISPF wissen wollten - hier finden Sie es. Entweder in sehr allgemeiner und übersichtlicher Form (z.B. `1 General`), in spezieller Form (z.B. `4 Edit`), oder in mehr unterrichtender Form (z.B. `Tutorial`).

```
  Menu  Utilities  Compilers  Options  Status  Help
---------------------------------------------+--------------------------------+
                           ISPF Primary Opti |  _   1. General                 |
Option ===>                                  |      2. Settings                |
                                             |      3. View                    |
0  Settings       Terminal and user parameter |      4. Edit                    |
1  View           Display source data or list |      5. Utilities               |
2  Edit           Create or change source dat |      6. Foreground              |
3  Utilities      Perform utility functions   |      7. Batch                   |
4  Foreground     Interactive language proces |      8. Command                 |
5  Batch          Submit job for language pro |      9. Dialog Test             |
6  Command        Enter TSO or Workstation co |     10. LM Facility             |
7  Dialog Test    Perform dialog testing      |     11. IBM Products            |
9  IBM Products   IBM program development pro |     12. SCLM                    |
10 SCLM           SW Configuration Library Ma |     13. Workplace               |
11 Workplace      ISPF Object/Action Workplac |     14. Exit                    |
                                             |     15. Status Area             |
                                             |     16. About...                |
                                             |     17. Changes for this Release|
Enter X to Terminate using log/list defaults |     18. Tutorial                |
                                             |     19. Appendices              |
                                             |     20. Index                   |
                                             +--------------------------------+
```

Die weitere Vorgehensweise, wie wir uns mit ISPF vertraut machen wollen, sei kurz geschildert. Die einzelnen Funktionen sollen nicht in der im Primary Option Menu gezeigten Reihenfolge erklärt werden, sondern so, wie man es möglicherweise als Anfänger mit ihnen zu tun haben wird:

Und so lernen wir ISPF kennen

- Erklärungen - Tutorial
- Definition der Terminal-Parameter
- Erstellen eines Datasets
- Eingeben und Ändern von Daten
- Auflisten, Kopieren und Löschen von Daten

4.2 Tutorial

Das TUTORIAL (Erklärungen) ist ein sehr wichtiger Teil des ISPF, leider, wie bereits erwähnt, meist nur in englischer Sprache verfügbar. Man sollte sich aber nicht scheuen, auch bei nur begrenzten Sprachkenntnissen darauf zurückzugreifen. Man kann das TUTORIAL über den TUTOR-Command oder die `Tutorial`-Selection im Help-Pull-Down direkt aufrufen und sich dann, auch wieder menugesteuert, beliebig viel Information über ISPF am Bildschirm anzeigen lassen.

Wichtiger erscheint aber noch der zweite Weg, nämlich direkt aus der Anwendung heraus Erklärungen abzufragen. Das geschieht über eine Funktionstaste und wird später noch erklärt.

```
--------------------------- ISPF TUTORIAL ----------------------------------
Command ===> _

                         ISPF DIALOG MANAGER

                              TUTORIAL


This tutorial provides on-line information about the features and
operations of ISPF.  You may view the tutorial sequentially, or you may
choose selected topics from lists displayed on many of the tutorial pages.

The table of contents lists major topics.  Subsequent pages contain
additional lists that lead you to more specific levels of detail.  You
can also select topics from the tutorial index.

The following two pages describe how to use this tutorial.

Press ENTER  to proceed to the next page, or
Enter the UP command to go directly to the table of contents, or
Enter the END command to return to the primary option menu.
```

Man hat drei Möglichkeiten fortzufahren:

ENTER Fortsetzung auf der nächsten Seite (nächstes Panel) mit zusätzlichen allgemeinen Erklärungen

UP Direktes Verzweigen zum Inhaltsverzeichnis des Tutorials (ähnlich strukturiert wie das Primary Option Menu)

END Rückkehr zum Primary Option Menu

Außerdem wird auf einen Tutorial-Index hingewiesen, aus dem heraus man sich ganz gezielt einzelne Informationen anzeigen lassen kann. Ganz allgemein sei noch erwähnt, daß man in (fast allen) Panels die Möglichkeit hat, durch Drücken der ENTER-Taste sequentiell in der Beschreibung voranzugehen, d.h. alle Panels sind intern in einer bestimmten logischen Reihenfolge miteinander verbunden. Will man noch einmal zu dem vorhergehenden Panel zurückkehren, so geht das durch den UP-Command. Man kann den Tutorial-Teil jederzeit durch den END-Command beenden und damit zum Primary Option Menu gelangen.

```
TUTORIAL ---------------- TABLE OF CONTENTS --------------------- TUTORIAL
OPTION  ===> _
                +---------------------------------------------+
                | ISPF PROGRAM DEVELOPMENT FACILITY TUTORIAL |
                +---------------------------------------------+
  The following topics are presented in sequence, or may be selected by
  entering a selection code in the option field:
      G  General      - General information about ISPF
      0  Settings     - Specify terminal and user parameters
      1  View         - Display source data or output listings
      2  Edit         - Create or change source data
      3  Utilities    - Perform utility functions
      4  Foreground   - Invoke language processors in foreground
      5  Batch        - Submit job for language processing
      6  Command      - Enter TSO command, CLIST, or REXX exec
      7  Dialog test  - Perform dialog testing
      9  IBM Products- Use additional IBM program development products
     10  SCLM         - Software Configuration and Library Manager
     11  Workplace    - ISPF Object/Action Workplace
      X  Exit         - Terminate ISPF using log and list defaults
   The following topics will be presented only if selected by number:
      A  Appendices   - Dynamic allocation errors and ISPF listing formats
      I  Index        - Alphabetical index of tutorial topics
```

Das Inhaltsverzeichnis ist ähnlich wie das Primary Option Menu aufgebaut, d.h. man kann durch Eingabe derselben Optionen jetzt nicht die Funktion selbst, sondern eine Erklärung dazu aufrufen. Außerdem hat man noch die Möglichkeit, die Bedeutung bestimmter Fehler-Codes, die im Rahmen der Dataset-Verarbeitung auftreten können, anzeigen zu lassen oder direkt zum Index-Teil, der alle Begriffe in alphabetischer Reihenfolge anzeigt, zu gehen.

Funktionstasten

Jede Tastatur enthält eine gewisse Zahl von Funktionstasten (Function Keys = FK), abhängig vom Terminal-Typ sind es 12 oder 24. Jeder dieser Tasten sind im ISPF ein oder mehrere Commands zugeordnet, die aber vom Benutzer geändert werden können. Die Definition, die über sogenannte Key-Listen festgelegt sind, hängt von der jeweiligen Funktion im ISPF ab, in der man sich gerade befindet.

Die 12 (bzw. 24) FKs sind systemseitig folgendermaßen definiert:

F1/F13	HELP	Direkter Aufruf des zu dem momentan aktiven Panel gehörenden Tutorial-Teils.
F2/F14	SPLIT	Aufteilen des Bildschirms in zwei logisch voneinander unabhängige Bildschirme (SPLIT-Mode).

F3/F15	END	Beenden der aktiven Funktion und Rückkehr in das nächsthöhere Panel.
F4/F16	RETURN	Beenden der aktiven Funktion und Rückkehr zum Primary Option Menu.
F5/F17	RFIND	RFIND steht für REPEAT FIND und bedeutet die Wiederholung eines FIND-Commands (im VIEW oder EDIT).
F6/F18	RCHANGE	Wiederholung eines CHANGE-Commands (im EDIT).
F7/F19	UP	'Verschieben' (Scrolling) des Bildschirms vor einer Daten-Liste nach oben (d.h. in Richtung zum Anfang).
F8/F20	DOWN	Scrolling nach unten
F9/F21	SWAP	Wechsel der Bildschirme im SPLIT-Mode
F10/F22	LEFT	Scrolling nach links
F11/F23	RIGHT	Scrolling nach rechts
F12/F24	RETRIEVE	Anzeige der zuletzt ausgeführten Commands (in umgekehrter Reihenfolge) zur Neuausführung.

Wie aus der Funktion jedes einzelnen FKs ersichtlich ist, kann man manche von ihnen in jedem Panel benutzen (z.B. F3 = END oder F1 = HELP), andere wiederum nur in bestimmten Funktionen (z.B. F5/F6). Wenn wir etwa in den vorangegangenen Beispielen gesagt haben, eine Funktion kann durch den END-Command beendet werden, so kann dafür auch F3 benutzt werden.

Als Anfänger merkt man sich eventuell nicht alle 12 (oder sogar, falls unterschiedlich definiert, alle 24) FKs, aber zwei sind von elementarer Bedeutung und müssen sitzen:

```
F3    -    END      (ist schon besprochen)
F1    -    HELP
```

F1 führt uns immer direkt in das Tutorial. Das bedeutet, man bekommt eine Erklärung zu dem Panel, in dem man sich gerade befindet. Für den Fall, daß die Eingabedaten oder ein im Panel eingegebener Command unvollständig oder falsch sind, bekommt man nach einer ersten kurzen System-Meldung durch F1 eine ausführlichere Meldung zu dem bestehenden Problem und kann dann durch erneutes Drücken von F1 gezielte Information aus dem Tutorial zu dem Panel oder dem Command (z.B. Syntax, Format usw.) bekommen. Dieses Verfahren ist sicherlich wesentlich effektiver, als wenn man versuchen würde, in einem Manual die entsprechenden Informationen zu finden.

Was hat es mit den anderen FKs auf sich?

Der Unterschied zwischen

```
F3    -    END
F4    -    RETURN
```

besteht darin, daß man mit F3 die jeweilige Funktion beendet und zu dem Panel zurückkehrt, von dem man gekommen ist, während F4 ebenfalls die Funktion abschließt, aber dann einen direkten Rücksprung in das Primary Option Menu macht.

Die Scrolling-FKs

```
F7    -    UP          F10    -    LEFT
F8    -    DOWN        F11    -    RIGHT
```

beziehen sich auf das Verschieben des Bildschirms vor einem Dataset, einer Liste oder welcher Information auch immer, die nicht komplett auf einen Bildschirm paßt. Verschieben des Bildschirms (und nicht der Daten) deshalb, weil sich die Richtung darauf bezieht.

Die Wiederholungs-FKs

```
F5    -    RFIND
F6    -    RCHANGE
```

werden wir genauer kennenlernen, wenn wir uns im EDIT-Mode mit den entsprechenden Commands (FIND und CHANGE) beschäftigen werden.

Zwei FKs

```
F2    -    SPLIT
F9    -    SWAP
```

ermöglichen uns, zwei oder mehr ISPF-Funktionen parallel zu einander zu verarbeiten. Wozu das gut sein soll und wie es geschieht, wollen wir uns etwas später ansehen.

Bleibt somit noch

```
F12    -    RETRIEVE
```

mit dem man sich einen der zuletzt ausgeführten Commands, die in einem internen Puffer gespeichert sind, zur Neuausführung anzeigen lassen kann - sehr praktisch.

Reshow-Taste

Neben den Funktionstasten gibt es noch zwei 'Program-Access'-Tasten (PA1 und PA2 bzw. PA1+ALT und PA2+ALT). Wir haben PA1 bei der Terminal-Beschreibung als Taste kennengelernt, mit der man ein Programm oder einen Command unterbrechen kann. Diese Funktion ist im ISPF nicht vorhanden, ISPF reagiert auf diese Taste nicht.

Dagegen hat PA2 eine 'Reshow'-Funktion im ISPF, das bedeutet, man kann sich durch Drücken von PA2 den Bildschirm-Inhalt, wie er nach dem letzten ENTER oder FK aussah, wieder anzeigen lassen. Wenn man also versehentlich etwas überschrieben oder gelöscht hat (z.B. durch die DELETE- oder ERASE EOF-Taste) und merkt es, bevor man diesen Vorgang durch ENTER dem System meldet, so hat man mit dieser Taste eine Möglichkeit, den Fehler wieder zu korrigieren.

Wer nicht auf dem klassischen 3270-Terminal sondern auf der Workstation arbeitet, wird feststellen, daß auf dem Keyboard weder PA1 oder PA2 zu finden sind. An diese Tasten kommt man durch Drücken der rechten Maustaste.

ISPF-Commands

Es gibt eine große Zahl von ISPF-Commands - wenn man sie sich im Tutorial auflisten läßt, erhält man folgende Übersicht:

```
---------------------------- Commands and F Keys ------------------ Tutorial
Option ===> _

Listed below are the ISPF commands you can issue in an ISPF session.
The commands are presented in sequence or may be selected by number:
                                                               More:     +
1  HELP command                   29 EXIT command
2  SPLIT command                  30 KEYLIST command
3  SPLITV command                 31 EXHELP and KEYSHELP commands
4  END command                    32 WINDOW command
5  RETURN command                 33 ISPLIBD command
6  RFIND and RCHANGE commands     34 RESIZE command
7  UP, DOWN, LEFT, and            35 ISPDTLC command
   RIGHT commands                 36 RETP command
8  SWAP command                   37 RETF command
9  RETRIEVE command               38 REFADDD, REFADDL, REFACTD,
10 PRINT and PRINT-HI commands       REFACTL, REFLISTD, REFLISTL,
11 PRINTL and PRINTLHI commands      REFOPEND, and REFOPENL commands
12 KEYS command                   39 START command
13 TSO command                    40 DSLIST command
14 PANELID command                41 SCRNAME command
15 PFSHOW and FKA commands        42 ISPFWORK command
16 COLOR command                  43 ISPFVAR command
17 CUAATTR command                44 ISRRLIST command
18 SAREA command                  45 ISRROUTE command
19 SETTINGS command               46 MSGID command
20 Jump function ("=option")      47 PSCOLOR command
21 ISPPREP command                48 SWITCH command
22 CURSOR command                 49 TSOCMD command
23 ENVIRON command                50 TSOGUI command
24 PRINTG command                 51 TUTOR command
25 LIST and LOG commands          52 WS command
```

In diesem Zusammenhang soll noch auf eine Besonderheit hingewiesen werden. Im oberen rechten Teil findet man die Anzeige

```
More:     +
```

Diese deutet darauf hin, daß über Scrolling noch weitere Informationen in diesem Panel verfügbar sind. Mit F8 erhalten wir

```
---------------------------- Commands and F Keys ------------------- Tutorial
Option ===> _

Listed below are the ISPF commands you can issue in an ISPF session.
The commands are presented in sequence or may be selected by number:
                                                               More:    -
4  END command                      32 WINDOW command
5  RETURN command                   33 ISPLIBD command
6  RFIND and RCHANGE commands       34 RESIZE command
7  UP, DOWN, LEFT, and              35 ISPDTLC command
   RIGHT commands                   36 RETP command
8  SWAP command                     37 RETF command
9  RETRIEVE command                 38 REFADDD, REFADDL, REFACTD,
10 PRINT and PRINT-HI commands         REFACTL, REFLISTD, REFLISTL,
11 PRINTL and PRINTLHI commands        REFOPEND, and REFOPENL commands
12 KEYS command                     39 START command
13 TSO command                      40 DSLIST command
14 PANELID command                  41 SCRNAME command
15 PFSHOW and FKA commands          42 ISPFWORK command
16 COLOR command                    43 ISPFVAR command
17 CUAATTR command                  44 ISRRLIST command
18 SAREA command                    45 ISRROUTE command
19 SETTINGS command                 46 MSGID command
20 Jump function ("=option")        47 PSCOLOR command
21 ISPPREP command                  48 SWITCH command
22 CURSOR command                   49 TSOCMD command
23 ENVIRON command                  50 TSOGUI command
24 PRINTG command                   51 TUTOR command
25 LIST and LOG commands            52 WS command
26 ACTIONS command                  53 WSCON command
27 CANCEL command                   54 WSDISCON command
28 CRETRIEV command                 55 ZKEYS command
```

Das Feld

```
More:     -
```

informiert uns darüber, daß wir jetzt nur noch rückwärts scrollen können.

Alle ISPF-Commands können entweder über die FKs, falls diese entsprechend definiert sind, oder in der Command-Zeile jedes Panels aufgerufen werden. Neben den bereits besprochenen Commands wollen wir noch einige weitere erklären:

CURSOR Eine Funktion, die den Cursor auf die erste Eingabe-Position im Panel setzt, eine schnelle Möglichkeit, den Cursor in dieses häufig benutzte Feld zu bringen.

CRETRIEVE *Conditional RETRIEVE* bedeutet RETRIEVE, falls sich der Cursor im *Primary Input*-Feld befindet, ansonsten ist es die CURSOR-Funktion.

PRINT(HI) Drucken des Bildschirms, Drucken ist dabei über den Umweg des LIST-Datasets zu verstehen, den wir gleich noch kennenlernen werden. Nach Ausführung des PRINT-Befehls (über die zugeordnete Taste oder durch Direkt-Eingabe in der Command-Zeile eines Panels) erscheint auf dem Bildschirm rechts oben die Mitteilung

```
Physical screen printed
```

	und die entsprechende Daten sind im LIST-Dataset zum späteren Ausdrucken gespeichert. Die Funktionen PRINT bzw. PRINTHI unterscheiden sich dadurch, daß beim Drucken durch den letzteren Befehl alle Zeichen des Bildschirms, die in stärkerer Intensität angezeigt werden, auch stärker gedruckt werden, vielleicht eine Spielerei, sieht aber auf dem Papier ganz gut aus.
PRINTL(HI)	Drucken des 'logischen' Bildschirms, im Gegensatz zum Drucken des 'physikalischen' Bildschirms
SPLITV	Vertikales Aufteilen des Bildschirms (nur für 3290 Terminal)
TSO	Ausführung eines TSO-Commands Beispiel: `Command ===> tso listcat`
KEYS	Anzeige der den FKs zugeordneten Funktionen
PFSHOW	Mit den Parametern ON bzw. OFF hat man die Wahl, sich die Belegung der FKs am Bildschirm anzeigen zu lassen. Der Parameter TAILOR führt in ein Panel, das noch einen Einfluß auf die Form der Anzeige gestattet.
PANELID	Durch die Optionen ON bzw. OFF bestimmt man, ob der Name des jeweiligen Menus/Panels angezeigt werden soll.
ISPPREP	Dieser Command kann zur Erstellung und Optimierung von Panels benutzt werden.
ENVIRON	Sammeln von Terminal-Status-Informationen
LIST	Bearbeitung des LIST-Datasets
LOG	Bearbeitung des LOG-Datasets
PRINTG	Drucken einer Graphik auf einem GDDM-Drucker
ACTIONS	Sprung zur Action Bar und zurück in das Panel
CANCEL	Beendigung eines Pull-Down in der Action Bar
EXIT	Beendigung der momentanen Funktion
KEYLIST	Definition und Bearbeitung von FK-Definitionslisten
EXHELP	Erweiterte HELP-Funktion für Anwendungen
KEYSHELP	Erklärung der FKs

Weitere Einzelheiten sollten jetzt dem Tutorial entnommen werden.

4.3 ISPF Settings

```
Log/List  Function keys  Colors  Environ  Workstation  Identifier  Help
----------------------------------------------------------------------------
                              ISPF Settings
Command ===>

Select Options:                                Print Graphics Parms:
  Enter "/" to select option                     Family printer type 2
     Command line at bottom                      Device name . . . .
     Panel display CUA mode                      Aspect ratio  . . . 0
     Long message in pop-up
  /  Tab to action bar choices
  /  Tab to point-and-shoot fields             General:
     Restore TEST/TRACE options                  Input field pad . . N
     Session Manager mode                        Command delimiter . ;
     Jump from leader dots
  /  Edit PRINTDS Command
  /  Always show split line
     Enable EURO sign

Terminal Characteristics:
  Screen format   1  1. Data    2. Std     3. Max     4. Part

  Terminal Type   3    1. 3277       2. 3277A      3. 3278       4. 3278A
                       5. 3290A      6. 3278T      7. 3278CF     8. 3277KN
                       9. 3278KN    10. 3278AR    11. 3278CY    12. 3278HN
                      13. 3278HO    14. 3278IS    15. 3278L2    16. BE163
                      17. BE190     18. 3278TH    19. 3278CU    20. DEU78
                      21. DEU78A    22. DEU90A    23. SW116     24. SW131
                      25. SW500
```

Eigentlich könnte man diesen Teil erst einmal überspringen und mit den vom ISPF standardmäßig gesetzten Benutzer- und Terminal-Parametern leben. Da es aber andererseits doch wichtig ist, zumindest über den LOG- und den LIST-Dataset Bescheid zu wissen, wird dieses Kapitel jetzt behandelt.

Vorher sei aber noch auf einige Werte in den Settings hingewiesen:

- `Screen format` - Bildschirm-Format

  Ist nur für 3278 Mod5 wichtig und bestimmt dort die Zeilenlänge des Bildschirms (Std oder Max).

- `Terminal Type` - Terminal-Typ

  Hier wird der Typ des Terminals festgelegt. Ein spezieller Eintrag ist eigentlich nur notwendig, wenn man ein Terminal mit APL-Keyboard hat und Datasets mit APL-Zeichen verarbeiten will. Dann muß man 32xxA angeben, damit ISPF diese Zeichen als gültig erkennt.

- `Input field pad` - Füllzeichen für Eingabe-Felder

  Es empfiehlt sich, hier N (NULLS) zu setzen, weil man dann beim Beschreiben der Eingabe-Felder mit dem INSERT-Key arbeiten kann.

- `Command delimiter` - Command-Begrenzung

  Ein spezielles Zeichen kann als Command-Begrenzung benutzt werden, wenn man (wie wir später kennenlernen werden) aus dem ISPF heraus mehrere Commands in kompakter Form zur Ausführung bringen will. Der Standard-Wert ";" sollte beibehalten werden.

- `Command line at bottom`

  Wer die Command-Zeile am unteren Bildschirm-Rand haben will, kann das durch Selektion dieser Option erreichen.

LOG- und LIST-Dataset

Über das `Log/List` Pull-Down kommt man zur Definition für den LOG- und den LIST-Dataset.

```
  Log/List  Function keys  Colors  Environ  Workstation  Identifier  Help
+-------------------------------------+-------------------------------------
|     1. Log Data set defaults        | tings
|     2. List Data set defaults       |
|     3. List Data set characteristics |
|     4. JCL...                       | Print Graphics Parms:
+-------------------------------------+   Family printer type 2
     Command line at bottom                Device name . . . .
     Panel display CUA mode                Aspect ratio  . . . 0
     Long message in pop-up
  /  Tab to action bar choices
  /  Tab to point-and-shoot fields      General:
     Restore TEST/TRACE options            Input field pad . . N
     Session Manager mode                  Command delimiter . ;
     Jump from leader dots
  /  Edit PRINTDS Command
  /  Always show split line
     Enable EURO sign

Terminal Characteristics:
  Screen format   1  1. Data    2. Std     3. Max     4. Part

  Terminal Type   3    1. 3277       2. 3277A      3. 3278       4. 3278A
                       5. 3290A      6. 3278T      7. 3278CF     8. 3277KN
                       9. 3278KN    10. 3278AR    11. 3278CY    12. 3278HN
                      13. 3278HO    14. 3278IS    15. 3278L2    16. BE163
                      17. BE190     18. 3278TH    19. 3278CU    20. DEU78
                      21. DEU78A    22. DEU90A    23. SW116     24. SW131
                      25. SW500
```

Vom ISPF werden für jeden Benutzer bei Bedarf spezielle Datasets angelegt, die eine besondere Bedeutung haben.

LOG-Dataset

Im ISPF hat man die Möglichkeit, sich über den Verlauf einer ISPF-Session (d.h. vom Aufruf des ISPF bis zu seiner Beendigung) ein Protokoll (LOG) aufzeichnen zu lassen.

Hier werden mit Datum und Uhrzeit alle Funktionen vermerkt, die eine Änderung im System (z.B. anlegen, löschen, editieren, kopieren von Daten, ausführen von Jobs usw.) bewirken, nicht aber reine Anzeigen-Funktionen (auflisten, Tutorial usw.). Ein Beispiel für ein solches Protokoll sieht folgendermaßen aus:

```
Time          *** ISPF transaction log ***   Userid: ED1        Date: 2001/01/26

17:09    ISPF Log continued - -    - Session # 180 ----------------------------
17:37       Edit - Save            - ED1.RMF.CNTL(WKLD) - member saved.
17:37       Edit - SUBMIT          - //ED1WKLD
17:38       Utility - Move/Copy    - ED1.RMF.CNTL(WKLD) copied
17:38                              - to ED1.RMF.CNTL(DUMMY)
17:38       Utility - Allocate     - ED1.ALLOC.TEST allocated on volume LST085
17:38       Utility - Delete       - 'ED1.ALLOC.TEST' deleted from volume LST085
17:38       TSO     - Command  -   - VM3 spflog1.list
17:39     End of ISPF Log - - - - - Session # 180 ----------------------------
```

LIST-Dataset

ISPF bietet an verschiedenen Stellen eine Druckfunktion an (Dataset, Job-Liste, Katalog, Bildschirm-Inhalt usw.). Wenn man als Benutzer nun diese Funktion aufruft, bedeutet das nicht, daß jetzt sofort irgendwo ein Drucker die gewünschten Daten zu Papier bringt, sondern die Daten werden vom ISPF auf ein druckreifes Format gebracht (d.h. logisch gedruckt) und können am Ende der ISPF-Session dann auch echt (physikalisch) gedruckt werden.

In den Definitionspanels kann man festlegen, in welcher Größe diese Datasets erstellt werden sollen und was mit ihnen am Ende der Session geschehen soll.

```
  Log/List  Function keys  Colors  Environ  Workstation  Identifier  Help
- +---------------------------- ISPF Settings ---------------------------+ --
  |                       Log Data Set Defaults                            |
C |                                                                        |
  | Process option . . . . 2  1. Print data set and delete                 |
O |                           2. Delete data set (without printing)        |
  |                           3. Keep data set (append subsequent          |
  |                              information to same data set)             |
  |                           4. Keep data set and allocate new data set   |
  | Batch SYSOUT class . . A                                               |
  | Local printer ID or                                                    |
  | writer-name . . . . . _                                                |
  | Local SYSOUT class . .                                                 |
  | Lines per page . . . . 60                                              |
  | Primary pages  . . . . 0                                               |
  | Secondary pages  . . . 0                                               |
  | Log Message ID . . . .    (/ = Yes)                                    |
  |                                                                        |
  |                                                                        |
T +------------------------------------------------------------------------+
  Screen format   1  1. Data    2. Std     3. Max     4. Part
```

Verarbeitung: Process option

Was soll mit dem Dataset am Ende der ISPF-Session geschehen?

1. Print data set and delete

Starten eines Jobs, der den Dataset druckt und anschließend löscht. Um einen Job zur Ausführung bringen zu können, muß man noch gültige JOB STATEMENT INFORMATION angeben. Wie das zu geschehen hat und was die einzelnen Werte in obigem Beispiel bedeuten, sei hier noch einmal zurückgestellt. Darauf wollen wir im Kapitel *5. Job-Verarbeitung* ausführlich eingehen. Wer es jetzt schon wissen will, der kann ruhig einmal zu diesem Kapitel vorblättern.

2. Delete data set (without printing)

   Löschen des Datasets ohne zu drucken.

3. Keep data set (append subsequent information to same data set)

   Bestehen lassen des Datasets ohne zu drucken. Bei der nächsten Session wird dann am Ende des Datasets weitergeschrieben.

4. Keep data set and allocate new data set

   Bestehen lassen des Datasets und Erstellen eines neuen Datasets für die nächste Session.

Druck-Parameter: SYSOUT class - Local printer ID

Diese Parameter beziehen sich auf die Option 1, die Werte sind installationsabhängig.

SYSOUT class	Hiermit wird die Drucker-Ausgabe-Klasse definiert, wenn man über Option 1 einen Job laufen läßt. In den meisten Rechenzentren ist SYSOUT = A der Standard-Drucker, nach weiteren Möglichkeiten sollte man sich im Rechenzentrum erkundigen.
Local printer ID	Angabe der Drucker-Adresse, falls keine SYSOUT-Klasse angegeben ist.

Größe: Lines per page, primary/secondary pages

Damit wird die Größe der Datasets festgelegt, allerdings nicht in den uns bekannten Dimensionen (BLOCKS, TRACKS, CYLINDER), sondern auf Druck-Seiten umgerechnet.

Hinweis: Wenn man überhaupt keinen LOG-Dataset haben möchte, weil man an einem Protokoll nicht interessiert ist, kann man das durch

```
Primary pages . . . 0
```

festlegen. Für den LIST-Dataset ist das nicht möglich (und auch nicht notwendig), da dieser erst dann angelegt wird, wenn eine Druck-Funktion aufgerufen wird.

Diese beiden von ISPF angelegten Datasets haben spezielle Namen:

```
USERID.SPFLOGx.LIST
```

und

```
USERID.SPFx.LIST
```

Dabei steht x für eine Zahl zwischen 0 und 9, die vom ISPF jedesmal automatisch erhöht wird, wenn ein solcher Dataset neu erstellt wird.

<table>
<tr><th>Zusammenfassung</th></tr>
<tr><td>

- **ISPF-Protokoll**

  Wenn man an einem Protokoll interessiert ist, kann man normalerweise mit den Standard-Werten für die Größe leben, anderenfalls sollte man für die Größe *0 Primary pages* angeben.
- **LIST-Dataset**

  Wird nur bei Bedarf angelegt, Standard-Größe vermutlich ausreichend, es sei denn, man will extrem viel drucken.
- **Verarbeitung**

  Zu empfehlen ist hier die Option 3, d.h. der Dataset wird beibehalten und kontinuierlich fortgeschrieben, bei Bedarf kann man ihn dann ausdrucken.
- **ISPF-Exit X**

  Eine Festlegung in diesem Panel auf eine spezielle Verarbeitungsart erlaubt, ISPF mit der Option X im Primary Option Menu zu beenden. Aus diesem Grund ist es, wie bereits anfangs erwähnt, wichtig, über diese Werte Bescheid zu wissen, denn der Benutzer, der hier keine Standard-Werte definiert hat, wird jedesmal, wenn er ISPF verlassen will, nach den Verarbeitungsparametern gefragt, und dann sollte man halt wissen, was es damit auf sich hat.

  Will man nun den Wert temporär ändern, z.B. wenn man genug zum Drucken gesammelt hat (Option 3) und nun wirklich drucken will (Option 1), dann verläßt man ISPF im Primary Option Menu durch den END-Command bzw. F3 und erhält dann ein dem `Log/List` Pull-Down ähnliches Panel zur Eingabe der für das Drucken notwendigen Parameter.

</td></tr>
</table>

Man hat während einer ISPF-Session keine direkte Möglichkeit, auf den LIST- oder LOG-Dataset zuzugreifen, diese Datasets werden von ISPF erst nach Beendigung der Session freigegeben. Man kann das allerdings dadurch umgehen, daß man durch

```
Command ===> list keep
```

den momentan benutzten Dataset freigibt. Man erhält als Antwort

```
LIST data set kept
```

Und mit F1 erfährt man den Namen des Datasets:

```
ED1.SPF9.LIST has been kept.
```

Definition von Funktionstasten

Wie wir bereits früher gesehen haben, sind den Funktionstasten Standardfunktionen zugeordnet, die man durch den KEYS-Command ändern kann.

Die FKs haben, abhängig von der jeweiligen ISPF-Funktion, eine unterschiedliche Bedeutung, d.h. jeder Funktion ist eine andere Keyliste zugeordnet. Deshalb bekommt man mit dem KEYS-Command, abhängig davon, wo man ihn aufruft, auch jeweils eine unterschiedliche Keyliste angezeigt. Für das Primary Option Menu erhält man beispielsweise dieses Panel:

```
 Menu  Utilities  Compilers  Options  Status  Help
+---------------------------- Keylist Utility -----------------------------+
|   File                                                                    |
| ------------------------------------------------------------------------- |
|                     ISR Keylist ISRSAB Change             Row 1 to 12 of 24 |
| Command ===> _                                            Scroll ===> 0005 |
|                                                                           |
| Make changes and then select File action bar.                             |
|                                                                           |
| Keylist Help Panel Name . . . ISRASABH                                    |
|                                                                           |
| Key       Definition                                  Format  Label       |
| F1 . . .  HELP                                        SHORT   Help        |
| F2 . . .  SPLIT                                       LONG    Split       |
| F3 . . .  EXIT                                        SHORT   Exit        |
| F4 . . .  RETURN                                      LONG    Return      |
| F5 . . .                                                                  |
| F6 . . .                                                                  |
| F7 . . .  BACKWARD                                    LONG    Backward    |
| F8 . . .  FORWARD                                     LONG    Forward     |
| F9 . . .  SWAP                                        LONG    Swap        |
| F10  . .  ACTIONS                                     SHORT   Actions     |
| F11  . .  PRINT                                       SHORT   Print       |
| F12  . .  RETRIEV                                     SHORT   Cretriev    |
|  F1=Help       F2=Split      F3=Exit      F7=Backward    F8=Forward       |
|  F9=Swap      F10=Actions   F12=Cretriev                                  |
+---------------------------------------------------------------------------+


 F1=Help      F2=Split     F3=Exit      F4=Return    F7=Backward  F8=Forward
 F9=Swap     F10=Actions  F11=Print    F12=Cretriev
```

Man kann sich somit zu jeder Funktion eine andere Definition maßschneidern, die FKs können im EDIT-Mode anders als bei den Utilities belegt sein. In obigem Beispiel sieht man, daß für das Primary Option Menu andere PF-Definitionen als für das Keylist Utility gelten.

Wer an diesen vielen unterschiedlichen Keylisten nicht interessiert ist, kann sie durch

`Command ===> keylist off`

ausschalten und damit überall mit derselben (über KEYS definierten) Keyliste arbeiten.

Generell hat man die folgenden Möglichkeiten:

- ISPF-Commands (HELP, END, SCROLL, usw.)

  Neben den bereits im Tutorial-Teil beschriebenen Funktionen gibt es noch einen weiteren Befehl, er sei der Vollständigkeit halber erwähnt:

  `NOOP    (No Operation)`

  Er bewirkt, daß dem entsprechenden FK keine Funktion zugeordnet ist, wozu das aber gut sein soll, wer weiß?

- EDIT-Commands (COLS, CHANGE, usw.)

  Die EDIT-Funktion im ISPF zum Erstellen und Verarbeiten von Daten kennt eine Vielzahl von Befehlen, die wir im Abschnitt *4.5 ISPF - EDIT* noch genau kennenlernen werden. Man unterscheidet dabei zwei Arten:

- PRIMARY Commands (CHANGE, SAVE, RESET, usw)
- LINE Commands (INSERT, COPY, MASK, usw)

Diese Befehle kann man auch den FKs zuordnen, vermutlich wird man davon nur Gebrauch machen, wenn man 24 FKs hat, da man die anderen FKs normalerweise alle braucht. Ohne jetzt auf Einzelheiten dieser Befehle einzugehen, sei hier nur ihre FK-Zuordnung erklärt:

Primary Commands:

```
F17 . . . CHG A B ALL
F19 . . . RESET
F23 . . . SAVE
```

Line Commands:

```
F15 . . . :COLS
F20 . . . :MASK
```

Wir haben bereits den RFIND- und den RCHANGE-Befehl kennengelernt (F5 bzw. F6), das sind ISPF-Befehle, auch wenn sie nur im VIEW- oder im EDIT-Mode wirksam sind.

- TSO-Commands (ST, LISTCAT, usw.)

Die dritte Möglichkeit, einem FK eine Funktion zuzuordnen, ist der TSO-Befehl, d.h. Funktionen, die außerhalb des ISPF zur Verfügung stehen. Wir haben diese Befehle bisher noch nicht kennengelernt, aber ihre Definition sollte dennoch hier besprochen werden:

```
F16 . . . TSO STATUS
F22 . . . TSO LISTCAT
```

Damit kann man diese Befehle ausführen, ohne das ISPF-Panel, in dem man sich gerade befindet, verlassen zu müssen.

Abschließend sei dazu noch erwähnt, daß man einem FK auch mehrere nacheinander auszuführende Funktionen zuordnen kann:

```
F24 . . . TSO STATUS; TSO TIME
F21 . . . CAPS OFF; NULLS ON; TABS ON
```

Die einzelnen Befehle werden dabei durch das Zeichen ';' voneinander getrennt, das ist das im TERMINAL-Panel als DELIMITER definierte Zeichen.

Nebenbemerkung: Als Indiz dafür, was man mit Keylisten alles machen kann, sei abschließend noch erwähnt, daß allein dieses Thema auf 16 Seiten im *ISPF User's Guide* beschrieben ist.

Workstation Connection

Über `Workstation` in der Action Bar können wir eine Verbindung zur Workstation herstellen. Einzelheiten darüber und die notwendigen Voraussetzungen dazu sind im Kapitel *6.7 ISPF und die Workstation* zusammenfassend beschrieben.

Nachdem wir die wichtigsten der unter Settings definierten Funktionen kennengelernt haben, wollen wir uns nun mehr funktionell-gesteuert mit den anderen ISPF-Panels beschäftigen.

4.4 Der Erste Dataset

Unsere erste Aufgabenstellung sieht vor, einen Dataset auf einer Platte anzulegen und darin Daten zu speichern. Welches ISPF-Panel könnte dafür wohl benutzt werden? Ein Blick auf das Primary Option Menu läßt uns vermuten, daß

```
2 Edit - Create or change source data
```

dafür die richtige Funktion ist. Das ist leider falsch, denn

```
Create data
```

steht für *Erstellen von Daten*, nicht für *Erstellen von Datasets*, ein kleiner, aber feiner Unterschied. Mit der EDIT-Funktion kann man nur mit bestehenden, möglicherweise leeren, Datasets arbeiten.

Also ein neuer Versuch, im Primary Option Menu deutet nichts auf das Erstellen von Datasets hin, es sei denn, man versucht es einmal mit

```
3   Utilities   -  Perform utility functions
```

Wir geben '3' als Option ein, um festzustellen, welche Funktionen zu den `Utilities` gehören, und erhalten das folgende Angebot:

```
  Menu  Help
------------------------------------------------------------------------------
                           Utility Selection Panel
Command ===> _

1  Library      Compress or print data set.  Print index listing.  Print
                  rename, delete, browse, edit or view members
2  Data Set     Allocate, rename, delete, catalog, uncatalog, or display
                  information of an entire data set
3  Move/Copy    Move, or copy members or data sets
4  Dslist       Print or display (to process) list of data set names.
                  Print or display VTOC information
5  Reset        Reset statistics for members of ISPF library
6  Hardcopy     Initiate hardcopy output
7  Transfer     Download ISPF Client/Server or Transfer data set
8  Outlist      Display, delete, or print held job output
9  Commands     Create/change an application command table
*  Reserved     This option reserved for future expansion.
11 Format       Format definition for formatted data Edit/Browse
12 SuperC       Compare data sets                          (Standard Dialog)
13 SuperCE      Compare data sets Extended                 (Extended Dialog)
14 Search-For   Search data sets for strings of data       (Standard Dialog)
15 Search-ForE  Search data sets for strings of data Extended (Extended Dialog)
```

Wenn man neu im System ist und die einzelnen Menus und Funktionen noch nicht so richtig kennt, dann bleibt einem nichts anderes übrig, als die in einem Menu angebotenen Funktionen gründlich durchzulesen und dann zu entscheiden, ob etwas für die momentan zu lösende Aufgabe dabei ist.

In obigem Menu wollen wir nun nicht gleich alle Funktionen studieren, sondern uns zunächst auf

```
2  Data Set  - Allocate, rename, delete, catalog, uncatalog,
               or display information of an entire data set
```

konzentrieren; was wird hier angeboten:

`Allocate, rename, or delete entire data set`

⇨ Erstellen, Umbenennen oder Löschen eines ganzen Datasets

`Catalog or uncatalog data set`

⇨ Katalogisieren und Entkatalogisieren eines Datasets

`Display information of an entire data set`

⇨ Anzeigen von Dataset-Informationen

In dieser Funktionsgruppe scheint das vorhanden zu sein, was wir momentan machen wollen, also geben wir

`Command ===> 2`

ein und erhalten ein neues Menu.

```
 Menu  RefList  Utilities  Help
------------------------------------------------------------------------------
                              Data Set Utility
Option ===> _

    A Allocate new data set                    C Catalog data set
    R Rename entire data set                   U Uncatalog data set
    D Delete entire data set                   S Data set information (short)
blank Data set information                     V VSAM Utilities

ISPF Library:
   Project  . .
   Group  . . .
   Type . . . .

Other Partitioned, Sequential or VSAM Data Set:
   Data Set Name . . .
   Volume Serial . . .           (If not cataloged, required for option "C")

Data Set Password  . .           (If password protected)
```

Hier haben wir die bereits oben kennengelernten Funktionen als Optionen

`A - R - D - C - U - S - V - blank` (d.h. keine Eingabe)

zur Verfügung.

Neben der Funktion, die wir ausführen wollen, müssen wir natürlich den Dataset angeben, mit dem wir arbeiten wollen. Die folgenden Erklärungen dazu gelten nicht nur für dieses Menu, sondern ebenso für alle anderen Menus, in denen Datasets angesprochen werden, sie sind alle in der gleichen Form aufgebaut.

Es gibt zwei Felder, in denen man den Namen des Datasets angeben kann:

`ISPF Library:`

`Other Partitioned, Sequential or VSAM Data Set:`

Diese beiden Begriffe sollten genauer erklärt werden:

ISPF Library

Was hat unser Dataset mit einer ISPF LIBRARY zu tun, das klingt komplizierter als es ist. Diese Bezeichnung ist historisch zu erklären und stammt aus den Anfangszeiten des ISPF, als es noch

`SPF` = Structured Programming Facility

hieß. SPF wurde als ein Anwendungs- und Entwicklungsprogram für Programmierer entwickelt, hat seine universelle Anwendbarkeit für alle TSO-Benutzer aber in kurzer Zeit beweisen können, und das war wohl auch der Grund, daß man zu einer anwendungsunabhängigen Namensgebung

`ISPF` = Interactive System Productivity Facility

gekommen ist. Und da Programmierer mit LIBRARIES arbeiten, die irgendwelchen PROJECTS zugeordnet sind, hat man sich zu dieser Bezeichnungsweise für einen Dataset-Namen entschieden. Dabei sind PROJECT, GROUP und TYPE nichts anderes als die drei Qualifier eines Dataset-Namens. Mit anderen Worten, die einzige Voraussetzung, einen Dataset-Namen in dieser Form anzugeben, ist, daß der Name aus drei Qualifiern besteht.

Wenn wir nun einen Dataset mit dem Namen

```
ED1.NAMEN.DATA
```

anlegen wollen - dabei sei vorausgesetzt, daß ED1 unser Userid ist, so können wir das durch

```
Project  . . ed1
Group   . . . namen
Type . . . . data
```

angeben.

Other Partitioned, Sequential or VSAM Data Set

Dieses ist das zweite Feld, in dem wir den Namen des Datasets angeben können. Warum gibt es ein zweites Feld?

1. Alle Datasets, deren Namen nicht dreiteilig sind, müssen hier angegeben werden.
2. Alle Datasets, die nicht katalogisiert sind (sollte eigentlich für uns als 'Normal-Benutzer' nicht vorkommen), können über das Feld

   ```
   Volume Serial . . .
   ```

   festgelegt werden.
3. Hier müssen VSAM-Datasets (damit werden wir uns aber nicht beschäftigen) angegeben werden.

Ansonsten gibt es keine Notwendigkeit, den Dataset-Namen in diesem Feld zu definieren. Allerdings sollte man folgendes beachten: ein als ISPF LIBRARY definierter Dataset-Name wird vom System gespeichert, d.h. wenn wir das nächste Mal in dieses Menu kommen, sind schon die entsprechenden Einträge vorhanden. Dagegen müssen die als OTHER DATASET angegebenen Dataset-Namen jeweils neu eingegeben werden.

Das bedeutet, daß man einen Dataset, mit dem man häufig arbeitet, als ISPF LIBRARY eintragen kann (eine Änderung ist natürlich jederzeit möglich), während man zwischenzeitliches Arbeiten mit anderen Daten über OTHER DATASET angibt.

Falls in beiden Feldern ein Dataset-Name steht, so wird der als OTHER DATASET angegebene Dataset verarbeitet.

Wie ist der Name in diesem Feld anzugeben? In der 'normalen' Form, allerdings unter Berücksichtigung der TSO-Namenskonvention. Erinnern Sie sich noch? Diese Namenskonvention bedeutet, daß systemseitig der Userid vor den Namen gesetzt wird, falls dieser nicht innerhalb von Hochkommas angegeben wird. Für unser obiges Beispiel wären somit die beiden folgenden Angaben gleichwertig:

```
Data Set Name . . . namen.data
```

oder

```
Data Set Name . . . 'ed1.namen.data'
```

Das danach folgende Feld

```
Volume Serial . . .
```

wird nur benutzt, wenn wir, wie bereits erwähnt, den Namen einer Platte angeben wollen (oder müssen).

Zusätzlich gibt es in dem Menu noch das Feld

```
Data Set Password . .
```

in dem man für Datasets, die durch ein Password geschützt sind, dieses angeben kann. Vermutlich gibt es aber kaum noch TSO-Installationen, die diese Art des Datenschutzes betreiben, da mit RACF ein wesentlich wirkungsvolleres Instrument zur Verfügung steht. D.h. bei diesem Feld handelt es sich um ein historisches Relikt, das wir vergessen können.

So, nun haben wir ausführlich diskutiert, wie man den Namen des Datasets, den wir neu anlegen wollen, in das Menu eintragen kann. Bleibt also noch die Ausführung der Funktion.

Anlegen eines Datasets

Zum Erstellen eines neuen Datasets gibt es die Option

```
A - Allocate new data set
```

```
   Menu  RefList  Utilities  Help
 ------------------------------------------------------------------------------
                         Allocate New Data Set

 Command ===>

 Data Set Name . . . . : ED1.NAMEN.DATA

  Management class . . . STANDARD       (Blank for default management class)
  Storage class  . . . . SMS            (Blank for default storage class)
   Volume serial . . . . _              (Blank for system default volume) **
   Device type . . . . .                (Generic unit or device address) **
  Data class . . . . . .                (Blank for default data class)
   Space units . . . . .                (BLKS, TRKS, CYLS, KB, MB, BYTES
                                         or RECORDS)
   Average record unit                  (M, K, or U)
   Primary quantity  . .                (In above units)
   Secondary quantity                   (In above units)
   Directory blocks  . .                (Zero for sequential data set) *
   Record format . . . .
   Record length . . . .
   Block size  . . . . .
   Data set name type  :                (LIBRARY, HFS, PDS, or blank)  *
                                        (YY/MM/DD, YYYY/MM/DD
   Expiration date . . .                 YY.DDD, YYYY.DDD in Julian form
  Enter "/" to select option             DDDD for retention period in days
     Allocate Multiple Volumes           or blank)

  ( * Specifying LIBRARY may override zero directory block)

  ( ** Only one of these fields may be specified)
```

Der Name des Datasets erscheint jetzt in vollständiger Form, unabhängig davon, wo und wie wir ihn im vorigen Panel angegeben haben. Wenn man diese Funktion erstmals aufruft, sind alle Eingabefelder leer. Später wird das anders sein, dann sind die jeweils zuvor benutzten Werte schon eingesetzt, so daß man die Wahl hat, sie entweder zu übernehmen oder zu überschreiben.

Die Bedeutung der einzelnen Parameter kennen wir schon aus dem Kapitel *2. Daten - Ihre Struktur,* auch wenn sie teilweise anders bezeichnet wurden.

Wir sehen, daß drei Begriffe herausgehoben sind, sie spielen im Zusammenhang mit *System Managed Storage (SMS)* eine wichtige Rolle, wir können sie anfangs ignorieren und die Felder entweder leer oder mit dem vorgegebenen Wert gefüllt lassen.

Management class

Charakterisierung der Daten nach Verwaltungs- und Sicherungskriterien, das sind Begriffe, die wir später noch im Kapitel *14. Datenverwaltung - Datensicherung* kennenlernen werden.

Storage class

Über Speicherklassen kann systemseitig definiert werden, welche Daten auf welchen Platten gespeichert werden können.

Data class

Unter diesem Begriff sind die uns bereits bekannten Charakteristiken eines Datasets zusammengefaßt.

Diese drei Klassen ermöglichen es dem Daten-Administrator eines Rechenzentrums, die gesamte Datenorganisation und deren Verwaltung entsprechend den mit den Benutzern abgesprochenen Regeln optimal zu definieren und durchzuführen. Einzelheiten dazu können hier nicht aufgezeigt werden, sondern sind im eigenen Rechenzentrum zu erfragen.

Die anderen Felder sind für uns jetzt wichtiger, und deshalb werden wir sie uns genauer ansehen.

Volume serial/Device type

Der Name der Platte, auf der wir den Dataset anlegen wollen, der Plattentyp oder ein systemseitig definierter Sammelname, wobei nur einer der beiden Werte, wenn überhaupt, angegeben werden darf. Normalerweise wird man dieses Feld frei lassen, was bedeutet (und das sagt auch der erklärende Text), daß die Platte ausgesucht wird, die dem TSO-Benutzer systemseitig zugeordnet ist. Hier gibt es in den einzelnen Installationen unterschiedliche Kriterien und Regeln, es kann auch sein, daß dieses Feld im Panel gar nicht erscheint, wenn nämlich die Installation dem Benutzer nicht die Möglichkeit lassen will, sich eine Platte frei auszuwählen. Wir sehen, hier tauchen Systemabhängigkeiten auf, und entscheiden uns dafür, keinen Plattennamen einzugeben.

Space units, Primary/Secondary quantity

Die Größe eines Datasets ist durch den *primary* und maximal 15 *secondary* Extents gegeben. Hier kann man diese Extents definieren, und zwar durch die Zahl der Blöcke, Tracks oder Cylinder. Wenn wir meinen, für unseren Dataset sei 1 Track die richtige Größe für alle Extents, das bedeutet, daß der Dataset maximal 16 Tracks groß werden kann, so wählen wir

```
Space units . . . . . Trks     (BLKS, TRKS, CYLS, KB, MB, BYTES
                                      or RECORDS)
Primary quantity. . . 1        (In above units)
Secondary quantity. . 1        (In above units)
```

Man kann allerdings die Größe der Extents auch in Bytes, Kilobytes, Megabytes oder Zahl der Records angeben. Wem das besser gefällt - bitte!

Data set name type

Dieses Feld erscheint zwar erst im unteren Bereich, ist aber äußerst wichtig. Hier legt man explizit die Struktur des Datasets fest.

LIBRARY Extendend Partitioned Dataset (PDSE)

PDS *Klassischer* Partitioned Dataset

HFS Hierarchical File System - so heißen die Datenstrukturen im UNIX, und so hat man hier den Einstieg in die z/OS UNIX Welt.

Wird das Feld freigelassen, so entscheiden die anderen angegebenen Dataset-Charakteristiken über dessen Typ.

Die Arbeit mit einem PDSE unterscheidet sich für den TSO-Benutzer von der mit einem konventionellen PDS nur darin, daß früher beschriebene Unbequemlichkeiten nicht mehr existieren - also: alle Vorteile liegen auf Seiten des PDSE.

Directory blocks

Wenn kein **Data set name type** angegeben wurde oder werden konnte, so entscheidet man hier darüber, ob man einen sequentiellen oder einen Partitioned Dataset anlegen will. Das geschieht dann indirekt über die Zahl der Directory-Blöcke. Wir erinnern uns, daß der Partitioned Dataset eine Directory hat, in der die einzelnen Members verzeichnet sind. In einem Block kann man

- 5 Members mit ISPF-Statistik
- 20 Members ohne Statistik
- 4 bis 7 Load Modules (abhängig von den Attributen)

speichern. Das bedeutet, daß wir also ungefähr abschätzen müssen, wieviel Members wir zu speichern planen. Vorsicht: Wenn die Directory voll ist, gibt es keine Möglichkeit, sie zu vergrößern (es gibt keinen secondary Extent), und somit auch keine Möglichkeit, weitere Members zu speichern, auch wenn im Dataset dafür noch Platz wäre. In einem solchen Fall müßte man einen neuen Dataset mit einer größeren Directory anlegen und die Daten dorthin kopieren. Wie das in allen Einzelheiten geschehen könnte, werden wir später noch kennenlernen.

Diese Einschränkungen gelten aber, wie wir bereits wissen, nicht für den PDSE.

Wie aus der Erklärung im Panel zu ersehen ist, kann man durch den Wert '0' eine sequentielle Dataset-Organisation wählen (hier gibt es ja keine Directory-Blöcke). Das wollen wir in unserem Beispiel auch machen.

```
Directory blocks. . . 0           (Zero for sequential data set)
```

Record format/length, Block size

Diese drei Parameter beziehen sich auf das Format der Records. Wir werden mit dem Standard-Format, nämlich mit Records der festen Länge 80, beginnen. Wie bereits erwähnt, haben heute fast alle Platten das 3390-Format, aber wir brauchen uns darum nicht explizit zu kümmern, sondern überlassen dem System dadurch die Optimierung der Blockgröße, daß wir dieses Feld leer lassen:

```
Record format . . . . fb
Record length . . . . 80
Block size  . . . . .
```

Expiration date

Durch diesen Parameter erhält der Dataset ein spezielles Schutz-Datum, welches bewirkt, daß beim Löschen vor diesem Datum noch ein zusätzliches Panel (PURGE) aufgerufen wird, in dem man explizit bestätigen muß, daß der Dataset vor Ablauf der Schutz-Frist gelöscht werden darf.

Allocate Multiple Volumes

Falls man extrem große Datasets anlegen will, so kann man über diese Selektion festlegen, daß der Dataset auf mehreren Platten angelegt werden kann.

So, nun haben wir alle Parameter unseres neu zu erstellenden Datasets festgelegt, und durch ENTER wird jetzt die entsprechende Systemfunktion aufgerufen. Wir bekommen das vorherige Menu zurück, und in der ersten Zeile steht rechts die ISPF-Meldung, ob unser Dataset richtig angelegt werden konnte (DATASET ALLOCATED) oder ob irgendwelche Fehler aufgetreten sind (ALLOCATION FAILED). In letzterem Fall kann man durch die F1-Taste nach dem Grund des Fehlers fragen.

Das Menu, in dem wir uns jetzt wieder befinden, stellt uns neben dem Erstellen eines Datasets noch weitere Funktionen zur Verfügung, z.B. die Option

`blank` (d.h. Freilassen des Option-Feldes)

und nur Drücken der ENTER-Taste. Dann sollten uns, wie die Beschreibung sagt, Dataset-Informationen angezeigt werden. Wir könnten damit überprüfen, ob der Dataset so angelegt wurde, wie wir es uns vorgenommen hatten. Da der Dataset-Name noch im Menu steht, brauchen wir nur die ENTER-Taste zu drücken und erhalten diese Informationen.

```
                         Data Set Information
Command ===> _

Data Set Name . . . . : ED1.NAMEN.DATA

General Data                          Current Allocation
 Management class . . : STANDARD       Allocated tracks  . : 1
 Storage class  . . . : SMS            Allocated extents . : 1
  Volume serial . . . : SYSSM1
  Device type . . . . : 3390
 Data class . . . . . :               Current Utilization
  Organization  . . . : PS             Used tracks . . . . : 0
  Record format . . . : FB             Used extents  . . . : 0
  Record length . . . : 80
  Block size  . . . . : 27920
  1st extent tracks . : 1
  Secondary tracks  . : 1
  Data set name type  :                SMS Compressible  . : NO

  Creation date . . . : 2001/06/27     Referenced date . . : ***None**
  Expiration date . . : ***None***
```

Die Anzeige besteht aus drei Teilen:

General Data

Hier werden die Charakteristika des Datasets angezeigt, die für die *Lebensdauer* des Datasets unveränderbar feststehen.

Current Allocation

Dieses Feld beschreibt die momentane Größe des Datasets. Wir sehen, daß unser neu definierter Dataset aus einem Extent besteht und einen Track groß ist.

Current Utilization

Da wir den Dataset bisher nur definiert haben, ohne daß schon Daten gespeichert sind, ist er somit noch leer.

Wir haben hier also die Möglichkeit festzustellen, wieviel Platz im Dataset bereits belegt ist.

Über die Option

```
S - Data set information (short)
```

erhalten wir beim sequentiellen Dataset dieselbe Information, beim Partitioned Dataset fehlen die Directory-Angaben. Eine weitere Möglichkeit, einen Dataset zu erstellen, ist:

```
V - VSAM Utilities
```

VSAM Datasets sind kein Thema in diesem Buch, da man diese nur im Zusammenhang mit speziellen Anwendungen, nicht aber direkt im TSO oder ISPF verarbeiten kann.

Umbenennen und Löschen von Datasets

Zu den DATASET UTILITIES gehören noch weitere Funktionen, wobei besonders das Löschen von Daten wichtig ist, denn sonst wachsen jedem Benutzer seine Datenbestände bald über den Kopf. Sehen wir uns die Funktionen an einem Beispiel an:

- Erstellen eines Datasets ED1.TEST.DATA
- Umbenennen in ED1.NEW.DATA
- Löschen des Datasets

Das Anlegen des Datasets kennen wir bereits, also kommen wir zum zweiten Schritt: Umbenennen = Option R (Rename):

```
  Menu  RefList  Utilities  Help
------------------------------------------------------------------------------
                              Data Set Utility
Option ===> r_

    A Allocate new data set                 C Catalog data set
    R Rename entire data set                U Uncatalog data set
    D Delete entire data set                S Data set information (short)
blank Data set information                  V VSAM Utilities

ISPF Library:
   Project  . . ED1
   Group  . . . TEST
   Type . . . . DATA

Other Partitioned, Sequential or VSAM Data Set:
   Data Set Name . . .
   Volume Serial . . .           (If not cataloged, required for option "C")

Data Set Password  . .           (If password protected)
```

Wir erhalten ein zweites Panel, in dem wir den neuen Namen des Datasets angeben können:

```
  Menu  RefList  Utilities  Help
- +---------------------------- Rename Data Set ----------------------------+
  |                                                                          |
o | Command ===> _                                                           |
  |                                                                          |
  | Data Set Name: ED1.TEST.DATA                                             |
  | Volume . . . : TSOE0A                                                    |
  |                                                                          |
b | Enter new name below:     (The data set will be recataloged.)            |
  |                                                                          |
  | ISPF Library:                                                            |
I |    Project. . . ED1                                                      |
  |    Group. . . . NEW                                                      |
  |    Type . . . . DATA                                                     |
  |                                                                          |
  | Other Partitioned or Sequential Data Set:                                |
o |    Data Set Name . . .                                                   |
- +--------------------------------------------------------------------------+
```

Die Erfolgsmeldung rechts oben im Panel sagt uns, daß das Umbenennen erfolgreich durchgeführt werden konnte, so daß wir jetzt sofort das Löschen des Datasets veranlassen können:

```
  Menu  RefList  Utilities  Help
------------------------------------------------------------ Data set renamed
                              Data Set Utility
Option ===> d_

    A Allocate new data set                    C Catalog data set
    R Rename entire data set                   U Uncatalog data set
    D Delete entire data set                   S Data set information (short)
blank Data set information                     V VSAM Utilities


ISPF Library:
   Project  . . ED1
   Group  . . . NEW
   Type . . . . DATA

Other Partitioned, Sequential or VSAM Data Set:
   Data Set Name . . .
   Volume Serial . . .          (If not cataloged, required for option "C")

Data Set Password  . .          (If password protected)
```

Hier ist jetzt systemseitig eine Sicherung eingebaut, denn die Daten werden nicht sofort gelöscht, sondern man wird noch einmal gefragt, ob man sie wirklich löschen will:

```
  Menu  RefList  Utilities  Help
  +------------------------ Confirm Delete -------------------------+
  |                                                                 |
O | Command ===> _                                                  |
  |                                                                 |
  | Data Set Name. : ED1.NEW.DATA                                   |
  | Volume . . . . : TSOE0A                                         |
  | Creation Date. : 2001/06/27                                     | t)
b |                                                                 | on
  | Enter "/" to select option                                      |
  |    Set data set delete confirmation off                         |
I |                                                                 |
  | Instructions:                                                   |
  |                                                                 |
  |  Press ENTER key to confirm the delete request.                 |
  |  (The data set will be deleted and uncataloged.)                |
  |                                                                 |
  |  Press CANCEL or EXIT to cancel the delete request.             |
  +-----------------------------------------------------------------+
```

Man hat also noch eine letzte Chance, sich zu überlegen, ob man auch den richtigen Dataset angegeben hat, und wenn man meint, alles sei in Ordnung, so kann man den Vorgang durch die ENTER-Taste ausführen lassen. Wenn man auf diese Bestätigung zukünftig verzichten will, so kann man das in diesem Panel explizit festlegen.

Ist man andererseits der Meinung, daß man doch nicht löschen will, so kann der Command durch F3 abgebrochen werden.

Katalog-Funktion

Die beiden nächsten Funktionen, die zu den Dataset Utilities gehören, sind

C Katalogisieren eines Datasets

U Entkatalogisieren eines Datasets

Das Katalogisieren eines Datasets hat nichts mit dem Erstellen eines Datasets zu tun. Es handelt sich hierbei, genau wie das Entkatalogisieren, um Funktionen, die in den meisten Fällen nur von den zuständigen System-Administratoren durchgeführt werden, um irgendwelche Fehlersituationen zu lösen. Wir brauchen uns nicht weiter darum zu kümmern.

Aber dennoch der (eigentlich selbstverständliche) Hinweis: Wenn wir einen Dataset erstellen, so wird dieser auch automatisch katalogisiert, ohne daß wir diese Funktion extra aufrufen müssen.

Somit haben wir unsere erste Aufgabe, einen Dataset neu anzulegen, gelöst und wenden uns dem nächsten Schritt zu, Daten einzugeben und zu speichern. Unsere Erfahrung sagt uns, daß wir das im EDIT-Mode machen können. Wie kommen wir nun dahin?

Die END-Taste (F3) bringt uns zum Utility-Menu zurück und durch ein weiteres Aufrufen dieser Taste gehen wir den Weg, den wir anfangs vorwärts gegangen sind, wieder zum Primary Option Menu zurück. Oder wir nehmen mit F4 den direkten Weg dorthin.

4.5 EDIT - Erstellen und Speichern von Daten

Die EDIT-Funktion im ISPF gibt uns die Möglichkeit, Daten in das System zu bringen. Wir können auf existierende Datasets (und dafür haben wir ja auch einen Dataset neu angelegt) zugreifen und die Daten eingeben oder auch bestehende Records ändern oder löschen.

Der Aufruf der EDIT-Funktion geschieht im Primary Option Menu mit der

```
Option 2 ==> Create or change source data
```

```
  Menu  RefList  RefMode  Utilities  Workstation  Help
------------------------------------------------------------------------------
                               Edit Entry Panel
Command ===>

ISPF Library:
   Project . . . ed1
   Group . . . . namen    . . .          . . .          . . .
   Type  . . . . data_
   Member  . . .                 (Blank or pattern for member selection list)

Other Partitioned or Sequential Data Set:
   Data Set Name . . .
   Volume Serial . . .           (If not cataloged)

Workstation File:
   File Name . . . . .
                                         Options
Initial Macro  . . . .                   /  Confirm Cancel/Move/Replace
Profile Name . . . . .                      Mixed Mode
Format Name  . . . . .                      Edit on Workstation
Data Set Password  . .                      Preserve VB record length
```

Dieses Panel hat eine ähnliche Struktur wie das bei den DATASET UTILITIES, nur daß wir jetzt keine Auswahl einer bestimmten Funktion haben. Es gibt eine andere Action Bar und zusätzliche Eingabefelder, diese lassen wir erst einmal frei, wir werden sie später kennenlernen.

Wenn wir jetzt unseren Dataset editieren wollen, geben wir den Dataset-Namen in der üblichen Form ein und kommen durch ENTER in den EDIT-Mode. Einige Worte zum Aufbau des Panels. Wir können es in sieben Teile gliedern:

```
(1)=>   File  Edit  Edit_Settings  Menu  Utilities  Compilers  Test  Help
        ------------------------------------------------------------------
(2)=>  EDIT       ED1.NAMEN.DATA                    Columns 00001 00072 <=(3)
(4)=>  Command ===> _                                  Scroll ===> HALF <=(5)
       ****** ******************* Top of Data ***************************
==MSG> -Warning- The UNDO command is not available until you change
==MSG>           your edit profile using the command RECOVERY ON.
       ''''''
       ''''''
       ''''''
(6)=>  ''''''                                                          <=(7)
       ''''''
       ''''''
       ''''''
       ''''''
       ''''''
       ''''''
       ****** *******************Bottom of Data ***************************
```

1. Action Bar: einige der hier aufgeführten Aktionen kennen wir schon, mit den anderen werden wir uns später beschäftigen.
2. Name des Datasets

3. COLUMNS-Wert: zeigt an, welche Spalten des Datasets momentan auf dem Bildschirm zu sehen sind. Das Datenfeld (siehe Punkt 7) ist 72 Spalten breit (bei einem Bildschirm mit 80 Spalten).

4. PRIMARY Command: Eingabezeile für die sogenannten PRIMARY Commands (es gibt außerdem noch LINE Commands - siehe Punkt 6), mit denen wir eine große Zahl von Funktionen im EDIT-Mode ausführen können.
   Setzt man ein & vor den Command, so bleibt dieser nach der Ausführung in der Command-Zeile stehen und kann (eventuell modifiziert) wiederholt werden.

5. SCROLL-Parameter: Angabe der Größeneinheit, um die sich der Bildschirm vor dem Dataset verschiebt, wenn man einen der SCROLL-FKs (F7 = nach oben, F8 = nach unten, F10 = nach links, F11 = nach rechts) drückt. Es gibt verschiedene Varianten:

   H HALF - eine halbe Seite, z.B. 15 Zeilen oder 36 Spalten
   P PAGE - eine volle Seite
   D DATA - eine Zeile weniger als eine volle Seite
   M MAX - Maximal-Verschiebung (an den Anfang oder das Ende des Datasets bzw. der einzelnen Zeilen)
   n Eine beliebige positive Zahl

   Darüber hinaus hat man die Möglichkeit, in der Command-Zeile eine Zahl oder M anzugeben, dann wird nach Betätigung eines Scroll-FKs um die entsprechende Zeilen- oder Spaltenzahl (bzw. bis zum Ende) verschoben. Oder man gibt C oder CUR an, was für CURSOR steht, damit erreicht man ein Verschieben bis zu der Spalte oder Zeile, in der sich der Cursor gerade befindet.

   Es gibt übrigens noch die Commands TOP und BOTTOM zum maximalen Scrolling nach oben und unten.

6. LINE Commands/Zeilennummern: Hier wird einerseits die Numerierung der einzelnen Zeilen angezeigt, im Format unterschiedlich bei numerierten und unnumerierten Daten, andererseits können hier die LINE Commands angegeben werden. Da wir noch keine Daten eingegeben haben, sehen wir hier auch noch keine Numerierung.

7. Und in der Mitte ein 'großes schwarzes Loch', genug Platz, um alle die Daten aufzunehmen, die wir in unserem ungehemmten Tatendrang eingeben und speichern wollen.

Dateneingabe

Da wir einen leeren Dataset editiert haben, kommen wir automatisch in einen INPUT-Mode, d.h. alle Zeilen des Datenfeldes stehen uns zur Eingabe zur Verfügung.

Die folgende Aufgabenstellung sieht vor, daß wir eine Namensliste erstellen und dabei verschiedene EDIT-Funktionen kennenlernen wollen.

Setzen wir also den Cursor auf den Beginn des ersten Records (Datenfeld, nicht Numerierungsfeld!) und schreiben die folgenden Daten in die ersten 5 Zeilen:

```
  File  Edit  Edit_Settings  Menu  Utilities  Compilers  Test  Help
-----------------------------------------------------------------------------
EDIT       ED1.NAMEN.DATA                                Columns 00001 00072
Command ===>                                                Scroll ===> HALF
****** ***************************** Top of Data ******************************
'''''' Andreas, Franz         34275      Darmstadt
'''''' Beck, Peter            1933       Hannover
'''''' Boehm, Jutta           1634       Stuttgart
'''''' Gross, Claudia         2287       Berlin
'''''' Heinemann, Dieter      6650       Ulm_
''''''
''''''
''''''
''''''
''''''
''''''
''''''
****** **************************** Bottom of Data ****************************
```

Nehmen wir an, wir hätten damit vorerst alle Daten eingegeben, und drücken als Abschluß auf die ENTER-Taste.

```
  File  Edit  Edit_Settings  Menu  Utilities  Compilers  Test  Help
-----------------------------------------------------------------------------
EDIT       ED1.NAMEN.DATA                                Columns 00001 00072
Command ===> _                                              Scroll ===> HALF
****** ***************************** Top of Data ******************************
000100 ANDREAS, FRANZ         34275      DARMSTADT
000200 BECK, PETER            1933       HANNOVER
000300 BOEHM, JUTTA           1634       STUTTGART
000400 GROSS, CLAUDIA         2287       BERLIN
000500 HEINEMANN, DIETER      6650       ULM
****** **************************** Bottom of Data ****************************
```

Was hat sich am Bildschirm-Aufbau alles geändert?

Bitte genau hinschauen, wer jetzt 3 Veränderungen festgestellt hat, ist ein guter Beobachter. Was hat sich getan?

1. Alle nicht beschriebenen Zeilen sind vom Bildschirm verschwunden.
2. In den Feldern für die Zeilennumerierung tauchen jetzt die konkreten Zeilennummern 100-500 auf.
3. Der in kleinen Buchstaben eingegebene Text ist in große Buchstaben geändert worden.

Dataset-Profil

Der EDITOR führt also gewisse Funktionen (wie z.B. das Numerieren und Umsetzen zu Großbuchstaben) automatisch durch, wir haben aber, wenn wir es wollen, einen Einfluß darauf. Diese Funktionen werden nämlich durch das Dataset-Profil festgelegt. Wie sieht das PROFILE aus? Durch Eingabe des PRIMARY Commands PROF können wir das feststellen:

```
Command ===> prof
```

```
 File  Edit  Edit_Settings  Menu  Utilities  Compilers  Test  Help
------------------------------------------------------------------------------
EDIT       ED1.NAMEN.DATA                               Columns 00001 00072
Command ===> _                                             Scroll ===> HALF
****** ***************************** Top of Data *****************************
=PROF> ....DATA (FIXED - 80)....RECOVERY ON.....NUMBER ON STD.................
=PROF> ....CAPS ON....HEX OFF....NULLS ON STD.....TABS OFF....................
=PROF> ....AUTOSAVE ON.....AUTONUM OFF....AUTOLIST OFF....STATS OFF...........
=PROF> ....PROFILE UNLOCK....IMACRO NONE....PACK OFF....NOTE ON...............
=PROF> ....HILITE OFF CURSOR FIND ............................................
000100 ANDREAS, FRANZ          34275      DARMSTADT
000200 BECK, PETER             1933       HANNOVER
000300 BOEHM, JUTTA            1634       STUTTGART
000400 GROSS, CLAUDIA          2287       BERLIN
000500 HEINEMANN, DIETER       6650       ULM
****** **************************** Bottom of Data ***************************
```

Die fünf durch =PROF> gekennzeichneten Zeilen geben uns die Werte eines Profils, das durch drei Größen, nämlich

```
DATA (FIXED - 80),
```

festgelegt ist. Das bedeutet, daß zukünftig alle Datasets mit dem Qualifier DATA, die mit fester Record-Länge 80 definiert werden, das gleiche Profil zugeordnet bekommen.

Den Profilnamen kann man auch im ersten EDIT-Panel im Feld

```
Profile name . . .
```

angeben, wenn man beispielsweise beim Editieren eines Datasets mit dem letzten Qualifier TEXT mit obigem DATA-Profil arbeiten will.

Welche Eigenschaften sind nun festgelegt worden? Es handelt sich hierbei um systemseitig definierte Standard-Werte, d.h. es können in einzelnen Installationen durchaus Abweichungen auftreten, die durch entsprechende Befehle geändert werden können. Die Begriffe ON bzw. OFF bedeuten jeweils, daß die entsprechende Funktion ein- oder ausgeschaltet ist.

RECOVERY ON: ISPF hat Vorsorge getroffen, daß bei einem eventuellen System-Zusammenbruch die zuletzt editierten Daten nicht verlorengehen (auch wenn sie noch nicht direkt gespeichert wurden). Wir werden später erfahren, wie man in einem solchen Fall zu reagieren hat.

NUMBER ON STD: Alle Records des Datasets werden numeriert, und zwar standardmäßig. Das bedeutet

- Feste Record-Länge: Numerierung in den letzten acht Spalten
- Variable Record-Länge: Numerierung in den ersten acht Spalten

Es gibt noch eine weitere Art der Numerierung: COBOL. Dabei stehen die Zeilennummern in den ersten sechs Spalten, das ist der Standard für Programme in der COBOL-Sprache.

Ist man an einer Numerierung der Daten nicht interessiert, so kann man das durch

```
Command ===> number off
```

erreichen. Eine eventuell schon bestehende Numerierung kann man durch

```
Command ===> unnum
```

löschen. Andererseits kommt man mit

```
Command ===> number on
```

wieder in den Numerierungs-Mode, das bedeutet, daß alle Records, die neu eingefügt werden, mit einer Zeilennummer versehen werden. Der gesamte Dataset kann mit

```
Command ===> renum
```

neu numeriert werden.

CAPS ON: CAPS = CAPITALS = Großbuchstaben, d.h. die eingegebenen Daten werden automatisch zu Großbuchstaben konvertiert. Wenn man auf Groß- und Kleinschreibung (etwa bei Texten) Wert legt, so gibt man

```
Command ===> caps off
```

an.

HEX OFF: Alle Daten werden im System in hexadezimaler Form gespeichert, und diese Option bedeutet, daß nicht die hexadezimale, sondern die 'normale' Form auf dem Bildschirm angezeigt wird. Es gibt spezielle Fälle, in denen man an dieser internen Darstellung interessiert ist, und dann kann man

```
Command ===> hex data
```

oder

```
Command ===> hex vert
```

angeben, wodurch sich eine zeilenweise oder vertikale hexadezimale Darstellung ergibt. An den Daten selbst ändert sich dabei natürlich nichts. Durch

```
Command ===> hex off
```

kann man die hexadezimale Darstellung wieder beenden.

NULLS ON STD: Was befindet sich hinter dem letzten Zeichen eines Records? Man kann definieren, ob die Zeile mit Leerzeichen (Blanks) aufgefüllt (NULLS OFF) oder ob der Platz (logisch) leer sein soll (NULLS ON). Was bedeutet das? Die Tastatur des Terminals hat eine INSERT-Taste mit der Funktion, das Einfügen von Zeichen in einen bestehenden Text zu ermöglichen. Das ist aber - aus der Sicht des ISPF-Editors - nur möglich, wenn in der entsprechenden Zeile noch Platz frei ist. Das ist der Fall, wenn wir uns im NULLS ON-Mode befinden. Andernfalls (im NULLS OFF-Mode) müssen wir uns diesen Platz durch Löschen eines oder mehrerer Leerzeichen (DELETE-Taste) oder aller Leerzeichen (EOF-Taste (End of Field)) beschaffen.

Letzteres Verfahren erscheint umständlicher, deshalb wird es für die meisten Anwendungen günstiger sein, im NULLS ON-Mode zu arbeiten. Daß aber der andere Mode auch seine Berechtigung hat, werden wir noch an einem späteren Beispiel kennenlernen.

TABS ON STD: Der Tabulator, der uns in vielen Fällen eine formatierte Dateneingabe erleichtert, ist aktiv. Etwas später werden wir sehen, wie er definiert und benutzt werden kann.

AUTOSAVE ON: Der Dataset wird beim Beenden des EDIT-Modes automatisch gespeichert.

AUTONUM OFF: Eine automatische Numerierung der Daten beim Speichern findet nicht statt.

AUTOLIST OFF: Ein automatisches Ausdrucken der Daten beim Speichern findet nicht statt.

STATS OFF: Die ISPF-Funktion, statistische Daten zu erstellen, gibt es nur für Members eines Partitioned Datasets, wir werden sie kennenlernen, wenn wir uns mit diesen Datasets näher beschäftigen.

PROFILE UNLOCK: Das Profil paßt sich automatisch dem Format der Daten an, es ändert sich beispielsweise von CAPS ON zu CAPS OFF, falls man einen Dataset mit Kleinbuchstaben editiert. Durch

```
Command ===> profile lock
```

erreicht man, daß sich das einmal definierte und gespeicherte Profil nicht mehr ändert, somit jede EDIT-Session mit demselben Profil beginnt und Änderungen jeweils nur temporär sind.

IMACRO NONE: Es wird kein Initialisierungs-Macro ausgeführt, wir werden diese EDIT-Macros später noch kennenlernen.

PACK OFF: Die Daten werden im Original-Format gespeichert. Durch

```
Command ===> pack on
```

können sie in einer 'gepackten' Form gespeichert werden, die auf der Platte weniger Platz benötigt, das macht sich besonders bei großen Datasets bemerkbar. Beim Editieren oder anderen ISPF-Funktionen werden sie automatisch wieder auf das richtige Format gebracht.

Achtung: Diese Funktion kann man nur dann verwenden, wenn die Daten von keinem anderen Programm außerhalb des ISPF verarbeitet werden sollen.

NOTE OFF: Dieser Teil des Profils, der durch den NOTE-Command definiert wird, hängt mit dem MODEL-Command zusammen, der bei der Entwicklung eigener ISPF-Anwendungen benutzt wird, ein Thema, mit dem wir uns nicht beschäftigen werden.

HILITE OFF CURSOR INFO: Der HILITE-Command erlaubt, programmiersprachen-spezifische Eigenschaften eines Textes (beispielsweise IF-THEN-ELSE-Zusammenhänge oder öffnende und schließende Klammern) besonders hervorzuheben, um eventuelle Fehler besser erkennbar zu machen. Eine sehr nützliche Funktion, die sich die Programmierer über HELP genauer ansehen sollten.

So, wir wollen nun über dem Dataset-Profil nicht das Editieren vergessen. Wir haben dieses Thema nur deshalb jetzt angesprochen, weil wir nach Beenden des Eingabe-Mode gesehen haben, daß die Daten vom ISPF-Editor, entsprechend dem Profil, geändert wurden. Und wir haben eine Reihe von Commands kennengelernt, mit denen wir das Profil ändern können.

Einen weiteren Command sollten wir gleich noch erwähnen, nämlich

```
Command ===> reset
```

Damit wird die Profil-Information wieder vom Bildschirm genommen. Generell kann man mit dieser Funktion alle (evtl. falsch oder unvollständig eingegebenen) Commands löschen.

Dieser Command hat noch eine Vielzahl von Parametern, mit denen man unterschiedliche RESET-Varianten durchführen kann. Wer es genauer wissen will: im Tutorial ist alles weitere zu finden.

Wie können wir nun feststellen, ob es noch weitere Commands im EDIT-Mode gibt, und falls ja, welche es sind?

Erinnern wir uns doch daran, daß anfangs gesagt wurde, alle Information über ISPF ist im ISPF vorhanden, und erinnern wir uns weiterhin daran, daß es die F1 = Help-Funktion gibt. Da wir uns momentan in keiner Fehlersituation befinden und auch keine bestimmte Funktion aufgerufen haben, deren Ergebnis über F1 noch erklärt werden könnte, bekommen wir allgemeine Informationen über den Editor angeboten.

```
TUTORIAL ------------------------- EDIT ---------------------------- TUTORIAL
Option  ===> _

                      ----------------------------------
                      |              EDIT              |
                      ----------------------------------

  EDIT allows you to create or change source data.

The following topics are presented in sequence, or may be selected by number:

  0 - General introduction               8 - Display modes (CAPS/HEX/NULLS)
  1 - Types of data sets                 9 - Tabbing (hardware/software/logical)
  2 - Edit entry panel                  10 - Automatic recovery
  3 - SCLM edit entry panel             11 - Edit profiles
  4 - Member selection list             12 - Edit line commands
  5 - Display screen format             13 - Edit primary commands
  6 - Scrolling data                    14 - Labels and line ranges
  7 - Sequence numbering                15 - Ending an edit session

The following topics will be presented only if selected by number:

 16 - Edit models
 17 - Miscellaneous notes about edit
```

Einiges von dem, was auf diesem Tutorial-Panel erscheint, haben wir bereits kennengelernt, anderes wollen wir für später aufheben oder dem Leser einfach zum Abruf über die entsprechende Nummer überlassen. Jetzt werden wir unser Augenmerk auf die Punkte

```
12 - Edit line commands
13 - Edit primary commands
```

richten. Es gibt also zwei Arten von Commands. Und welche das sind, bekommen wir durch Eingabe von 12 bzw. 13 im Option-Feld heraus. Wie bereits bei der Erklärung des Bildschirm-Aufbaus beschrieben, werden die Primary Commands in der Command-Zeile und die Line Commands auf eine oder mehrere Zeilennummern geschrieben. Die bisher kennengelernten Commands sind also Primary Commands.

Bevor wir nun nachschauen, welche Commands uns noch zur Verfügung stehen, sollten wir vielleicht einmal darüber nachdenken, welche Funktionen wir eigentlich benötigen, um eventuelle Änderungen an den bisher eingegebenen Daten zu machen.

Denkpause!

Als Grundfunktionen sollten vorhanden sein:

- Einfügen und Löschen von Zeilen
- Kopieren und Vertauschen von Zeilen
- Ändern von Daten
- Speichern von Daten

Da die Commands einerseits auf der englischen Sprache basieren und andererseits möglichst einfach sein sollen, hat man demzufolge

I	INSERT - Einfügen
D	DELETE - Löschen
C	COPY - Kopieren
M	MOVE - Bewegen/Vertauschen

Diese Funktionen beziehen sich auf einzelne Zeilen und sind somit als Line Commands definiert.

Das Ändern oder Speichern der Daten sind globale Funktionen, die sich auf viele oder alle Daten beziehen, sie sind als Primary Commands definiert:

C	CHANGE - Ändern
SAVE	Speichern

Doch bleiben wir zunächst bei den ersten Line Commands. Wir haben bisher 5 Zeilen in unserem Dataset und wollen nun weitere Zeilen einfügen. Das Einfügen soll beispielsweise hinter der dritten Reihe geschehen, also schreiben wir ein I (Insert) auf die dritte Zeile und erhalten damit eine neue Zeile zur Dateneingabe:

```
  File  Edit  Edit_Settings  Menu  Utilities  Compilers  Test  Help
-----------------------------------------------------------------------
EDIT       ED1.NAMEN.DATA                               Columns 00001 00072
Command ===>                                               Scroll ===> HALF
****** ***************************** Top of Data ******************************
000100 ANDREAS, FRANZ          34275      DARMSTADT
000200 BECK, PETER             1933       HANNOVER
i_      BOEHM, JUTTA           1634       STUTTGART
000400 GROSS, CLAUDIA          2287       BERLIN
000500 HEINEMANN, DIETER       6650       ULM
****** **************************** Bottom of Data ****************************
```

Nach Eingabe des Textes und ENTER erscheint eine weitere Zeile, wir bleiben also im INSERT-Mode, und zwar so lange, bis wir ohne Dateneingabe nur die ENTER-Taste drücken.

```
 File  Edit  Edit_Settings  Menu  Utilities  Compilers  Test  Help
-------------------------------------------------------------------------------
EDIT       ED1.NAMEN.DATA                                  Columns 00001 00072
Command ===>                                                   Scroll ===> HALF
****** ***************************** Top of Data ******************************
000100 ANDREAS, FRANZ             34275       DARMSTADT
000200 BECK, PETER                1933        HANNOVER
000300 BOEHM, JUTTA               1634        STUTTGART
000310 DORRMANN, KARIN            788         BREMEN
''''''  _
000400 GROSS, CLAUDIA             2287        BERLIN
000500 HEINEMANN, DIETER          6650        ULM
****** **************************** Bottom of Data ****************************
```

Die neuen Daten sind natürlich auch wieder, entsprechend dem Profil, zu Großbuchstaben konvertiert und außerdem numeriert worden, allerdings jetzt in Schritten von 10.

Diese Art der Dateneingabe ist eigentlich nicht zu empfehlen, denn nach Eingabe jeder Zeile findet eine Datenübertragung zum System statt, der Computer verarbeitet (konvertiert usw.) die Daten und gibt eine neue Zeile vor. Das bedeutet einigen Rechenaufwand und - aus unserer Sicht - Warten auf die Antwort des Rechners. Wir können den Prozeß dadurch schneller ablaufen lassen, daß wir direkt mehrere neue Zeilen anfordern. Dabei brauchen wir nicht unbedingt die genaue Zahl der Zeilen im voraus zu wissen, sondern können eine ungefähre Zahl angeben.

```
 File  Edit  Edit_Settings  Menu  Utilities  Compilers  Test  Help
-------------------------------------------------------------------------------
EDIT       ED1.NAMEN.DATA                                  Columns 00001 00072
Command ===>                                                   Scroll ===> HALF
****** ***************************** Top of Data ******************************
000100 ANDREAS, FRANZ             34275       DARMSTADT
000200 BECK, PETER                1933        HANNOVER
000300 BOEHM, JUTTA               1634        STUTTGART
i5_    DORRMANN, KARIN            788         BREMEN
000320 FRITSCH, GERDA             23439       AUGSBURG
000400 GROSS, CLAUDIA             2287        BERLIN
000500 HEINEMANN, DIETER          6650        ULM
****** **************************** Bottom of Data ****************************
```

Damit erhalten wir jetzt 5 Zeilen zur Dateneingabe:

```
 File  Edit  Edit_Settings  Menu  Utilities  Compilers  Test  Help
-------------------------------------------------------------------------------
EDIT       ED1.NAMEN.DATA                                Columns 00001 00072
Command ===>                                                Scroll ===> HALF
****** ***************************** Top of Data ******************************
000100 ANDREAS, FRANZ          34275      DARMSTADT
000200 BECK, PETER             1933       HANNOVER
000300 BOEHM, JUTTA            1634       STUTTGART
000310 DORRMANN, KARIN         788        BREMEN
''''''  _
''''''
''''''
''''''
''''''
000320 FRITSCH, GERDA          23439      AUGSBURG
000400 GROSS, CLAUDIA          2287       BERLIN
000500 HEINEMANN, DIETER       6650       ULM
****** **************************** Bottom of Data ****************************
```

Falls wir aber nur 3 Zeilen beschreiben und danach auf ENTER drücken, verlassen wir den Insert-Mode und haben keine zusätzlichen leeren Zeilen im Dataset. Wollten wir andererseits mehr als 5 Zeilen eingeben, so bleiben wir nach Schreiben der ersten 5 Zeilen und ENTER-Drücken im Insert-Mode und bekommen jeweils eine weitere Zeile.

```
 File  Edit  Edit_Settings  Menu  Utilities  Compilers  Test  Help
-------------------------------------------------------------------------------
EDIT       ED1.NAMEN.DATA                                Columns 00001 00072
Command ===> _                                              Scroll ===> HALF
****** ***************************** Top of Data ******************************
000100 ANDREAS, FRANZ          34275      DARMSTADT
000200 BECK, PETER             1933       HANNOVER
000300 BOEHM, JUTTA            1634       STUTTGART
000310 DORRMANN, KARIN         788        BREMEN
000311 EBEL, HANS-DIETER       29044      REGENSBURG
000312 ENGELHARDT, KARL        37601      BERLIN
000313 FABER, HANS             22999      DORTMUND
000320 FRITSCH, GERDA          23439      AUGSBURG
000400 GROSS, CLAUDIA          2287       BERLIN
000500 HEINEMANN, DIETER       6650       ULM
****** **************************** Bottom of Data ****************************
```

Also: Ruhig großzügig sein bei der Anforderung neuer Zeilen, nach Beendigung der Dateneingabe werden nichtbenutzte Zeilen wieder herausgenommen.

Frage: Wie bekommt man, falls es gewünscht wird, leere Zeilen in einen Dataset?

Antwort: Ganz einfach, man gibt mindestens ein Leerzeichen pro Zeile ein.

Aufmerksame Beobachter werden festgestellt haben, daß die Numerierung inzwischen bei Schritten der Größe 1 angekommen ist. Können wir jetzt keine Daten mehr einfügen (denn eine noch kleinere Schrittweise ist nicht möglich), oder was passiert?

Das auszuprobieren sei dem Leser überlassen. Natürlich kann man noch Daten einfügen, das wäre ja schon ein dummer Editor, wenn das Einfügen an der Numerierung scheitern würde. Nein - die Numerierung der nachfolgenden Zeilen wird einfach dahingehend korrigiert, daß die neuen Zeilen richtig hineinpassen.

Wir werden uns nun mit dem Thema Numerierung nicht weiter beschäftigen und darauf vertrauen, daß der Editor schon alles richtig macht. Erinnert sei in diesem Zusammenhang noch einmal an den RENUM-Command, der den gesamten Dataset neu numeriert (Schrittweite 100) - für den Benutzer, dem der Nummern-Mischmasch, den wir momentan haben, nicht gefällt.

Stellen wir uns jetzt einmal vor, wir hätten alle Daten gemäß einer Aufgabenstellung richtig und vollständig eingegeben und wollten sie nun speichern (denn momentan sind sie ja nur im Arbeitsspeicher des Rechners) und den EDIT-Mode beenden.

Zum Beenden einer Funktion gibt es den END-FK, nämlich F3, das wissen wir schon. Und F3 bedeutet im EDIT-Mode zusätzlich das Speichern der Daten. Nach Ausführung dieser Funktion kommen wir in das ursprüngliche EDIT-Panel zurück und sehen in der rechten oberen Ecke die Erfolgsmeldung:

```
Data set saved
```

Also: F3 hat in diesem Zusammenhang zwei Funktionen:

- Speichern der Daten
- Beenden des EDIT-Modes

Man kann jede dieser beiden Funktionen auch einzeln aufrufen:

- Speichern der Daten: Geschieht mit dem SAVE-Command, einem Primary Command. Man bleibt danach im EDIT-Mode, hat aber einen bestimmten Status der Daten (evtl. aus Sicherungsgründen) gespeichert. Das ist eigentlich nicht notwendig, wenn man in seinem Profil RECOVERY ON definiert hat.
- Beenden des EDIT-Modes ohne zu speichern: Man stellt fest, daß man beispielsweise irgendwelche Records fälschlicherweise gelöscht oder verändert hat und möchte deshalb die Daten, die sich im Dataset auf der Platte befinden, behalten und nicht durch das Speichern der sich im Arbeitsbereich befindenden falschen Daten überschreiben. Dafür gibt es den CANCEL-Command.

Recovery

Wie funktioniert das nun eigentlich mit dieser RECOVERY-Funktion? Sie ist im ISPF vorhanden, um dem Benutzer im Fehlerfall die Möglichkeit zu geben, auf die Daten zurückzugreifen, die er editiert hat, ohne sie schon gespeichert zu haben. Ein solcher Fehlerfall kann beispielsweise ein Systemzusammenbruch sein oder auch Beenden der TSO-Sitzung, etwa durch einen CANCEL-Command des System-Operators (aus welchem Grund auch immer) oder wegen Zeitüberschreitung.

Zeitüberschreitung: Im MVS im allgemeinen und damit auch im TSO im besonderen ist eine Funktion vorhanden, die einen Job oder auch die Sitzung eines TSO-Benutzers beendet (ABEND-Code = 522), wenn eine systemseitig definierte Wartezeit (z.B. 20 Minuten) überschritten ist. Das bedeutet, unabhängig davon, in welcher Funktion man sich gerade befindet, daß die TSO-Sitzung beendet wird, wenn man am Bildschirm 20 Minuten lang nichts tut, und *nichts tun* heißt eigentlich: nicht mit dem System kommunizieren - ENTER-Taste oder FK drücken.

Zurück zur RECOVERY: ISPF legt automatisch einen Dataset

```
userid.ISR0001.BACKUP
```

an, in dem alle zur Wiederherstellung der Daten notwendigen Informationen gespeichert werden. Kommt es nun zu einem der oben erwähnten Fehler, so hat man, wenn das System wieder normal läuft, die Möglichkeit, auf diese Daten zurückzugreifen, und zwar automatisch, wenn man wieder die EDIT-Funktion aufruft.

Es erscheint dann nicht das normale EDIT-Panel, sondern dieses:

```
--------------------------- EDIT - RECOVERY -------------------------------
Command ===> _

                  *****************************************
                  *         EDIT AUTOMATIC RECOVERY       *
                  *****************************************

The following data set was being edited when a system failure or
task abend occurred:

Data set: ED1.NAMEN.DATA


Instructions:
   Press ENTER key to continue editing the data set, or
   Enter END command to return to the primary option menu, or
   Enter DEFER command to defer recovery of the specified data set, or
   Enter CANCEL command to cancel recovery of the data set.

To continue editing a password protected data set, specify:

   DATA SET PASSWORD ===>
```

Man hat jetzt folgende Möglichkeiten:

ENTER Wiederherstellen des Zustandes vor dem Fehler, weiterarbeiten und speichern.

END Das Editieren wird im Moment nicht durchgeführt, die Möglichkeit zur Wiederherstellung der Daten bleibt aber noch bestehen.

DEFER Der Recovery-Prozeß wird zurückgestellt und ein anderer Dataset kann editiert werden.

CANCEL Wir sind an den Daten nicht mehr interessiert.

UNDO-Funktion

Eine sehr nützliche Funktion bietet der UNDO-Command, wenn man die RECOVERY-Option eingeschaltet hat. Dann ist man in der Lage, bereits ausgeführte Commands, mit denen man die Daten verändert hat, wieder schrittweise rückgängig zu machen.

Line Commands

So, nun wollen wir mit dem Editieren unseres Datasets fortfahren. Wenn wir wieder das EDIT-Panel aufrufen, sehen wir, daß diesmal schon der Name des Datasets, mit dem wir zuletzt gearbeitet haben, im Panel gespeichert ist. Über ENTER kommen wir in den EDIT-Mode, allerdings nicht - wie bei einem leeren Dataset - in den Input-Mode.

Wir sollten uns jetzt doch etwas ausführlicher mit den verschiedenen Commands beschäftigen, die uns zur Verfügung stehen. Wie bereits bekannt, können wir Informationen darüber aus dem Tutorial bekommen, also

```
F1        = Help
Option 12 = Line Commands
```

```
TUTORIAL ------------------ EDIT - LINE COMMANDS -------------------- TUTORIAL
OPTION  ===> _
                     -----------------------------------
                     |                EDIT               |
                     |            LINE COMMANDS          |
                     -----------------------------------

The following topics are presented in sequence, or can be selected by
number.  Individual commands can be selected by entering the command name.

  0  - Line commands:            General information
  1  - Basic commands:           I       D       R
  2  - Move/Copy commands:       C       M       A       B       O
  3  - Shifting commands:        )       (       >       <
  4  - Exclude/Show commands:    X       F       L       S
  5  - Text handling commands:   TE      TF      TS      LC      UC
  6  - Miscellaneous commands:   BNDS    COLS    MASK    TABS
  7  - Data commands:            MD
```

Es gibt also, wie aus diesem Panel ersichtlich, sieben Gruppen von Commands, einige haben wir bereits kurz kennengelernt.

Basis-Commands

- Einfügen (INSERT)

  I Einfügen einer Zeile
  In Einfügen von n Zeilen

- Löschen (DELETE)

  D Löschen einer Zeile
  Dn Löschen von n Zeilen

  Bei diesem und auch bei anderen Commands (bei allen, bei denen es sinnvoll ist) gibt es eine weitere Form, nämlich das BLOCK-Format:

  DD Erste und letzte Zeile eines Blocks von Zeilen werden jeweils durch ein DD zum Löschen markiert.

- Wiederholen (REPEAT)

  R - Rn - RR - Rrn Mit Hilfe dieser Commands können eine oder mehrere Zeilen wiederholt werden.

MOVE/COPY-Commands

Diese Commands geben uns die Möglichkeit, einzelne Zeilen zu kopieren oder zu vertauschen.

- Kopieren (COPY)

  C - Cn - CC Kopieren einer oder mehrerer Zeilen - wohin?

  Falls wir nur den COPY-Command eingeben, erhalten wir rechts oben auf dem Bildschirm die Meldung

  ```
  MOVE/COPY is pending
  ```

  Eine Erklärung über F1

  ```
  Enter A, B, or O line command, or a CREATE OR REPLACE command
  ```

  weist darauf hin, daß wir noch die Stelle definieren müssen, wohin die Zeilen kopiert werden sollen:

  A AFTER - hinter diese Zeile

  B BEFORE - vor diese Zeile

  O OVERLAY - Überlagerung dieser Zeile

  Man kann somit die Zeilen vor oder hinter eine bestimmte Zeile kopieren (das können auch die TOP- oder BOTTOM-Zeile sein), oder wir können mit der OVERLAY-Funktion Zeilen überlagern.

  Überlagern bedeutet: Überlagern von Leerzeichen, d.h. bestehender Text wird nicht überschrieben.

  Den CREATE- und REPLACE-Command heben wir uns noch für später auf.

- Vertauschen (MOVE)

  M - Mn - MM Mit diesem Command kann man Zeilen vertauschen, zu ihm gehört - wie zum COPY-Command - ebenso die Angabe des Ziels (A, B oder O), wobei es sich im Overlay-Fall natürlich nicht um ein Vertauschen, sondern um ein Zusammenfügen von Zeilen handelt.

SHIFT-Commands

In der Übersicht sehen wir, daß es zwei Arten von Commands gibt, mit denen wir Daten verschieben können:

- (und) (COLS links/rechts)

  Mit diesen Commands können wir in einer oder in mehreren Zeilen die Daten um eine gewünschte Anzahl von Stellen nach links oder rechts verschieben. Dabei werden die Daten gegebenenfalls auch über den 'Rand' des Records hinausgeschoben und gehen damit verloren.

- < und > (DATA links/rechts)

  Diese Commands haben eine eigene Logik, bei ihrer Ausführung wird versucht, die Text-Struktur insgesamt zu erhalten, und nur einzelne Teile des Textes werden verschoben.

Wir können uns das unterschiedliche Verhalten beider Commands an unserer Namensliste verdeutlichen.

Die Daten sollen auf folgendes Format gebracht werden:

```
  File  Edit  Edit_Settings  Menu  Utilities  Compilers  Test  Help
-------------------------------------------------------------------------------
EDIT       ED1.NAMEN.DATA                                  Columns 00001 00072
Command ===> _                                                Scroll ===> HALF
****** ***************************** Top of Data ******************************
000100 | ANDREAS, FRANZ         | 34275    | DARMSTADT          |
000200 | BECK, PETER            | 1933     | HANNOVER           |
000300 | BOEHM, JUTTA           | 1634     | STUTTGART          |
000310 | DORRMANN, KARIN        | 788      | BREMEN             |
000311 | EBEL, HANS-DIETER      | 29044    | REGENSBURG         |
000312 | ENGELHARDT, KARL       | 37601    | BERLIN             |
000313 | FABER, HANS            | 22999    | DORTMUND           |
000320 | FRITSCH, GERDA         | 23439    | AUGSBURG           |
000400 | GROSS, CLAUDIA         | 2287     | BERLIN             |
000500 | HEINEMANN, DIETER      | 6650     | ULM                |
****** **************************** Bottom of Data ****************************
```

Was ist dafür zu machen? Zuerst müssen alle Daten um zwei Stellen nach rechts verschoben werden, dafür gibt es den SHIFT-Command, und wir benutzen ihn im Block-Format:

```
  File  Edit  Edit_Settings  Menu  Utilities  Compilers  Test  Help
-------------------------------------------------------------------------------
EDIT       ED1.NAMEN.DATA                                  Columns 00001 00072
Command ===>                                                  Scroll ===> HALF
****** ***************************** Top of Data ******************************
=COLS> ----+----1----+----2----+----3----+----4----+----5----+----6----+----7--
))2      ANDREAS, FRANZ         34275      DARMSTADT
000200 BECK, PETER              1933       HANNOVER
000300 BOEHM, JUTTA             1634       STUTTGART
000310 DORRMANN, KARIN          788        BREMEN
000311 EBEL, HANS-DIETER        29044      REGENSBURG
000312 ENGELHARDT, KARL         37601      BERLIN
000313 FABER, HANS              22999      DORTMUND
000320 FRITSCH, GERDA           23439      AUGSBURG
000400 GROSS, CLAUDIA           2287       BERLIN
))_    HEINEMANN, DIETER        6650       ULM
****** **************************** Bottom of Data ****************************
```

Wir sehen, daß alle Daten im Record gleichmäßig um zwei Stellen nach rechts verschoben worden sind. Dabei ist zu beachten, daß zwei auch der Default-Wert für die Verschiebung ist, wenn man keine andere Zahl angibt.

```
  File  Edit  Edit_Settings  Menu  Utilities  Compilers  Test  Help
-------------------------------------------------------------------------------
EDIT       ED1.NAMEN.DATA                                  Columns 00001 00072
Command ===> _                                                Scroll ===> HALF
****** ***************************** Top of Data ******************************
=COLS> ----+----1----+----2----+----3----+----4----+----5----+----6----+----7--
000100   ANDREAS, FRANZ           34275      DARMSTADT
000200   BECK, PETER              1933       HANNOVER
000300   BOEHM, JUTTA             1634       STUTTGART
000310   DORRMANN, KARIN          788        BREMEN
000311   EBEL, HANS-DIETER        29044      REGENSBURG
000312   ENGELHARDT, KARL         37601      BERLIN
000313   FABER, HANS              22999      DORTMUND
000320   FRITSCH, GERDA           23439      AUGSBURG
000400   GROSS, CLAUDIA           2287       BERLIN
000500   HEINEMANN, DIETER        6650       ULM
****** **************************** Bottom of Data ****************************
```

Probieren wir doch einfach einmal den anderen SHIFT-Command aus:

```
  File  Edit  Edit_Settings  Menu  Utilities  Compilers  Test  Help
-------------------------------------------------------------------------------
EDIT       ED1.NAMEN.DATA                                  Columns 00001 00072
Command ===>                                                  Scroll ===> HALF
****** ***************************** Top of Data ******************************
=COLS> ----+----1----+----2----+----3----+----4----+----5----+----6----+----7--
>>2      ANDREAS, FRANZ           34275      DARMSTADT
000200   BECK, PETER              1933       HANNOVER
000300   BOEHM, JUTTA             1634       STUTTGART
000310   DORRMANN, KARIN          788        BREMEN
000311   EBEL, HANS-DIETER        29044      REGENSBURG
000312   ENGELHARDT, KARL         37601      BERLIN
000313   FABER, HANS              22999      DORTMUND
000320   FRITSCH, GERDA           23439      AUGSBURG
000400   GROSS, CLAUDIA           2287       BERLIN
>>_      HEINEMANN, DIETER        6650       ULM
****** **************************** Bottom of Data ****************************
```

Beim genauen Hinsehen erkennen wir den Unterschied: Nur der erste Text-Bereich ist verschoben worden, die dahinterliegenden Blanks wurden zusammengeschoben, und alles andere blieb unverändert. Vielleicht sollte man noch erwähnen, daß auf maximal ein Leerzeichen zusammengeschoben wird, sonst wird auch der dahinterliegende Text verschoben.

```
  File  Edit  Edit_Settings  Menu  Utilities  Compilers  Test  Help
-----------------------------------------------------------------------------
EDIT       ED1.NAMEN.DATA                                  Columns 00001 00072
Command ===> _                                                Scroll ===> HALF
****** ***************************** Top of Data ******************************
=COLS> ----+----1----+----2----+----3----+----4----+----5----+----6----+----7--
000100     ANDREAS, FRANZ       34275      DARMSTADT
000200     BECK, PETER          1933       HANNOVER
000300     BOEHM, JUTTA         1634       STUTTGART
000310     DORRMANN, KARIN      788        BREMEN
000311     EBEL, HANS-DIETER    29044      REGENSBURG
000312     ENGELHARDT, KARL     37601      BERLIN
000313     FABER, HANS          22999      DORTMUND
000320     FRITSCH, GERDA       23439      AUGSBURG
000400     GROSS, CLAUDIA       2287       BERLIN
000500     HEINEMANN, DIETER    6650       ULM
****** **************************** Bottom of Data ****************************
```

Wen dieses Thema noch mehr interessiert, der sollte den Command doch selbst ausprobieren, in der Praxis wird man in den meisten Fällen mit dem zuerst erwähnten Command auskommen.

Doch gehen wir wieder von dem vorherigen Zustand unserer Liste aus und überlegen uns, wie wir die senkrechten Striche der Tabelle in die Daten bekommen. Dabei kann uns die Overlay-Funktion helfen. Wir geben zuerst eine Zeile mit den notwendigen Strichen ein und legen (MOVE-Command) sie anschließend über (OVERLAY-Command im Block-Format) die anderen Daten:

```
  File  Edit  Edit_Settings  Menu  Utilities  Compilers  Test  Help
-----------------------------------------------------------------------------
EDIT       ED1.NAMEN.DATA                                  Columns 00001 00072
Command ===>                                                  Scroll ===> HALF
****** ***************************** Top of Data ******************************
=COLS> ----+----1----+----2----+----3----+----4----+----5----+----6----+----7--
M      |                       |         |                    |
OO       ANDREAS, FRANZ         34275      DARMSTADT
000200   BECK, PETER            1933       HANNOVER
000300   BOEHM, JUTTA           1634       STUTTGART
000310   DORRMANN, KARIN        788        BREMEN
000311   EBEL, HANS-DIETER      29044      REGENSBURG
000312   ENGELHARDT, KARL       37601      BERLIN
000313   FABER, HANS            22999      DORTMUND
000320   FRITSCH, GERDA         23439      AUGSBURG
000400   GROSS, CLAUDIA         2287       BERLIN
OO_      HEINEMANN, DIETER      6650       ULM
****** **************************** Bottom of Data ****************************
```

Damit erhalten wir das gewünschte Format.

```
  File  Edit  Edit_Settings  Menu  Utilities  Compilers  Test  Help
------------------------------------------------------------------------------
EDIT       ED1.NAMEN.DATA                              Columns 00001 00072
Command ===> _                                            Scroll ===> HALF
****** ***************************** Top of Data ******************************
000100 | ANDREAS, FRANZ          | 34275    |  DARMSTADT          |
000200 | BECK, PETER             | 1933     |  HANNOVER           |
000300 | BOEHM, JUTTA            | 1634     |  STUTTGART          |
000310 | DORRMANN, KARIN         | 788      |  BREMEN             |
000311 | EBEL, HANS-DIETER       | 29044    |  REGENSBURG         |
000312 | ENGELHARDT, KARL        | 37601    |  BERLIN             |
000313 | FABER, HANS             | 22999    |  DORTMUND           |
000320 | FRITSCH, GERDA          | 23439    |  AUGSBURG           |
000400 | GROSS, CLAUDIA          | 2287     |  BERLIN             |
000500 | HEINEMANN, DIETER       | 6650     |  ULM                |
****** **************************** Bottom of Data ****************************
```

Wenn wir unsere Liste in Zukunft noch durch weitere Namen ergänzen wollen, wäre es natürlich schon praktisch, wenn man das Tabellen-Muster automatisch vom System bekäme. Das geht auch, und wir werden damit noch eine weitere Kategorie von Commands kennenlernen.

Verschiedene Commands

Unter dieser Überschrift sind vier Commands zusammengefaßt, die im weitesten Sinn zusammengehören, sofern es die Formatierung der Daten betrifft:

BNDS BOUNDARY = Grenze, man grenzt mit < und > den Gültigkeitsbereich für verschiedene Commands ein.

BNDS kann auch als Primary Command aufgerufen werden, der Spaltenbereich ist dann als Parameter anzugeben.

COLS Der COLUMNS-Command gibt uns eine Anzeige der Spalten auf dem Bildschirm.

MASK Mit dem MASK-Command kann man eine frei zu wählende Maske über neue Eingabe-Zeilen legen.

TABS Der TABULATOR-Command ermöglicht die Definition von Tabulator-Positionen auf dem Bildschirm.

Der MASK-Command ist offensichtlich genau das, was wir gesucht haben. Wenn wir ihn eingeben, erhalten wir die momentan definierte Maske, sie ist noch leer, und wir können nun die gewünschten Daten eintragen.

```
 File  Edit  Edit_Settings  Menu  Utilities  Compilers  Test  Help
-----------------------------------------------------------------------------
EDIT       ED1.NAMEN.DATA                                    Columns 00001 00072
Command ===>                                                    Scroll ===> HALF
****** ***************************** Top of Data ******************************
=MASK> _
000100 | ANDREAS, FRANZ        | 34275    | DARMSTADT        |
000200 | BECK, PETER           | 1933     | HANNOVER         |
000300 | BOEHM, JUTTA          | 1634     | STUTTGART        |
000310 | DORRMANN, KARIN       | 788      | BREMEN           |
000311 | EBEL, HANS-DIETER     | 29044    | REGENSBURG       |
000312 | ENGELHARDT, KARL      | 37601    | BERLIN           |
000313 | FABER, HANS           | 22999    | DORTMUND         |
000320 | FRITSCH, GERDA        | 23439    | AUGSBURG         |
000400 | GROSS, CLAUDIA        | 2287     | BERLIN           |
000500 | HEINEMANN, DIETER     | 6650     | ULM              |
****** **************************** Bottom of Data ****************************
```

Die Eingabe aller vier Commands liefert folgendes Bild:

```
 File  Edit  Edit_Settings  Menu  Utilities  Compilers  Test  Help
-----------------------------------------------------------------------------
EDIT       ED1.NAMEN.DATA                                    Columns 00001 00072
Command ===>                                                    Scroll ===> HALF
****** ***************************** Top of Data ******************************
=COLS> ----+----1----+----2----+----3----+----4----+----5----+----6----+----7--
=BNDS> <                                                                      >
=TABS>
=MASK> |                       |          |                  |_
000100 | ANDREAS, FRANZ        | 34275    | DARMSTADT        |
000200 | BECK, PETER           | 1933     | HANNOVER         |
000300 | BOEHM, JUTTA          | 1634     | STUTTGART        |
000310 | DORRMANN, KARIN       | 788      | BREMEN           |
000311 | EBEL, HANS-DIETER     | 29044    | REGENSBURG       |
000312 | ENGELHARDT, KARL      | 37601    | BERLIN           |
000313 | FABER, HANS           | 22999    | DORTMUND         |
000320 | FRITSCH, GERDA        | 23439    | AUGSBURG         |
000400 | GROSS, CLAUDIA        | 2287     | BERLIN           |
000500 | HEINEMANN, DIETER     | 6650     | ULM              |
****** **************************** Bottom of Data ****************************
```

Wir sehen an dem Beispiel auch gleich das Ergebnis des COLS- und des BNDS-Commands, und Tabulator-Positionen sind offensichtlich noch nicht definiert, sonst hätte sie der TABS-Command angezeigt.

Unser Beispiel legt es aber nahe, für die weitere Dateneingabe mit dem Tabulator zu arbeiten, da wir die Daten an fest definierten Positionen eingeben müssen. Man unterscheidet insgesamt drei verschiedene Arten des Tabulators:

- Hardware-Tabulator
- Software-Tabulator
- Logischer Tabulator

Da der Hardware-Tabulator am handlichsten und übersichtlichsten ist, sei er der einzige, der hier behandelt wird. Alles weitere ist wie üblich aus dem Tutorial zu erfahren.

Man definiert Tabulator-Positionen durch Eingabe von * in der TABS-Zeile, und zwar immer vor der Stelle, an die man mit der Tabulator-Taste springen will. Es gibt dafür zwei Tabulator-Tasten (> = vorwärts und < = rückwärts). In unserem Fall wäre die folgenden Definition sinnvoll:

```
 File  Edit  Edit_Settings  Menu  Utilities  Compilers  Test  Help
-------------------------------------------------------------------------------
EDIT       ED1.NAMEN.DATA                                  Columns 00001 00072
Command ===>                                                  Scroll ===> HALF
****** ***************************** Top of Data ******************************
=TABS>  *                       *          *_
000100 | ANDREAS, FRANZ        | 34275    | DARMSTADT             |
000200 | BECK, PETER           | 1933     | HANNOVER              |
000300 | BOEHM, JUTTA          | 1634     | STUTTGART             |
000310 | DORRMANN, KARIN       | 788      | BREMEN                |
000311 | EBEL, HANS-DIETER     | 29044    | REGENSBURG            |
000312 | ENGELHARDT, KARL      | 37601    | BERLIN                |
000313 | FABER, HANS           | 22999    | DORTMUND              |
000320 | FRITSCH, GERDA        | 23439    | AUGSBURG              |
000400 | GROSS, CLAUDIA        | 2287     | BERLIN                |
000500 | HEINEMANN, DIETER     | 6650     | ULM                   |
****** **************************** Bottom of Data ****************************
```

Wichtig: Neben dem Line Command TABS gibt es noch einen Primary Command TABS, mit dem man den Tabulator ein- oder ausschalten kann:

```
Command ===> tabs on
```

bzw.

```
Command ===> tabs off
```

Bei der Dateneingabe wird man feststellen, daß man die Stellen in einer Zeile, an denen ein Tabulator-Zeichen steht, nicht beschreiben kann, das wird im Normalfall auch nicht notwendig sein. Wenn man allerdings in einer Zeile doch etwas an eine solche Stelle schreiben will, so geht das auch, ohne daß man den Tabulator deshalb ausschalten muß:

- Man setzt den Cursor auf die entsprechende Position
- Man drückt die ENTER-Taste
- Alle Tabs-Positionen in dieser Zeile sind gelöscht (bis zum nächsten ENTER), und man kann die Zeile beliebig beschreiben.

Damit haben wir das Dataset-Profil so definiert, daß wir bei zukünftiger Dateneingabe die Arbeit einfacher haben. Wir sehen uns noch einmal, zusammen mit dem PROFILE-Command, das Ergebnis eines INSERT-Commands an, der jetzt für alle neuen Zeilen die definierte Maske anzeigt.

```
 File  Edit  Edit_Settings  Menu  Utilities  Compilers  Test  Help
-------------------------------------------------------------------------------
EDIT       ED1.NAMEN.DATA                                 Columns 00001 00072
Command ===>                                                 Scroll ===> HALF
****** ***************************** Top of Data ******************************
=PROF> ....DATA (FIXED - 80)....RECOVERY ON....NUMBER ON STD..................
=PROF> ....CAPS ON....HEX OFF....NULLS OFF....TABS ON STD.....................
=PROF> ....AUTOSAVE ON.....AUTONUM OFF....AUTOLIST OFF....STATS OFF...........
=PROF> ....PROFILE UNLOCK....IMACRO NONE....PACK OFF....NOTE ON...............
=PROF> ....HILITE OFF CURSOR FIND ............................................
=TABS>  *                       *         *
=MASK> |                       |         |                   |
=COLS> ----+----1----+----2----+----3----+----4----+----5----+----6----+----7--
000100 | ANDREAS, FRANZ        | 34275   | DARMSTADT         |
000200 | BECK, PETER           | 1933    | HANNOVER          |
000300 | BOEHM, JUTTA          | 1634    | STUTTGART         |
'''''' | _                     |         |                   |
'''''' |                       |         |                   |
'''''' |                       |         |                   |
'''''' |                       |         |                   |
'''''' |                       |         |                   |
000310 | DORRMANN, KARIN       | 788     | BREMEN            |
000311 | EBEL, HANS-DIETER     | 29044   | REGENSBURG        |
000312 | ENGELHARDT, KARL      | 37601   | BERLIN            |
000313 | FABER, HANS           | 22999   | DORTMUND          |
000320 | FRITSCH, GERDA        | 23439   | AUGSBURG          |
000400 | GROSS, CLAUDIA        | 2287    | BERLIN            |
000500 | HEINEMANN, DIETER     | 6650    | ULM               |
****** **************************** Bottom of Data ****************************
```

Vielleicht sollten wir an dieser Stelle erst einmal mit der Aufzählung der diversen Commands aufhören und mittels einer Übungsaufgabe feststellen, wieweit wir mit dem EDIT-Command vertraut sind.

4.6 Übungsaufgabe

1. Es sind zwei Datasets

   `userid.NAMEN.DATA`

   und

   `userid.ORT.DATA`

   in folgendem Format zu erstellen:

Record-Format:	Fixed blocked
Record-Länge:	80
Blockgröße:	27920
Größe:	1. Extent = 1 Track, 2. Extent = 1 Track

   Dabei ist der Begriff *userid* durch den TSO-Userid zu ersetzen, mit dem man LOGON gemacht hat.

2. In den Dataset userid.NAMEN.DATA sind die folgenden Daten zu bringen:

Name	Pers.Nr.	Ort
Andreas, Franz	34275	Darmstadt
Beck, Peter	1933	Hannover
Boehm, Jutta	1634	Stuttgart
Dorrmann, Karin	788	Bremen
Ebel, Hans-Dieter	29044	Regensburg
Engelhardt, Karl	37601	Berlin
Faber, Hans	22999	Dortmund
Fritsch, Gerda	23439	Augsburg
Gross, Claudia	2287	Berlin
Heinemann, Dieter	6650	Ulm

Dabei soll es sich um Daten ohne eine Numerierung handeln, die in Groß- und Kleinbuchstaben geschrieben sind.

3. Danach sollen diese Daten in den Dataset userid.ORT.DATA kopiert und nach dem Ortsnamen sortiert werden:

Name	Pers.Nr.	Ort
Fritsch, Gerda	23439	Augsburg
Engelhardt, Karl	37601	Berlin
Gross, Claudia	2287	Berlin
Dorrmann, Karin	788	Bremen
Andreas, Franz	34275	Darmstadt
Faber, Hans	22999	Dortmund
Beck, Peter	1933	Hannover
Ebel, Hans-Dieter	29044	Regensburg
Boehm, Jutta	1634	Stuttgart
Heinemann, Dieter	6650	Ulm

Wir haben bisher das Kopieren von einem Dataset in einen anderen noch nicht kennengelernt. Es sei an dieser Stelle dem Leser überlassen, sich einmal selbst die entsprechende Funktion aus dem ISPF herauszusuchen. Daß Kopieren COPY heißt, wissen wir bereits, so daß wir uns nur in den bereits kennengelernten Panels danach umsehen müssen, um danach über das Tutorial noch eine Beschreibung herauszufinden.

Die Sortierung der Daten geschieht entweder durch mehrfachen Aufruf des MOVE-Commands oder durch den SORT-Command, den wir uns bisher noch nicht angesehen haben.

Ein Lösungsvorschlag ist im Anhang beschrieben, aber es gibt natürlich verschiedene Möglichkeiten, die Aufgabe zu lösen.

4.7 Utilities

Kopieren von Daten

Bei den UTILITIES gibt es, wie wir gesehen haben, die Option

```
3  MOVE/COPY - Move, or copy members or data sets
```

mit der wir ganze Datasets oder Members aus Partitioned Datasets kopieren können. Der generelle Unterschied zwischen

`MOVE` und `COPY`

ist, daß beim COPY die Original-Daten bestehen bleiben und eine Kopie erstellt wird (das haben wir ja auch schon beim Line Command COPY im EDIT kennengelernt), während bei der MOVE-Funktion die Daten, nachdem sie in einen anderen Dataset geschrieben wurden, im Original nicht weiter bestehen bleiben.

```
 Menu  RefList  Utilities  Help
------------------------------------------------------------------------------
                              Move/Copy Utility
Option ===> _

 C  Copy data set or member(s)          CP Copy and print
 M  Move data set or member(s)          MP Move and print

Specify "From" Data Set below, then press Enter key

From ISPF Library:
   Project . . . ed1           (--- Options C and CP only          ---)
   Group . . . . namen    . . .          . . .          . . .
   Type  . . . . data_
   Member  . . .                  (Blank or pattern for member list,
                                   "*" for all members)

From Other Partitioned or Sequential Data Set:
   Data Set Name . . .
   Volume Serial . . .            (If not cataloged)

Data Set Password  . .            (If password protected)
```

Das Panel bietet uns diese Funktionen an:

C - M	COPY/MOVE - ohne Drucken der Daten
CP - MP	COPY/MOVE - mit Drucken der Daten

Für den Normalbetrieb sind sicherlich die beiden Funktionen C und M von Interesse, funktionell gibt es keinen Unterschied zu CP und MP, außer daß dabei die kopierten Daten noch gedruckt, d.h. in den bereits beschriebenen LIST-Dataset gebracht werden.

In dem Panel müssen wir außer der Funktion noch den "From"-Dataset angeben, d.h. den Dataset, den wir kopieren wollen. Wir machen das in der uns nun schon vertrauten Form und erhalten durch ENTER ein weiteres Panel, das in seiner Überschrift beschreibt, was wir machen wollen, nämlich den Dataset ED1.NAMEN.DATA kopieren, aber wohin? Hier ist jetzt der "To"-Dataset anzugeben, d.h. also der Dataset, in den wir kopieren wollen.

```
 Menu  RefList  Utilities  Help
------------------------------------------------------------------------------
COPY        From ED1.NAMEN.DATA
Command ===> _

Specify "To" Data Set Below

To ISPF Library:
   Project  . . ED1                Replace option:
   Group  . . . NAMEN                 Enter "/" to select opt
   Type . . . . DATA                     Replace like-named members
   Member . . .

To Other Partitioned or Sequential Data Set:
   Data Set Name . . .
   Volume Serial . . .             (If not cataloged)

Data Set Password  . .             (If password protected)

To Data Set Options:
   Sequential Disposition          Pack Option          SCLM Setting
   1  1. Mod                       3  1. Yes            3  1. SCLM
      2. Old                          2. No                2. Non-SCLM
                                      3. Default           3. As is
```

Außerdem gibt es noch die Möglichkeit, sowohl für den "From"- wie auch für den "To"-Dataset Angaben über Members zu machen, das werden wir beim Kopieren von Partitioned Datasets kennenlernen.

Um den COPY-Vorgang durchführen zu können, muß noch (abhängig davon, ob es sich um einen sequentiellen oder Partitioned Dataset handelt), die "To"-Dataset-Option angeben werden:

- Die Optionen OLD oder MOD bestimmen, ob Daten in einem sequentiellen Dataset überschrieben werden (OLD) oder ob hinter die Daten kopiert werden soll (MOD). Im Kapitel *5. Job-Verarbeitung* ist Genaueres zur Bedeutung dieser beiden Begriffe zu finden, die aus der 'JOB CONTROL LANGUAGE (JCL)' stammen.

- Sollen in einem Partitioned Dataset eventuell schon vorhandene gleichnamige Members überschrieben werden? Das wird durch Selektion des Feldes

  ```
  Replace option:
     Enter "/" to select opt
        Replace like-named members
  ```

  festgelegt.

Nachdem nun alle Begriffe in diesem Panel geklärt sind, geben wir den Namen des Datasets, in den wir kopieren, nämlich ED1.ORT.DATA, an:

```
Data Set Name . . . ed1.ort.data
```

Doch mit ENTER erscheint nicht die Erfolgsmeldung, daß der Dataset kopiert wurde, sondern ein Panel, daß uns darüber informiert, daß der Dataset, in den wir kopieren wollen nicht existiert.

```
  Menu  RefList  Utilities  Help
- +------------------------------------------------------------------+
C |                       Allocate Target Data Set                   |
C | Command ===>                                                     |
  |                                                                  |
S | Specified data set ED1.ED1.ORT.DATA                              |
  | does not exist.                                                  |
T | If you wish to allocate this data set, select one of the options |
  | below.                                                           |
  |                                                                  |
  | Allocation Options:                                              |
  | _  1. Allocate using the attributes of:                          |
T |       ED1.NAMEN.DATA                                             |
  |    2. Specify allocation attributes                              |
  |                                                                  |
  | _  Use existing SMS attributes for option 1                      |
D |                                                                  |
  | Instructions:                                                    |
T |   Press ENTER to allocate data set.                              |
  |   Enter CANCEL or END to cancel allocation.                      |
  +------------------------------------------------------------------+
    2. Old                       2. No                 2. Non-SCLM
                                 3. Default            3. As is
```

Was ist geschehen? Gibt es denn den Dataset nicht mehr? Wenn wir genau hinsehen, stellen wir fest, daß das ja auch nicht der Dataset ist, in den wir kopieren wollten, was haben wir falsch gemacht?

Antwort: Wir haben die TSO-Namenskonvention vergessen, d.h. die richtige Angabe des Namens wäre

```
Data Set Name . . . ort.data
```

Nachdem wir dieses Problem gelöst haben, läßt sich auch der COPY-Vorgang erfolgreich beenden.

Gleichzeitig erkennen wir, daß der "To"-Dataset, falls er noch nicht existiert, beim Kopieren automatisch angelegt werden kann.

Dataset-Übersicht

Wir hatten beim Kopieren das Problem mit der Meldung

```
Data set does not exist
```

und haben erkannt, daß es nur durch einen Eingabe-Fehler verursacht worden war. Es hätte aber auch wirklich durch Angabe eines Datasets, den es nicht gibt, hervorgerufen werden können. Und in dem Zusammenhang stellt sich dann die Frage:

Welche Datasets habe ich?

D.h: Welche Datasets gibt es, deren Namen mit meinem Userid anfangen?

Es gibt zwei Möglichkeiten, diese Frage zu beantworten.

Dataset List Utility

Mit der Option 4 bei den Utilities

```
  Menu  RefList  RefMode  Utilities  Help
----------------------------------------------------------------------------
                            Data Set List Utility
Option ===> _

   blank Display data set list          P Print data set list
       V Display VTOC information      PV Print VTOC information

Enter one or both of the parameters below:
   Dsname Level . . . ED1
   Volume serial  . .

Data set list options:
   Initial View . . . 1  1. Volume          Enter "/" to select option
                         2. Space           /  Confirm Data Set Delete
                         3. Attrib          /  Confirm Member Delete
                         4. Total

The following actions will be available when the list is displayed:
  "/" on the data set list command field for the command prompt pop-up,
  an ISPF line command, the name of a TSO command, CLIST, or REXX exec, or
  "=" to execute the previous command.
```

erhält man eine Auflistung aller eigenen Datasets oder aller Datasets, deren Namen mit dem im Feld

`Dsname Level . . .`

angegeben Qualifier beginnen. Es können dann viele Commands, wie beispielsweise EDIT oder RENAME, ausgeführt werden.

Man kann bei der Angabe des Qualifiers auch mit sogenannten *Wild Cards* arbeiten:

`*`	- Beliebiger Qualifier
`**`	- Beliebiges Ende eines Qualifiers oder Namens
`%`	- Beliebiges Zeichen innerhalb eines Qualifiers

Das könnte dann beispielsweise so aussehen:

`ED1.*.CLIST`	- Der mittlere Qualifier ist beliebig
`ED1.MVS**`	- `ED1.MVS.CNTL`
	- `ED1.MVS3.TEST.DATA`
`ED1.TSO%.TEST`	- `ED1.TSO1.TEST`
	- `ED1.TSO3.TEST`

Durch die Option

`Initial View . . . 1  1. Volume`

kann man verschiedene Formate der Anzeige wählen, entweder den Platten-Namen (Volume), die Größe (Space), die Struktur (Attrib) oder die Summe all dieser Informationen (Total).

Sehr wichtig sind die beiden nächsten Optionen

```
/  Confirm Data Set Delete
/  Confirm Member Delete
```

in denen man festlegt, ob bei einem Aufruf der DELETE-Funktion noch eine Bestätigung (so wie wir sie in der Option 3.2 - DELETE kennengelernt haben) erfragt werden soll. Lassen wir diese Selektion frei, so werden die Datasets oder Members nach Eingabe des D-Commands sofort gelöscht - also bitte aufpassen.

```
  Menu  Options  View  Utilities  Compilers  Help
----------------------------------------------------------------------------
DSLIST - Data Sets Matching ED1                                 Row 1 of 3
Command ===> _                                               Scroll ===> PAGE

Command - Enter "/" to select action                  Message          Volume
-----------------------------------------------------------------------------
        ED1                                                            *ALIAS
        ED1.NAMEN.DATA                                                 TSOE0A
        ED1.ORT.DATA                                                   TSOE0A
***************************** Bottom of Data*******************************
```

Will man eine Übersicht aller Commands erhalten, die hier standardmäßig zur Verfügung stehen, so kann man das entweder über `Options` in der Action Bar erfahren, oder man selektiert einen Dataset und erhält dann das Pull-Down mit den verfügbaren Commands.

Durch F11 (d.h. Scrolling nach rechts) kann man sich die anderen Dataset-Informationen anzeigen lassen.

Neben den im Panel aufgeführten Commands kann man auch beliebige TSO-Commands, Command Prozeduren (CLISTs) und REXX-EXECs aufrufen. Mit all diesen Themen haben wir uns zwar noch nicht beschäftigt, dennoch sollte das hier der Vollständigkeit halber schon erwähnt werden.

Das Ganze macht in diesem Zusammenhang natürlich nur Sinn, wenn beim Aufruf obiger Funktionen der Dataset-Name eine Rolle spielt.

Gibt man den Command- oder CLIST-Namen in eine Zeile ein, so wird der voll-qualifizierte Dataset-Name als Parameter mit übernommen. Ist die Funktion so aufzurufen, daß der Dataset-Name nicht der erste oder einzige Parameter ist, so kann er im Command als / dargestellt werden.

Ruft man beispielsweise den XMIT-Command in folgender Form auf

```
  Menu  Options  View  Utilities  Compilers  Help
------------------------------------------------------------------------------
DSLIST - Data Sets Matching ED1                                    Row 1 of 3
Command ===> _                                                Scroll ===>PAGE

Command - Enter "/" to select action                  Message           Vol|
------------------------------------------------------------------------------
        ED1                                                            ALIAS
xmit fred da(/)_ N.DATA                                                TSOE0A
        ED1.ORT.DATA                                                   TSOE0A
****************************** Bottom of Data ********************************
```

so wird dadurch dieser Command generiert und ausgeführt:

```
xmit fred da('ed1.namen.data')
```

Darüber hinaus gibt es eine Reihe von Commands, mit denen man die Arbeitsumgebung in dieser Utility-Funktion beeinflussen kann, Einzelheiten darüber sind über das Tutorial zu erfragen, wir wollen hier die Commands nur zusammenfassend auflisten:

CONFIRM	Bestätigungs-Panel für DELETE
FIND/RFIND	Suchen einer Zeichenfolge
LOCATE	Scrolling der Dataset-Liste
SAVE	Speichern der Dataset-Liste
SHOWCMD	Anzeigen eines Commands
SORT	Sortieren der Dataset-Liste

4.8 ISPF Command Shell

LISTCAT

Unabhängig vom ISPF gibt es noch einen TSO-Command

```
LISTCAT
```

der Katalog-Einträge auflistet. TSO-Commands kann man entweder außerhalb des ISPF im READY-Mode aufrufen, oder man benutzt dazu im Primary Option Menu die Option

```
6 Command     - Enter TSO or workstation commands
```

Damit erhält man mit der ISPF Command Shell ein Panel, in dem man, von einigen Ausnahmen[4] abgesehen, alle TSO-Commands aufrufen kann.

---

[4] Es handelt sich dabei um Commands, die sogenannte (systeminterne) privilegierte Funktionen aufrufen, z.B. RACF-Commands, TEST-Command usw. (wir werden diese Commands später noch kennenlernen).

```
  Menu  List  Mode  Functions  Utilities  Help
------------------------------------------------------------------------------
                              ISPF Command Shell
Enter TSO or Workstation commands below:

===> listcat_


Place cursor on choice and press enter to Execute command

=>
=>
=>
=>
```

Einzelheiten zum LISTCAT-Command sind im Kapitel *17. TSO-Commands* beschrieben.

Der Command gibt uns nun eine Auflistung unserer Datasets:

```
  Menu  List  Mode  Functions  Utilities  Help
------------------------------------------------------------------------------
                              ISPF Command Shell
Enter TSO or Workstation commands below:

===> LISTCAT


Place cursor on choice and press enter to Execute command

=>
=>
=>
=>
IN CATALOG:SYS1.USERCAT.VSYSUSR
ED1.NAMEN.DATA
ED1.ORT.DATA
***  _
```

Wichtig: Die Information wird durch drei Sterne

*** _

abgeschlossen. Wir wissen, daß sich jetzt so lange nichts am Bildschirm tut, bis wir auf ENTER oder CLEAR drücken. Jede andere Eingabe - sei es ein Command oder ein FK - wird ignoriert und wie die ENTER-Taste behandelt.

Die ISPF Command Shell bietet generell die Möglichkeit, mehrere Commands zu *parken.* d.h. sie einmal zu definieren und bei Bedarf aufzurufen. Nach einer längeren Tätigkeit im ISPF könnte das folgendermaßen aussehen:

```
  Menu  List  Mode  Functions  Utilities  Help
-----------------------------------------------------------------------------
                               ISPF Command Shell
Enter TSO or Workstation commands below:

===> _


Place cursor on choice and press enter to Retrieve command

=> listcat
=> vm3 spf1.list
=> listc
=> xmit fred da(mvs.clist)
```

In diesem Zusammenhang noch ein Blick auf die Action Bar.

Im `List` Pull-Down kann man über die Auswahl Update On/Off festlegen, ob die im unteren Teil definierte Command-Liste automatisch geändert wird oder nicht.

Im `Mode` Pull-Down definiert man, ob ein Command, den man ausgewählt hat, direkt ausgeführt (Execute), im oberen Bereich angezeigt (Retrieve) oder ohne Ausführung gelöscht (Delete) werden soll.

Darüber hinaus gibt es noch das `Functions` Pull-Down, in dem man festlegt, ob der Command als TSO-Command oder als Workstation-Command interpretiert werden soll, oder man kann mittels Compress ein Löschen aller mehrfach erscheinenden Commands erreichen.

4.9 Beenden von ISPF

Nachdem wir nun eine ganze Reihe von Funktionen im ISPF kennengelernt haben, wollen wir dieses Kapitel erst einmal beenden und uns einem anderen Thema zuwenden. Im Primary Option Menu haben wir gesehen, daß wir ISPF durch den END-Command (oder F3) oder den X-Command beenden können.

Was ist nun der Unterschied? Der hat jetzt wieder etwas mit dem LIST- und dem LOG-Dataset zu tun. Falls während der ISPF-Session einer dieser beiden Datasets angelegt wurde (sei es, um ein Protokoll zu erstellen oder um etwas zu drucken), dann führt uns der END-Command zu einem Panel, das dem Log-List-Dataset-Panel in den Settings sehr ähnlich ist.

```
                  Specify Disposition of Log and List Data Sets
--------------------------------------------------------------------------------
Command ===> _

Log Options for this session
  Process option . . . 3   1. Print data set and delete
                           2. Delete data set without printing
                           3. Keep data set - Same
                              (allocate same data set in next session)
                           4. Keep data set - New
                              (allocate new data set in next session)
  SYSOUT class . . . . A
  Local printer ID . .

List options for this session
  Process option . . . 3   1. Print data set and delete
                           2. Delete data set without printing
                           3. Keep data set - Same
                              (allocate same data set in next session)
                           4. Keep data set - New
                              (allocate new data set in next session)
  SYSOUT class . . . . A
  Local printer ID . .

Press ENTER key to complete ISPF termination.
Enter END command to return to the primary option menu.

Job statement Information:  (Required for system printer)
  ===> //ED1#LOG JOB (EDUC,19-30),TEUFFEL,NOTIFY=ED1,TIME=(,30),
  ===> // MSGCLASS=0,CLASS=C
  ===> //*
  ===> //*
```

Wir können jetzt nämlich die eingangs definierten Default-Werte überschreiben. Wenn wir hier beispielsweise

```
Process option . . . 3
```

angegeben haben, um die Daten über einen gewissen Zeitraum zu sammeln, so können wir nun durch

```
Process option . . . 1
```

erreichen, daß die Daten wirklich gedruckt werden.

Kommen wir andererseits im Moment mit den Default-Werten aus, so beenden wir ISPF mit der Option X und überspringen obiges Panel.

Sprung-Funktion ("=option")

An dieser Stelle sei noch auf eine weitere Funktion hingewiesen, sich innerhalb der verschiedenen ISPF-Panels zu bewegen.

Wir haben bisher die Möglichkeit kennengelernt, ein Panel aus dem Primary Option Menu heraus direkt aufzurufen, z.B. 3.3 zum Kopieren. Diesen direkten Aufruf kann man nun aus einem beliebigen Panel heraus durch Eingabe von z.B.

```
=3.3
```

erreichen.

Diese Sprung-Funktion ist auch für den X-Command möglich, so daß man ISPF durch

```
=X
```

aus jedem beliebigen Panel heraus verlassen kann.

Selbstverständlich beinhaltet diese Funktion, falls sie im EDIT-Mode benutzt wird, genauso das Speichern der Daten, wie wir es mit F3 und F4 kennengelernt haben.

4.10 Zusammenfassung

ISPF - Ein Erstes Kennenlernen

- **Tutorial**
  `Help` Pull-Down in Action Bar
  F1 - Help
  TUTOR-Command
- **ISPF Settings**
  Terminal-Eigenschaften (z.B. Terminal-Typ, Zahl der FKs)
  LOG/LIST-Datasets
  Definition der FKs
  Bildschirm-Format
  Command-Zeile
  Workstation Connection
- **Dataset Utilities (Option 3)**
  3.2 Anlegen, Umbenennen und Löschen von Datasets
  3.3 Kopieren von Datasets
  3.4 Dataset-List
- **EDIT (Option 2)**

LINE Commands

`I`	Einfügen	`() <>`	Verschieben
`D`	Löschen	`BNDS`	Begrenzungen
`R`	Wiederholen	`COLS`	Spalten
`M`	Vertauschen	`MASK`	Maske
`C`	Kopieren	`TABS`	Tabulator

PRIMARY Commands

`PROF`	Profil	`RESET`	Grundstellung
`RECOVERY`	Sicherung	`UNDO`	Korrektur
`CAPS`	Groß/Kleinschreibung	`SAVE`	Speichern
`STATS`	Member-Statistik	`CANCEL`	Abbrechen

`NULLS`	Nulls-Mode	`NUM`	Numerierungsmode
`AUTONUM`	Automatische Numerierung	`RENUM`	Umnumerieren
`AUTOLIST`	Automatisches Drucken	`UNNUM`	Nummern löschen
`HILITE`	Farbliches Hervorheben	`HEX`	Hex-Darstellung

- **Katalog-Übersicht**

  ISPF 3.4 - Dataset-List
  LISTCAT-Command

5.0 Job-Verarbeitung im Background

- Einführung in JCL

  Wir beschreiben einen Job durch JOB-, EXEC- und DD-Records.

- JES-Übersicht

  Es gibt zwei Job-Entry-Subsysteme: JES2 und JES3.

- Ein Sortier-Job als Beispiel

  An einem Sortier-Job können wir die Kommunikation zwischen uns und dem System erkennen.

- TSO-Commands zur Job-Verarbeitung

  Im TSO gibt es mehrere Commands, mit denen wir die Job-Verarbeitung steuern können

- SDSF - Eine interessante Alternative

  Mit SDSF können wir schnell und bequem auf die Ergebnisse unserer Jobs zugreifen.

Wie bereits anfangs erwähnt, bietet TSO dem Benutzer zwei Möglichkeiten, Daten zu verarbeiten:

Foreground	TSO-Commands
Background	Jobs

Und mit der zweiten Möglichkeit, Jobs zu erstellen und zur Ausführung zu bringen, wollen wir uns jetzt beschäftigen.

5.1 Einführung in JCL

Was ist ein Job?

Ein Job beinhaltet den Aufruf eines oder mehrerer Programme und die Bereitstellung der dafür notwendigen Daten. Ferner definiert man administrative Dinge, beispielsweise eine Abrechnungsnummer oder die Information, wohin eventuell vom Programm erstellte Listen gebracht werden sollen. Zur Definition solcher Jobs gibt es eine eigene Sprache, die

`Job Control Language = JCL`

Man definiert einen Job durch eine Reihe von Records in dieser Sprache, d.h. durch JCL-Records. Diese Records haben, da sie ursprünglich in Form von Lochkarten in den Rechner eingelesen wurden, das uns schon bekannte Format fester Record-Länge 80. Als TSO-Benutzer werden wir unsere Jobs natürlich nicht als Lochkarten haben, sondern in Datasets speichern.

Es gibt nun eine ganze Reihe von unterschiedlichen JCL-Records, in denen die Einzelheiten für die im Job aufgerufenen Programme definiert werden. Im folgenden werden nur die wichtigsten Begriffe erklärt, alle Einzelheiten sind in sehr ausführlicher und umfassender Systemliteratur[5] zu finden.

Alle Records haben das gleiche Format:

- Sie beginnen mit // in Spalte 1
- Sie haben Daten bis maximal in Spalte 71
- Sie können durch ein Komma als letztem Zeichen mit dem nächsten Record fortgesetzt werden, wobei im Fortsetzungsrecord den //-Zeichen mindestens ein Leerzeichen folgen muß.
- Alle Zeichen werden als Großbuchstaben eingegeben.

Aus der Vielzahl der existierenden Records werden wir einige auswählen:

JOB	Enthält Jobnamen, Abrechnungsinformation, maximale Rechenzeit, Name des Benutzers usw.
EXEC	Bestimmt das Programm, das ausgeführt werden soll
DD	Legt die Daten fest, die verarbeitet werden sollen
Kommentar	Beschreibt die Programme und Daten

[5] z/OS MVS JCL Reference

Die Ausführung jeweils eines Programms bezeichnet man als STEP, ein Job kann somit mehrere Steps haben, und man hat die Möglichkeit, die Ausführung eines Steps vom Ergebnis eines vorhergehenden Steps abhängig zu machen.

JOB-Record

Jeder Job muß mit einem JOB-Record beginnen, der einige generelle Eigenschaften definiert:

```
//jobname JOB (acct,address),name,CLASS=jobclass,TIME=time,
//        NOTIFY=userid,MSGCLASS=outclass,REGION=size,
//        PASSWORD=password,USER=userid
```

Ganz allgemein etwas zur Syntax:

Die in *kleinen* Buchstaben geschriebenen Begriffe müssen durch die zugeordneten Werte ersetzt werden, während die in *großen* Buchstaben geschriebenen Schlüsselwörter so im Record erscheinen (allerdings in beliebiger Reihenfolge), wie sie hier angegeben wurden.

Diese drei Zeilen (Records) bilden - logisch gesehen - *einen* JOB-Record, da sie, wie anfangs beschrieben, mit einem Komma enden (Zeilen 1,2) bzw. mit // und (mindestens) einem Leerzeichen (Zeilen 2,3) fortgesetzt werden.

Die Bedeutung der Parameter im JOB-Record kann in den einzelnen TSO-Installationen durchaus unterschiedlich sein, deshalb werden die Begriffe hier nur ganz allgemein beschrieben, und man sollte sich, bevor man Jobs zur Ausführung bringt, noch einmal nach den für das eigene System geltenden Regeln im Rechenzentrum erkundigen.

jobname Jeder Job muß einen Jobnamen haben, er besteht aus maximal 8 Zeichen (hier wie auch sonstwo immer die gleichen Regeln wie bei einem Dataset-Qualifier) und muß mit dem TSO-Userid beginnen.

Beispiele: `ED1LIST, ED1A3#7`

acct Accounting- oder Abrechnungs-Nummer, eine Größe, die in jedem Rechenzentrum anders definiert wird und über die die Abrechnung des Jobs durchgeführt wird.

address Hier gibt man eine Adresse an, wohin eine vom Job produzierte Liste gebracht werden soll.

name Name des Benutzers, erscheint später auf der ersten Seite der Liste.

CLASS=jobclass Eine der durch die Installation definierten Jobklass en.

TIME=time Maximal erlaubte Rechenzeit für diesen Job.

Beispiele: `TIME=(,30)` 30 Sekunden
`TIME=2` 2 Minuten

Was ist eine Jobklasse und weshalb muß man eine bestimmte Zeit angeben?

In jedem Rechenzentrum sind Jobklassen definiert, die bestimmte Eigenschaften haben, und jeder Job wird, entweder vom Benutzer oder vom System, in eine dieser Jobklassen eingeordnet. Sie sind definiert worden, um eine möglichst optimale Verarbeitung aller Jobs zu erreichen. Und zwar optimal sowohl

- aus der Sicht des Benutzers, der seinen Job möglichst schnell beendet haben will,
- aus der Sicht des Systems, das möglichst gut ausgelastet sein soll.

Die oben erwähnten Eigenschaften sehen nun in jeder Installation anders aus und hängen ab sowohl von dem, was man als 'Workload-Profil' bezeichnet, nämlich den Eigenschaften aller Jobs, die auf dem System laufen, wie auch von der Kapazität des Systems selbst (z.B. Rechnergeschwindigkeit, Speichergröße, Zahl der Platten- und Bandeinheiten usw.).

Ein generelles Kriterium sei hier erwähnt, da es sicherlich in den meisten Installationen mit benutzt wird:

- Jobs, die nur sehr wenig Rechenzeit benötigen, sollen möglichst schnell an die Reihe kommen.
- Jobs, die viel Systemkapazität (Rechenzeit, Speicherplatz usw.) benötigen, können länger warten, bis sie an die Reihe kommen.

Und dieses 'an die Reihe kommen', sprich: die Priorität im System, wird über die Jobklassen gesteuert. Um das erste der obigen Kriterien zu erfüllen, definiert man beispielsweise eine Jobklasse, der alle Jobs zugeordnet werden können, die eine bestimmte Rechenzeit nicht überschreiten. Dafür kann der TIME-Parameter benutzt werden, mit dem man die maximale Rechenzeit festsetzt.

Die ursprüngliche Bedeutung des TIME-Parameters war, zu verhindern, daß ein Programm wegen eines Fehlers (z.B. einer unendlichen Schleife) nie beendet wurde und somit sinnlos viel Rechenzeit verbrauchte. Denn was passiert, wenn die angegebene Zeit überschritten wird? Das Programm, und damit der Job, wird vom System beendet (CANCELLED), und man erhält als Benutzer eine Information darüber in Form eines ABEND-Codes 522.

Zurück zur Jobklasse. Hat beispielsweise eine Installation eine Jobklasse C definiert, in der Jobs maximal 30 Sekunden Rechenzeit verbrauchen dürfen, so könnte man im JOB-Record

```
CLASS=C,TIME=(,30)
```

angeben, wenn man weiß, daß man mit dieser Zeit auskommt. Und woher weiß man nun im voraus, wieviel Zeit der Job benötigt? Das läßt sich so einfach nicht beantworten. Entweder weiß man das aus Erfahrung von einem ähnlichen Job her, oder man ist, wenn man dieses Programm erstmals laufen läßt, etwas vorsichtig und gibt eine Zeit von mehreren Minuten an (mit der dazugehörigen Jobklasse).

Wenn der Job fertig ist, kann man aus dem systemseitig angefertigten Protokoll, das Teil der Liste ist, ersehen, wieviel Rechenzeit benötigt wurde und dann beim nächsten Mal vielleicht einen kleineren TIME-Wert angeben.

Die Jobklassen werden, wie erwähnt, dazu benutzt, die Prioritäten der verschiedenen Jobs im System zu steuern. Priorität in bezug auf den Startpunkt der Ausführung, denn in einem gut ausgelasteten System sind normalerweise mehr Jobs vorhanden als gleichzeitig laufen können. Deshalb ist es für die Reihenfolge beim Warten erforderlich, gewisse Prioritäten-Regelungen zu haben. Und dann ist es eben - im Sinne obiger Kriterien - möglich, den Jobs mit wenig Rechenzeit eine hohe Priorität zu geben, damit sie nur eine möglichst niedrige Wartezeit haben.

Zusammenfassend sei zum Thema 'Jobklassen' noch einmal gesagt, daß hier jedes Rechenzentrum seine eigenen Regeln und Definitionen hat. Danach sollte man sich erkundigen, denn nur, wenn man diese Regeln einhält, kann man davon ausgehen, möglichst gut bedient zu werden.

Doch zurück zu den weiteren Parametern im JOB-Record.

NOTIFY=userid Durch Angabe des TSO-Userids in diesem Parameter erreicht man, daß von seiten des Systems eine Meldung an den Benutzer geschickt wird, wenn der Job (oder ein Step - das ist auch wieder installationsabhängig) beendet ist.

MSGCLASS=outclass Definition der Output-Klasse für die Informationen und Meldungen (JOB-Protokoll), die systemseitig während der Ausführung des Jobs erstellt wurden.

Was ist eine Output-Klasse?

Jede Installation hat eine Reihe von Output- (Ausgabe-) Klassen definiert, denen unterschiedliche Drucker oder Papierformate zugeordnet sind. Wenn man diesen Wert nicht angibt, bekommt man die Output-Klasse 'A' standardmäßig zugeordnet, zu der das 'Normal'-Papier gehört, dann gibt es meist Klassen für spezielles weißes Papier (Hoch- oder Querformat), Drucker mit speziellen Sonderzeichen (z.B. APL) usw. Es kann sein, daß es eine Klasse gibt, mit der man die Daten nicht auf Papier, sondern auf Mikrofilm gibt, und im vorigen Jahrtausend gab noch die Klasse 'B' für Lochkarten-Ausgabe.

Viele Installationen haben eine spezielle Klasse, z.B. '0', die bedeutet, daß nichts gedruckt wird (weil man evtl. bestimmte Daten, die vom Programm oder System erzeugt werden, nicht benötigt).

Sehr wichtig: Eine spezielle Output-Klasse, z.B. 'Q', die es ermöglicht, sich die Daten am Bildschirm anzusehen und anschließend zu entscheiden, ob ein Drucken noch notwendig ist.

REGION=size Dieser Parameter ermöglicht eine Angabe über den benötigten Speicherplatz für die Programme, die durch den Job aufgerufen werden. Größenordnung hierfür ist

1M = 1024*1024 Bytes = 1 Megabyte.

Beispiel: `REGION=8M`

Die Angabe dieses Parameters ist nicht notwendig, wenn man mit dem installationsseitig festgelegten Standardwert auskommt.

Die Angabe von

`REGION=0M`

bewirkt, daß keinerlei Speicherbegrenzung definiert ist.

PASSWORD=password Angabe des LOGON Passwords

USER=userid Dieser Parameter muß mit dem PASSWORD-Parameter zusammen angegeben werden, wenn auf RACF-geschützte Daten zugegriffen werden soll. Datenschutz über RACF wird noch Thema eines späteren Kapitels sein.

In vielen Installationen ist der SUBMIT-Command, den wir noch zur Ausführung von Jobs kennenlernen werden, so modifiziert, daß man auf diese beiden Parameter verzichten kann.

Damit haben wir die wichtigsten Parameter des JOB-Records kennengelernt. Genaueres darüber ist, wie gesagt, im JCL-Manual nachzulesen.

Wir können uns jetzt als Beispiel dazu noch einmal den JOB-Record ansehen, den wir im Zusammenhang mit der Festlegung der Defaultwerte für den LIST- und LOG-Dataset im ISPF definiert haben:

```
//ED1PRINT JOB (EDUC,19-30),TEUFFEL,NOTIFY=ED1,
// TIME=(,30),MSGCLASS=0,CLASS=C
```

Dieser JOB-Record wird benutzt, wenn wir beim Beenden von ISPF die Option 3 wählen, durch die ein Job generiert wird, der den LOG- und/oder den LIST- Dataset druckt.

Jobname ED1PRINT beginnt mit Userid ED1

Acct-Nummer EDUC (Abrechnungsnummer)

Adresse 19-30 (Ausgabe-Box)

Name TEUFFEL

Diese vier Werte müssen immer in dieser Reihenfolge angegeben werden, während bei den weiteren Parametern die Reihenfolge beliebig ist.

NOTIFY=ED1 Der TSO-Benutzer ED1 erhält die Mitteilung über das Ende des Jobs.

TIME=(,30) Der Job benötigt maximal 30 Sekunden Rechenzeit (er wird sogar nur einen Bruchteil davon benötigen).

CLASS=C Als Jobklasse wird C gewählt.

MSGCLASS=0 An dem JOB-Protokoll sind wir nicht interessiert, deshalb wird die Output-Klasse '0' gewählt, in der diese Daten sofort gelöscht werden.

Ein REGION-Parameter wird nicht angegeben, zum Drucken brauchen wir nicht mehr als die Standard-Speichergröße.

EXEC-Record

Der EXEC-Record definiert das Programm, das in einem Job-Step ausgeführt werden soll.

```
//stepname EXEC PGM=pgmname,COND=cond
//stepname EXEC procname,COND=cond
```

stepname Name des Steps, ein Parameter, den man angeben kann, aber nicht angeben muß. Er dient vor allem der Übersichtlichkeit in Jobs, die aus mehreren Steps bestehen, wenn in System-Meldungen auf spezielle Steps Bezug genommen wird.

Beispiele: `PRINT, SORT3, COMPARE, ....`

PGM=pgmname Mit diesem Parameter gibt man den Namen des Programms an, das ausgeführt werden soll.

procname Man kann mit dem EXEC-Record nicht nur Programme aufrufen, sondern auch JCL-Prozeduren. Dabei handelt es sich um systemseitig definierte JCL, z.B. Aufruf eines Compilers, Sortierung von Daten usw. Diese Prozeduren sind, wie die Programme, jeweils unter einem Namen gespeichert und werden hier ohne den Parameter PGM= aufgerufen.

Beispiele: `ASMFCL, PLIXCLG, ...`

COND=cond Mit Hilfe des COND-Parameters kann man Abhängigkeiten in der Ausführung einzelner Steps definieren. Diese Abhängigkeit wird über **Return Codes** (RC) gesteuert.

Jedes Programm endet mit einem solchen Return Code, der - bei ordentlicher Programmierung - etwas über den Verlauf des Programms sagt, etwa

`RC=0` : Programm lief richtig
`RC=4` : Kleinere Probleme, die aber zu lösen waren
`RC=8` : Schwere Fehler, die nicht zu beheben waren

D.h. also normalerweise, daß das Problem um so größer war, je höher der Return Code war.

Mit dem COND-Parameter kann man jetzt Bedingungen definieren, wann ein Step **nicht** durchgeführt werden soll.

Dabei gibt es die folgenden Bedingungen

`LT` - less than / kleiner
`LE` - less or equal / kleiner oder gleich
`GT` - greater than / größer
`GE` - greater or equal / größer oder gleich
`EQ` - equal / gleich
`NE` - not equal / ungleich

Beispiel 1: STEP2 soll nur ausgeführt werden, wenn STEP1 in Ordnung (RC=0) war:

```
COND=(0,LT,STEP1)
```

Beispiel 2: STEP3 wird nur ausgeführt, wenn Return Code von STEP2 kleiner als 8 ist:

```
COND=(8,LE,STEP2)
```

Der COND-Parameter ist nur notwendig, wenn Abhängigkeiten zwischen einzelnen Steps definiert werden sollen, anderenfalls braucht er nicht angegeben zu werden.

Im EXEC-Record kann man, genau wie im JOB-Record, den TIME- oder REGION-Parameter angeben, wobei sich die entsprechenden Werte nur auf den jeweiligen Step und nicht auf den gesamten Job beziehen.

DD-Record

DD steht für **Data Definition**, d.h. mit DD-Records kann man die Daten definieren, die zur Ausführung des Programms benötigt werden. Es gibt verschiedene Formate:

```
//ddname DD DSNAME=dsname,DISP=disp
//ddname DD SYSOUT=outclass,COPIES=copies
//ddname DD *
```

ddname Interner Name der Daten, auf die zugegriffen wird. Dieser Name ist vom Autor des Programms festgelegt worden und muß dem Benutzer des Programms bekannt sein.

Beispiele: `SYSPRINT, SORTWK, FT04F001,....`

DSNAME=dsname Name des Datasets, mit dem gearbeitet werden soll. Der Name muß vollständig angegeben werden, es gelten keine TSO-Namenskonventionen. DSNAME kann auch mit DSN abgekürzt werden.

Beispiele: `ED1.TEST.DATA, SYS1.LINKLIB(IEHLIST),..`

DISP=disp Mit diesem Parameter definiert man Status und Verarbeitungsweise des Datasets. Dabei muß man unterscheiden, ob es sich um einen existierenden oder neu anzulegenden Dataset handelt.

```
DISP=OLD
```

Der Dataset existiert und ist unter alleiniger Kontrolle des Jobs, bis dieser beendet ist. Das bedeutet, daß kein anderer Job oder TSO-User kann auf die Daten zugreifen. Hierbei handelt es sich um keinen Aspekt der Daten-Sicherheit (Zugriffberechtigung), sondern um Daten-Integrität. Damit soll im wesentlichen sichergestellt werden, daß nicht von zwei Jobs gleichzeitig (und somit unkontrolliert) in den Dataset geschrieben wird.

Falls das Programm Daten in den Dataset schreibt, werden eventuell schon vorhandene Daten überschrieben.

```
DISP=MOD
```

Der Unterschied zu DISP=OLD liegt darin, daß beim Schreiben hinter die bestehenden Daten geschrieben wird, ansonsten ebenfalls alleinige Kontrolle über den Dataset.

Diese Option kann man nur bei einem sequentiellen Dataset angeben, da man auf Grund der Verarbeitungweise eines Members im Partitioned Dataset dort keine Daten anfügen kann.

Beide Optionen kennen wir bereits aus dem ISPF-COPY-Menu (3.3), dort haben wir damit festgelegt, in welcher Form in den 'TO'-Dataset kopiert werden soll.

`DISP=SHR`

Mit dieser Option erlaubt man, daß mehrere Jobs auf die Daten zugreifen können. Man wird sich dafür entscheiden, wenn es sich um Daten handelt, die nur gelesen werden.

`DISP=(NEW,CATLG) - DISP=(,CATLG)`

Falls der Dataset neu anzulegen ist, sagen diese beiden Optionen aus, daß es sich um einen neuen Dataset handelt, der außerdem katalogisiert werden soll. Dabei kann man, wie oben ersichtlich, den Wert NEW weglassen, er wird automatisch dem Parameter CATLG zugeordnet.

Während der bestehende Dataset über den Katalog gefunden wird und im entsprechenden VTOC die Informationen über Größe und Format gespeichert sind, müssen diese Daten für den neuen Dataset im DD-Record mit angegeben werden:

`VOL=SER=volser`	Name der Platte
`UNIT=type`	Plattentyp
`SPACE=(units,(prim,sec,dir))`	Größe
`RECFM=recfm`	Record-Format
`LRECL=lrecl`	Record-Länge
`BLKSIZE=blksize`	Blockgröße

Die drei Parameter RECFM, LRECL und BLKSIZE werden dabei noch zu einem Gesamt-Parameter DCB (Data Control Block) zusammengefaßt:

Beispiel:

```
//NEWDS DD DSNAME=ED1.NEW.DATA,DISP=(,CATLG),
//    UNIT=3390,VOL=SER=TSOE0F,SPACE=(TRK,(1,1)),
//    DCB=(RECFM=FB,LRECL=80,BLKSIZE=27920)
```

Die zweite Möglichkeit, einen DD-Record zu definieren, hat man, wenn Daten, die von dem Programm erstellt werden, direkt einer OUTPUT-Klasse zugeordnet werden sollen. Dabei handelt es sich um dieselben Klassen, die wir bereits im Zusammenhang mit dem JOB-Record kennengelernt haben.

Beispiele:

`SYSOUT=A`	Drucken der Daten
`SYSOUT=Q`	Bereitstellen für TSO-Verarbeitung (installationsabhängig)

`SYSOUT=0`	Löschen der Daten
`SYSOUT=*`	Definition derselben OUTPUT-Klasse wie im JOB-Record mit MSGCLASS=

Mit dem COPIES-Parameter kann man festlegen, daß eine Liste mehrfach gedruckt werden soll. Ohne den Parameter wird einmal gedruckt.

Die dritte Form, die oben aufgeführt wurde, nämlich:

```
//ddname DD *
```

bedeutet, daß die Records, die diesem DD-Record folgen, dem entsprechenden DD-Namen zugeordnet werden. D.h., daß also die Daten, die das Programm über diesen DD-Namen verarbeiten will, nicht aus einem Dataset gelesen werden, sondern hier direkt als Records folgen.

Ein *historischer* Rückblick: In Zeiten, als man noch alles über Lochkarten machte, hatte man seine Daten oftmals auch in Form von Karten. Und um diese Daten verarbeiten zu können, ordnete man sie mittels obiger 'DD *'-Records den entsprechenden DD-Namen zu.

Typische und häufig benutzte DD-Namen sind etwa

//JOBLIB DD	Angabe des Datasets, in dem sich die im Job aufgerufenen Programme befinden
//STEPLIB DD	Angabe des Datasets, in dem sich das im Step aufgerufene Programm befindet
//SYSIN DD	Eingabedaten für ein Programm
//SYSPRINT DD	Ausgabe/Liste
//SYSUDUMP DD	Falls das Programm wegen eines Fehlers abbricht (ABEND), wird eine Kopie des belegten Speichers (DUMP) diesem DD-Record zugeordnet, d.h. beispielsweise ausgedruckt. Diese Daten kann man dann zur Fehleranalyse heranziehen.
//SYSUT1 DD	Temporäre Arbeitsdatei

Kommentar-Record

Ein Record mit dem Format

```
//* BELIEBIGER KOMMENTAR
```

kann benutzt werden, um Erklärungen zu dem Programm und den Daten zu geben. Das ist besonders bei längeren Jobs, die aus mehreren Steps bestehen, wichtig, damit man beim Lesen der JCL besser die Zusammenhänge erkennen kann.

5.2 JES-Übersicht

Im z/OS gibt es eine spezielle Systemkomponente, die für die Steuerung und Ablaufkontrolle aller Jobs - und auch aller TSO-Sessions, die sind nämlich aus der Sicht des

Systems ebenfalls Jobs - zuständig ist, nämlich das **JES = Job Entry Subsystem**. Von diesem gibt es zwei Varianten:

JES2 und **JES3**

Beide haben die gleiche Hauptaufgabe, unterscheiden sich dabei allerdings in einzelnen Funktionen, und es hängt wesentlich von der Gesamtkonfiguration eines Rechenzentrums ab, für welches dieser beiden Subsysteme man sich entscheidet.

Beide Subsysteme sind in der Lage, die Jobverarbeitung auf einem einzelnen Rechner zu steuern. Der wesentliche Unterschied zwischen JES2 und JES3 liegt in der Kontrolle einer System-Konfiguration, die aus mehreren Rechnern besteht.

- Ein Einzel-Prozessor wie auch ein Multi-Prozessor (tightly coupled) wird meist durch **JES2** gesteuert. Bei einem Multi-Prozessor bilden zwei Rechner eine Einheit, und ein einzelner Job kann zeitweise auf dem einen und zeitweise auf dem zweiten Rechner laufen, ohne daß vom Benutzer oder Operator darauf Einfluß genommen werden kann.

  Generell wäre auch eine Steuerung durch **JES3** möglich, auf die man aber wegen der höheren Komplexität verzichtet.

- Der Mehr-Rechner-Verbund (Cluster - loosely coupled) steht unter Kontrolle von **JES3**. Mehrere Rechner arbeiten gemeinsam, und jeder Job wird von JES3 einem Rechner zur Verarbeitung zugeordnet.

Die Ablaufkontrolle aller Jobs durch JES gliedert sich in drei Phasen:

1. Preprocessing (Vorverarbeitung)
   - Lesen und Interpretieren der JCL-Records
   - Bereitstellen der notwendigen Daten (z.B. durch Information an den Konsol-Operator, eine Platte oder ein Band zu montieren)

   Bei eventuellen Fehlern (z.B. Syntaxfehler in den JCL-Records oder Ansprechen von Datasets, die im System unbekannt sind) endet der Job bereits in dieser Phase mit einem JCL-Fehler.

2. Processing (Verarbeitung)

   In dieser Phase werden die einzelnen Steps eines Jobs ausgeführt.

3. Postprocessing (Nachverarbeitung)

   Die durch den Job erstellten Ausgabe-Daten werden entweder gedruckt (entsprechend der Output-Klasse) oder dem TSO-Benutzer zur Weiterverarbeitung zur Verfügung gestellt. Datasets, die unter alleiniger Kontrolle des Jobs waren (DISP=NEW/OLD/MOD), werden für andere Jobs freigegeben. Nach Abschluß aller dieser Aktivitäten wird der Job durch die PURGE- Phase endgültig das System verlassen.

   Zur Speicherung aller Informationen über einen Job (z.B. JCL-Records oder Ausgabe-Daten) wird ein dem JES gehörender Dataset, der sogenannte SPOOL-Dataset, benutzt.

Zur Information des Benutzers, der den Job hat laufen lassen, wird ein Protokoll erstellt, dessen Format im JES2 und JES3 unterschiedlich ist und das auch von den Systemprogrammierern im Rechenzentrum in seiner Struktur mitgestaltet werden kann. Deshalb nur der generelle Hinweis auf Daten, die in diesem Protokoll zu finden sind:

- Auflistung der Original-JCL und ihrer Interpretation durch JES, da können durchaus Unterschiede sein, z.B. wenn man JCL-Prozeduren aufruft, die werden dann auch aufgelistet (beginnend mit XX).
- Angabe der Uhrzeit, wann der Job die einzelnen Phasen oder Steps durchlaufen hat.
- Angabe der Return Codes für die einzelnen Steps.
- Information über die Benutzung aller Systemkomponenten, z.B. Rechenzeit, Speicherplatz, Zahl der Zugriffe auf Platten und Bänder.

Die Unterschiede zwischen JES2 und JES3 sollen hier nicht zu detailliert behandelt werden, denn als Benutzer hat man sowieso keine Wahl, sondern muß mit dem JES arbeiten, das auf dem eigenen Rechner installiert ist. Bei der folgenden Charakterisierung mögen JES2-Fans oder JES3-Fans (solche gibt es nämlich bei den System-Programmierern) bei der einen oder anderen Vereinfachung, die in diesem Rahmen erlaubt sein sollte, nachsichtig sein.

JES3

Die Hauptaufgabe von JES3 ist, wie bereits erwähnt, einen Verbund von mehreren Rechnern (Cluster) zu steuern, eine Konstellation, die in vielen mittleren und großen Rechenzentren anzutreffen ist.

Man unterscheidet dabei zwischen dem GLOBAL-Processor, der die Gesamtkontrolle hat und in dem die Pre- und Postprocessing-Phase jedes Jobs abläuft, und einem oder mehreren LOCAL-Processoren, die zur Ausführung der Jobs bereitstehen.

Der Vorteil eines Rechner-Verbundes gegenüber mehreren Einzelrechnern liegt darin, daß von JES3 die Lastverteilung optimiert werden kann.

Weder der Benutzer noch der Konsol-Operator muß entscheiden, auf welchem Rechner (GLOBAL oder LOCAL) der Job zur Ausführung kommen soll, diese Aufgabe ist voll dem JES3 übertragen. Es sind aber im Einzelfall über spezielle JES3-Records oder Operator-Commands Abweichungen möglich.

JES3-Records

Aus der Fülle der JES3-Records seien zwei erwähnt:

MAIN-Record

```
//*MAIN  ORG=dest,CLASS=jobclass,SYSTEM=system
```

Mit diesem Record kann man folgende Daten eines Jobs festlegen:

ORG=dest Die Destination=Ausgabe-Adresse. Hier kann man einen speziellen Drucker angeben, z.B. einen Abteilungsdrucker:

`ORG=RMT99` RMT99 ist dabei eine installationsseitig definierte Adresse.

Wenn dieser Parameter nicht angegeben wird, so ist das gleichbedeutend mit

`ORG=LOCAL` Die Liste wird auf einem Drucker im Rechenzentrum gedruckt.

CLASS=jobclass Angabe der Jobklasse, wir kennen das schon vom JOB-Record, allerdings mit der Möglichkeit, Klassen anzugeben, deren Namen aus mehreren Buchstaben besteht.

Beispiele: `CLASS=GRAPHIC`

Hiermit wird übrigens eine eventuell im JOB-Record angegebene Klasse überschrieben.

SYSTEM=system Dieser Parameter bietet die Möglichkeit festzulegen, auf welchem Rechner der Job laufen - oder nicht laufen - soll. Jeder Rechner im Verbund hat einen Namen, beispielsweise SYA oder SYC.

`SYSTEM=SYA` Der Job soll auf dem Rechner SYA laufen
`SYSTEM=/SYC` Der Job soll nicht auf SYC laufen

Von diesem Parameter, falls er von einer Installation zugelassen ist, sollte man allerdings nur im begründeten Ausnahmefall Gebrauch machen, da man normalerweise am besten bedient wird, wenn man JES3 die Systemauswahl überläßt.

NET-Record

```
//*NET NETID=netname,RELEASE=(jobname),NHOLD=count
```

Im JES3 hat man die Möglichkeit, mehrere Jobs in einem Netz laufen zu lassen, um dadurch Abhängigkeiten zu definieren.

NETID=netname Identifikation des Netzes, zu dem die Jobs gehören

RELEASE=(jobname) Namen der Jobs, die zur Ausführung freigegeben werden

NHOLD=count Abhängigkeitsfaktor

Die Bedeutung dieser Parameter sei an folgendem Beispiel erklärt.

Insgesamt sollen sechs Jobs zur Ausführung kommen, zwischen ihnen bestehen folgende Abhängigkeiten:

- Die Jobs **ED1JOBA** und **ED1JOBB** werden unabhängig voneinander ausgeführt.
- Die Jobs **ED1JOBC** und **ED1JOBD** können beginnen, wenn die Jobs ED1JOBA und ED1JOBB beendet sind.
- Der Job **ED1JOBE** kann beginnen, wenn ED1JOBB beendet ist.

- Der Job **ED1JOBF** kann beginnen, wenn ED1JOBC, ED1JOBD und ED1JOBE beendet sind.

Dieser Zusammenhang kann durch folgendes Diagramm veranschaulicht werden:

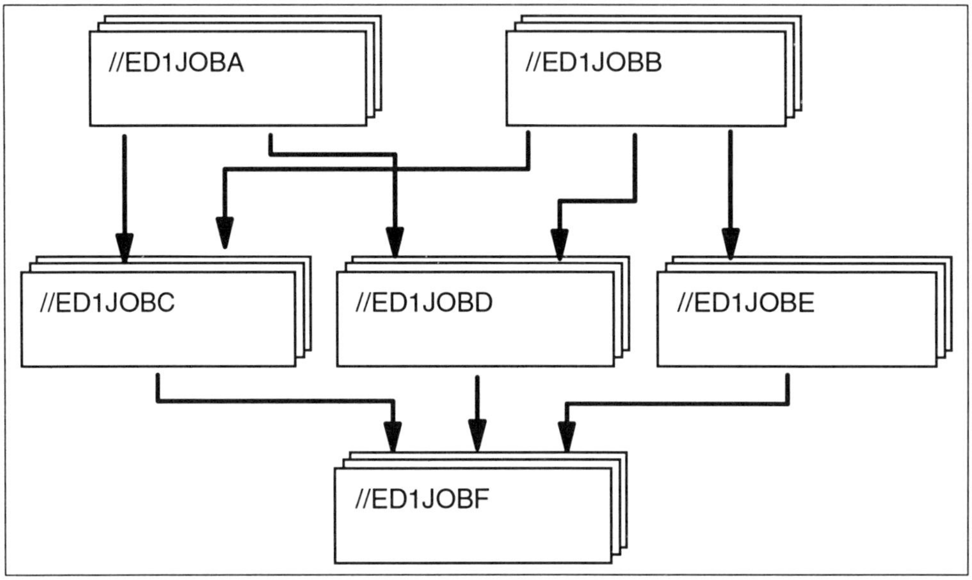

Abhängigkeiten dieser Art können beispielsweise auftreten, wenn Daten, die in einem Programm erstellt werden, von einem anderen Programm weiterverarbeitet werden sollen. Man könnte derartige Aufgaben auch in einem Job mit vielen Steps lösen, müßte diese aber sequentiell nacheinander laufen lassen. Dadurch wäre der Gesamtablauf wesentlich langsamer, als es bei paralleler Ausführung einzelner Jobs möglich ist.

Für ein Netz, sein Name sei ED1NET1, das die sechs Jobs entsprechend der obigen Definition steuert, sind somit die folgenden NET-Records notwendig:

- Für ED1JOBA und ED1JOBB

  ```
  //*NET NETID=ED1NET1,RELEASE=(ED1JOBC,ED1JOBD)
  ```

  bzw.

  ```
  //*NET NETID=ED1NET1,RELEASE=(ED1JOBC,ED1JOBD,ED1JOBE)
  ```

  Das bedeutet beispielsweise, ED1JOBA gibt ED1JOBC und ED1JOBD zur Ausführung frei.

- Für ED1JOBC und ED1JOBD gilt jeweils

  ```
  //*NET NETID=ED1NET1,RELEASE=(ED1JOBF),NHOLD=2
  ```

  Dabei bedeutet der Parameter NHOLD=2, daß dieser Job von zwei anderen Jobs freigegeben werden muß. ED1JOBE sieht entsprechend aus mit NHOLD=1.

- Für ED1JOBF hat man dann

  ```
  //*NET NETID=ED1NET1,NHOLD=3
  ```

ED1JOBF muß also warten, bis er von drei Jobs aus dem Netz ED1NET1 freigegeben wurde.

Derartige Abhängigkeiten können durchaus noch komplizierter sein, Genaueres ist auch im bereits erwähnten JCL-Manual zu finden.

JES2

JES2 ist in seiner Struktur und in seinem Aufwand (aus der Sicht des Systems oder des System-Operators) etwas einfacher und wird deshalb vorwiegend zur Job-Steuerung in einem einzelnen Rechner eingesetzt. Generell sei noch erwähnt, daß alle JES-Records, sei es für JES2 oder JES3, nach dem JOB-Record, aber vor dem ersten EXEC-Record liegen müssen.

JES2-Records

Von den JES2-Records wollen wir uns zwei Records ansehen:

JOBPARM-Record

```
/*JOBPARM SYSAFF=system
```

Mit diesem Record kann man festlegen, daß der Job auf einem bestimmten System laufen soll.

ROUTE-Record

```
/*ROUTE PRINT dest
```

Mit diesem Record kann man den Drucker für die Datenausgabe bestimmen:

dest Die Destination=Ausgabe-Adresse. Hier kann man einen speziellen Drucker, z.B. einen Abteilungsdrucker, angeben.

`RMT99` RMT99 ist dabei eine installationsseitig definierte Adresse

Wenn dieser Parameter nicht angegeben wird, so ist das gleichbedeutend mit

`LOCAL` Drucken im Rechenzentrum

5.3 Beispiel (Sortier-Job)

In folgendem Beispiel wird die JCL erklärt, die notwendig ist, um ein Sortier-Programm aufzurufen. Dabei gilt

- die Daten aus dem Dataset ED1.SORTIN.DATA sollen aufsteigend sortiert werden,
- der Sortier-Begriff steht in jedem Record in der Spalte 20 mit der Länge 3,
- die sortierten Daten werden in einen Dataset ED1.SORTOUT.DATA, der neu anzulegen ist, geschrieben.

Die zum Sortieren notwendige JCL möge sich in einer vom Rechenzentrum definierten Prozedur **SORTV** befinden, eine solche Prozedur ist überall vorhanden, mag allerdings unterschiedlich heißen. Neben dem EXEC-Record müssen dann mit den DD-Namen SORTIN und SORTOUT der Ein- und Ausgabe-Dataset angegeben werden. Die Sortierungs-Merkmale werden über SYSIN angegeben, sie stehen in keinem Dataset, sondern folgen als Record direkt dem SYSIN-Record.

Eine genaue Beschreibung des SORT-Programms mit allen Parametern ist in der System-Literatur zu finden[6].

Damit kann man die folgende JCL zur Ausführung bringen:

```
//ED1SORT JOB (EDUC,19-30),TEUFFEL,NOTIFY=ED1,CLASS=A,
//            MSGCLASS=H,USER=ED1,REGION=0M
//SORTSTEP EXEC SORTV,SOUT=H
//SORTIN   DD DISP=SHR,DSN=ED1.SORTIN.DATA
//SORTOUT  DD DSN=ED1.SORTOUT.DATA,DISP=(,CATLG),VOL=SER=LST028,
//            SPACE=(TRK,(1,1)),UNIT=3390
//SYSIN    DD *
 SORT FIELDS=(20,3,CH,A)
```

Dem Benutzer werden in der über den MSGCLASS-Parameter definierten Output-Klasse die folgenden Informationen zur Verfügung gestellt:

Job-Protokoll

```
IAT6140 JOB ORIGIN FROM GROUP=ANYLOCAL, DSP=IR , DEVICE=INTRDR  , 000
17:25:45 IAT4401  LOCATE FOR STEP=SORT     DD=SORTLIB  DSN=SYS1.SORTLIB
17:25:45 IAT4402 UNIT=3390    ,VOL(S)=IPL2EL
17:25:45 IAT4401  LOCATE FOR STEP=SORT     DD=SORTIN DSN=ED1.SORTIN.DATA
17:25:45 IAT4402 STORCLAS=SNMN, MGMTCLAS=UMMB2ND
17:25:45 IAT2000 JOB ED1SORT (JOB00983) SELECTED I4G1      GRP=SHORT
17:25:45  ICH70001I ED1   LAST ACCESS AT 17:25:45 ON TUESDAY, JULY 24, 2001
17:25:45  IEF403I ED1SORT - STARTED - TIME=17.25.44
17:25:49  SSC105 JOBNAME  SN STEP     PSTEP    ELAPSED   CPU-SEC CCODE
17:25:49  SSC105 ED1SORT   1 SORTSTEP SORT     00:00:03     0.55     0
17:25:49  IEF404I ED1SORT - ENDED - TIME=17.25.48
```

Hieraus kann man erkennen:

- Von wann bis wann war der Job aktiv:

```
17:25:45  IEF403I ED1SORT - STARTED - TIME=17.25.44
17:25:49  IEF404I ED1SORT - ENDED - TIME=17.25.48
```

- Welche bestehenden Datasets wurden benutzt:

```
17:25:45 IAT4401  LOCATE FOR STEP=SORT     DD=SORTLIB DSN=SYS1.SORTLIB
17:25:45 IAT4402 UNIT=3390    ,VOL(S)=IPL2EL
17:25:45 IAT4401  LOCATE FOR STEP=SORT     DD=SORTIN  DSN=ED1.SORTIN.DATA
17:25:45 IAT4402 STORCLAS=SNMN, MGMTCLAS=UMMB2ND
```

- Mit welchem Return Code endete das Programm:

```
17:25:49  SSC105 JOBNAME  SN STEP     PSTEP    ELAPSED   CPU-SEC CCODE
17:25:49  SSC105 ED1SORT   1 SORTSTEP SORT     00:00:03     0.55     0
```

Danach folgt eine Auflistung der eingegebenen JCL. Diese JCL wurde vom JES, wie wir erfahren haben, interpretiert, d.h. die Prozedur SORTV wurde aufgelöst und die Parameter, die sie enthält, wurden eingesetzt (AMOUNT=300) oder überschrieben (SOUT=F → SOUT=H). Außerdem wurden alle JCL-Statements numeriert, eventuelle Meldungen nehmen auf diese Numerierung Bezug.

[6] Getting Started with DFSORT

Die aus der Prozedur kommenden Records werden durch XX (anstelle von //) gekennzeichnet, die mit IEFC653 beginnenden Records zeigen an, welcher Wert für einen in der Prozedur vorkommenden Parameter eingesetzt wurde:

```
  1 //ED1SORT JOB (EDUC,19-30),TEUFFEL,NOTIFY=ED1,CLASS=A,
    //               MSGCLASS=H,USER=ED1,REGION=0M
  2 //SORTSTEP EXEC SORTV,SOUT=H
  3 XXSORTV   PROC  WORK=SORTWK,AMOUNT=300,SOUT=G
    XX*****************************************************************
    XX*                                                               *
    XX*   PROCEDURE TO RUN THE SORT PROGRAM                           *
    XX*                                                               *
    XX*****************************************************************
  4 XXSORT        EXEC  PGM=SORT,REGION=2048K
  5 XXSORTLIB     DD DSN=SYS1.SORTLIB,DISP=SHR
  6 XXSYSABEND    DD SYSOUT=&SOUT
    IEFC653I SUBSTITUTION JCL - SYSOUT=H
  7 XXSYSOUT      DD SYSOUT=&SOUT
    IEFC653I SUBSTITUTION JCL - SYSOUT=H
  8 XXSYSPRINT    DD SYSOUT=&SOUT
    IEFC653I SUBSTITUTION JCL - SYSOUT=H
  9 XXSORTWK01    DD UNIT=&WORK,SPACE=(TRK,(&AMOUNT),,CONTIG)
    IEFC653I SUBSTITUTION JCL - UNIT=SORTWK,SPACE=(TRK,(300),,CONTIG)
 10 XXSORTWK02    DD UNIT=&WORK,SPACE=(TRK,(&AMOUNT),,CONTIG)
    IEFC653I SUBSTITUTION JCL - UNIT=SORTWK,SPACE=(TRK,(300),,CONTIG)
 11 XXSORTWK03    DD UNIT=&WORK,SPACE=(TRK,(&AMOUNT),,CONTIG)
    IEFC653I SUBSTITUTION JCL - UNIT=SORTWK,SPACE=(TRK,(300),,CONTIG)
 12 XXSORTWK04    DD UNIT=&WORK,SPACE=(TRK,(&AMOUNT),,CONTIG)
    IEFC653I SUBSTITUTION JCL - UNIT=SORTWK,SPACE=(TRK,(300),,CONTIG)
 13 XXSORTWK05    DD UNIT=&WORK,SPACE=(TRK,(&AMOUNT),,CONTIG)
    IEFC653I SUBSTITUTION JCL - UNIT=SORTWK,SPACE=(TRK,(300),,CONTIG)
 14 XXSORTWK06    DD UNIT=&WORK,SPACE=(TRK,(&AMOUNT),,CONTIG)
    IEFC653I SUBSTITUTION JCL - UNIT=SORTWK,SPACE=(TRK,(300),,CONTIG)
 15 XXSYSLMOD     DD UNIT=SYSDA,SPACE=(TRK,(10,20,1))
 16 XXSYSLIN      DD UNIT=SYSDA,SPACE=(80,(20,50))
 17 XXSYSUT1      DD UNIT=(SYSDA,SEP=(SORTLIB,SYSLMOD,SYSLIN)),
    XX               SPACE=(1000,(20,80))
    XX*
 18 //SORTIN     DD DISP=SHR,DSN=ED1.SORTIN.DATA
 19 //SORTOUT    DD DSN=ED1.SORTOUT.DATA,DISP=(,CATLG),VOL=SER=LST028,
    //              SPACE=(TRK,(1,1)),UNIT=3390
 20 //SYSIN      DD *,DCB=BLKSIZE=80
STMT NO. MESSAGE
  2 IEFC001I PROCEDURE SORTV WAS EXPANDED USING SYSTEM LIBRARY PPLIB.PROCLIB
```

Aus den folgenden Daten können wir nur erahnen, was sich intern im Data Management abgespielt hat, wir verzichten darauf, das verstehen zu wollen:

```
ICH70001I ED1        LAST ACCESS AT 17:25:45 ON TUESDAY, JULY 24, 2001
IEF236I ALLOC. FOR ED1SORT SORT SORTSTEP
IEF237I 0B90 ALLOCATED TO SORTLIB
IEF237I JES3 ALLOCATED TO SYSABEND
IEF237I JES3 ALLOCATED TO SYSOUT
IEF237I JES3 ALLOCATED TO SYSPRINT
IGD101I SMS ALLOCATED TO DDNAME (SORTWK01)
        DSN (SYS01205.T172545.RA000.ED1SORT.R0153543        )
        STORCLAS (SNMN) MGMTCLAS (        ) DATACLAS (        )
IGD101I VOL SER NOS= SCR017
IGD101I SMS ALLOCATED TO DDNAME (SORTWK02)
        DSN (SYS01205.T172545.RA000.ED1SORT.R0153544        )
        STORCLAS (SNMN) MGMTCLAS (        ) DATACLAS (        )
IGD101I VOL SER NOS= SCR017
IGD103I SMS ALLOCATED TO DDNAME SORTIN
   .
   .
   .
IGD101I SMS ALLOCATED TO DDNAME (SORTOUT )
        DSN (ED1.SORTOUT.DATA                                )
        STORCLAS (SNMN) MGMTCLAS (UMMB2ND) DATACLAS (        )
```

```
IGD101I VOL SER NOS= LST075
IEF237I JES3 ALLOCATED TO SYSIN
IEF142I ED1SORT SORT SORTSTEP - STEP WAS EXECUTED - COND CODE 0000
IEF285I   SYS1.SORTLIB                                 KEPT
IEF285I   VOL SER NOS= IPL2EL.
IEF285I   ED1.ED1SORT.JOB00983.D000000A.?              SYSOUT
IEF285I   ED1.ED1SORT.JOB00983.D000000B.?              SYSOUT
IEF285I   ED1.ED1SORT.JOB00983.D000000C.?              SYSOUT
IGD105I SYS01205.T172545.RA000.ED1SORT.R0153543      DELETED,    DDNAME=SORTW
IGD105I SYS01205.T172545.RA000.ED1SORT.R0153544      DELETED,    DDNAME=SORTW
   .
   .
   .
IGD104I ED1.SORTIN.DATA                              RETAINED,   DDNAME=SORTI
IGD104I ED1.SORTOUT.DATA                             RETAINED,   DDNAME=SORTO
IEF285I   ED1.ED1SORT.JOB00983.D0000009.?              SYSIN
```

Den Abschluß bilden einige statistische Informationen.

```
*****************************************************************************************
* DDNAME    UNIT    EXCPS BLKSZ|DDNAME    UNIT    EXCPS BLKSZ|DDNAME    UNIT    EXCPS BLKSZ|DDNAME
*--------------------------+--------------------------+--------------------------+------
* SORTWK01 03BA       2     0|SORTWK02 03BA       2     0|SORTWK03 03BA       2      |SORTWK
* SORTWK05 03BA       2     0|SORTWK06 03BA       2     0|SORTIN   08D5       1  6160|SORTOU
* TOTAL:             14 *****|                           |                           |
*****************************************************************************************
IEF373I STEP /SORT    / START 98205.1725
IEF374I STEP /SORT    / STOP  98205.1725 CPU   0MIN 00.52SEC SRB    0MIN 00.03SEC VIRT  1044K
*****************************************************************************************
*
* //ED1SORT JOB (EDUC,19-30),TEUFFEL
*
* STEP                               TOTAL     VIO      TCB      SRB     INIT  ELAPSED STORA
* NO. STEPNAME PROCSTEP PROGRAM     EXCP'S  EXCP'S  CPU-SEC  CPU-SEC  CPU-SEC      SEC  <16M
*
*   1 SORTSTEP SORT     SORT            14       0     0.52     0.03     0.61     3.48 1044K
*-----------------------------------------------------------------------------------------
* JOB SUM (WITH JOB OVERHEAD):          14       0     0.52     0.03     0.61     3.51 1044K
*=========================================================================================
* STORAGE SECTION | USED PRIVATE AREA BELOW 16MB:         1044K | ALLOWED PRIVATE AREA BELOW
*                 | USED PRIVATE AREA ABOVE 16MB:            4M | ALLOWED PRIVATE AREA ABOVE
*****************************************************************************************
IEF375I  JOB /ED1SORT/ START 2001205.1725
IEF376I  JOB /ED1SORT/ STOP  2001205.1725 CPU    0MIN 00.52SEC SRB    0MIN 00.03SEC
```

Hieraus kann man beispielsweise folgende Daten ablesen:

```
* STEP                                TOTAL      TCB      SRB  ELAPSED
* NO. STEPNAME PROCSTEP PROGRAM       EXCP'S  CPU-SEC  CPU-SEC      SEC
*
*   1 SORTSTEP SORT     SORT              14     0.52     0.03     3.48
*-------------------------------------------------------------------
* JOB SUM (WITH JOB OVERHEAD):            14     0.52     0.03     3.51
```

- 0.55 Sekunden Rechenzeit (TCB CPU-SEC plus SRB CPU-SEC)
- 3.51 Sekunden Laufzeit (ELAPSED SEC)
- 14 Schreib/Lese-Operationen (TOTAL EXCP'S)

Für alle, die vermuten, daß SORT ein *einfaches Sortieren von Daten* ist, wird abschließend, einfach so aus Spaß, noch die internen SORT-Informationen aufgelistet:

```
ICE136I 0 SPACE FOR SORTWK01 WAS READJUSTED TO CYLINDERS
ICE136I 0 SPACE FOR SORTWK02 WAS READJUSTED TO CYLINDERS
ICE136I 0 SPACE FOR SORTWK03 WAS READJUSTED TO CYLINDERS
ICE136I 0 SPACE FOR SORTWK04 WAS READJUSTED TO CYLINDERS
ICE136I 0 SPACE FOR SORTWK05 WAS READJUSTED TO CYLINDERS
ICE136I 0 SPACE FOR SORTWK06 WAS READJUSTED TO CYLINDERS
ICE143I 0 BLOCKSET     SORT  TECHNIQUE SELECTED
ICE000I 1 --- CONTROL STATEMENTS/MESSAGES ---- 5740-SM1 REL 14.0 --- 17.25.45 JUL 24, 2001 -
           SORT FIELDS=(20,3,CH,A)
ICE088I 0 ED1SORT.SORTSTEP.SORT      , INPUT LRECL = 255, BLKSIZE = 6160, TYPE = V
```

```
ICE093I 0 MAIN STORAGE = (MAX,4194304,4194304)
ICE156I 0 MAIN STORAGE ABOVE 16MB = (4113672,4113672)
ICE128I 0 OPTIONS: SIZE=4194304,MAXLIM=1048576,MINLIM=450560,EQUALS=Y,LIST=Y,ERET=ABEND,MSGD
ICE129I 0 OPTIONS: VIO=N,RESDNT=ALL ,SMF=NO    ,WRKSEC=Y,OUTSEC=Y,VERIFY=N,CHALT=N,DYNALOC=N
ICE130I 0 OPTIONS: RESALL=8192,RESINV=0,SVC=109 ,CHECK=Y,WRKREL=Y,OUTREL=Y,CKPT=N,STIMER=Y,C
ICE131I 0 OPTIONS: TMAXLIM=4194304,ARESALL=0,ARESINV=0,OVERRGN=65536,EXCPVR=NONE ,CINV=Y,CFW
ICE132I 0 OPTIONS: VLSHRT=N,ZDPRINT=N,IEXIT=N,TEXIT=N,LISTX=N,EFS=NONE     ,EXITCK=S,PARMDDN=
ICE133I 0 OPTIONS: HIPRMAX=OPTIMAL ,DSPSIZE=MAX
ICE084I 0 EXCP ACCESS METHOD USED FOR SORTOUT
ICE084I 0 EXCP ACCESS METHOD USED FOR SORTIN
ICE090I 0 OUTPUT LRECL = 255, BLKSIZE = 27998, TYPE = V  (SDB)
ICE080I 0 IN MAIN STORAGE SORT
ICE055I 0 INSERT 0, DELETE 0
ICE054I 0 RECORDS - IN: 42, OUT: 42
ICE134I 0 NUMBER OF BYTES SORTED: 2604
ICE098I 0 AVERAGE RECORD LENGTH = 62 BYTES
ICE165I 0 TOTAL WORK DATA SET TRACKS ALLOCATED: 1764 , TRACKS USED: 0
ICE180I 0 HIPERSPACE STORAGE USED = 0K BYTES
ICE188I 0 DATA SPACE STORAGE USED = 0K BYTES
ICE052I 0 END OF DFSORT
```

Daraus kann man erahnen, daß es sehr viele Optionen für einen SORT-Job gibt, wobei diese natürlich dann besonders wichtig sind, wenn man große Datasets, und nicht nur 42 Records (wie in unserem Beispiel) sortiert. Alle Informationen dazu findet man im angegebenen Referenz-Manual.

5.4 TSO-Commands zur Job-Verarbeitung

Nachdem wir Einzelheiten über JCL-Records und den Ablauf eines Jobs im System kennengelernt haben, wollen wir nun sehen, wie man als TSO-Benutzer Jobs erstellen und zur Ausführung bringen kann.

Wir können den gesamten Ablauf in mehrere Phasen gliedern:

1. EDIT: Erstellen der JCL in einem Dataset
2. SUBMIT: Einen Job zur Ausführung bringen
3. STATUS: Verfolgen des Job-Ablaufs
4. OUTPUT: Verarbeiten der Ergebnisse

Darüber hinaus gibt es für den Fehlerfall noch eine weitere Möglichkeit:

5. CANCEL: Abbrechen eines Jobs

Erstellen der JCL-Records (EDIT)

Die JCL-Records und auch eventuelle Eingabe-Daten, so wie wir es im SORT-Beispiel gesehen haben, werden in einem Dataset gespeichert, für den gilt

`RECFM=FB` - Feste Record-Länge
`LRECL=80` - Record-Länge 80
`CNTL` - Letzter Qualifier des Dataset-Namens

Es macht grundsätzlich keinen Unterschied, ob es sich um einen sequentiellen oder Partitioned Dataset handelt, da man aber normalerweise JCL für mehrere Jobs haben wird, empfiehlt es sich, hier mit einem Partitioned Dataset zu arbeiten, in dem dann jeder Job als ein Member gespeichert werden kann.

Das Eingeben der Records geschieht im ISPF-EDIT-Mode, in dem wir nur darauf achten müssen, daß im Dataset-Profil

```
CAPS ON
```

definiert ist, d.h. automatische Konvertierung der Eingabedaten zu Großbuchstaben.

Starten des Jobs (SUBMIT)

Um einen Job zur Ausführung zu bringen, gibt es im TSO den SUBMIT-Command. Durch diesen Command werden die JCL-Records an JES geleitet, das in seiner Preprocessing-Phase diese Records interpretiert und, falls keine Fehler festgestellt werden, weiterverarbeitet. Die erste Aktion, die von JES durchgeführt wird, ist die Zuordnung einer Jobnummer, so daß alle Jobs im System eindeutig durch ihre Nummer definiert sind.

Es gibt zwei Möglichkeiten, den SUBMIT-Command aufzurufen:

ISPF-EDIT-Command

Im ISPF-EDIT können wir durch den Primary Command SUBMIT oder SUB ohne die Angabe irgendwelcher Operanden den Job zur Ausführung bringen, den wir gerade editiert haben. Dabei brauchen die Daten vorher nicht gespeichert zu werden.

TSO-Command

Es gibt auch außerhalb des EDIT-Modes einen SUBMIT-Command, den wir entweder im READY-Mode oder im ISPF-Menu 6 aufrufen können:

```
Syntax -
   SUBMIT   dsname

Notwendig - dsname

Alias     - SUB
```

Beispiel:

Der Job befindet sich im Member PRINT des Datasets ED1.MYJCL.CNTL, er kann folgendermaßen zur Ausführung gebracht werden:

```
sub myjcl(print)
```

Hier tritt jetzt die TSO-Namenskonvention in zweifacher Form in Kraft:

- der Userid wird wie gewöhnlich vor den Dataset-Namen gesetzt
- der letzte Qualifier CNTL wird automatisch angefügt

Das bedeutet, daß man den Dataset-Namen voll qualifiziert angeben muß, falls man sich nicht an die CNTL-Konvention hält. Hat man nämlich seine JCL im Dataset ED1.JCL.DATA, so wird bei

```
sub jcl.data(print)
```

nach einem Dataset ED1.JCL.DATA.CNTL gesucht, den es nicht geben wird. Man müßte deshalb

```
sub 'ed1.jcl.data(print)'
```

angeben.

Die Antwort des Systems ist die Bestätigung des Jobs mit seiner Jobnummer.

Verfolgen des Job-Ablaufs (STATUS)

Nachdem wir den Job zur Ausführung gebracht haben, können wir mit dem STATUS-Command feststellen, in welcher Phase er sich befindet.

```
Syntax -
   STATUS    jobname(jobid)

Notwendig - nichts

Default   - Falls kein Jobname angegeben ist, werden alle Jobs,
            deren Name mit dem eigenen Userid beginnt, ange-
            zeigt

Alias     - ST
```

Durch Angabe des Jobnamens kann man nach einem bestimmten Job fragen, läßt man diesen weg, so erhält man Informationen über alle Jobs, deren Name mit dem eigenen Userid beginnt.

Falls man mehrere Jobs mit demselben Namen im System hat, so kann man zusätzlich den *jobid*, das ist die Jobnummer mit einem *J* davor, angeben.

Standardmäßig sind folgende Antworten möglich:

```
JOB WAITING FOR EXECUTION
JOB EXECUTING
JOB ON OUTPUT QUEUE
JOB NOT FOUND
```

aber viele Installationen haben ihr System dahingehend modifiziert, daß genauere Aussagen, z.B. Angabe des Stepnamens oder der OUTPUT-Klasse, gemacht werden. Da hier aber Systemabhängigkeiten bestehen, kann auf keine Details eingegangen werden.

Vielleicht sollte an dieser Stelle darauf hingewiesen werden, daß man diese TSO-Commands, falls man sich gerade im ISPF befindet, in jedem Menu angeben kann, also nicht nur im Menu 6. Man macht das in der jeweiligen Option- oder Command-Zeile, indem man den Command durch den Vorsatz TSO als TSO-Command charakterisiert. Ist man beispielsweise im EDIT-Mode und will nach dem Status der Jobs fragen, so geschieht das durch

```
Command ===> tso st
```

Abbrechen eines Jobs (CANCEL)

Falls sich aus irgendwelchen Gründen die Notwendigkeit ergibt, einen Job abzubrechen, sei es vor oder während seiner Ausführung, so kann man das durch CANCEL erreichen:

```
Syntax -
   CANCEL    jobname(jobid)
             PURGE/NOPURGE

Notwendig - jobname

Default   - NOPURGE
```

Der Parameter PURGE bewirkt, daß sämtlicher Output des Jobs gelöscht wird.

Verarbeiten der Ergebnisse (OUTPUT)

Die Ergebnisse eines Jobs befinden sich entweder in einem Dataset (Beispiel: sortierte Daten) oder in einer OUTPUT-Klasse entsprechend der Definition über die Parameter MSGCLASS oder SYSOUT. Wichtig ist jetzt für uns die OUTPUT-Klasse, die eine Verarbeitung über TSO zuläßt. Um welche Klasse(n) es sich dabei handelt, muß man im eigenen Rechenzentrum erfragen. Für die weiteren Überlegungen wollen wir die Output-Klasse Q annehmen. Damit kann man nach Beendigung des Jobs vom TSO aus auf die Daten (Job-Protokoll oder Ergebnisse der einzelnen Programme) zugreifen.

Zugreifen bedeutet

- Anzeigen der Daten am Bildschirm
- Kopieren der Daten in einen Dataset
- Weiterleiten der Daten zum Drucker
- Löschen der Daten.

Es gibt für diese Aufgaben auch wieder zwei Möglichkeiten:

OUTPUT-Command (TSO)

```
Syntax -
   OUTPUT    jobname(jobid) CLASS(outclass)
             PRINT(*/dsname) KEEP/NOKEEP HOLD/NOHOLD DELETE
             NEWCLASS(outclass) DEST(addr)

Notwendig - jobname

Defaults  - PRINT(*) NOKEEP NOHOLD
             CLASS hat als Default alle TSO Output-Klassen

Alias     - OUT
```

jobname Jobname - die Verarbeitung ist nur möglich, wenn man sich an die Konvention gehalten hat, daß der Jobname mit dem eigenen Userid anfängt.

jobid Die vom JES zugeordnete Nummer mit einem J davor.

Diesen Parameter braucht man nur anzugeben, falls man mehrere Jobs mit demselben Namen im System hat. Man bekommt die Jobnummer durch den STATUS-Command.

CLASS(outclass) Hat man unterschiedliche OUTPUT-Klassen (beispielsweise MSGCLASS=R und SYSOUT=Q) angegeben, so kann man hiermit gezielt auf eine Klasse zugreifen.

PRINT(*/dsname) Mit diesem Parameter kann man sich die Daten entweder am Bildschirm anzeigen lassen (PRINT(*)) oder in einem Dataset speichern (PRINT(dsname)). Als dsname wird nur der mittlere Qualifier angegeben, systemseitig wird als letzter Qualifier OUTLIST ergänzt.

Bei der PRINT(*) Option ist zu beachten, daß es sich um keine ISPF-ähnliche Funktion handelt, also kein Rückwärts- oder Seitwärtsblättern, es gibt nur ein einfaches Auflisten vom ersten bis zum letzten Record.

KEEP/NOKEEP Falls KEEP angegeben ist, wird der Output auch nach einer Verarbeitung über PRINT im System gehalten.

HOLD/NOHOLD Hierdurch kann man angeben, ob die Daten bei einer PRINT Funktion weiterhin noch im TSO zur Verfügung stehen sollen. HOLD setzt den Parameter KEEP voraus.

DELETE Löschen der Daten im JES.

NEWCLASS(outclass) Dieser Parameter ermöglicht das Ändern der Klasse. Wenn man beispielsweise entschieden hat, daß die Daten gedruckt werden sollen, nachdem man sie sich am Bildschirm angesehen hat, gibt man

```
NEWCLASS(A)
```

an und hat sie damit in der OUTPUT-Klasse A, in der alles automatisch gedruckt wird.

DEST(addr) Angabe einer Drucker-Adresse.

Outlist-Utility (ISPF 3.8)

```
  Menu  Utilities  Help
------------------------------------------------------------------------------
                                 Outlist Utility
Option ===>

    L List job names/id(s) via the TSO STATUS command
    D Delete job output from SYSOUT hold queue
    P Print job output and delete from SYSOUT hold queue
    R Requeue job output to a new output class
blank Display job output

For Job to be selected:
   Jobname  . . ed1prtps_
   Class  . . .
   JobID  . . .

For Job to be requeued:
   New Output class  . .

For Job to be printed:
   Printer Carriage Control  . .          (A for ANSI    )
                                          (M for machine )
                                          (Blank for none)
```

Hier haben wir die gleichen Funktionen wie mit dem OUTPUT-Command, nur in der übersichtlichen Menu-Form angeordnet. Ein wichtiger Vorteil ergibt sich bei der LIST-Funktion, da in diesem Fall die Daten (allerdings 'hinter der Kulisse') in einen Dataset kopiert werden, bei dessen Auflistung alle BROWSE-Funktionen (z.B. SCROLL oder FIND) zur Verfügung stehen.

Das Menu bietet uns verschiedene Funktionen an, das Ergebnis eines Jobs zu verarbeiten:

L Hiermit wird der STATUS-Command aufgerufen, also eigentlich noch keine Verarbeitung.

D Löschen der Daten aus der OUTPUT-Klasse, das wird der letzte Schritt sein, wenn wir alles wissen, was wir nach Beendigung des Jobs wissen wollen.

P Diese Funktion zum Drucken der Daten ist - vornehm ausgedrückt - überflüssig wie ein Kropf. Denn es wird damit ein neuer Job generiert und zur Ausführung gebracht, der die Daten des vorherigen Jobs ausdruckt. Dieses Drucken muß zwar prinzipiell möglich sein, aber nicht über einen neuen Job, sondern über

R Umsetzen der Daten in eine andere OUTPUT-Klasse. Wir brauchen hier nämlich nur die Klasse anzugeben, die systemseitig die Standard-Klasse zum Drucken ist, normalerweise

```
New Output class  . . A
```

Damit werden die Daten automatisch zum Drucker geschickt, so, als hätten wir direkt MSGCLASS=A oder SYSOUT=A in der JCL angegeben.

Also vergessen wir die Option P und damit auch die letzte Zeile im Menu, mit der wir noch etwas über das Format der Daten angeben könnten.

blank Wenn wir keine Option angeben, wird der Job-OUTPUT in einen Dataset

```
userid.SPFTEMP1.OUTLIST
```

gebracht und anschließend direkt am Bildschirm aufgelistet. Das geschieht indirekt durch die ISPF-BROWSE-Funktion, die wir bisher noch nicht kennengelernt haben. Sie arbeitet ähnlich wie die EDIT-Funktion, nur daß wir keine Möglichkeit haben, die Daten zu verändern.

Neben einer Option ist natürlich auch der Jobname anzugeben (kann bei Option L allerdings weggelassen werden) und die Jobnummer für den Fall, daß wir mehrere Jobs gleichen Namens im System haben.

```
Jobname  . . ed1prtps
JobID  . . . j2334
```

In vielen Installationen hat man mehrere OUTPUT-Klassen, die man über TSO verarbeiten kann, beispielsweise

`Q > MSGCLASS=Q:` Job-Protokoll
`T > MSGCLASS=T:` Programm-Daten

Bei derartiger Definition in der JCL kann man über

```
Class  . . . Q
```

oder

```
Class  . . . T
```

gezielt auf eine der beiden OUTPUT-Klassen zugreifen. Gibt man hier nichts an, so werden die Daten aller Klassen angezeigt, die zur Verfügung stehen.

5.5 Job-Verarbeitung mit SDSF

Eine sehr benutzerfreundliche Möglichkeit, den Ablauf seiner Jobs zu verfolgen und sich die Ergebnisse anzusehen, bietet in einem JES2-System die Funktion

SDSF - System Display and Search Facility

Üblicherweise ist SDSF in die ISPF-Panels integriert und kann von dort aufgerufen werden - falls man die Funktion nicht findet, sollte man bei seinem TSO-Administrator nachfragen.

Nach Aufruf von SDSF erhält man das Primary Option Menu:

```
  Display  Filter  View  Print  Options  Help
-------------------------------------------------------------------------------
HQX7705 ----------------  SDSF PRIMARY OPTION MENU  --------------------------
COMMAND INPUT ===>                                              SCROLL ===> HALF

DA      Active users                    INIT   Initiators
I       Input queue                     PR     Printers
O       Output queue                    PUN    Punches
H       Held output queue               RDR    Readers
ST      Status of jobs                  LINE   Lines
                                        NODE   Nodes
LOG     System log                      SO     Spool offload
MAS     Members in the MAS
JC      Job classes                     ULOG   User session log
SE      Scheduling environments
RES     WLM resources

END     Exit SDSF
```

Aus der Vielzahl von Funktionen werden wir uns hier hauptsächlich auf diejenigen konzentrieren, die mit Job-Verarbeitung zu tun haben. Die Funktionalität geht weit darüber hinaus und bietet speziell dem System-Operator die Möglichkeit, seine Aufgaben der Systemsteuerung optimal durchzuführen. Da SDSF viele Funktionen anbietet, in das System einzugreifen, ist es natürlich notwendig, hier die entsprechenden Sicherungsmaßnahmen einzubauen, das bedeutet, daß viele Funktionen über die Kontrolle durch RACF auf einzelne Benutzer beschränkt sind. Und so kann es durchaus vorkommen, daß man im SDSF gesagt bekommt, daß man für diese oder jene Funktion nicht autorisiert ist.

Das könnte beispielsweise der Fall sein, wenn man sich über

```
COMMAND INPUT ===> log
```

den System-Log ansehen möchte, in dem alle Aktivitäten im System aufgezeichnet sind:

```
  Display  Filter  View  Print  Options  Help
-------------------------------------------------------------------------------
SDSF SYSLOG   9311.101 SYSF SYSF 04/26/2001 14W 340463     COLUMNS   1  80
COMMAND INPUT ===>                                           SCROLL ===> HALF
                                                      SERV  PG  PAGE  SWAP   V
 0004000 SYSF     01116 14:09:40.05 JOB02702 00000290  -ED1SYS4 RMFDUMP
                                                      24969   0     0     0
 0000000 SYSF     01116 14:09:40.05 JOB02702 00000090  IEF404I ED1SYS4 - ENDED
 0004000 SYSF     01116 14:09:40.05 JOB02702 00000290  -ED1SYS4 ENDED.  NAME-T
                                                      TOTAL ELAPSED TIME=    .
 4000000 SYSF     01116 14:09:40.05 JOB02702 00000090  $HASP395 ED1SYS4 ENDED
 C000000 SYSF     01116 14:09:40.09          00000090  $HASP309 INIT 2   INACT
C0000000 SYSF     01116 14:09:40.09 INTERNAL 00000290  SE '14.09.40 JOB02702 $H
C                                                     ,USER=(ED1)
000000 SYS1     13.14.58 JOB02436 @78 FMLQW001I Enter a Command for  Agent LM3D
000000 SYS1     13.14.57 JOB02433 @77 FMLQW001I Enter a Command for  Agent LM3D
000000 SYS1     13.14.57 JOB02435 @76 FMLQW001I Enter a Command for  Agent LM3D
000000 SYS1     13.14.57 JOB02432 @75 FMLQW001I Enter a Command for  Agent LM3S
000000 SYS1     09.41.55 JOB02070 @71 FMLQW001I Enter a Command for  Agent LM2D
120000 SYS1     08.53.29 JOB02051 @69 DSL001A Enter a MERVA command 01APR26/085
******************************** BOTTOM OF DATA ********************************
```

Diese Information ist für uns vielleicht nicht so sehr wichtig. Da wir aber neugierig sind, wollen wir uns einmal ansehen, welche Jobs momentan im System aktiv sind, mit

```
COMMAND INPUT ===> da
```

bekommen wir diese Information angezeigt:

```
 Display  Filter  View  Print  Options  Help
-------------------------------------------------------------------------------
SDSF DA SYSF  SYSF     PAG     0 SIO      6 CPU   1/   2  LINE 1-27 (53)
COMMAND INPUT ===>                                            SCROLL ===> HALF
NP   JOBNAME  StepName ProcStep JobID    Owner    C Pos DP Real Paging    SIO
     *MASTER*                   STC09311 +MASTER+   NS  FF 1354   0.00   0.00
     PCAUTH   PCAUTH                                NS  F3   67   0.00   0.00
     RASP     RASP                                  NS  FF  198   0.00   0.00
     TRACE    TRACE                                 NS  F3  233   0.00   0.00
     DUMPSRV  DUMPSRV  DUMPSRV                      NS  FF  246   0.00   0.00
     XCFAS    XCFAS    IEFPROC                      NS  FF 5279   0.00   1.00
     GRS      GRS                                   NS  FF 1365   0.00   0.00
     SMXC     SMXC                                  NS  FF   62   0.00   0.00
     SYSBMAS  SYSBMAS                               NS  F3  220   0.00   0.00
     CONSOLE  CONSOLE                               NS  FF  42T   0.00   0.00
     WLM      WLM      IEFPROC                      NS  FF 2127   0.00   0.00
     ANTMAIN  ANTMAIN  IEFPROC                      NS  FF 2128   0.00   0.00
     ANTAS000 ANTAS000 IEFPROC                      NS  F3  706   0.00   0.00
     VLF      VLF      VLF                          NS  FE 2032   0.00   0.00
     TCPIP    TCPIP    TCPIP    STC09363 TCPIP      NS  FE 3427   0.00   0.00
     OAM      OAM      IEFPROC  STC09301 STCUSER    NS  FE  569   0.00   0.00
     FTPOE1   STEP1             STC09341 FTPOE      LO  FF  303   0.00   0.00
     PORTMAP  PORTMAP  PMAP     STC09364 PORTMAP    LO  FF  322   0.00   0.00
```

Für die meisten wird das auch nichts sein, was dabei hilft, ein schöneres Leben zu führen, also vergessen wir das und versuchen auch garnicht erst, die vielen Daten zu verstehen.

Deshalb sollten wir uns auf unsere ursprüngliche Aufgabe konzentrieren, nämlich die Verarbeitung unserer eigenen Jobs. Dazu rufen wir

```
COMMAND INPUT ===> st
```

auf und erhalten diese Anzeige:

```
 Display  Filter  View  Print  Options  Help
-------------------------------------------------------------------------------
SDSF STATUS DISPLAY ALL CLASSES                        LINE 1-27 (1587)
COMMAND INPUT ===>                                            SCROLL ===> HALF
NP   JOBNAME  JobID    Owner     Prty Queue      C  Pos  SAff  ASys Status
     LDSMLD   JOB06395 LDSM        10 EXECUTION  A              SYS4
     LM3$BMP  JOB02051 LM3          9 EXECUTION  A         SYS1  SYS1
     TOMSHCMS JOB02055 TOMS         9 EXECUTION  A         SYS4  SYS4
     KPP$RAME JOB09484 KPP          9 EXECUTION  A         SYS1  SYS1
     LM2DBIMG JOB02070 LM2          9 EXECUTION  A              SYS1
     BGBODDS  JOB02147 BGBO         9 EXECUTION  A         SYSF  SYSF
     TOMS0002 JOB02408 TOMS         9 EXECUTION  A         SYS4  SYS4
     LM3DBIMG JOB02436 LM3          9 EXECUTION  A              SYS1
     IMS511M1 JOB04279 M511USER    10 EXECUTION  I         SYS1  SYS1
     IMS511F2 JOB04282 M511USER    10 EXECUTION  I         SYS1  SYS1
     IMS511F1 JOB04281 M511USER    10 EXECUTION  I         SYS1  SYS1
```

Wir erhalten jetzt den Status aller Jobs im System angezeigt, mehr also, als wir eigentlich wissen wollen. Deshalb legen wir durch

```
COMMAND INPUT ===> prefix ed1*
```

fest, daß wir nur die eigenen Jobs sehen wollen.

```
  Display  Filter  View  Print  Options  Help
-------------------------------------------------------------------------------
SDSF STATUS DISPLAY ALL CLASSES                        LINE 1-6 (6)
COMMAND INPUT ===>                                           SCROLL ===> HALF
NP   JOBNAME  JobID    Owner    Prty Queue       C  Pos  SAff  ASys Status
     ED1TEST  JOB02847 ED1         9 EXECUTION   A       SYSF  SYSF
     ED1      TSU02698 ED1        15 EXECUTION           SYSF  SYSF
     ED1SORT  JOB06409 ED1         1 PRINT       A    27
     ED1WLM5  JOB06567 ED1         1 PRINT       A    29
     ED1CPU   JOB02699 ED1         1 PRINT       A   862
     ED1SYS4  JOB02700 ED1         1 PRINT       A   863
     ED1SYS4  JOB02702 ED1         1 PRINT       A   865
```

Diese Liste zeigt sowohl die momentan aktiven Jobs (beispielsweise ED1TEST oder ED1 - das ist die eigene TSO-Session) wie die bereits beendeten Jobs (ED1SORT, ED1WLM5, ...) an. In der Spalte NP gibt man den Action Code an, mit dem man einen Job verarbeiten kann. Man kann auf aktive Jobs (im negativen Sinn) Einfluß nehmen, indem man sie vorzeitig beendet, das geschieht durch den Action Code C (CANCEL), aber das ist nun nicht unsere erste Priorität, kann aber im Fehlerfall auch einmal notwendig sein. Wir wollen uns der Aufgabe widmen, den Job-Output der beendeten Jobs zu verarbeiten, also am Bildschirm anzusehen, zu drucken, in einem Dataset zu speichern oder zu löschen.

Dafür stehen uns folgende Action Codes zur Verfügung:

- ? Anzeige der zu jedem DD-Statement gehörenden Daten (Job Data Set Panel).
- O Freigabe der Daten zum Drucken.
- P Abbrechen eines Jobs und Löschen aller Output-Daten.
- S Anzeige des gesamten Job-Outputs (Output Data Set Panel), dabei hat man noch folgende Varianten:
  - SB - ISPF Browse
  - SE - ISPF Edit
  - SJ - ISPF Edit zum Editieren der JCL - hier kann man die JCL korrigieren und den Job noch einmal laufen lassen.
- XDC Verzweigung zum Open Print Data Set Panel, hier kann man den Output in einem Dataset speichern,

Man kann sich die Daten entweder mit S oder ? am Bildschirm ansehen. Mit S bekommt man alle Daten, das kann bei einem größeren Job schon recht unübersichtlich werden, zumal man meistens an den JCL-Informationen nicht interessiert ist, wenn der Job richtig gelaufen ist. Deshalb ist der Action Code ? recht nützlich und gibt folgende Anzeige:

```
  Display  Filter  View  Print  Options  Help
-------------------------------------------------------------------------------
SDSF JOB DATA SET DISPLAY - JOB ED1SORT (JOB06409)    LINE 1-4 (4)
COMMAND INPUT ===>                                            SCROLL ===> HALF
NP   DDNAME   StepName ProcStep DSID Owner    C Dest                Rec-Cnt Page
     JESMSGLG                      2 ED1      Q LOCAL                    20
     JESJCL                        3 ED1      Q LOCAL                    12
     JESYSMSG                      4 ED1      Q LOCAL                    32
     SYSOUT   SORT               103 ED1      Q LOCAL                    26
```

Insgesamt gibt es für den Job ED1SORT vier Ausgaben, wobei die DD-Namen JESMSGLG, JESJCL und JESYSMSG auf Informationen zum Jobablauf verweisen. Die danach folgenden Daten, in obigem Beispiel der DD-Name SYSOUT aus dem Jobstep SORT, beinhalten anwendungsspezifische Daten zu dem Job.

Will man sich die Daten jetzt anzeigen lassen, kann man das mit einem der Action Codes `S` - `SE` - `SB` erreichen. Ist man dagegen daran interessiert, die Ergebnisse in einem Dataset zu speichern, so gibt man den Action Code `XDC` an, mit dem man dieses Panel erhält:

```
                            SDSF Open Print Data Set
COMMAND INPUT ===>                                            SCROLL ===> HALF


Data set name  ===> sort.result
Member to use  ===>
Disposition    ===> NEW        (OLD, NEW, SHR, MOD)

If the data set is to be created, specify the following.
Volume serial will be used to locate existing data sets if specified.

Management class     ===>           (Blank for default management class)
Storage class        ===>           (Blank for default storage class)
  Volume serial      ===>           (Blank for authorized default volume) *
  Device type        ===>           (Generic unit or device address)      *
Data class           ===>           (Blank for default data class)
  Space units        ===> TRKS      (BLKS, TRKS, CYLS, BY, KB, or MB)
  Primary quantity   ===> 1         (In above units)
  Secondary quantity ===> 1         (In above units)
  Directory blocks   ===>           (Zero for sequential data set)
  Record format      ===> VBA
  Record length      ===> 240
  Block size         ===> 27000
  * Only one of these fields may be specified
```

Hier kann man entweder einen neuen oder einen existierenden Dataset angeben, in dem man die Daten speichern möchte.

Eine weitere interessante Funktion ist mit dem Action Code `SJ` verbunden, damit kann man die JCL editieren, um im Falle eines Fehlers den Job noch einmal in korrigierter Form laufen zu lassen.

5.6 Übungsaufgabe

Es geht in dieser Aufgabe darum, einen Job zu erstellen und auszuführen, mit dem man einen Dataset drucken kann.

Dafür benötigen wir die Beschreibung eines Programms, mit dem wir diese Aufgabe lösen können. Es gibt in jedem System eine Reihe von Programmen, die als UTILITIES allen Benutzern zur Verfügung stehen und ausführlich beschrieben sind[7]. Mit diesen Programmen kann man Daten kopieren, katalogisieren und auch drucken. Das dafür benötigte Programm heißt

```
IEBPTPCH
```

und dieser merkwürdige Name läßt sich durch

```
PT   steht für PRINT (Drucken)
PCH  steht für PUNCH (Lochkarten stanzen)
```

erklären, denn das sind die beiden Funktionen, die man mit diesem Programm ausführen kann, und IEB ist der gemeinsame Anfang vieler solcher Utility-Namen.

Was müssen wir weiterhin über das Programm wissen?

Wir sollten die notwendigen DD-Namen kennen:

//SYSUT1	DD	Angabe des Datasets, den wir drucken wollen.
//SYSUT2	DD	Beschreibung der OUTPUT-Klasse für das Ergebnis des Programms, nämlich der produzierten Liste.
//SYSPRINT	DD	Vom Programm werden Informationen über Erfolg oder Fehlersituationen über diesen DD-Namen ausgegeben, dem man auch eine OUTPUT-Klasse zuordnen muß.
//SYSIN	DD	Über diesen DD-Namen erwartet das Programm die notwendigen Informationen, in welcher Form der Dataset gedruckt werden soll. Diese Steuerdaten können entweder in einem Dataset stehen, oder sie können diesem Record folgend direkt angegeben werden (siehe SORT-Beispiel).

Damit haben wir die notwendigen Records beschrieben und sollten nur noch wissen, in welcher Form wir die Steuerdaten anzugeben haben.

Drucken eines sequentiellen Datasets mit der Record-Länge 80:

```
PRINT TYPORG=PS,MAXFLDS=1
RECORD FIELD=(80)
```

Drucken eines Partitioned Datasets:

```
PRINT TYPORG=PO,MAXFLDS=1
RECORD FIELD=(80)
```

Drucken mehrerer Members aus einem Partitioned Dataset:

```
PRINT TYPORG=PO,MAXFLDS=3,MAXNAME=3
MEMBER NAME=member1
RECORD FIELD=(80)
```

[7] DFSMSdfp Utilities

```
MEMBER NAME=member2
RECORD FIELD=(80)
MEMBER NAME=member3
RECORD FIELD=(80)
```

Es muß also jeweils ein PRINT-Record angegeben werden, mit dem man die Dataset-Organisation (TYPORG), die maximale Zahl der Felder (MAXFLDS) und, falls es sich um mehrere Members handelt, die maximale Zahl der Membernamen (MAXNAME) definiert.

Durch den Parameter FIELD=(80) gibt man an, daß ein Record in der Länge 80 gedruckt werden soll. Es sind hier viele Variationen möglich, die in obigem Utility-Manual beschrieben sind. Wollte man beispielsweise von den Records nur jeweils 30 Zeichen, beginnend ab Spalte 10, drucken, so könnte man das durch

```
RECORD FIELD=(30,10)
```

angeben.

Wichtig ist noch, daß darauf zu achten ist, daß die oben angegebenen Steuerdaten jeweils in Spalte 2 beginnen.

Nach dieser Beschreibung des Print-Programms kommen wir nun zur konkreten Aufgabenstellung:

1. Man erstelle einen Partitioned Dataset mit

   ```
   DSNAME=userid.MYJCL.CNTL
   ```

2. In diesem Dataset sind drei Members zu definieren:

PRINTPS	Drucken eines sequentiellen Datasets
PRINTPO	Drucken eines Partitioned Datasets
PRINTM	Drucken einzelner Member

   Hierbei tritt für uns erstmals die Aufgabe auf, mit den Members in einem Partitioned Dataset zu arbeiten. Dafür gibt es im ISPF-EDIT die Zeile

   ```
   Member . . .
   ```

   in die wir den Namen des Members eintragen können, das wir editieren wollen.

   Die drei Members, die in dieser Aufgabe zu erstellen sind, sehen ja ziemlich ähnlich aus. Es ist nun nicht Sinn der Aufgabe, jedesmal die Daten neu einzugeben (obwohl man das natürlich auch machen könnte). Vielmehr sollte man auf die Kopier-Funktionen im ISPF zurückgreifen. Ein COPY-Utility haben wir bereits kennengelernt, es gibt auch im EDIT-Mode direkt die Möglichkeit zu kopieren. Deshalb sei an dieser Stelle der Leser aufgefordert, selbst herauszufinden, wie das geschehen kann, wozu sonst gibt es das Tutorial.

3. Anschließend sind drei Jobs zur Ausführung zu bringen, mit denen
   - der Dataset userid.NAMEN.DATA

- der Dataset userid.MYJCL.CNTL
- aus dem Dataset userid.MYJCL.CNTL die Members PRINTPS und PRINTPO

gedruckt werden.

In allen Jobs ist für das Job-Protokoll und die Programm-Mitteilungen (SYSPRINT) jeweils die OUTPUT-Klasse anzugeben, die eine Verarbeitung im TSO zuläßt.

4. Die Ausführung der Jobs ist mit dem STATUS-Command zu überwachen.
5. Das Job-Protokoll ist nach Beendigung der Jobs auf Erfolg zu überprüfen, gegebenenfalls sind die notwendigen Korrekturen durchzuführen.

5.7 Zusammenfassung

Job-Verarbeitung im Background

MVS-JCL-Records

JOB-Record Jobnamen, Abrechnungsinformation, maximale Rechenzeit, Name des Benutzers usw.

```
//jobname JOB (acct,room),name,CLASS=jobclass,TIME=time,
//      NOTIFY=userid,MSGCLASS=outclass,REGION=size,
//      PASSWORD=password,USER=userid
```

EXEC-Record Name des Programms oder der Prozedur

```
//stepname EXEC PGM=pgmname,COND=cond
//stepname EXEC procname,COND=cond
```

DD-Record Daten, die verarbeitet werden sollen

```
//ddname DD DSNAME=dsname,DISP=disp
//ddname DD SYSOUT=outclass,COPIES=copies
//ddname DD *
```

Kommentar-Record Beschreibung der Programme und Daten

```
//* beliebiger kommentar
```

JES3-Records

MAIN-Record Drucker, System und Jobklasse

```
//*MAIN  ORG=dest,CLASS=jobclass,SYSTEM=system
```

NET-Record Definition eines Job-Netzes

```
//*NET NETID=netname,RELEASE=(jobname),NHOLD=count
```

JES2-Records

Jobparm-Record Angabe eines Systems

```
/*JOBPARM SYSAFF=system
```

Route-Record Angabe eines Druckers

```
/*ROUTE PRINT dest
```

TSO-Commands

SUBMIT Einen Job zur Ausführung bringen
STATUS Verfolgen des Job-Ablaufs
OUTPUT Verarbeiten der Ergebnisse
CANCEL Abbrechen eines Jobs

ISPF-Funktionen

SUB EDIT-Command zur Job-Ausführung
3.8 Outlist-Utility zum Verarbeiten der Ergebnisse

SDSF - System Display and Search Facility

LOG System-Log
DA Anzeige aller aktiven Jobs
ST Status der eigenen Jobs

6.0 ISPF - Teil 2

- EDIT - Das Funktionsangebot ist riesig

  Vom einfachen Kopieren bis zur trickreichen Datenmanipulation stehen sehr viele Funktionen zur Verfügung.

- VIEW und die Utilities

  Wir lernen viele ISPF-Funktionen kennen, die uns die Arbeit in der MVS Welt einfacher machen.

- Object/Action Workplace

  Für alle, die die Zukunft in der Objekt-Orientierung sehen, liegt hier der Fokus im ISPF.

- ISPF und die Workstation

  ISPF stellt als Client/Server-Anwendung die Verbindung zwischen dem Host-System und der Workstation her.

6.1 EDIT

Referenz-Listen

In der Action Bar des EDIT-Panels finden wir die Begriffe `RefList` und `RefMode`. Diese bieten uns eine praktische Möglichkeit, auf Datasets, mit denen wir häufiger arbeiten, einfach zuzugreifen. Das Pull-Down zeigt verschiedene Referenz-Listen:

```
  Menu  RefList  RefMode  Utilities  LMF  Workstation  Help
------+------------------------------------+----------------------------------
      |     1. Reference Data Set List      | nel
Comma |     2. Reference Library List       |
      |     3. Personal Data Set List       |
ISPF  |     4. Personal Data Set List Open  |
   Pr |     5. Personal Library List        |
   Gr |     6. Personal Library List Open   |  .          . . .
   Ty +------------------------------------+
   Member . . .                  (Blank or pattern for member selection list)

Other Partitioned or Sequential Data Set:
   Data Set Name . . .
   Volume Serial . . .           (If not cataloged)

Workstation File:
   File Name . . . . .
                                        Options
Initial Macro  . . . .                  /  Confirm Cancel/Move/Replace
Profile Name . . . . .                     Mixed Mode
Format Name  . . . . .                     Edit on Workstation
Data Set Password  . .                     Preserve VB record length
```

Wenn wir uns für die erste Liste entscheiden, erhalten wir eine Auswahl der Datasets, mit denen wir zuletzt gearbeitet haben. Hier können wir einen Dataset zum Editieren auswählen. Die anderen Listen geben uns Zugriff auf Libraries oder individuell zusammengestellte Dataset-Listen.

```
  File  List  Function  Help
------------------------------------------------------------------------------
                           Reference Data Set List

Enter a list action to perform or select a data set entry to retrieve.
Action: N=New  A=Save As  L=DSLIST

Action  Name     Description
        REFLIST  Last 30 Data sets referenced     Dynamic list

_
                                                              More:     +
Select Partitioned or Sequential Data Set                  Volume
 .  'ED1.LOG.MISC'                                     LST066
 .  'ED1.ISPF.ISPPROF'                                 LST013
 .  'ED1.MVS.CLIST'                                    LST069
 .  'ED1.ISRFIND.EXEC.SAVE'                            LST072
 .  'ED1.TEST.RMF'                                     LST005
 .  'ED1.TEST.ISPPLIB'                                 LST134
```

Man kann im EDIT-Panel über `RefMode` festlegen, was nach der Selektion eines Datasets geschehen soll:

List Execute Der Name des Datasets wird in das ISPF Library- oder Other Dataset-Feld eingetragen, die Funktion (hier EDIT - aber diese Funktionalität gibt es auch in anderen Panels) wird danach direkt ausgeführt.

List Retrieve Es wird nur der Name übernommen, die Funktionsausführung wird (nach eventuellen weiteren Eingaben in das Panel) durch ENTER ausgeführt.

Mit der Übungsaufgabe im vorherigen Kapitel haben wir erstmals das Arbeiten mit einem Partitioned Dataset kennengelernt. Dieses Thema werden wir jetzt noch einmal systematisch durchsprechen und damit auch den EDIT-Mode zum Abschluß bringen.

Member-Selection-Liste

Im EDIT-Mode haben wir die Zeile

```
Member  . . .
```

in die wir den Namen des Members eintragen, das wir editieren wollen. Wenn man dieses Feld freiläßt, dann erhält man, falls ein Partitioned Dataset angegeben wird, die sogenannte

Member-Selection-Liste

Das gleiche ist übrigens der Fall, wenn in der Zeile

```
Data Set Name . . .
```

nur der Dataset-Name, aber kein Member angegeben wird.

Darüber hinaus hat man die Möglichkeit, nur einen Teil eines Member-Namens (*PATTERN*) anzugeben und durch * (mehrere Zeichen) oder % (ein Zeichen) zu ergänzen:

```
Member  . . . printp*
```

Dann erscheinen in der Member-Liste nur diejenigen Members, deren Name mit PRINTP beginnt.

Die Member-Liste sieht (ohne diese Filter-Funktion) folgendermaßen aus:

```
  Menu  Functions  Utilities  Help
------------------------------------------------------------------------------
EDIT        ED1.MYJCL.CNTL                                  Row 00001 of 00003
Command ===> _                                                Scroll ===> PAGE
   Name      Prompt                Size   Created            Changed          ID
. PRINTM                             12   2001/03/14  2001/03/14 17:18:20   ED1
. PRINTPO                             9   2001/03/14  2001/03/14 17:17:12   ED1
. PRINTPS                             9   2001/03/14  2001/03/14 17:16:34   ED1
  **End**
```

Sämtliche Members werden in alphabetischer Reihenfolge aufgelistet, und neben jedem Membernamen wird einiges an Statistik angezeigt. Ein Teil dieser Daten mag für die meisten Benutzer nicht von großem Interesse sein, das ganze stammt aus der ursprünglichen Anwendung von ISPF als Entwicklungsprogramm für Programmierer (also wieder Rückblick auf die Historie), von denen mehrere am selben Projekt, und damit mit demselben Dataset, gearbeitet haben. Und über diese Statistik hat man dann eine gewisse Übersicht, wer wann was gemacht hat.

Size	Zahl der Records im Member
Created	Datum, an dem das Member erstellt wurde
Changed	Datum und Uhrzeit der letzten Änderung
ID	Userid des TSO-Benutzers, der das Member zuletzt gespeichert hat.

Darüber hinaus gibt es noch die Felder **Init** (Zahl der Records beim Erstellen des Members), **Mod** (Zahl der geänderten Records) und **VV.MM** (Version und Modification-Level), die man sich über F11 anzeigen lassen kann.

Damit erhält man eine Übersicht über alle Members im Dataset. Falls man mehr Members im Dataset hat als auf dem Bildschirm aufgelistet werden können, so kann man mit den bekannten SCROLL-FKs vor- und rückwärts blättern.

In der Command-Zeile kann man einen der folgenden Commands eingeben:

S member	SELECT - Auswahl eines Members, es kann sich hierbei sowohl um ein bestehendes wie auch um ein neues Member handeln.
L member	LOCATE - Vorwärts- oder Rückwärtsblättern der Liste bis zu dem Membernamen, der dem angegebenen Namen im Alphabet am nächsten ist.
SORT feld1 feld2	Sortieren der Member-Liste nach einem oder zwei Feldern, z.B. CRE, CHA, SIZE, INIT...
SAVE list	Speichern der Member-Liste in einem Dataset
RESET	Zurücksetzen der Member-Liste auf den Ausgangszustand

Das S für SELECT kann man auch direkt vor den Membernamen in der Liste setzen.

Wenn wir ein Member zum Editieren ausgewählt haben und in den EDIT-Mode gekommen sind, sehen wir danach keinen Unterschied mehr zum Editieren eines sequentiellen Datasets.

Falls man das Member über die Member-Liste, und somit nicht direkt aus dem EDIT-Panel mit Angabe des Membernamens, ausgewählt hat, so kommt man nach Beendigung des EDIT-Modes über F3 wieder in diese Liste zurück. Hierbei ist zu beachten, daß man dann in der Liste das eben editierte Member am Anfang hat. Das bedeutet, daß alle im Alphabet davor liegenden Members nicht in der Liste erscheinen, man muß mit F7 zurückblättern, falls man sie wieder am Bildschirm angezeigt haben will.

Diese statischen Informationen werden natürlich nur für Members im Partitioned Dataset, nicht aber für sequentielle Datasets erstellt. Es handelt sich dabei um die Benutzerdaten, die wir im Kapitel *2. Daten* im Zusammenhang mit der Directory-Größe erwähnt haben. Wir erinnern uns, daß wir in dieser Form die Informationen von 5 Members in einem Directory-Block speichern können. Falls wir an diesen Informationen nicht interessiert sind, können wir das durch den Primary Command

```
Command ===> stats off
```

festlegen. Dann könnten ohne Benutzerdaten 20 Members pro Directory-Block gespeichert werden.

Dataset-Kombination

Das EDIT-Panel bietet die Möglichkeit, mehrere Datasets zu kombinieren. Das geschieht durch die Zeile

```
Group . . . .          . . .          . . .          . . .
```

in der man bis zu vier GROUP-Namen, sprich 'zweite Qualifier', angeben kann. Deshalb müssen Datasets, die man kombinieren will, denselben ersten und dritten Qualifier haben.

Dieses 'Kombinieren' äußert sich darin, daß man eine gemeinsame Member-Liste aller Datasets erhält, es werden also nicht etwa alle Daten zu einem gemeinsamen Dataset vermischt. Wenn beispielsweise ein Programmierer einen Dataset

```
ED1.PROGRAMM.ASM
```

mit seinen fertigen Programmen und einen Dataset

```
ED1.TEST.ASM
```

mit seinen in der Entwicklung befindlichen Programmen hat, so kann er beide im EDIT-Mode kombinieren:

```
Project . . . ed1
Group . . . . test      . . . programm . . .          . . .
Type  . . . . asm
```

und er erhält die Member-Liste, bei der in der Spalte `Lib` vermerkt ist, aus welchem Dataset das einzelne Member stammt. Jedes Member wird nur einmal aufgeführt, ist es also im ersten und zweiten Dataset enthalten, so wird die Version aus dem ersten Dataset angezeigt.

```
Menu  Functions  Utilities  Help
------------------------------------------------------------------------------
EDIT        ED1.TEST.ASM                                   Row 00109 of 00291
Command ===>                                                  Scroll ===> HALF
   Name     Prompt     Lib    Size    Created          Changed            ID
. BR14                  1       4   1996/03/08   1996/03/08 17:50:39    ED1
. BWATOOL               1      91   2000/01/18   2000/01/18 16:21:56    ED1
. CACHE                 2      17   2000/04/18   2000/05/15 16:52:25    ED1
. CHANNEL               2      11   2000/04/18   2000/04/18 17:07:52    ED1
. COMBINE               2       7   1998/07/03   1998/07/03 12:32:38    ED1
. COPY                  1       6   1994/12/08   1994/12/09 15:22:25    ED1
. COPYM                 1      56   1995/03/08   1995/03/08 10:50:52    ED1
. COPYM1                1      56   1994/12/09   1994/12/09 14:21:00    ED1
. CPU                   2      48   1993/08/25   2001/05/30 10:29:21    ED1
. CPU0                  2      23   1996/03/21   1996/03/21 18:03:03    ED1
. DASD                  2      15   1993/04/26   2000/06/19 12:17:06    ED1
. DUMMY                 1       7   1996/03/16   1996/03/16 09:52:29    ED1
```

Das Editieren geschieht in der bekannten Form, es ist lediglich wichtig, darauf hinzuweisen, daß ein Member, unabhängig von seinem Ursprungsdataset, jeweils im ersten

Dataset gespeichert wird. Editiert man also ein Member aus dem zweiten Dataset und speichert es dann, so bleibt die Original-Version erhalten, die geänderte Version ist im zuerst aufgeführten Dataset gespeichert.

Kopieren von Daten

Fahren wir mit der Übungsaufgabe fort. Die Daten eines Members sind erstellt worden, und wir wissen, daß wir sie in leicht veränderter Form in einem zweiten Member speichern müssen, also kopieren und dann ändern.

Zum Kopieren haben wir einerseits die UTILITIES 3.3, daß dabei dann ein Member anzugeben ist, muß eigentlich kaum noch erwähnt werden, und daß man über die Member-Liste kopieren oder auch mit

`Member . . . *`

alle Members (allerdings nur in einen anderen Dataset) kopieren kann, ergibt sich eigentlich direkt aus dem Panel.

Jetzt sind wir aber im EDIT-Mode und wollen die Commands kennenlernen, die uns hier zum Kopieren zur Verfügung stehen.

Wir unterscheiden dabei

`COPY` und `MOVE`

zum Kopieren *in den* editierten Dataset sowie

`CREATE` und `REPLACE`

zum Kopieren *aus dem* editierten Dataset heraus.

Alle vier Commands sind Primary Commands, die wir jeweils *mit* und *ohne* Membernamen angeben können.

Sehen wir uns den CREATE-Command an, mit dem wir ein neues Member erstellen wollen.

```
  File  Edit  Edit_Settings  Menu  Utilities  Compilers  Test  Help
 -------------------------------------------------------------------------------
EDIT       ED1.MYJCL.CNTL(PRINT)   01.00                     CREATE is pending
Command ===> create printpo_                                  Scroll ===> HALF
****** ***************************** Top of Data ******************************
000001 //ED1PRNT JOB (EDUC,19-30),TEUFFEL,NOTIFY=ED1,MSGCLASS=0,TIME=(,30)
000002 //*MAIN CLASS=C
000003 //PRINT    EXEC PGM=IEBPTPCH
000004 //SYSPRINT DD DUMMY
000005 //SYSUT1   DD DSN=ED1.NAMEN.DATA,DISP=SHR
000006 //SYSUT2   DD SYSOUT=A
000007 //SYSIN    DD *
000008  PRINT TYPORG=PS,MAXFLDS=1
000009  RECORD FIELD=(80)
****** **************************** Bottom of Data ****************************
```

Die Fehlermeldung rechts oben

`CREATE is pending`

zeigt an, daß der Command noch nicht vollständig angegeben wurde. F1 gibt uns dazu notwendige Information

```
Enter M, C, or a set of MM or CC commands, or a label range is missing
```

Es muß also durch die uns bereits bekannten C- oder M-Commands der Zeilenbereich definiert werden, der kopiert werden soll.

```
 File  Edit  Edit_Settings  Menu  Utilities  Compilers  Test  Help
-------------------------------------------------------------------------------
EDIT       ED1.MYJCL.CNTL(PRINT)   01.00                    Columns 00001 00072
Command ===> create printpo                                    Scroll ===> HALF
****** ***************************** Top of Data ******************************
c10_   //ED1PRNT JOB (EDUC,19-30),TEUFFEL,NOTIFY=ED1,MSGCLASS=0,TIME=(,30)
000002 //*MAIN CLASS=C
000003 //PRINT    EXEC PGM=IEBPTPCH
000004 //SYSPRINT DD DUMMY
000005 //SYSUT1   DD DSN=ED1.NAMEN.DATA,DISP=SHR
000006 //SYSUT2   DD SYSOUT=A
000007 //SYSIN    DD *
000008  PRINT TYPORG=PO,MAXFLDS=1
000009  RECORD FIELD=(80)
****** **************************** Bottom of Data ****************************
```

Mit dem CREATE-Command wird ein neues Member erstellt, während REPLACE ein existierendes Member überschreibt.

Eine der neuen Funktionen in der Version 5 von ISPF: Anstelle des Membernames kann man auch den Namen eines anderen (sequentiellen oder Partitioned) Datasets angeben:

```
Command ===> create newjcl.cntl(print)
```

Damit wird entweder ein neues Member PRINT erstellt, oder ein neuer Dataset ED1.NEWJCL.CNTL, falls dieser Dataset noch nicht existiert. In diesem Fall wird man noch nach den Allocation-Parametern gefragt.

Für den Fall, daß der Ziel-Dataset ein anderes Format, also kürzere oder längere Records als der Dataset hat, den wir kopieren, so erscheint noch ein Panel, in dem darauf hingewiesen wird, daß die Records entweder mit Leerzeichen aufgefüllt oder auf die neue Länge gekürzt werden. Man kann durch ENTER den Kopierprozeß ausführen lassen oder durch F3 beenden.

Die beiden anderen Commands zum Kopieren sind

`COPY` und `MOVE`

```
 File  Edit  Edit_Settings  Menu  Utilities  Compilers  Test  Help
-------------------------------------------------------------------------------
EDIT       ED1.ORT.DATA                                     Columns 00001 00072
Command ===> copy                                              Scroll ===> HALF
****** ***************************** Top of Data ******************************
A_     NAMENSLISTE VOM 15.2.2001
****** **************************** Bottom of Data ****************************
```

Zu diesen beiden Primary Commands gehört auch wieder ein Line Command, wie es uns die HELP-Funktion mitteilt, wenn wir ihn vergessen:

```
An A or B command or a valid label has not been specified.
```

Wir müssen nämlich angeben, hinter oder vor welche Zeile wir die Daten kopieren wollen. Diese Angabe ist nur dann nicht notwendig, wenn es sich um einen leeren Dataset handelt, in den kopiert werden soll.

```
  Menu  RefList  Utilities  Help
-------------------------------------------------------------------------------
                                  Edit/View - Copy
Command ===> _

"Current" Data Set: ED1.ORT.DATA

From ISPF Library:
   Project . . . ED1
   Group . . . . namen_   . . .          . . .          . . .
   Type  . . . . DATA
   Member  . . .                 (Blank or pattern for member selection list)

From Other Partitioned or Sequential Data Set:
   Data Set Name  . .
   Volume Serial  . .            (If not cataloged)

Data Set Password  . .           (If password protected)

Line Numbers (Blank for entire member or sequential data set)
   First line  . . . .
   Last line . . . . .
   Number type . . . .           (Standard, ISPFstd, COBOL, or Relative)

Press Enter key to copy, enter End command to cancel copy.
```

Man hätte den Namen des Datasets, den man kopieren will, auch direkt mit dem COPY-Command angeben können.

Interessant sind für uns in diesem Panel die letzten drei Zeilen, in denen wir nämlich angeben können, welche Records wir kopieren wollen.

Es werden dabei die erste und letzte Zeile und die Art des Zählens angeben. Man unterscheidet dabei zwischen

Standard Der Dataset ist numeriert, und wir beziehen uns auf die einzelnen Zeilennummern.

ISPFstd Ähnlich wie *Standard*, nur daß die beiden letzten Stellen der Zeilennumerierung ignoriert werden.

Relative Bei einem unnumerierten Dataset wird auf die relative Record-Nummer Bezug genommen, z.B. Record 1 bis Record 10.

COBOL In COBOL-Programmen hat man eine speziellen Art der Numerierung, wir haben das früher bereits erwähnt, und die soll hier berücksichtigt werden.

Wenn alle Records des Datasets oder Members kopiert werden sollen, so wird in obige Felder nichts eingetragen.

Auch bei diesen Kopier-Vorgängen wird man gegebenenfalls darauf hingewiesen, daß bei unterschiedlicher Record-Länge die Daten abgeschnitten oder mit Leerzeichen aufgefüllt werden.

An dieser Stelle sei nochmal auf den prinzipiellen Unterschied zwischen COPY und MOVE hingewiesen:

COPY kopiert die Daten und läßt die Original-Daten unverändert,

MOVE kopiert die Daten und löscht sie im Original, d.h. der Dataset oder das Member, das mit der MOVE-Funktion kopiert wird, existiert danach nicht mehr.

Auf der Workstation gibt es Funktionen, die sehr hilfreich zum Kopieren und Vertauschen von Daten sind:

`COPY - CUT - PASTE`

Es ist recht praktisch und einfach, einen bestimmten Textbereich mit der Maus zu markieren und dann mit obigen Funktionen an eine andere Stelle zu kopieren. Diese Funktionalität steht uns im ISPF nun auch in zwei Varianten zur Verfügung.

- COPY und PASTE über den Communications Manager

  Wenn man auf der Workstation eine TSO-Session startet, so benutzt man dazu im Windows die Personal Communications Funktion (oder den OS/2 Communications Manager), und dort wird eine Copy/Paste-Funktion angeboten, die nichts mit TSO oder ISPF zu tun hat. Man kann einen beliebigen Textblock mit der Maus markieren und `Copy` anklicken. Dadurch bringt man diesen Text in einen Zwischenspeicher (*Clipboard*). Wenn man danach eine andere Position auf dem Bildschirm markiert und `Paste` anklickt, wird der Text dorthin kopiert.

- CUT und PASTE im ISPF

  Da die COPY-Funktion bereits anderweitig benutzt ist, hat man im ISPF für diese Funktionalität den CUT-Command, mit dem man einen Zeilenbereich in das Clipboard kopieren kann. Dieser Bereich wird in der üblichen Weise durch C / CC oder M / MM markiert. Darüber hinaus kann man durch die Optionen REPLACE oder APPEND festlegen, ob der Inhalt des Clipboards überschrieben werden soll, oder ob die Daten hinzugefügt werden sollen.

  Will man den Inhalt des Clipboards an eine andere Stelle kopieren, so benutzt man dafür den PASTE-Command und definiert über die Line Commands A oder B die Ziel-Position. Durch die Parameter DELETE oder KEEP verfügt man über das Fortbestehen des Clipboard-Inhalts.

  Man kann für CUT und PASTE die Default-Parameter (REPLACE/APPEND bzw. DELETE/KEEP) in den `Edit/View Settings` festlegen, die man über den EDITSET-Command aufruft.

```
  File  Edit  Edit_Settings  Menu  Utilities  Compilers  Test  Help
+-------------------------------------------------------------------------+
|                          Edit and View Settings                         |
| Command ===>                                                            |
|                                                       More:      +      |
| Settings for current and future Edit and View sessions:                 |
|                                                                         |
|   User session initial macro . . . . . . . . . . . . . .               |
|   Maximum initial storage allowed for Edit and View  . .      0         |
|   Target line for Find/Change/Exclude string . . . . . .   2            |
|   Enter "/" to select option                                            |
|      Always position Find/Change/Exclude string to target line          |
|      Remove action bars in ISPF edit and view panels                    |
|                                                                         |
|   CUT default . . 1  1. Append      PASTE default . . 1  1. Delete      |
|                      2. Replace                           2. Keep       |
|                                                                         |
| Settings for future sessions. Select Apply Setting Immediately for the  |
| setting to affect the current session as well.                          |
|                                                                         |
|   Enter "/" to select option                                            |
|   /  Confirm Cancel/Move/Replace           Apply Setting Immediately    |
|      Preserve VB record length             Apply Setting Immediately    |
|                                                                         |
+-------------------------------------------------------------------------+
```

CHANGE/FIND-Commands

Selbstverständlich benötigen wir im EDIT-Mode einen CHANGE-Command C. Man kann natürlich eine Änderung in einem Dataset in der Form durchführen, daß man die zu ändernden Daten überschreibt, im Einzelfall sicherlich eine schnelle Lösung. Wenn allerdings mehrere gleiche Änderungen durchzuführen sind, dann geht das einem CHANGE-Command schon besser. Die Syntax dieser Commands ist recht einfach:

```
Command ===> c text1 text2
```

Durch diesen Command wird die Zeichenfolge *text1* durch die Zeichenfolge *text2* ersetzt.

Wo findet diese Änderung im Dataset statt, falls es *text1* mehrfach gibt?

Der Command

```
Command ===> c text1 text2
```

ist gleichbedeutend mit

```
Command ===> c text1 text2 next
```

und dieses *next* bedeutet: das nächste Vorkommen von *text1*, beginnend bei der momentanen Position des Cursors.

Falls eine Zeichenfolge aus mehreren Wörtern besteht, ist sie in Hochkommas einzuschließen. Enthält sie Hochkommas, so benutzt man Doppelhochkommas zur Eingrenzung:

```
Command ===> c "Otto's Bierstüberl" 'Ottos Bierstüberl'
```

Es gibt weitere Möglichkeiten, im Command anzugeben, wo und in welcher Reihenfolge gesucht und geändert werden soll:

FIRST Es wird am Anfang des Datasets zu suchen begonnen.

LAST Es wird am Ende begonnen und rückwärts gesucht.

PREV PREVIOUS ist das Gegenstück zu NEXT und bedeutet, daß bei der momentanen Cursor-Position begonnen wird, rückwärts zu suchen.

ALL Der gesamte Dataset wird durchsucht, und es wird - im Gegensatz zu den bisherigen Varianten, in denen nur einmal geändert wurde - an allen Stellen, an denen *text1* vorkommt, eine Änderung vorgenommen.

Es gibt einen anderen Primary Command, der mit dem CHANGE-Command zusammenhängt, nämlich den FIND-Command F, mit dem man nach einer bestimmten Zeichenfolge suchen kann. Dieser Command hat dieselben Parameter wie der CHANGE-Command mit der einen Ausnahme, daß es keinen *text2* gibt, denn wir können ja nur suchen, aber nicht ändern.

Im Zusammmenhang damit sollten nun zwei FKs näher erläutert werden, die früher schon erwähnt wurden:

`F5: Repeat FIND` - Wiederholen des FIND-Commands
`F6: Repeat CHANGE` - Wiederholen des CHANGE-Commands

Auch diese beiden FKs hängen zusammen und arbeiten mit denselben Argumenten.

Wenn man beispielsweise den Command

```
Command ===> c abc xyz
```

ausgeführt hat und danach auf F5 drückt, so ist das mit

```
Command ===> f abc
```

also dem Suchen nach der Zeichenfolge *abc* gleichbedeutend.

Der FIND-Command, den wir nach einem CHANGE-Command aufrufen, übernimmt auch automatisch mögliche andere Parameter, wie z.B. PREV, d.h. es wird rückwärts gesucht, oder andere, die wir noch kennenlernen werden.

Wir können bei beiden Commands anstelle von *text1* bzw. *text2* auch * angeben, um damit das Argument vom vorigen Mal zu wiederholen. Wir wollen uns das an einem Beispiel klarmachen, indem wir uns die folgende Command-Ausführung anschauen:

```
Command ===> c abc xyz
Command ===> f *              (= f abc)
Command ===> c * xxxx         (= c abc xxxx)
```

In der bisher kennengelernten Form beziehen sich die beiden Commands immer auf den gesamten Dataset, und wir wollen uns jetzt einmal ansehen, wie eine Beschränkung auf einzelne Zeilen oder Spalten möglich ist.

Wenn das Suchen oder Ändern nur auf einen bestimmten Spaltenbereich begrenzt sein soll, so gibt es zwei Möglichkeiten, das zu erreichen:

- Angabe im Command, z.B.
  `Command ===> c abc xyz 10 30`

  Es wird nur im Bereich der Spalten 10 bis 30 geändert. Falls man die zweite Spaltenzahl nicht angibt, wird der Text *abc* nur dann geändert, wenn er in Spalte 10 beginnt.

- Begrenzung des Feldes durch den BNDS-Command (BOUNDARY). Das ist aber nur dann zweckmäßig, wenn man für mehrere Commands mit einer solchen Begrenzung arbeiten will, da sie ja so lange wirksam ist und auch im Dataset-Profil gespeichert wird, bis sie durch erneuten Aufruf des BNDS-Command geändert oder aufgehoben wird.

An dieser Stelle sollte vielleicht noch erwähnt werden, daß man die Anzeige eines Commands in der Command-Zeile dadurch bestehen lassen kann, daß man ein & vor den Command setzt:

```
Command ===> &c abc xyz
```

Diese Funktion kann man auch durch den RETRIEVE-Command (F12) ersetzen, mit dem man sich alle zuletzt aufgeführten Commands wieder anzeigen lassen kann.

EXCLUDE-Commands

Was kann man machen, wenn die Änderung auf einzelne Zeilen beschränkt werden soll? Nun ja, es gibt die REPEAT-Tasten, d.h. daß man sich mittels F5 und F6 durch den Dataset voranarbeiten und dort ändern kann, wo es notwendig ist. Falls man allerdings einzelne Zeilengruppen zum Ändern festlegen kann, so ist obiges Verfahren möglicherweise doch etwas umständlich. Andererseits gibt es aber nicht die Möglichkeit, im Command Zeilennummern anzugeben; dennoch ist das Problem lösbar.

Dazu lernen wir einen weiteren Line Command kennen: den EXCLUDE-Command X. Mit diesem Command kann man eine oder mehrere Zeilen von der Anzeige auf dem Bildschirm ausschließen.

Es handelt sich aber dabei um etwas grundsätzlich anderes als beim DELETE-Command, denn die Daten bleiben im Dataset enthalten, sie werden nur nicht am Bildschirm angezeigt.

Diese Funktion kann man nun für verschiedene Zwecke benutzen.

Wollen wir, das kann natürlich besonders bei großen Datasets interessant sein, in unserer Namensliste wissen,

- wieviel Namen enthalten sind,
- wieviel Personen aus Berlin sind,

so läßt sich das relativ einfach lösen.

Durch das Ausschließen aller Zeilen bekommt man die Gesamtzahl der Records angezeigt.

```
  File  Edit  Edit_Settings  Menu  Utilities  Compilers  Test  Help
-------------------------------------------------------------------------------
EDIT        ED1.NAMEN.DATA                                Columns 00001 00072
Command ===>                                                 Scroll ===> HALF
****** ***************************** Top of Data *****************************
X999_  | ANDREAS, FRANZ        | 34275    | DARMSTADT           |
000200 | BECK, PETER           | 1933     | HANNOVER            |
000300 | BOEHM, JUTTA          | 1634     | STUTTGART           |
000310 | DORRMANN, KARIN       | 788      | BREMEN              |
000311 | EBEL, HANS-DIETER     | 29044    | REGENSBURG          |
000312 | ENGELHARDT, KARL      | 37601    | BERLIN              |
000313 | FABER, HANS           | 22999    | DORTMUND            |
000320 | FRITSCH, GERDA        | 23439    | AUGSBURG            |
000400 | GROSS, CLAUDIA        | 2287     | BERLIN              |
000500 | HEINEMANN, DIETER     | 6650     | ULM                 |
****** **************************** Bottom of Data ***************************
```

Der Text

```
- - - - - - - - - - - - - - - 10 Line(s) not Displayed
```

zeigt an, daß der Dataset 10 Zeilen enthält.

Die Suche nach dem Begriff BERLIN bringt alle Zeilen auf den Bildschirm, die diesen Text enthalten.

```
  File  Edit  Edit_Settings  Menu  Utilities  Compilers  Test  Help
-------------------------------------------------------------------------------
EDIT        ED1.NAMEN.DATA                                Columns 00001 00072
Command ===> f berlin all_                                   Scroll ===> HALF
****** ***************************** Top of Data *****************************
- - - - - - - - - - - - - - - - - - - - - - - - - 10 Line(s) not Displayed
****** **************************** Bottom of Data ***************************
```

Der Text BERLIN kommt insgesamt zweimal im Dataset vor, wie die Anzeige rechts oben aussagt.

```
  File  Edit  Edit_Settings  Menu  Utilities  Compilers  Test  Help
-------------------------------------------------------------------------------
EDIT        ED1.NAMEN.DATA                                2 CHARS 'BERLIN'
Command ===>                                                 Scroll ===> HALF
****** ***************************** Top of Data *****************************
- - - - - - - - - - - - - - - - - - - - - - - - - 5 Line(s) not Displayed
000312 | ENGELHARDT, KARL      | 37601    |_ BERLIN             |
- - - - - - - - - - - - - - - - - - - - - - - - - 2 Line(s) not Displayed
000400 | GROSS, CLAUDIA        | 2287     | BERLIN              |
- - - - - - - - - - - - - - - - - - - - - - - - - 1 Line(s) not Displayed
****** **************************** Bottom of Data ***************************
```

Wenn man jetzt die ausgeschlossenen Zeilen wieder angezeigt haben möchte, so hat man folgende Möglichkeiten:

RESET Primary Command: Zeigt alle ausgeschlossenen Zeilen.

Fn Line Command FIRST: Zeigt die ersten n Zeilen.

Ln Line Command LAST: Zeigt die letzten n Zeilen.

Sn Line Command SHOW: Zeigt die ersten n Zeilen, die am meisten nach rechts eingerückt sind.

FLIP Alle ausgeschlossenen Zeilen werden angezeigt, und alle angezeigten Zeilen werden ausgeschlossen.

Darüber hinaus gibt es auch einen Primary Command EXCLUDE (X), mit dem man alle Zeilen von der Anzeige ausschließen kann, die eine bestimmete Zeichenfolge enthalten:

```
Command ==> x abc all
```

Der EXCLUDE-Command hat dieselben Parameter wie der FIND-Command, der eine ist zum Ausschließen, der andere zum Anzeigen von Zeilen, die bestimmte Kriterien erfüllen.

Wenn man etwas schneller mit seiner Arbeit vorankommen will, kann man hier die Tatsache ausnutzen, daß man mehrere Primary Commands, durch den über Option 0.1 definierten Delimiter getrennt, zusammen eingeben kann:

```
Command ==> x all;f berlin all;del all nx;=x
```

Mit dieser "schönen" Commandfolge löscht man alle Zeilen mit dem Text 'BERLIN' und beendet die Arbeit mit ISPF.

Doch nun zurück zur ursprünglichen Frage: Ändern in bestimmten Zeilen. Der CHANGE- und FIND-Command haben jeweils die beiden Parameter

`X` - Excluded lines
`NX` - Non-excluded lines

Damit kann man im Command angeben, daß nur die Zeilen angesprochen werden, die am Bildschirm nicht angezeigt bzw. die angezeigt sind.

Bemerkung: Wenn hier von Zeilen gesprochen wird, die angezeigt oder nicht angezeigt werden, so ist das immer aus Sicht des EXCLUDE-Commands zu verstehen, d.h. ob einzelne Zeilen von der Anzeige ausgeschlossen werden. Mit anderen Worten: Es hat nichts damit zu tun, welche Zeilen zufälligerweise auf dem Bildschirm erscheinen, falls der Dataset mehr Records hat als angezeigt werden können.

Wenn wir also beispielsweise in einem Dataset die ersten 5 und die letzten 7 Zeilen ändern wollen, so können wir mit

`X5` auf der ersten Zeile und
`X7` auf der 7-letzten Zeile

diese Bereiche von der Anzeige ausschließen und danach mit

```
Command ===> c text1 text2 all x
```

eine Änderung in diesen Zeilen durchführen.

Eine andere Anwendung wäre die Aufgabe, festzustellen, wieviel Personen es in ULM mit dem Namen SCHNEIDER gibt.

In bekannter Weise suchen wir den Begriff ULM:

```
  File  Edit  Edit_Settings  Menu  Utilities  Compilers  Test  Help
-------------------------------------------------------------------------------
EDIT       ED1.NAMENALL.DATA                               Columns 00001 00072
Command ===> f ulm all_                                       Scroll ===> HALF
****** ***************************** Top of Data ******************************
- - -  - - - - - - - - - - - - - - - - - - -  839 Line(s) not Displayed
****** ***************************** Bottom of Data ****************************
```

ULM ist neunmal in der Liste vertreten, jetzt können wir in den ULM-Zeilen nach SCHNEIDER suchen:

```
  File  Edit  Edit_Settings  Menu  Utilities  Compilers  Test  Help
-------------------------------------------------------------------------------
EDIT       ED1.NAMENALL.DATA                                     9 CHARS 'ULM'
Command ===> f schneider all nx_                              Scroll ===> HALF
****** ***************************** Top of Data ******************************
- - -  - - - - - - - - - - - - - - - - - - - -  9 Line(s) not Displayed
000500 | HEINEMANN, DIETER       | 6650     | ULM          |
- - -  - - - - - - - - - - - - - - - - - - - - 27 Line(s) not Displayed
003500 | KRAEMER, GERT           | 34570    | ULM          |
- - -  - - - - - - - - - - - - - - - - - - - - 26 Line(s) not Displayed
007500 | SCHWARZ, CAROLA         | 4461     | ULM          |
- - -  - - - - - - - - - - - - - - - - - - - - 19 Line(s) not Displayed
008500 | GUENTHER, HANS          | 17773    | ULM          |
- - -  - - - - - - - - - - - - - - - - - - - - 39 Line(s) not Displayed
009512 | SCHNEIDER, BERND        | 3650     | ULM          |
- - -  - - - - - - - - - - - - - - - - - - - - 17 Line(s) not Displayed
009530 | POHL, KLAUS             | 76441    | ULM          |
- - -  - - - - - - - - - - - - - - - - - - - -  9 Line(s) not Displayed
010500 | WANNER, GERHARD         | 62007    | ULM          |
- - -  - - - - - - - - - - - - - - - - - - - -  6 Line(s) not Displayed
011110 | SCHNEIDER, GISELA       | 23060    | ULM          |
- - -  - - - - - - - - - - - - - - - - - - - - 30 Line(s) not Displayed
011527 | SCHNEIDER, DIETER       | 60662    | ULM          |
- - -  - - - - - - - - - - - - - - - - - - -  648 Line(s) not Displayed
```

Wir können momentan leider nicht angeben, daß nur alle Personen mit dem Namen Schneider, die in Ulm wohnen, *angezeigt* werden, sondern der FIND-Command liefert lediglich die Anzahl dieser Personen.

Eine Lösung dieses Problems werden wir erarbeiten, wenn wir uns mit EDIT-Macros beschäftigen, aber soweit sind wir momentan noch nicht.

```
 File  Edit  Edit_Settings  Menu  Utilities  Compilers  Test  Help
-------------------------------------------------------------------------------
EDIT       ED1.NAMENALL.DATA                            3 CHARS 'SCHNEIDER'
Command ===> _                                             Scroll ===> HALF
****** ***************************** Top of Data ******************************
- - -  - - - - - - - - - - - - - - - - - -  9 Line(s) not Displayed
000500 | HEINEMANN, DIETER      | 6650     |  ULM               |
- - -  - - - - - - - - - - - - - - - - - - 27 Line(s) not Displayed
003500 | KRAEMER, GERT          | 34570    |  ULM               |
- - -  - - - - - - - - - - - - - - - - - - 26 Line(s) not Displayed
007500 | SCHWARZ, CAROLA        | 4461     |  ULM               |
- - -  - - - - - - - - - - - - - - - - - - 19 Line(s) not Displayed
008500 | GUENTHER, HANS         | 17773    |  ULM               |
- - -  - - - - - - - - - - - - - - - - - - 39 Line(s) not Displayed
009512 | SCHNEIDER, BERND       | 3650     |  ULM               |
- - -  - - - - - - - - - - - - - - - - - - 17 Line(s) not Displayed
009530 | POHL, KLAUS            | 76441    |  ULM               |
- - -  - - - - - - - - - - - - - - - - - -  9 Line(s) not Displayed
010500 | WANNER, GERHARD        | 62007    |  ULM               |
- - -  - - - - - - - - - - - - - - - - - -  6 Line(s) not Displayed
011110 | SCHNEIDER, GISELA      | 23060    |  ULM               |
- - -  - - - - - - - - - - - - - - - - - - 30 Line(s) not Displayed
011527 | SCHNEIDER, DIETER      | 60662    |  ULM               |
- - -  - - - - - - - - - - - - - - - - -  648 Line(s) not Displayed
****** **************************** Bottom of Data ****************************
```

Die Anzeige rechts oben teilt uns mit, daß die gesuchte Namens-Kombination insgesamt dreimal vorkommt.

Man könnte jetzt beispielsweise mittels F5 (REPEAT FIND) von einem Ulmer Schneider zum nächsten springen.

Labels

Eine weitere Möglichkeit, bestimmte Zeilen für den CHANGE und FIND-Command auszuwählen, ist die Definition von **Labels**. Man kann jeder beliebigen Zeile einen Label, also einen Namen, (bestehend aus einem Punkt und maximal fünf Buchstaben) zuordnen, den man auf die Zeilennummer schreibt.

```
 File  Edit  Edit_Settings  Menu  Utilities  Compilers  Test  Help
-------------------------------------------------------------------------------
EDIT       ED1.ORT.DATA                               Columns 00001 00072
Command ===> _                                             Scroll ===> HALF
****** ***************************** Top of Data ******************************
000010  NAMENSLISTE VOM 15.2.2001
000100 | ANDREAS     | FRANZ           | DARMSTADT        | 34275 |
000200 | BECK        | PETER           | HANNOVER         |  1933 |
000300 | BOEHM       | JUTTA           | STUTTGART        |  1634 |
000310 | DORRMANN    | KARIN           | BREMEN           |   788 |
000311 | EBEL        | HANS-DIETER     | REGENSBURG       | 29044 |
000312 | ENGELHARDT  | KARL            | BERLIN           | 37601 |
.A     | FABER       | HANS            | DORTMUND         | 22999 |
000320 | FRITSCH     | GERDA           | AUGSBURG         | 23439 |
000400 | GROSS       | CLAUDIA         | BERLIN           |  2287 |
000500 | HEINEMANN   | DIETER          | ULM              |  6650 |
****** **************************** Bottom of Data ****************************
```

Es gibt auch einige vom System definierte Labels:

```
.ZF / .ZFIRST - Erste Zeile des Datasets
.ZL / .ZLAST  - Letzte Zeile des Datasets
.ZCSR         - Cursor-Zeile
```

Auf diese Labels kann man mit verschiedenen Commands Bezug nehmen, so auch mit dem CHANGE- und FIND-Command. Wenn nur zwischen der ersten und der mit .A gekennzeichneten Zeile geändert werden soll, dann erreicht man das durch

```
Command ==> c abc xyz .zf .a all
```

Weitere Commands, in denen man einen Label oder einen Zeilenbereich (**Range**), der durch zwei Labels begrenzt ist, angeben kann, sind:

RESET Zurücksetzen eines bestimmten Bereichs

SUBMIT JOB-Ausführung der JCL innerhalb eines Zeilenbereiches

LOCATE Scroll bis zu einem Label

EXCLUDE Ausschließen eines Bereichs von der Bildschirm-Anzeige

FLIP Vertauschen des EXCLUDE-Status

Commands, die wir erst später kennenlernen werden, sind

DELETE Löschen einiger Zeilen

SORT Sortieren in einem Bereich

Wir haben damit einiges über die CHANGE- und FIND-Commands kennengelernt, aber das ist noch nicht alles. Es handelt sich bei diesen beiden Commands um diejenigen ISPF-Commands, die die meisten Möglichkeiten und Parameter haben. Ohne jetzt noch zu sehr ins Detail zu gehen, soll das Ganze doch komplett zum Abschluß gebracht werden:

- Zusätzliche Beschränkung beim Ändern und Suchen durch einen der Parameter
  `WORD` - Text ist ein Wort
  `SUFFIX` - Text steht am Ende eines Wortes
  `PREFIX` - Text steht am Anfang eines Wortes

- Falls der Text Leerzeichen, Zahlen oder Parameter wie `ALL`, `WORD`, `X`, usw. enthält, muß er innerhalb von Hochkommas angegeben werden.

- Enthält der Text Hochkommas, so wird er durch das Doppel-Hochkomma begrenzt.

- Wenn im FIND- oder CHANGE-Command Zeichenfolgen angesprochen werden, so wird dabei kein Unterschied zwischen Groß- und Kleinschreibung gemacht. Das bedeutet, mit

  ```
  Command ==> f meier
  ```

  werden Zeichenfolgen wie

```
MEIER, Meier, meier
```

erfaßt. Wenn man auf die genaue Schreibweise Wert legt, so kann man das durch die CHARACTER-Funktion festlegen.

```
Command ==> f c'Meier'
```

- Es besteht auch die Möglichkeit, eine Zeichenfolge hexadezimal anzugeben:

```
Command ==> c x'00' x'40' all
```

- Außerdem gibt es noch die PICTURE-Funktion, die auf folgende Zeichentypen Bezug nimmt:

=	Beliebiges Zeichen	.	Ungültiges Zeichen
@	Alphabetisches Zeichen	-	Nicht-numerisches Zeichen
#	Numerisches Zeichen	<	Kleinbuchstabe
$	Spezial-Zeichen	>	Großbuchstabe
¬	Non-blank Zeichen		

Mit

```
Command ==> c p'.' ' ' all
```

werden beispielsweise alle ungültigen Zeichen (das sind Hexadezimal-Werte, für die es kein druckbares Zeichen gibt, z.B. X'00') zu Leerzeichen geändert.

Abschließend fassen wir noch einmal alle Parameter für den CHANGE-, EXCLUDE- und FIND-Command zusammen.

```
CHANGE string-1 string-2 [range] [NEXT ] [CHARS ] [X ] [col-1 [col-2]]
CHG                              [ALL  ] [PREFIX] [NX ]
CHA                              [FIRST] [SUFFIX]
C                                [LAST ] [WORD  ]
                                 [PREV ]

EXCLUDE string-1 [range] [NEXT ] [CHARS ] [X ] [col-1 [col-2]]
EXCLUDED                 [ALL  ] [PREFIX] [NX]
EXC                      [FIRST] [SUFFIX]
EX                       [LAST ] [WORD  ]
X                        [PREV ]

FIND string-1 [range] [NEXT ] [CHARS ] [X ] [col-1 [col-2]]
F                     [ALL  ] [PREFIX] [NX]
                      [FIRST] [SUFFIX] [EX]
                      [LAST ] [WORD  ]
                      [PREV ]
```

Der Leser sei aufgefordert, diese verschiedenen Varianten einmal selbst auszuprobieren und damit herumzuspielen. Selbstverständlich wird es in der Praxis so sein, daß man nicht sofort alles anwenden wird oder kann, was hier angeboten wird. Man muß langsam mit den einzelnen Funktionen vertraut werden und sich immer wieder darüber klar sein, daß man im Falle einer neuen Fragestellung über das Tutorial herausfinden kann, welche Lösungsmöglichkeiten vorhanden sind.

Irgendwann sollte man eigentlich meinen, man kenne nun alle EDIT-Commands, und das ist auch fast richtig. Sehen wir uns doch noch einmal die Übersicht aller Primary Commands an:

```
TUTORIAL ------------------ EDIT PRIMARY COMMANDS ------------------- TUTORIAL
OPTION  ===> _

                           -----------------------------------
                           |      EDIT PRIMARY COMMANDS      |
                           -----------------------------------

The following topics are presented in sequence, or may be selected by
number.  Individual commands may be selected by entering the command name.

  0 - Primary commands (general information)
  1 - Miscellaneous commands
  2 - FIND/CHANGE/EXCLUDE commands
  3 - Number control commands
  4 - Display mode control commands
  5 - Termination control commands
  6 - External data commands
  7 - Macro control commands
  8 - Data editing commands
  9 - Edit settings command

Note: Select >CANCEL to see information for the CANCEL command.
```

Fast alle Commands haben wir bisher besprochen, die Macro-Commands heben wir uns noch für später auf, so daß nur noch vier Commands übrigbleiben:

DELETE Löschen einzelner Zeilen

SORT Sortieren des Datasets

COMPARE Vergleichen zweier Datasets

EDIT Rekursives Editieren

Nur eine kurze Bemerkung zum EDIT Primary Command: Hiermit kann man eine anderen Dataset editieren, ohne die momentane EDIT-Session verlassen zu müssen.

Löschen von Daten

Der Primary Command DELETE (DEL) kann

- alle Zeilen (evtl. innerhalb zweier Labels)
- alle 'excluded' Zeilen
- alle 'non-excluded' Zeilen

löschen. Er wird deshalb hauptsächlich im Zusammenhang mit den Commands FIND und EXCLUDE benutzt.

Wenn man beispielsweise alle Leerzeilen eines Datasets löschen will, so erreicht man das durch

```
Command ==> reset excluded
Command ==> exclude p'¬' all
```

```
Command ==> delete all nx
```

Damit werden alle ausgeschlossenen Zeilen angezeigt, alle Zeilen, die mindestens ein Zeichen enthalten, ausgeschlossen, damit sind nur noch Leerzeilen angezeigt, die mit dem letzten Command gelöscht werden können.

Sortieren von Daten

Der SORT-Command ermöglicht das Sortieren von Daten, man kann einzelne Spaltenbereiche angeben, in denen aufsteigend (a = ascending) oder fallend (d = descending) sortiert wird, und man kann durch die Definition von Labels die Sortierung auf einen Zeilenbereich beschränken.

Falls man den SORT-Command ohne Parameter angibt, so wird der gesamte Dataset in aufsteigender Reihenfolge sortiert.

Wir sehen uns dazu ein Beispiel an: In unserer Namensliste sollen die Daten nach dem Ort in steigender und nach der Personalnummer in fallender Reihenfolge sortiert werden.

Da die erste Zeile im Dataset vom Sortieren ausgeschlossen sein soll, belegen wir die zweite Zeile mit dem Label .START und geben beim Command den Zeilenbereich mit an.

```
  File  Edit  Edit_Settings  Menu  Utilities  Compilers  Test  Help
-----------------------------------------------------------------------------
EDIT       ED1.ORT.DATA                                   Columns 00001 00072
Command ===> _                                               Scroll ===> HALF
****** ***************************** Top of Data ******************************
000100   NAMENSLISTE VOM 15.2.2001
.START | ANDREAS    | FRANZ              | DARMSTADT         | 34275  |
000200 | BECK       | PETER              | HANNOVER          |  1933  |
000300 | BOEHM      | JUTTA              | STUTTGART         |  1634  |
000310 | DORRMANN   | KARIN              | BREMEN            |   788  |
000311 | EBEL       | HANS-DIETER        | REGENSBURG        | 29044  |
000312 | ENGELHARDT | KARL               | BERLIN            | 37601  |
000313 | FABER      | HANS               | DORTMUND          | 22999  |
000320 | FRITSCH    | GERDA              | AUGSBURG          | 23439  |
000400 | GROSS      | CLAUDIA            | BERLIN            |  2287  |
000500 | HEINEMANN  | DIETER             | ULM               |  6650  |
****** **************************** Bottom of Data ****************************
```

Wir geben jeweils jeden Spaltenbereich, nach dem sortiert werden soll, zusammen mit dem Zeichen a (ascending = aufsteigend) oder d (descending = fallend) an:

```
  File  Edit  Edit_Settings  Menu  Utilities  Compilers  Test  Help
-------------------------------------------------------------------------------
EDIT       ED1.ORT.DATA                                  Columns 00001 00072
Command ===> sort a 38 54 d 58 62 .start .zl_               Scroll ===> HALF
****** ***************************** Top of Data ****************************
000100   NAMENSLISTE VOM 15.2.2001
=COLS> ----+----1----+----2----+----3----+----4----+----5----+----6----+----7-
.START | ANDREAS     | FRANZ                | DARMSTADT          | 34275 |
000200 | BECK        | PETER                | HANNOVER           |  1933 |
000300 | BOEHM       | JUTTA                | STUTTGART          |  1634 |
000310 | DORRMANN    | KARIN                | BREMEN             |   788 |
000311 | EBEL        | HANS-DIETER          | REGENSBURG         | 29044 |
000312 | ENGELHARDT  | KARL                 | BERLIN             | 37601 |
000313 | FABER       | HANS                 | DORTMUND           | 22999 |
000320 | FRITSCH     | GERDA                | AUGSBURG           | 23439 |
000400 | GROSS       | CLAUDIA              | BERLIN             |  2287 |
000500 | HEINEMANN   | DIETER               | ULM                |  6650 |
****** **************************** Bottom of Data **************************
```

Die Daten sind in der gewünschten Reihenfolge sortiert:

```
  File  Edit  Edit_Settings  Menu  Utilities  Compilers  Test  Help
-------------------------------------------------------------------------------
EDIT       ED1.ORT.DATA                                  Columns 00001 00072
Command ===> _                                              Scroll ===> HALF
****** ***************************** Top of Data ****************************
000100   NAMENSLISTE VOM 15.2.2001
=COLS> ----+----1----+----2----+----3----+----4----+----5----+----6----+----7-
.START | FRITSCH     | GERDA                | AUGSBURG           | 23439 |
000200 | ENGELHARDT  | KARL                 | BERLIN             | 37601 |
000300 | GROSS       | CLAUDIA              | BERLIN             |  2287 |
000310 | DORRMANN    | KARIN                | BREMEN             |   788 |
000311 | ANDREAS     | FRANZ                | DARMSTADT          | 34275 |
000312 | FABER       | HANS                 | DORTMUND           | 22999 |
000313 | BECK        | PETER                | HANNOVER           |  1933 |
000320 | EBEL        | HANS-DIETER          | REGENSBURG         | 29044 |
000400 | BOEHM       | JUTTA                | STUTTGART          |  1634 |
000500 | HEINEMANN   | DIETER               | ULM                |  6650 |
****** **************************** Bottom of Data **************************
```

Vergleichen von Daten

Der COMPARE-Command erlaubt, den editierten Dataset mit einem anderen Dataset (oder Member) zu vergleichen. Dabei kann man für den Vergleich noch einige Parameter festlegen, die nach Aufruf des Commands angezeigt werden:

```
  File  Edit  Edit_Settings  Menu  Utilities  Compilers  Test  Help
+-------------------------- Edit Compare Settings --------------------------+
|                                                                           |
| Command ===> _                                                            |
|                                                                           |
| SuperC Options:                         Display options:                  |
|   Enter "/" to select option              Lines displayed                 |
|      Case Insensitive Compare             with EXCLUDE  . . . 5   (0 - 12)|
|      Ignore Reformat Differences                                          |
|                                          Label Prefix  . . . O  (A - Y)   |
|      Do not Process Blank Lines                                           |
|      Do not Process PL/I Comments         Use a label prefix of O to      |
|      Do not Process Pascal Comments       enable special coloring when    |
|      Do not Process ADA Comments          edit highlighting is enabled.   |
|      Do not Process Assembler Comments                                    |
|      Do not Process Fortran Comments                                      |
|      Do not Process COBOL Comments                                        |
|                                                                           |
|      Data Contains DBCS Characters                                        |
| Enter END to save changes.                                                |
| Enter CANCEL to cancel changes.                                           |
|                                                                           |
+---------------------------------------------------------------------------+
000020  DINTV(0100)
000021  STOD(0000,2400)                          /* HHMM TO HHMM   */
000022  START(1000)
000023  END(1100)
****** **************************** Bottom of Data ***************************
```

Sollen beispielsweise Leerzeilen bei einem Vergleich ignoriert werden, so kann man das entsprechend angeben:

```
/ Do not Process Blank Lines
```

Man gibt dann den Namen des Datasets, mit dem man vergleichen will, zusammen mit dem Command an:

`Command ===> compare namen.data`	Vergleich mit einem Dataset
`Command ===> compare (printps)`	Vergleich mit einem Member

Will man etwa das Member CPUNEW mit dem Member CPUOLD vergleichen, so gibt man das in der Command-Zeile an:

```
  File  Edit  Edit_Settings  Menu  Utilities  Compilers  Test  Help
------------------------------------------------------------------------------
EDIT       ED1.RMF.CNTL(CPUNEW) - 01.01                  Columns 00001 00072
Command ===> compare (cpuold)_                              Scroll ===> HALF
000010  REPORTS(CPU)                             /*CPU      ACTVTY */
000011  NOSUMMARY
000012 //NULL  DD  *
000013  SUMMARY(INT)
000014  REPORTS(WKLD(PERIOD))                    /*WORKLOAD ACTVTY */
000015  SYSID(#SMFID)
000016  REPORTS(DEVICE(DASD,TAPE))
000017  REPORTS(PAGING)
000018  REPORTS(ENQ)
000019  REPORTS(CPU)
****** **************************** Bottom of Data ***************************
```

Als Ergebnis erhält man diesen Vergleich:

```
  File  Edit  Edit_Settings  Menu  Utilities  Compilers  Test  Help
-------------------------------------------------------------------------------
EDIT        ED1.RMF.CNTL(CPUNEW) - 01.01                     Changes are shown
Command ===> _                                                 Scroll ===> HALF
000011  NOSUMMARY
======  DATE(95249,95249)
======  RTOD(1000,1015)                          /* HHMM TO HHMM    */
000012 //NULL   DD  *
000013  SUMMARY(INT)
000014  REPORTS(WKLD(PERIOD))                    /*WORKLOAD ACTVTY */
000015  SYSID(#SMFID)
000016  REPORTS(DEVICE(DASD,TAPE))
======  REPORTS(PAGING,PAGESP)
.OAAAA  REPORTS(PAGING)
000018  REPORTS(ENQ)
.OAAAB  REPORTS(CPU)
000020  DINTV(0100)
000021  STOD(0000,2400)                          /* HHMM TO HHMM    */
000022  START(1000)
000023  END(1100)
****** **************************** Bottom of Data ***************************
```

Alle durch ===== gekennzeichneten Zeilen sind nur in dem anderen Dataset vorhanden. Sie sind sogenannte Informationszeilen, die man durch den Make-Data-Command (MD - MDn - MDD) zu echten Zeilen in dem editierten Dataset konvertieren kann.

Diejenigen Zeilen, die in dem anderen Dataset nicht vorhanden sind, kann man durch einen Label (beispielsweise .OAAAA) erkennen.

Damit können wir die Primary Commands abhaken und nachsehen, was von den Line Commands noch zu erledigen ist.

```
TUTORIAL ------------------ EDIT - LINE COMMANDS -------------------- TUTORIAL
OPTION  ===> _
                           -----------------------------------
                           |              EDIT               |
                           |          LINE COMMANDS          |
                           -----------------------------------

The following topics are presented in sequence, or can be selected by
number.  Individual commands can be selected by entering the command name.

  0  - Line commands:            General information
  1  - Basic commands:           I       D       R
  2  - Move/Copy commands:       C       M       A       B       O
  3  - Shifting commands:        )       (       >       <
  4  - Exclude/Show commands:    X       F       L       S
  5  - Text handling commands:   TE      TF      TS      LC      UC
  6  - Miscellaneous commands:   BNDS    COLS    MASK    TABS
  7  - Data commands:            MD
```

Bis auf die Text-Commands haben wir alles mehr oder weniger genau besprochen - es gibt noch den MD-Command, mit dem man aus einer temporären Zeile (z.B. durch COLS erzeugt) eine permanente Datenzeile erzeugen kann (gilt aber nicht für PROF,

BNDS, TABS oder MASK): wofür das gut sein kann, haben wir in obigem Compare-Beispiel gesehen - und deshalb soll diese letzte Lücke jetzt geschlossen werden.

Text-Commands

Es gibt hier fünf Commands, die man im wesentlichen im Zusammenhang mit Textverarbeitung benutzen wird:

TE Eingeben von Text (TEXT ENTER)

TS Unterbrechung von Text (TEXT SPLIT)

TF Formatieren von Text (TEXT FLOW)

LC Konvertieren zu Kleinbuchstaben (LOWER CASE)

UC Konvertieren zu Großbuchstaben (UPPER CASE)

Die beiden letzteren Commands brauchen eigentlich nicht sonderlich ausführlich beschrieben zu werden, sie sind selbsterklärend, vielleicht noch der Hinweis, daß sie in der üblichen Form für mehrere Zeilen (LC3 oder UC7) bzw. für einen Block (LCC oder LCLC / UCC oder UCUC) angegeben werden können.

Wir sehen uns dazu folgendes Beispiel an, in dem wir mit dem Line Command TE in einen anderen Eingabe-Mode als mit dem INSERT-Command kommen.

```
  File  Edit  Edit_Settings  Menu  Utilities  Compilers  Test  Help
------------------------------------------------------------------------------
EDIT       ED1.TEXT.SCRIPT                                          Enter text
Command ===>                                                    Scroll ===> HALF
****** ***************************** Top of Data ******************************
''''''
       Mit dem TE-Command hat man die Moeglichkeit, einen durchgehenden Text ei
       nzugeben, ohne dabei auf die einzelnen Zeilen achten zu muessen. Man kan
       n einfach ueber den Rand schreiben, und der Text wird nach dem Druecken
       der ENTER-Taste automatisch formatiert._
```

ENTER beendet auch hier den Eingabe-Mode:

```
  File  Edit  Edit_Settings  Menu  Utilities  Compilers  Test  Help
------------------------------------------------------------------------------
EDIT       ED1.TEXT.SCRIPT                                 Columns 00001 00072
Command ===>                                                    Scroll ===> HALF
****** ***************************** Top of Data ******************************
000001 Mit dem TE-Command hat man die Moeglichkeit, einen durchgehenden Text
000002 einzugeben, ohne dabei auf die einzelnen Zeilen achten zu muessen. Man
000003 kann einfach ueber den Rand schreiben, und der Text wird nach dem
000004 Druecken der ENTER-Taste automatisch formatiert._
****** **************************** Bottom of Data ****************************
```

```
  File  Edit  Edit_Settings  Menu  Utilities  Compilers  Test  Help
-------------------------------------------------------------------------------
EDIT       ED1.TEXT.SCRIPT                                Columns 00001 00072
Command ===>                                                 Scroll ===> HALF
****** ***************************** Top of Data ******************************
000001 Mit dem TE-Command hat man die Moeglichkeit, einen durchgehenden Text
000002 einzugeben, ohne dabei auf die einzelnen Zeilen achten zu muessen. Man
000003 kann einfach ueber den Rand schreiben, und der Text wird nach dem
000004 Druecken der ENTER-Taste automatisch formatiert.
000005
000006 Wenn man nachtraeglich etwas in den Text einfuegen will, so hat man
000007 dafuer den TS-Command (TEXT SPLIT) zur Verfuegung._
****** **************************** Bottom of Data ****************************
```

Mit dem TS-Command (TEXT SPLIT) kann man eine Zeile unterteilen:

```
  File  Edit  Edit_Settings  Menu  Utilities  Compilers  Test  Help
-------------------------------------------------------------------------------
EDIT       ED1.TEXT.SCRIPT                                Columns 00001 00072
Command ===>                                                 Scroll ===> HALF
****** ***************************** Top of Data ******************************
000001 Mit dem TE-Command hat man die Moeglichkeit, einen durchgehenden Text
000002 einzugeben, ohne dabei auf die einzelnen Zeilen achten zu muessen. Man
TS     kann einfach ueber den Rand schreiben,_ und der Text wird nach dem
000004 Druecken der ENTER-Taste automatisch formatiert.
000005
000006 Wenn man nachtraeglich etwas in den Text einfuegen will, so hat man
000007 dafuer den TS-Command (TEXT SPLIT) zur Verfuegung.
****** **************************** Bottom of Data ****************************
```

Es erscheint auch eine neue Eingabe-Zeile:

```
  File  Edit  Edit_Settings  Menu  Utilities  Compilers  Test  Help
-------------------------------------------------------------------------------
EDIT       ED1.TEXT.SCRIPT                                Columns 00001 00072
Command ===>                                                 Scroll ===> HALF
****** ***************************** Top of Data ******************************
000001 Mit dem TE-Command hat man die Moeglichkeit, einen durchgehenden Text
000002 einzugeben, ohne dabei auf die einzelnen Zeilen achten zu muessen. Man
000003 kann einfach ueber den Rand schreiben,_
''''''
000005 und der Text wird nach dem
000006 Druecken der ENTER-Taste automatisch formatiert.
000007
000008 Wenn man nachtraeglich etwas in den Text einfuegen will, so hat man
000009 dafuer den TS-Command (TEXT SPLIT) zur Verfuegung.
****** **************************** Bottom of Data ****************************
```

Man hat so die Möglichkeit, einen bestehenden Text zu ergänzen.

```
  File  Edit  Edit_Settings  Menu  Utilities  Compilers  Test  Help
-------------------------------------------------------------------------------
EDIT       ED1.TEXT.SCRIPT                                Columns 00001 00072
Command ===>                                                 Scroll ===> HALF
****** ***************************** Top of Data ******************************
000001 Mit dem TE-Command hat man die Moeglichkeit, einen durchgehenden Text
000002 einzugeben, ohne dabei auf die einzelnen Zeilen achten zu muessen. Man
000003 kann einfach ueber den Rand schreiben, wobei der Cursor automatisch
'''''' zur naechsten Zeile springt,_
000005 und der Text wird nach dem
000006 Druecken der ENTER-Taste automatisch formatiert.
000007
000008 Wenn man nachtraeglich etwas in den Text einfuegen will, so hat man
000009 dafuer den TS-Command (TEXT SPLIT) zur Verfuegung.
****** **************************** Bottom of Data ****************************
```

Die Dateneingabe wird, wie üblich, durch ENTER beendet.

```
  File  Edit  Edit_Settings  Menu  Utilities  Compilers  Test  Help
-------------------------------------------------------------------------------
EDIT       ED1.TEXT.SCRIPT                                Columns 00001 00072
Command ===>                                                 Scroll ===> HALF
****** ***************************** Top of Data ******************************
000001 Mit dem TE-Command hat man die Moeglichkeit, einen durchgehenden Text
000002 einzugeben, ohne dabei auf die einzelnen Zeilen achten zu muessen. Man
000003 kann einfach ueber den Rand schreiben, wobei der Cursor automatisch
000004 zur naechsten Zeile springt,
000005 und der Text wird nach dem
000006 Druecken der ENTER-Taste automatisch formatiert.
000007
000008 Wenn man nachtraeglich etwas in den Text einfuegen will, so hat man
000009 dafuer den TS-Command (TEXT SPLIT) zur Verfuegung.
000010
000011 Um den Text nach dem Einfuegen neu zu formatieren, kann man mit dem
000012 TF-Command (TEXT FLOW) arbeiten._
****** **************************** Bottom of Data ****************************
```

Der letzte Command dieser Gruppe ist TF (TEXT FLOW), um die Daten zu formatieren. Es kann dabei eine Spaltenzahl angegeben werden. Die Formatierung wird automatisch bei einer Leerzeile beendet.

```
 File  Edit  Edit_Settings  Menu  Utilities  Compilers  Test  Help
--------------------------------------------------------------------------------
EDIT       ED1.TEXT.SCRIPT                                Columns 00001 00072
Command ===>                                                 Scroll ===> HALF
****** ***************************** Top of Data ******************************
TF72_  Mit dem TE-Command hat man die Moeglichkeit, einen durchgehenden Text
000002 einzugeben, ohne dabei auf die einzelnen Zeilen achten zu muessen. Man
000003 kann einfach ueber den Rand schreiben, wobei der Cursor automatisch
000004 zur naechsten Zeile springt,
000005 und der Text wird nach dem
000006 Druecken der ENTER-Taste automatisch formatiert.
000007
000008 Wenn man nachtraeglich etwas in den Text einfuegen will, so hat man
000009 dafuer den TS-Command (TEXT SPLIT) zur Verfuegung.
000010
000011 Um den Text nach dem Einfuegen neu zu formatieren, kann man mit dem
000012 TF-Command (TEXT FLOW) arbeiten.
****** **************************** Bottom of Data ****************************
```

Das endgültige Ergebnis sieht folgendermaßen aus:

```
 File  Edit  Edit_Settings  Menu  Utilities  Compilers  Test  Help
--------------------------------------------------------------------------------
EDIT       ED1.TEXT.SCRIPT                                Columns 00001 00072
Command ===> _                                               Scroll ===> PAGE
****** ***************************** Top of Data ******************************
000001 Mit dem TE-Command hat man die Moeglichkeit, einen durchgehenden Text
000002 einzugeben, ohne dabei auf die einzelnen Zeilen achten zu muessen. Man
000003 kann einfach ueber den Rand schreiben, wobei der Cursor automatisch zur
000004 naechsten Zeile springt, und der Text wird nach dem Druecken der
000005 ENTER-Taste automatisch formatiert.
000006
000007 Wenn man nachtraeglich etwas in den Text einfuegen will, so hat man
000008 dafuer den TS-Command (TEXT SPLIT) zur Verfuegung.
000009
000010 Um den Text nach dem Einfuegen neu zu formatieren, kann man mit dem
000011 TF-Command (TEXT FLOW) arbeiten.
****** **************************** Bottom of Data ****************************
```

6.2 EDIT für Fortgeschrittene

HILFE - Der Dataset ist zu klein

Wir wollen uns jetzt mit der Frage beschäftigen, wie man sich helfen kann, wenn man beim Speichern feststellt, daß der Dataset zu klein ist, also alle 16 möglichen Extents nicht ausreichen. Stellen wir uns deshalb vor, wir hätten einen Dataset angelegt und wollten darin 10000 Records speichern:

```
 File  Edit  Edit_Settings  Menu  Utilities  Compilers  Test  Help
-------------------------------------------------------------------------------
EDIT       ED1.BEISPIEL.DATA                                Columns 00001 00072
Command ===> save_                                             Scroll ===> HALF
****** ***************************** Top of Data ******************************
000100 LINE1
000200 LINE2
000300 LINE3
000400 LINE4
000500 LINE5
000600 LINE6
000700 LINE7
000800 LINE8
000900 LINE9
001000 LINE10
- - -  - - - - - - - - - - - - - - - - - 9990 Line(s) not Displayed
****** **************************** Bottom of Data ****************************
```

Die Fehlermeldung oben rechts weist uns darauf hin, daß es mit dem Speichern ein Problem gegeben hat.

```
 File  Edit  Edit_Settings  Menu  Utilities  Compilers  Test  Help
-------------------------------------------------------------------------------
EDIT       ED1.BEISPIEL.DATA                                System abend '0B37'
Command ===> save_                                             Scroll ===> HALF
****** ***************************** Top of Data ******************************
000100 LINE1
000200 LINE2
000300 LINE3
000400 LINE4
000500 LINE5
000600 LINE6
000700 LINE7
000800 LINE8
000900 LINE9
001000 LINE10
- - -  - - - - - - - - - - - - - - - - - 9990 Line(s) not Displayed
****** **************************** Bottom of Data ****************************
```

Wir haben den ABEND Code 'B37' im Kapitel *2. Daten* bereits erwähnt, können uns aber über F1 noch einmal eine Erklärung geben lassen.

```
  File  Edit  Edit_Settings  Menu  Utilities  Compilers  Test  Help
------------------------------------------------------------------------------
EDIT       ED1.BEISPIEL.DATA                            System abend '0B37'
Command ===> _                                            Scroll ===> HALF
****** ***************************** Top of Data ******************************
000100 LINE1
000200 LINE2
000300 LINE3
000400 LINE4
000500 LINE5
000600 LINE6
000700 LINE7
000800 LINE8
000900 LINE9
+-----------------------------------------------------------------------+
|An abend occurred while attempting to save the data. The previous      |
|information in the target sequential data set has been overwritten. The |
|CANCEL command will not restore the data in the data set. Press Help for |
|further information.                                                   |
+-----------------------------------------------------------------------+
```

Diese Information bringt uns nicht viel weiter, deshalb versuchen wir es noch einmal mit F1:

```
TUTORIAL --------------- EDIT - ABEND INSTRUCTIONS ------------------ TUTORIAL
COMMAND ===> _

   If the ABEND code specified was B37, D37, or E37, there is no space on
   the disk pack or there is no space in the data set to store the data.

   Note:  If an x37 ABEND occurred writing to a sequential data set, that
   data set has been overwritten.  The CANCEL command will not restore the
   original contents.  If UNDO is available, you may be able to undo all of
   your changes and SAVE the data set to restore its original contents.

   From within the edit session (the edit data display screen) you may:
        Split the screen and reallocate the data set.
     OR Enter the CREATE or REPLACE command to save into another data set.
     OR Enter the CANCEL primary command to exit from EDIT without saving.

   From the create or replace menus you may:
       Split the screen and reallocate the data set OR use END from
       the create or replace menu to exit without saving the data.

                          (continued on next page)
```

Hier haben wir jetzt die Erklärung bekommen, daß bei einem 'B37'-ABEND der Dataset zu klein ist, um alle Daten speichern zu können. Wir sollten uns also dafür einen größeren Dataset anlegen.

Damit taucht jetzt die Frage auf: Wie können wir eine andere Funktion ausführen, ohne den EDIT-Mode verlassen zu müssen?

SPLIT-Mode

Antwort: Es gibt die Möglichkeit, den Bildschirm zu unterteilen, um über ein zweites Primary Option Menu eine andere Funktion aufzurufen. Und diese Aufteilung geschieht mittels des SPLIT-FKs (F2). Der Bildschirm wird an der Stelle geteilt, an der sich der Cursor befindet, so daß wir eine beliebige Aufteilung durchführen können. Wenn wir die Teilung später ändern wollen, so können wir das jederzeit dadurch erreichen, daß wir den Cursor in die gewünschte Zeile setzen und erneut auf F2 drücken.

Im Zusammenhang mit dem SPLIT-Mode ist noch der F9 (SWAP) zu erwähnen, mit dem man zwischen den beiden Panels hin und zurück springen kann.

Wir haben somit ein zweites Primary Option Menu erhalten, in dem wir mit der schon bekannten Option 3.2 das Panel aufrufen, das wir zum Neuanlegen eines Datasets brauchen.

```
  File  Edit  Edit_Settings  Menu  Utilities  Compilers  Test  Help
-------------------------------------------------------------------------------
EDIT       ED1.BEISPIEL.DATA                              System abend '0B37'
. . . . . . . . . . . . . . . . . . . . . . . . . . . . . . . . . . . . . . .
  Menu  Utilities  Compilers  Options  Status  Help
-------------------------------------------------------------------------------
                           ISPF Primary Option Menu
Option ===> _

0  Settings       Terminal and user parameters            User ID . : ED1
1  View           Display source data or listings         Time. . . : 09:24
2  Edit           Create or change source data            Terminal. : 3278A
3  Utilities      Perform utility functions               Screen. . : 1
4  Foreground     Interactive language processing         Language. : ENGLISH
5  Batch          Submit job for language processing      Appl ID . : ISR
6  Command        Enter TSO or Workstation commands       TSO logon : BASIC
7  Dialog Test    Perform dialog testing                  TSO prefix: ED1
9  IBM Products   IBM program development products        System ID : IDF1
10 SCLM           SW Configuration Library Manager        MVS acct. : EDUC
11 Workplace      ISPF Object/Action Workplace            Release . : ISPF 5.2

Enter X to Terminate using log/list defaults
```

Wir definieren den neuen Dataset jetzt größer als den alten, könnten uns, falls notwendig, mit dieser Funktion vorher auch Format und Größe des alten Datasets anzeigen lassen.

```
 File  Edit  Edit_Settings  Menu  Utilities  Compilers  Test  Help
-------------------------------------------------------------------------------
EDIT       ED1.BEISPIEL.DATA                               System abend '0B37'
.  .  .  .  .  .  .  .  .  .  .  .  .  .  .  .  .  .  .  .  .  .  .  .  .  .  .
  Menu  RefList  Utilities  Help
+------------- Allocate New Data Set ------------------------------------------+
|                                                                              |
|Command ===> _                                                                |
|                                                                              |
|                                                               More:     +    |
|Data Set Name . . . : ED1.NEU.DATA                                            |
|                                                                              |
|  Management class . . . STANDARD      (Blank for default management class) |
|  Storage class  . . . . SMS            (Blank for default storage class)    |
|   Volume serial . . . .                (Blank for system default volume) ** |
|   Device type . . . . .                (Generic unit or device address) **  |
|  Data class . . . . . .                (Blank for default data class)       |
|   Space units . . . . . trks           (BLKS, TRKS, CYLS, KB, MB, BYTES     |
|                                         or RECORDS)                          |
|   Average record unit                  (M, K, or U)                         |
|   Primary quantity  . . 1              (In above units)                     |
|   Secondary quantity    2              (In above units)                     |
|   Directory blocks  . . 0              (Zero for sequential data set) *     |
|   Record format . . . . fb                                                   |
|   Record length . . . . 80                                                   |
|   Block size  . . . . . 27920_                                               |
|   Data set name type  :                (LIBRARY, HFS, PDS, or blank)  *     |
|                                        (YY/MM/DD, YYYY/MM/DD                 |
|   Expiration date . . .                 YY.DDD, YYYY.DDD in Julian form      |
|  Enter "/" to select option            DDDD for retention period in days    |
|     Allocate Multiple Volumes           or blank)                            |
|                                                                              |
|  ( * Specifying LIBRARY may override zero directory block)                  |
|                                                                              |
|  ( ** Only one of these fields may be specified)                            |
+------------------------------------------------------------------------------+
```

Nach erfolgreichem Erstellen des neuen Datasets wollen wir den SPLIT-Mode beenden, wir könnten das durch mehrfaches Eingeben von F3 machen oder auch denselben schnellen Weg wählen, mit dem man ISPF beenden kann, falls man nicht im SPLIT-Mode ist.

Zwischenbemerkung zum SPLIT-Mode: Man kann auch mehr als zwei parallele Sessions definieren. Durch

```
Command ===> split new
```

wird jeweils ein neues Panel generiert, die Begrenzung liegt bei 32 Panels, aber das dürfte für die Praxis wohl nicht so relevant sein. Mit

```
Command ===> swap list
```

läßt man sich eine Liste aller Sessions anzeigen, wenn man von einem Panel in ein anderes Panel wechseln will.

```
 File  Edit  Edit_Settings  Menu  Utilities  Compilers  Test  Help
--------------------------------------------------------------------------------
EDIT       ED1.BEISPIEL.DATA                              System abend '0B37'
. . . . . . . . . . . . . . . . . . . . . . . . . . . . . . . . . . . . . . . .
 Menu  RefList  Utilities  Help
--------------------------------------------------------------------------------
                              Data Set Utility            Data set allocated
Option ===> =x_

   A Allocate new data set                 C Catalog data set
   R Rename entire data set                U Uncatalog data set
   D Delete entire data set                S Data set information (short)
blank Data set information                 M Enhanced data set allocation
                                           V VSAM Utilities

ISPF Library:
   Project  . . ED1
   Group  . . . NEU
   Type . . . . DATA

Other Partitioned, Sequential or VSAM Data Set:
   Data Set Name . . .
   Volume Serial . . .        (If not cataloged, required for option "C")

Data Set Password  . .        (If password protected)
```

Jetzt haben wir den gewünschten Dataset und wissen auch, daß man mit REPLACE Daten aus einem in einen anderen Dataset kopieren kann. Wenn wir alle Records kopieren wollen, erreichen wir das durch den Line Command

c99999

```
 File  Edit  Edit_Settings  Menu  Utilities  Compilers  Test  Help
--------------------------------------------------------------------------------
EDIT       ED1.BEISPIEL.DATA                              Columns 00001 00072
Command ===> replace_                                         Scroll ===> HALF
****** ***************************** Top of Data ******************************
c99999 LINE1
000200 LINE2
000300 LINE3
000400 LINE4
000500 LINE5
000600 LINE6
000700 LINE7
000800 LINE8
000900 LINE9
001000 LINE10
- - -  - - - - - - - - - - - - - - - - - - 9990 Line(s) not Displayed
****** **************************** Bottom of Data ****************************
```

Wir erhalten ein Panel, in dem wir den Namen des Datasets angeben, in den wir kopieren wollen.

```
  Menu  RefList  Utilities  Help
------------------------------------------------------------------------------
                              Edit/View Replace
Command ===>

"Current" Data Set: ED1.BEISPIEL.DATA

To ISPF Library:
   Project . . . ED1
   Group . . . . neu_     . . .         . . .         . . .
   Type  . . . . DATA
   Member  . . .

To Other Sequential Data Set or Partitioned Data Set Member:
   Data Set Name  . .
   Volume Serial  . .           (If not cataloged)

Data Set Password  . .          (If password protected)

Enter "/" to select option
   Pack "Replace" Data Set

Press ENTER key to replace.  Enter END command to cancel replace.
```

Sicherheitshalber werden wir noch einmal gebeten, das Überschreiben eines Datasets (auch wenn er leer ist), zu bestätigen:

```
  Menu  RefList  Utilities  Help
  +----------- Edit_Settings Replace ------------------+
  |                                                    |
C | Command ===> _                                     |
  |                                                    |
" | Replace has been requested for data set:           |
  |   ED1.NEU.DATA                                     |
T | Data will be over-written.                         |
  |                                                    |
  |                                                    |  . .
  | Instructions:                                      |
  |                                                    |
  |    Press ENTER key to confirm replace request.     |
T |    (Data set will be replaced.)                    | er:
  |                                                    |
  |    Enter END or EXIT command to return to edit     |
  |    session without replacing data.                 |
E +----------------------------------------------------+
   Pack "Replace" Data Set

Press ENTER key to replace.  Enter END command to cancel replace.
```

Nachdem das Speichern diesmal richtig durchgeführt werden konnte, können wir den EDIT-Mode unseres ursprünglichen Datasets verlassen, müssen dabei aber daran denken, daß das diesmal nicht über F3 geht. Warum? Weil ja mit F3 ein Speichern verbunden ist, was nicht geht. Also verlassen wir den EDIT-Mode mit dem CANCEL-Command.

```
 File  Edit  Edit_Settings  Menu  Utilities  Compilers  Test  Help
-------------------------------------------------------------------------------
EDIT       ED1.BEISPIEL.DATA                               Data set replaced
Command ===> cancel_                                          Scroll ===> HALF
****** ***************************** Top of Data ******************************
000100 LINE1
000200 LINE2
000300 LINE3
000400 LINE4
000500 LINE5
000600 LINE6
000700 LINE7
000800 LINE8
000900 LINE9
001000 LINE10
- - -  - - - - - - - - - - - - - - - - -  9990 Line(s) not Displayed
****** **************************** Bottom of Data ****************************
```

Der letzte Schritt, der jetzt noch durchzuführen ist, besteht aus dem Löschen des alten und Umbenennen des neuen Datasets, aber damit haben wir uns ja schon früher beschäftigt, brauchen es also nicht noch einmal zu wiederholen.

Man kann übrigens einen neuen Dataset auch dadurch im EDIT-Mode erstellen, daß man die `Utilities` in der Action Bar aufruft. Das ist vermutlich besonders dann von Bedeutung, wenn man mit ISPF auf der Workstation arbeitet. Man kann sich damit das Öffnen eines zusätzlichen Windows ersparen.

Rechtsbündiges Verschieben

In der Namensliste haben wir (dummerweise) die Personalnummer linksbündig eingetragen, was eigentlich unüblich ist. Deshalb wollen wir uns mit der Frage beschäftigen:

Wie können wir die Nummern rechtsbündig im Dataset speichern?

Eine Möglichkeit besteht natürlich darin, mittels INSERT-Taste die einzelnen Zahlen nach rechts zu schieben. Das hat zwei Nachteile:

1. Bei einem großen Dataset mit vielen Zeilen ist es ein sehr aufwendiges Verfahren.
2. Die nachfolgenden Daten in jeder Zeile verschieben sich ebenfalls und müssen durch die DELETE-Taste wieder auf die richtige Position gebracht werden.

Wenn das Problem also mit einem oder mehreren Commands gelöst werden könnte, wäre es schon besser.

Bevor wir uns die dazu notwendigen Commands ansehen, wollen wir noch kurz zum zweiten Punkt Stellung nehmen und sehen, wie man diesen Nachteil durch ein geschicktes Profil vermeiden kann:

```
 File  Edit  Edit_Settings  Menu  Utilities  Compilers  Test  Help
-------------------------------------------------------------------------------
EDIT       ED1.NAMEN.DATA                                  Columns 00001 00072
Command ===> _                                                 Scroll ===> HALF
****** ***************************** Top of Data ******************************
=PROF> ....DATA (FIXED - 80).......RECOVERY ON ....NUMBER ON STD...............
=PROF> ....CAPS ON....HEX OFF.....NULLS ON STD ...TABS ON STD..................
=PROF> ....AUTOSAVE ON.....AUTONUM OFF....AUTOLIST OFF....STATS OFF............
=PROF> ....PROFILE UNLOCK....IMACRO NONE....PACK OFF....NOTE ON................
=PROF> ....HILITE OFF CURSOR FIND .............................................
=TABS>                            *
=COLS> ----+----1----+----2----+----3----+----4----+----5----+----6----+----7--
000100 | ANDREAS, FRANZ          | 34275    |  DARMSTADT           |
000200 | BECK, PETER             | 1933     |  HANNOVER            |
000300 | BOEHM, JUTTA            | 1634     |  STUTTGART           |
000310 | DORRMANN, KARIN         | 788      |  BREMEN              |
000311 | EBEL, HANS-DIETER       | 29044    |  REGENSBURG          |
000312 | ENGELHARDT, KARL        | 37601    |  BERLIN              |
000313 | FABER, HANS             | 22999    |  DORTMUND            |
000320 | FRITSCH, GERDA          | 23439    |  AUGSBURG            |
000400 | GROSS, CLAUDIA          | 2287     |  BERLIN              |
000500 | HEINEMANN, DIETER       | 6650     |  ULM                 |
****** **************************** Bottom of Data ****************************
```

Durch den Tabulator in Spalte 34 wird jede Zeile in zwei Eingabe-Felder unterteilt:

- 1. Feld : Spalte 1 - 33
- 2. Feld : Spalte 35 - 72

Wegen des NUMBER-Modes stehen die Spalten 73 - 80 nicht zur Verfügung. Der NULLS-Mode, den wir definiert haben, gilt nun getrennt für jedes Feld, das bedeutet, wenn wir den Cursor in Zeile 200 unter die 1 in Spalte 27 setzen und diese mittels INSERT um eine Stelle nach rechts schieben, so ändert sich ab Spalte 35 nichts, da dort ein neues Feld beginnt.

Wir haben somit noch eine zweite Funktion für den 'Hardware'-Tabulator kennengelernt, nämlich das Aufteilen einer Zeile in mehrere Felder, und das ist ebenso von Bedeutung, wenn wir Daten durch Drücken der 'End-of-Field'-Taste löschen. Bisher haben wir angenommen, daß damit die gesamte Zeile, beginnend bei der momentanen Cursor-Position, gelöscht wird, das ist aber nur richtig, falls wir keinen Tabulator aktiviert haben.

Doch jetzt wollen wir zur allgemeinen Lösung unserer Aufgabe kommen.

Zum Verschieben von Daten gibt es Shift-Commands, das wissen wir, und daß man das Verschieben auf bestimmte Spaltenbereiche mittels BNDS beschränken kann, ist auch eine alte Weisheit. Damit müßte es doch möglich sein, unser Problem zu lösen.

Der Haken bei der Sache ist bloß der, daß wir in jeder Zeile um einen anderen Wert schieben müssen, beispielsweise

- Zeile 310: 2 Stellen
- Zeile 200: 1 Stelle
- Zeile 100: wird nicht geschoben

Jetzt sollten wir uns daran erinnern, daß es zwei Gruppen von Commands gibt

( ) `COLS` links/rechts
< > `DATA` links/rechts

Wir hatten anfangs Mühe, den Unterschied zu verstehen, und haben dann gesehen, daß mit COLS-Shift die Zeilen beim Verschieben (innerhalb der Begrenzung) ihr Format beibehalten, dieser Command wird uns also beim Lösen der Aufgabe nicht helfen.

Der DATA-Shift-Command dagegen verschiebt nur einzelne Text-Blöcke, soweit sie durch mehrere Leerzeichen begrenzt sind, die man - wie eine Ziehharmonika - auseinanderziehen oder zusammenschieben kann. Das klingt vielleicht komplizierter als es ist, und deshalb probieren wir es einfach aus.

Wir schließen die Spalten, in denen nichts geändert werden soll, durch den BNDS-Command aus, so daß nur der Spaltenbereich 26-31 übrigbleibt, also mit einer Stelle vor dem zu verschiebenden Textblock.

```
 File  Edit  Edit_Settings  Menu  Utilities  Compilers  Test  Help
-------------------------------------------------------------------------------
EDIT       ED1.NAMEN.DATA                                  Columns 00001 00072
Command ===>                                                  Scroll ===> HALF
****** ***************************** Top of Data ******************************
=COLS> ----+----1----+----2----+----3----+----4----+----5----+----6----+----7--
=BNDS>                         <    >
>>     | ANDREAS, FRANZ       | 34275  | DARMSTADT           |
000200 | BECK, PETER          | 1933   | HANNOVER            |
000300 | BOEHM, JUTTA         | 1634   | STUTTGART           |
000310 | DORRMANN, KARIN      | 788    | BREMEN              |
000311 | EBEL, HANS-DIETER    | 29044  | REGENSBURG          |
000312 | ENGELHARDT, KARL     | 37601  | BERLIN              |
000313 | FABER, HANS          | 22999  | DORTMUND            |
000320 | FRITSCH, GERDA       | 23439  | AUGSBURG            |
000400 | GROSS, CLAUDIA       | 2287   | BERLIN              |
>>_    | HEINEMANN, DIETER    | 6650   | ULM                 |
****** **************************** Bottom of Data ****************************
```

Wenn wir jetzt mit DATA-Shift um zwei Spalten nach rechts verschieben, so verläuft das nur in Zeile 310 'fehlerfrei', weil nur dort innerhalb der Grenzen Platz dafür vorhanden war.

```
 File  Edit  Edit_Settings  Menu  Utilities  Compilers  Test  Help
-------------------------------------------------------------------------------
EDIT       ED1.NAMEN.DATA                             Data shifting incomplete
Command ===> _                                                Scroll ===> HALF
****** ***************************** Top of Data ******************************
=COLS> ----+----1----+----2----+----3----+----4----+----5----+----6----+----7--
=BNDS>                         <    >
==ERR> | ANDREAS, FRANZ       | 34275  | DARMSTADT           |
==ERR> | BECK, PETER          |   1933 | HANNOVER            |
==ERR> | BOEHM, JUTTA         |   1634 | STUTTGART           |
000310 | DORRMANN, KARIN      |    788 | BREMEN              |
==ERR> | EBEL, HANS-DIETER    | 29044  | REGENSBURG          |
==ERR> | ENGELHARDT, KARL     | 37601  | BERLIN              |
==ERR> | FABER, HANS          | 22999  | DORTMUND            |
==ERR> | FRITSCH, GERDA       | 23439  | AUGSBURG            |
==ERR> | GROSS, CLAUDIA       |   2287 | BERLIN              |
==ERR> | HEINEMANN, DIETER    |   6650 | ULM                 |
****** **************************** Bottom of Data ****************************
```

Die anderen Zeilen werden durch

==ERR>

markiert, da das Verschieben nicht vollständig ausgeführt werden konnte. In Zeile 200 wurde beispielsweise nur um eine Stelle verschoben, die Zeile 100 blieb unverändert - also genau das Ergebnis, das wir angestrebt haben.

Abschließend sollten die Begrenzungen wieder auf den Normalwert zurückgesetzt werden, das geschieht durch Löschen der '< >' Zeichen in der BNDS-Zeile.

```
 File  Edit  Edit_Settings  Menu  Utilities  Compilers  Test  Help
-------------------------------------------------------------------------------
EDIT       ED1.NAMEN.DATA                               Data shifting incomplete
Command ===> _                                                 Scroll ===> HALF
****** ***************************** Top of Data ******************************
=COLS> ----+----1----+----2----+----3----+----4----+----5----+----6----+----7--
=BNDS> <                                                                      >
==ERR> | ANDREAS, FRANZ        | 34275    |  DARMSTADT            |
==ERR> | BECK, PETER           |  1933    |  HANNOVER             |
==ERR> | BOEHM, JUTTA          |  1634    |  STUTTGART            |
000310 | DORRMANN, KARIN       |   788    |  BREMEN               |
==ERR> | EBEL, HANS-DIETER     | 29044    |  REGENSBURG           |
==ERR> | ENGELHARDT, KARL      | 37601    |  BERLIN               |
==ERR> | FABER, HANS           | 22999    |  DORTMUND             |
==ERR> | FRITSCH, GERDA        | 23439    |  AUGSBURG             |
==ERR> | GROSS, CLAUDIA        |  2287    |  BERLIN               |
==ERR> | HEINEMANN, DIETER     |  6650    |  ULM                  |
****** **************************** Bottom of Data ****************************
```

Linksbündiges Verschieben

Als nächstes wollen wir uns die Aufgabe stellen, in der Namensliste die Vornamen in eine separate Spalte zu bringen. Dazu müssen wir uns im Namensfeld erst einmal etwas Platz verschaffen und die Nummernspalte nach rechts verschieben.

```
 File  Edit  Edit_Settings  Menu  Utilities  Compilers  Test  Help
-------------------------------------------------------------------------------
EDIT       ED1.NAMEN.DATA                                  Columns 00001 00072
Command ===>                                                   Scroll ===> HALF
****** ***************************** Top of Data ******************************
=COLS> ----+----1----+----2----+----3----+----4----+----5----+----6----+----7--
=BNDS>                         <                                              >
))10   | ANDREAS, FRANZ        | 34275    |  DARMSTADT            |
000200 | BECK, PETER           |  1933    |  HANNOVER             |
000300 | BOEHM, JUTTA          |  1634    |  STUTTGART            |
000310 | DORRMANN, KARIN       |   788    |  BREMEN               |
000311 | EBEL, HANS-DIETER     | 29044    |  REGENSBURG           |
000312 | ENGELHARDT, KARL      | 37601    |  BERLIN               |
000313 | FABER, HANS           | 22999    |  DORTMUND             |
000320 | FRITSCH, GERDA        | 23439    |  AUGSBURG             |
000400 | GROSS, CLAUDIA        |  2287    |  BERLIN               |
))_    | HEINEMANN, DIETER     |  6650    |  ULM                  |
****** **************************** Bottom of Data ****************************
```

Damit haben wir im vorderen Teil der Zeile genügend Platz, um die Daten auseinanderzuziehen. Das kann dadurch geschehen, daß wir das Komma durch eine hinreichend lange Zeichenfolge, z.B. ########, austauschen, dabei muß es in Hochkommas eingegeben werden, da es für den CHANGE-Command ein Sonderzeichen ist:

```
 File  Edit  Edit_Settings  Menu  Utilities  Compilers  Test  Help
-------------------------------------------------------------------------------
EDIT        ED1.NAMEN.DATA                                  Columns 00001 00072
Command ===> c ',' ######## all_                               Scroll ===> HALF
****** ***************************** Top of Data ******************************
=COLS> ----+----1----+----2----+----3----+----4----+----5----+----6----+----7--
=BNDS> <                                                                      >
000100 | ANDREAS, FRANZ              | 34275   | DARMSTADT       |
000200 | BECK, PETER                 |  1933   | HANNOVER        |
000300 | BOEHM, JUTTA                |  1634   | STUTTGART       |
000310 | DORRMANN, KARIN             |   788   | BREMEN          |
000311 | EBEL, HANS-DIETER           | 29044   | REGENSBURG      |
000312 | ENGELHARDT, KARL            | 37601   | BERLIN          |
000313 | FABER, HANS                 | 22999   | DORTMUND        |
000320 | FRITSCH, GERDA              | 23439   | AUGSBURG        |
000400 | GROSS, CLAUDIA              |  2287   | BERLIN          |
000500 | HEINEMANN, DIETER           |  6650   | ULM             |
****** **************************** Bottom of Data ****************************
```

Wenn wir nun die Vornamen in Spalte 16 beginnen lassen wollen, so brauchen wir nur alle #-Zeichen ab Spalte 15 zu löschen, und dieses Löschen wird im CHANGE-Command durch zwei Hochkommas angegeben:

```
 File  Edit  Edit_Settings  Menu  Utilities  Compilers  Test  Help
-------------------------------------------------------------------------------
EDIT        ED1.NAMEN.DATA                                  Columns 00001 00072
Command ===> c # '' 15 20 all_                                 Scroll ===> HALF
****** ***************************** Top of Data ******************************
=COLS> ----+----1----+----2----+----3----+----4----+----5----+----6----+----7--
=BNDS> <                                                                      >
==CHG> | ANDREAS######## FRANZ       | 34275   | DARMSTADT       |
==CHG> | BECK######## PETER          |  1933   | HANNOVER        |
==CHG> | BOEHM######## JUTTA         |  1634   | STUTTGART       |
==CHG> | DORRMANN######## KARIN      |   788   | BREMEN          |
==CHG> | EBEL######## HANS-DIETER    | 29044   | REGENSBURG      |
==CHG> | ENGELHARDT######## KARL     | 37601   | BERLIN          |
==CHG> | FABER######## HANS          | 22999   | DORTMUND        |
==CHG> | FRITSCH######## GERDA       | 23439   | AUGSBURG        |
==CHG> | GROSS######## CLAUDIA       |  2287   | BERLIN          |
==CHG> | HEINEMANN######## DIETER    |  6650   | ULM             |
****** **************************** Bottom of Data ****************************
```

Jetzt ist es für uns schon reine Routine, daß wir uns von den restlichen #-Zeichen befreien:

```
  File  Edit  Edit_Settings  Menu  Utilities  Compilers  Test  Help
-------------------------------------------------------------------------------
EDIT       ED1.NAMEN.DATA                                    CHARS '#' changed
Command ===> c # ' ' all_                                      Scroll ===> HALF
****** ***************************** Top of Data ******************************
=COLS> ----+----1----+----2----+----3----+----4----+----5----+----6----+----7--
=BNDS> <                                                                      >
==CHG> | ANDREAS##### FRANZ               | 34275   | DARMSTADT        |
==CHG> | BECK######## PETER               |  1933   | HANNOVER         |
==CHG> | BOEHM####### JUTTA               |  1634   | STUTTGART        |
==CHG> | DORRMANN#### KARIN               |   788   | BREMEN           |
==CHG> | EBEL######## HANS-DIETER         | 29044   | REGENSBURG       |
==CHG> | ENGELHARDT## KARL                | 37601   | BERLIN           |
==CHG> | FABER####### HANS                | 22999   | DORTMUND         |
==CHG> | FRITSCH##### GERDA               | 23439   | AUGSBURG         |
==CHG> | GROSS####### CLAUDIA             |  2287   | BERLIN           |
==CHG> | HEINEMANN### DIETER              |  6650   | ULM              |
****** **************************** Bottom of Data ****************************
```

Zum Schluß wird mittels Overlay noch der fehlende Tabellenstrich über alle Records gelegt:

```
  File  Edit  Edit_Settings  Menu  Utilities  Compilers  Test  Help
-------------------------------------------------------------------------------
EDIT       ED1.NAMEN.DATA                                  Columns 00001 00072
Command ===>                                                   Scroll ===> HALF
****** ***************************** Top of Data ******************************
=COLS> ----+----1----+----2----+----3----+----4----+----5----+----6----+----7--
=BNDS> <                                                                      >
M                   |
OO     | ANDREAS      FRANZ               | 34275   | DARMSTADT        |
==CHG> | BECK         PETER               |  1933   | HANNOVER         |
==CHG> | BOEHM        JUTTA               |  1634   | STUTTGART        |
==CHG> | DORRMANN     KARIN               |   788   | BREMEN           |
==CHG> | EBEL         HANS-DIETER         | 29044   | REGENSBURG       |
==CHG> | ENGELHARDT   KARL                | 37601   | BERLIN           |
==CHG> | FABER        HANS                | 22999   | DORTMUND         |
==CHG> | FRITSCH      GERDA               | 23439   | AUGSBURG         |
==CHG> | GROSS        CLAUDIA             |  2287   | BERLIN           |
OO_    | HEINEMANN    DIETER              |  6650   | ULM              |
****** **************************** Bottom of Data ****************************
```

Damit haben wir die Tabelle jetzt in dem Format, das wir angestrebt haben.

```
 File  Edit  Edit_Settings  Menu  Utilities  Compilers  Test  Help
--------------------------------------------------------------------------------
EDIT       ED1.NAMEN.DATA                                  Columns 00001 00072
Command ===> _                                                Scroll ===> HALF
****** ***************************** Top of Data ******************************
=COLS> ----+----1----+----2----+----3----+----4----+----5----+----6----+----7--
=BNDS> <                                                                      >
000100 | ANDREAS    | FRANZ                | 34275     | DARMSTADT        |
==CHG> | BECK       | PETER                |  1933     | HANNOVER         |
==CHG> | BOEHM      | JUTTA                |  1634     | STUTTGART        |
==CHG> | DORRMANN   | KARIN                |   788     | BREMEN           |
==CHG> | EBEL       | HANS-DIETER          | 29044     | REGENSBURG       |
==CHG> | ENGELHARDT | KARL                 | 37601     | BERLIN           |
==CHG> | FABER      | HANS                 | 22999     | DORTMUND         |
==CHG> | FRITSCH    | GERDA                | 23439     | AUGSBURG         |
==CHG> | GROSS      | CLAUDIA              |  2287     | BERLIN           |
000500 | HEINEMANN  | DIETER               |  6650     | ULM              |
****** **************************** Bottom of Data ****************************
```

Vertauschen von Spalten

Mehrere Zeilen kann man mit dem MOVE-Command vertauschen, das ist einfach, aber wie verhält es sich mit dem Vertauschen von Spalten? Dafür gibt es keinen direkten Command, und wir müssen mit Shift und Overlay arbeiten.

Unsere konkrete Aufgabenstellung lautet: Die Spalten mit der Personalnummer und mit dem Ort sollen vertauscht werden, das bedeutet:

- Die Spalten 45 - 65 werden die Spalten 35 - 55
- Die Spalten 35 - 44 werden die Spalten 56 - 65

Um die Sache etwas übersichtlicher zu machen, und das ist besonders bei Datasets nützlich, die nicht auf einen Bildschirm passen, empfiehlt es sich, alle Zeilen außer der ersten und letzten mittels EXCLUDE zu unterdrücken.

```
 File  Edit  Edit_Settings  Menu  Utilities  Compilers  Test  Help
--------------------------------------------------------------------------------
EDIT       ED1.NAMEN.DATA                                  Columns 00001 00072
Command ===>                                                  Scroll ===> HALF
****** ***************************** Top of Data ******************************
=COLS> ----+----1----+----2----+----3----+----4----+----5----+----6----+----7--
=BNDS> <                                                                      >
000100 | ANDREAS    | FRANZ                | 34275     | DARMSTADT        |
xx     | BECK       | PETER                |  1933     | HANNOVER         |
000310 | DORRMANN   | KARIN                |   788     | BREMEN           |
000300 | BOEHM      | JUTTA                |  1634     | STUTTGART        |
000311 | EBEL       | HANS-DIETER          | 29044     | REGENSBURG       |
000312 | ENGELHARDT | KARL                 | 37601     | BERLIN           |
000313 | FABER      | HANS                 | 22999     | DORTMUND         |
000320 | FRITSCH    | GERDA                | 23439     | AUGSBURG         |
xx_    | GROSS      | CLAUDIA              |  2287     | BERLIN           |
000500 | HEINEMANN  | DIETER               |  6650     | ULM              |
****** **************************** Bottom of Data ****************************
```

Wir müssen die Daten verdoppeln, um die einzelnen Spalten so vertauschen zu können, daß wir sie später in der richtigen Reihenfolge übereinander legen können. Dazu benutzen wir den REPEAT-Command:

```
  File  Edit  Edit_Settings  Menu  Utilities  Compilers  Test  Help
-------------------------------------------------------------------------------
EDIT       ED1.NAMEN.DATA                                  Columns 00001 00072
Command ===>                                                  Scroll ===> HALF
****** ***************************** Top of Data ******************************
=COLS> ----+----1----+----2----+----3----+----4----+----5----+----6----+----7--
=BNDS> <                                                                      >
rr     | ANDREAS     | FRANZ                | 34275   | DARMSTADT          |
- - -  - - - - - - - - - - - - - - - - - - - - - - -  8 Line(s) not Displayed
rr_    | HEINEMANN   | DIETER               |  6650   | ULM                |
****** **************************** Bottom of Data ****************************
```

Nun können wir in der ersten Datengruppe mit dem Verschieben beginnen, daß mit dem BNDS-Command immer der entsprechende Bereich angegeben wird, braucht eigentlich nicht mehr betont zu werden:

```
  File  Edit  Edit_Settings  Menu  Utilities  Compilers  Test  Help
-------------------------------------------------------------------------------
EDIT       ED1.NAMEN.DATA                                  Columns 00001 00072
Command ===>                                                  Scroll ===> HALF
****** ***************************** Top of Data ******************************
=COLS> ----+----1----+----2----+----3----+----4----+----5----+----6----+----7--
=BNDS>                                 <                        >
))21   | ANDREAS     | FRANZ                | 34275   | DARMSTADT          |
- - -  - - - - - - - - - - - - - - - - - - - - - - -  8 Line(s) not Displayed
))_    | HEINEMANN   | DIETER               |  6650   | ULM                |
000600 | ANDREAS     | FRANZ                | 34275   | DARMSTADT          |
- - -  - - - - - - - - - - - - - - - - - - - - - - -  8 Line(s) not Displayed
001500 | HEINEMANN   | DIETER               |  6650   | ULM                |
****** **************************** Bottom of Data ****************************
```

Damit haben wir die Spalten 35 - 45 in die richtige Position gebracht sowie die Spalten 45 - 65 über die rechte Grenze hinausgeschoben und demzufolge gelöscht.

Jetzt können wir in der unteren Zeilengruppe das Verschieben nach links durchführen:

```
  File  Edit  Edit_Settings  Menu  Utilities  Compilers  Test  Help
-------------------------------------------------------------------------------
EDIT       ED1.NAMEN.DATA                                  Columns 00001 00072
Command ===>                                                  Scroll ===> HALF
****** ***************************** Top of Data ******************************
=COLS> ----+----1----+----2----+----3----+----4----+----5----+----6----+----7--
=BNDS>                                 <                        >
000100 | ANDREAS     | FRANZ                                  | 34275  |
- - -  - - - - - - - - - - - - - - - - - - - - - - -  8 Line(s) not Displayed
000500 | HEINEMANN   | DIETER                                 |  6650  |
((10   | ANDREAS     | FRANZ                | 34275   | DARMSTADT          |
- - -  - - - - - - - - - - - - - - - - - - - - - - -  8 Line(s) not Displayed
((_    | HEINEMANN   | DIETER               |  6650   | ULM                |
****** **************************** Bottom of Data ****************************
```

Die Daten stehen nun in den gewünschten Spalten, und wir können durch OVERLAY wieder beide Blöcke kombinieren:

```
  File  Edit  Edit_Settings  Menu  Utilities  Compilers  Test  Help
-------------------------------------------------------------------------------
EDIT       ED1.NAMEN.DATA                                 Columns 00001 00072
Command ===>                                                 Scroll ===> HALF
****** ***************************** Top of Data ******************************
=COLS> ----+----1----+----2----+----3----+----4----+----5----+----6----+----7--
=BNDS> <                                                                      >
OO     | ANDREAS      | FRANZ                                | 34275    |
- - -  - - - - - - - - - - - - - - - - - - - - - - - - 8 Line(s) not Displayed
OO     | HEINEMANN    | DIETER                               |  6650    |
MM     | ANDREAS      | FRANZ                 | DARMSTADT               |
- - -  - - - - - - - - - - - - - - - - - - - - - - - - 8 Line(s) not Displayed
MM_    | HEINEMANN    | DIETER                | ULM                     |
****** **************************** Bottom of Data ****************************
```

Unsere Liste sieht jetzt schon recht ordentlich aus.

```
  File  Edit  Edit_Settings  Menu  Utilities  Compilers  Test  Help
-------------------------------------------------------------------------------
EDIT       ED1.NAMEN.DATA                                 Columns 00001 00072
Command ===> res_                                            Scroll ===> HALF
****** ***************************** Top of Data ******************************
=COLS> ----+----1----+----2----+----3----+----4----+----5----+----6----+----7--
=BNDS> <                                                                      >
000100 | ANDREAS      | FRANZ                 | DARMSTADT      | 34275    |
- - -  - - - - - - - - - - - - - - - - - - - - - - - - 8 Line(s) not Displayed
000500 | HEINEMANN    | DIETER                | ULM            |  6650    |
****** **************************** Bottom of Data ****************************
```

Der RESET-Command zeigt uns an, daß wir das gestellte Ziel erreicht haben:

```
  File  Edit  Edit_Settings  Menu  Utilities  Compilers  Test  Help
-------------------------------------------------------------------------------
EDIT       ED1.NAMEN.DATA                                 Columns 00001 00072
Command ===> _                                               Scroll ===> HALF
****** ***************************** Top of Data ******************************
000100 | ANDREAS      | FRANZ                 | DARMSTADT      | 34275    |
000200 | BECK         | PETER                 | HANNOVER       |  1933    |
000300 | BOEHM        | JUTTA                 | STUTTGART      |  1634    |
000310 | DORRMANN     | KARIN                 | BREMEN         |   788    |
000311 | EBEL         | HANS-DIETER           | REGENSBURG     | 29044    |
000312 | ENGELHARDT   | KARL                  | BERLIN         | 37601    |
000313 | FABER        | HANS                  | DORTMUND       | 22999    |
000320 | FRITSCH      | GERDA                 | AUGSBURG       | 23439    |
000400 | GROSS        | CLAUDIA               | BERLIN         |  2287    |
000500 | HEINEMANN    | DIETER                | ULM            |  6650    |
****** **************************** Bottom of Data ****************************
```

Groß- und Kleinschreibung

Vielleicht gefällt uns an der Namensliste noch nicht, daß alles in Großbuchstaben geschrieben ist. Läßt sich das noch nachträglich ändern? Ja! Es gibt doch den Line Command LC zur Konvertierung in Kleinbuchstaben.

Wie können wir den Command einsetzen, ohne alle Zeichen zu konvertieren? Wir müssen dazu nur wieder mit BNDS arbeiten.

```
  File  Edit  Edit_Settings  Menu  Utilities  Compilers  Test  Help
-------------------------------------------------------------------------------
EDIT       ED1.NAMEN.DATA                                Columns 00001 00072
Command ===>                                                Scroll ===> HALF
****** ***************************** Top of Data ******************************
=COLS> ----+----1----+----2----+----3----+----4----+----5----+----6----+----7--
=BNDS>    <        >
LC99_  | ANDREAS    | FRANZ                 | DARMSTADT             | 34275   |
000200 | BECK       | PETER                 | HANNOVER              |  1933   |
000300 | BOEHM      | JUTTA                 | STUTTGART             |  1634   |
000310 | DORRMANN   | KARIN                 | BREMEN                |   788   |
000311 | EBEL       | HANS-DIETER           | REGENSBURG            | 29044   |
000312 | ENGELHARDT | KARL                  | BERLIN                | 37601   |
000313 | FABER      | HANS                  | DORTMUND              | 22999   |
000320 | FRITSCH    | GERDA                 | AUGSBURG              | 23439   |
000400 | GROSS      | CLAUDIA               | BERLIN                |  2287   |
000500 | HEINEMANN  | DIETER                | ULM                   |  6650   |
****** **************************** Bottom of Data ****************************
```

Wir sehen, daß damit alle Zeichen des Namens außer dem ersten in Kleinbuchstaben geändert worden sind.

```
  File  Edit  Edit_Settings  Menu  Utilities  Compilers  Test  Help
-------------------------------------------------------------------------------
EDIT       ED1.NAMEN.DATA                                Columns 00001 00072
Command ===> _                                              Scroll ===> HALF
****** ***************************** Top of Data ******************************
=COLS> ----+----1----+----2----+----3----+----4----+----5----+----6----+----7--
=BNDS>    <        >
000100 | Andreas    | FRANZ                 | DARMSTADT             | 34275   |
000200 | Beck       | PETER                 | HANNOVER              |  1933   |
000300 | Boehm      | JUTTA                 | STUTTGART             |  1634   |
000310 | Dorrmann   | KARIN                 | BREMEN                |   788   |
000311 | Ebel       | HANS-DIETER           | REGENSBURG            | 29044   |
000312 | Engelhardt | KARL                  | BERLIN                | 37601   |
000313 | Faber      | HANS                  | DORTMUND              | 22999   |
000320 | Fritsch    | GERDA                 | AUGSBURG              | 23439   |
000400 | Gross      | CLAUDIA               | BERLIN                |  2287   |
000500 | Heinemann  | DIETER                | ULM                   |  6650   |
****** **************************** Bottom of Data ****************************
```

Nun können wir den gleichen Prozeß durch Änderung der Grenzen auch für den Vornamen und den Ort durchführen. Abschließend müssen noch die Doppel-Namen (in unserem Beispiel Hans-dieter) korrigiert werden. Dazu benutzen wir die Picture-Funktion im CHANGE-Command:

```
  File  Edit  Edit_Settings  Menu  Utilities  Compilers  Test  Help
-------------------------------------------------------------------------------
EDIT        ED1.NAMEN.DATA                                 Columns 00001 00072
Command ===> c p'$<' p'=>' all                                Scroll ===> HALF
****** ***************************** Top of Data ******************************
=COLS> ----+----1----+----2----+----3----+----4----+----5----+----6----+----7--
=BNDS>                                           <               >
000100 | Andreas     | Franz                 | Darmstadt        | 34275   |
000200 | Beck        | Peter                 | Hannover         |  1933   |
000300 | Boehm       | Jutta                 | Stuttgart        |  1634   |
000310 | Dorrmann    | Karin                 | Bremen           |   788   |
000311 | Ebel        | Hans-dieter           | Regensburg       | 29044   |
000312 | Engelhardt  | Karl                  | Berlin           | 37601   |
000313 | Faber       | Hans                  | Dortmund         | 22999   |
000320 | Fritsch     | Gerda                 | Augsburg         | 23439   |
000400 | Gross       | Claudia               | Berlin           |  2287   |
000500 | Heinemann   | Dieter                | Ulm              |  6650   |
****** **************************** Bottom of Data ****************************
```

Das Picture

`p'$<'`

bezieht sich auf eine Zeichenfolge, die aus einem Sonderzeichen und einem Kleinbuchstaben besteht. Sie wird durch

`p'=>'`

in eine Zeichenfolge mit demselben Sonderzeichen und dem entsprechenden Großbuchstaben geändert.

Nachdem wir alle einem Bindestrich folgenden Zeichen zu Großbuchstaben geändert haben, ist auch diese Aufgabe gelöst:

```
  File  Edit  Edit_Settings  Menu  Utilities  Compilers  Test  Help
-------------------------------------------------------------------------------
EDIT        ED1.NAMEN.DATA                                 Columns 00001 00072
Command ===> _                                                Scroll ===> HALF
****** ***************************** Top of Data ******************************
000100 | Andreas     | Franz                 | Darmstadt        | 34275   |
000200 | Beck        | Peter                 | Hannover         |  1933   |
000300 | Boehm       | Jutta                 | Stuttgart        |  1634   |
000310 | Dorrmann    | Karin                 | Bremen           |   788   |
000311 | Ebel        | Hans-Dieter           | Regensburg       | 29044   |
000312 | Engelhardt  | Karl                  | Berlin           | 37601   |
000313 | Faber       | Hans                  | Dortmund         | 22999   |
000320 | Fritsch     | Gerda                 | Augsburg         | 23439   |
000400 | Gross       | Claudia               | Berlin           |  2287   |
000500 | Heinemann   | Dieter                | Ulm              |  6650   |
****** **************************** Bottom of Data ****************************
```

Schlußwort: In Zukunft sollten wir uns die Struktur einer solchen Namensliste natürlich besser vorher überlegen und dann die Daten gleich in dem richtigen Format eingeben. Aber wie heißt es so schön: Aus Fehlern lernt man - und das war ja auch genau der Sinn dieser Übung.

EDIT-Macros

Durch die Definition von Macros kann man sich Funktionen definieren, die in gleicher Form wie Primary Commands aufzurufen sind, d.h. man kann sich de facto seine eigenen Commands schreiben. Darüber hinaus ist es möglich, daß bei Beginn des EDIT-Modes oder im Recovery-Fall ein spezielles Macro zur Ausführung kommt.

Es gibt die folgenden Primary Commands, die etwas mit Macros zu tun haben.

IMACRO	Initialisierungs-Macro
RMACRO	Recovery-Macro
DEFINE	Überschreibung von Command-Namen
BUILTIN	Überschreibung von Macro-Namen

Wir werden uns mit diesen Commands nicht weiter beschäftigen, wer darüber Genaueres wissen will und auch an mehr Einzelheiten über das Schreiben von Macros interessiert ist, sei auf das Macro-Manual[8] verwiesen.

Einige wesentliche Punkte:

- Ein Macro ist eine Folge von Primary und Line Commands, die man in einer bestimmten Reihenfolge ausführen kann.
- Die logische Struktur innerhalb des Macros wird in einer Sprache beschrieben, die wir später im Kapitel *8. Command Prozeduren* kennenlernen werden.

  Auch ohne diese Kenntnisse sollten die folgenden Beispiele zu verstehen sein.

- Ein Macro wird als Member in einem Partitioned Dataset, der als SYSPROC allociert sein muß, gespeichert, auch darüber Genaueres bei den Command Prozeduren.

Beispiel 1: CLEAR

Im Zusammenhang mit dem EXCLUDE-Command haben wir eine Command-Folge gesehen, die man ausführen muß, um alle Leerzeilen eines Datasets zu löschen. Wenn man das als Macro mit dem Namen CLEAR folgendermaßen definiert

```
ISREDIT MACRO
ISREDIT RESET EXCLUDED
ISREDIT EXCLUDE P'¬' ALL
ISREDIT DELETE ALL NX
ISREDIT RESET EXCLUDED
```

so kann man es anschließend wie einen Primary Command als

```
Command ==> clear
```

aufrufen.

[8] z/OS ISPF Edit and Edit Macros

Beispiel 2: FIND2

Wir erinnern uns sicherlich noch an unsere frühere Aufgabenstellung, in der Namensliste alle Personen SCHNEIDER aus ULM zu finden. Wir wollen das dahingehend verallgemeinern, daß wir ein Macro schreiben werden, das einem FIND-Command mit zwei Argumenten entspricht, nennen wir es FIND2:

```
ISREDIT MACRO (STR1 STR2)
ISREDIT (LAST) = LINENUM .ZLAST
ISREDIT EXCLUDE ALL
NEXT: ISREDIT SEEK &STR1
IF &LASTCC>0 THEN EXIT CODE(0)
ISREDIT CURSOR = .ZCSR 1
ISREDIT FIND &STR2 .ZCSR .ZCSR
ISREDIT (LINE) = CURSOR
IF &LINE = &LAST THEN EXIT CODE(0)
SET LINE = &LINE+1
ISREDIT CURSOR = &LINE 1
GOTO NEXT
```

Zu jeder Zeile eine kurze Erklärung:

- Das Macro wird mit zwei Parametern definiert: STR1 und STR2.
- Die Zeilenzahl des Datasets wird gespeichert.
- Der EXCLUDE-Command schließt alle Zeilen von der Anzeige aus.
- SEEK ist ein Macro-Command, der genauso wie der FIND-Command arbeitet mit dem einen Unterschied, daß beim Finden des Arguments die ausgeschlossene Zeile nicht angezeigt wird.
- Falls das Argument gefunden wird, hat SEEK den Return Code 0, der in der Variablen &LASTCC gespeichert ist; wird nichts gefunden, so ist der Return Code größer als 0 und das Macro wird beendet.
- Der Cursor wird auf den Anfang der Zeile gesetzt, in der STR1 gefunden wurde.
- In dieser Zeile wird nun nach STR2 mit FIND gesucht und damit im Erfolgsfall auch angezeigt.
- Um danach mit dem Suchen in der nächsten Zeile fortfahren zu können, wird der Variablen LINE die momentane Zeilennummer zugeordnet.
- Falls das Ende des Datasets noch nicht erreicht ist, wird die Zeilennummer um 1 erhöht.
- Der Cursor wird auf die nächste Zeile gesetzt.
- Das Macro wird in der SEEK-Zeile fortgesetzt.

Wenn wir das Macro gespeichert haben, können wir es aufrufen:

```
  File  Edit  Edit_Settings  Menu  Utilities  Compilers  Test  Help
-------------------------------------------------------------------------------
EDIT       ED1.NAMENALL.DATA                                 Columns 00001 00072
Command ===> find2 schneider ulm                                Scroll ===> HALF
****** ***************************** Top of Data ******************************
000100 | ANDREAS, FRANZ         | 34275    | DARMSTADT            |
000200 | BECK, PETER            | 1933     | HANNOVER             |
000300 | BOEHM, JUTTA           | 1634     | STUTTGART            |
000310 | DORRMANN, KARIN        | 788      | BREMEN               |
000311 | EBEL, HANS-DIETER      | 29044    | REGENSBURG           |
000312 | ENGELHARDT, KARL       | 37601    | BERLIN               |
000313 | FABER, HANS            | 22999    | DORTMUND             |
000320 | FRITSCH, GERDA         | 23439    | AUGSBURG             |
000400 | GROSS, CLAUDIA         | 2287     | BERLIN               |
000500 | HEINEMANN, DIETER      | 6650     | ULM                  |
```

Damit erhalten wir das gewünschte Ergebnis:

```
  File  Edit  Edit_Settings  Menu  Utilities  Compilers  Test  Help
-------------------------------------------------------------------------------
EDIT       ED1.NAMENALL.DATA                                 Columns 00001 00072
Command ===> _                                                  Scroll ===> HALF
****** ***************************** Top of Data ******************************
- - -  - - - - - - - - - - - - - - - - - - -      124 Line(s) not Displayed
009512 | SCHNEIDER, BERND       | 3650     | ULM                  |
- - -  - - - - - - - - - - - - - - - - - - - -     - 34 Line(s) not Displayed
011110 | SCHNEIDER, GISELA      | 23060    | ULM                  |
- - -  - - - - - - - - - - - - - - - - - - - -     - 30 Line(s) not Displayed
011527 | SCHNEIDER, DIETER      | 60662    | ULM                  |
- - -  - - - - - - - - - - - - - - - - - - -      648 Line(s) not Displayed
****** **************************** Bottom of Data ****************************
```

Das Ganze kann hier nur ein Einstieg in die Macro-Definition sein, um zu zeigen, was man damit machen kann, alles weitere ist im Macro-Manual zu finden.

6.3 VIEW

Bisher haben wir uns mit der Option 1 im Primary Option Menu, nämlich

```
1 View    Display source data or listing
```

nicht beschäftigt, einer Funktion, mit der man sich Daten am Bildschirm ansehen kann. Das ist uns bisher auch schon gelungen - wozu benötigt man die VIEW-Funktion eigentlich?

Die VIEW-Funktion hat mit ISPF Version 4 die BROWSE-Funktion abgelöst und ist eigentlich ein Zwitter zwischen BROWSE und EDIT. Das VIEW-Panel zeigt, daß man auch hier den BROWSE-Mode wählen kann:

```
  Menu  RefList  RefMode  Utilities  Workstation  Help
------------------------------------------------------------------------------
                              View Entry Panel
Command ===> _

ISPF Library:
   Project . . . ED1
   Group . . . . NAMEN     . . .          . . .          . . .
   Type  . . . . DATA
   Member  . . .                (Blank or pattern for member selection list)

Other Partitioned or Sequential Data Set:
   Data Set Name . . .
   Volume Serial . . .          (If not cataloged)

Workstation File:
   File Name . . . . .

Initial Macro  . . . .                 Options
Profile Name . . . . .                 /  Confirm Cancel/Move/Replace
Format Name  . . . . .                 /  Browse Mode
Data Set Password  . .                    View on Workstation
                                       /  Warn on First Data Change
                                          Mixed Mode
```

Was ist jetzt der Unterschied zwischen diesen drei Funktionen?

EDIT Erstellen, ändern und ansehen von Daten. Speichern durch F3, SAVE, CREATE und REPLACE.

VIEW Es stehen alle EDIT-Commands mit der Einschränkung zur Verfügung, daß der Dataset schreibgeschützt ist. Man kann eventuelle Änderungen nicht durch F3 oder SAVE speichern, sondern kann die geänderten Daten nur durch CREATE oder REPLACE in einen anderen Dataset oder ein anderes Member speichern.

BROWSE Eine reine List-Funktion mit einer kleineren Zahl von Commands als im EDIT-Mode. Es gibt einen deutlichen Vorteil des BROWSE-Modes:

Wenn man einen bestehenden Dataset editiert (und das gilt auch für VIEW), so werden alle Records von der Platte in den Speicher geladen, während das im BROWSE-Mode immer nur für einen Teil der Daten geschieht. Das mag für kleine Datasets keinen erkennbaren Unterschied geben, aber bei großen Datenmengen, die vielleicht aus 5000 oder 10000 Records bestehen - das wären bei LRECL=80 immerhin 400000 bis 800000 Bytes -, ist das sowohl vom Zeitaufwand als auch von der Speicherbelegung her sehr beachtlich. Und wenn man sich vielleicht nur einige Zeilen ansehen will, so kann man mit BROWSE diesen Aufwand einsparen.

Vor ISPF Version 4 hatte man im EDIT-Mode eine Einschränkungen bezüglich der Record-Länge: es konnten nur Records mit einer maximalen Länge von 255 editiert und damit auch im EDIT-Mode angesehen werden. Diese Einschränkung gibt es seit Version 4 nicht mehr. Mit allen drei Funktionen können Records mit einer maximalen Länge 32760 (RECFM=F) bzw. 32756 (RECFM=V) verarbeitet werden. Im BROWSE-Mode kann man sich außerdem Records mit RECFM=U (Load Modules) anzeigen lassen.

BROWSE-Mode

Der Bildschirmaufbau im BROWSE-Mode ist ähnlich wie im EDIT, allerdings ohne die Numerierung am Anfang jeder Zeile. Deshalb ist es hier auch möglich, 80 Zeichen pro Zeile - und nicht nur 72 Zeichen - anzuzeigen. Es gibt auch keine Line Commands, sondern nur Primary Commands, die wir bereits aus dem EDIT, wenn dort teilweise auch als Line Command, kennen. Deshalb ist es wohl nicht nötig, sie hier noch einmal zu erklären. Über HELP können wir uns in bekannter Form eine Auflistung aller Commands anzeigen lassen.

Man kann generell sagen, daß alles, was im EDIT gültig ist (z.B. Scrolling, Member-Liste usw.) auch im BROWSE gilt, solange es sich nur auf das Anzeigen, nicht aber auf das Ändern von Daten bezieht.

6.4 Utilities

```
  Menu  Help
------------------------------------------------------------------------------
                        Utility Selection Panel
Command ===> _

1  Library      Compress or print data set.  Print index listing.  Print
                  rename, delete, browse, edit or view members
2  Data Set     Allocate, rename, delete, catalog, uncatalog, or display
                  information of an entire data set
3  Move/Copy    Move, or copy members or data sets
4  Dslist       Print or display (to process) list of data set names.
                  Print or display VTOC information
5  Reset        Reset statistics for members of ISPF library
6  Hardcopy     Initiate hardcopy output
7  Download     Download ISPF C/S, VA for ISPF, transfer map, or data set.
8  Outlist      Display, delete, or print held job output
9  Commands     Create/change an application command table
*  Reserved     This option reserved for future expansion.
11 Format       Format definition for formatted data Edit/Browse
12 SuperC       Compare data sets                          (Standard Dialog)
13 SuperCE      Compare data sets Extended                 (Extended Dialog)
14 Search-For   Search data sets for strings of data       (Standard Dialog)
15 Search-ForE Search data sets for strings of data Extended (Extended Dialog)
```

In diesem Menu gibt es eine Vielzahl von Funktionen, von denen wir uns mit

```
2  Data Set    Allocate, rename, delete, catalog, uncatalog, or display
3  Move/Copy   Move, or copy members or data sets
4  Dslist      Print or display (to process) list of data set names.
8  Outlist     Display, delete, or print held job output
```

schon ausführlich beschäftigt haben.

```
9  Commands     Create/change an application command table
```

bezieht sich auf die Entwicklung eigener ISPF-Anwendungen, ein Kapitel, das wir in diesem Rahmen nicht behandeln werden.

Die Funktion

```
11 Format       Format definition for formatted data Edit/Browse
```

hat etwas mit DBCS-Zeichen zu tun, die man in der japanischen (KANJI) und koreanischen (HANGUEL) Sprache benutzt. Für uns also ohne Interesse.

Damit kommen wir zu den restlichen Funktionen, die noch erläutert werden sollten.

Library Utilities

Die Option

```
1  Library     Compress or print data set. Print index listing. Print
                 rename, delete, browse, edit or view members
```

bezieht sich auf das Arbeiten mit Partitioned Datasets und stellt uns folgende Funktionen zur Verfügung:

```
  Menu  RefList  Utilities  Help
-------------------------------------------------------------------------------
                               Library Utility
Option ===> _

blank Display member list      I Data set information          B Browse member
    C Compress data set        S Short data set information    D Delete member
    X Print index listing      E Edit member                   R Rename member
    L Print entire data set    V View member                   P Print member

                                   Enter "/" to select option
ISPF Library:                      /  Confirm Member Delete
   Project . . . ED1
   Group . . . . SPF1      . . .          . . .          . . .
   Type  . . . . LIST
   Member  . . .             (If B, D, E, P, R, V, or blank selected)
   New name  . .             (If R selected)

Other Partitioned or Sequential Data Set:
   Data Set Name . . .
   Volume Serial . . .           (If not cataloged)

Data Set Password  . .           (If password protected)
```

C Compress, d.h. Neuaufbau eines Datasets. Das ist sinnvoll, wie wir im Kapitel *2. Daten* erfahren haben, wenn ein Partitioned Dataset durch vieles Ändern der Members zu groß geworden ist und neu organisiert werden soll.

X Drucken der INDEX-Liste. Bei der Index-Liste handelt es sich um die Informationen, die man über die Option 3.2 (Größe, Format usw.) erhält, sowie um die Member-Selection-Liste.

Für unseren JCL-Dataset sieht diese Liste folgendermaßen aus:

```
PROJECT: ED1                                                      DATE: 01/03/14
GROUP  : MYJCL                                                    TIME: 17:28
TYPE:    CNTL                                                     PAGE: 001

GENERAL DATA:                     GENERAL DATA:                   CURRENT ALLOCATION:

  MANAGEMENT CLASS:  UMMB2ND        RECORD FORMAT:          FB          1 TRACK
  STORAGE CLASS:     SNMN           RECORD LENGTH:          80          1 EXTENT
  DATA CLASS:                       BLOCK SIZE:         27,920          5 DIRECTORY BLOCKS
  VOLUME SERIAL:       TSOE0A       1ST EXTENT SIZE:         1
  DEVICE TYPE:           3390       SECONDARY QUAN:          1    CURRENT UTILIZATION:
  ORGANIZATION:            PO                                           1 TRACK
  DATA SET NAME TYPE:     PDS                                           1 EXTENT
  CREATION DATE:     01/03/14                                           1 DIRECTORY BLOCKS
  EXPIRATION DATE:   **None**                                           3 MEMBERS

 MEMBER      TTR    VERS.MOD  CREATION  DATE AND TIME      CURRENT    INITIAL   MODIFIED   USER
  NAME      (HEX)    LEVEL      DATE    LAST MODIFIED     NO. LINES  NO. LINES  NO. LINES   ID

PRINTM     00000B   01.00   01/03/14  01/03/14  17:18        12         12          0      ED1
PRINTPO    000009   01.00   01/03/14  01/03/14  17:17         9          9          0      ED1
PRINTPS    000007   01.00   01/03/14  01/03/14  17:16         9          9          0      ED1

MAXIMUMS:           01.00   01/03/14  01/03/14  17:18        12         12          0

  TOTALS:                                                    30         30          0
END OF MEMBER LIST
```

Der in dieser Liste angezeigte Wert TTR stellt die interne Adresse jedes Members innerhalb des Datasets dar.

L Drucken des gesamten Datasets, d.h. aller Members mit der Index-Liste.

I/S Dataset-Information (wie 3.2)

Die weiteren Funktionen beziehen sich auf einzelne Members, man kann sie direkt aus diesem Panel heraus aufrufen oder in der Member-Selection-Liste angeben, die man erhält, wenn man keine Funktion aufruft:

E Editieren eines Members

V Aufruf eines Members im VIEW-Mode

B Auflisten eines Members

D Löschen eines Members

R Umbenennen eines Members

P Drucken eines Members

Reset Utility

```
  Menu  RefList  Utilities  Help
-----------------------------------------------------------------------------
                          Reset ISPF Statistics
Command ===>

R Reset (create/update) ISPF statistics   D Delete ISPF statistics

New Userid . . . . . .           (If userid is to be changed)
New Version Number  . .          (If version number is to be changed)

SCLM Setting                               Enter "/" to select option
3  1. SCLM   2. Non-SCLM   3. As is        /  Reset Mod Level
                                           /  Reset Sequence Numbers
ISPF Library:                              /  Reset Date/Time
   Project . . . ed1
   Group . . . . myjcl
   Type  . . . . cntl_
   Member  . . .                 (Blank or pattern for member selection
                                  list, "*" for all members)
Other Partitioned Data Set:
   Data Set Name . . .
   Volume Serial . . .           (If not cataloged)

Data Set Password  . .           (If password protected)
```

Diese Funktion wird sicherlich für viele Benutzer nur von geringem Interesse sein, hier hat man die Möglichkeit, etwas an den statistischen Werten in der Member-Selection-Liste zu ändern, z. B.

- Änderung der Versions-Nummer (VV) oder des Modification-Levels (MM)
- Neusetzen des 'Zeit-Stempels' für ein Member
- Löschen aller statistischen Daten.

Hardcopy Utility

Wenn wir einen Dataset drucken und dabei nicht auf unsere früher erstellte JCL zurückgreifen wollen, so können wir das mit diesem Panel erreichen. Hier wird jetzt der Umweg des 'logischen Druckens' über den LIST-Dataset, den wir schon mehrfach kennengelernt haben, vermieden; es wird direkt ein Job, zu dem wir noch den JOB-Record definieren müssen, generiert und zur Ausführung gebracht.

```
  Menu  RefList  Utilities  Help
------------------------------------------------------------------------------
                               Hardcopy Utility
Option ===>

Process option      1. Print and keep data set or member
                    2. Print and delete sequential data sets

  Data Set Name  . . myjcl.cntl
  Volume Serial  . . . .                 (If not cataloged)
  Data Set Password  . .                 (If password protected data set)

Print Mode . . . . . . . BATCH           (BATCH or LOCAL)

Sysout class . . . . . . A                   (BATCH only)
Local Printer ID . . . .

Job statement information: (If not to local printer/external writer, verify
before proceeding)
===> //ED1PRINT JOB (EDUC,19-30),TEUFFEL,CLASS=C,TIME=(,30),MSGCLASS=Q,
===> // NOTIFY=ED1
===> //*
===> //*
```

SUPERC Utilities

Mit diesen beiden Optionen stehen uns in der Grundform (SUPERC - 3.12) und in einer Erweiterung (SUPERCE - 3.13) Funktionen zur Verfügung, mit denen wir Datasets vergleichen können.

```
  Menu  RefList  Utilities  Help
---------------------------------------------------------------------------------
                    SuperC Compare Utility - New Data Set
Command ===> _

Specify "New" Data Set to be compared, then press the ENTER key.

   Project . . . ED1
   Group . . . . RMF        . . .          . . .          . . .
   Type  . . . . CNTL
   Member  . . . WKLD                (Blank or pattern for member selection list,
                                       "*" for all members)

"New" Other Partitioned or Sequential Data Set:
   Data Set Name . . .
   Volume Serial . . .               (If not cataloged)

Profile DS Name  . . .
Data Set Password  . .               (If New data set password protected)

Enter "/" to select option      Execution Mode          Output Mode
   Mixed Mode                   1  1. Foreground        1  1. View
                                   2. Batch                2. Browse
```

Im zweiten Panel ist noch anzugeben, in welcher Form (Delta/CHNG...) und in welchem Dataset die Ergebnisse gespeichert werden sollen:

```
  Menu  RefList  Utilities  Help
-------------------------------------------------------------------------------
                    SuperC Compare Utility - Old Data Set
Command ===> _

Specify "Old" Data Set to be compared, then press the ENTER key to compare to
"New" Data set . . : ED1.RMF.CNTL(WKLD)

   Project . . . ED1
   Group . . . . RMF      . . .        . . .        . . .
   Type  . . . . CNTL
   Member  . . . CPU

"Old" other Partitioned or Sequential Data Set:
   Data Set Name . . .
   Volume Serial . . .            (If not cataloged)

Listing DS Name  . . . SUPERC.LIST
Data Set Password  . .            (If Old data set password protected)

Listing Type . . . . 1  1. Delta   2. CHNG    3. Long    4. OVSUM    5. Nolist

Sequence Numbers . . 1  1. BLANK   2. SEQ     3. NOSEQ   4. COBOL
```

Mit SUPERC werden die Daten zeilenweise verglichen, und wir erkennen an der Ergebnisliste, daß in dem neuen Dataset die durch I (Insert) gekennzeichneten Zeilen hinzugefügt sind, während die durch D (Delete) markierten Zeilen fehlen.

```
  File  Edit  Edit_Settings  Menu  Utilities  Compilers  Test  Help
-------------------------------------------------------------------------------
VIEW       ED1.SUPERC.LIST                              Columns 00001 00072
Command ===> _                                             Scroll ===> HALF
****** ***************************** Top of Data ******************************
000001 1  SUPERC - MVS/PDF FILE/LINE/WORD/BYTE/SFOR COMPARE UTILITY - ISPF FOR
000002  NEW: ED1.RMF.CNTL(WKLD)                                      OLD: ED1.
000003
000004                      LISTING OUTPUT SECTION (LINE COMPARE)
000005
000006  ID       SOURCE LINES
000007      ----+----1----+----2----+----3----+----4----+----5----+----6----+--
000008  I - //ED1WKLD JOB (#PACCOUNT),'P1-IMS',
000009  D - //ED11X    JOB (#PACCOUNT),'P1-IMS',
000010
000011  I - //MFPINPUT DD DISP=SHR,DSN=ED1.ULM1.PRMF
000012  D - //MFPINPUT DD DISP=SHR,DSN=ED1.IMS.PRMF
000013
000014  I -   REPORTS(WKLD(GROUP))                     /*WORKLOAD ACTVTY */
000015  D -   REPORTS(CPU)                             /*CPU      ACTVTY */
000016
000017  I -   DATE(95268,95268)
000018  D -   DATE(95249,95249)
000019  I -   RTOD(1000,1059)                          /* HHMM TO HHMM   */
000020  D -   RTOD(1000,1015)                          /* HHMM TO HHMM   */
```

Abschließend kommt noch eine zusammenfassende Statistik.

```
 File  Edit  Edit_Settings  Menu  Utilities  Compilers  Test  Help
-------------------------------------------------------------------------------
VIEW       ED1.SUPERC.LIST                                  Columns 00001 00072
Command ===> _                                                 Scroll ===> HALF
000027 1  SUPERC - MVS/PDF FILE/LINE/WORD/BYTE/SFOR COMPARE UTILITY - ISPF FOR
000028  NEW: ED1.RMF.CNTL(WKLD)                                       OLD: ED1.
000029
000030                       LINE COMPARE SUMMARY AND STATISTICS
000031
000032       18 NUMBER OF LINE MATCHES                  8  TOTAL CHANGES (PAIRED+
000033        0 REFORMATTED LINES                       5  PAIRED CHANGES (REFM+P
000034        7 NEW FILE LINE INSERTIONS                2  NON-PAIRED INSERTS
000035        6 OLD FILE LINE DELETIONS                 1  NON-PAIRED DELETES
000036       25 NEW FILE LINES PROCESSED
000037       24 OLD FILE LINES PROCESSED
000038
000039  LISTING-TYPE = DELTA      COMPARE-COLUMNS =     1:72         LONGEST-LINE
000040  PROCESS OPTIONS USED: SEQ(DEFAULT)
000041
****** **************************** Bottom of Data ****************************
```

Das SUPERCE-Utility bietet noch zusätzliche Funktionen und Vergleichsmöglichkeiten an:

```
  Menu  Utilities  Options  Help
-------------------------------------------------------------------------------
                               SuperCE Utility
Command ===> _

New DS Name  . . . TEXTNEW.SCRIPT
Old DS Name  . . . TEXT.SCRIPT
PDS Member List              (blank/pattern - member list, * - compare all
   (Leave New/Old DSN "blank" for concatenated-uncataloged-password panel)

   Compare Type                Listing Type                Display Output
   3  1. File                  2  1. OVSUM                 1  1. Yes
      2. Line                     2. Delta                    2. No
      3. Word                     3. CHNG                     3. Cond
      4. Byte                     4. Long                     4. UPD
                                  5. Nolist
Listing DSN  . . . . SUPERC.LIST
Process Options  . .

Statements Dsn . . .
Update DSN . . . . .

Execution Mode . . . 1  1. Foreground        Output Mode . . 1  1. View
                        2. Batch                                2. Browse
```

Wir werden uns auf eine dieser Varianten beschränken und ansonsten auf das Tutorial hinweisen:

```
Compare Type
3  1. File
   2. Line
   3. Word
   4. Byte
```

Hiermit hat man die Möglichkeit, nicht nur zeilenweise (wie im vorigen Beispiel) zu vergleichen, sondern man kann auch auf Wort-Basis (z.B. für Text-Daten) und Byte-Basis (z.B. für Load Modules) den Vergleich durchführen. Das Ergebnis sieht bei einem Wort-Vergleich folgendermaßen aus:

```
 File  Edit  Edit_Settings  Menu  Utilities  Compilers  Test  Help
-------------------------------------------------------------------------------
VIEW       ED1.SUPERC.LIST                                  Columns 00001 00072
Command ===> _                                                 Scroll ===> HALF
****** ***************************** Top of Data ******************************
000001 1  SUPERC - MVS/PDF FILE/LINE/WORD/BYTE/SFOR COMPARE UTILITY - ISPF FOR
000002  NEW: ED1.TEXTNEW.SCRIPT                                        OLD: ED1.
000003
000004                         LISTING OUTPUT SECTION (WORD COMPARE)
000005
000006  ID            SOURCE LINES (COMPARED COLUMNS)
000007
000008  MC-REXX steht als Abk&ue.rzung f&ue.r Restructured
000009  IC-                                                 EXtended
000010  DC-                                                 Extended
000011
000012  MC-gibt es als Prozedur-Sprache schon seit langer Zeit
000013  IC-                                                     im
000014  DC-                                                     in
000015
000016  MC-                    VM und erfreut sich dort gro&ss.er
000017  IC-IBM Betriebssystem
```

Die beiden ersten Gruppen zeigen, daß sich die Texte in den Wörten "EXtended/Extended" bzw. "im/in" unterscheiden, während die dritte Gruppe darauf hinweist, daß "IBM Betriebssystem" eingefügt worden ist.

SEARCH-FOR Utilities

Mit Hilfe der Funktionen SEARCH-FOR und EXTENDED SEARCH-FOR kann man einen oder mehrere Datasets daraufhin durchsuchen, ob in ihnen eine bestimmte Zeichenfolge vorhanden ist. Das ist natürlich mehr als ein einfacher FIND-Command im EDIT oder BROWSE, da wir hier mit einem Funktionsaufruf beispielsweise sämtliche (oder per Filter-Funktion in der Member-Liste mehrere ausgesuchte) Members eines Partitioned Datasets durchsuchen können.

Wollen wir beispielsweise wissen, in welchen Members eines Datasets die Zeichenfolge RMF[9] erscheint, so rufen wir die Funktion SEARCH-FOR (3.14) auf und spezifizieren:

[9] Was ist RMF? RMF steht für *Resource Measurement Facility* und ist eine Komponente von z/OS zum Performance Management im Sysplex.

```
  Menu  RefList  Utilities  Help
-------------------------------------------------------------------------------
                              Search-For Utility
Command ===> _

Search String  . . RMF

ISPF Library:
   Project . . . ED1
   Group . . . . RMF      . . .        . . .        . . .
   Type  . . . . CNTL
   Member  . . . *                (Blank or pattern for member selection list,
                                   "*" for all members)
Other Partitioned or Sequential Data Set:
   Data Set Name . . .
   Volume Serial . . .            (If not cataloged)

Listing Data Set . . . SRCHFOR.LIST
Data Set Password  . .            (If Search-For data set password protected)

Enter "/" to select option               Execution Mode        Output Mode
   Specify additional search strings     1  1. Foreground      1  1. View
   Mixed Mode                               2. Batch              2. Browse
```

Als Ergebnis erhalten wir die Anzeige aller Zeilen (in den entsprechenden Members), in denen die gesuchte Zeichenfolge gefunden wurde.

```
  File  Edit  Edit_Settings  Menu  Utilities  Compilers  Test  Help
-------------------------------------------------------------------------------
VIEW       ED1.SRCHFOR.LIST                              Columns 00001 00072
Command ===> _                                              Scroll ===> HALF
****** ***************************** Top of Data ******************************
000001 1  SUPERC - MVS/PDF FILE/LINE/WORD/BYTE/SFOR COMPARE UTILITY - ISPF FOR
000002   LINE-#     SOURCE SECTION                      SRCH DSN: ED1.RMF.CNTL
000003
000004
000005   $COMP                 ----------- STRING(S) FOUND -----------------
000006
000007         3  //RMFSORT  EXEC PGM=SORT
000008        16  //*        RMF POSTPROCESSING
000009        18  //RMFPP    EXEC PGM=ERBRMFPP
000010        19  //STEPLIB  DD   DSN=RMF.I510SMPE.LINKLIB,DISP=SHR
000011        20  //MFPINPUT DD   DISP=(OLD,DELETE),DSN=*.RMFSORT.SORTOUT
000012
000013   $GOAL                 ----------- STRING(S) FOUND -----------------
000014
000015         3  //RMFSORT  EXEC PGM=SORT
000016        17  //*        RMF POSTPROCESSING
000017        19  //RMFPP    EXEC PGM=ERBRMFPP
000018        20  //STEPLIB  DD   DSN=RMF.I510SMPE.LINKLIB,DISP=SHR
000019        21  //MFPINPUT DD   DISP=(OLD,DELETE),DSN=*.RMFSORT.SORTOUT
000020
000021   ALL                   ----------- STRING(S) FOUND -----------------
000022
000023         3  //S2       EXEC PGM=ERBRMFPP,REGION=1000K
000024         4  //STEPLIB  DD DISP=SHR,DSN=SYS1.RMF.V510.LINKLIB
000025         7  //MFPINPUT DD DISP=SHR,DSN=ED1.MV.PRMF
000026
```

Mit der Funktion EXTENDED SEARCH-FOR (3.15) kann man den Suchvorgang noch präzisieren. Haben wir im vorigen Beispiel noch die *Zeichenfolge* RMF gesucht, so können wir hier beispielsweise das *Wort* RMF suchen.

```
  Menu  Utilities  Options  Help
------------------------------------------------------------------------------
                         Extended Search-For Utility
Command ===> _

Search DS Name  . . RMF.CNTL
PDS Member List . . *        (blank/pattern - member list, * - search all)

(Leave Search DSN "blank" for concatenated-uncataloged-password panel)

Enter Search Strings and Optional operands (WORD/PREFIX/SUFFIX,C)
   Caps . . RMF WORD
   Caps . .
   Caps . .
   Asis . .
   Asis . .

Listing DSN . . . . SRCHFOR.LIST
Process Options . .
Statements Dsn  . .

Execution Mode . . . 1  1. Foreground       Output Mode . . 1  1. View
                        2. Batch                               2. Browse
```

Das Ergebnis der Suchfunktion ist somit eine Teilmenge des vorigen Beispiels:

```
  File  Edit  Edit_Settings  Menu  Utilities  Compilers  Test  Help
------------------------------------------------------------------------------
VIEW       ED1.SRCHFOR.LIST                          Columns 00001 00072
Command ===> _                                          Scroll ===> HALF
****** ***************************** Top of Data ****************************
000001 1  SUPERC - MVS/PDF FILE/LINE/WORD/BYTE/SFOR COMPARE UTILITY - ISPF FOR
000002   LINE-#     SOURCE SECTION                      SRCH DSN: ED1.RMF.CNTL
000003
000004
000005   $COMP                  ----------- STRING(S) FOUND ------------------
000006
000007        16  //*         RMF POSTPROCESSING
000008        19  //STEPLIB  DD   DSN=RMF.I510SMPE.LINKLIB,DISP=SHR
000009
000010   $GOAL                  ----------- STRING(S) FOUND ------------------
000011
000012        17  //*         RMF POSTPROCESSING
000013        20  //STEPLIB  DD   DSN=RMF.I510SMPE.LINKLIB,DISP=SHR
000014
000015   ALL                    ----------- STRING(S) FOUND ------------------
000016
000017         4  //STEPLIB  DD DISP=SHR,DSN=SYS1.RMF.V510.LINKLIB
000018
```

Wie aus dem Panel ersichtlich ist, kann man auch zwischen Groß- und Kleinschreibung unterscheiden, falls man den Suchbegriff in einer

```
ASIS . . AbcD
```

Zeile angibt. Ansonsten gelten ähnliche Parameter wie beim EDIT-FIND-Command, so hat man auch die Möglichkeit, einen Suchbegriff in hexadezimaler Darstellung anzugeben. Das Tutorial gibt uns dazu folgende Beispiele:

```
CAPS . . ABC                 Either string ABC or EFG may be found in the
CAPS . . EFG                 search data set.

CAPS . . ABC    WORD         The two strings (ABC and EFG) must be found on
CAPS . . EFG    C            the same line.  "ABC" must be a complete word
                             while "EFG" (a continuation definition) can be
                             part of any word (including a word).
ASIS . . AbcD   prefix       The string (AbcD) will be detected if the case
                             of each letter matches and it is a prefix of
                             a word.
CAPS . . X'7b00'             The hex string is specified as the search string.
                             The listing must be browsed with "HEX ON".
CAPS . . 'AB C''D'           The string (AB C'D) is specified.
```

In dem Beispiel

```
CAPS . . ABC    WORD
CAPS . . EFG    C
```

finden wir die Funktionalität unseres selbstdefinierten EDIT-Macros FIND2, mit dem man im EDIT-Mode alle Zeilen anzeigen konnte, in denen zwei Suchbegriffe vorhanden waren.

Randbemerkung: Wie erhält man gezielt eine solchen Information, denn über HELP beginnt man ganz am Anfang der Erklärung zu einer bestimmten Funktion. Wir nutzen die Fähigkeit von ISPF aus, in Fehlersituationen gezielte Informationen bereitzustellen. Also provozieren wir einen Fehler:

```
CAPS . . RMF    xxx
```

Danach kommt man über mehrfaches F1 zu der gewünschten Information.

6.5 Foreground - Background

Die über die Optionen 4 und 5 im Primary Option Menu angebotenen Funktionen sind gleich, und man muß sich lediglich überlegen, ob man sie als TSO-Commands (und damit im Foreground) oder als Batch-Jobs (also im Background) aufrufen will. Wir werden uns hier auf den Foreground beschränken. Daß für die Background-Verarbeitung noch ein JOB-Record im Panel anzugeben ist, sollte nach unserem ausführlichen JCL-Studium keinerlei Schwierigkeiten mehr bereiten.

```
 Menu  Utilities  Help
-----------------------------------------------------------------------------
                              Foreground Selection Panel
Option ===> _

1    Assembler                              11  *FORTRAN debug
2    COBOL                                  12   Member Parts List
3    VS FORTRAN                             13  *C/370
5    PL/I                                   14  *REXX/370
6    VS PASCAL                              15  *ADA/370
7   *Binder/Link editor                     16  *AD/Cycle C/370
9    SCRIPT/VS                              18   ISPDTLC
10  *VS COBOL II debug                      19  *OS/390 C/C++
10A *OS/VS COBOL debug                      20  *z/OS C/C++

    Enter "/" to select option              * No packed data support
       Source Data Packed
```

Die meisten Funktionen beziehen sich auf die Entwicklung von Programmen und werden deshalb im Kapitel *13. Programmierung im TSO* angesprochen, so daß wir uns hier nur mit der Option

`9 - SCRIPT/VS`

beschäftigen werden.

Mit SCRIPT oder, wie der offizielle Name lautet, BookMaster hat man die Möglichkeit, Textdaten zu strukturieren und zu formatieren. Es handelt sich dabei um eine eigene Sprache, die in diesem Rahmen nicht erklärt werden kann. Es soll lediglich an einem einfachen Beispiel gezeigt werden, wie man diese Funktion im TSO aufrufen kann. Alle Einzelheiten über SCRIPT sind in der Literatur[10] zu finden.

Den zu formatierenden Text hat man in einem Dataset, dessen Format beliebig ist, man könnte sich folgende Struktur vorstellen.

`LRECL = 80, BLKSIZE = 6233, RECFM = VB`
`DSORG = PO -` also Partitioned
Letzter Qualifier des Namens: `SCRIPT`

Ein VB-Dataset bietet sich an, da einzelne Records wegen der diversen im SCRIPT vorkommenden Steuerzeichen oftmals recht kurz sind.

Sehen wir uns dazu den Teil eines SCRIPT-Dokuments an:

[10] IBM BookMaster User's Guide

```
  File  Edit  Edit_Settings  Menu  Utilities  Compilers  Test  Help
-------------------------------------------------------------------------------
EDIT       ED1.TEXT.SCRIPT(CHAPTER4)                       Columns 00001 00072
Command ===> _                                                Scroll ===> HALF
****** ***************************** Top of Data ******************************
000001 :h2.EDIT
000002 :h3.Member Selection Liste
000003 :p.Im EDIT-Mode haben wir die Zeile
000004 :xmp.
000005 MEMBER ===>
000006 :exmp.
000007 in die wir den Namen des Members eintragen, das wir editieren wollen.
000008 Wenn man dieses Feld freil!ae.!ss.t, dann erh!ae.lt man, falls ein
000009 Partitioned Dataset angegeben wird, die sogenannte
000010 :p.:hp2.Member Selection Liste:ehp2.
000011 :p.Das gleiche ist !ue.brigens der Fall, wenn in der Zeile
000012 :xmp.
000013 OTHER DATASETS ===>
000014 :exmp.
000015 nur der Dataset-Name, aber kein Member angegeben wird.
000016 :p.
000017 Die Member-Liste sieht in unserem Fall folgenderma!ss.en aus:
```

Wenn wir die SCRIPT-Funktion, die diesen Text formatiert, aufrufen wollen, geht das also mit Option 9, die uns folgendes Panel anbietet:

```
  Menu  RefList  Utilities  Help
------------------------------------------------------------------------------
                             SCRIPT/VS Processor
Command ===>

                                       Enter "/" to select option
Style . . . . D                        /  Display Style Options
                                       /  Browse Output
ISPF Library:
   Project . . . ED1
   Group . . . . TEXT . . .             . . .          . . .
   Type  . . . . SCRIPT
   Member  . . . chapter4_ (Blank or pattern for member selection list)

Other Partitioned or Sequential Data Set:
   Data Set Name . . .

List ID . . .            Password  . .
Script Command . . SCRIPT    (SCRIPT or SCRIPTDB)

Additional input libraries:
       ===>
       ===>
       ===>
```

Man kann zwischen zwei Optionen (Style) wählen:

1. D - DRAFT Document: Hier werden noch nicht alle Feinheiten der Formatierung durchgeführt, und man muß erst einmal prüfen, ob das Dokument insgesamt das richtige Format hat.

2. F - FINAL Document: Jetzt kann man das Dokument auf das endgültige Format bringen und auch Druck-Parameter definieren.

Wählt man zuerst die 'DRAFT'-Option, so folgt ein Panel, in dem man beispielsweise definieren kann, ob

- die Rechtschreibung geprüft wird (geht nur mit englischem Text),
- der Text nur Großbuchstaben enthält,
- die Zeilen numeriert sind.

```
                      SCRIPT/VS Options for Style: DRAFT
Command  ===> _

Profile data set  . .
FONTLIB data set  . .
SEGLIB data set . . .
User macro data set  . . . .
System macro data set  . . .

Bind:        Odd . . .
             Even  . .

Device type . . . . .
Chars (Fonts) . . . .
SYSVAR  . . . . . . .
Page  . . . . . . . .

Other script parms   . . .

Enter Yes or No for the following:
  Twopass . . . . . . NO                    Uppercase only  . . . . . NO
  Spelling  . . . . . NO                    Unformat  . . . . . . . . NO
  Index . . . . . . . NO                    Condensed Text  . . . . . NO
  Line Number . . . . NO
```

Man kann außerdem noch SCRIPT-Parameter angeben, ihre Beschreibung ist im schon erwähnten *BookMaster User's Guide* zu finden, und es sind noch BookMaster-Datasets anzugeben, die aber normalerweise installationsseitig als Default eingesetzt werden.

Die Formatierung bringt uns nun folgendes Ergebnis:

```
  Menu  Utilities  Compilers  Help
------------------------------------------------------------------------------
BROWSE    ED1.CHAPTER4.LIST                            Line 00000000 Col 001 080
Command ===> _                                                Scroll ===> HALF
******************************** Top of Data **********************************
.SCRIPT/VS 4.0.0: DEVICE 1403W6 CHARS MONO
.
.
.          EDIT
.          EDIT
.          EDIT
.          EDIT
.          ----
.
.          Member Selection Liste
.          Member Selection Liste
.          Member Selection Liste
.          Member Selection Liste
.          ----------------------
.
.          Im EDIT-Mode haben wir die Zeile
.
.            MEMBER ===>
.
.          in  die  wir  den  Namen  des  Members  eintragen,  das  wir
.          editieren wollen.  Wenn man dieses Feld  freiläßt, dann
.          erhält man, falls ein Partitioned Dataset angegeben wird,
.          die sogenannte
.
.          Member Selection Liste
.          Member Selection Liste
.          Member Selection Liste
.          Member Selection Liste
.
```

Daß dabei einige Zeilen mehrfach auftauchen, hängt damit zusammen, daß sie beim Drucken intensiver auf dem Papier erscheinen werden und deshalb mehrfach (mit entsprechendem Druck-Steuerzeichen) in der Liste erscheinen.

Wenn man überprüft hat, daß das Dokument das richtige Format hat (gegebenenfalls nach Änderungen im EDIT-Mode), so ruft man die 'FINAL'-Option auf und kann neben Parametern zum Drucken (Drucker-Typ, Zeilen- und Seitengröße usw.) noch weitere SCRIPT-Parameter angeben.

Der formatierte Text erscheint am Bildschirm, und wir erkennen, daß er im Dataset ED1.CHAPTER4.LIST gespeichert ist. Im VIEW-Mode kann man sich jetzt noch einmal alles ansehen und überprüfen. Das endgültige Dokument steht damit zum Drucken bereit.

Man kann das Drucken nun mit den schon bekannten Funktionen ausführen lassen oder über die Background-Script-Funktion direkt einen Job aufrufen, der formatiert und druckt. Man erhält damit schließlich dieses Ergebnis:

```
EDIT

MEMBER SELECTION LISTE

Im EDIT-Mode haben wir die Zeile

  MEMBER ===>

in die wir den Namen des Members eintragen, das wir
editieren wollen. Wenn man dieses Feld freiläßt, dann
erhält man, falls ein Partitioned Dataset angegeben wird,
die sogenannte

Member Selection Liste

Das gleiche ist übrigens der Fall, wenn in der Zeile

  OTHER DATASETS ===>

nur der Dataset-Name, aber kein Member angegeben wird.

Die Member-Liste sieht in unserem Fall folgendermaßen aus:
```

6.6 Object/Action Workplace

Mit dieser über Option 11 im Primary Option Menu angebotenen Funktion geht ISPF neue Wege: **Objekt-Orientierung**.

Die *klassische* ISPF-Struktur, die es seit weit mehr als zwanzig Jahren gibt, ist aufgaben-orientiert (*task oriented*). Beginnend im Primary Option Menu und weiterführend über die verschiedenen Panels und Selektions-Menus hat man immer zuerst eine Aufgabe auszuwählen (EDIT - COPY - SUBMIT), bevor man das dazugehörende Objekt (ISPF Library, Dataset oder Volume) angibt. Will man beispielsweise mit einem Dataset mehrere Funktionen durchführen:

- Erstellen eines Datasets
- Editieren des Datasets
- Drucken des Datasets

so hat man nacheinander die entsprechenden Funktionspanels aufzurufen und dort jeweils den Dataset-Namen anzugeben - eine Vorgehensweise, an die wir uns gewöhnt haben.

Jetzt kommt das Neue: Der Dataset - unser *Objekt* - steht im Mittelpunkt, und wir führen immer mit dem einmal spezifizierten Dataset in demselben Panel die verschiedenen Funktionen aus. Und dieses spezielle Panel ist der ISPF Workplace, den es in zwei verschiedenen Formaten gibt.

Dataset View:

```
  File  View  Options  Space  SuperC  Test  Help
-------------------------------------------------------------------------------
Smart Action                     ISPF Workplace
Action ===> _                                                Scroll ===> HALF

Data Set, DSLIST Level, or Workstation File
   Object Name . . . .
   Volume Serial . . .           (For actions that require a volume serial)

+------------------ISPF Referral lists for object selection------------------+
|  Data Set View   Action        #1-30=Retrieve Entry  DL=DSLIST  /=Open List |
|  REFLIST  . . .                Last 30 Data sets referenced   Dynamic list  |
|  SAMPLE   . . .                                               01/03/25 12:58 |
************************* End of ISPF Referral lists *************************



+----------------------------------------------------------------------------+
|Welcome to the ISPF Workplace. Default view has been set to Data Set. Enter |
|Action "ListView" to change view to ISPF Library. Default settings have been |
|established for Applid 'ISR'. Select "Workplace Settings" from Option action |
|bar to change Workplace settings at any time.                               |
+----------------------------------------------------------------------------+
 F1=Help      F3=Exit      F5=PrvObj     F6=PrvAct    F11=ChgView   F12=Cancel
```

In der Dataset View gibt man entweder den Namen eines Datasets oder, wie beispielsweise in der DSLIST-Funktion (Option 3.4), einen oder mehrere Qualifier an und erhält dann eine Namensliste, aus der man den gewünschten Dataset selektieren kann. Da hierbei die TSO-Namenskonventionen gelten, steht * beispielsweise für den eigenen Userid (das heißt, * wird intern zu ED1.* konvertiert).

Und so ähnelt manches dem, was wir aus 3.4 kennengelernt haben, nur daß hier die Funktionalität weitaus konsequenter vorhanden ist.

Man kann die View über F11 (ChgView) oder über das `View` Pull-Down in der Action Bar ändern, um zur Library View zu kommen.

```
  File  View  Options  Space  SuperC  Test  Help
----- +----------------------+-------------------------------------------------
Smart | 2  *. Data Set View  | ISPF Workplace
Actio |    2. Library View   |                                Scroll ===> HALF
      |    3. By name        |
Data  |    4. By description | station File
   Ob |    5. By created     |
   Vo |    6. By referenced  |  (For actions that require a volume serial)
      +----------------------+
+---------------- ISPF Referral lists for object selection------------------+
|  Data Set View   Action        #1-30=Retrieve Entry  DL=DSLIST  /=Open List |
|  REFLIST  . . .                Last 30 Data sets referenced   Dynamic list  |
|  SAMPLE   . . .                                               01/03/25 12:58 |
************************* End of ISPF Referral lists *************************
```

Library View:

```
  File  View  Options  Space  SuperC  Test  Help
--------------------------------------------------------------------------------
Smart Action                   ISPF Workplace
Action ===> _                                                Scroll ===> HALF

ISPF Library
   Project . . . ED1
   Group . . . . RMF         . . .          . . .          . . .
   Type . . . . . CNTL
   Member . . . .            (Blank or pattern for member action list)

+---------------- ISPF Referral lists for object selection ----------------+
|  Library View    Action       #1-8=Retrieve Entry  DL=DSLIST  /=Open List  |
|  REFLIST  . . .               Last 8 Libraries referenced     Dynamic list |
|  SAMPLE   . . .                                               01/03/25 12:58 |
************************* End of ISPF Referral lists *************************
```

In der Library View kann man in bekannter Weise mehrere Datasets, die sich nur im zweiten Qualifier unterscheiden, kombinieren - so wie wir es bereits im EDIT kennengelernt haben.

Wenn man eine Verbindung zur Workstation hat (also in einer Communication Manager Session arbeitet), so kann man im Workplace auch auf Workstation-Files zugreifen. Neben dem Dataset und der Library gibt es im Workplace noch die Referenz-Listen. Auch hier wird zwischen Listen, die man selbst erstellen kann, und Listen, in denen die zuletzt referierten Datasets erscheinen, unterschieden.

Man hat somit sehr viele Möglichkeiten, sich den Zugang zu häufig benutzten Daten nach eigenen Wünschen maßzuschneidern.

Und was kann man jetzt machen?

Einerseits kann man über die Action Bar die laut *ISPF User's Guide* 85 standardmäßig zur Verfügung stehenden Commands ausführen, andererseits gibt es für den routinierten Benutzer auch wieder einen *Fast Path*, er kann die Commands direkt aufrufen.

Sehr viele Commands stehen über das `File` Pull-Down zur Verfügung:

```
  File  View  Options  Space  SuperC  Test  Help
+----------------+-------------------------------------------------------------
| _   1. List...  |             ISPF Workplace
|     2. Edit...  |                                              Scroll ===> HALF
|     3. View...  |
|     4. Browse   | 1, or Workstation File
|     5. Delete...| .
|     6. Rename...| .           (For actions that require a volume serial)
|     7. Move     |
|     8. Copy     | PF Referral lists for object selection ----------------+
|     9. Reset... | tion      #1-30=Retrieve Entry  DL=DSLIST  /=Open List  |
|    10. Open     |           Last 30 Data sets referenced    Dynamic list  |
|    11. Submit   |                                           01/03/25 12:58 |
|    12. Print... | **** End of ISPF Referral lists *************************
|    13. Command...|
|    14. Exit     |
+-----------------+
```

Wenn wir darüber EDIT aufrufen, erkennen wir den Zusammenhang zwischen dem MVS/TSO-System (*Host*) und der Workstation.

```
  File  View  Options  Space  SuperC  Test  Help
- +----------------- ISPF Workplace ---------------------------------------
S |                 Edit Action Prompt                    |
A |                                                       |      Scroll ===> HALF
  | Type of file              Editor Choice               |
D | 1  1. Host File           1  1. ISPF Editor           |
  |    2. Workstation File       2. Workstation Editor    |
  |                                                       |  a volume serial)
  |                                                       |
+ | Select a file type and editor then press enter.       | n -----------------+
| |                                                       | LIST  /=Open List  |
| |                                                       | d   Dynamic list   |
| +-------------------------------------------------------+     01/03/25 12:58 |
************************* End of ISPF Referral lists ************************
```

Man kann hier beliebig kombinieren und beispielsweise mit dem ISPF-Editor eine Workstation-File bearbeiten, wie auch mit einem Workstation-Editor (falls man da eine besondere Vorliebe hat) einen TSO-Dataset editieren. Dafür ist natürlich eine Voraussetzung, daß man im ISPF eine Verbindung zur Workstation hergestellt hat.

Es bleibt nun der Erkundungslust des Lesers überlassen, sich mit den vielen Funktionen, die über die Action Bar angeboten werden, zu beschäftigen. Wir wollen nur noch einen kurzen Blick auf das `Help` Pull-Down werfen:

```
  File  View  Options  Space  SuperC  Test  Help
---------------------------------- +-----------------------------------------+
Smart Action                   ISP | 3  1. Introduction to Workplace Shell... |
Action ===>                        |    2. Specifying an Object...           |
                                   |    3. Specifying an Action...           |
Data Set, DSLIST Level, or Worksta |    4. Fast Path Commands...             |
   Object Name . . . .             |    5. ISPF Appendices                   |
   Volume Serial . . .           ( |    6. ISPF Index                        |
                                   +-----------------------------------------+
+---------------- ISPF Referral lists for object selection -----------------+
| Data Set View   Action       #1-30=Retrieve Entry  DL=DSLIST  /=Open List |
| REFLIST  . . .               Last 30 Data sets referenced    Dynamic list |
| SAMPLE   . . .                                             01/03/25 12:58 |
************************* End of ISPF Referral lists ************************
```

So können wir uns beispielsweise mit der Option 3 alles über die zur Verfügung stehenden Funktionen anzeigen lassen:

```
 File  View  Options  Space  SuperC  Test  Help
------------------------------------------------------------------------------
Smart Action                  ISPF Workplace
Action ===>                                                  Scroll ===> HALF

Data Set, DSLIST Level, or Workstation File
   Object Name . . . .
   Volume Serial . . .          (For actions that require a volume serial)
+-------------------------ISPF Workplace --------------------------+
|                  Help for Specifying an Action                    | ----+
|                                                More:    +         | st  |
|Select one of the following topics by positioning the cursor on a  | t   |
|highlighted word or phrase and pressing the HELP function key:     | :58 |
|                                                                   | *****
|You can select an action by setting a default Enter action to      |
|perform, or directly using a Fast path command, an Action prompt,  |
|the SELECT primary command, or an Action bar as defined below:     |
|                                                                   |
|File action bar        Description                                 |
|List                   Displays prompt panel for:                  |
|                                                                   |
|                       o   Member List                             |
|                       o   Data Set List                           |
|                       o   Personal Data Set Lists                 |
|                       o   Personal Library Lists                  |
|Edit                   Displays prompt panel for:                  |
|                                                                   |
|                       o   Edit Host file using ISPF               |
|                       o   Edit Host file using workstation edit   |
|                       o   Edit Workstation file using ISPF        |
|                       o   Edit Workstation file on workstation    |
+-------------------------------------------------------------------+
```

In diesem Zusammenhang sollte noch auf eine Neuigkeit hingewiesen werden. ISPF bietet im HELP sogenannte *Reference Phrases* an, sie sind im Text farblich gekennzeichnet. Man kann den Cursor mittels Tabulator dort positionieren und Help (also üblicherweise F1) drücken, um so wieder gezielte Informationen zu einem Begriff, in obigem Beispiel etwa **List** oder **Edit** zu bekommen.

Über HELP erhält man auch eine Auflistung aller Commands, allerdings gleich mit der Warnung verbunden, damit vorsichtig umzugehen, da keinerlei Sicherungen, wie beispielsweise ein DELETE-CONFIRM, eingebaut sind.

```
  File  View  Options  Space  SuperC  Test  Help
- +--------------------- ISPF Workplace ----------------------+
S |_              Help for Fast Path Commands                  |
A |                                           More:     +      | ll ===> HALF
  | CAUTION:                                                   |
D | Certain fast path commands such as "DF" for data set       |
  | delete, and "D" for member delete, can cause data loss.    |
  | Only enter commands on the ISPF Workplace command line     | e serial)
  | when you are certain of the resulting action.  When        |
+ | uncertain of a fast path command, use an action bar or     | -----------+
| | action prompt to perform the action.                       | Open List  |
| |                                                            | mic list   |
| |                   General Commands                         | 3/25 12:58 |
| |                                                            | ***********
* | =  Repeat last action          D  Delete member            |
  | O  Open                        R  Rename member            |
  | E  Edit                        P  Print member             |
  | V  View                        G  Reset member statistics  |
  | B  Browse                      J  Submit                   |
  | C  Copy                        T  TSO command action       |
  | M  Move                        W  WS command action        |
  |                                                            |
  |                List Oriented Commands                      |
  |                                                            |
  +------------------------------------------------------------+
```

Zusammenfassend kann festgestellt werden, daß über den ISPF Workplace keine neuen Funktionen (wenn man einmal vom Workstation-Editing absieht) zur Verfügung stehen, sondern dem Benutzer bietet sich eine neue Arbeitsweise an. Wer sich einmal daran gewöhnt hat, kann in diesem einen Panel die gesamte ISPF-Funktionalität ausnutzen, ohne ständig zwischen den verschiedenen herkömmlichen Panels hin- und herspringen zu müssen.

Also, wem's gefällt: **Die neue ISPF Objekt-Orientierung**.

6.7 ISPF und die Workstation

ISPF ist im TSO eine Anwendung, die auf eine in diesem Zusammenhang ganz neue Weise die Verbindung zwischen dem MVS-System und der eigenen Workstation herstellt. In der seit Jahrzehnten traditionellen Arbeitsweise arbeitet der TSO-Benutzer mit seinem Terminal (beispielsweise 3270 oder ähnliches) im MVS-System, er hat dort seine Daten und kann diese mit allen Funktionen, die ihm über MVS, TSO und ISPF zur Verfügung stehen, bearbeiten.

Als zu Beginn der achtziger Jahre die Workstation (damals meist PC genannt) ihren Siegeszug antrat, begab man sich damit in eine komplett neue Welt. Datenverarbeitung im Host-System und Datenverarbeitung auf der Workstation, das hatte nichts miteinander zu tun. Im Lauf der Jahre wurden dann Verbindungen zwischen beiden Welten hergestellt. So gibt es in den meisten Betriebssystemen auf der Workstation einen Communication Manager, mit dem man 3270-Sessions emulieren kann. Dadurch ist es möglich, von einen Workstation auf ein TSO-System zuzugreifen und dort LOGON zu machen. Und damit ist auch ein Datenaustauch zwischen beiden Betriebssystemen möglich, es gibt die verschiedensten Funktionen auf der Workstation, wie beispielsweise SEND und RECEIVE, um Daten in die eine oder andere Richtung zu übertragen.

Bei einer derartigen Konstellation bleibt die eigentliche Datenverarbeitung aber noch streng getrennt. Im MVS/TSO-System bearbeitet man mit MVS/TSO-Funktionen MVS-Daten, auf der Workstation bearbeitet man mit Workstation-Funktionen Workstation-Daten.

Diese strenge Trennung wurde mit ISPF Version 4 überwunden. Die ISPF Client/Server Komponente (ISPF/CS) bietet die Möglichkeit, ISPF auf der Workstation mit dem Erscheinungsbild des Workstation-Betriebssystems laufen zu lassen. Man spricht hier von einer GUI-Session (*Graphical User Interface*), und das ist für folgende Betriebssysteme möglich:

- Windows 95/98/2000/NT
- OS/2
- AIX
- Solaris
- HP UX

Im GUI-Mode erhält man die ISPF-Panels im Workstation-Format, das Primary Option Menu sieht beispielsweise so aus:

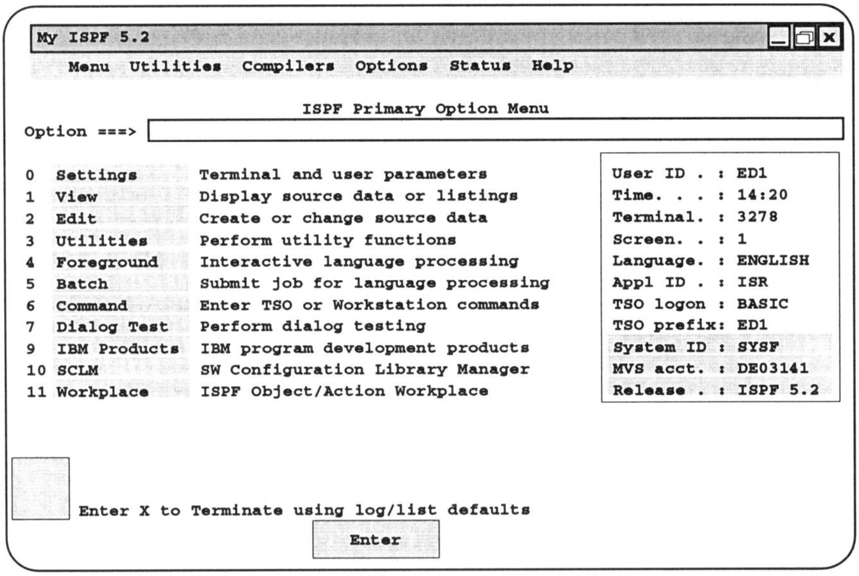

Wir arbeiten weiterhin im MVS/TSO-System, haben aber das äußere Erscheinungsbild der Workstation. Wir können auch direkt auf Daten der Workstation zugreifen und diese editieren, und wir können auch, falls uns das besser gefällt, mit einem Workstation-Editor arbeiten.

Installation der GUI-Session

Man benötigt für eine solche Session eine Workstation, die eine TCP/IP- oder APPC-Verbindung zum MVS-System hat. Dort werden die ISPF C/S-Programme mit Option 3.7 installiert:

```
  Menu  Help
------------------------------------------------------------------------------
                       Download Data Set to Workstation
Option ===> _

1  ISPF C/S      Download ISPF C/S component
2  Data Set      Download/upload ISPF library, partitioned, or seq data set
```

Der Aufruf der Option 1 ergibt:

```
  Menu  Help
- +------------------------------------------------------------------+ --------
  |                 Client/Server Component Download                 |
O | Command ===>                                                     |
  |                                                                  |
1 | Download methods                                                 |
2 | 3  1. FTP (requires workstation FTP server)                      |  set
  |    2. ISPF C/S (requires workstation connection)                 |
  |    3. Manual                                                     |
  |                                                                  |
  | Workstation Type                                                 |
  | 1  1. Windows 95/98/2000/NT    3. AIX               5. HP UX     |
  |    2. OS/2                     4. Solaris                        |
  |                                                                  |
  | Directory to copy file to:                                       |
  | f:\ispf_                                                         |
  |                                                                  |
  | Data Set to copy file from:                                      |
  | ISP.SISPGUI                                                      |
  |                                                                  |
  | Enter "/" to select option                                       |
  |    Create directory to which the file is to be copied.           |
  |                                                                  |
  |                                                                  |
  '------------------------------------------------------------------'
```

Es gibt verschiedene Möglichkeiten, den Client/Server Komponente auf die Workstation zu laden, beispielsweise manuell mit der RECEIVE-Funktion. Wenn man dann das richtige Betriebssystem, beispielsweise Windows, sowie die Ziel-Directory angegeben hat, so erhält man die Information, welche Daten man wohin laden soll:

```
  Menu  Help
- +------------------------------------------------------------------+ --------
  |                Client/Server Component Download                   |
O | Command ===> _                                                    |
  |                                                                   |
1 | In order to install the ISPF Client/Server Component              |
2 | workstation code you will need to download (Binary) from the      |   set
  | MVS data set where the ISPF Client/Server Component install       |
  | executable resides to a directory on your workstation.            |
  | Complete the install by running the install program on your       |
  | workstation. The program is a self extracting executable and      |
  | will result in files being generated on your workstation.         |
  |                                                                   |
  | Copy member . : ISPGUINX                                          |
  |                                                                   |
  | From data set : 'ISPF.SISPGUI'                                    |
  |                                                                   |
  | To file . . . : ispfinst.exe                                      |
  |                                                                   |
  +------------------------------------------------------------------+
```

Falls man beispielsweise mit der englischen Version arbeitet, muß man das Member ISPGUINX aus der entsprechenden MVS Library als ISPFINST.EXE auf die Workstation laden. Der Dataset muß nicht notwendigerweise `ISP.SISPGUI` heißen, man sollte sich beim System-Administrator nach dem richtigen Namen erkundigen.

Wenn man diesen Schritt abgeschlossen hat, kann man mit der Installation beginnen:

1. Selektion einer Command-Zeile
2. Wechsel zu der Directory, in die man die ISPF C/S Workstation-Programme laden will.
3. Start der Installation: `ISPFINST`
4. Es werden mehrere Files in der angegebenen Directory erstellt, unter anderem WSA.EXE.
5. Zum Abschluß wird man aufgefordert, die ISPF-Directory im Path einzutragen. Das ist aber dann nicht notwendig, wenn man beim Start der GUI-Session die Directory explizit angibt.

Nach beendeter Installation ist der Weg frei, um die ISPF-GUI-Session zu starten.

Die ISPF-GUI-Session

Der Start einer solchen Session kann mit folgender Prozedur durchgeführt werden:

1. Start der ISPF C/S Komponente
   a. Selektion einer Command-Zeile
   b. Wechsel zu der Directory, in die man die ISPF C/S Workstation-Programme geladen hat.

c. Start der Session durch: `WSA`
   Danach erhält man folgende Anzeige:

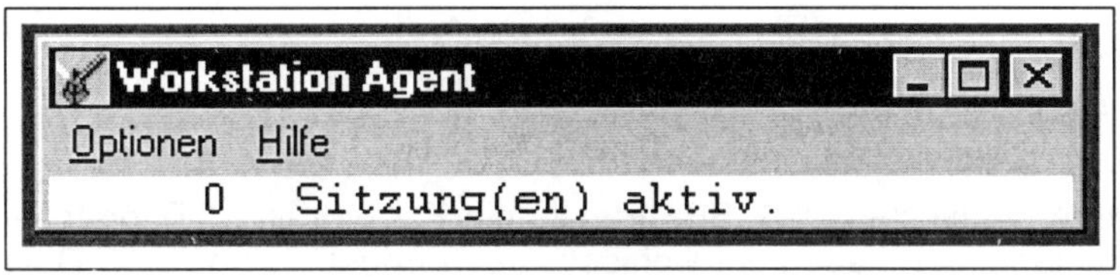

2. Wechsel zur 3270-Emulation mit TSO-Logon
3. Initialisierung der Workstation Connection

Workstation Connection

Generell gibt es zwei Möglichkeiten, im TSO die Verbindung zur Workstation herzustellen:

- Falls es systemseitig eine ISPFGUI-Prozedur gibt, durch deren Aufruf (unter Angabe der TCP/IP- oder APPC-Adresse) automatisch die GUI-Session gestartet wird, so ruft man diese im TSO READY-Mode auf.
- Man startet die übliche ISPF-Session und ruft die Settings auf. Über die Selektion `Workstation` in der Action Bar erhält man dann ein Pop-Up zum Sprung in die Workstation-Welt:

```
  Log/List  Function keys  Colors  Environ  Workstation  Identifier  Help
- +---------------------------- ISPF Settings ----------------------------+
  |                  Initiate Workstation Connection                      |
C | Command ===>                                                          |
  |                                                        More:     +    |
  | /  Save values in system profile?  (/=Yes)                            |
  |                                                                       |
O | Workstation connection                    GUI Network Protocol        |
  | 1  1. With GUI display                    1  1. TCP/IP                |
  |    2. Without GUI display                    2. APPC                  |
  |                                              3. Use ISPDTPRF file     |
  |                                                                       |
  | GUI Title                                                             |
  | My ISPF 5.2                                                           |
  | TCP/IP Address                                                        |
  | 9.165.179.210                                                         |
T | APPC Address                                                          |
  |                                                                       |
  |                                                                       |
  |                                                                       |
  | Host Code Page . . .           Host Character Set . . .               |
  |                                                                       |
  | GUI Window Frame               Default Window Background Color        |
  |1  1. Standard (STD)           1  1. Dialog (DLG)                      |
  +-----------------------------------------------------------------------+
```

Hier sind neben Einzelheiten über die GUI-Session die TCP/IP- oder APPC-Adresse anzugeben. Wenn man über ENTER die **Workstation Connection** hergestellt hat, erhält man das Settings-Panel jetzt im GUI-Mode und kann dann in gleicher Weise alle

ISPF-Funktionen ausführen, wie man es aus der Host-Session gewöhnt ist. Diese Workstation Connection ermöglicht:

- Zugriff auf Workstation-Files
- Benutzung eines Workstation-Editors
- ISPF-Session im Workstation-Look

Wo immer in den verschiedenen ISPF-Panels die Funktionen EDIT oder VIEW angeboten werden, kann man neben der wohlbekannten Angabe eines TSO-Datasets auch den Namen einer Workstation-File spezifizieren, um auf diese dann zugreifen zu können. Wir sehen uns deshalb noch einmal das EDIT-Panel an:

```
  Menu  RefList  RefMode  Utilities  Workstation  Help
------------------------------------------------------------------------------
                               Edit Entry Panel
Command ===>

ISPF Library:
   Project . . . ED1
   Group . . . . RMF      . . .         . . .         . . .
   Type  . . . . CNTL
   Member  . . .              (Blank or pattern for member selection list)

Other Partitioned or Sequential Data Set:
   Data Set Name . . .
   Volume Serial . . .        (If not cataloged)

Workstation File:
   File Name . . . . . e:\rmf2sc\test.dat

Initial Macro  . . . .              Options
Profile Name . . . . .              /  Confirm Cancel/Move/Replace
Format Name  . . . . .                 Mixed Mode
Data Set Password  . .              /  Edit on Workstation
```

Hier sind jetzt die folgenden Felder für uns relevant:

```
Workstation File:
   File Name . . . . . e:\rmf2sc\test.dat
```

und

```
/  Edit on Workstation
```

Wenn wir nichts weiteres angeben, erhalten wir den Standard-Workstation-Editor E, das können wir aber mit dem Workstation Integration Tool ändern, dieses ist über `Workstation` in der Action Bar aufzurufen:

```
  Menu  RefList  RefMode  Utilities  Workstation  Help
+----------------------- Workstation Tool Integration ------------------------+
|  File  Map  Help                                                            |
|-----------------------------------------------------------------------------|
|                Workstation Tool Integration Configuration                   |
|Command ===>                                              Scroll ===> PAGE   |
|                                                                             |
|Press EXIT to save tool configuration to connected workstation hard drive.   |
|Press CANCEL to temporarily update tool configuration for this session.      |
|                                                                             |
|Action: E=Edit V=View                                                        |
|                                                                             |
|   Description  Code  Data    Mode      Command                              |
|   View         V     TEXT    MODELESS  e                                    |
|e_ Edit         E     TEXT    MODAL     e                                    |
|   **End**                                                                   |
|                                                                             |
|                                                                             |
|                                                                             |
+-----------------------------------------------------------------------------+
Format Name  . . . . .                     Mixed Mode
Data Set Password  . .                   / Edit on Workstation
```

Die Action Edit für die Funktion Edit führt uns zu diesem Panel:

```
  Menu  RefList  RefMode  Utilities  Workstation  Help
+---------------- Modify Tool Configuration -----------------+
|                                                            |
|Description  . : Edit      Code  . : E                      |
|                                                            |
|Options                                                     |
|Data . . 1  1. Text        Invocation  1  1. Modal          |
|            2. Binary                      2. Modeless      |
|                                                            |
|Workstation command                                         | election list)
|notepad                                                     |
|                                                            |
|Additional parameters                                       |
|                                                            |
|                                                            |
|Working directory                                           |
|                                                            | Replace
|                                                            |
|           Update                   Cancel                  |
|                                                            |
+------------------------------------------------------------+
```

Wir haben als Workstation-Command `notepad` eingegeben und damit einen neuen Workstation-Editor definiert.

Wer sich noch für die anderen Parameter interessiert, kann sich über HELP die notwendigen Information besorgen.

Zusammenfassung	
Einmalige Aktion	Installation der ISPF C/S-Komponente auf der Workstation
Für jede Session	1. Initialisierung der C/S-Session 2. Aktivierung der Workstation Connection Dafür gibt es auch noch den Command WSCON
Aktive ISPF-Session	• Arbeiten im EDIT-, VIEW- oder DSLIST-Panel • Arbeiten im Workplace • Beenden der Workstation Connection durch den Command WSDISCON

6.8 Zusammenfassung

ISPF - Teil 2

Damit wollen wir das Thema ISPF endgültig zum Abschluß bringen und in einer Zusammfassung noch einmal

- ✓ die wichtigsten Funktionen
- ✓ die EDIT Line und Primary Commands
- ✓ die EDIT Primary Commands mit Parametern

aufzählen.

- **EDIT (Option 2)**

LINE Commands

X	Zeilen ausschließen	F/L/S	Zeilen anzeigen
TS	Text unterbrechen	LC	Kleinbuchstaben
TF	Text formatieren	UC	Großbuchstaben
TE	Text eingeben	MD	Datenzeile

PRIMARY Commands

FIND	Suchen	CREATE	Kopieren
CHANGE	Ändern	REPLACE	Kopieren
EXCLUDE	Ausschließen	COPY	Kopieren
FLIP	Anzeige-Wechsel	MOVE	Vertauschen
LOCATE	Zeile anzeigen	COMPARE	Vergleichen
SORT	Sortieren	CUT	Speicern im Clipboard
RESET	Grundstellung	PASTE	Laden aus Clipboard
DELETE	Löschen	EDITSET	EDIT Settings

Die Syntax dieser Commands sieht folgendermaßen aus:

```
CHANGE string-1 string-2 [range] [NEXT ] [CHARS ] [X ] [col-1 [col-2]]
CHG                              [ALL  ] [PREFIX] [NX ]
CHA                              [FIRST] [SUFFIX]
C                                [LAST ] [WORD  ]
                                 [PREV ]

EXCLUDE string-1 [range]         [NEXT ] [CHARS ] [X ] [col-1 [col-2]]
EXCLUDED                         [ALL  ] [PREFIX] [NX]
EXC                              [FIRST] [SUFFIX]
EX                               [LAST ] [WORD  ]
X                                [PREV ]

FIND string-1 [range] [NEXT ] [CHARS ] [X ] [col-1 [col-2]]
F                     [ALL  ] [PREFIX] [NX]
                      [FIRST] [SUFFIX] [EX]
                      [LAST ] [WORD  ]
                      [PREV ]

LOCATE [line-number]
LOC    [label ]
L

LOCATE    [NEXT ] [LABEL    ] [range]
LOC       [PREV ] [COMMAND ]
L         [FIRST] [ERROR    ]
          [LAST ] [CHANGE   ]
                  [SPECIAL ]
                  [EXCLUDED]

RESET [LABEL] [COMMAND] [ERROR] [CHANGE] [SPECIAL] [EXCLUDED] [range]
RES   [LAB  ] [COM    ] [ERR  ] [CHG   ] [SPE    ] [EX      ]
                                [C     ]           [X       ]

SORT [range]      [X ] [sort-field1 ... sort-field5]

DELETE [ALL]      [X ] [range]
                  [NX]
```

- **Utilities (Option 3)**

3.1	Dataset-Information und Kontrolle
3.5	Dataset-Statistik
3.6	Drucken eines Datasets
3.12/13	Vergleich von Datasets
3.14/15	Durchsuchen eines Datasets

- **Foreground (Option 4)**

4.9	Script-Text-Verarbeitung

- **Background (Option 5)**

5.9	Script-Text-Verarbeitung

- **Workstation**

1	Settings - Starten der GUI-Session
3.7	Installation der ISPF C/S Programme

- **Object/Action Workplace (Option 11)**

ISPF als Client/Server-Anwendung

7.0 RACF - Datenschutz

- RACF sichert den Zugang zum TSO-System

  Das TSO-Password ist der entscheidende Schlüssel zum TSO-System.

- RACF sichert den Zugriff auf die Daten

  Durch sorgfältige Klassifizierung und Autorisierung kann man seine Daten vor unberechtigtem Zugriff schützen.

- RACF ist in ISPF eingebunden

  Die ISPF-Panels ermöglichen eine einfache Implementierung der notwendigen Schutzparameter.

Wir brauchen sicherlich nicht ausführlich zu diskutieren, daß Datenschutz eine sehr wichtige Sache ist, und es ist selbstverständlich, daß im Rechner die entsprechenden Funktionen dazu vorhanden sein müssen.

Der Schutz der Daten gegen unbefugten Zugriff geschieht in zwei Stufen:

- **Zugang zum System**

  Häufig genug liest man in der Presse über die sogenannten 'Hacker', die alle Energien einsetzen, um in fremde Systeme zu kommen. Die Gefahr ist natürlich dann besonders groß, wenn man von einem beliebigen Terminal aus über eine Telefonleitung mit dem System einen Kontakt herstellen kann. Deshalb versucht man, derartige Anschlüsse soweit wie möglich zu vermeiden und beschränkt sich auf direkt angeschlossene (eventuell über eine feste Leitung) Terminals, soweit das aus geschäftspolitischen Gründen möglich ist. Neben dieser ersten - physikalischen - Barriere gibt es noch Systemfunktionen, die den Zugang zu einem System kontrollieren; wir haben in diesem Zusammenhang das Password schon kennengelernt.

- **Schutz der Daten**

  Auch innerhalb des Systems muß es noch Funktionen geben, mit deren Hilfe man die Zugriffskontrolle für Daten steuern kann. Denn es sollte ja nicht jeder, der autorisiert ist, im System zu arbeiten, auf alle Daten zugreifen und sie vielleicht sogar ändern können.

  Diese beiden Funktionen werden im z/OS von einer Systemkomponente

  SecureWay Security Server RACF

  mit

  RACF - Resource Access Control Facility

  übernommen.

Erinnern wir uns, daß beispielsweise im ISPF in vielen Menus ein Feld enthalten ist, in das man ein Password eintragen kann. Und wenn man sich die Syntax von TSO-Commands über HELP oder im Manual anschaut, wird man feststellen, daß dort auch noch im Zusammenhang mit einem Dataset-Namen der Begriff Password auftaucht. In allen diesen Fällen handelt es sich nicht um das LOGON-Password, sondern um ein Dataset-Password, das man definieren konnte, bevor es RACF gab. Ein Datenschutz über ein Password ist natürlich nur schlecht zu kontrollieren, denn wenn der Besitzer eines Datasets ein Password an einen anderen TSO-Benutzer weitergibt, der auch zu diesen Daten Zugriff haben soll, so hat er keinen Überblick mehr, an wen das Password noch weitergegeben wird. Deshalb ist hier eine effektivere Form des Datenschutzes erforderlich, so wie wir sie im RACF finden. Die Erwähnung eines Passwords ist in diesem Zusammenhang nur noch aus Kompatibilitätsgründen notwendig. Wir werden uns damit nicht weiter beschäftigen.

Resource Access Control Facility

bedeutet Zugangskontroll-Funktion zu *Resourcen*, also System-Komponenten, und *Resourcen*, die geschützt werden können, sind

- das Gesamtsystem
- Datasets
- Magnetplatten
- Magnetbänder
- Terminals

7.1 Zugangskontrolle

Der Zugang zum System kann über verschiedene Funktionen kontrolliert werden.

Password

Beginnen wir mit dem ersten Punkt, dem Zugang zum System. Wir haben das anfangs schon ausführlich im Zusammenhang mit dem LOGON-Command besprochen. RACF kontrolliert das Password, und kontrollieren heißt hier überprüfen, ob

- das richtige Password beim LOGON angegeben wird
- innerhalb der systemseitig definierten Frist ein neues Password gewählt wird, das den Vorschriften entspricht.

Diese Vorschriften für die Gültigkeit eines Passwords werden in jeder Installation unterschiedlich gewählt, deshalb soll hier auch nicht detailliert darauf eingegangen werden, sondern nur anhand einiger Beispiele gezeigt werden, was möglich ist:

- es muß eine bestimmte Länge haben
- der Userid darf nicht enthalten sein
- es muß aus mehreren unterschiedlichen Zeichen bestehen
- es darf nicht wiederholt werden

Der Phantasie der zuständigen Sicherheitskoordinatoren sind hier natürlich keine Grenzen gesetzt zu definieren, was, wie man es allgemein bezeichnet, ein triviales Password und damit verboten ist.

Darüber hinaus bietet RACF auch die Möglichkeit, den Zugang zu einem Userid zu sperren, wenn eine bestimmte Zahl ungültiger LOGON-Versuche gemacht wurde - also ein Schutz gegen mögliche firmeninterne 'Hacker'.

Wir wissen bereits, daß wir unser Password innerhalb einer systemseitig definierten Frist zu ändern haben und das über das Feld

```
New password ===>
```

im LOGON Menu machen können, bzw. machen müssen, wenn die Frist überschritten worden ist.

Es gibt aber noch eine zweite Möglichkeit, nämlich den PASSWORD-Command:

```
Syntax -
   PASSWORD PASSWORD(alt neu) INTERVAL(dauer)

Notwendig - Nichts

Defaults  - Wird INTERVAL ohne Wert angegeben, dann erhält es
            den durch die Installation definierten Maximal-
            Wert.

Alias     - PW
```

Mit diesem Command kann man das momentane Password und seine Gültigkeitsdauer (innerhalb des Systemmaximums) ändern.

PASSWORD (alt neu) Angabe des alten und des neuen Passwords

INTERVAL (dauer) Gültigkeitsdauer in Tagen

Abschließend sei noch einmal auf die Bedeutung des LOGON-Passwords hingewiesen. Wer das Password eines TSO-Benutzers kennt, hat damit die Möglichkeit, mit diesem Userid in das System zu kommen und auf die Daten zuzugreifen, die diesem Benutzer gehören.

Terminal

Das Terminal kann auch geschützt werden, und zwar, sofern es mit einem Schloß versehen ist, recht einfach durch einen Schlüssel; das ist allerdings nicht die Standardausrüstung.

Der andere Weg ist, im RACF zu definieren, welche Benutzer zu welchen Zeiten dieses Terminal benutzen dürfen. Derartige Festlegungen können nur von den zuständigen Systemadministratoren durchgeführt werden, deshalb werden wir uns damit nicht genauer beschäftigen.

7.2 Datenschutz

Ab jetzt bewegen wir uns auf der Ebene des TSO-Benutzers, dem es gelungen ist, erfolgreich den LOGON-Command auszuführen, und wir wollen lernen, wie man den Zugriff zu Daten kontrollieren kann. Und diese Zugriffskontrolle kann sich, wie wir anfangs erwähnt haben, sowohl auf Datenspeicher (Platten, Bänder) wie auch auf einzelne Datasets oder Gruppen von Datasets beziehen.

Ein Datensicherungssystem muß, um von den Benutzern akzeptiert zu werden, so konzipiert sein, daß es einfach und wirkungsvoll, aber ohne großen administrativen Aufwand eingesetzt werden kann. Mit dieser Zielsetzung hat man sich im RACF entschieden, dem einzelnen Benutzer die Commands zur Verfügung zu stellen, die es ihm ermöglichen, für die eigenen Daten zu entscheiden und zu definieren, wer in welcher Form darauf zugreifen kann.

Es gibt im RACF eine wohldefinierte Benutzerstruktur, die erst einmal mit den einzelnen TSO-Benutzern beginnt. Jeder ist für seine eigenen Daten zuständig, und darunter versteht man alle Datasets, deren Namen mit dem eigenen Userid anfangen. Man kann auch OWNER, d.h. Besitzer von anderen Daten sein, wenn systemseitig für ein bestimmtes Projekt ein Qualifier definiert und einem Besitzer zugeordnet wurde.

Jeder Benutzer ist einer RACF-Gruppe (Default-Gruppe) zugeordnet. Diese Gruppen sind meist nach organisatorischen oder Projekt-Gesichtspunkten definiert, d.h. alle Mitarbeiter einer Abteilung oder eines Projektes gehören derselben Gruppe an. Ein Benutzer kann durchaus auch berechtigt sein, in verschiedenen Gruppen zu arbeiten, der entsprechende Gruppenname ist beim LOGON anzugeben.

Erinnern wir uns, daß wir im Zusammenhang LOGON/Password erfahren haben, daß der Name der Default-Gruppe auch das Password ist, das wir beim ersten Mal oder einmal nach einem Zurücksetzen benutzen können.

Die Bedeutung einer RACF-Gruppe liegt darin, daß es jedem Benutzer damit möglich ist, nicht nur einzelnen anderen Benutzern, sondern allen, die zu einer Gruppe gehören, bestimmte Autorisierungen bezüglich der eigenen Datasets zu erteilen.

Im Klartext: Wenn man allen Mitarbeitern eines Projektes den Zugriff zu bestimmten Daten gestatten will, muß man nicht wissen, welche TSO-Benutzer das sind, sondern kann allen den Zugriff gestatten, die dem Projekt zugeordnet sind.

Jede Gruppe hat nun wieder einen OWNER, der andere Benutzer der Gruppe zuordnen kann, und über allen Gruppen-Besitzern gibt es einen System-Administrator, der für die Gesamtkontrolle zuständig ist.

Wir sehen also, daß es im System Benutzer gibt, die verschiedene Möglichkeiten zur Vergabe von Autorisierungen haben. Im folgenden werden wir uns aber nur mit den Funktionen beschäftigen, die der 'Standard-Benutzer' zur Verwaltung seiner eigenen Daten verwenden kann.

Es gibt auch noch einen Command, mit dem man sich anzeigen lassen kann, mit welchen Rechten man im RACF definiert ist und mit welchen Gruppen man arbeiten kann:

```
Syntax -
   LISTUSER

Alias     - LU
```

Der Aufruf des Commands bringt folgendes Ergebnis:

```
lu
 USER=ED1   NAME=TEUFFEL              OWNER=ADMIN   CREATED=80.266
  DEFAULT-GROUP=EDUC       PASSDATE=01.064 PASS-INTERVAL= 30
  ATTRIBUTES=NONE
  REVOKE DATE=NONE   RESUME DATE=NONE
  LAST-ACCESS=01.073/17:55:38
  CLASS AUTHORIZATIONS=NONE
  NO-INSTALLATION-DATA
  NO-MODEL-NAME
  LOGON ALLOWED   (DAYS)            (TIME)
  ---------------------------------------------
  ANYDAY                            ANYTIME
   GROUP=EDUC       AUTH=USE      CONNECT-OWNER=ADMIN     CONNECT-DATE=99.184
     CONNECTS=    981  UACC=NONE      LAST-CONNECT=01.073/17:55:38
     CONNECT ATTRIBUTES=NONE
     REVOKE DATE=NONE   RESUME DATE=NONE
```

```
   GROUP=PLIUSER    AUTH=JOIN      CONNECT-OWNER=ADMIN      CONNECT-DATE=97.144
     CONNECTS=     07  UACC=NONE      LAST-CONNECT=99.263/15:28:11
     CONNECT ATTRIBUTES=NONE
     REVOKE DATE=NONE   RESUME DATE=NONE
 SECURITY-LEVEL=IUO
 CATEGORY-AUTHORIZATION
  NONE SPECIFIED
 SECURITY-LABEL=NONE SPECIFIED
```

Die Anzeige gibt unter anderem folgende Informationen:

Default Gruppe	EDUC
Password	Datum der letzten Änderung: 01.064, Gültigkeitsdauer 30 Tage
RACF Gruppen	EDUC mit UACC=NONE, es wurde bisher 981 mal mit dieser Gruppe gearbeitet,
	PLIUSER mit UACC=NONE und 7 Logons
	UACC steht dabei für UNIVERSAL ACCESS, eine Erklärung dieses Begriffes ist im Abschnitt *RACF-Commands* zu finden.
Spezielle Autorisierung	ATTRIBUTES=NONE bedeutet: Standard-Benutzer, hier sind für Gruppen- oder System-Administratoren andere Definitionen möglich.
Logon-Zeitraum	ANYDAY - ANYTIME: keinerlei zeitliche Begrenzung
Sicherheitsstufe	SECURITY-LEVEL: IUO (Internal Use Only) - eine der von der Installation definierten Sicherheits-Klassifizierungen

Klassifizierung von Daten

Wir haben in obiger Auflistung die Sicherheitsstufe gesehen. Sie erlaubt im Rahmen des Datenschutzes mittels RACF eine Klassifizierung. Wenn man einen Dataset schützt, so kann man ihn über einen SECLEVEL-Parameter gleichzeitig klassifizieren. Entsprechende Definitionen sind natürlich installationsabhängig, man könnte sich aber folgendes Beispiel vorstellen:

LEVEL	**Klassifizierung**
UNC	Nicht klassifiziert (Unclassified)
IUO	Intern (Internal Use Only)
CON	Vertraulich (Confidential)
TOP	Geheim (Top Secret)

Man sollte sich aber den Unterschied von Klassifizierung und Schutz der Daten sehr bewußt machen: klassifizierte Daten sind nicht automatisch geschützte Daten. Jeder Besitzer von Daten ist selbst dafür verantwortlich, diese entsprechend ihrer Klassifizierung zu schützen.

RACF-Profile

RACF kennt zwei Methoden, um einen Dataset über ein Profil zu schützen:

1. Einzel-Profil (DISCRETE)
   Für einen einzelnen Dataset wird eine spezielle Autorisierung (Profil) festgelegt.

2. Sammel-Profil (GENERIC)
   Für alle Datasets, die nach bestimmten Regeln zusammengefaßt sind, besteht die gleiche Autorisierung. Der Vorteil eines solchen Profils liegt darin, daß man bestimmte Datasets logisch zusammenfassen kann und damit nur einen Eintrag im RACF-Kontrolldataset zu definieren, zu ändern, zu löschen usw. hat.

   Die Zusammenfassung geht über den Dataset-Namen. Es gelten dafür die folgenden Regeln:

   - % ersetzt genau ein non-blank-Zeichen
   - * ersetzt als Qualifier in der Mitte eines Profil-Namens genau einen Qualifier, oder ersetzt am Ende eines Qualifiers mehrere Zeichen
   - ** ersetzt einen oder mehrere Qualifier.

   Diese Regeln beziehen sich auf das *Enhanced Generic Naming*, das mit RACF 1.8.1 eingeführt worden ist, und sollen durch die folgenden Beispiele veranschaulicht werden:

   ```
   ED1.PROG1.DATA
   ED1.PROG2.DATA
   ED1.PROG3.DATA
   ED1.PROG4.DATA
   ```

   können mit
   `ED1.PROG%.DATA`

   angesprochen werden.

   ```
   ED1.PROG1.DATA
   ED1.PREIS.DATA
   ED1.PROG.DATA
   ED1.PRTEST.DATA
   ```

   werden durch das Profil

   `ED1.PR*.DATA`

   zusammengefaßt.

   Alle Datasets mit dem letzten Qualifier ASM, deren Namen aus drei Qualifiern besteht, werden mit

   `ED1.*.ASM`

   angesprochen.

   Alle Datasets mit dem letzten Qualifier ASM, deren Namen aus beliebig vielen Qualifiern besteht, werden mit `ED1.**.ASM`

   angesprochen.

Hinweis: Falls *Enhanced Generic Naming* nicht definiert ist, muß bei den Beispielen der folgenden Seiten jeweils die Zeichenfolge ** durch * ersetzt werden.

Jeder TSO-Benutzer ist im RACF mit einem **Benutzerprofil** definiert, welches den automatischen Schutz aller Daten festlegt, für die keine spezielle Autorisierung durchgeführt wurde. Dieses Profil ist, da es alle Datasets eines Benutzers betrifft, ein Sammel-Profil und wird entsprechend den obigen Regeln mit

```
ED1.**
```

dargestellt.

Unterschiedliche Schutzkategorien

Es gibt im RACF verschiedene Arten, den Zugriff zu einem Dataset festzulegen. Daß man dabei für einzelne Benutzer oder Benutzergruppen Unterschiede machen kann, soll später behandelt werden, zuerst werden wir die folgenden Kategorien kennenlernen:

NONE Es ist kein Zugriff zum Dataset erlaubt.

EXECUTE Die in einem PDS gespeicherten Programme können ausgeführt, aber nicht gelesen (kopiert) werden.

READ Der Dataset kann gelesen werden.

UPDATE Der Dataset kann geschrieben/geändert werden.

CONTROL Spezielle Funktion für VSAM Datasets, das betrifft also den TSO-Benutzer nicht.

ALTER Komplette Kontrolle über den Dataset, es kann also beispielsweise auch der Schutz geändert werden.

Abgesehen von den Kategorien NONE, die keinerlei Zugriff erlaubt, und CONTROL, handelt es sich damit um vier Stufen, von denen jede die Funktion der darunterliegenden beinhaltet. D.h. beispielsweise, UPDATE schließt READ und EXECUTE ein, und ALTER schließt die drei anderen ein. ALTER wird sicherlich eine Zugriffsautorisierung sein, mit der man sehr sparsam umgehen wird, denn damit kann man mit dem Dataset alles machen.

Zugriffs-Protokoll

RACF bietet dem Benutzer die Möglichkeit, beim Schutz eines Datasets festzulegen, ob systemseitig notiert werden soll, daß jemand auf einen Dataset zugegriffen oder zuzugreifen versucht hat (also mit oder ohne Erfolg). Man bezeichnet das als AUDIT-Funktion. Es würde uns schon sehr überraschen, wenn nicht auch hier mehrere Varianten angeboten würden:

NONE Es wird nichts notiert.

SUCCESS Der erlaubte Zugriff wird notiert.

FAILURES Nur versuchte, aber nicht erfolgreich gewesene Zugriffe werden notiert.

ALL Jeder Zugriff wird notiert.

Ergänzen kann man obige Optionen noch durch die Parameter READ/UPDATE/ CONTROL/ALTER, so daß man die Protokollierung beliebig genau differenzieren kann. Lediglich ein EXECUTE-Zugriff kann nicht festgehalten werden.

```
AUDIT(FAILURES(READ),SUCCESS(UPDATE))
```

In diesem Fall wird jeder unberechtigte Zugriffsversuch (FAILURES(READ)) sowie jede erlaubte Änderung des Datasets (SUCCESS(UPDATE)) festgehalten.

Durch diese AUDIT-Funktion wird ein Record in einen RACF-Kontrolldataset geschrieben, der Informationen wie Datum und Uhrzeit, Userid, Zugriffsart und Dataset-Namen enthält. Es ist nur dem RACF-Koordinator möglich, auf diese Daten zurückzugreifen und sie auszuwerten. Deshalb müssen sich alle anderen Benutzer an ihn wenden, wenn sie etwas über die Benutzung der eigenen Daten wissen wollen.

RACF-Commands

Es gibt drei Commands, mit denen wir den Schutz eines (Einzel-Profil) oder einer Gruppe von Datasets (Sammel-Profil) beeinflussen können:

ADDSD Definition des Schutzes

ALTDSD Ändern des Schutzes

DELDSD Aufheben des Schutzes

Alle Datasets eines Benutzers, die nicht durch den ADDSD-Command eine spezielle Schutzdefinition erfahren haben, sind über das bereits oben erwähnte Benutzerprofil geschützt.

Mit diesen Commands bezieht man sich auf den allgemeinen Schutz eines Profils, auf den UNIVERSAL ACCESS (UACC), wie es im RACF genannt wird. Wir werden später noch einen weiteren Command kennenlernen, der spezielle Autorisierungen für einzelne Benutzer oder Gruppen gestattet.

Da die drei Commands viele gleiche Parameter haben, sollen diese hier gemeinsam erklärt werden.

Der ADDSD erstellt ein Dataset-Profil im RACF-Kontrolldataset.

```
Syntax -
   ADDSD      (profile-name...) UNIT(type) VOLUME(volume-serial...)
              OWNER(userid or group-name)
              UACC(ALTER | CONTROL | UPDATE | READ | EXECUTE | NONE)
              AUDIT(NONE | ALL | SUCCESS | FAILURES | (audit-type))
              ERASE     LEVEL(nn)     SET | NOSET | SETONLY
              MODEL | GENERIC | TAPE        RETPD(nnnn)
              DATA('installation-defined-data')
              WARNING     NOTIFY(userid)       FILESEQ(number)
              ADDCATEGORY(category-name ...)
              SECLEVEL(seclevel-name)
              FROM(profile-name-2)       FCLASS(profile-name-2-class)
              FGENERIC     FVOLUME(profile-name-2-serial)
              mit audit-type =  READ/UPDATE/CONTROL/ALTER
Notwendig - profile-name
Defaults  - SET  AUDIT(FAILURES(READ))  LEVEL(0)
Alias     - AD
```

Mit dem ALTDSD-Command kann man ein Dataset-Profil ändern.

```
Syntax -
   ALTDSD     (profile-name...)
              OWNER(userid or group-name)
              UACC(ALTER | CONTROL | UPDATE | READ | EXECUTE | NONE)
              AUDIT(NONE | ALL | SUCCESS | FAILURES | (audit-type))
              GLOBALAUDIT(NONE | ALL | SUCCESS | FAILURES |
               (audit-type))
              NOTIFY(userid) | NONOTIFY    ERASE | NOERASE
              LEVEL(nn)
              ADDVOL(volume-serial) | DELVOL(volume-serial)
              VOLUME(volume-serial)  UNIT(type)
              ALTVOL(old-volume-serial new-volume-serial)
              SET | NOSET | GENERIC
              DATA('installation-defined-data') | NODATA
              WARNING | NOWARNING          RETPD(nnnnn)
              ADDCATEGORY(category-name ...) |
                DELCATEGORY(category-name ...|*)
              SECLEVEL(seclevel-name) | NOSECLEVEL
              mit audit-type =  READ/UPDATE/CONTROL/ALTER
Notwendig - profile-name
Defaults  - SET
Alias     - ALD
```

Der DELDSD-Command löscht ein Dataset-Profil aus dem RACF-Kontrolldataset.

```
Syntax -
   DELDSD    (dsname ...)
             SET/NOSET/GENERIC    VOLUME(volume-serial)
Notwendig - dsname
Defaults  - SET
Alias     - DD
```

profile-name Wir haben die Möglichkeit, Profil-Namen zu definieren, das wurde im Abschnitt *RACF-Profile* ausführlich behandelt.

VOLUME/UNIT Name und Typ der Platte müssen nur angegeben werden, wenn es sich um einen Dataset handelt, der nicht katalogisiert ist.

UACC Diese Bezeichnung für den allgemeinen Zugriff haben wir bereits kennengelernt.

OWNER Besitzer der Datasets

AUDIT Festlegung des Zugriffsprotokolls

SECLEVEL Der SECLEVEL-Parameter bietet die Möglichkeit, Daten zu klassifizieren.

Wir sehen, daß es bei den Commands noch andere Parameter gibt, mit diesen wollen wir uns aber nicht weiter beschäftigen, da sie in den meisten Fällen spezielle Autorisierungen des Benutzers voraussetzen.

Vielleicht noch eine Bemerkung zum Parameter

SET Dieser Parameter, der in allen drei Commands als Default angegeben wird, legt fest, daß im angesprochenen Dataset über einen Indikator markiert wird, ob dieser Dataset als RACF-geschützt gekennzeichnet wird. Auf die hier möglichen Abweichungen werden wir nicht weiter eingehen.

In obigen Commands wurde übrigens, vielleicht ist es dem Leser aufgefallen, für den UACC-Parameter kein Defaultwert festgelegt. Wie ist also ein Dataset oder Profil geschützt, wenn man diesen Parameter nicht angibt?

Hier wird jetzt der Wert genommen, mit dem der Benutzer in seiner RACF-Gruppe definiert ist. Wir haben anfangs gesehen, daß der Benutzer ED1 in seinen Gruppen EDUC und A jeweils mit

```
UACC(NONE)
```

definiert ist, und das bedeutet, daß der Dataset erst einmal gegen jeden Zugriff geschützt ist.

In diesem Zusammenhang tauchen vielleicht Fragen auf:

- Kann man sich sein Dataset-Profil anzeigen lassen?
- Welche Daten sind speziell geschützt und in welcher Form?

Zur Beantwortung dieser Fragen gibt es natürlich Commands, die wir uns etwas genauer anschauen wollen.

Der LISTDSD wird benutzt, um die RACF-Beschreibung eines Dataset-Profils oder Datasets anzuzeigen.

```
Syntax -
   LISTDSD  DATASET(data-set-name...) | ID(name...) |
              PREFIX(character-string...)
            STATISTICS  HISTORY   AUTHUSER    ALL
            GENERIC | NOGENERIC     VOLUME(volume-serial...)
Notwendig - Nichts
Defaults  - Wenn weder DS, PREFIX noch ID angegeben wird, dann ist
            ID(eigener Userid) der Default.

            Wenn weder GENERIC noch NOGENERIC angegeben wird, dann
            werden sowohl das Sammel- wie auch das Einzel-Profil
            angezeigt.
Alias     - LD
```

Daß man mit diesem wie auch mit den anderen Commands nur auf die eigenen Datasets zugreifen kann, sollte eigentlich selbstverständlich sein. Wollte man sich mit obigem Command beispielsweise über den ID-Parameter die Daten eines anderen Benutzers ansehen, so müßte man dafür schon speziell autorisiert sein.

Die Information, die uns der LISTDSD-Command liefert, wird über diese Parameter festgelegt:

STATISTICS Beschreibung der allgemeinen Schutzparameter

HISTORY Wie oft wurde schon auf den Dataset zugegriffen?

AUTHUSER Anzeige der autorisierten Benutzer

ALL Beinhaltet alle dieser Anzeigen.

Sehen wir uns diese Commands an einigen Beispielen etwas genauer an.

Zuerst sollten wir unser eigenes Benutzer-Profil kennenlernen:

```
ld da(**)
 INFORMATION FOR DATASET ED1.** (G)

 LEVEL  OWNER     UNIVERSAL ACCESS    WARNING    ERASE
 -----  --------  ----------------    -------    -----
  00    ED1             NONE             NO       NO

 AUDITING
 --------
 SUCCESS(UPDATE),FAILURES(READ)

 NOTIFY
 --------
 NO USER TO BE NOTIFIED

 YOUR ACCESS  CREATION GROUP  DATASET TYPE
 -----------  --------------  ------------
```

```
NONE GIVEN        EDUC                 NON-VSAM

NO INSTALLATION DATA
```

Unser Benutzerprofil bezieht sich, wie wir anfangs gelernt haben, auf alle Datasets, deren Namen mit dem eigenen Userid anfangen, und da nach den Regeln zur Profil-Beschreibung ein ** für alle beliebigen Zeichen steht, können wir durch

```
da(**)
```

alle eigenen Datasets charakterisieren, denn entsprechend der TSO-Namenskonvention wird unser Userid noch davorgesetzt.

Wenn wir den Command durch den Parameter ALL ergänzen, so bekommt man noch als zusätzliche Information:

```
               SECURITY LEVEL
-----------------------------------------
IUO

CATEGORIES
----------
NO CATEGORIES
SECURITY-LABEL=NONE SPECIFIED

CREATION DATE  LAST REFERENCE DATE  LAST CHANGE DATE
(DAY) (YEAR)        (DAY) (YEAR)       (DAY) (YEAR)
-------------  -------------------  ----------------
 125   97        NOT APPLICABLE FOR GENERIC PROFILE

ALTER COUNT  CONTROL COUNT  UPDATE COUNT  READ COUNT
-----------  -------------  ------------  ----------
NOT APPLICABLE FOR GENERIC PROFILE
   ID      ACCESS
--------  -------
NO ENTRIES IN STANDARD ACCESS LIST

PROGRAM      ID      ACCESS
--------  --------  -------
NO ENTRIES IN CONDITIONAL ACCESS LIST
```

In welcher Form ist nun unser Dataset ED1.NAMEN.DATA geschützt?

```
ld da(namen.data)
 NO RACF DESCRIPTION FOUND FOR ED1.NAMEN.DATA
```

Keine spezielle Definition gefunden!

Ist der Dataset nicht geschützt? Doch, über unser Benutzerprofil, und etwas Spezielles haben wir bisher noch nicht angegeben.

Wenn wir für diesen Dataset eine andere Schutz-Definition für sinnvoll halten, so kann das mittels ADDSD-Command gemacht werden:

```
ad namen.data uacc(read) seclevel(iuo)
```

Nach Ausführung dieses Commands können sämtliche Benutzer im System den Dataset lesen, denn so haben wir den UNIVERSAL ACCESS definiert. Außerdem wird der Dataset als INTERN klassifiziert.

Es muß jetzt noch ein weiterer Command betrachtet werden, der PERMIT-Command, mit dem man für einzelne Benutzer spezielle Regeln festlegen kann.

```
Syntax -

   PERMIT    resource-name-1
             CLASS(resource-name-1-class)
             ID(name...)
             DELETE | ACCESS(ALTER | CONTROL | UPDATE | READ | NONE)
             WHEN(program(program-name...|*))
             FROM(resource-name-2)
             FCLASS(resource-name-2-class)
             VOLUME(volume-serial)
             FVOLUME(volume-serial)
             GENERIC   FGENERIC   RESET

Notwendig - resource-name-1

Defaults  - ACCESS(READ) CLASS(DATASET) FCLASS(class-Wert)

Alias     - PE
```

resource-1 Dieser Parameter ist im Zusammenhang mit dem zweiten Parameter

CLASS(resource-1-class) zu sehen, mit dem man eine Resource-Klasse angeben kann. Wir haben ja diesen Begriff 'Resource' am Beginn des Kapitels schon kennengelernt und gesehen, daß man noch andere Systemkomponenten außer Datasets schützen kann (Platten, Bänder, Terminals).

Für unsere weiteren Betrachtungen werden wir uns auf Datasets konzentrieren, und wir sehen, daß der CLASS-Parameter den Defaultwert DATASET hat.

ID(name...) Mit diesem Parameter gibt man den oder die Namen von Benutzern oder Gruppen an, die man speziell autorisieren will.

ACCESS(access) Dieser Parameter legt eine der uns schon bekannten Zugriffsautorisierungen fest.

DELETE Hiermit kann man eine einmal definierte spezielle Autorisierung rückgängig machen.

FROM/FCLASS Durch diese Parameter nimmt man auf eine schon bestehende Autorisierung Bezug.

Sehen wir uns den Command an einigen Beispielen an:

Für den Dataset ED1.NAMEN.DATA haben wir festgelegt, daß er von jedermann angesehen werden kann. Ferner wollen wir definieren, daß die Benutzer ED2 und ED3 auch schreiben dürfen:

```
pe namen.data id(ed2,ed3) access(update)
```

Will man das auch allen Benutzern der RACF-Gruppe ADMIN gestatten, so geschieht das durch

```
pe namen.data id(admin) access(update)
```

Wir haben noch einen weiteren Dataset, den wir mit denselben Autorisierungen versehen wollen:

```
ad ort.data uacc(read) seclevel(iuo)
pe ort.data from(namen.daten)
```

Durch den FROM-Parameter haben wir somit eine bereits bestehende Autorisierungsliste übernommen.

Wenn wir jetzt noch einmal den LISTDSD-Command aufrufen, so bekommen wir alles genau angezeigt:

```
ld da(namen.data) all
 INFORMATION FOR DATASET ED1.NAMEN.DATA (G)

 LEVEL  OWNER     UNIVERSAL ACCESS   WARNING    ERASE
 -----  --------  ----------------   -------    -----
  00    ED1              NONE          NO        NO

 AUDITING
 --------
 FAILURES(READ)

 NOTIFY
 --------
 NO USER TO BE NOTIFIED

 YOUR ACCESS  CREATION GROUP  DATASET TYPE
 -----------  --------------  ------------
    ALTER          EDUC          NON-VSAM

 NO INSTALLATION DATA

               SECURITY LEVEL
 ------------------------------------------
 IUO

 CATEGORIES
 ----------
 NO CATEGORIES
 SECURITY-LABEL=NONE SPECIFIED

 CREATION DATE  LAST REFERENCE DATE  LAST CHANGE DATE
 (DAY) (YEAR)        (DAY) (YEAR)       (DAY) (YEAR)
 -------------  -------------------  ----------------
  024    01       NOT APPLICABLE FOR GENERIC PROFILE

 ALTER COUNT  CONTROL COUNT  UPDATE COUNT  READ COUNT
 -----------  -------------  ------------  ----------
 NOT APPLICABLE FOR GENERIC PROFILE

    ID     ACCESS
 --------  -------
 ADMIN     UPDATE
 ED2       UPDATE
 ED3       UPDATE

 PROGRAM      ID      ACCESS
 --------  --------  -------
 NO ENTRIES IN CONDITIONAL ACCESS LIST
```

Sind wir der Meinung, daß der Benutzer ED3 nicht mehr mit den Daten arbeiten dürfte, so können wir die Autorisierung rückgängig machen:

```
pe namen.data id(ed3) delete
```

Was ist dabei der Unterschied zu

```
pe namen.data id(ed3) access(none)  ?
```

Im ersten Fall gilt für ED3 immer der generelle Zugriff über UACC(READ), d.h. er darf noch lesen, während im zweiten Fall ausdrücklich ACCESS(NONE) festgelegt wurde, also auch Leseverbot. Eine Definition über PERMIT (unabhängig davon, ob es eine Erlaubnis oder ein Verbot ist), hat immer eine höhere Priorität als der Parameter UACC.

Alle bisher angesprochenen Beispiele beziehen sich nur auf einzelne Datasets, also Einzel-Profile. Sehen wir uns deshalb noch Beispiele zum Sammel-Profil an.

- Alle Datasets mit dem ersten Qualifier PC und dem letzten Qualifier CLIST sollen als INTERN klassifiziert und generell zum Lesen freigegeben werden:

  ```
  ad 'pc.**.clist' sec(2) uacc(read)
  ```

- Für alle Datasets, deren Name mit PROJ beginnt, also beispielsweise

  ```
  PROJECT1.LIBRARY.DATA
  PROJECT3.TEST.CNTL
  PROJECT5.ASM.LIST
  ```

  soll ED5 als neuer Besitzer definiert werden:

  ```
  ald 'proj**' owner(ed5)
  ```

Beide Commands setzen natürlich die entsprechende Autorisierung des Ausführenden voraus.

Als letzter Command sei noch der SEARCH-Command erwähnt, mit dem man die Möglichkeit hat, sich alle eigenen im RACF definierten Profile anzeigen zu lassen.

```
Syntax -
   SEARCH    CLASS(profile-name-class)
             MASK(char1 | *,char2) | NOMASK
             FILTER(filter-string)
             VOLUME(volume-serial...)
             AGE(days) LIST | NOLIST
             CLIST('string1','string2')
             ALL | GENERIC | NOGENERIC | VSAM | NOVSAM | MODEL | TAPE
             WARNING  EXPIRES(days)
             LEVEL(number)
             SECLEVEL(seclevel-name)
             CATEGORY(category-name)    USER(userid)
Defaults   - CLASS(DATASET)  LIST  ALL
           - Wenn sowohl MASK wie NOMASK fehlen, wird der Userid als
             'char1' bei der Suche nach Datasets genommen. Bei
             anderen Klassen werden alle Resources durchsucht
Alias      - SR
```

Die Vielzahl der Parameter deutet auf ein breites Anwendungsfeld dieses Commands. Man kann mittels spezieller Buchstaben-Masken gezielt nach Datasets suchen, man kann dabei das Alter oder die Platte als Selektionsbegriff angeben und sich sogar komplette TSO-Commands (über den Parameter CLIST) generieren, die die gesuchten Dataset-Namen enthalten.

Da es sich hierbei im wesentlichen um Funktionen handelt, die für einen RACF-Koordinator wichtig sein könnten, wollen wir uns nur die einfachste Form des Commands ansehen:

```
sr

 ED1.NAMEN.DATA
 ED1.ORT.DATA
 ED1.** (G)
```

Die beiden Datasets haben jeweils ein Einzel-Profil, außerdem gibt es für den User ED1 ein Sammel-Profil.

7.3 ISPF-Unterstützung

Wie es nicht anders zu erwarten ist, werden alle RACF-Commands, mit denen wir uns beschäftigt haben, auch über ISPF-Menus angeboten. Wir haben das allerdings im Primary Option Menu nicht gesehen, da es nicht zu den Grundfunktionen des ISPF gehört, und jeder Leser sollte sich dieses Menu in der eigenen Installation ansehen, um festzustellen, ob die RACF-Menus zur Verfügung stehen.

Das Eingangsmenu des RACF bietet mehr Funktionen an, als wir besprochen haben, denn es gibt für speziell autorisierte Benutzer bekanntlich noch weitere Commands, mit denen wir uns aber nicht beschäftigen werden.

```
                              RACF - SERVICES OPTION MENU
OPTION ===> _

SELECT ONE OF THE FOLLOWING:

   1  DATA SET PROFILES

   2  GENERAL RESOURCE PROFILES

   3  GROUP PROFILES AND USER-TO-GROUP CONNECTIONS

   4  USER PROFILES AND YOUR OWN PASSWORD

   5  SYSTEM OPTIONS

   6  REMOTE SHARING FACILITY

   7  DIGITAL CERTIFICATION AND KEY RINGS
  99  EXIT

                  Licensed Materials - Property of IBM
                  5647-A01 (C) Copyright IBM Corp. 1983, 2000
                  All Rights Reserved - U.S. Government Users
                  Restricted Rights, Use, Duplication or Disclosure
                  restricted by GSA ADP Schedule Contract with IBM Corp.
```

In der Option

`1  DATA SET PROFILES`

werden die uns bekannten Commands, wie etwa ADDDSD, ALTDSD, DELDSD oder LISTDSD, intern aufgerufen, die einzelnen Parameter sind uns ja bereits bekannt.

```
                        RACF - DATA SET PROFILE SERVICES
OPTION ===> _

SELECT ONE OF THE FOLLOWING:

      1  ADD            Add a profile
      2  CHANGE         Change a profile
      3  DELETE         Delete a profile
      4  ACCESS         Maintain the access lists
      5  AUDIT          Monitor access attempts (for auditors only)


 D or 8  DISPLAY        Display profile contents
 S or 9  SEARCH         Search the RACF data base for profiles
```

Wenn wir dort ein neues Profil erstellen wollen, geschieht das über die Option '1':

```
                        RACF - DATA SET PROFILE SERVICES - ADD
COMMAND ===>

ENTER THE FOLLOWING INFORMATION:

   PROFILE NAME         ===> namen.data_

   TYPE                 ===>            MODEL, TAPE, GENERIC,
                                        or blank

   VOLUME SERIAL        ===>            If a discrete profile and the
                                        data set is not cataloged

   UNIT                 ===>            If you are adding a profile
                                        and specified VOLUME SERIAL

   PASSWORD             ===>            Data set password, if the data
                                        is password protected
                        ===>            Re-enter password to verify

   USE A MODEL          ===>            YES or NO
```

Einzelheiten sind wie üblich über PF1 abzurufen.

```
                          RACF - ADD DATA SET PROFILE
COMMAND ===> _

   PROFILE: NAMEN.DATA

ENTER OR CHANGE THE FOLLOWING INFORMATION:

   OWNER                    ===> ED1        Userid or group name
   LEVEL                    ===> 0          0-99
   FAILED ACCESSES          ===> FAIL       FAIL or WARN
   UACC                     ===> NONE       NONE, READ, UPDATE,
                                            CONTROL, ALTER or EXECUTE
   AUDIT SUCCESSES          ===> NOAUDIT    READ, UPDATE, CONTROL,
                                            ALTER, or NOAUDIT
   AUDIT FAILURES           ===> READ       READ, UPDATE, CONTROL,
                                            ALTER, or NOAUDIT
   INDICATOR                ===> SET        SET, NOSET, or ONLY
   NOTIFY                   ===>            Userid
   ERASE ON DELETE          ===>            YES or blank

TO ADD OPTIONAL INFORMATION, ENTER YES     ===> NO
```

Die Funktion des PERMIT-Commands ist über die Option

```
4  ACCESS   Maintain the access list
```

in dem vorhergehenden Menu auszuführen:

```
                       RACF - MAINTAIN DATA SET ACCESS LIST
OPTION ===> _

   PROFILE: NAMEN.DATA

SELECT ONE OF THE FOLLOWING:

   1  ADD      Add users or groups.
               Copy the access list from an existing profile.


   2  REMOVE   Remove specific users and groups from the access list.


   3  RESET    Remove all users and groups from the access list.
```

```
                     RACF - MAINTAIN DATA SET ACCESS LIST - ADD
COMMAND ===>

   PROFILE: NAMEN.DATA

ENTER YES FOR EITHER OR BOTH OF THE FOLLOWING:


   COPY         ===> NO      YES to copy the access list from another
                             profile.


   SPECIFY      ===> YES _   YES to specify the users and groups to be
                             added to the access list.
```

Man kann damit beispielsweise einzelne Benutzer, etwa ED2 und ED3 für einen Zugriff zu einem Profil autorisieren:

```
                     RACF - MAINTAIN DATA SET ACCESS LIST - ADD
COMMAND ===> _

   PROFILE: NAMEN.DATA

Enter the access authority to be granted:

   AUTHORITY          ===> UPDATE     NONE, READ, UPDATE,
                                      CONTROL, ALTER or EXECUTE

Enter the users or groups for which entries are to be added:

   ===> ED2       ===> ED3       ===>          ===>          ===>
   ===>           ===>           ===>          ===>          ===>
   ===>           ===>           ===>          ===>          ===>
   ===>           ===>           ===>          ===>          ===>
   ===>           ===>           ===>          ===>          ===>


To add these entries to the conditional access list,
   enter YES      ===>
```

Das Auflisten eines Profils erreichen wir über die Option

`D or 8   DISPLAY        Display profile contents`

wobei wir dasselbe Ergebnis wie bei dem Aufruf des LISTDSD-Commands erhalten.

```
                    RACF - DATA SET PROFILE SERVICES - DISPLAY
COMMAND ===> _

ENTER THE FOLLOWING INFORMATION:

   PROFILE NAME          ===> NAMEN.DATA

   TYPE                  ===>          MODEL, TAPE, GENERIC,
                                       or blank

   VOLUME SERIAL         ===>          If a discrete profile and the
                                       data set is not cataloged

   UNIT                  ===>          If you are adding a profile
                                       and specified VOLUME SERIAL

   PASSWORD              ===>          Data set password, if the data
                                       is password protected
                         ===>          Re-enter password to verify
```

Den Detailgrad der gewünschten Information geben wir im nächsten Panel an:

```
                       RACF - DISPLAY DATA SET PROFILE
COMMAND ===>

   PROFILE: NAMEN.DATA

TO SELECT INFORMATION TO BE DISPLAYED, ENTER YES:

   ACCESS LIST ===> YES _     Profile access list
   HISTORY     ===>           Profile history
   STATISTICS  ===>           Profile use statistics
   DFP         ===>           Profile DFP information
   DATA SETS   ===>           Protected data sets
   NO RACF     ===>           Limit the display to the selected
                              information.


TO LIMIT THE DISPLAY TO PROFILES FOR DATA SETS ON SPECIFIC VOLUMES,
ENTER ONE OR MORE VOLUME SERIAL NUMBERS:

   ===>        ===>        ===>        ===>        ===>
   ===>        ===>        ===>        ===>        ===>
   ===>        ===>        ===>        ===>        ===>
```

7.4 Übung

Diese Übung sollte man in Zusammenarbeit mit einem Kollegen machen; wir wollen für die Formulierung der Aufgabe einmal annehmen, er habe den Userid ED2, um dabei herauszufinden, ob die Autorisierungen, die man gemacht zu haben glaubt, auch so funktionieren, wie es gedacht war.

Zur Vorbereitung der Übung werden drei Datasets beliebigen Formats erstellt:

`userid.RACF1.DATA, userid.RACF2.DATA, userid.RACF3.DATA`

1. Als Einleitung sollte man sich Informationen über die eigene Definition im System verschaffen, d.h. Antworten auf Fragen wie
   - Für welche RACF-Gruppen bin ich definiert, welches ist die Default-Gruppe?
   - Wie sieht das allgemeine Profil meiner Datasets aus, gibt es eine generelle Klassifizierung der Daten?
2. Im nächsten Schritt werden für die oben angegebenen Datasets folgende Zugriffsautorisierungen definiert:
   - RACF1.DATA soll von niemandem außer von ED2 gelesen werden dürfen.
   - RACF2.DATA soll von allen Benutzern im System gelesen werden dürfen, ED2 darf den Dataset überschreiben und löschen.
   - RACF3.DATA darf von allen Benutzern, die zur eigenen Default-Gruppe gehören, gelesen werden. ED2 dagegen darf die Daten nicht lesen.

7.5 Zusammenfassung

RACF - Datenschutz

RACF (Resource Access Control Facility) ist diejenige Systemkomponente in einem z/OS System, mit der man

- den Zugang zum System
- den Zugriff zu *Resourcen* (Daten, Platten,...)

kontrollieren kann.

- **System-Zugang:**

LOGON/PASSWORD	Definition, Änderung und Kontrolle des LOGON-Passwords
LISTUSER	Anzeigen der eigenen RACF-Definition

- **Daten-Kontrolle:**

User-Profil	Generelle Benutzer-Daten
Sammel-Profil	Gruppe von Datasets
Einzel-Profil	Einzelner Dataset

- **RACF-Commands:**

ADDSD	Definieren eines Profils
ALTDSD	Ändern eines Profils
DELDSD	Löschen eines Profils
LISTDSD	Anzeigen eines Profils
SEARCH	Auflisten aller Profile
PERMIT	Definition einer speziellen Autorisierung

- **Klassifizierung der Daten:**

SECLEVEL	Parameter im ADDSD- und ALTDSD-Command

Schlußsatz: Die Wirksamkeit jedes Datensicherungssystems ergibt sich aus dem Einsatz durch die Benutzer, bei ihnen liegt die Verantwortung. RACF bietet die notwendigen Funktionen und Commands an, aber jeder Benutzer muß für seine eigenen Daten entscheiden, wie er sie anwendet.

- Daten sollten entsprechend ihrer Bedeutung klassifiziert sein.
- Daten sollten entsprechend ihrer Klassifizierung geschützt sein.

Ein 'Zuviel' an beidem ist sicherlich einem effektiven Arbeitsablauf hinderlich, ein 'Zuwenig' kann noch schlimmere Folgen haben.

8. Command Prozeduren

- Die Command Prozedur als einfacher Einstieg in die Programmierung

  Wir lernen kennen, wie sie erstellt und aufgerufen werden können.

- Das Funktionsspektrum der CLIST ist sehr umfangreich

  Mit Variablen, Statements, Operatoren und Funktionen kann man fast jede Aufgabe lösen.

- Command Prozeduren können auch ISPF-Funktionen aufrufen

  Mit dem ISPF-Interface hat man viele Möglichkeiten, auf eine bekannte Funktionalität zurückzugreifen.

Bisher haben wir alle TSO-Commands als Einzelfunktionen ausgeführt, und wenn mehrere davon in einem bestimmten Zusammenhang und in einer bestimmten Reihenfolge durchzuführen waren, so haben wir sie nacheinander eingegeben und ablaufen lassen.

TSO bietet zwei Möglichkeiten, einen solchen Command-Ablauf in Form von Prozeduren zu definieren. Es gibt

- die historische ältere Form der Command Prozedur, die man kurz als CLIST (Abkürzung für *Command List*) bezeichnet,
- die, zumindest für TSO, neue Form der EXEC, die die strategisch wichtige und bedeutende Sprache REXX *(Restructured EXtended eXecutor)* erlaubt.

CLISTs und EXECs haben eigene Sprachen, beide sind höheren Programmiersprachen, wie beispielweise PL/I, ähnlich, die es dem Benutzer in einfacher Form ermöglichen, einen bestimmten Funktionsablauf festzulegen und diesen am Terminal oder in einem Job auszuführen.

Die beiden Kapitel *8. Command Prozeduren* und *9. REXX-Prozeduren* beschreiben zuerst unabhängig von einander die jeweilige Sprache und die damit vorhandenen Möglichkeiten. Im Kapitel *10. Vergleich CLIST und REXX* werden dann die beiden Sprachen miteinander verglichen, dieses Kapitel ist für diejenigen Leser gedacht, die bereits CLIST-Kenntnisse haben, und nun die neue REXX-Sprache kennenlernen wollen.

Dieses Kapitel konzentriert sich auf Command Prozeduren, und die wichtigsten Begriffe, mit denen wir uns in diesem Zusammenhang beschäftigen werden, sind

- CLIST-Instruktionen
- Symbolische und System-Variablen
- Operatoren
- Built-in-Funktionen
- Parameter

8.1 CLIST-Definition

Command Prozeduren werden in Datasets gespeichert, dabei sind

- Sequentieller Dataset
- Member im Partitioned Dataset

möglich, allerdings wird letzteres in der Praxis der Normalfall sein.

Das Format des Datasets ist prinzipiell beliebig, wir sind nicht, wie beispielsweise bei einem JCL-Dataset, auf das Format FB80 festgelegt, sondern die Records können sowohl feste wie auch variable Länge haben. Records mit variabler Länge bieten sich deshalb an, weil man in CLISTs ein freies Format hat und viele sehr kurze Records haben wird. Bevor man sich hier auf ein bestimmtes Format festlegt, sollte man sich informieren, in welcher Form die systemseitig bereitgestellten CLIST-Datasets definiert sind, und sich diesem Format anschließen. Genaueres darüber ist im Abschnitt *Privater CLIST-Dataset* zu finden.

Der letzte Qualifier eines Dataset-Namens wird CLIST sein, das muß nicht so sein, ist aber die Regel und macht die Ausführung der Prozedur einfacher.

8.2 CLIST-Ausführung

Man unterscheidet bei der Ausführung einer Command Prozedur zwei Arten. Nehmen wir an, wir hätten unsere Prozeduren als Members im Dataset ED1.CMDPROC.CLIST gespeichert und wollten das Member MYCLIST mit zwei Parametern PARM1 und PARM2 aufrufen.

Expliziter Aufruf

```
exec cmdproc(myclist) 'parm1,parm2'
```

Der Aufruf geschieht mit dem EXEC-Command, bei dem man den Namen des Datasets angibt, in dem die CLIST gespeichert ist. Entsprechend der TSO-Namenskonvention wird der Userid vor den Namen gesetzt.

Wir haben das Beispiel schon im Zusammenhang mit den Namenskonventionen erwähnt, dennoch sollte noch einmal darauf hingewiesen werden, daß der Name voll qualifiziert anzugeben ist, wenn er nicht mit dem Qualifier CLIST endet. Hat man seine Prozeduren im Dataset ED1.CMDS.DATA, so müßte der Aufruf über

```
exec 'ed1.cmds.data(myclist)' 'parm1,parm2'
```

erfolgen, denn bei

```
exec cmds.data(myclist) 'parm1,parm2'
```

würde der EXEC-Command nach einem Dataset 'ED1.CMDS.DATA.CLIST' suchen und ihn nicht finden.

Implizierter Aufruf

```
%myclist parm1 parm2
```

Die Prozedur wird in ähnlichem Format wie ein TSO-Command aufgerufen, allerdings mit einem % vor dem CLIST-Namen.

Dieses % ist nicht zwingend vorgeschrieben, aber zu empfehlen,

- weil damit Verwechslungen ausgeschlossen werden, falls es im System einen TSO-Command mit gleichem Namen gibt,
- weil das System sofort weiß, daß eine CLIST - und kein Command - ausgeführt werden soll, der Ablauf geht deshalb etwas schneller, da nicht zuerst alle Datasets, in denen TSO-Commands gespeichert sind, durchsucht werden müssen.

Dem aufmerksamen Leser fällt natürlich sofort auf, daß wir bei dem impliziten Aufruf nicht angeben, in welchem Dataset (denn hier sind keine speziellen Regeln festgesetzt) sich die Prozedur befindet. Dieser Dataset ist dem System über einen besonderen Formalismus mitzuteilen, den wir uns jetzt etwas genauer ansehen wollen.

Privater CLIST-Dataset

Jede Installation stellt ihren Benutzern eine Reihe von systemseitig definierten Prozeduren zur Verfügung, die man implizit aufrufen kann. Die System-Dateien kann man durch eigene Datasets ergänzen, so daß jeder Benutzer die Möglichkeit hat, sich die Prozeduren, die er für seine eigenen Anwendungen benötigt, zu definieren und auf einfache Weise aufzurufen.

Wenn wir uns jetzt mit diesem Formalismus beschäftigen wollen, so sollten wir an unsere JCL-Kenntnisse aus dem Kapitel *5. Job-Verarbeitung im Background* zurückdenken. Wie haben wir dem System mitgeteilt, in welchem Dataset sich das Programm befindet, das wir ausführen wollen?

Richtig, über die DD-Records

```
//STEPLIB DD DSNAME= ...
```

oder

```
//JOBLIB  DD DSNAME= ...
```

Und etwas Ähnliches müssen wir jetzt auch machen, aber wie? Denn wir sind ja im TSO und nicht in einem Batch-Job und haben somit auch keine JCL-Records zur Verfügung. Allerdings gibt es dafür einen entsprechenden Command, den ALLOCATE-Command. Die vielen Parameter, die es für diesen Command gibt, werden wir teilweise noch im Kapitel *17. TSO-Commands* kennenlernen, jetzt werden wir uns nur mit dem beschäftigen, was wir unbedingt benötigen.

```
Syntax -

   ALLOCATE   DDNAME(ddname) DSNAME(dsname)
              SHR | OLD | MOD | NEW
              REUSE

Alias  -      ALLOC
```

DDNAME(ddname) Diesen Begriff kennen wir aus der JCL genauso wie

DSNAME(dsname) nämlich den Dataset-Namen.

SHR/OLD/MOD/NEW Definition des Status des Datasets, allerdings ohne den Parameter DISP=, wie wir es in der JCL kennengelernt haben.

REUSE Mit diesem Parameter überschreibt man eine eventuell schon bestehende Zuordnung.

Mit dem ALLOC-Command kann man in gleicher Form wie mit dem DD-Record die Zuordnung eines Datasets zu einem DD-Namen festlegen:

- ALLOC-Command im Foreground
- DD-Record im Background

sind also äquivalent.

So, wie man im Job über den DD-Namen JOBLIB/STEPLIB angibt, in welchem Dataset sich das auszuführende Programm befindet, so hat man bei Command Prozeduren festgelegt, daß die entsprechenden Datasets über den DD-Namen SYSPROC definiert werden.

Wir sollten nun zuerst einmal feststellen, ob für unsere TSO-Sitzung ein solcher Dataset definiert wurde - aber wie?

Dafür benötigen wir einen weiteren TSO-Command:

```
Syntax -
   LISTALC  STATUS

Alias  -    LISTA
```

Dieser Command zeigt alle Datasets an, die für uns zugeordnet (allociert oder allocated) sind. Durch den STATUS-Parameter erreichen wir, daß auch die dazugehörenden DD-Namen aufgelistet werden. Wenn wir den Command aufrufen, so erhalten wir

```
lista st

 --DDNAME---DISP--
 TERMFILE   SYSPRINT
 TERMFILE   SYSTERM
 TERMFILE   SYSIN
 ICFU.VSYS005
   SYS00002 KEEP,KEEP
 SYSCTLG.VTSOE0A
   SYS00002 KEEP
 ED1.ISPF.ISPPROF
  ISPPROF   KEEP
 ED1.ISPF.ISPTLIB
  ISPTABL   KEEP
 ED1.ISPF.ISPFILE
  ISPFILE   KEEP
 PPLIB.ISPF.ISPMLIB
  ISPMLIB   KEEP
 PPLIB.ISPF.ISPSLIB
  ISPSLIB   KEEP
 PPLIB.ISPF.ISPTLIB
  ISPTLIB   KEEP
 PPLIB.ISPF.ISPPLIB
  ISPPLIB   KEEP
 SYS1.HELP
   SYSHELP  KEEP
 SYS3.HELP
            KEEP
 SYS3.CLIST
   SYSPROC  KEEP
```

Wir sehen, daß eine lange Reihe von Datasets zugeordnet ist - wann wurde das eigentlich gemacht? Das geschah über die LOGON-Prozedur, die wir im Zusammenhang mit dem LOGON-Command angesprochen haben. Doch wir sollten nicht zu sehr ins Detail gehen, sondern uns auf unsere Fragestellung konzentrieren: Was ist uns über SYSPROC zugeordnet?

Aus obiger Auflistung haben wir erkannt, es ist der Dataset SYS3.CLIST.

Nachdem wir nun diesen Dataset ausfindig gemacht haben, können wir einen eigenen Dataset im gleichen Format definieren: ISPF 3.2 braucht wohl nicht genauer beschrieben zu werden. Und gleiches Format heißt:

- gleiches Record-Format (FB oder VB)
- gleiche Blockgröße

Die Größe des Datasets, es muß ein Partitioned Dataset sein, ist beliebig, und wenn wir in gewohnter Weise 1 Track/1 Track wählen, so haben wir vorläufig genügend Platz.

Warum müssen die Datasets gleiches Format haben? Weil wir sie kombiniert verwenden wollen (CONCATENATION = Verkettung). Wir wollen ja in der Lage sein, sowohl die systemseitig bereits definierten CLISTs wie auch unsere eigenen zu verwenden, und deshalb müssen die Datasets zueinander passen. Diese gemeinsame Definition geschieht über den ALLOC-Command, und wir wollen für die weiteren Betrachtungen annehmen, wir hätten einen Partitioned Dataset ED1.MVS.CLIST im richtigen Format angelegt. Wir können im ALLOC mehrere Datasets angeben und rufen den Command auf:

```
alloc dd(sysproc) dsn(mvs.clist,'sys3.clist') shr
```

Wir erhalten allerdings vom System nicht die erwartete READY-Mitteilung, die besagt, daß alles in Ordnung ist, sondern die Fehlermeldung

```
DATA SET NOT ALLOCATED, FILE IN USE, ENTER 'FREE' OR 'END'
```

Was können wir damit anfangen? Zuerst sollten wir wissen, daß die Begriffe DDNAME und FILE für den ALLOC-Command gleichbedeutend sind, genauso wie DSNAME und DATASET, d.h. wir hätten obigen Command auch als

```
alloc file(sysproc) da(mvs.clist,'sys3.clist') shr
```

angeben können, natürlich mit derselben Fehlermeldung als Ergebnis.

Die Aussage

```
FILE IN USE
```

bedeutet, daß dem DD-Namen SYSPROC bereits ein anderer Dataset zugeordnet ist, und das haben wir mit dem LISTALC-Command auch festgestellt. Diese Zuordnung kann dadurch überschrieben werden, daß wir obige Fehlermeldung mit

```
FREE
```

beantworten.

Man kann diesen Fehler dadurch vermeiden, daß man im Command den REUSE-Parameter angibt, der eine eventuell bestehende Zuordnung überschreibt.

Die Reihenfolge der Dataset-Namen im DSN-Parameter, es können auch mehr als zwei Namen angegeben werden, entscheidet darüber, in welcher Reihenfolge die Datasets nach der aufgerufenen Prozedur durchsucht werden. Es können übrigens auch Datasets unterschiedlicher Blockgröße kombiniert werden, falls sie nur dasselbe Format haben. Man muß dann allerdings den Dataset mit der größten Blockgröße zuerst angeben.

Wenn wir den LISTALC-Command noch einmal aufrufen, um uns die jetzt bestehenden Zuordnungen anzeigen zu lassen, so erhalten wir für SYSPROC folgende Anzeige:

```
  .
  .
ED1.MVS.CLIST
    SYSPROC  KEEP
SYS3.CLIST
             KEEP
  .
  .
```

Für SYS3.CLIST wird kein DD-Name angezeigt, und das bedeutet, daß der davor aufgeführte Name SYSPROC gilt, bei einer Verkettung wird nämlich der DD-Name nur für den ersten Dataset angegeben.

Mit dem erfolgreichen Aufruf des ALLOC-Commands haben wir den eigenen Dataset als CLIST-Library definiert und können somit alle Prozeduren in der Form

```
%member
```

aufrufen.

Aber: Eine solche Zuordnung ist immer nur für eine Sitzung gültig und muß nach jedem LOGON wiederholt werden. Deshalb wäre hier eine Automatik sinnvoll, und viele Installationen bieten ihren Benutzern auch die Möglichkeit, nach dem LOGON eine Prozedur automatisch ablaufen zu lassen, in der man den ALLOC-Command aufrufen kann. Deshalb sollte man sich beim zuständigen TSO-Koordinator erkundigen, wie dieser Formalismus in der eigenen Installation abläuft.

8.3 CLIST-Format

Eine CLIST besteht aus einer oder mehreren Anweisungen (Statements) im freien Format. Das bedeutet, es gibt keine Regeln, in welcher Spalte beispielsweise ein Statement anfangen oder aufhören muß. Ebenso ist die Zahl der Blanks zwischen Variablen, Anweisungen oder Operatoren beliebig.

Ein Statement, das kann

- eine CLIST-Anweisung
- ein TSO-Command
- ein Kommentar

sein, kann auch länger als eine Zeile sein, man muß nur jeweils durch ein Minus-Zeichen als letztem Zeichen pro Zeile angeben, daß eine Fortsetzungszeile folgt.

Es empfiehlt sich, eine CLIST durch Einfügen von Kommentaren übersichtlich zu machen, ein Kommentar beginnt jeweils mit der Zeichenfolge /*.

8.4 Parameter

Beim Entwurf einer CLIST, die eine bestimmte Aufgabe lösen soll, wird man sich überlegen, ob es sinnvoll ist, dieser CLIST irgendwelche Parameter zu übergeben. Hierbei handelt es sich um denselben Mechanismus, den wir bei TSO-Commands - als Anwender, nicht als Programmierer - bereits kennengelernt haben. Wir haben einige Commands ohne Parameter

```
listuser
```

```
status
logoff
```

und andere Commands mit Parametern

```
logon ed1 acct(educ) mail
status ed1print
```

ausgeführt und gesehen, daß es mehrere Arten von Parametern gibt.

Man unterscheidet:

- Positionsparameter - Ihre Bedeutung wird durch ihre Reihenfolge bestimmt.
  Beispiel: Im LOGON-Command: ed1
- Keyword-Parameter - Die Bedeutung dieser Parameter ist durch ihren Namen festgelegt, und es gibt Parameter
  - mit Wertzuordnung: im LOGON-Command: acct(educ)
  - ohne Wertzuordnung: im LOGON-Command: mail

Es ist also die künstlerische Freiheit jedes einzelnen, beim Entwurf einer CLIST festzulegen, welche Parameterarten, falls überhaupt, definiert werden sollen.

Diese Definition geschieht über das PROC-Statement.

PROC

Es hat folgendes Format

```
PROC n p1 p2 ... pn KWD1 KWD2(x)
```

Dabei sind

n	Zahl der Positionsparameter
p1 ... pn	Positionsparameter
KWD1	Keyword-Parameter (ohne Wertzuordnung)
KWD2(x)	Keyword-Parameter (mit Wertzuordnung x)

Ein PROC-Statement muß das erste Statement in einer CLIST sein, es ist aber nur dann notwendig, wenn man Parameter definieren will.

Mit der Zahl n gibt man die Zahl der Positionsparameter an, will man nur Keyword-Parameter definieren, so gilt n=0.

Durch die Klammer hinter einem Keyword-Parameter legt man fest, ob er eine Wertzuordnung bekommen soll und welches der Defaultwert sein soll, falls der Parameter beim Aufruf der Prozedur nicht angegeben wurde.

Hier sei noch einmal auf einen prinzipiellen Unterschied zwischen Positions- und Keyword-Parameter hingewiesen, den wir bei den Commands schon einmal angesprochen haben:

Ein Positionsparameter muß beim Aufruf der Prozedur angegeben werden, anderenfalls wird man vom System danach gefragt, wir kennen das als Prompting. Für einen Keyword-Parameter kann man dagegen innerhalb der CLIST einen Defaultwert festlegen, was für den Positionsparameter natürlich nicht möglich ist.

Also unterschiedliche Eigenschaften, die bei der Parameterdefinition zu bedenken sind.

Wir sollten uns das an einem Beispiel etwas veranschaulichen. Ohne im einzelnen zu wissen, wie eine solche CLIST geschrieben werden kann, denn wir haben bisher keinerlei Funktionen kennengelernt, wollen wir ein PROC-Statement für eine CLIST definieren, mit der man einen Dataset drucken kann. Es geht also momentan lediglich um die Definition der Parameter.

- Welche Parameter sind möglich und sinnvoll?
- Sollen sie als Positions- oder Keyword-Parameter definiert werden?

An dieser Stelle ist der Leser aufgefordert, seiner Phantasie freien Lauf zu lassen, er wird möglicherweise auf andere Parameter kommen als im folgenden vorgeschlagen werden:

DSNAME	Positionsparameter: Name des Datasets, den wir drucken wollen
COPY(1)	Keyword-Parameter: Zahl der Kopien, die gedruckt werden sollen
TITEL()	Keyword-Parameter: Seiten-Überschrift
CONF	Keyword-Parameter: Klassifizierung

Diese Definitionen beinhalten bereits, daß der Defaultwert für die Zahl der Kopien 1 ist, während es als Überschrift keinen Defaultwert gibt. Der Parameter CONF (für CONFIDENTIAL = vertraulich) ist ohne Wertzuordnung definiert, entweder wird er angegeben oder nicht.

Selbstverständlich sind andere Definitionen möglich, denn für eine solche Aufgabe sind unterschiedliche Lösungen denkbar.

Das PROC-Statement für unser Beispiel lautet somit

```
PROC 1 DSNAME COPY(1) TITEL() CONF
```

Wenn wir uns nun vorstellen, wir hätten diese CLIST als Member PRINT in unserem CLIST-Dataset gespeichert, so könnten wir sie durch

```
%print parameter
```

aufrufen. Durch obiges PROC-Statement sind automatisch innerhalb der CLIST vier Variablen DSNAME, COPY, TITEL und CONF definiert, die entsprechend dem CLIST-Aufruf bestimmte Werte haben, und das wollen wir uns an einigen Beispielen ansehen.

Beispiel 1:

```
%print namen.data titel(namensliste) conf
```

DSNAME NAMEN.DATA oder ED1.NAMEN.DATA?

Gilt die TSO-Namenskonvention? Nein, denn an dieser Stelle handelt es sich für das System nur um eine beliebige Zeichenfolge, die einem Parameter DSNAME zugeordnet und dabei in keiner Weise interpretiert wird.

Wir hätten den Parameter genauso gut ABC nennen können, aber ein aussagefähiger Name ist natürlich sinnvoller.

	Also: DSNAME hat den Wert NAMEN.DATA
COPY	Defaultwert: 1
TITEL	NAMENSLISTE
CONF	Wenn ein Keyword-Parameter ohne Wertzuordnung angegeben wird, so ist sein Wert gleich seinem Namen, d.h. CONF hat den Wert CONF.

Beispiel 2:

```
%print titel('april 2001') ort.data con
```

Wie reagiert das System?

- Fehlermeldung, da DSNAME fehlt?
- Oder wird ORT.DATA als DSNAME erkannt?
- Welche Alternativen gibt es noch?

Für das System ist der erste Parameter der Positionsparameter DSNAME, also

DSNAME	TITEL('APRIL 2001'), erst im weiteren Verlauf der CLIST werden wir merken, daß das kein vernünftiger Dataset-Name ist.
COPY	Defaultwert: 1
TITEL	Wurde nicht angegeben (da als DSNAME interpretiert) und deshalb bleibt die Variable TITEL leer.
CONF	Es wurde CON angegeben, und das ist eine gültige Abkürzung für CONF, somit hat auch diesmal CONF den Wert CONF.

Es gibt aber dennoch eine Fehlermeldung, nämlich

```
EXTRANEOUS INFORMATION WAS IGNORED: ORT.DATA
```

Das System weiß, daß es nur einen Positionsparameter gibt, der ist über TITEL(..) schon angegeben, also können nur noch Keyword-Parameter kommen, aber einer mit dem Namen ORT.DATA wurde nicht definiert, deshalb die Fehlermeldung, die besagt, daß eine überflüssige Angabe ignoriert wurde.

Entweder bricht man die CLIST ab, weil man gemerkt hat, daß man einen Fehler gemacht hat, oder drückt ENTER und ignoriert damit den falschen Parameter, oder man gibt einen anderen gültigen Parameter an. In obigem Beispiel ist natürlich nichts mehr zu retten.

Beispiel 3:

```
%print
```

Der Positionsparameter fehlt, also Prompting:

```
ENTER POSITIONAL PARAMETER DSNAME -
```

Wir kommen über diese Stelle nicht hinweg, ohne etwas einzugeben, das dann der Variablen DSNAME zugeordnet wird. Nach fehlenden Keyword-Parametern wird nicht gefragt, also

COPY	1
TITEL	leer
CONF	leer

Zusammenfassend kann gesagt werden, daß es ganz von der Aufgabenstellung abhängt, ob und wie man Parameter definiert, das muß im Einzelfall entschieden werden. Man hätte obige CLIST auch ohne Parameter definieren und dann in einem Dialog nach den notwendigen Werten fragen können, doch dazu kommen wir später.

8.5 Variablen und Statements

Innerhalb einer Prozedur gibt es verschiedene Möglichkeiten, Variablen zu definieren.

- PROC-Statement

  Das PROC-Statement haben wir bereits kennengelernt und dort gesehen, daß wir alle Parameter als Variablen in der Prozedur benutzen können.

- Zuordnung über CLIST-Funktion

  Die wichtigsten Funktionen sind

`SET`	Direkte Zuordnung
`READ`	Daten-Zuordnung vom Terminal
`GETFILE`	Lesen aus einem Dataset

Beim Definieren von Variablen durch die verschiedenen Arten der Wertzuordnung wird nicht zwischen numerischen und Text-Variablen unterschieden, sondern der Typ ergibt sich direkt aus dem jeweiligen Wert.

Die Namen von Variablen können 252 Zeichen lang sein und aus den Werten `A-Z a-z _ # $ @ 0-9`

bestehen, dürfen allerdings nicht mit einer Ziffer beginnen. Für die im PROC-Statement definierten Keyword-Parameter gilt einschränkend, daß sie mit A-Z beginnen müssen, kein _ enthalten dürfen und die maximale Länge von 31 haben. Variablen in ISPF-Panels sind in der Länge auf 8 Zeichen beschränkt.

SET

Wenn man mit Variablen arbeitet, so muß man vor den Variablen-Namen ein & setzen, dieses kann bei der Wertzuordnung wegfallen. Das & gehört nicht zum Variablen-Namen, sondern zeigt lediglich an, daß mit dem Wert der Variablen gearbeitet werden soll.

Beispiele:

```
SET  A = 3
SET &A = 3
```

Beide Statements sind gleichwertig, aber zwischen

`SET B = A` und `SET B = &A`

ist ein Unterschied, im ersten Fall wird der Variablen B der Buchstabe A zugeordnet, im zweiten Fall dagegen die Variable A, die den Wert 3 hat. Durch das & wird somit zwischen Zeichenfolgen und Variablen unterschieden.

Die SET-Funktion erlaubt auch kompliziertere Ausdrücke (**Expressions**), als wir sie in obigen Beispielen haben, es sind arithmetische Operationen oder zusammengesetzte Ausdrücke möglich, bei denen wir mit anderen Variablen arbeiten können. Dazu einige Beispiele:

Statement	Ergebnis
`SET A = 5`	`A : 5`
`SET B = 3`	`B : 3`
`SET C = &A + &B`	`C : 8`
`SET D = 7 + (2*&C)`	`D : 23`
`SET E = D + 7`	Fehler: D ist ein Buchstabe, zu dem man keine 7 addieren kann
`SET A = ZUSAMMEN`	`A : ZUSAMMEN`
`SET B = UNG`	`B : UNG`
`SET C = &A.SETZ&B`	`C : ZUSAMMENSETZUNG`

In diesem Beispiel werden drei Zeichenfolgen

```
&A = ZUSAMMEN
SETZ
&B = UNG
```

zu einer neuen Zeichenfolge

```
ZUSAMMENSETZUNG
```

zusammengesetzt. Dabei ist der Punkt hinter &A notwendig, um anzuzeigen, daß damit der Variablen-Name endet, denn ohne den Punkt würde durch

```
SET  C = &ASETZ&B
```

auf eine Variable ASETZ Bezug genommen, die nicht existiert. In diesen Zusammensetzungen können auch Zahlen auftreten, und auch der Variablen-Name kann zusammengesetzt sein:

Statement	Ergebnis
`SET I = 1`	`I : 1`
`SET X&I = TEXT1`	`X1 : TEXT1`
`SET I = &I+1`	`I : 2`
`SET X&I = TEXT2`	`X2 : TEXT2`

READ - WRITE

Die Ein- und Ausgabe von Daten über den Bildschirm, also der Dialog zwischen System und Benutzer, geschieht über die beiden Funktionen

`READ`	Lesen vom Bildschirm
`WRITE`	Schreiben auf den Bildschirm

Damit können wir unsere erste Prozedur NAMEN schreiben, die die (später auszubauende) Aufgabe hat, drei Namen vom Bildschirm einzulesen und sie danach wieder zu schreiben. Da wir keine Parameter beim Aufruf der Prozedur benötigen, kann man auf ein PROC-Statement verzichten.

```
WRITE BITTE NAMEN EINGEBEN:
SET  I = 1
READ NAME
SET NAME&I = &NAME
SET  I = &I+1
READ NAME
SET NAME&I = &NAME
SET  I = &I+1
READ NAME
SET NAME&I = &NAME
/* DAMIT WURDEN 3 NAMEN EINGELESEN
WRITE DIE NAMEN LAUTEN:
SET J = 1
SET N = &&NAME&J
WRITE &J.. NAME: &N
SET J = &J+1
SET N = &&NAME&J
WRITE &J.. NAME: &N
SET J = &J+1
SET N = &&NAME&J
WRITE &J.. NAME: &N
```

Die Leser mit Programmierkenntnissen mögen darüber hinwegsehen, daß die Aufgabe in dieser Form gelöst wurde, die Lösung ist noch verbesserungsfähig.

Wir rufen die Prozedur auf:

```
%namen
 BITTE NAMEN EINGEBEN:
meier
schmidt
lehmann
 DIE NAMEN LAUTEN:
 1. NAME: MEIER
 2. NAME: SCHMIDT
 3. NAME: LEHMANN
```

Einige Bemerkungen zu dieser CLIST

- Es wurden den drei Variablen NAME1, NAME2 und NAME3 die eingegebenen Namen zugeordnet.

- Dann wird der erste Name geschrieben, er ist als NAME1 gespeichert

  ```
  SET J = 1
  SET N = &&NAME&J
  WRITE &J.. NAME: &N
  ```

  Man hätte natürlich auch

  ```
  SET N = &NAME1
  ```

  sagen können, aber aus Gründen, die wir später noch verstehen werden, wurde hier eine variable Definition gewählt, doch warum muß es

```
&&NAME&J
```

heißen? Durch das && wird festgelegt, daß hier zweimal substituiert werden soll, d.h.

```
&&NAME&J   -> &NAME1
&NAME1     -> &N
```

Hätte man im SET-Statement nur

```
SET N = &NAME&J
```

angegeben, so wäre versucht worden, die Variable &J mit der Variablen &NAME, die es nicht gibt, zu kombinieren. Und mit

```
SET N = NAME&J
```

würde N die Zeichenfolge NAME1, nicht aber der Wert dieser Variablen zugeordnet.

Das klingt vielleicht ein wenig kompliziert, wenn man sich aber erst einmal daran gewöhnt hat, zusammengesetzte Variablen-Namen mit dem && zu beginnen, so kann man das recht nützlich in vielen Prozeduren verwenden.

- Es ist uns sicherlich noch aufgefallen, daß die Namen zu Großbuchstaben konvertiert wurden, man hat aber die Möglichkeit, sie so zu speichern, wie sie eingegeben wurden. Dazu muß das Statement

  ```
  CONTROL NOCAPS
  ```

  angegeben werden.

Wir haben gesagt, daß das Beispiel noch verbesserungsfähig ist, und das wollen wir uns jetzt ansehen. Die Aufgabenstellung soll dabei noch dahingehend erweitert werden, daß wir beliebig viele Namen einlesen und durch ENTER die Dateneingabe beenden wollen:

```
WRITE BITTE NAMEN EINGEBEN
SET I = 0
LESEN: READ NAME
IF &NAME = THEN GOTO SCHREIBEN
SET I = &I + 1
SET NAME&I = &NAME
GOTO LESEN
/* DAMIT SIND ALLE NAMEN EINGELESEN
SCHREIBEN: SET J = 1
DO WHILE &J <= &I
  SET N = &&NAME&J
  WRITE &J.. NAME: &N
  SET J = &J + 1
END
```

Es wurden für die beiden Programmteile unterschiedliche Techniken benutzt, um sie hier besprechen zu können.

GOTO

Wichtig ist zuerst die Erkenntnis, daß die Ausführung der einzelnen Statements nicht nur sequentiell geschehen, sondern daß durch entsprechende Angaben die Reihenfolge geändert werden kann:

```
GOTO LESEN
```

Dieses Statement sagt, daß als nächstes die Zeile mit der Adresse (Label) LESEN ausgeführt werden soll:

```
LESEN: READ NAME
```

Man hat damit eine Programmschleife festgelegt.

IF - THEN - ELSE

Die Schleife wird entsprechend der Aufgabenstellung beendet, wenn kein Name eingegeben wird, und das überprüfen wir mit

```
IF &NAME = THEN GOTO SCHREIBEN
```

Wir haben die Möglichkeit, mit dem IF-Statement eine Bedingung zu überprüfen - in diesem Fall, ob der Name leer ist - und für den Fall, daß die Bedingung erfüllt ist, mit dem THEN-Statement eine andere Funktion - hier das Verzweigen zur Adresse SCHREIBEN - aufzurufen.

Dabei ist zu beachten, daß durch

```
IF &NAME = THEN
```

nicht überprüft wird, ob die Variable NAME den Wert THEN hat, sondern es wird auf einen leeren Wert untersucht, der Begriff THEN wird systemseitig als CLIST-Statement erkannt. Wollte man in einem anderen Zusammenhang wirklich die Zeichenfolge THEN überprüfen, so müßte man das mit einer &STR-Funktion machen, die wir später noch kennenlernen werden.

Wenn man für den Fall, daß die überprüfte Bedingung nicht erfüllt ist, ebenfalls eine Aktion definieren will, so hat man dafür das ELSE-Statement zur Verfügung.

Das Schreiben der Namen kann auch wieder mit einer Schleife ausgeführt werden, nur daß hierbei das Ende durch die Zahl der eingegebenen Namen, die beliebig ist, gegeben ist.

Das Problem ist im gleichen Format wie im ersten Teil lösbar, aber es soll noch eine andere Möglichkeit vorgestellt werden:

DO WHILE - END

```
DO WHILE
    .
    .
END
```

Durch die DO/END-Statements wird eine gewisse Gruppe von Statements zu einer Einheit zusammengefaßt. Ihre Ausführung wird erreicht, solange die Bedingung

```
WHILE &J <= &I
```

erfüllt ist.

Dabei steht

`<=` für kleiner oder gleich

und ist einer von mehreren Vergleichs-Operatoren, die uns in CLISTs zur Verfügung stehen. In unserem Beispiel werden die Statements innerhalb der DO/END-Gruppe so lange ausgeführt, wie die Variable J kleiner oder gleich der Variablen I (nämlich der Zahl der eingelesenen Namen) ist.

Danach würde das hinter END stehende Statement ausgeführt, da dort nichts mehr ist, wird die CLIST beendet.

Bei dieser Art der Programmierung - und um eine Programmierung handelt es sich schon, wenn wir Command Prozeduren schreiben - zeigt sich schnell, daß eine Lösung mit zusammengesetzten Variablen-Namen (NAME&J) bessere Möglichkeiten bietet, als würde man stets mit festen Namen (NAME1, NAME2, NAME3, ...) arbeiten.

An dieser Stelle sei ein Hinweis auf die Entwicklung von TSO und seiner CLIST-Sprache gestattet. Die DO WHILE-END-Funktion wurde im Lauf der Weiterentwicklung von TSO durch zusätzliche Varianten ergänzt, die nun erklärt werden sollen.

DO UNTIL - END

Statt

```
DO WHILE &J <= &I
```

kann man die Überprüfung der Ausführung auch als

```
DO UNTIL &J > &I
```

schreiben. Man hat damit eine Bedingung, die erst ***nach*** Ausführung der durch DO-END zusammengefaßten Statements geprüft wird, während eine WHILE-Bedingung ***vorher*** in Kraft tritt.

Diejenigen Leser, die mit Programmierkenntnissen (etwa PL/I) in die CLIST-Verarbeitung einsteigen, erwarten sicherlich, daß man das DO-Statement auch mit einem Zähler versehen kann, der bis zu einem gegebenen Grenzwert automatisch variiert wird. Auch diese Form des DO-Statements ist möglich.

Iteratives DO

Die in unserem Beispiel durch

```
SET  J = 1
```

und

```
DO WHILE &J <= &I
```

sowie

```
SET J = &J+1
```

gegebene Lösung läßt sich folgendermaßen vereinfachen:

```
DO &J = 1 TO &I BY 1
```

Somit hat man in einem Statement einerseits die Initialisierung des Zählers

```
DO &J = 1
```

die automatische Erhöhung

```
BY 1
```

sowie die Begrenzung

```
TO &I
```

Wer damit noch nicht genug hat, kann auch alle Varianten kombinieren:

```
DO &K = 10 TO &L BY 5 WHILE &JAHR = 2001 UNTIL &MONAT = MAI
```

SELECT

Falls innerhalb eines Funktionsablaufs verschiedene Bedingungen überprüft werden sollen, so kann das durch mehrfache IF-THEN-ELSE-Statements gemacht werden. Das SELECT-Statement führt hier zu einer Vereinfachung.

```
WRITENR STADT
READ STADT
SELECT &STADT
  WHEN (MUENCHEN) SET X = SUED
  WHEN (KOELN) SET X = WEST
  WHEN (BERLIN | HAMBURG) SET X = NORD
  OTHERWISE SET X = NO
END
IF &X = NO THEN WRITE &STADT IST KEINE DEUTSCHE MILLIONENSTADT
ELSE WRITE &STADT IST EINE &X.DEUTSCHE MILLIONENSTADT
```

Durch

```
SELECT &STADT
```

wird definiert, daß die Variable STADT auf verschiedene Werte überprüft wird. Jedes WHEN-Statement legt jetzt die Aktion fest, die bei Erfüllung eines bestimmten Wertes ausgeführt werden soll. Dabei steht

```
WHEN (BERLIN | HAMBURG)
```

für die Bedingung

```
BERLIN oder HAMBURG
```

Die im WHEN-Statement festgelegten Bedingungen können beliebige Kombinationen der im folgenden beschriebenen Operationen sein, und auch Wertebereiche wie

```
WHEN (3:7)
```

sind erlaubt. Eine solche Aktion kann auch aus mehreren Statements bestehen, die dann durch DO-END zusammengefaßt werden.

Das OTHERWISE-Statement behandelt schließlich den Fall, daß keine der angegebenen Bedingungen erfüllt ist.

8.6 Operatoren

Es gibt drei Gruppen von Operatoren, mit denen man arbeiten kann, einige dieser Operatoren haben wir bereits verwendet.

Arithmetische Operatoren

+	Addition
-	Subtraktion
*	Multiplikation
/	Division
**	Potenzieren
//	Restbildung

Für arithmetische Operationen gelten die normalen mathematischen Regeln - es ist auch Klammerrechnung erlaubt - mit einer wesentlichen Einschränkung:

Man kann nur mit ganzen Zahlen rechnen und bekommt auch nur ganze Zahlen als Ergebnis. Das bedeutet, daß die Division als Ergebnis den ganzzahligen Teil des Quotienten liefert, dafür gibt es dann noch die Restbildung, falls man es ganz genau wissen will (so wie wir es in der Grundschule gelernt haben: 10 geteilt durch 3 ist 3 Rest 1).

Beispiel : Prozedur mit dem Namen TEILEN

```
WRITENR ZAEHLER :
READ Z
WRITENR NENNER  :
READ N
IF &N = 0 THEN GOTO FEHLER
SET ERG = &Z/&N
SET REST = &Z//&N
WRITE &Z GETEILT DURCH &N IST &ERG REST &REST
EXIT
FEHLER: WRITE DIVISION DURCH 0 IST NICHT ERLAUBT
```

Aufruf:

```
%teilen
 ZAEHLER : 20
 NENNER  : 7
 20 GETEILT DURCH 7 IST 2 REST 6
```

Im Beispiel wurde noch eine Variante von WRITE, nämlich WRITENR benutzt, die sich von WRITE dadurch unterscheidet, daß der Cursor hinter dem geschriebenen Text stehen bleibt, also eine optische Variante, die man dann gerne anwendet, wenn dem Schreiben ein Lesen folgt, man gibt, wie beim Aufruf zu sehen ist, den Text dann in dieselbe Zeile ein.

Mit dem EXIT-Statement beendet man die CLIST nach dem Schreiben des richtigen Ergebnisses.

Vergleichs-Operatoren

Es gibt acht Vergleichs-Operatoren, die man jeweils als Symbol oder Buchstabenkombination (sie ist eine Abkürzung des englischen Begriffs) darstellen kann, beides ist gleichwertig.

EQ	=	Gleich
NE	¬=	Ungleich
LT	<	Kleiner
GT	>	Größer
LE	<=	Kleiner oder gleich
GE	>=	Größer oder gleich
NG	¬>	Nicht größer
NL	¬<	Nicht kleiner

Diese Operatoren kann man in Statements wie IF, WHILE, UNTIL oder SELECT verwenden, wir haben das in unserem Beispiel kennengelernt.

Man kann übrigens mit den Kleiner/Größer-Operatoren nicht nur Zahlen vergleichen, sondern auch Text-Daten, diese werden von links nach rechts Zeichen für Zeichen verglichen, und der erste Unterschied liefert dann das Ergebnis gemäß der internen System-Darstellung, die auch dem Alphabet entspricht.

So gilt beispielsweise

```
ABC    <  BBC
NAME1  <  NAME2
XY2    <  7
PPJ    <  PPJK
```

Logische Operatoren

Die dritte Gruppe bilden die logischen Operatoren

AND	&&	Und
OR	|	Oder

Mit diesen Operatoren kann man Ergebnisse von Vergleichsoperationen, also RICHTIG oder FALSCH, kombinieren und erhält wieder ein RICHTIG oder FALSCH. Die Regeln für diese Operatoren lassen sich folgenderweise darstellen:

```
UND      |  RICHTIG  FALSCH     ODER     |  RICHTIG  FALSCH
--------|-----------------      --------|-----------------
RICHTIG  |  RICHTIG  FALSCH     RICHTIG  |  RICHTIG  RICHTIG
FALSCH   |  FALSCH   FALSCH     FALSCH   |  RICHTIG  FALSCH
```

Verbal ausgedrückt:

- Das Ergebnis einer UND-Operation ist genau dann RICHTIG, wenn beide Bedingungen RICHTIG sind.
- Das Ergebnis einer ODER-Operation ist RICHTIG, falls mindestens eine Bedingung RICHTIG ist.

Beispiele:

```
SET A = 3
SET B = 4
```

```
SET C = 5
SET X = HANS
SET Y = FRITZ

&A <= 3  AND  &B < &C          RICHTIG
&X = HANS AND &Y = KARL        FALSCH
(&A+&B) < &C OR &C > 0         RICHTIG
```

Diese Operationen stehen in der CLIST nicht als Statements da, die ein explizites Ergebnis liefern, sondern werden z.B. in einem IF-Statement benutzt, um einen Funktionsablauf zu steuern.

8.7 System-Variablen

Wir haben uns bereits ausführlich damit beschäftigt, Variablen zu definieren und mit ihnen zu arbeiten. Darüber hinaus gibt es noch eine Reihe von System-Variablen, die wir uns mehr oder weniger genau ansehen werden. Einige von ihnen werden wir als sehr nützlich ansehen, während uns für andere möglicherweise keine sinnvolle Anwendung einfällt.

Datum und Uhrzeit

`&SYSDATE`	Datum: mm/dd/yy
`&SYS4DATE`	Datum: mm/dd/yyyy
`&SYSSDATE`	Datum: yy/mm/dd
`&SYS4SDATE`	Datum: yyyy/mm/dd
`&SYSJDATE`	Datum: yy.ddd
`&SYS4JDATE`	Datum: yyyy.ddd
`&SYSTIME`	Zeit: hh:mm:ss
`&SYSSTIME`	Zeit: hh:mm

Bildschirm

`&SYSWTERM`	Spaltenzahl des Bildschirms
`&SYSLTERM`	Zeilenzahl des Bildschirms

Benutzer

`&SYSUID`	Userid
`&SYSPREF`	Dataset-Prefix
`&SYSPROC`	Logon-Prozedur
`&SYSTERMID`	Terminal-Adresse
`&SYSCPU`	CPU-Zeit für diese Session
`&SYSSRV`	Service Units für diese Session

System

`&SYSAPPLCU`	APPC/MVS-LU Name
`&SYSCLONE`	MVS System-Symbol
`&SYSDFP`	MVS/DFP-Version
`&SYSHSM`	HSM-Version
`&SYSISPF`	ISPF: ACTIVE - NOT ACTIVE
`&SYSJES`	JES-Name und Version
`&SYSLRACF`	RACF-Version

&SYSMVS	Betriebssystem-Version
&SYSNODE	Netzwerk-Adresse des MVS-Systems
&SYSPLEX	MVS Sysplex-Name
&SYSRACF	RACF:(NOT) AVAILABLE - (NOT) INSTALLED
&SYSSECLAB	Security-Label der TSO-Session
&SYSSMFID	SMF-Identifier
&SYSSMS	SMS: ACTIVE - NOT ACTIVE
&SYSSYMDEF	MVS-Name
&SYSTSOE	TSOE-Version

CLIST

&SYSICMD	CLIST-Name
&SYSPCMD	Command-Name
&SYSSCMD	Subcommand-Name
&SYSNEST	YES - NO
&SYSSCAN	Maximale symbolische Substitution
&SYSENV	BACK - FORE

CONTROL-Parameter

&SYSSYMLIST	OFF/ON: entspricht CONTROL (NO)SYMLIST
&SYSCONLIST	OFF/ON: entspricht CONTROL (NO)CONLIST
&SYSLIST	OFF/ON: entspricht CONTROL (NO)LIST
&SYSASIS	OFF/ON: entspricht CONTROL CAPS/ASIS
&SYSMSG	OFF/ON: entspricht CONTROL (NO)MSG
&SYSFLUSH	OFF/ON: entspricht CONTROL (NO)FLUSH
&SYSPROMPT	OFF/ON: entspricht CONTROL (NO)PROMPT

Eingabe

&SYSDLM	TERMIN-Eingabe
&SYSDVAL	READ/TERMIN-Daten

Ausgabe

&SYSOUTTRAP	Maximale Command-Zeilenzahl, die gespeichert wird
&SYSOUTLINE	Aktuelle Command-Zeilenzahl, die gespeichert wurde

Return Codes

&LASTCC	Letzter Return Code
&MAXCC	Höchster Return Code
&SYSABNCD	Letzter ABEND Code
&SYSABNRC	Letzter ABEND Reason Code
&SYSCMDRC	Letzter Command Return Code

Wir können uns einige dieser Variablen in folgender CLIST INFO anzeigen lassen, andere werden wir später noch kennenlernen.

```
/*************************************************************/
/*       CLIST ZUM DRUCKEN EINIGER SYSTEM-VARIABLEN          */
/*************************************************************/
WRITE USER-ID        : &SYSUID
WRITE LOGON-PROZEDUR : &SYSPROC
WRITE ZEIT           : &SYSTIME
WRITE DATUM          : &SYS4DATE
SET ZEIT = &SYSTIME
SET TAG = &STR(&SYS4DATE)
WRITE -
ES IST &SUBSTR(1:2,&ZEIT) UHR UND &SUBSTR(4:5,&ZEIT) MINUTEN -
AM &SUBSTR(4:5,&TAG).&SUBSTR(1:2,&TAG).&SUBSTR(7:10,&TAG)
```

Der Aufruf dieser CLIST ergibt folgendes Ergebnis:

```
%info
 USER-ID        : ED1
 LOGON-PROZEDUR : BASIC
 ZEIT           : 10:17:23
 DATUM          : 04/23/2001
 ES IST 10 UHR UND 17 MINUTEN AM 23.04.2001
```

8.8 Built-in-Funktionen

In dieser Prozedur haben wir darüber hinaus noch zwei Funktionen benutzt, die zu den sogenannten Built-in-Funktionen gehören.

`&STR(string)`	Zeichenfolge
`&SUBSTR(expr[:expr],string)`	Teil-Zeichenfolge
`&DATATYPE(expression)`	Typ: NUM - CHAR
`&LENGTH(expression)`	Länge
`&EVAL(expression)`	Arithmetische Berechnung
`&SYSCAPS(string)`	Übersetzung in Großbuchstaben
`&SYSLC(string)`	Übersetzung in Kleinbuchstaben
`&SYSINDEX(str1,str2[,start])`	Suchen einer Zeichenfolge
`&NRSTR(string)`	Bewahrung des doppelten &
`&SYSNSUB(level,expr)`	Begrenzung einer symbolischen Substitution
`&SYSDSN(dsname[(member)])`	Anzeige, ob ein Dataset existiert

Es gibt darüber hinaus noch eine Reihe von Built-in-Funktionen, die sich auf sogenannte "Double-Byte"-Zeichenfolgen beziehen. Da es sich hierbei um japanische (KANJI) oder koreanische (HANGUEL) Zeichen handelt, sind diese Funktionen für uns irrelevant und werden nicht weiter behandelt.

&STR

Die &STR-Funktion benutzt man immer dann, wenn man mit Zeichenfolgen arbeitet, die irgendwelche Sonderzeichen, Blanks, Operatoren oder ähnliches beinhalten. In obigem Beispiel haben wir

```
SET TAG = &STR(&SYSDATE)
```

Die Variable &SYSDATE hat eine Darstellung mm/dd/yy, das bedeutet, ohne die &STR-Funktion würde ein Statement

```
SET TAG = &SYS4DATE
```
zu
```
SET TAG = 04/13/2001
```
und dabei würden die /-Zeichen als Divisionsoperatoren interpretiert, mit dem Ergebnis einer 'Doppel'-Division:
```
4/13/2001 = (4/13)/2001 = 0/2001 = 0
```
Das ist nun aber nicht im Sinne der Aufgabenstellung.

&SUBSTR

Die &SUBSTR-Funktion erlaubt, aus einer Zeichenfolge eine Teilfolge zu wählen, wobei die Position des ersten und letzten Zeichens anzugeben ist. Läßt man letzteres weg, so ist das Ergebnis nur ein einzelnes Zeichen.

&DATATYPE

Mit dieser Funktion kann man von jedem Ausdruck (also beispielsweise einer Variablen) den Typ, nämlich numerisch (NUM) oder Text-Daten (CHAR) feststellen.

&LENGTH

Zur &LENGTH-Funktion ist eigentlich nicht viel zu sagen, sie liefert als Ergebnis die Länge eines numerischen oder Text-Ausdrucks.

&EVAL

Die &EVAL-Funktion benutzt man zur Berechnung eines arithmetischen Ausdrucks. Falls ein solcher Ausdruck beispielsweise in einem SET-Statement erscheint, also
```
SET A = 3
SET B = 4
SET C = &A+&B
```
so wird der Ausdruck &A+&B direkt berechnet und C zugeordnet. Sind derartige Ausdrücke aber in anderen Statements enthalten, so müssen sie über die &EVAL-Funktion berechnet werden. Wir sehen uns dazu die Prozedur WIEVIEL an:
```
PROC 0 IST()
WRITE &IST = &EVAL(&IST)
```
Der Aufruf dieser Prozedur ergibt folgendes Ergebnis:
```
%wieviel ist(3*4)
 3*4 = 12
```

&SYSCAPS - &SYSLC

Diese beiden Built-in-Funktionen übersetzen eine Zeichenfolge in Groß- oder Kleinbuchstaben.

&SYSINDEX

Mit dieser Funktion prüft man, ob eine Zeichenfolge in einer anderen Zeichenfolge enthalten ist. Wird sie (erstmals) gefunden, so ist das Ergebnis die entsprechende Position, anderenfalls erhält man den Wert 0.

```
SET X = ABCDABCD
SET Y = C
SET Z = &SYSINDEX(&Y,&X)
```

Z erhält den Wert 3, denn das Zeichen 'C' wird in der Zeichenfolge 'ABCDABCD' an dritter Stelle gefunden.

```
SET Z1 = &SYSINDEX(&Y,&X,4)
```

Durch die 4 wird die Position angegeben, bei der zu suchen angefangen wird, das Ergebnis ist in diesem Falle also 7. Die zu verarbeitenden Zeichenfolgen können durchaus auch aus mehreren Wörtern bestehen, beispielsweise

```
SET TIER = HUND
SET X = &SYSINDEX(&TIER,KATZE ESEL HUND)
```

Das Ergebnis, das X zugeordnet wird, ist aber natürlich nicht 3, es wird nicht nach Wörtern, sondern nach Zeichenfolgen gesucht, sondern 12.

&NRSTR

Mit Hilfe dieser Funktion kann man erreichen, daß ein doppeltes & erhalten bleibt. Will man beispielsweise einem temporären Dataset einen Namen &&TEMP geben, so erreicht man das durch

```
SET DSNAME = &NRSTR(&&TEMP)
```

Ohne die &NRSTR-Funktion bekäme DSNAME den Wert &TEMP.

&SYSNSUB

Die &SYSNSUB-Funktion begrenzt die Zahl der symbolischen Substitutionen.

Statement	Ergebnis
SET Y = 30	30
SET X = &&Y	&Y
SET Z = &&X	&X
SET A = &SYSNSUB(1,&Z)	&X
SET B = &SYSNSUB(2,&Z)	&Y
SET C = &SYSNSUB(3,&Z)	30
SET D = &Z	30

Während für A eine einmalige Substitution durchgeführt wird

```
A = &Z = &X
```

hat man für B die zweimalige Substitution

```
B = &Z = &X = &Y
```

und schließlich für C wie für D die dreimalige und damit vollständige Auflösung aller ineinander eingesetzten Variablen erreicht:

```
C = &Z = &X = &Y = 30
D = &Z = &X = &Y = 30
```

&SYSDSN

Diese Funktion prüft, ob ein Dataset oder ein Member in einem Dataset existiert. Im Erfolgsfall erhält man das Ergebnis

```
OK
```

ansonsten eine selbsterklärende Fehlermeldung wie

```
DATASET NOT FOUND
MEMBER NOT FOUND
```

oder ähnliches. Das läßt sich etwa folgendermaßen in eine CLIST einbauen:

```
IF &SYSDSN(TEST.DATA) = OK THEN ALLOC DA(TEST.DATA) F(ABC) SHR
  ELSE ALLOC DA(TEST.DATA) F(ABC) NEW TRACK SPACE(1 1)
```

Falls man darüber hinaus noch weitere Informationen über einen Dataset benötigt, so kann man das mit Hilfe der LISTDSI-Instruktion (*List Data Set Information*) erreichen.

LISTDSI

Diese Funktion stellt eine Vielzahl von Informationen zur Verfügung, die in verschiedenen System-Variablen wie &SYSVOLUME, &SYSUNIT, &SYSDSORG, &SYSRECFM, &SYSLRECL, &SYSBLKSIZE, &SYSALLOC, &SYSUSED, &SYSPRIMARY, oder &SYSUNITS, um nur einige von ihnen zu nennen, gespeichert werden.

Ein einfaches Beispiel soll das veranschaulichen. Die CLIST DSINFO

```
PROC 1 DSN
LISTDSI &DSN
WRITE GROESSE : &SYSALLOC &SYSUNITS
WRITE BELEGUNG: &SYSUSED &SYSUNITS
```

zeigt folgendes Ergebnis:

```
%dsinfo mvs.clist
 GROESSE : 9 TRACK
 BELEGUNG: 8 TRACK
```

8.9 Übungsaufgabe

Es wird Zeit, daß wir unsere bisher erworbenen Kenntnisse über Command Prozeduren in die Praxis umsetzen, wenden wir uns deshalb folgender Übung zu:

1. Erstellen eines CLIST-Datasets

   Das könnte man über die folgenden Schritte machen:

   - Information über System-Datasets besorgen (LISTALC)
   - Anlegen eines Datasets userid.MVS.CLIST in demselben Format
   - Zuordnen dieser Datasets als SYSPROC (ALLOC)

- Herausfinden (beim TSO-Koordinator), ob es eine Möglichkeit beim LOGON gibt, den ALLOC-Command automatisch ausführen zu lassen; falls ja, diese Automatik einbauen.

Damit haben wir für die Zukunft erreicht, daß wir alle Prozeduren implizit, d.h. in der Form

```
%member
```

aufrufen können.

2. Eingabe der beiden Prozeduren NAMEN und INFO, eventuell mit einigen Modifikationen, um mit den einzelnen Funktionen vertraut zu werden. (Im Klartext: ein bißchen damit herumspielen.)
3. Definition und Eingabe einer Prozedur WANN, mit der man folgenden Dialog durchführen kann:

```
%wann
 WANN BIN ICH HEUTE GEKOMMEN: 8:40
 DANN KANN ICH UM 17:06 GEHEN
 ICH HABE IN 7 STUNDEN UND 37 MINUTEN FEIERABEND
 HURRA .....
```

Hier sollte jeder natürlich die eigenen Definitionen bezüglich der Arbeitszeit und Zeiterfassung (evtl. mit Industriezeit) berücksichtigen.

Zum Ablauf der Prozedur ist eigentlich nur folgendes zu sagen:

- Einlesen der Kommt-Zeit, hier könnte man ein festes Format vorgeben
  `08:40 oder 13:35`
  oder eine führende Null (bei 8:40) im Programm generieren.
- Berechnung der Geht-Zeit durch Addition der Arbeitszeitdauer
  Die Rechnung ist recht einfach, wenn man in Industriezeit, also mit Zehntel-Stunden arbeitet, z.B.

```
8:40  -->  8.6   -->  86  (Zehntel-Stunden)
```

  Da wir nur mit ganzen Zahlen arbeiten können, rechnen wir 8:40 Uhr zu 86 um, etwa mit folgender Lösungsskizze:

```
READ KZEIT                    /* EINGABE : HH:MM        */
IF &SUBSTR(2,&KZEIT)=: THEN SET KZEIT=0&KZEIT
SET KSTD = &SUBSTR(1:2,&KZEIT)
SET KMIN = &EVAL(&SUBSTR(4:5,&KZEIT))/6
```

- Berechnung der verbleibenden Arbeitszeit durch Differenzbildung zur momentanen Uhrzeit
- Ausgabe des Ergebnisses

Wer die Aufgabe besonders genau lösen will, wird verschiedene Sonderfälle speziell untersuchen, beispielsweise

- die Arbeitszeit ist bereits abgelaufen

- das Arbeitsende liegt nach Mitternacht

Zum Schluß die Empfehlung: Für jede Prozedur sollte man sich erst einmal den Gesamtablauf klarmachen und in die CLIST-Sprache umsetzen, dann ausprobieren, Schlimmeres als eine Fehlermeldung kann dabei nicht produziert werden. Danach Fehler korrigieren und einen neuen Versuch machen.

Das Testen von Prozeduren ist ja stets ein Wechsel zwischen EDIT-Mode (zum Eingeben und Ändern) und Ausführung der Prozedur. Hier empfiehlt es sich, im SPLIT-Mode zu arbeiten, wobei wir die Änderungen in der CLIST nicht durch F3, sondern durch den SAVE-Command speichern, um damit weiterhin im EDIT-Mode zu bleiben.

```
 File  Edit  Edit_Settings  Menu  Utilities  Compilers  Test  Help

--------------------------------------------------------------------------------
EDIT      ED1.MVS.CLIST(INFO) - 01.00                    Columns 00001 00072
Command ===>                                                 Scroll ===> HALF
****** ***************************** Top of Data ******************************
000100 CONTROL CONLIST
000200 SET HOUR = &SYSTIME
000300 SET TAG = &STR(&SYSDATE)
000400 WRITE &SYSDATE
000500 WRITE ES IST &SUBSTR(1:2,&SYSTIME) UHR UND &SUBSTR(4:5,&SYSTIME) MINUTE
000600 WRITE AM &SUBSTR(4:5,&TAG).&SUBSTR(1:2,&TAG).&SUBSTR(7:8,&TAG)
 .  .  .  .  .  .  .  .  .  .  .  .  .  .  .  .  .  .  .  .  .  .  .  .  .
                              ISPF Command Shell
Enter TSO or Workstation commands below:

===> %info_
```

Oder man kann die CLIST im EDIT auch direkt aufrufen, indem man den Prefix TSO vor den Command setzt:

```
Command ===> tso %info
```

8.10 Testmöglichkeiten

Wenn wir beim Schreiben und Testen einer CLIST feststellen, daß sie nicht so läuft, wie wir es geplant haben, so können wir versuchen, durch scharfes Hinschauen den Fehler zu finden. Oder wir können auf die Testmöglichkeiten zugreifen, die uns zur Verfügung stehen. Man kann sich nämlich den Verlauf einer CLIST und die dabei auftretenden Werte einzelner Variablen anzeigen lassen, wodurch es oftmals wesentlich einfacher ist, einem Fehler auf die Spur zu kommen.

Es gibt ein CONTROL-Statement, das eine ganze Reihe von Parametern hat, wichtig zum Testen sind

`CONLIST/NOCONLIST`	Anzeige von CLIST-Commands
`LIST/NOLIST`	Anzeige von TSO-Commands
`SYMLIST/NOSYMLIST`	Anzeige aller Commands vor Substitution

Durch die Angabe dieser Parameter erreicht man, daß alle CLIST- oder TSO-Commands, die zur Ausführung kommen, am Bildschirm angezeigt werden. Bei LIST und CONLIST wird dabei jeweils der Wert für einzelne Variablen eingesetzt, will man sich das Statement in seiner Originalform anzeigen lassen, so erreicht man das durch SYMLIST.

Sehen wir uns dazu noch einmal die WANN-CLIST an (diejenige Version, die im Lösungsteil erklärt worden ist) und fügen ein

```
CONTROL CONLIST
```

ein:

```
%wann
 WRITENR WANN BIN ICH HEUTE GEKOMMEN:
 WANN BIN ICH HEUTE GEKOMMEN   READ KZEIT
 8:40
 IF :=: THEN
 SET KZEIT=08:40
 SET KSTD = 08
 SET KMIN = 40/6
 SET KZEIT0 = 086                      /* INDUSTRIE-ZEIT        */
 SET GZEIT0 = (86 + 85)//240
 SET GSTD = 171/10
 SET GMIN  = 6*171//10
 IF 6 < 10 THEN
 SET GMIN = 06                         /* FUEHRENDE NULL        */
 WRITE DANN KANN ICH UM 17:06 GEHEN
 DANN KANN ICH UM 17:06 GEHEN
 IF (86+85) > 240 THEN
 ELSE
 SET MORGEN = NO
 SET ZEIT = 09:29:50                   /* TAGESZEIT             */
 SET STD = 09
 SET MIN = 29
 IF NO = YES THEN
 IF 1706 > 929 THEN
 DO                                    /* IST ES FRUEHER ?      */
 SET RESTSTD = 17 - 09
 SET RESTMIN = 06 - 29
 IF 06 < 29 THEN
 DO
 SET RESTSTD = 8 - 1
 SET RESTMIN = -23 + 60
 END
 WRITE ICH HABE IN 7 STUNDEN UND 37 MINUTEN FEIERABEND
 ICH HABE IN 7 STUNDEN UND 37 MINUTEN FEIERABEND
 WRITE HURRA .....
 HURRA .....
 END
```

Wichtig dabei ist zu wissen, daß man mittels mehrerer CONTROL-Statements und unterschiedlicher Parameter definieren kann, daß nur ein gewisser Teil der CLIST angezeigt werden soll. Das kann durch folgendes Beispiel erklärt werden:

```
PROC 1 POS1 KEY1 KEY2 TEST1 TEST2 TEST3
/* TEIL 1 DER CLIST            */
IF &TEST1 ¬= THEN CONTROL CONLIST
   .
   .
CONTROL NOCONLIST
```

```
/* TEIL 2 DER CLIST           */
IF &TEST2 ¬= THEN CONTROL CONLIST
   .
   .
   .
CONTROL NOCONLIST
/* TEIL 3 DER CLIST           */
IF &TEST3 ¬= THEN CONTROL CONLIST
   .
   .
   .
```

Die Prozedur mag aus drei logischen Blöcken bestehen, und durch Angabe der Parameter TEST1, TEST2 oder TEST3 kann man beim Aufruf der Prozedur bestimmen, welchen Teil man testen will.

Dieses Verfahren ist zugegebenermaßen etwas theoretisch und sollte nur dazu dienen, die Möglichkeiten, die zum Testen gegeben sind, zu zeigen. Aber wenn man sich auf einen Testparameter beschränkt, so hat man damit durchaus eine Form, die man standardmäßig in alle CLISTs einbauen kann, da sie immer das Testen ermöglicht, falls es notwendig sein sollte.

```
PROC (Parameter Definition) TEST
IF &TEST ¬= THEN CONTROL CONLIST LIST
```

Noch eine andere Bemerkung zum Testen:

Wir haben in unserer Prozedur WANN nach einer Uhrzeit gefragt und bei deren Verarbeitung angenommen, daß ein Wert, der als Uhrzeit interpretiert werden kann, eingegeben wurde. Anderenfalls wäre irgendwann einmal die CLIST mit einer Fehlermeldung beendet worden. Kann man das verhindern?

Oder die generelle Frage: Inwieweit muß man die eingegebenen Daten auf ihre Richtigkeit (Format, Größe, Typ usw.) überprüfen? Die Beantwortung der Frage hängt wesentlich davon ab, für wen wir eine CLIST schreiben. Wenn sie nur für den eigenen Gebrauch gedacht ist, so können wir davon ausgehen, daß wir die Daten schon im richtigen Format eingeben, da wir ja wissen, wonach gefragt wurde. Anders sieht es schon aus, wenn man beispielsweise in einer Support-Funktion arbeitet und Prozeduren schreibt, die von anderen Benutzern aufgerufen werden sollen. Da darf man dann nicht immer eine fehlerfreie Dateneingabe voraussetzen und muß versuchen, gewisse vorhersehbare Fehler intern abzuprüfen und mittels einer Erklärung erneut nach einem richtigen Wert zu fragen.

Zwei der uns schon bekannten Built-in-Funktionen können uns helfen:

`&DATATYPE(expression)`	`NUM` oder `CHAR`
`&LENGTH(expression)`	Länge

Wenn wir etwa sicherstellen wollen, daß bei einer READ-Funktion eine Zahl eingegeben wird, so können wir das folgendermaßen überprüfen:

```
LESEN: READ X
IF &DATATYPE(&X) = NUM THEN GOTO OK
WRITE &X IST KEINE ZAHL, BITTE NEU EINGEBEN
GOTO LESEN
OK:.....
```

Als Textdaten werden dabei alle Werte interpretiert, die keine Zahlen sind, also beispielsweise auch Variablen, die leer sind.

Die &LENGTH-Funktion hat als Ergebnis die Länge einer Zeichenfolge oder eines Ausdrucks. Wir sehen uns dafür ein Beispiel an:

```
WRITENR BITTE NAMEN EINGEBEN, MINDESTENS 2, HOECHSTENS -
8 BUCHSTABEN:
LESEN: READ NAME
IF &LENGTH(&NAME) < 2 OR &LENGTH(&NAME) > 8 THEN DO
  WRITENR FALSCHE LAENGE, WIEDERHOLUNG:
  GOTO LESEN
END
```

Neben der Überprüfung der Eingabedaten auf die richtige Länge können wir aus obiger CLIST noch zwei weitere Erkenntnisse gewinnen:

- CLIST-Format

  Wir haben anfangs erfahren, daß wir pro Zeile ein Statement haben. Falls dieses aber so lang ist, daß es nicht in eine Zeile paßt, so können wir es durch ein Minus-Zeichen mit der nächsten Zeile fortsetzen.

- DO/END-Gruppe

  Die DO/END-Gruppe kann benutzt werden, um bei einem THEN-Statement mehrere Commands zur Ausführung zu bringen. In obigem Beispiel wollen wir einen WRITE- und einen GOTO-Command ausführen, falls die IF-Bedingung richtig ist. Da man aber dem THEN nur einen Command zuordnen kann, löst man das Problem mittels einer DO/END-Gruppe.

  Wir haben die Commands innerhalb der Gruppe etwas eingerückt, das hat funktionell keine Bedeutung, wir haben ja ein freies Format, sondern dient lediglich als optische Anzeige dafür, daß es sich hier um eine zusammengehörende Gruppe von Commands handelt.

Übungsaufgabe

Bei dieser Aufgabe handelt es sich eigentlich um eine Spielerei, aber vielleicht kann sie dazu benutzt werden, um die oben besprochenen Testmöglichkeiten zu studieren.

Berechnung des Osterdatums

Nach einer Formel von Gauß gilt für alle Osterdaten im 20. Jahrhundert (ausgenommen die Jahre 1954 und 1981) die folgende Formel:

- Man dividiere die Jahreszahl durch 19 und nenne den Rest A, ferner durch 4 und nenne den Rest B und durch 7 mit dem Rest C.
- Die Division (19A+24) durch 30 ergebe den Rest D, die Division (2B+4C+6D+5) durch 7 den Rest E.
- Der Ostersonntag ist dann (D+E) Tage nach dem 22. März.

Dafür ist nun eine Prozedur zu schreiben, die die Jahreszahl als Parameter übernimmt und dann das Osterdatum am Bildschirm anzeigt:

```
%ostern 1996
 OSTERSONNTAG 1996: 7. APRIL
```

Nebenbemerkung: Man mag jetzt argumentieren, daß diese Aufgabe nicht mehr zeitgemäß ist, da wir das Jahr 1999 schon lange hinter uns haben. Aber einerseits eignet sich die Formel von Herrn Gauß ganz gut für eine Übungsaufgabe, und andererseits bringt sie vielleicht einen neuen Gauß unter den Lesern dieses Buches auf die Idee, eine entsprechende Formel für das neue Jahrtausend zu entwickeln.

8.11 ERROR - RETURN - ATTN

Es gibt ein ERROR-Statement, mit dem man die in einer CLIST auftretenden Fehler behandeln kann. Ein Fehler ist dabei ein fehlerhaftes CLIST-Statement oder ein Return Code eines aufgerufenen Programms (TSO-Command, CLIST usw.), der größer als 0 ist. Generell, und das bedeutet ohne ERROR-Statement und ohne den bisher nicht besprochenen MAIN-Parameter im CONTROL-Statement, wird eine CLIST beim Auftreten eines Fehlers abgebrochen:

```
SET A = ABC
SET B = &A+3

THIS STATEMENT HAS AN EXPRESSION WITH A CHARACTER
 ITEM USED NUMERICALLY
```

Den Fall mit dem Return Code kann man durch das Statement

```
CONTROL MAIN
```

relativ leicht behandeln, der Return Code wird ignoriert, und die CLIST läuft weiter. Anders sieht es mit dem fehlerhaften CLIST-Statement aus. Da läßt sich ein Abbruch nur durch ein Statement

```
ERROR action
```

in der CLIST vermeiden, in dem wir eine *action* angeben, die ausgeführt werden soll. Dabei kann es sich um eine einzelne CLIST-Funktion oder um eine DO/END-Statement Gruppe handeln.

Welche Möglichkeiten sind nun gegeben? Man kann beispielsweise

```
ERROR EXIT
```

angeben, und das ist mit

```
ERROR
```

ohne Angabe einer *action* gleichwertig und bedeutet Beendigung der CLIST, allerdings ohne Fehlermeldung.

Eine Fortsetzung nach dem Statement, das den Fehler verursacht hat, ist mit

```
RETURN
```

möglich.

Wenn man etwas mehr Aufwand in die Fehleranalyse investieren will, so kann man den Return Code überprüfen und entsprechend reagieren. Der Return Code wird in einer Systemvariablen

```
&LASTCC
```

gespeichert. Es gibt in diesem Zusammenhang noch eine weitere Systemvariable

`&MAXCC`

die den höchsten bisher aufgetretenen Return Code beinhaltet.

Return Codes

Folgende Return Codes sind definiert:

16	Nicht genügend virtueller Speicher
300	Versuch, eine nicht modifizierbare Variable zu modifizieren
304	Ungültiges Schlüsselwort in einer EXIT-Anweisung
308	Code verlangt, aber in der EXIT-Anweisung nicht angegeben
312	Interner Fehler der Befehlsprozedur bei der Verarbeitung einer GLOBAL-Anweisung
316	Begrenzungszeichen für TERMIN länger als 256 Zeichen
324	Fehler bei GETLINE
328	Mehr als 64 Begrenzungszeichen in einer TERMIN-Anweisung
332	Ungültige Syntax für einen Dateinamen
336	Datei bereits eröffnet
340	Ungültige Syntax für den Typ von OPEN
344	Undefinierter Typ für OPEN
348	Angegebene Datei konnte nicht eröffnet werden (z.B. Datei nicht zugeordnet)
352	GETFILE-Datei nicht eröffnet
356	GETFILE-Datei vom System geschlossen (z.B. wenn die Datei unter EDIT eröffnet worden war und EDIT inzwischen beendet wurde)
360	PUTFILE-Datei nicht eröffnet
364	PUTFILE-Datei vom System geschlossen (siehe Code 356)
368	PUTFILE-CLOSFILE-Datei nicht mit OPENFILE eröffnet
372	PUTFILE vor GETFILE für eine Datei, die als UPDATE eröffnet ist
376	Directory eines VB-PDS kann nicht geöffnet werden
380	Datasets mit LRECL > 32767 sind im CLIST I/O nicht unterstützt
400	GETFILE-Dateiende (wird als Fehler betrachtet, der mit der ERROR-Anweisung behandelt werden kann)
404	Schreiben in eine INPUT-File
408	Lesen aus einer OUTPUT-File
412	Ändern einer File nach EOF
416	Ändern einer leeren File
500	TO-Wert im DO-Statement ist nicht numerisch
502	FROM-Wert im DO-Statement ist nicht numerisch
504	BY-Wert im DO-Statement ist nicht numerisch
508	SYSCALL ruft nicht-definierte Prozedur auf
512	RETURN enthält nicht-definiertes Keyword
516	Prozedur-Name wird als Variable benutzt

524	ESTAE-Fehler
528	Ungültiger Positionsparameter im PROC-Statement
532	Ungültige Zeichen eines PROC-Parameters
536	Parameter-Name ist zu lang
540	Übergabe von zu vielen Positionsparametern
544	PROC enthält keine Parameter
548	Doppelte Parameter im PROC-Statement
552	Ungültiger Wert eines Keyword-Parameters
556	Fehlendes Hochkomma im Default-Wert eines Keyword-Parameters
560	PARSE-Fehler im PROC-Statement
568	Unvorhergesehener Abbruch
572	SYSREF-Variable wurde nicht als Parameter übergeben
576	SYSREF-Variable wurde nicht im PROC-Statement übergeben
580	ERROR-Statement in ERROR/ATTN-Routine einer Unterprozedur
584	ATTN-Statement in ERROR/ATTN-Routine einer Unterprozedur
588	DBCS-Fehler
592	DBCS-Fehler
596	DBCS-Fehler
600	DBCS-Fehler
604	Fehler in IKJCT44B
608	Fehler in IKJCT44S
612	Fehler in Installations-Routine
620	DBCS-Fehler
624	Fehler bei der Verarbeitung von System-Variablen
708	Vorhergehendes Statement hat ungültigen &SYSINDEX-Ausdruck
712	Vorhergehendes Statement hat ungültigen &SYSINDEX-Start
716	Vorhergehendes Statement hat ungültigen &SYSNSUB-Parameter
720	Vorhergehendes Statement hat fehlenden &SYSNSUB-Parameter
724	Vorhergehendes Statement hat Built-in-Funktion als &SYSNSUB-Parameter
8xx	Fehlercode der Auswertungs-Routine für Ausdrücke
800	Daten gefunden, wo ein Operator erwartet wurde
804	Operator gefunden, wo Daten erwartet wurden
808	Vergleichsoperator wurde in einer SET-Anweisung benutzt
812	(Reserviert)
816	Operator am Ende einer Anweisung
820	Operatoren nicht in richtiger Reihenfolge
824	Operatoren gefunden, die sich gegenseitig ausschließen
828	Vergleichsoperatoren gefunden, die sich gegenseitig ausschließen
832	Ergebnis einer Berechnung außerhalb der Bereiche -2.147.483.674 bis +2.147.483.647
836	(Reserviert)
840	Nicht genügend Operanden
844	Keine gültigen Operatoren

848	Versuch, ein Zeichen aus einem numerischen Wert zu laden
852	Additionsfehler - Zeichendaten
856	Subtraktionsfehler - Zeichendaten
860	Multiplikationsfehler - Zeichendaten
864	Divisionsfehler - Zeichendaten oder Division durch Null
868	Vorzeichen vor Zeichendaten
872	Numerischer Wert zu lang
900	Einzelnes Ampersand gefunden
904	(Reserviert)
908	Fehler in einer Fehlerbehandlungs-Routine, die wegen eines anderen Fehlers angelaufen wurde
912	Ungültiger Bereich für Teilkette
916	Numerischer Wert im Namen einer Teilkette
920	Bereich für Teilkette zu klein (0 oder negativ)
924	Ungültige Syntax für Teilkette
932	Teilkette außerhalb der Zeichenkette (z.B. 1:3,AB - AB besteht nur aus zwei Zeichen)
936	Eingebaute Funktion, die einen Wert benötigt, wurde ohne einen Wert eingegeben
940	Ungültige symbolische Variable
948	Ungültige Syntax für Label in einer GOTO-Anwendung
944	Label als symbolische Variable verwendet
952	Label für GOTO nicht definiert
956	GOTO-Anweisung ohne Label
960	&SYSSCAN auf ungültigen Wert gesetzt
964	&LASTCC hat ungültigen Wert, und EXIT versuchte, diesen Wert zu benutzen
968	DATA PROMPT-ENDDATA angegeben, aber kein Prompting
972	TERMIN in Batch-Jobs nicht erlaubt
976	READ in Batch-Jobs nicht erlaubt
980	Maximale Statement-Länge (32756) durch Substitution überschritten
984	TERMING-Delimiter hat mehr als 256 Zeichen
988	TERMING hat mehr als 64 Delimiter
992	TERMING kann nicht im Background benutzt werden
999	Interner Fehler einer Befehlsprozedur
Sxxx	System-ABEND-Code
Uxxx	Benutzer-ABEND-Code

Abschließend zum ERROR-Statement noch eine sehr wichtige Bemerkung:

Die Ausführung einer CLIST geschieht interpretativ, das bedeutet, die einzelnen Statements werden sequentiell nacheinander (oder durch GOTO, IF, DO usw. gesteuert) interpretiert und ausgeführt. Wenn das System dabei auf ein ERROR-Statement stößt, so wird dieses nicht ausgeführt, sondern die dort definierte *action* wird für einen eventuellen späteren Fehlerfall intern gespeichert.

Falls nun wirklich irgendwann ein Fehler auftritt, so weiß das System, daß dafür ein ERROR-Statement existiert, und kann entsprechend handeln.

Aus diesem Grund empfiehlt es sich, ein ERROR-Statement generell am Anfang der Prozedur, also direkt nach einem eventuellen PROC-Statement, zu haben.

In diesem Zusammenhang sollte auch das ATTN-Statement angesprochen werden, das es ermöglicht, auf eine Attention-Unterbrechung mit EXIT, RETURN oder ähnlichem zu reagieren.

8.12 Dataset-Verarbeitung

Wir erinnern uns sicherlich noch an unsere Editier-Übung mit der Namensliste. Dieses Beispiel wollen wir nun aufgreifen, um die Dateneingabe und die Formatierung über eine CLIST zu lösen.

FILE-Funktionen

Die notwendigen Funktionen, die es uns ermöglichen, in einen Dataset zu schreiben (oder auch Records zu lesen), sind:

`OPENFILE  filename  option`	Öffnen eines Datasets
`GETFILE   filename`	Lesen eines Records
`PUTFILE   filename`	Schreiben eines Records
`CLOSFILE  filename`	Schließen eines Datasets

Neben dem Lesen und Schreiben tauchen zwei neue Begriffe auf: Öffnen und Schließen eines Datasets. Diese Funktionen sind generell notwendig - die Programmierer unter den Lesern sind sicherlich damit vertraut -, um Datasets verarbeiten zu können. Bisher haben wir uns damit nicht zu beschäftigen brauchen, da die Commands, die wir zur Datenverarbeitung kennen (z.B. EDIT, VIEW, COPY usw.), das intern durchführen. Es sollte aber nicht schwerfallen, sich einzuprägen:

- OPENFILE: Vor dem ersten Lesen oder Schreiben muß der Dataset geöffnet werden.
- CLOSFILE: Nach dem letzten Lesen oder Schreiben wird der Dataset geschlossen.

Nun fällt vielleicht auf, daß diese beiden Funktionen nicht den Parameter *dsname*, sondern *filename* haben. Das bedeutet, daß wir den Dataset, den wir bearbeiten wollen, vorher einem Filenamen (oder DD-Namen) zuordnen müssen. Wie geht das?

Richtig: Durch den ALLOC-Command. Wir erinnern uns, daß wir diesen Command - oder sein Gegenstück, den DD-Record - als eine Funktion kennengelernt haben, mit der man einen Dataset einem DD-Namen zuordnen kann. Einem DD-Namen, der vom Autor des Programms, das wir ausführen wollen, festgelegt wurde und den wir als Benutzer kennen mußten. Da wir jetzt selbst 'Autor' sind, haben wir hier somit die künstlerische Freiheit, den Parameter *filename* beliebig zu wählen.

Im OPENFILE-Statement taucht noch ein weiterer Parameter *option* auf, mit dem wir die Verarbeitungsart des Datasets definieren müssen:

INPUT Lesen des Datasets

OUTPUT Schreiben des Datasets

UPDATE Ändern des Datasets: Das bedeutet, daß jeder Record gelesen wird, es besteht dann die Möglichkeit, ihn zu ändern, und anschließend wird er wieder geschrieben.

Da man mit einem GETFILE-Statement einen Record lesen kann, muß man das Lesen eines ganzen Datasets in eine Schleife einbinden. Wir wollen uns das an einem einfachen Beispiel ansehen:

```
PROC 1 ORT
ALLOC F(BEISPIEL) DA(NAMEN.DATA) SHR REUSE
OPENFILE BEISPIEL INPUT
LESEN: GETFILE BEISPIEL
IF &ORT = &SUBSTR(38:55,&BEISPIEL) THEN WRITE &BEISPIEL
GOTO LESEN
```

Die Prozedur hat einen Positionsparameter ORT und soll alle Records der Namensliste am Bildschirm anzeigen, die einen mit dem Aufruf der Prozedur anzugebenden Ortsnamen enthalten.

- Durch den ALLOC-Command legen wir fest, daß

  der Dataset userid.NAMEN.DATA verarbeitet wird,

  als *filename* BEISPIEL definiert wird,

  eine eventuell schon bestehende andere Zuordnung des Dataset-Namens oder des Filenamens überschrieben wird (REUSE).

- Das OPENFILE-Statement öffnet den Dataset zum Lesen.

- Mit dem GETFILE-Statement wird ein Record des Datasets gelesen und einer Variablen BEISPIEL zugeordnet. Wir haben hier den kausalen Zusammenhang zwischen dem Filenamen BEISPIEL und der Variablen BEISPIEL, es ist kein Zufall, daß hier in beiden Statements derselbe Name verwendet wird, sondern die logische Zuordnung zwischen dem über ALLOC und OPENFILE zugeordneten und geöffneten Dataset und dem GETFILE-Statement zum Lesen. Es ist ja durchaus denkbar, daß in einer CLIST mehrere Datasets zur Verarbeitung zugeordnet sind.

- Im IF-Statement wird der Record, dessen Wert in der Variablen BEISPIEL gespeichert ist, daraufhin überprüft, ob er den angegebenen Ortsnamen enthält. Der Name befindet sich in den Spalten 38-55, und wir können mit der &SUBSTR-Funktion auf diesen Teil jedes Records zugreifen.

  Falls die Abfrage ein richtiges Ergebnis liefert, wird der gesamte Record am Bildschirm angezeigt.

- Der GOTO-Command bringt uns wieder zu dem Statement, mit dem wir den nächsten Record lesen, so daß wir mit dieser Programmschleife den gesamten Dataset einlesen können.

Alles klar, oder? Wann hört die Prozedur eigentlich auf, wir prüfen doch nirgends ab, ob wir das Ende des Datasets erreicht haben? Die CLIST wird mit einer Fehlermeldung

```
NORMAL END OF FILE OCCURRED ON GETFILE (E400)
```

abbrechen, aber das ist nun doch nicht im Sinne des Erfinders, und es gibt auch eine Möglichkeit, hier zu einem korrekten Abschluß zu kommen.

Der Return Code für diesen Fall ist 400, wie aus der Meldung zu erkennen ist, und das können wir auch in der Tabelle aller Return Codes sehen. Wir haben somit die Möglichkeit, über das ERROR-Statement darauf zu reagieren.

```
ERROR DO
  SET RC = &LASTCC
  IF &RC ¬= 400 THEN WRITE &SYSICMD HAT FEHLERCODE &RC
  GOTO CLOSE
END
```

Dazu einige Erklärungen:

- Wir wollen im Fehlerfall mehr als ein Statement ausführen, also definieren wir die *ERROR action* als DO/END-Gruppe.
- Der Fehlercode wird in der Variablen RC gespeichert, damit er später eventuell noch benutzt (in diesem Fall angezeigt) werden kann. Das ist notwendig, da er durch das folgende IF-Statement wieder verändert wird.
- Wenn die Abfrage ergibt, daß &LASTCC nicht den Wert 400 hat, so schreiben wir eine eigene Fehlermeldung auf den Bildschirm, denn dann handelt es sich nicht um den Dataset-Abschluß, sondern um irgendeinen anderen Fehler.
- Im WRITE-Statement taucht noch die Systemvariable &SYSICMD auf, die den Namen der CLIST beinhaltet, für unsere Beispiel einfach ein bißchen Kosmetik.
- Abschließend verzweigen wir zu einer Adresse CLOSE, die sich, wir haben sie bisher noch nicht definiert, an anderer Stelle in der CLIST befinden wird.

In unserer Prozedur fehlt jetzt noch ein korrekter Abschluß, das Statement GOTO CLOSE deutet ja schon darauf hin:

```
CLOSE: CLOSFILE BEISPIEL
FREE FILE(BEISPIEL)
END
```

- Mit dem CLOSFILE-Statement wird der Dataset geschlossen, das ist notwendig, um ihn später erneut verarbeiten zu können.
- FREE ist ein TSO-Command und Gegenstück zum ALLOC-Command, der die bestehende Zuordnung zwischen dem Filenamen BEISPIEL und dem Dataset beendet.
- Das END-Statement beendet die CLIST.

Sehen wir uns noch einmal die gesamte Prozedur an und rufen sie unter der Annahme, sie sei unter dem Namen AUSKUNFT gespeichert, auf:

```
PROC 1 ORT TEST
IF &TEST ¬= THEN CONTROL LIST CONLIST
CONTROL MAIN
ERROR DO
  SET RC = &LASTCC
  IF &RC ¬= 400 THEN WRITE &SYSICMD HAT FEHLERCODE &RC
  GOTO CLOSE
END
SET FLAG = NEIN
ALLOC F(BEISPIEL) DA(NAMEN.DATA) SHR REUSE
OPENFILE BEISPIEL INPUT
LESEN: GETFILE BEISPIEL
IF &ORT = &SUBSTR(38:55,&BEISPIEL) THEN DO
  WRITE &SUBSTR(1:72,&BEISPIEL)
  SET FLAG = JA
END
GOTO LESEN
CLOSE: CLOSFILE BEISPIEL
FREE FILE(BEISPIEL)
IF &FLAG = NEIN THEN WRITE FUER &ORT WURDE KEIN EINTRAG GEFUNDEN
END
```

Der Aufruf der Prozedur bringt folgendes Ergebnis

```
%auskunft ulm
 | HEINEMANN  | DIETER            | ULM                 | 6650    |
 READY
%auskunft stuttgart
 | BOEHM      | JUTTA             | STUTTGART           | 1634    |
 READY
%auskunft neuwied
 FUER NEUWIED WURDE KEIN EINTRAG GEFUNDEN
 READY
```

Als nächstes wollen wir für unsere Namensdatei eine Prozedur zur Eingabe neuer Daten erstellen. Dafür ist es notwendig, die über READ einzulesenden Werte zu einem richtig formatierten Record zusammenzustellen.

Wenn wir bisher den READ-Command zum Einlesen eines Wertes benutzt haben, so sollten wir wissen, daß wir damit auch mehrere Daten einlesen können:

```
WRITE Bitte Namen, Vornamen, Pers.Nr. und Ort eingeben:
READ NAME VNAME PN ORT
```

Diese CLIST werde als LISTE gespeichert und aufgerufen:

```
%liste
 Bitte Namen, Vornamen, Pers.Nr. und Ort eingeben:
mueller hans 27316 berlin
```

Damit werden vier Begriffe eingelesen und den entsprechenden Variablen zugeordnet

```
NAME:  MUELLER
VNAME: HANS
PN:    27316
ORT:   BERLIN
```

Bei der Ausführung der READ-Funktion wird nicht speziell überprüft, ob vier Werte angegeben werden. So bleiben beispielsweise bei nur zwei Werten die Variablen PN und ORT leer, und ein eventueller fünfter Wert wird einfach ignoriert.

Bisher sind alle Werte, die wir eingelesen oder als Parameter an die CLIST gegeben haben, zu Großbuchstaben konvertiert worden. Wollen wir das vermeiden und die Daten im Originalformat erhalten, so erreichen wir das über das CONTROL-Statement

```
CONTROL NOCAPS
```

Nach dem Einlesen sollten wir die formale Richtigkeit der Daten überprüfen, wir sehen uns das am Beispiel der Personalnummer an, die eine maximal 5-stellige Zahl sein darf:

```
TESTP: IF &DATATYPE(&PN) = CHAR OR &LENGTH(&PN) > 5 THEN DO
  WRITENR Pers.Nr falsch, Neueingabe:
  READ PN
  GOTO TESTP
END
```

Nachdem die Daten eingelesen worden sind, muß aus ihnen der Record im richtigen Format erstellt werden.

```
 File  Edit  Edit_Settings  Menu  Utilities  Compilers  Test  Help
-------------------------------------------------------------------------------
EDIT       ED1.NAMEN.DATA                                   Columns 00001 00072
Command ===>                                                   Scroll ===> HALF
****** ***************************** Top of Data ******************************
000100 | ANDREAS     | FRANZ              | DARMSTADT          | 34275 |
000200 | BECK        | PETER              | HANNOVER           |  1933 |
=COLS> ----+----1----+----2----+----3----+----4----+----5----+----6----+----7--
000300 | BOEHM       | JUTTA              | STUTTGART          |  1634 |
000310 | DORRMANN    | KARIN              | BREMEN             |   788 |
000311 | EBEL        | HANS-DIETER        | REGENSBURG         | 29044 |
000312 | ENGELHARDT  | KARL               | BERLIN             | 37601 |
000313 | FABER       | HANS               | DORTMUND           | 22999 |
000320 | FRITSCH     | GERDA              | AUGSBURG           | 23439 |
000400 | GROSS       | CLAUDIA            | BERLIN             |  2287 |
000500 | HEINEMANN   | DIETER             | ULM                |  6650 |
****** **************************** Bottom of Data ****************************
```

Das bedeutet:

```
Name                     Spalte   3-13
Vorname                          16-34
Ort                              38-55
Pers.Nr.                         58-62
| (Tabellen-Strich)              1, 14, 35, 56, 66
```

Vielleicht fällt uns zur Lösung dieses Problems wieder die &SUBSTR-Funktion ein, die man eventuell in der Form

```
SET &SUBSTR(3:13,&RECORD) = &NAME
```

verwenden könnte, um den Namen in die Positionen 3-13 der Variablen RECORD zu bringen. Das wäre so leicht, doch leider geht es nicht. Die &SUBSTR-Funktion kann nur benutzt werden, um aus einer Zeichenfolge eine Teilfolge zu *entnehmen*, aber niemals umgekehrt. Wir müssen uns also etwas anderes einfallen lassen.

Der Name muß, wenn er die Spalten 3-13 einnehmen soll, genau 11 Zeilen lang sein. Bei der Eingabe haben wir das nicht überprüft, können das aber bei längeren Namen durch die &SUBSTR-Funktion erreichen:

```
SET NAME1 = &SUBSTR(1:11,&NAME)
```

Was aber, wenn der Name kürzer ist? Dann bringt dieses Statement eine Fehlermeldung, da wir auf eine Teilfolge zugreifen wollen, die nicht vorhanden ist. Diesen Fehler kann man dadurch vermeiden, daß man sich eine Zeichenfolge aus Leerzeichen definiert und diese an den Namen hängt:

```
SET BLANK = &STR(                    )
SET NAME1 = &SUBSTR(1:11,&NAME&BLANK)
```

Entsprechend können wir den Vornamen und den Ort auf die gewünschte Länge bringen:

```
SET VNAME1 = &SUBSTR(1:19,&VNAME&BLANK)
SET ORT1 = &SUBSTR(1:18,&ORT&BLANK)
```

Somit bleibt nur noch das Problem der 5-stelligen Personalnummer, die gegebenenfalls mit führenden Nullen aufgefüllt werden muß. Die Anzahl dieser Nullen ist aus der Länge der eingegebenen Nummer zu berechnen.

```
SET L = &LENGTH(&PN)
SET NULL = &STR(0000)
IF &L < 5 THEN SET PN1 = &SUBSTR(1:5-&L,&NULL)&PN
 ELSE SET PN1 = &PN
```

Warum müssen wir beim Definieren der Variablen NULL mit der &STR-Funktion arbeiten und können nicht einfach

```
SET NULL = 0000
```

sagen? Weil das nämlich mit

```
SET NULL = 0
```

identisch ist, beides wird als Zahl 0 interpretiert, während wir es ja als eine aus vier Nullen bestehende Zeichenfolge benötigen.

Jetzt sind wir soweit, daß wir unseren Record zusammensetzen können:

```
SET RECORD = | &NAME1.| &VNAME1.|  &ORT1.| &PN1.    |
```

Daß ein Record mit dem PUTFILE-Statement geschrieben wird, haben wir anfangs bereits erwähnt, und so sehen wir uns jetzt die komplette CLIST im Zusammenhang an:

```
PROC 0 TEST
IF &TEST ¬= THEN CONTROL LIST CONLIST
CONTROL MAIN NOCAPS
ERROR DO
  WRITE &SYSICMD HAT FEHLERCODE &LASTCC
  GOTO CLOSE
END
ALLOC F(BEISPIEL) DA(NAMEN.DATA) MOD REUSE
OPENFILE BEISPIEL OUTPUT
WRITE Bitte Namen, Vornamen, Pers.Nr. und Ort eingeben:
EINGABE: READ NAME VNAME PN ORT
IF &NAME = THEN GOTO CLOSE
```

```
TESTP: IF &DATATYPE(&PN) = CHAR OR &LENGTH(&PN) > 5 THEN DO
  WRITENR Pers.Nr falsch, Neueingabe:
  READ PN
  GOTO TESTP
END
SET BLANK = &STR(                    )
SET NAME1 = &SUBSTR(1:11,&NAME&BLANK)
SET VNAME1 = &SUBSTR(1:19,&VNAME&BLANK)
SET ORT1 = &SUBSTR(1:18,&ORT&BLANK)
SET L = &LENGTH(&PN)
SET NULL = &STR(0000)
IF &L < 5 THEN SET PN1 = &SUBSTR(1:5-&L,&NULL)&PN
 ELSE SET PN1 = &PN
SET BEISPIEL = | &NAME1.| &VNAME1.|  &ORT1.| &PN1.    |
PUTFILE BEISPIEL
GOTO EINGABE
CLOSE: CLOSFILE BEISPIEL
FREE FILE(BEISPIEL)
```

Da wir nun mittlerweile echte Data-Processing-Spezis geworden sind, braucht eigentlich nicht noch einmal erwähnt zu werden, daß

- im ALLOC-Command die Option MOD erscheint, die bewirkt, daß an das Ende des Datasets geschrieben wird, denn wir wollen die neuen Daten anfügen,
- im OPENFILE die Option OUTPUT notwendig ist, damit wir den Dataset zum Schreiben öffnen.

```
%liste
 Bitte Namen, Vornamen, Pers.Nr. und Ort eingeben:
Lehmann Klaus 1238 Darmstadt
Oppermann Gerd 182753 Neuwied
 Pers.Nr falsch, Neueingabe: 18275
```

Übungsaufgabe

Die Namensliste, die wir früher im EDIT-Mode erstellt haben, unterscheidet sich im Format von den jetzt neu eingegebenen Daten dadurch, daß die Personalnummern ohne führende Nullen gespeichert sind. Die Übungsaufgabe soll jetzt dazu benutzt werden, hier dasselbe Format zu erreichen. Sicherlich könnte man das im EDIT auch sehr einfach machen (möglicherweise mit der OVERLAY-Funktion), aber wir wollen ja unsere CLIST-Kenntnisse vertiefen.

Wie kann die CLIST aufgebaut werden?

1. Zuordnen des Datasets mit der Disposition OLD, wir wollen schreiben.
2. Öffnen mit der Option UPDATE, die zum Ändern notwendig ist.
3. Es muß jetzt jeder Record gelesen und daraufhin überprüft werden, ob die Personalnummer, die in den Spalten 58-62 steht, führende Nullen hat.
4. Wenn das nicht der Fall ist, werden die Nullen davorgesetzt, und ein neuer Record wird erstellt.
5. Danach muß der Record, unabhängig davon, ob er geändert wurde oder nicht, wieder geschrieben werden.

6. Nach dem Verarbeiten aller Records wird der Dataset geschlossen und wieder freigegeben.

EDIT-Command

Es gibt noch eine weitere Möglichkeit, Daten in einen Dataset zu schreiben, den EDIT-Command. Hierbei handelt es sich nicht um die uns bereits bekannte EDIT-Funktion des ISPF, sondern um einen TSO-Command, der mit ISPF nichts zu tun hat. Es ist der Standard-Editor, der noch aus den Anfangszeiten des TSO stammt und heute ziemlich in Vergessenheit geraten ist, da das Editieren im ISPF wesentlich einfacher ist und mehr Möglichkeiten bietet.

Weshalb beschäftigen wir uns nun aber mit dem *old fashioned* EDIT-Command? Weil er uns in Command Prozeduren hilfreich sein kann, auf einfache Art Daten zu erstellen.

Der EDIT-Command hat viele Untercommands (Subcommands), die wir mit den Primary Commands im ISPF-EDIT vergleichen und benutzen können, wenn wir nach Aufruf des EDIT-Commands im EDIT-Mode sind. Von diesen Subcommands, eine komplette Auflistung ist im Kapitel *17. TSO-Commands* zu finden, werden wir uns nur einige ansehen, beispielsweise den INSERT-Command, mit dem man Daten in einen Dataset einfügen kann.

```
Syntax -
   EDIT      dsname     NEW/OLD  SCAN/NOSCAN
             PLIF(n1,n2,CHAR60 | CHAR48) | FORTE | FORTG |
             FORTGI | FORTH | COBOL | ASM | TEXT | DATA |
             CLIST | CNTL | VSBASIC | GOFORT(FREE | FIXED) |
             PLI(n1,n2,CHAR60 | CHAR48)
             NUM(n3,n4) | NONUM   BLOCK(n5)  LINE(n6)  LRECL(n7)
             CAPS | ASIS  EMODE | IMODE RECOVER | NORECOVER

Notwendig - dsname

Defaults  - NUM, NOSCAN

Alias     - E
```

Der EDIT-Command hat einen großen Vorteil gegenüber dem ISPF-EDIT, man kann mit ihm nämlich einen neuen Dataset erstellen, das ist auch aus dem Parameter NEW zu erkennen. Dabei sind keine Werte über Größe, Format und ähnliches anzugeben, sondern es werden gewisse Standards dafür übernommen.

Eine Commandfolge, mit der man einen neuen Dataset anlegen und drei Zeilen darin speichern kann, sieht folgendermaßen aus:

```
edit test.data new emode
in line 1
in line 2
in line 3
save
end
```

Für die CLIST-Verarbeitung ist es natürlich wichtig, daß man in den Commands auch Variablen verwenden kann. Wir brauchen dabei keine Funktionen ALLOC, OPENFILE oder CLOSFILE, das wird alles intern im EDIT-Command durchgeführt. Das PUTFILE entspricht im EDIT-Mode dem INSERT (IN), und das Äquivalent zum GETFILE ist der EDIT-Command selbst, der alle Records eines bestehenden Datasets direkt in den Speicher liest, so daß sie dort zur Bearbeitung durch Subcommands (z.B. CHANGE-DELETE-LIST) zur Verfügung stehen.

Versuchen wir doch zum Abschluß noch, die Lösung der CLIST LISTE in den EDIT-Formalismus zu übertragen, die geänderten Zeilen sind durch ein Kommentar-Feld gekennzeichnet.

```
PROC 0 TEST
IF &TEST ¬= THEN CONTROL LIST CONLIST
CONTROL MAIN NOCAPS
ERROR DO
  SET RC = &LASTCC
  IF &RC ¬= 400 THEN WRITE &SYSICMD HAT FEHLERCODE &RC
  GOTO CLOSE
END
/* ALLOC F(BEISPIEL) DA(NAMEN.DATA) MOD REUSE
/* OPENFILE BEISPIEL OUTPUT
EDIT NAMEN.DATA EMODE NONUM           /* EDITIEREN          */
BOTTOM                                /* AM ENDE EINFUEGEN */
WRITE Bitte Namen, Vornamen, Pers.Nr. und Ort eingeben:
EINGABE: READ NAME VNAME PN ORT
IF &NAME = THEN GOTO CLOSE
TESTP: IF &DATATYPE(&PN) = CHAR OR &LENGTH(&PN) > 5 THEN DO
  WRITENR Pers.Nr falsch, Neueingabe:
  READ PN
  GOTO TESTP
END
SET BLANK = &STR(                    )
SET NAME1 = &SUBSTR(1:11,&NAME&BLANK)
SET VNAME1 = &SUBSTR(1:19,&VNAME&BLANK)
SET ORT1 = &SUBSTR(1:18,&ORT&BLANK)
SET L = &LENGTH(&PN)
SET NULL = &STR(0000)
IF &L < 5 THEN SET PN1 = &SUBSTR(1:5-&L,&NULL)&PN
 ELSE SET PN1 = &PN
SET BEISPIEL = | &NAME1.| &VNAME1.|  &ORT1.| &PN1.    |
/* PUTFILE BEISPIEL
/* RECORD SCHREIBEN */
IN &BEISPIEL
GOTO EINGABE
/* CLOSE: CLOSFILE BEISPIEL
/* FREE FILE(BEISPIEL)
CLOSE: SAVE                           /* DATEN SPEICHERN */
DATA
END
ENDDATA
```

Wenn man im EDIT-Mode auf einen bestehenden Dataset zugreift, so kann man durch Subcommands (TOP, BOTTOM, UP, DOWN) bestimmen, an welcher Stelle man Daten einfügen will. In unserem Beispiel wird durch den BOTTOM-Subcommand festgelegt, daß die neuen Daten an das Ende des Datasets angefügt werden.

Der EDIT-Command wird nach dem SAVE mit END beendet, das bedeutet, daß man zwischen dem EDIT-Subcommand END und dem CLIST-Statement END einen Unterschied machen muß. Dafür gibt es die DATA/ENDDATA-Statements, durch die man ganz allgemein festlegt, daß die zwischen diesen beiden Statements definierten Zeichenfolgen nicht als CLIST-Statements interpretiert und ausgeführt werden sollen.

8.13 Unterprozeduren

Wir haben bisher in CLISTs die Möglichkeit kennengelernt,

- CLIST-Statements oder Built-in-Funktionen
- TSO-Commands

aufzurufen. Man kann aber darüber hinaus auch andere Command Prozeduren aufrufen - man könnte das als eine Art Unterprogramm ansehen.

Hier sind zwei Varianten zu unterscheiden, wir wollen sie als externe und interne Prozeduren bezeichnen und den Unterschied in diesem Bild veranschaulichen:

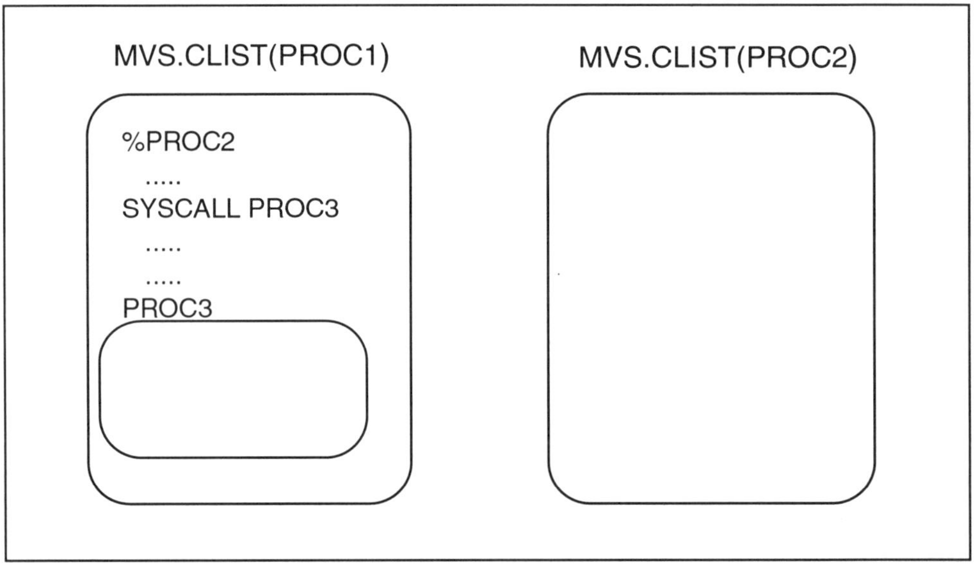

In der Prozedur PROC1 wird einerseits PROC2 in der üblichen Form

```
%PROC2 parm1 .... parmn
```

aufgerufen, wobei PROC2 als separate CLIST gespeichert ist. Hier sprechen wir von der *externen* Prozedur.

Bei PROC3 handelt es sich um eine *interne* Prozedur, die innerhalb von PROC1 gespeichert ist und durch

```
SYSCALL PROC3 parm1 .... parmn
```

aufgerufen wird.

Durch Unterprozeduren ganz allgemein hat man die Möglichkeit, einen Funktionsablauf besser zu strukturieren oder auch zu vereinfachen. Funktionell besteht zwischen den internen und externen Unterprozeduren eigentlich kein Unterschied, sondern man muß sich in Abhänigkeit von der jeweiligen Anwendung entscheiden, welcher Weg der bessere ist.

Die externe Prozedur wird man dann wählen, wenn damit eine Funktion beschrieben wird, deren Verwendung in mehreren anderen Prozeduren notwendig oder denkbar ist. Will man dagegen nur innerhalb einer - eventuell etwas komplexen - Prozedur eine übersichtlichere Struktur erreichen, so kann man diese Gliederung durch Aufteilung einzelner Funktionsabschnitte in Unterprozeduren durchführen.

Um eine CLIST implizit zur Ausführung bringen zu können, muß sie entweder in einem als SYSPROC definierten Dataset gespeichert sein, oder man kann alternativ auch über den ALTLIB-Command einen Dataset definieren.

```
Syntax -
   ALTLIB    ACTIVATE | DEACTIVATE
             USER(EXEC | CLIST)
             APPLICATION(EXEC | CLIST)
             DATASET(dslist) | DSNAME(dslist)
             FILE(ddname) | DDNAME(ddname)
             LIBRARY(ddname)
             COND | UNCOND   RESET   DISPLAY

Defaults   - APPLICATION, wenn USER, APPLICATION oder SYSTEM
             nicht angegeben ist.

           - DATASET, wenn DATASET, DSNAME, FILE, DDNAME oder
             LIBRARY nicht angegeben ist.

           - UNCOND
```

Mit

```
altlib activate application(clist) dataset(temp.clist)
```

spezifiziert man beispielsweise, daß zuerst im Dataset userid.TEMP.CLIST nach einer CLIST gesucht wird.

Die wichtigste Fragestellung, mit der wir uns in diesem Zusammenhang beschäftigen müssen, ist die des Datenaustausches zwischen den einzelnen Prozeduren. Wir kennen bereits die Möglichkeit, einer Prozedur über Parameter Daten zur Verfügung zu stellen, wir sind bis jetzt aber nicht in der Lage, außer einem Return Code auch wieder irgendwelche Ergebnisse zurückzugeben. Um zu verstehen, wie ein solcher Mechanismus funktioniert, werden wir unterschiedliche Typen von Variablen kennenlernen:

- globale Variablen
- namentliche globalen Variablen
- referierte Variablen

Globale Variablen

Zum Datenaustausch zwischen zwei externen Prozeduren benutzt man globale Variablen.

Wir wollen uns das an einem sehr einfachen Beispiel klarmachen und dazu noch einmal an die CLIST erinnern, mit der man zwei Zahlen dividieren kann. Die CLIST soll noch dahingehend erweitert werden, daß sie mit zwei Parametern definiert ist, da auf den Dialog verzichtet werden soll. Außerdem wird die Überprüfung der Argumente erweitert.

Der Sinn des Ganzen liegt nun darin, daß wir diese Prozedur innerhalb einer anderen Prozedur aufrufen wollen und dabei Zähler und Nenner als Parameter mitgeben. Die CLIST TEILEN soll, falls das Teilen möglich ist, Ergebnis und Rest an die aufrufende CLIST zurückgeben, einen Fehlerfall, z.B. Division durch 0, dagegen durch einen Return Code anzeigen. Die Rückgabe der Ergebnisse geschieht nun durch globale Variable, die in beiden Prozeduren durch ein GLOBAL-Statement definiert sein müssen.

Die Prozedur TEILEN könnte folgendermaßen aussehen:

```
PROC 2 Z N
GLOBAL E R
IF &N = 0 OR &DATATYPE(&Z) = CHAR -
 OR &DATATYPE(&N) = CHAR THEN EXIT CODE(4)
SET E = &Z/&N
SET R = &Z//&N
EXIT CODE(0)
```

Die Prozedur ist natürlich recht einfach, es wird die Gültigkeit der Parameter überprüft, und im Fehlerfall wird die Prozedur mit einem Return Code 4 verlassen, wir haben das durch den CODE-Parameter im EXIT-Statement festgelegt.

Falls die Division durchführbar ist, werden Ergebnis und Rest den Variablen E und R zugeordnet, und die CLIST wird mit dem Return Code 0, d.h. alles ist in Ordnung, beendet.

Wie können wir nun die CLIST aufrufen? Um nun keine komplizierte CLIST definieren zu müssen, in der dividiert wird, sehen wir uns eine simple Test-Prozedur an:

```
CONTROL MAIN
GLOBAL ERG REST
WRITENR BITTE ZAEHLER UND NENNER EINGEBEN :
READ ZAEHLER NENNER
%TEILEN &ZAEHLER &NENNER
IF &LASTCC ¬= 0 THEN WRITE DIE DATEN SIND UNGUELTIG
ELSE WRITE ERGEBNIS: &ERG, REST: &REST
```

Was fällt uns dabei auf?

- Die globalen Variablen E und R, die wir in TEILEN definiert haben, tauchen nicht auf, sondern wir haben ERG und REST gewählt. Es ist also möglich, den globalen Variablen in beiden CLISTs verschiedene Namen zu geben, die Wertzuordnung geschieht über die angegebene Reihenfolge in den GLOBAL-Statements:
- ERG ⇔ E
- REST ⇔ R

- Und das bedeutet, die Zahl der globalen Variablen muß in beiden Prozeduren übereinstimmen.
- Durch den Parameter MAIN im CONTROL-Statement wird ein Abbrechen der äußeren CLIST für den Fall verhindert, daß TEILEN mit dem Return Code 4 endet. Dieser Return Code kann, wie wir wissen, über &LASTCC abgefragt werden.

Übungsaufgabe

Auch das Thema 'Globale Variablen' soll durch eine Übungsaufgabe vertieft werden.

Es ist eine CLIST mit dem Namen INDEX zu schreiben, die die Funktion haben soll festzustellen, ob eine Zeichenfolge in einer anderen Zeichenfolge vorhanden ist. Im Erfolgsfall ist die gefundene Position, also der Index, als Ergebnis zurückzugeben.

Der aufmerksame Leser mag sich vielleicht daran erinnern, daß wir bei den Built-in-Funktionen auch &SYSINDEX kennengelernt haben, eine Funktion, die doch die hier geforderten Eigenschaften hat. Warum dann also diese Übung?

Einerseits gehört &SYSINDEX zu einer relativ neuen Version von TSO, es kann also durchaus sein, daß diese Funktion nicht in allen Installationen zur Verfügung steht. Andererseits bietet diese Übung doch einiges an neuen Themen und Erkenntnissen, die den Aufwand, das noch einmal selbst zu programmieren, Wert sein sollten.

Test-Prozedur ALPHABET:

```
PROC 1 ZEICHEN
GLOBAL CHAR ALPHA IDX
SET CHAR = &ZEICHEN
SET ALPHA = ABCDEFGHIJKLMNOPQRSTUVWXYZ
%INDEX
IF &IDX = 0 THEN WRITE &CHAR IST NICHT IM ALPHABET ENTHALTEN
ELSE WRITE &CHAR IST DER &IDX.. BUCHSTABE IM ALPHABET
```

Diese CLIST kann dann beispielsweise folgendermaßen aufgerufen werden:

```
%alphabet f
 F IST DER 6. BUCHSTABE IM ALPHABET
%alphabet 3
 3 IST NICHT IM ALPHABET ENTHALTEN
```

Einige Bemerkungen:

- In der inneren CLIST ist diesmal kein Return Code definiert, und das bedeutet jedesmal &LASTCC=0. Im Fall, daß die Zeichenfolge nicht gefunden wird, erhält man als Index den Wert 0 zurück.
- Es wurde auch darauf verzichtet, Parameter zu definieren, der gesamte Datenaustausch geschieht über globale Variable.
- Für den Fall, daß man für die innere und äußere CLIST eine Test-Möglichkeit einbauen will, kann man das folgendermaßen machen:

  Äußere CLIST
  ```
  PROC 1 CHAR TEST
  ```

```
IF &TEST ¬= THEN CONTROL CONLIST
  .
  .
  .
%INDEX &TEST
```

Innere CLIST

```
PROC 0 TEST
IF &TEST ¬= THEN CONTROL CONLIST
```

- Wichtig: Die INDEX CLIST sollte so geschrieben sein, daß man auch Zeichenfolgen, die Leerzeichen, Operanden usw. enthalten, verarbeiten kann. Das bedeutet, daß man auf die &STR-Funktion wohl nicht verzichten kann.
- Falls die gesuchte Zeichenfolge mehrfach enthalten ist, sollte nur der erste Index als Ergebnis geliefert werden.
- INDEX soll mit einer Test-Prozedur auf die Richtigkeit überprüft werden, indem man im Dialog nach den beiden Zeichenfolgen fragt und dann das Ergebnis - Index oder 'nicht gefunden' anzeigt.
- Um eine beliebige Zeichenfolge mit dem READ-Statement einlesen zu können, müssen wird noch folgendes wissen:

  Neben den Varianten

  `READ A` und `READ A B C`

  durch die die eingelesenen Daten den Variablen A, B und C zugeordnet werden, gibt es noch die Möglichkeit

  ```
  READ
  ```

  Die Daten werden einer System-Variablen &SYSDVAL zugeordnet, die dann mit Hilfe der &STR-Funktion in der CLIST weiterverarbeitet werden kann. Sehen wir uns dazu ein Beispiel an:

  Eine Prozedur LESEN sei folgendermaßen definiert:

  ```
  WRITENR EINGABE:
  READ A
  WRITE &A
  ```

  Der Dialog sieht dann so aus:

  ```
  %lesen
   EINGABE: das ist ein text
   DAS
  ```

  Nach den uns bekannten Regeln für die READ-Funktion wird der Text DAS der Variablen A zugeordnet, alles andere wird ignoriert. Deshalb ändern wir LESEN ab:

```
WRITENR EINGABE:
READ
WRITE &SYSDVAL
SET A = &SUBSTR(1:11,&STR(&SYSDVAL))
WRITE &A
```

Wir bekommen jetzt als Ergebnis:

```
%lesen
 EINGABE: das ist ein text
 DAS IST EIN TEXT
 DAS IST EIN
```

Das soll die Erklärungen zur CLIST INDEX abschließen, viel Spaß bei Design, Programierung und Test (hört sich aufregender an, als es ist). Und wenn es nicht richtig klappt, die Lösung ist, wie gewohnt, im Anhang zu finden.

SYSCALL - SYSREF

Die andere Möglichkeit, spezielle Funktionsabläufe gesondert zu programmieren, bieten die internen Unterprozeduren. Wollte man die Aufgabe mit der INDEX-Prozedur in dieser Weise lösen, so könnte das folgendermaßen aussehen:

```
PROC 0 TEST
IF &TEST¬= THEN CONTROL CONLIST
WRITENR BITTE TEXT EINGEBEN :
READ
SET TEXT = &STR(&SYSDVAL)
WRITENR WAS WIRD GESUCHT :
READ
SET SUCH = &STR(&SYSDVAL)
SET IDX = 0
SYSCALL SUBIDX SUCH TEXT IDX
IF &IDX = 0 THEN WRITE &STR(&SUCH) WURDE NICHT GEFUNDEN
  ELSE WRITE &STR(&SUCH) WURDE IN POSITION &IDX GEFUNDEN
/*************************************************************/
SUBIDX: PROC 3 ARG STRING POS
  SYSREF ARG STRING POS
  SET LA = &LENGTH(&STR(&ARG))
  SET LS = &LENGTH(&STR(&STRING))
  IF &LA = 0 | &LS = 0 THEN RETURN
  DO &POS = 1 TO &LS-&LA+1
   IF &STR(&ARG)= &STR(&SUBSTR(&POS:&POS-1+&LA,&STR(&STRING))) -
     THEN RETURN
  END
  SET POS = 0
END
```

Einige Bemerkungen zu dieser Prozedur:

- Durch
  `SYSCALL SUBIDX SUCH TEXT IDX`

wird die Unterprozedur SUBIDX aufgerufen, die mit einem PROC-Statement beginnen muß. Dabei werden die Namen der drei Variablen TEXT, SUCH und IDX angegeben.

- Das Statement

  ```
  SYSREF ARG STRING POS
  ```

  legt innerhalb von SUBIDX fest, daß der Wert dieser Variablen verändert werden kann.
- Wenn man der Unterprozedur Variablen zur Verarbeitung übergeben will, die nicht geändert werden sollen, so kann man das beim Aufruf auch in der Form

  ```
  SYSCALL SUBIDX &SUCH &TEXT IDX
  ```

  machen, dann erübrigt sich auch für diese Variablen das SYSREF-Statement. In unserem Beispiel ist aber, wenn auch nicht direkt einsichtig, auf diese scheinbar einfachere Variante verzichtet worden, da sie nicht die Übertragung beliebiger Zeichenketten (etwa TEXT = DAS IST EIN SATZ) erlaubt.

NGLOBAL

Wir haben die globalen Variablen kennengelernt, um gemeinsame Variablen innerhalb mehrerer Prozeduren benutzen zu können. Will man ähnliches zwischen mehreren internen Unterprozeduren ermöglichen, so benutzt man dazu namentliche globale Variablen, die im Gegensatz zu globalen Variablen (Definition über ihre *Position*) über ihren *Namen* angesprochen werden, es gibt dazu das NGLOBAL-Statement

```
NGLOBAL nvar1 nvar2 ... nvarn
```

Dieses NGLOBAL-Statement legt nun in jeder internen Prozedur diejenigen Variablen fest, die überall gleichmäßig benutzt und auch verändert werden können.

Abschließend noch einmal die Bemerkung, daß an dieser Stelle nicht weiter darüber philosophiert werden soll, wann, wie und warum es besser ist, mit internen oder externen Prozeduren, mit GLOBAL- oder NGLOBAL-Variablen zu arbeiten. Welches die jeweils günstigste Variante ist, hängt von der Aufgabenstellung ab und muß in jedem Einzelfall entschieden werden.

8.14 Kommunikation mit TSO-Commands

Wir wissen, daß wir innerhalb von Command Prozeduren TSO-Commands aufrufen können, und wollen nun einen Weg kennenlernen, die Ergebnisse dieser Commands zu verarbeiten. Wenn hier von Ergebnissen gesprochen wird, so sind damit die Meldungen gemeint, die normalerweise am Bildschirm erscheinen, etwa vom LISTCAT- oder STATUS-Command. Andere Commands, beispielsweise der ALLOC-Command, melden sich im Erfolgsfall nur mit dem READY zurück, da bleibt nichts zu verarbeiten.

Es gibt dafür einige Systemvariablen, mit deren Hilfe man auf die gewünschten Daten zugreifen kann.

`&SYSOUTTRAP`	Zahl der Outputzeilen, die gespeichert werden sollen
`&SYSOUTLINE`	Zahl der Outputzeilen, die gespeichert wurden
`&SYSOUTLINEn`	n-te Outputzeile

Über die Variable &SYSOUTTRAP legen wir fest, ob die von einem Command erstellten Ausgabezeilen am Bildschirm erscheinen oder in Variablen &SYSOUTLINE1 bis &SYSOUTLINEn gespeichert werden. Wenn wir beispielsweise die Meldungen des STATUS-Commands verarbeiten wollen, so können sie folgendermaßen in Variablen gespeichert werden:

```
SET &SYSOUTTRAP = 100
STATUS
SET LINES = &SYSOUTLINE
SET &SYSOUTTRAP = 0
```

Da wir nicht wissen, wieviel Zeilen vom STATUS-Command produziert werden, haben wir einen Wert von 100 angegeben, von dem wir annehmen, daß er reichen wird. Die wirkliche Zahl von Zeilen bekommen wir nach Aufruf des Commands über die Variable &SYSOUTLINE, durch Zurücksetzen von &SYSOUTTRAP auf 0 wird festgelegt, daß zukünftig wieder auf den Bildschirm geschrieben wird.

Hinweis: Es gibt im TSO die Möglichkeit, den Empfang irgendwelcher Mitteilungen zu unterdrücken. Das wird über den Parameter NOINTERCOM im PROFILE-Command gesteuert, wir werden uns im Kapitel *16. Kommunikation* damit noch genauer beschäftigen. Falls man das definiert hat, es ist durch den PROFILE-Command

```
profile list
```

festzustellen, dann funktioniert dieser Ablauf mit &SYSOUTTRAP nicht, eine Änderung ist mit

```
profile intercom
```

möglich.

Wir wollen uns das noch an einer CLIST veranschaulichen, die für beliebige Commands die Ergebnisse festhält, und die wir deshalb mit dem Namen TSOLOG bezeichnen.

Hinweis: Leider funktioniert diese CLIST mit neueren TSO-Versionen nicht mehr - TERMIN und SYSOUTTRAP können nicht mehr miteinander, sorry. Die CLIST bleibt dennoch hier dokumentiert, um einerseits die Funktionalität von SYSOUTTRAP und andererseits von TERMIN zu beschreiben.

```
PROC 0 TEST
IF &TEST ¬= THEN CONTROL CONLIST LIST
ERROR DO
  SET RC = &LASTCC
  WRITE &RC
  READ
  EXIT
END
WRITE ES KOENNEN BELIEBIGE TSO-COMMANDS AUSGEFUEHRT WERDEN,
WRITE DIE EINGABE WIRD BEENDET MIT
WRITE
WRITE NEU   UEBERSCHREIBEN DES LOG-DATASETS
WRITE ALT   ANFUEGEN AN DAS ENDE DES LOG-DATASETS
WRITE
SET SYSOUTTRAP = 1000
/* DURCH TERMIN WIRD DIE CLIST TEMPORAER ZUR EINGABE
/* BELIEBIGER COMMANDS VERLASSEN
TERMIN NEU ALT
```

```
SET SYSOUTTRAP = 0
SET LINES = &SYSOUTLINE
SET L = 1
EDIT TSOLOG.DATA NON EMODE
IF &SYSDLM = 1 THEN DO        /* UEBERSCHREIBEN DURCH      */
  TOP
  DEL * 1000                  /* LOESCHEN DER ALTEN DATEN */
END
ELSE BOTTOM                   /* HINZUFUEGEN AM ENDE      */
IN &SYSDATE &SYSTIME
IN &STR(**********************************************)
DO WHILE &L <= &LINES
  SET LINE = &&SYSOUTLINE&L
  IN &LINE
  SET L = &L+1
END
IN &STR(**********************************************)
END SAVE
WRITE DIE DATEN BEFINDEN SICH IM DATASET &SYSUID..TSOLOG.DATA
```

In dieser CLIST lernen wir noch eine neue Funktion kennen, nämlich TERMIN. Damit können wir die CLIST temporär verlassen und beliebige TSO-Commands außerhalb der CLIST aufrufen. Um mit der Ausführung der CLIST fortzufahren, gibt man einen der mit dem TERMIN-Statement definierten Parameter an. Die Position des angegebenen Wertes (in obigem Beispiel 1 oder 2) wird in der Systemvariablen &SYSDLM gespeichert und kann in der Prozedur überprüft werden.

8.15 ISPF-Interface

Wir haben bisher zwei Funktionen kennengelernt, mit denen man einen Dialog am Bildschirm steuern konnte:

`READ` und `WRITE`

Damit erreicht man die gleiche zeilenweise Verarbeitung, wie sie im READY-Mode üblich ist. Andererseits wissen wir vom ISPF, daß das Arbeiten mit Menus einfacher und angenehmer ist. Und darauf brauchen wir innerhalb von Command Prozeduren auch nicht zu verzichten. Wir können hier unsere eigenen Menus, man spricht in diesem Zusammenhang auch von Panels, definieren und in einer CLIST aufrufen. Außerdem werden wir uns auch darüber informieren, wie man die VIEW-, BROWSE- und EDIT-Funktion benutzen kann.

ISPF bietet zusätzlich noch eine Vielzahl von Funktionen an, deren Behandlung würde aber unseren Rahmen bei weitem sprengen, deshalb werden wir uns auf die oben definierten Funktionen beschränken.

Panels

Wenn wir eigene Panels definieren, so können wir sie als Members in einem Partitioned Dataset speichern, den wir dem System bekanntgeben, d.h. entsprechend zuordnen müssen. Dafür sind wir jetzt ja schon Experten. Wir sollten nur wissen, daß der entsprechende DD-Name ISPPLIB heißt. Wir blättern noch einmal zum LISTALC-Command zurück und stellen fest, welcher Dataset systemseitig diesem DD-Namen zugeordnet ist. In unserem Beispiel ist es der Dataset PPLIB.ISPF.ISPPLIB, in einer anderen Installation mag es ein anderer Dataset sein. Wir wissen, daß wir den eigenen PANEL-Dataset

```
userid.ISPF.ISPPLIB
```

in demselben Format anlegen und zusammen mit dem System-Dataset zuordnen müssen:

```
alloc da(ispf.ispplib,'pplib.ispf.ispplib') fi(ispplib) shr reu
```

Wir können nun ein Panel als Member in unserem Panel-Dataset im EDIT-Mode erstellen und ihm das gewünschte Format geben. Dafür sollten wir wissen, daß es gewisse Steuerzeichen gibt, mit deren Hilfe man den Bildschirm in Eingabe- und Ausgabe-Felder aufteilen kann. Die drei wichtigsten Zeichen sind:

- `%` Ausgabe-Feld (intensiv)
- `+` Ausgabe-Feld (normal)
- `_` Eingabe-Feld (sichtbar)

Es gibt darüber hinaus noch weitere Steuerzeichen und auch die Möglichkeit, sich eigene Steuerzeichen zu definieren, was beispielsweise notwendig wäre, wenn man ein % als sichtbares Zeichen am Bildschirm haben wollte. Aber auf diese Feinheiten und die vielfältigen Möglichkeiten, wie man etwa für Eingabe-Felder bestimmte Definitionen (Länge, Typ, .. usw.) festlegen kann, gehen wir nicht weiter ein, hier sei auf die ausführliche Literatur[11] verwiesen.

Wir wollen uns die Definition eines Panels am Beispiel einer CLIST ansehen, mit der man einen Dataset neu anlegen kann, also ein Äquivalent zum 3.2 im ISPF. Dafür wäre folgendes Panel denkbar:

```
%---------- Erstellen eines neuen Datasets -------------------
%
+  Dataset-Name: %&DSN
%
%  Platte:
%
+  Platten-Name %  ===>  _VOL           (Freilassen bei
Default-Platte)
+  Platten-Typ  %  ===>  _UNIT
%
%  Groesse:
%
+  1. Extent    %  ===>  _PRIM
+  2. Extent    %  ===>  _SEC
+  Typ          %  ===>  _TYP           (TRACK oder CYL)
%
%  Format:
%
+  Record-Format%  ===>  _RECFM
+  Record-Laenge%  ===>  _LRECL
+  Blockgroesse %  ===>  _BLK
%
+  Directory    %  ===>  _DIR           (Nur bei PDS angeben)
)END
```

[11] z/OS ISPF Services Guide

- Im Panel haben wir Eingabe-Felder mit den Namen VOL, UNIT, PRIM, SEC, TYP, RECFM, LRECL, BLK und DIR definiert. Wenn wir hier beim Aufruf des Panels Daten eingeben, so werden diese gleichnamigen Variablen in der CLIST zugeordnet, die dort in derselben Weise verarbeitet werden könnten, als wären sie über READ eingelesen worden.
- Die Variable DSN, die in der CLIST definiert wird, erscheint im Panel als &DSN, und damit wird ihr Wert angezeigt, das entspricht also einem WRITE-Statement.
- Ansonsten haben wir einige durch % oder + definierte Ausgabefelder im Panel.
- Wichtig: Der Panel-Abschluß darf nicht vergessen werden:
  `)END`

Aufruf eines Panels

Ein Panel aus dem eigenen Panel-Dataset kann durch ein Statement

```
ISPEXEC DISPLAY PANEL(member)
```

aufgerufen werden, wobei der entsprechende Member-Name anzugeben ist.

Um jetzt das oben begonnene Beispiel abschließen zu können, sollte noch eine Erklärung zum ALLOC-Command gegeben werden. Wir kennen von diesem Command bisher nur einige Parameter und sehen uns deshalb an zwei Beispielen die Parameter-Definitionen für das Erstellen eines sequentiellen und eines Partitioned Datasets an.

Sequentiell:

```
ALLOC DA(SEQ.DATA) NEW SPACE(1 1) TRACK VOL(TSOE0A) -
UNIT(3390) RECFM(F B) LRECL(80) BLK(6160)
```

Partitioned:

```
ALLOC DA(PDS.DATA) NEW SPACE(1 1) TRACK VOL(TSOE0A) -
UNIT(3390) RECFM(F B) LRECL(80) BLK(6160) DIR(5)
```

Der ALLOC-Command kann nicht nur zum Zuordnen von Datasets zu DD-Namen benutzt werden, sondern man kann mit ihm auch neue Datasets erstellen. Dabei kann beispielsweise auf VOL und UNIT verzichtet werden, wenn der Dataset auf der systemseitig definierten Default-Platte angelegt werden soll.

Die einzelnen Parameter sprechen für sich und brauchen deshalb nicht genauer erklärt zu werden.

Wenn wir nun das Format der ALLOC-Commands kennen, so können wir folgende CLIST zum Erstellen eines Datasets definieren, wobei wir den Dataset-Namen als Parameter angeben wollen:

```
PROC 1 DSN TEST
IF &TEST ¬= THEN CONTROL LIST CONLIST
/* TEST OB VOLL QUALIFIZIERT */
IF &SUBSTR(1,&DSN) ¬= ' THEN SET DSN = '&SYSPREF..&DSN'
IF &SYSDSN(&DSN) = OK THEN DO
  WRITE DER DATASET &DSN EXISTIERT BEREITS
  EXIT
END
SET DSN = &SUBSTR(2:&LENGTH(&DSN)-1,&DSN)
ISPEXEC DISPLAY PANEL(ALLOC)           /* ANZEIGEN DES PANELS
```

```
IF &VOL ¬= THEN SET VOL = VOL(&VOL)
IF &UNIT ¬= THEN SET UNIT = UNIT(&UNIT)
IF &LENGTH(&RECFM) > 1 THEN DO
  SET REC = &SUBSTR(1,&RECFM) &SUBSTR(2,&RECFM) /* FB->F B */
  IF &LENGTH(&RECFM) = 3 THEN -
  SET REC = &REC &SUBSTR(3,&RECFM)             /* FBA->F B A */
END
 ELSE SET REC = &RECFM
IF &DIR ¬= THEN SET DIR = DIR(&DIR)
ALLOC DA('&DSN') NEW &VOL &UNIT -
  SPACE(&PRIM &SEC) &TYP -
  RECFM(&STR(&REC)) BLK(&BLK) LRECL(&LRECL) -
  &DIR
```

Für uns CLIST-Experten sind die folgenden Erklärungen fast überflüssig, dennoch:

- Die CLIST läßt beide Varianten für die Angabe eines Dataset-Namens zu, also mit und ohne Userid. Deshalb wird zuerst überprüft, ob der Name voll qualifiziert ist. Falls das nicht geschehen ist, wird über die Systemvariable &SYSPREF der erste Qualifier des Namens (Prefix) davor gesetzt.

  Bisher haben wir gesagt, daß der Userid als erster Qualifier vom System genommen wird, man hat aber die Möglichkeit, das über den PROFILE-Command zu ändern und sich einen anderen ersten Qualifier zu definieren. Selbstverständlich setzt das voraus, daß man im RACF auch eine entsprechende Autorisierung hat, auf Datasets, die mit diesem Qualifier beginnen, zugreifen oder sie sogar neu anlegen zu können. Das sei aber nur als Randbemerkung verstanden, um die Variable &SYSPREF erklären zu können. Solange man nicht mit dem PROFILE-Command, der im Kapitel *17. TSO-Commands* behandelt wird, arbeitet, sind Prefix und Userid, und damit &SYSUID und &SYSPREF, identisch.
- Über die Built-in-Funktion &SYSDSN wird geprüft, ob der Dataset schon existiert, gegebenenfalls wird die Prozedur beendet.
- Der DIR-Parameter entscheidet über sequentiell oder Partitioned, er gibt die Zahl der Directory-Blöcke in einem PDS an.

Wenn wir nun diese neue CLIST mit dem TEST-Parameter aufrufen, so können wir den internen Ablauf verfolgen:

```
%alloc test.data test
 IF T ¬= ' THEN
 SET DSN = 'ED1.TEST.DATA'
 IF DATASET NOT FOUND = OK THEN
 SET DSN = ED1.TEST.DATA
 ISPEXEC DISPLAY PANEL(ALLOC)
```

```
---------- Erstellen eines neuen Datasets ----------------------------

  Dataset-Name: ED1.TEST.DATA


  Platte:

  Platten-Name      ===>                   (Freilassen bei Default-Platte)
  Platten-Typ       ===>

  Groesse:

  1. Extent         ===> 1
  2. Extent         ===> 2
  Typ               ===> track             (TRACK oder CYL)

  Format:

  Record-Format     ===> vba
  Record-Laenge     ===> 133
  Blockgroesse      ===> 27000_

  Directory         ===>                   (Nur bei PDS angeben)
```

```
IF  ¬= THEN
IF  ¬= THEN
IF 3 > 1 THEN
DO
SET REC = V B
IF 3 = 3 THEN
SET REC = V B A
END
IF  ¬= THEN
ALLOC DA('ED1.TEST.DATA') NEW SPACE(1 2) TRACK RECFM(V B A)
BLK(27000) LRECL(133)
```

Neben der Anzeige eines Panels innerhalb einer CLIST ist es auch möglich, die VIEW- oder EDIT-Funktion aufzurufen. Dafür gibt es folgende Statements:

```
ISPEXEC VIEW DATASET(dsname)
ISPEXEC EDIT DATASET(dsname)
```

Man kann dann dieselben VIEW- oder EDIT-Commands benutzen, die wir im ISPF kennengelernt haben, die Funktionen in gewohnter Weise mit F3 beenden und in die CLIST zurückkehren.

CLIST-Aufruf

Wenn wir eine CLIST, die ISPF-Funktionen benutzt, aufrufen, so ist folgendes zu beachten:

1. Aufruf innerhalb des ISPF, z.B. in der Option 6:

   ```
   %clistname
   ```

2. Aufruf außerhalb des ISPF, d.h. im READY-Mode:

```
ispstart cmd(%clistname)
```

3. Durch dieses Format teilen wir dem System mit, daß wir innerhalb der Prozedur auf ISPF-Funktionen zugreifen wollen.

Wir sehen, daß man eine solche CLIST unterschiedlich aufrufen muß. Läßt sich das vermeiden, indem man intern abfragt, ob man in einer ISPF-Umgebung arbeitet? Ja, das kann man. Die System-Variable &SYSISPF gibt durch den Wert ACTIVE oder NOT ACTIVE darüber Auskunft. Damit könnte beispielsweise die CLIST ALLOC folgendermaßen ergänzt werden:

```
PROC 1 DSN TEST
IF &TEST ¬= THEN CONTROL LIST CONLIST
IF &SYSISPF ¬= ACTIVE THEN DO
  SET CLIST = &SYSICMD
  ISPSTART CMD(%&CLIST &DSN &TEST)
  EXIT
END
IF &SUBSTR(1,&DSN) .....
```

Die Prozedur kann jetzt überall in derselben Form aufgerufen werden:

```
%alloc test.data test
  IF NOT ACTIVE ¬= ACTIVE THEN
  DO
  SET CLIST = ALLOC
  ISPSTART CMD(%ALLOC TEST.DATA TEST)
  IF ACTIVE ¬= ACTIVE THEN
  IF T ¬= ' THEN
  SET DSN = 'ED1.TEST.DATA'
  IF OK = OK THEN
  DO
  WRITE DER DATASET 'ED1.TEST.DATA' EXISTIERT BEREITS
  DER DATASET 'ED1.TEST.DATA' EXISTIERT BEREITS
  EXIT
```

8.16 Abschlußbeispiel

Mit einem etwas umfangreicheren Beispiel wollen wir das Thema 'Command Prozeduren' zum Abschluß bringen.

Aufgabenstellung:

Erstellung eines gegenüber dem von ISPF 3.8 angebotenen erweiterten Panels mit der Anzeige aller in der TSO-Outputklasse stehenden Jobs mit einer Verarbeitungsmöglichkeit.

Das Panel soll alle Jobs, die zur TSO-Verarbeitung (in unseren früheren Überlegungen MSGCLASS=Q / SYSOUT=Q, ist aber installationsabhängig) bereitstehen, so auflisten, daß man durch Angabe der entsprechenden Option festlegen kann, daß der Job-Output angezeigt, gelöscht, gedruckt oder in einem Dataset gespeichert werden kann.

Wie können wir an die Aufgabe herangehen? Im Prinzip sind drei Schritte durchzuführen:

1. Abfrage mittels STATUS-Command nach allen Jobs in den TSO-Output-Klassen.
2. Anzeigen der Jobnamen in einem Panel und Einlesen der gewählten Optionen.
3. Verarbeiten der Optionen mittels OUTPUT-Command.

Auf dem Weg zur fertigen Lösung sind noch einige Schwierigkeiten zu überwinden, aber das soll uns nicht hindern, mit Schwung an die Aufgabe zu gehen.

Bestimmung der Jobnamen

Der STATUS-Command hat keinen Parameter, der es ermöglicht, gezielt nach diesen Namen zu fragen, sondern man muß den Status jedes Jobs daraufhin analysieren. Das Format der Anzeige ist im JES2 und JES3 unterschiedlich und kann in den einzelnen Installationen auch noch variieren. Wer also die CLIST selbst nachvollziehen möchte, muß an dieser Stelle etwas modifizieren. Wir gehen hier von folgendem Format der Anzeige des STATUS-Commands aus:

Job vor der Ausführung (er muß noch warten):

```
IAT8969  JOB3445 ED1SEQ    P=09 MAIN(Q)
```

Job während der Ausführung (er befindet sich im Step SORT):

```
IAT8969  JOB3455 ED1SORT   SORT     P=09 MAIN(O-SY1)
```

Jobs nach der Ausführung:

```
IAT8969  JOB3419 ED1PS      P=09 OUTSERV(T)
IAT8969  JOB3420 ED1NAMES   P=09 OUTSERV(P,T)
IAT8969  JOB3421 ED1HSM     P=09 OUTSERV(T)
IAT8969  JOB3427 ED1START   P=09 OUTSERV(W,T)
IAT8969  JOB3428 ED1ALC     P=09 OUTSERV(P)
```

Ein Job befindet sich in einer TSO-Outputklasse, wenn sein Status

OUTSERV(T)	TSO-Output
OUTSERV(P,T)	TSO-Output + Warten auf Drucker
OUTSERV(W,T)	TSO-Output + Drucken

ist. In den beiden letzten Fällen sind im Job mehrere Outputklassen angegeben worden, und ein Teil des Outputs wird entweder gerade gedruckt (W = Writing) oder wartet auf den Drucker (P = Pending). Es müssen also alle Jobs nach der Zeichenfolge T) untersucht werden, die bei obigem Format irgendwo ab Spalte 41 auftauchen kann.

Wie aber kommen wir überhaupt in der CLIST an die entsprechende Information heran? Der STATUS-Command schreibt seine Daten in keinen Dataset, sondern direkt auf den Bildschirm. Mit diesem Problem haben wir uns bereits beschäftigt und wissen, daß wir das mit den Variablen &SYSOUTTRAP und &SYSOUTLINE lösen können:

```
SET &SYSOUTTRAP = 100
STATUS
SET LINES = &SYSOUTLINE
SET &SYSOUTTRAP = 0
```

Der nächste Schritt wird sein, alle Records daraufhin zu untersuchen, ob in ihnen die Zeichenfolge T) vorhanden ist. Dieses Problem können wir recht einfach mit unserer bereits vorhandenen CLIST INDEX lösen. Dafür brauchen wir drei globale Variablen, in denen wir

- die Zeichenfolge, in der gesucht wird, also eine STATUS-Zeile,
- die Zeichenfolge, die gesucht wird, also T),
- den Index

speichern werden.

Spätestens in dem Moment, wenn man die zu suchende Zeichenfolge T) einer Variablen zuordnen möchte, merkt man, daß die Tücke im Detail steckt. Warum? Mit

```
SET OUTSERV = T)
```

bekommt man eine Fehlermeldung

```
THIS STATEMENT HAS AN EXPRESSION WITH OPERATORS OUT OF SEQUENCE
```

die besagt, daß im SET-Command keine einzelne Klammer auftreten kann, Klammern werden immer nur paarweise akzeptiert. Deshalb ist folgender Umweg notwendig:

```
SET A = &STR(())
SET OUTSERV = T&SUBSTR(2,&A)
```

Das sieht zugegebenermaßen kompliziert aus, aber es funktioniert. Im ersten Statement wird der Variablen A die Zeichenfolge () zugeordnet, davon wird) als Teilfolge im zweiten Statement mit T zusammengehängt.

Wir können nun alle STATUS-Zeilen in einer Schleife überprüfen und die gefundenen Jobnamen und Jobnummern den Variablen JOB1...JOBn zuordnen. Damit haben wir den ersten Teil der Aufgabe gelöst, und die CLIST sieht bis hierher folgendermaßen aus:

```
SET SYSOUTTRAP = 100
STATUS
SET SYSOUTTRAP = 0
SET LINES = &SYSOUTLINE
SET A = &STR(())
SET OUTSERV = T&SUBSTR(2,&A)   /* SET OUTSERV = T) */
SET I = 0                      /* ZAEHLER DER GEFUNDENEN JOBS */
DO &L = 1 TO &LINES            /* ZEILENZAEHLER */
  SET STATUS = &&SYSOUTLINE&L
  SET RECORD = &SUBSTR(27:&LENGTH(&STR(&STATUS)),&STR(&STATUS))
  IF &SYSINDEX(&OUTSERV,&RECORD) > 0 THEN DO /* OUTSERV(T)-JOB*/
    SET I = &I+1
    SET JOB&I = &SUBSTR(10:25,&STR(&STATUS))    &STR(==>)
  END
END
IF &I = 0 THEN DO
  WRITE KEINE JOBS GEFUNDEN
  EXIT
END
```

Definition des Panels

Als nächstes müssen wir die Jobnamen über ein Panel auf den Bildschirm bringen.

```
)ATTR
@ TYPE(OUTPUT) INTENS(HIGH)
)BODY
%---- J O B S   I N   O U T S E R V ( T ) -----------------
%
% Gueltige Optionen :
%
% B - BROWSE (Auflisten des Jobs)        Datum  :  @ZDATE
% P - PRINT  (Drucken des Jobs)          Uhrzeit:  @ZTIME
% D - DELETE (Loeschen des Jobs)
% S - SAVE   (Speichern des Jobs)
%
+ JOBNR  JOBNAME      OPTION
%
% &JOB1               % _OPT1
% &JOB2               % _OPT2
% &JOB3               % _OPT3
% &JOB4               % _OPT4
% &JOB5               % _OPT5
% &JOB6               % _OPT6
% &JOB7               % _OPT7
% &JOB8               % _OPT8
% &JOB9               % _OPT9
% &JOB10              % _OPT10
% &JOB11              % _OPT11
% &JOB12              % _OPT12
% &JOB13              % _OPT13
% &JOB14              % _OPT14
% &JOB15              % _OPT15
% &JOB16              % _OPT16
% &JOB17              % _OPT17
% &JOB18              % _OPT18
% &JOB19              % _OPT19
% &JOB20              % _OPT20
)END
```

Mit unseren Panel-Kenntnissen können wir das in der Form machen, daß wir in einem Panel die Variablen JOB1 bis JOB20 anzeigen, wenn wir der Einfachheit halber annehmen, wir hätten maximal 20 Jobs. ISPF bietet auch noch andere Funktionen (Tabellen) an, mit denen unsere Aufgabe lösbar wäre, aber wir wollen nicht zu weit in die ISPF-Anwendungen einsteigen.

Falls wir weniger Jobs zur Anzeige gefunden und damit auch weniger als 20 Variablen haben, so gibt das beim Aufruf des Panels keine Fehlermeldung, sondern die entsprechenden Zeilen bleiben frei.

Wenn wir das Panel als Member OUTSERV in unserem Panel-Dataset gespeichert haben, so kann es mit

```
ISPEXEC DISPLAY PANEL(OUTSERV)
```

in der CLIST aufrufen werden.

Aufruf des OUTPUT-Commands

Die 20 Eingabefelder OPT1 bis OPT20 können nun im weiteren Verlauf der CLIST als Variablen OPT1 bis OPT20 verarbeitet werden. Jede Variable muß daraufhin überprüft werden, ob sie den Wert B (Browse), P (Print), S (Save) oder D (Delete) hat, und der OUTPUT-Command muß in der entsprechenden Form aufgerufen werden. Dieser Command, der im Kapitel *5. Job-Verarbeitung im Background* besprochen wurde, hat das Format

```
OUTPUT jobname(jobnummer) option
```

Die Jobnummer muß eigentlich nur dann angegeben werden, wenn mehrere Jobs mit demselben Namen im System sind. Diese Überprüfung können wir uns sparen, wenn wir grundsätzlich die Nummer angeben, wobei die Command-Syntax noch vorschreibt, daß der Buchstabe J vor die Nummer gesetzt wird.

Über die Option definiert man die Verarbeitungsweise. Dabei haben wir für unser Beispiel die folgenden Varianten:

<u>BROWSE - Auflisten am Bildschirm</u>

Um die Daten im BROWSE-Mode auf den Bildschirm bringen zu können, ist es notwendig, sie vorher in einen Dataset zu kopieren. Dafür wählen wir die Option

```
PRINT(JOBNAME) HOLD KEEP
```

wodurch der Job-Output in den Dataset JOBNAME.OUTLIST kopiert wird, der dann über

```
ISPEXEC BROWSE DATASET(JOBNAME.OUTLIST)
```

aufgelistet werden kann. Die Parameter HOLD und KEEP sind notwendig, damit der Job weiterhin im System bleibt, um eventuell danach noch ausgedruckt werden zu können.

<u>PRINT - Drucken des Jobs</u>

Das Drucken des Jobs kann durch Umsetzen in eine andere Outputklasse erreicht werden, also

```
NEWCLASS(A)
```

<u>SAVE - Speichern im Dataset</u>

Das Speichern haben wir bereits oben kennengelernt, allerdings jetzt ohne die HOLD/KEEP-Parameter.

<u>DELETE - Löschen des Job-Outputs</u>

Auch diese Funktion bereitet keine großen Schwierigkeiten, mit

```
DELETE
```

kann der Job-Output gelöscht werden.

Damit haben wir für alle möglichen Fälle die entsprechende Option des OUTPUT-Commands festgelegt und brauchen nach Rückkehr aus dem Panel-Display nur noch die Variablen OPT1...OPT20 auf ihren Wert zu überprüfen.

Darüber hinaus kann man jeder Variablen OPTn, der eine Option zugeordnet war, eine Zeichenfolge, etwa

```
*** BROWSED ***
```

geben, die beim nächsten Anzeigen des Panels auf dem Bildschirm erscheinen wird. Das bedeutet, daß man bei der Überprüfung der Variablen OPTn auch nach dieser Zeichenfolge oder zumindest nach dem ersten Zeichen fragen muß.

Die Variable FLAG, die noch auftaucht, dient als Anzeige dafür, ob mindestens eine der Variablen OPTn einen Wert hatte. Wenn das nicht der Fall ist, wird die Prozedur beendet.

Die komplette CLIST hat damit folgendes Aussehen:

```
PROC 0 TEST1 TEST2
/*************************************/
/*                                   */
/*   ANALYSIEREN DES STATUS-COMMANDS */
/*                                   */
/*************************************/
IF &TEST1 ¬= THEN CONTROL CONLIST
CONTROL MAIN
ERROR DO
  SET RC = &LASTCC
  IF &RC = 12 AND &SYSPCMD = STATUS THEN RETURN
  WRITE &RC
  READ
  EXIT
END
ATTN EXIT
SET SYSOUTTRAP = 100
STATUS
SET SYSOUTTRAP = 0
SET LINES = &SYSOUTLINE
SET A = &STR(())
SET OUTSERV = T&SUBSTR(2,&A)   /* SET OUTSERV = T) */
SET I = 0                      /* ZAEHLER DER GEFUNDENEN JOBS */
DO &L = 1 TO &LINES            /* ZEILENZAEHLER */
  SET STATUS = &&SYSOUTLINE&L
  SET RECORD = &SUBSTR(27:&LENGTH(&STR(&STATUS)),&STR(&STATUS))
  IF &SYSINDEX(&OUTSERV,&RECORD) > 0 THEN DO /* OUTSERV(T)-JOB*/
    SET I = &I+1
    SET JOB&I = &SUBSTR(10:25,&STR(&STATUS))   &STR(==>)
  END
END
IF &I = 0 THEN DO
  WRITE KEINE JOBS GEFUNDEN
  EXIT
END
CONTROL NOCONLIST
/*************************************/
/*                                   */
/*   VERARBEITUNG DES ISPF-PANELS    */
/*                                   */
/*************************************/
ERROR DO
  SET RC = &LASTCC
  IF &RC = 8 AND &SYSPCMD = SPF THEN EXIT
  ELSE DO
    WRITE RETURN CODE = &RC
```

```
    READ
    EXIT
  END
END
IF &TEST2 ¬= THEN CONTROL LIST CONLIST
DISPLAY: ISPEXEC DISPLAY PANEL(OUTSERV)
DO &K = 1 TO &I
  SET OPT=&&OPT&K
  SET A = &&JOB&K
  SET A = &SUBSTR(1:16,&A)
  SET JOBNO = &SUBSTR(1:7,&A)
  SET JOBNAME = &SUBSTR(9:&LENGTH(&A),&A)
  SELECT
    WHEN (&STR(&OPT) =)
    WHEN (&SUBSTR(1,&STR(&OPT)) = &STR(*))
    WHEN (&OPT = B) DO
       OUTPUT &JOBNAME(&JOBNO) PRINT(&JOBNAME) KEEP HOLD
       ISPEXEC BROWSE DATASET(&JOBNAME..OUTLIST)
       SET OPT&K = &STR(*** BROWSED ***)
    END
    WHEN (&OPT = P) DO
       OUTPUT &JOBNAME(&JOBNO) NEW(A)
       SET OPT&K = &STR(*** PRINTED ***)
    END
    WHEN (&OPT = S) DO
       OUTPUT &JOBNAME(&JOBNO) PRINT(&JOBNAME)
       SET OPT&K = &STR(*** SAVED ***)
    END
    WHEN (&OPT = D) DO
       OUTPUT &JOBNAME(&JOBNO) DELETE
       SET OPT&K = &STR(*** DELETED ***)
    END
    OTHERWISE SET OPT&K = &STR(*** &OPT IST UNGUELTIG ***)
  END
END
GOTO DISPLAY
END
```

Da der STATUS-Command dummerweise manchmal den Return Code 12 hat, wird diese Prüfung noch in die erste ERROR-Gruppe mit aufgenommen.

Wenn man den Panel-Aufruf im ISPF mit F3 beendet, ohne eine Option eingegeben zu haben, so endet diese Funktion mit dem Return Code 8, deshalb also diese Überprüfung im zweiten Teil innerhalb einer ERROR-Bedingung, um die Ausführung der CLIST zu beenden.

Wir wollen die Prozedur jetzt aufrufen und uns vorher mit dem STATUS-Command (zur Kontrolle) den Status aller unserer Jobs anzeigen lassen:

```
st
 IAT8969  JOB3419 ED1PS     P=09 OUTSERV(T)
 IAT8969  JOB3420 ED1NAMES  P=09 OUTSERV(P,T)
 IAT8969  JOB3421 ED1HSM    P=09 OUTSERV(T)
 IAT8969  JOB3427 ED1START  P=09 OUTSERV(W,T)
 IAT8969  JOB3428 ED1ALC    P=09 OUTSERV(P)
 IAT8969  JOB3429 ED1ALC1   P=09 OUTSERV(T)
 IAT8969  JOB3443 ED1ALC2   P=09 OUTSERV(W,T)
```

```
 IAT8969   JOB3445 ED1SEQ      P=09 MAIN(Q)
 IAT8969   JOB3449 ED1ST       P=09 MAIN(Q)
 IAT8969   JOB3451 ED1LIST     STEP3      P=09 MAIN(O-SY2)
 IAT8969   JOB3455 ED1SORT     SORT       P=09 MAIN(O-SY1)
%outserv
```

```
 --------- J O B S   I N   O U T S E R V ( T ) --------------------

   Gueltige Optionen :

   B  -  BROWSE (Auflisten des Jobs)        Datum  :   01/03/16
   P  -  PRINT  (Drucken des Jobs)          Uhrzeit:   17:35
   D  -  DELETE (Loeschen des Jobs)
   S  -  SAVE   (Speichern des Jobs)

   JOBNR   JOBNAME       OPTION

   3419 ED1PS      ==> b_
   3420 ED1NAMES   ==>
   3421 ED1HSM     ==>
   3427 ED1START   ==>
   3429 ED1ALC1    ==>
   3443 ED1ALC2    ==>
```

Nach Eingabe der Option BROWSE für den ersten Job erscheint die Output-Liste im BROWSE-Mode auf dem Bildschirm.

```
 Browse - ED1.ED1PS.OUTLIST                            Line 000000 Col   001 080
 Command ===> _                                                   Scroll ===>
********************************* Top of Data ********************************
 IAT6140 JOB ORIGIN FROM GROUP=ANYLOCAL, DSP=IR , DEVICE=INTRDR   , 000
 17:19:24 IAT4401  LOCATE FOR STEP=PRINT     DD=SYSUT1    DSN=ED1.NAMEN.DATA
 17:19:24 IAT4402 UNIT=3390     ,VOL(S)=TSOE0A
 17:19:24 IAT5110 JOB 3419 (ED1PS    ) USES     D TSOE0A
 17:19:24 IAT5200 JOB 3419 (ED1PS    ) IN SETUP ON MAIN=SY2
 17:19:24 IAT5210 SYSUT1   USING D TSOE0A ON 258
 17:19:24 IAT2000 JOB 3419 ED1PS     SELECTED SY2      GRP=A
 17:19:25  ICH70001I ED1       LAST ACCESS AT 16:48:34 ON FRIDAY, MARCH 16, 200
 17:19:25  IEF403I ED1PS - STARTED - TIME=17.20.29
 17:19:26  UX31,03419 ED1PS    STEP(001)=PRINT        R C =X(0000)/     0
 17:19:26  IEF404I ED1PS - ENDED - TIME=17.20.30
 17:19:26  UX31,03419 ED1PS    ENDED    CPU TIME = 00:00:00.06  EXCPS=000002
 17:19:26 IAT5400 JOB 3419 (ED1PS    ) IN BREAKDOWN
//ED1PS    JOB (EDUC,04-37),TEUFFEL,NOTIFY=ED1,CLASS=C,TIME=(,30),      *
// MSGCLASS=Q
//PRINT    EXEC PGM=IEBPTPCH
```

Mit F3 beendet man den BROWSE-Mode in gewohnter Weise und fährt mit der Ausführung der CLIST fort.

```
---------- J O B S   I N   O U T S E R V ( T ) ----------------------

  Gueltige Optionen :

  B  -  BROWSE (Auflisten des Jobs)        Datum  :   01/03/16
  P  -  PRINT  (Drucken des Jobs)          Uhrzeit:   17:37
  D  -  DELETE (Loeschen des Jobs)
  S  -  SAVE   (Speichern des Jobs)

  JOBNR   JOBNAME      OPTION

  3419 ED1PS       ==> *** BROWSED ***
  3420 ED1NAMES    ==> _
  3421 ED1HSM      ==>
  3427 ED1START    ==>
  3429 ED1ALC1     ==>
  3443 ED1ALC2     ==>
```

Die Ausführung der CLIST wird mit F3 beendet.

8.17 Zusammenfassung

Operatoren und Built-In-Funktionen

Arithmetische Operatoren

+	Addition
-	Subtraktion
*	Multiplikation
/	Division
**	Potenzieren
//	Restbildung

Vergleichs-Operatoren

EQ	=	Gleich
NE	¬=	Ungleich
LT	<	Kleiner
GT	>	Größer
LE	<=	Kleiner oder gleich
GE	>=	Größer oder gleich
NG	¬>	Nicht größer

Logische Operatoren

AND	&&	Und
OR	|	Oder

Built-in-Funktionen

`&DATATYPE(expression)`	NUM - CHAR
`&EVAL(expression)`	Arithmetische Berechnung
`&LENGTH(expression)`	Länge
`&STR(string)`	Zeichenfolge
`&SUBSTR(expr[:expr],string)`	Teilfolge
`&SYSCAPS(string)`	Übersetzung in Großbuchstaben
`&SYSLC(string)`	Übersetzung in Kleinbuchstaben
`&SYSDSN(dsname[(member)])`	Anzeige, ob ein Dataset existiert
`&NRSTR(string)`	Bewahrung des doppelten &
`&SYSINDEX(str1,str2[,start])`	Suchen einer Zeichenfolge
`&SYSNSUB(level,expr)`	Limitierung einer symbolischen Substitution

Instruktionen

Wertzuweisungen

`PROC pos-spec [pos-parm] [key-parm]`	Parameter-Definition
`SET variable = expression`	Wertzuweisung
`READ [name1 [name2 ... nameN]]`	Daten einlesen
`READDVAL name1 [name2 ... nameN]`	Lesen der &SYSDVAL-Werte
`LISTDSI dsname [(NO)DIRECTORY] [(NO)RECALL] [(NO)SMSINFO] [dsname │ ddname]`	Dataset-Information

Ablaufkontrolle

`GOTO target`	Verzweigung
`EXIT [CODE(expression)] [QUIT]`	Beendigung
`RETURN [CODE(expression)]`	Rückkehr von ERROR/ATTN
`ERROR [OFF] │ [action]`	Fehlerbedingung
`ATTN [OFF] │ [action]`	Attn-Unterbrechung
`DO - END`	Command-Folge
`DO expr TO expr BY expr [WHILE logic expression] [UNTIL logic expression]`	Command-Schleife
`IF logic expression THEN [action] [ELSE [action]]`	Test von Bedingung
`SELECT - WHEN - OTHERWISE - END`	Test von Bedingungen
`SYSCALL procname [parm1 ... parmN]`	Aufruf einer Unterprozedur
`END`	Beendigung einer CLIST

Ein / Ausgabe-Funktionen

`OPENFILE filename [INPUT | OUTPUT | UPDATE]`	Öffnen einer File
`GETFILE filename`	Record lesen
`PUTFILE filename`	Record schreiben
`CLOSFILE filename`	Schließen einer File

Diverses

`CONTROL (NO)LIST, (NO)CONLIST, MAIN (NO)SYMLIST, (NO)CAPS, ASIS (NO)FLUSH, (NO)MSG, (NO)PROMPT END(string)`	Kontroll-Parameter
`GLOBAL name1 [name2 ... NameN]`	Globale Variablen
`NGLOBAL name1 [name2 ... NameN]`	Namentl. glob. Variablen
`SYSREF [name1 [name2 ... NameN]]`	Referierte Variablen
`WRITE[NR] text`	Schreiben auf Bildschirm
`DATA - ENDDATA`	Command-Gruppe
`DATA PROMPT - ENDDATA`	Daten für TSO-Prompting
`TERMIN [string1] [string2 .. StringN]`	Kontrolle ⇨ Bildschirm
`TERMING [string1] [string2 .. StringN]`	Kontrolle ⇨ Bildschirm

System-Variablen

Datum und Uhrzeit

&SYSDATE	Datum: mm/dd/yy
&SYS4DATE	Datum: mm/dd/yyyy
&SYSSDATE	Datum: yy/mm/dd
&SYS4SDATE	Datum: yyyy/mm/dd
&SYSJDATE	Datum: yy.ddd
&SYS4JDATE	Datum: yyyy.ddd
&SYSTIME	Zeit: hh:mm:ss
&SYSSTIME	Zeit: hh:mm

Bildschirm

&SYSWTERM	Spaltenzahl des Bildschirms
&SYSLTERM	Zeilenzahl des Bildschirms

Benutzer

&SYSUID	Userid
&SYSPREF	Dataset-Prefix
&SYSPROC	Logon-Prozedur
&SYSTERMID	Terminal-Adresse
&SYSCPU	CPU-Zeit für diese Session
&SYSSRV	Service Units für diese Session

System

&SYSAPPLCU	APPC/MVS-LU Name
&SYSCLONE	MVS System-Symbol
&SYSDFP	MVS/DFP-Version
&SYSHSM	HSM-Version
&SYSISPF	ISPF: ACTIVE - NOT ACTIVE
&SYSJES	JES-Name und Version
&SYSLRACF	RACF-Version
&SYSMVS	Betriebssystem-Version
&SYSNODE	Netzwerk-Adresse des MVS-Systems
&SYSPLEX	MVS Sysplex-Name
&SYSRACF	RACF:(NOT) AVAILABLE - (NOT) INSTALLED
&SYSSECLAB	Security-Label der TSO-Session
&SYSSMFID	SMF-Identifier
&SYSSMS	SMS: ACTIVE - NOT ACTIVE
&SYSSYMDEF	MVS-Name
&SYSTSOE	TSOE-Version

CLIST

&SYSICMD	CLIST-Name
&SYSPCMD	Command-Name
&SYSSCMD	Subcommand-Name
&SYSNEST	YES - NO
&SYSSCAN	Maximale symbolische Substitution
&SYSENV	BACK - FORE

CONTROL-Parameter

&SYSSYMLIST	OFF/ON: entspricht CONTROL (NO)SYMLIST
&SYSCONLIST	OFF/ON: entspricht CONTROL (NO)CONLIST
&SYSLIST	OFF/ON: entspricht CONTROL (NO)LIST
&SYSASIS	OFF/ON: entspricht CONTROL CAPS/ASIS
&SYSMSG	OFF/ON: entspricht CONTROL (NO)MSG
&SYSFLUSH	OFF/ON: entspricht CONTROL (NO)FLUSH
&SYSPROMPT	OFF/ON: entspricht CONTROL (NO)PROMPT

Eingabe

&SYSDLM	TERMIN-Eingabe
&SYSDVAL	READ/TERMIN-Daten

Ausgabe

&SYSOUTTRAP	Maximale Command-Zeilenzahl, die gespeichert wird
&SYSOUTLINE	Aktuelle Command-Zeilenzahl, die gespeichert wurde

Return Codes

`&LASTCC`	Letzter Return Code
`&MAXCC`	Höchster Return Code
`&SYSABNCD`	Letzter ABEND Code
`&SYSABNRC`	Letzter ABEND Reason Code
`&SYSCMDRC`	Letzter Command Return Code

ISPF-Interface

- Der Panel-Dataset wird als ISPPLIB zugeordnet.
- In den Panels gibt es verschiedene Steuerzeichen, beispielsweise

`%`	Ausgabe-Feld (high intensity)
`+`	Ausgabe-Feld (low intensity)
`_`	Eingabe-Feld (high intensity)

- Es stehen unter anderem die folgenden ISPF-Funktionen zur Verfügung:

`ISPEXEC DISPLAY PANEL(panel)`	Panel-Anzeige
`ISPEXEC VIEW DATASET(dsname)`	Dataset-Anzeige
`ISPEXEC BROWSE DATASET(dsname)`	Dataset-Anzeige
`ISPEXEC EDIT DATASET(dsname)`	Dataset-Editing

- Aufruf einer CLIST außerhalb der ISPF-Umgebung

```
ISPSTART CMD(%clistname)
```

9.0 REXX-Prozeduren

- Die REXX-Prozedur als einfacher Einstieg in die Programmierung

  Wir lernen kennen, wie sie erstellt und aufgerufen werden können.

- Das Funktionsspektrum der EXEC ist sehr umfangreich

  Mit Variablen, Statements, Operatoren und Funktionen kann man fast jede Aufgabe lösen.

- REXX-Prozeduren können auch ISPF-Funktionen aufrufen

  Mit dem ISPF-Interface hat man viele Möglichkeiten, auf eine bekannte Funktionalität zurückzugreifen.

REXX steht als Abkürzung für *Restructured EXtended eXecutor* und ist eine Sprache, die die Definition von Prozeduren erlaubt. Man spricht hier auch von EXECs, um sie von CLISTs (Command Prozeduren) zu unterscheiden, der älteren Variante von Prozedur-Sprachen im TSO. REXX gibt es als Prozedur-Sprache schon seit langer Zeit im IBM-Betriebssystem VM und in verschiedenen Formen in der Workstation-Umgebung und erfreut sich dort großer Beliebtheit, da durch die vielen Funktionen jeder Benutzer, der Anfänger wie auch der erfahrene Programmierer, viele Möglichkeiten hat, Programm- und Funktionsabläufe zu definieren. Deshalb wird sie vermutlich auch für den Benutzer, der von der Workstation kommt, um sich die Host-Welt mit TSO im z/OS zu erschließen, die interessantere Sprache sein.

Dieses Kapitel beschreibt nun, ohne CLIST-Kenntnisse vorauszusetzen, wie man EXECs definieren und aufrufen kann. Der Leser, der dieses Kapitel mit dem vorhergehenden vergleicht, wird sehr viele Ähnlichkeiten und Übereinstimmungen feststellen. Es ist bewußt versucht worden, das CLIST-Kapitel so identisch wie möglich auf REXX zu übertragen, um den Einstieg in das Definieren und Arbeiten mit Prozeduren in gleicher Weise darstellen zu können. Deshalb können alle Leser, die CLIST-Kenntnisse und Erfahrungen im Schreiben von Prozeduren haben, zum nächsten Kapitel weiterblättern, in dem die Unterschiede zwischen CLISTs und EXECs beschrieben werden.

Was kann man nun in einer EXEC machen? Wir werden im folgenden Begriffe wie

- EXEC-Instruktionen
- Symbolische und System-Variablen
- Operatoren
- Built-in-Funktionen
- Parameter
- TSO-Funktionen
- TSO/REXX-Commands

und ähnliches kennenlernen und sehen, wie man damit, auch im Zusammenspiel mit TSO-Commands, einen Funktionsablauf definieren, testen und ausführen kann.

9.1 EXEC-Definition

EXECs werden in Datasets gespeichert, dabei sind

- Sequentieller Dataset
- Member im Partitioned Dataset

möglich, allerdings wird letzteres in der Praxis der Normalfall sein.

Das Format des Datasets ist prinzipiell beliebig, wir sind nicht, wie beispielsweise bei einem JCL-Dataset, auf das Format FB80 festgelegt, sondern die Records können sowohl feste wie auch variable Länge haben. Records mit variabler Länge bieten sich deshalb an, weil man in EXECs ein freies Format hat und viele sehr kurze Records haben wird. Bevor man sich hier auf ein bestimmtes Format festlegt, sollte man sich informieren, in welcher Form die systemseitig bereitgestellten EXEC-Datasets definiert sind, und sich diesem Format anschließen. Genaueres darüber ist im Abschnitt *Privater EXEC-Dataset* zu finden.

Der letzte Qualifier eines Dataset-Namens wird EXEC sein, das muß nicht so sein, ist aber die Regel und macht die Ausführung der Prozedur einfacher.

9.2 EXEC-Ausführung

Man unterscheidet bei der Ausführung einer EXEC zwei Arten. Nehmen wir an, wir hätten unsere Prozeduren im Partitioned Dataset ED1.CMDPROC.EXEC als Members gespeichert und wollten das Member MYEXEC mit zwei Parametern PARM1 und PARM2 aufrufen.

Expliziter Aufruf

```
exec cmdproc(myexec) 'parm1 parm2' exec
```

Der Aufruf geschieht mit dem EXEC-Command, bei dem man den Namen des Datasets angibt, in dem die EXEC gespeichert ist. Entsprechend der TSO-Namenskonvention wird der Userid vor den Namen gesetzt.

Durch den Parameter

```
exec
```

wird für den EXEC-Command festgelegt, daß eine REXX-EXEC und keine CLIST, die man auch mit diesem Command aufrufen kann, ausgeführt werden soll.

Es muß hier noch einmal auf die Namenskonventionen hingewiesen werden, nach denen der Name voll qualifiziert anzugeben ist, wenn er nicht mit dem Qualifier EXEC endet. Hat man seine Prozeduren im Dataset ED1.CMDS.DATA, so müßte der Aufruf über

```
exec 'ed1.cmds.data(myexec)' 'parm1 parm2' exec
```

erfolgen, denn bei

```
exec cmds.data(myexec) 'parm1 parm2' exec
```

sucht der EXEC-Command nach einem Dataset 'ED1.CMDS.DATA.EXEC'.

Implizierter Aufruf

```
%myexec parm1 parm2
```

Die Prozedur wird in ähnlichem Format wie ein TSO-Command aufgerufen, allerdings mit dem % vor dem EXEC-Namen.

Dieses % ist nicht zwingend vorgeschrieben, aber zu empfehlen,

- weil damit Verwechslungen ausgeschlossen werden, falls es im System einen TSO-Command mit gleichem Namen gibt,
- weil das System sofort weiß, daß eine EXEC - und kein Command - ausgeführt werden soll, der Ablauf geht deshalb etwas schneller, da nicht zuerst alle Datasets, in denen TSO-Commands gespeichert sind, durchsucht werden müssen.

Dem aufmerksamen Leser fällt natürlich sofort auf, daß wir bei dem impliziten Aufruf nicht angeben, in welchem Dataset (denn hier sind keine speziellen Regeln festgesetzt) sich die Prozedur befindet. Dieser Dataset ist dem System über einen besonderen Formalismus mitzuteilen, den wir uns jetzt etwas genauer ansehen wollen.

Privater EXEC-Dataset

Jede Installation stellt ihren Benutzern eine Reihe von systemseitig definierten EXECs zur Verfügung, die man implizit aufrufen kann. Die System-Dateien kann man durch eigene Datasets ergänzen, so daß jeder Benutzer die Möglichkeit hat, sich die Prozeduren, die er für seine eigenen Anwendungen benötigt, zu definieren und auf einfache Weise aufzurufen.

Wenn wir uns jetzt mit diesem Formalismus beschäftigen wollen, so sollten wir noch einmal an unsere JCL-Kenntnisse aus dem Kapitel *5. Job-Verarbeitung* zurückdenken. Wie haben wir dem System mitgeteilt, in welchem Dataset sich das Programm befindet, das wir ausführen wollen?

Richtig, über die DD-Records

```
//STEPLIB DD DSNAME= ...
```

oder

```
//JOBLIB  DD DSNAME= ...
```

Und etwas Ähnliches müssen wir jetzt auch machen, aber wie? Denn wir sind ja im TSO und nicht in einem Batch-Job und haben somit auch keine JCL-Records zur Verfügung. Allerdings gibt es dafür einen entsprechenden Command, den ALLOCATE-Command. Die vielen Parameter, die es für diesen Command gibt, werden wir teilweise noch im Kapitel *17. TSO-Commands* kennenlernen, jetzt werden wir uns nur mit dem beschäftigen, was wir unbedingt benötigen.

```
Syntax -
   ALLOCATE     DDNAME(ddname) DSNAME(dsname)
                SHR | OLD | MOD | NEW
                REUSE
Alias   -       ALLOC
```

DDNAME(ddname) Diesen Begriff kennen wir aus der JCL genauso wie

DSNAME(dsname) nämlich den Dataset-Namen.

SHR/OLD/MOD/NEW Definition des Status des Datasets, allerdings ohne den Parameter DISP=, wie wir es in der JCL kennengelernt haben.

REUSE Mit diesem Parameter überschreibt man eine eventuell schon bestehende Zuordnung.

Mit dem ALLOC-Command kann man in gleicher Form wie mit dem DD-Record die Zuordnung eines Datasets zu einem DD-Namen festlegen; der

- ALLOC-Command im Foreground

- DD-Record im Background

sind also äquivalent.

Und so, wie man im Job über den DD-Namen JOBLIB/STEPLIB angibt, in welchem Dataset sich das auszuführende Programm befindet, so hat man bei EXECs festgelegt, daß die entsprechenden Datasets über den DD-Namen SYSPROC oder den DD-Namen SYSEXEC definiert werden.

SYSPROC ist dabei der historisch ältere Name, den man auch für CLISTs verwendet. Man kann also seinen EXEC-Dataset, eventuell mit dem CLIST-Dataset gemeinsam, falls man einen hat, dem Namen SYSPROC zuordnen. Oder man unterscheidet, indem man für EXECs den Namen SYSEXEC wählt. Was sollte man nun machen? Das ist eigentlich gehüpft wie gesprungen - wir werden uns hier für die zweite Variante entscheiden.

Wir sollten nun zuerst einmal feststellen, ob für unsere TSO-Sitzung ein solcher Dataset definiert wurde - aber wie?

Dafür benötigen wir einen weiteren TSO-Command:

```
Syntax -
   LISTALC  STATUS

Alias  -    LISTA
```

Dieser Command zeigt alle Datasets an, die für uns zugeordnet (allociert oder allocated) sind. Durch den STATUS-Parameter erreichen wir, daß auch die dazugehörenden DD-Namen aufgelistet werden. Wenn wir den Command aufrufen, so erhalten wir

```
lista st
 --DDNAME---DISP--
 TERMFILE   SYSPRINT
 TERMFILE   SYSTERM
 TERMFILE   SYSIN
 ICFU.VSYS005
   SYS00002 KEEP,KEEP
 SYSCTLG.VTSOE0A
   SYS00002 KEEP
 ED1.ISPF.ISPPROF
  ISPPROF   KEEP
 ED1.ISPF.ISPTLIB
  ISPTABL   KEEP
 ED1.ISPF.ISPFILE
  ISPFILE   KEEP
 PPLIB.ISPF.ISPMLIB
  ISPMLIB   KEEP
 PPLIB.ISPF.ISPSLIB
  ISPSLIB   KEEP
 PPLIB.ISPF.ISPTLIB
  ISPTLIB   KEEP
 PPLIB.ISPF.ISPPLIB
  ISPPLIB   KEEP
 SYS1.HELP
```

```
  SYSHELP  KEEP
SYS3.HELP
           KEEP
SYS3.CLIST
  SYSPROC  KEEP
SYS3.EXEC
  SYSEXEC  KEEP
```

Wir sehen, daß eine lange Reihe von Datasets zugeordnet ist - wann wurde das eigentlich gemacht? Das geschah über die LOGON-Prozedur, die wir im Zusammenhang mit dem LOGON-Command angesprochen haben. Doch wir sollten nicht zu sehr ins Detail gehen, sondern uns auf unsere Fragestellung konzentrieren: Was ist uns über SYSEXEC zugeordnet?

Aus obiger Auflistung haben wir erkannt, es ist der Dataset SYS3.EXEC.

Nachdem wir nun diesen Dataset ausfindig gemacht haben, können wir einen eigenen Dataset im gleichen Format definieren: ISPF 3.2 braucht wohl nicht genauer beschrieben zu werden. Und gleiches Format heißt:

- gleiches Record-Format (FB oder VB)
- gleiche Blockgröße

Die Größe des Datasets, es muß ein Partitioned Dataset sein, ist beliebig, und wenn wir in gewohnter Weise 1 Track/1 Track wählen, so haben wir vorläufig genügend Platz.

Warum müssen die Datasets gleiches Format haben? Weil wir sie kombiniert verwenden wollen (CONCATENATION = Verkettung). Wir wollen ja in der Lage sein, sowohl die systemseitig bereits definierten EXECs wie auch unsere eigenen zu verwenden, und deshalb müssen die Datasets zueinander passen. Diese gemeinsame Definition geschieht über den ALLOC-Command, und wir wollen für die weiteren Betrachtungen annehmen, wir hätten einen Partitioned Dataset ED1.MVS.EXEC im richtigen Format angelegt. Wir können im ALLOC mehrere Datasets angeben und rufen den Command auf:

```
alloc dd(sysexec) dsn(mvs.exec,'sys3.exec') shr
```

Wir erhalten allerdings vom System nicht die erwartete READY-Mitteilung, die besagt, daß alles in Ordnung ist, sondern die Fehlermeldung

```
DATA SET NOT ALLOCATED, FILE IN USE, ENTER 'FREE' OR 'END'
```

Was können wir damit anfangen? Zuerst sollten wir wissen, daß die Begriffe DDNAME und FILE für den ALLOC-Command gleichbedeutend sind, genauso wie DSNAME und DATASET, d.h. wir hätten obigen Command auch als

```
alloc file(sysexec) da(mvs.exec,'sys3.exec') shr
```

angeben können, natürlich mit derselben Fehlermeldung als Ergebnis.

Die Aussage

```
FILE IN USE
```

bedeutet, daß dem DD-Namen SYSEXEC bereits ein anderer Dataset zugeordnet ist, und das haben wir mit dem LISTALC-Command auch festgestellt. Diese Zuordnung kann dadurch überschrieben werden, daß wir obige Fehlermeldung mit

```
FREE
```

beantworten.

Man kann diesen Fehler dadurch vermeiden, daß man im Command den REUSE-Parameter angibt, der eine eventuell bestehende Zuordnung überschreibt.

Die Reihenfolge der Dataset-Namen im DSN-Parameter, es können auch mehr als zwei Namen angegeben werden, entscheidet darüber, in welcher Reihenfolge die Datasets nach der aufgerufenen Prozedur durchsucht werden. Es können übrigens auch Datasets unterschiedlicher Blockgröße kombiniert werden, falls sie nur dasselbe Format haben. Man muß dann allerdings den Dataset mit der größten Blockgröße zuerst angeben.

Wenn wir den LISTALC-Command noch einmal aufrufen, um uns die jetzt bestehenden Zuordnungen anzeigen zu lassen, so erhalten wir für SYSEXEC folgende Anzeige:

```
  .
  .
ED1.MVS.EXEC
  SYSEXEC  KEEP
SYS3.EXEC
           KEEP
  .
  .
```

Für SYS3.EXEC wird kein DD-Name angezeigt, und das bedeutet, daß der davor aufgeführte Name SYSEXEC gilt, bei einer Verkettung wird nämlich der DD-Name nur für den ersten Dataset angegeben.

Mit dem erfolgreichen Aufruf des ALLOC-Commands haben wir den eigenen Dataset als EXEC-Library definiert und können somit alle Prozeduren in der Form

```
%member
```

aufrufen.

Aber: Eine solche Zuordnung ist immer nur für eine Sitzung gültig und muß nach jedem LOGON wiederholt werden. Deshalb wäre hier eine Automatik sinnvoll, und viele Installationen bieten ihren Benutzern auch die Möglichkeit, nach dem LOGON eine Prozedur automatisch ablaufen zu lassen, in der man den ALLOC-Command aufrufen kann. Deshalb sollte man sich beim zuständigen TSO-Koordinator erkundigen, wie dieser Formalismus in der eigenen Installation abläuft.

9.3 EXEC-Format

Eine EXEC besteht aus einer oder mehreren Anweisungen (Statements) im freien Format. Das bedeutet, es gibt keine Regeln, in welcher Spalte beispielsweise ein Statement anfangen oder aufhören muß. Ebenso ist die Zahl der Blanks zwischen Variablen, Anweisungen oder Operatoren beliebig.

Ein Statement, das kann

- eine EXEC-Anweisung
- ein TSO-Command
- ein Kommentar

sein, kann auch länger als eine Zeile sein, man muß nur jeweils durch ein Komma als letztem Zeichen pro Zeile angeben, daß eine Fortsetzungszeile folgt.

Umgekehrt kann man auch mehrere Statements in einer Zeile haben, sie sind dann jeweils durch ein Semikolon zu trennen.

Es empfiehlt sich, eine EXEC durch Einfügen von Kommentaren übersichtlich zu machen, ein Kommentar wird dabei durch die Zeichenfolge /* bzw. */ eingeschlossen.

Wichtig: Generell gilt, daß die erste Zeile einer EXEC immer ein Kommentar sein muß, der das Wort REXX enthält, beispielsweise:

```
/***** REXX *************************/
```

9.4 Parameter

Beim Entwurf einer EXEC, die eine bestimmte Aufgabe lösen soll, wird man sich überlegen, ob es sinnvoll ist, dieser EXEC irgendwelche Parameter zu übergeben. Hierbei handelt es sich um denselben Mechanismus, den wir bei TSO-Commands - als Anwender, nicht als Programmierer - bereits kennengelernt haben. Wir haben einige Commands ohne Parameter

```
listuser
status
logoff
```

und andere Commands mit Parametern

```
logon ed1 acct(educ) mail
status ed1print
```

ausgeführt und gesehen, daß es mehrere Arten von Parametern gibt.

Man unterscheidet Positionsparameter (ihre Bedeutung wird durch ihre Reihenfolge festgelegt, z.B. *ed1* im LOGON-Command) und Keyword-Parameter, deren Bedeutung durch ihren Namen gegeben ist (beispielsweise *acct* und *mail*).

Bei EXECs hat man durch die in REXX gegebenen Funktionen zuerst einmal nur die Möglichkeit, Positionsparameter zu definieren. In einer späteren Übungsaufgabe werden wir auch noch die Frage lösen, in welcher Form man Keyword-Parameter für EXECs ermöglichen kann, um von der Syntax her eine möglichst große Ähnlichkeit zu TSO-Commands herzustellen.

Letztendlich ist es dann die künstlerische Freiheit jedes einzelnen, beim Entwurf einer EXEC festzulegen, welche Parameterarten, falls überhaupt, definiert werden sollen.

ARG

Werden einer EXEC bei ihrem Aufruf Parameter mitgegeben, so kann man auf diese durch die ARG-Instruktion zugreifen. Sie hat folgendes Format:

```
ARG word1 word2 ... wordn
```

In dieser Form werden *n* Parameter übergeben.

Beispiele:

```
%myexec Fritz Meier
```

Durch

```
arg vorname name
```

erhält man die Zuordnung

```
vorname: FRITZ
name    : MEIER
```

Werden beim Aufruf der EXEC mehr Parameter angegeben, als im ARG-Statement vorgesehen sind, so wird der Überhang dem letzten Feld zugeordnet:

```
%myexec Klaus Peter Meier
```

ergibt

```
vorname: KLAUS
name    : PETER MEIER
```

Will man auf diesen Überhang verzichten, so erreicht man das durch einen Punkt als Abschluß des ARG-Statements:

```
arg vorname name .
```

Aus dem Beispiel ist zu ersehen, daß die Werte der Parameter zu Großbuchstaben umgesetzt werden. Das kann durch den Vorsatz PARSE im ARG-Statement unterdrückt werden:

```
parse arg vorname name .
```

Neben der ARG-Instruktion gibt es noch die ARG-Funktion

```
ARG(n)
```

mit der man direkt einen einzelnen Parameter ansprechen kann:

```
vorname = arg(1)
name    = arg(2)
```

9.5 Variablen und Statements

Innerhalb einer Prozedur gibt es verschiedene Möglichkeiten, Variablen zu definieren und ihnen Werte zuzuordnen.

Die wichtigsten Funktionen sind

`=`	Direkte Zuordnung
`PULL`	Daten-Zuordnung vom Terminal
`ARG`	Übernahme von Parametern
`EXECIO`	Lesen aus einem Dataset

Beim Definieren von Variablen durch die verschiedenen Arten der Wertzuordnung wird nicht zwischen numerischen und Text-Variablen unterschieden, sondern der Typ ergibt sich direkt aus dem jeweiligen Wert.

Die Namen von Variablen können 250 Zeichen lang sein und aus den Werten

```
A-Z a-z _ # $ @ ¢ . ! ? 0-9
```

bestehen, dürfen allerdings nicht mit einer Ziffer oder einem Punkt beginnen. Variablen in ISPF-Panels sind in der Länge auf 8 Zeichen beschränkt.

Direkte Zuordnung

Die einfachste Art, einer Variablen einen Wert zu geben, ist die direkte Zuordnung.

```
Statement              Ergebnis

a = 5                  a : 5
b = -5.73              b : -5.73
c = 3.9E6              c : 390000
d = text1              d : TEXT1
e = 'text2'            e : text2
f = "Text2"            f : Text2
g = 'ABCD'x            g : Hex-Zahl ABCD
h = '1 d8'x            h : Hex-Zahl 01D8
```

Die Variablen A, B und C haben einen numerischen Wert erhalten, während D, E und F jeweils eine Zeichenfolge zugeordnet wurde. Bei der Darstellung für C handelt es sich um die sogenannte Exponentialdarstellung, die in diesem Beispiel mit dem Wert $3.9 * 10^6$ identisch ist. Bei Zeichenfolgen ist zu beachten, daß sie zu Großbuchstaben konvertiert werden, sofern sie nicht durch einfache oder doppelte Hochkommas (und diese beiden Schreibweisen sind gleich) eingeschlossen sind. Bei G und H handelt es sich um hexadezimale Zeichenfolgen, wir sehen, daß durchaus unterschiedliche Darstellungen erlaubt sind.

Ganz generell gilt für alle Variablen, daß ihr Wert aus ihrem zu Großbuchstaben konvertierten Namen besteht, falls ihnen kein anderer Wert zugeordnet wurde. Es kann somit innerhalb einer EXEC nicht vorkommen, daß wegen einer unbekannten (nicht definierten) Variablen eine Fehlermeldung erscheint, sofern man das nicht explizit angibt - Näheres dazu später.

In einer solchen Zuordnung sind auch kompliziertere Ausdrücke (**Expressions**) erlaubt, als wir sie in obigen Beispielen haben, es sind arithmetische Operationen oder zusammengesetzte Ausdrücke möglich, bei denen wir mit anderen Variablen arbeiten können. Dazu einige Beispiele:

```
Statement               Ergebnis

a = 5                   a : 5
b = 3                   b : 3
c = a + b               c : 8
d = 7 + (2*c)           d : 23

a = 'Zusammen'          a : Zusammen
b = 'ung'               b : ung
c = a||'setz'||b        c : Zusammensetzung
d = a'setz'b            d : Zusammensetzung
```

In diesem Beispiel werden drei Zeichenfolgen

```
a = 'Zusammen'
'setz'
b = 'ung'
```

zu einer neuen Zeichenfolge

```
'Zusammensetzung'
```

zusammengesetzt.

An den beiden Varianten für C und D erkennt man, daß eine Zusammensetzung mit || wie auch direkt möglich ist.

Der Name einer Variablen kann so einfach aussehen, wie das in obigen Beispielen gewählt wurde, er kann sich aber auch aus mehreren Teilen zusammensetzen:

```
a.b
name.i.j
```

Der etwas mathematisch orientierte Leser mag sich hierunter beispielsweise die Darstellung von Vektoren und (beliebig dimensionalen) Matrizen vorstellen, falls man etwa I und J variabel annimmt.

```
Statement            Ergebnis

i = 1                i   : 1
x.i = 'Text1'        x.1 : Text1
i = i+1              i   : 2
x.i = 'Text2'        x.2 : Text2
```

Diese Namensgebung erlaubt aber nicht nur, wie in dem Beispiel, die Darstellung von Listen oder Matrizen, sondern ermöglicht auch den Aufbau von sehr anwendungsorientierten Datenstrukturen:

```
Statement                  Ergebnis

name = meier               name           : MEIER
name.vorname = 'Fritz'     MEIER.vorname  : Fritz
name.alter = 32            MEIER.alter    : 32
name.stadt = 'Berlin'      MEIER.stadt    : Berlin
```

Als abschließende Bemerkung sei hierzu noch erwähnt, daß man auch die erste Komponente einer solchen Struktur ansprechen - man verwendet hier die Bezeichnung STEM (Stamm) - und ihr einen Wert zuordnen kann:

```
x. = 'Text'
```

Damit haben alle Variablen, deren Name zu dieser Struktur gehört, diesen Wert bekommen, falls ihnen nicht expliziert, wie in obigem Beispiel etwa X.1 und X.2, ein anderer Wert zugeordnet wird. Man kann damit beispielsweise eine gesamte Datenstruktur initialisieren.

Mit der DROP-Instruktion werden die Werte von Variablen gelöscht, so daß sie auf ihren Namen referieren:

```
drop a
drop x.
```

Im zweiten Fall werden wieder alle Variablen derselben Struktur angesprochen.

PULL - SAY

Die Ein- und Ausgabe von Daten über den Bildschirm, also der Dialog zwischen System und Benutzer, geschieht über die beiden Funktionen

`PULL`	Lesen vom Bildschirm
`SAY`	Schreiben auf den Bildschirm

Damit können wir unsere erste Prozedur NAMEN schreiben, die die (später auszubauende) Aufgabe hat, drei Namen vom Bildschirm einzulesen und sie danach wieder zu schreiben.

```
/**** REXX ***********************************/
/*    EXEC zum Einlesen/Ausgeben von Namen    */
/*******************************************/
say 'Bitte Namen eingeben:'
i = 1
pull name.i
i = i+1
pull name.i
i = i+1
pull name.i
/* Damit wurden 3 Namen eingelesen */
say 'Die Namen lauten:'
j = 1
say j'. Name:' name.j
j = j+1
say j'. Name:' name.j
j = j+1
say j'. Name:' name.j
```

Die Leser mit Programmierkenntnissen mögen darüber hinwegsehen, daß die Aufgabe in dieser Form gelöst wurde, die Lösung ist noch verbesserungsfähig.

Wir rufen die Prozedur auf:

```
%namen
 Bitte Namen eingeben:
meier
schmidt
lehmann
 Die Namen lauten:
 1. Name: MEIER
 2. Name: SCHMIDT
 3. Name: LEHMANN
```

Einige Bemerkungen zu dieser EXEC:

- Es wurden den drei Variablen name.1, name.2 und name.3 die eingegebenen Namen zugeordnet.
- Dann wird der erste Name geschrieben, er ist als name.1 gespeichert
  ```
  j = 1
  say j'. Name:' name.j
  ```
  Man hätte natürlich auch
  ```
  say 1'. Name:' name.1
  ```
  sagen können, aber aus Gründen, die wir später noch verstehen werden, wurde hier eine variable Definition gewählt.
- Es ist uns sicherlich noch aufgefallen, daß die Namen zu Großbuchstaben konvertiert wurden, man hat aber die Möglichkeit, sie so zu speichern, wie sie eingegeben wurden:
  ```
  parse pull name.i
  ```

Wir haben gesagt, daß das Beispiel noch verbesserungsfähig ist, und das wollen wir uns jetzt ansehen. Die Aufgabenstellung soll dabei noch dahingehend erweitert werden, daß wir beliebig viele Namen einlesen und durch ENTER die Dateneingabe beenden wollen:

```
/**** REXX ************************************/
/*    EXEC zum Einlesen/Ausgeben von Namen    */
/**********************************************/
say 'Bitte Namen eingeben:'
i = 0
do forever
  pull name
  if name = '' then leave
  i = i + 1
  name.i = name
end
/* Damit sind alle Namen eingelesen */
do j = 1 to i
  say j'. Name:' name.j
end
```

Es wurden für die beiden Programmteile unterschiedliche Techniken benutzt, um sie hier besprechen zu können.

DO - END

Die DO/END-Statements fassen eine Gruppe von Statements zu einer Einheit zusammen, deren Ausführung

- im DO-Statement festgelegt werden kann
- durch Bedingungen innerhalb der Gruppe gesteuert und beendet werden kann.

Durch

```
do forever
```

wird erreicht, daß alle Statements der Gruppe beliebig oft, d.h. ohne jede Begrenzung, ausgeführt werden sollen.

Wir haben die Commands innerhalb der Gruppe etwas eingerückt, das hat funktionell keine Bedeutung, wir haben ja ein freies Format, sondern dient lediglich als optische Anzeige dafür, daß es sich hier um eine zusammengehörende Gruppe von Commands handelt.

IF - THEN - ELSE

Die Schleife wird entsprechend der Aufgabenstellung beendet, wenn kein Name eingegeben wird, und das überprüfen wir mit

```
if name = '' then leave
```

Wir haben die Möglichkeit, mit dem IF-Statement eine Bedingung zu überprüfen - in diesem Fall, ob der Name leer ist - und für den Fall, daß die Bedingung erfüllt ist, mit dem THEN-Statement eine andere Funktion - hier das Beenden der Schleife durch die Funktion LEAVE - aufzurufen.

Wenn man für den Fall, daß die überprüfte Bedingung nicht erfüllt ist, ebenfalls eine Aktion definieren will, so hat man dafür das ELSE-Statement zur Verfügung.

Das Schreiben der Namen kann auch wieder mit einer Schleife ausgeführt werden, nur daß hierbei das Ende durch die Zahl der eingegebenen Namen, die beliebig ist, gegeben ist.

Das Problem ist im gleichen Format wie im ersten Teil lösbar, aber es soll noch eine andere Möglichkeit vorgestellt werden:

Iteratives DO

Im DO-Statement kann man einen Zähler mitlaufen lassen, wie das im Beispiel durch

```
do j = 1 to i
```

angegeben worden ist. Falls man nicht durch eine zusätzliche Bedingung

```
by n
```

festlegt, um welchen Wert J verändert werden soll, wird 1 als Standardwert dafür genommen. Die Schleife wird letztmalig ausgeführt, wenn J den Wert I erreicht hat.

DO WHILE / DO UNTIL

Zwei andere Möglichkeiten, Bedingungen für die Ausführung einer Programmschleife festzulegen, sind DO WHILE und DO UNTIL. Der Unterschied zwischen diesen beiden Varianten liegt im Zeitpunkt ihrer Überprüfung. Für unser Beispiel sieht das folgendermaßen aus:

```
do while j <= i
  .
  .
  .
j = j + 1
end
```

Die WHILE-Bedingung wird vor Ausführung der Statements, die UNTIL-Bedingung nach ihrer Ausführung geprüft:

```
do until name = ''
pull name
  .
  .
  .
end
```

Dabei steht

<= für kleiner oder gleich

und ist einer von mehreren Vergleichs-Operatoren, die uns in EXECs zur Verfügung stehen.

Wer damit noch nicht genug hat, kann auch alle Varianten kombinieren:

```
do k = 10 to 1 by 5 while jahr = 2001 until monat = mai
```

SELECT

Falls innerhalb eines Funktionsablaufs verschiedene Bedingungen überprüft werden sollen, so erreicht man das durch mehrfache IF-THEN-ELSE-Statements. Das Statement SELECT führt hier zu einer Vereinfachung.

```
/**** REXX ***********************************/
/*    EXEC zum Millionenstadt-Test           */
/*********************************************/
say 'Stadt:'
pull stadt
select
  when (stadt = MUENCHEN) then x = 'sued'
  when (stadt = KOELN) then x = 'west'
  when (stadt = BERLIN | stadt = HAMBURG) then x = 'nord'
  otherwise x = NO
end
if x = NO then say stadt 'ist keine deutsche Millionenstadt'
else say stadt 'ist eine' x'deutsche Millionenstadt'
```

Durch das SELECT-Statement wird definiert, daß eine Vielzahl von Bedingungen überprüft werden soll. Jedes WHEN-Statement legt die Bedingung und die Aktion fest, die bei deren Erfüllung ausgeführt werden soll. Dabei steht

```
when (stadt = BERLIN | stadt = HAMBURG)
```

für die Bedingung

`BERLIN` oder `HAMBURG`

Die im WHEN-Statement festgelegten Bedingungen können beliebige Kombinationen der im folgenden erklärten Operationen sein, und eine Aktion kann auch aus mehreren Statements bestehen, die dann durch DO-END zusammengefaßt werden.

Das OTHERWISE-Statement behandelt schließlich den Fall, daß keine der angegebenen Bedingungen erfüllt ist.

9.6 Operatoren

Es gibt drei Gruppen von Operatoren, mit denen man arbeiten kann, einige dieser Operatoren haben wir bereits verwendet.

Arithmetische Operatoren

`+`	Addition
`-`	Subtraktion
`*`	Multiplikation
`/`	Division
`%`	Ganzzahlige Division
`**`	Potenzieren
`//`	Restbildung

Für arithmetische Operationen gelten die normalen mathematischen Regeln inklusive der Prioritäten für Operatoren, auch Klammerrechnung ist erlaubt.

Beispiel : Prozedur mit dem Namen TEILEN

```
/**** REXX ************************************/
/*    EXEC zum Dividieren zweier Zahlen        */
/**********************************************/
say 'Zaehler :'
pull z
say 'Nenner :'
pull n
if n = 0 then say 'Division durch 0 ist nicht erlaubt'
else do
  say z 'geteilt durch' n 'ist' z/n
  say 'oder'
  say z 'geteilt durch' n 'ist' z%n 'Rest' z//n
end
```

Aufruf:

```
%teilen
 Zaehler :
20
 Nenner :
7
 20 geteilt durch 7 ist 2.85714286
 oder
 20 geteilt durch 7 ist 2 Rest 6
```

Standardmäßig werden Zahlen in einer Genauigkeit von 9 Ziffern berechnet und dargestellt. Will man davon abweichen, so gibt es dafür die NUMERIC DIGITS-Funktion:

```
/**** REXX ************************************/
/*    EXEC zum Dividieren zweier Zahlen        */
/**********************************************/
say 'Wieviel Stellen sollen berechnet werden: '
pull s
numeric digits s
say 'Zaehler :'
pull z
say 'Nenner :'
pull n
if n = 0 then say 'Division durch 0 ist nicht erlaubt'
else do
  say z 'geteilt durch' n 'ist' z/n
  say 'oder'
  say z 'geteilt durch' n 'ist' z%n 'Rest' z//n
end
```

Wenn man die EXEC in dieser Form erweitert hat, so sieht ihre Ausführung folgendermaßen aus:

```
%teilen
 Wieviel Stellen sollen berechnet werden:
3
 Zaehler :
20
 Nenner :
7
 20 geteilt durch 7 ist 2.86
```

```
oder
20 geteilt durch 7 ist 2 Rest 6
```

Während durch NUMERIC DIGITS die Genauigkeit festgelegt wird, mit der gerechnet wird, hat man noch zum Formatieren die FORMAT-Funktion

`FORMAT(num[,[bef][,[aft][,[expp][,expt]]]])` Rundung/Formatierung einer Zahl

Hier kann man die Zahl der Stellen vor und nach dem Komma (mit entsprechender Rundung) angeben

Statement	Ergebnis
`format(3,4)`	`'   3'`
`format(1.73,4,3)`	`'   1.730'`
`format(-.76,4,1)`	`'  -0.8'`

Wir erkennen, daß in jedem der drei Beispiele 4 Stellen vor dem Komma erstellt worden sind.

Vergleichs-Operatoren

Es gibt folgende Vergleichs-Operatoren:

=	Gleich
¬=	Ungleich
<	Kleiner
>	Größer
<=	Kleiner oder gleich
>=	Größer oder gleich
¬>	Nicht größer
¬<	Nicht kleiner
==	Identisch
¬==	Nicht identisch

Als Negativ-Symbol sind sowohl \ wie auch ¬ erlaubt, jeder kann das nach seinem persönlichen Geschmack wählen.

Der Unterschied zwischen GLEICH (=) und IDENTISCH (==) liegt darin, daß bei ersterem führende Leerzeichen, Nullen usw. innerhalb der zu vergleichenden Zeichenfolgen ignoriert werden, während anderenfalls wirklich eine Identität innerhalb aller Zeichen geprüft wird.

Diese Operatoren kann man in Statements wie IF, WHILE, UNTIL oder SELECT verwenden, wir haben das in unserem Beispiel kennengelernt.

Man kann übrigens mit den Kleiner/Größer-Operatoren nicht nur Zahlen vergleichen, sondern auch Text-Daten, diese werden von links nach rechts Zeichen für Zeichen verglichen, und der erste Unterschied liefert dann das Ergebnis gemäß der internen System-Darstellung, die auch dem Alphabet entspricht.

So gilt beispielsweise

```
'abc'   <  'bbc'
'name1' <  'Name1'
```

```
'xy2'   <  '7'
'ppj'   <  'ppjk'
```

Logische Operatoren

Die dritte Gruppe bilden die logischen Operatoren

`&` Und
`|` Oder
`&&` Exklusives Oder
`\` Negation

Mit diesen Operatoren kann man Ergebnisse von Vergleichsoperationen, also RICHTIG (1) oder FALSCH (0), kombinieren und erhält wieder ein RICHTIG oder FALSCH. Die Regeln für diese Operatoren lassen sich folgenderweise darstellen:

UND	R	F	ODER	R	F	EXK-ODER	R	F	NEGAT	
RICHTIG	1	0	RICHTIG	1	1	RICHTIG	0	1	RICHTIG	0
FALSCH	0	0	FALSCH	1	0	FALSCH	1	0	FALSCH	1

Verbal ausgedrückt:

- Das Ergebnis einer UND-Operation ist genau dann RICHTIG, wenn beide Bedingungen RICHTIG sind.
- Das Ergebnis einer ODER-Operation ist RICHTIG, falls mindestens eine Bedingung RICHTIG ist.
- Das Ergebnis einer EXKLUSIV ODER-Operation ist RICHTIG, falls genau eine Bedingung RICHTIG ist.

Beispiele:

```
a = 3
b = 4
c = 5
x = 'Hans'
y = 'Fritz'

a <= 3  &  b < c          1 (Richtig)
x = 'Hans' & y = 'Karl'   0 (Falsch)
(a+b) < c | c > 0         1 (Richtig)
```

9.7 Built-In-Funktionen

In REXX gibt es eine Vielzahl von Built-In-Funktionen, von denen wir uns einige genauer ansehen werden. Alle ausführlich beschreiben zu wollen, würde sicherlich den Umfang dieses Buches sprengen, aber eine summarische Auflistung soll doch vorgenommen werden.

Arithmetische Funktionen

ABS(number)	Absolutwert einer Zahl
DIGITS()	Wert von NUMERIC DIGITS
FORM()	Wert von NUMERIC FORM
FUZZ()	Wert von NUMERIC FUZZ

MAX(number[,number]..)	Maximum einer Zahlengruppe
MIN(number[,number]..)	Minimum einer Zahlengruppe
RANDOM([min][,[max][,seed]])	Zufallszahl
SIGN(number)	Vorzeichen (-1, 0,1)
TRUNC(number[,n])	Formatieren einer Zahl

Vergleichs-Funktionen

COMPARE(str1,str2[,pad])	Vergleich zweier Zeichenfolgen
DATATYPE(str[,type])	Feststellung des Datentypes
SYMBOL(name)	Überprüfung eines REXX-Symbols

Konvertierungs-Funktionen

B2X(str)	Bitfolge → Hex-Zahl
C2D(str[,n])	Zeichenfolge → Dez-Zahl
C2X(str)	Zeichenfolge → Hex-Zahl
D2C(whole-number[,n])	Dez-Zahl → Zeichenfolge
D2X(whole-number[,n])	Dez-Zahl → Hex-Zahl
X2B(hex-str)	Hex-Zahl → Bitfolge
X2C(hex-str)	Hex-Zahl → Zeichenfolge
X2D(hex-str[,n])	Hex-Zahl → Dez-Zahl

Formatierungs-Funktionen

CENTER(str,length[,pad])	Zentrieren einer Zeichenfolge
COPIES(str,n)	Vervielfältigen einer Zeichenfolge
FORMAT(num[,[bef][,[aft][,[expp] [,expt]]]])	Rundung und Formatierung einer Zahl
JUSTIFY(str,length[,pad])	Formatieren einer Zeichenfolge
LEFT(str,length[pad])	Linksbündige Teilfolge
RIGHT(str,length[,pad])	Rechtsbündige Teilfolge
SPACE(str[,[n][,pad]])	Formatieren einer Zeichenfolge

Zeichenfolgen-Bearbeitung

ABBREV(info,info[,length])	Überprüfung einer Abkürzung
DELSTR(str,n[,length])	Löschen einer Teil-Zeichenfolge
DELWORD(str,n[,length])	Löschen von Wörtern in Zeichenfolge
FIND(str,phrase)	Suchen einer Zeichenfolge
INDEX(haystack,needle[,start])	Suchen einer Zeichenfolge
INSERT(new,target[,[n][,[length] [,pad]]])	Einfügen einer Zeichenfolge
LASTPOS(needle,haystack[,start])	Letzte Position in einer Zeichenfolge
LENGTH(str)	Länge einer Zeichenfolge
OVERLAY(new,target[,[n][,[length] [,pad]]])	Überlagerung einer Zeichenfolge

`POS(needle,haystack[,start])`	Suchen einer Zeichenfolge
`REVERSE(str)`	Umkehren einer Zeichenfolge
`STRIP(str[,[option][,char]])`	Verkürzen einer Zeichenfolge
`SUBSTR(str,n[,[length][,pad]])`	Teil-Zeichenfolge
`SUBWORD(str,n[,length])`	Teilfolge einer Wortfolge
`TRANSLATE(str[,[tableo][,[tablei] [,pad]]])`	Übersetzung einer Zeichenfolge
`VERIFY(str,reference[,[option] [,start]])`	Überprüfen einer Zeichenfolge
`WORD(str,n)`	Wahl eines Wortes aus Zeichenfolge
`WORDINDEX(str,n)`	Position eines Wortes in Zeichenfolge
`WORDLENGTH(str,n)`	Länge eines Wortes in Zeichenfolge
`WORDPOS(phrase,str[,start])`	Position eines Wortes in Wortfolge
`WORDS(str)`	Zahl der Wörter in Zeichenfolge

Diverses

`ADDRESS()`	Ausführungsumgebung für Commands
`ARG([n[,option]])`	Information über Parameter
`BITAND(str1[,[str2][,pad]])`	UND-Verknüpfung zweier Bit-Folgen
`BITOR(str1[,[str2][,pad]])`	ODER-Verknüpfung zweier Bit-Folgen
`BITXOR(str1[,[str2][,pad]])`	EXKL ODER-Verknüpfung zweier Bit-Folgen
`CONDITION([option])`	Anzeige einer Fehlerbedingung
`DATE([option])`	Datum
`ERRORTEXT(n)`	Anzeigen einer Fehlermeldung
`EXTERNALS()`	0 (Nur in VM von Bedeutung)
`LINESIZE()`	Zeilenlänge des Terminals - 1
`QUEUED()`	Zeilenzahl im Stack
`SOURCELINE([n])`	n-ter Record in der EXEC
`TIME([option])`	Zeit
`TRACE([option])`	Anzeige der gültigen Trace-Aktionen
`USERID()`	TSO-Userid
`VALUE(name)`	Wert eines Symbols
`XRANGE([start][,end])`	Zeichenfolge innerh. eines Bereiches

Bei genauerem Hinsehen erkennt man, daß einige Funktionen in ihrer Beschreibung übereinstimmen. Daß es natürlich dennoch Unterschiede zwischen ihnen gibt, wie auch die genaue Erklärung aller Parameter, wird man bei gründlichem Studium der entsprechenden System-Literatur[12] herausfinden.

Einige dieser Built-in-Funktionen werden wir im weiterem Verlauf noch ansprechen. Wenn dann im Einzelfall nicht auf alle Parameter eingegangen wird, sollte man

[12] z/OS TSO/E REXX Reference

vielleicht noch einmal in diese Übersicht schauen, um die Bedeutung dieser Parameter besser zu verstehen.

Es ist wichtig, darauf hinzuweisen, daß bei allen Funktionen grundsätzlich ein Klammerpaar hinter dem Namen angegeben werden muß, auch wenn man keine Parameter oder Optionen angibt.

Wir können uns die Werte einiger dieser Funktionen in folgender EXEC INFO anzeigen lassen, andere werden wir später noch kennenlernen.

```
/**** REXX ************************************************/
/*    EXEC zum Anzeigen einiger System-Informationen      */
/**********************************************************/
start = time('r')
say 'User-Id              :' userid()
say 'Zeit                 :' time()
say 'Datum                :' date()
zeit = time()
tag = substr(date,1,2)
jhr = substr(date,8,4)
std = substr(zeit,1,2)
min = substr(zeit,4,2)
stop = time('e')
elaps = stop - start
say 'Es ist' std 'Uhr und' min 'Minuten'
say 'am' date('w')', den' tag'. 'date('m') jhr
say 'Die Ausfuehrung der EXEC hat' elaps 'Sekunden gedauert.'
```

Der Aufruf dieser EXEC ergibt folgendes Ergebnis:

```
%info
 User-Id              : ED1
 Zeit                 : 10:27:42
 Datum                : 22 Feb 2001
 Es ist 10 Uhr und 27 Minuten
 am Thursday, den 22. February 2001
 Die Ausfuehrung der EXEC hat 0.005032 Sekunden gedauert.
```

In diesem Beispiel wird auf verschiedene Varianten der DATE- und der TIME-Funktion eingegangen. Wir erkennen deren Grundwert, wenn keine Parameter angegeben werden, sowie einige unterschiedliche Darstellungen :

`date()`	`22 Feb 2001`
`date('e')`	Europäische Darstellung : `22/02/01`
`date('u')`	Amerikanische Darstellung : `02/22/01`
`date('w')`	Wochentag : `Thursday`
`date('m')`	Monat : `February`

`time()`	`10:27:42`
`time('r')`	Zurücksetzen des Laufzeitzählers auf 0
`time('e')`	Zeit nach dem letzten Zurücksetzen in Sekunden

Darüber hinaus wird in dem Beispiel die SUBSTR-Funktion benutzt, mit der man aus einer Zeichenfolge eine Teilfolge wählen kann:

`substr(zeit,4,2)`	2 Zeichen ab Position 4 aus `10:27:42`

Der Wochentag und der Monat sind hier in englischer Sprache angegeben, und das werden wir in der ersten Übungsaufgabe verbessern.

9.8 Übungsaufgabe

Es wird Zeit, daß wir unsere bisher erworbenen Kenntnisse über EXECs in die Praxis umsetzen, wenden wir uns deshalb folgender Übung zu:

1. Erstellen eines EXEC-Datasets

   Das könnte man über die folgenden Schritte machen:

   - Information über System-Datasets besorgen (LISTALC)
   - Anlegen eines Datasets userid.MVS.EXEC in demselben Format
   - Zuordnen dieser Datasets als SYSEXEC (ALLOC)
   - Herausfinden (beim TSO-Koordinator), ob es eine Möglichkeit beim LOGON gibt, den ALLOC-Command automatisch ausführen zu lassen; falls ja, diese Automatik einbauen.

   Damit haben wir für die Zukunft erreicht, daß wir alle Prozeduren implizit, d.h. in der Form

   ```
   %member
   ```

   aufrufen können.
2. Eingabe der beiden EXECs NAMEN und INFO. Dabei ist INFO so zu erweitern, daß bei der Datumsangabe der Monat und der Wochentag in deutscher Bezeichnung angegeben werden.
3. Definition und Eingabe einer Prozedur WANN, mit der man folgenden Dialog durchführen kann:

   ```
   %wann
    Wann bin ich heute gekommen:
   8:30
    Dann kann ich um 17:00 gehen
    Ich habe in 6 Stunden und 29 Minuten Feierabend
    Hurra .....
   ```

   Hier sollte jeder natürlich die eigenen Definitionen bezüglich der Arbeitszeit und Zeiterfassung (evtl. mit Industriezeit) berücksichtigen.

Zum Ablauf der Prozedur ist eigentlich nur folgendes zu sagen:

- Einlesen der Kommt-Zeit, hier könnte man ein festes Format vorgeben

  ```
  08:40 oder 13:35
  ```

  oder eine führende Null (bei 8:40) im Programm generieren.

- Berechnung der Geht-Zeit durch Addition der Arbeitszeitdauer

  Die Rechnung ist recht einfach, wenn man in Industriezeit, also mit Zehntel-Stunden arbeitet, z.B.

  `8:40 → 8.6 → 86 (Zehntel-Stunden)`

  Dazu die folgende Lösungsskizze:

```
pull kzeit                                /* Eingabe : hh:mm */
if substr(kzeit,2,1) = ':' then kzeit = 0||kzeit
kstd = substr(kzeit,1,2)
kmin = substr(kzeit,4,2)%6
kzeit0 = kstd||kmin                       /* Industrie-Zeit  */
```

- Berechnung der verbleibenden Arbeitszeit durch Differenzbildung zur momentanen Uhrzeit
- Ausgabe des Ergebnisses

Wer die Aufgabe besonders genau lösen will, wird verschiedene Sonderfälle speziell untersuchen, beispielsweise

- die Arbeitszeit ist bereits abgelaufen
- das Arbeitsende liegt nach Mitternacht

Zum Schluß die Empfehlung: Für jede Prozedur sollte man sich erst einmal den Gesamtablauf klarmachen und in die REXX-Sprache umsetzen, dann ausprobieren, Schlimmeres als eine Fehlermeldung kann dabei nicht produziert werden. Danach Fehler korrigieren und einen neuen Versuch machen.

Das Testen von Prozeduren ist ja stets ein Wechsel zwischen EDIT-Mode (zum Eingeben und Ändern) und Ausführung der Prozedur. Hier empfiehlt es sich, im SPLIT-Mode zu arbeiten, wobei wir die Änderungen in der EXEC nicht durch F3, sondern durch den SAVE-Command speichern, um damit weiterhin im EDIT-Mode zu bleiben.

```
 File  Edit  Edit_Settings  Menu  Utilities  Compilers  Test  Help
-------------------------------------------------------------------------
EDIT      ED1.MVS.EXEC(INFO) - 01.00                  Columns 00001 00072
Command ===>                                             Scroll ===> HALF
****** ***************************** Top of Data ***********************
000001 /**** REXX **************************************************/
000002 /*     EXEC zum Anzeigen einiger System-Informationen         */
000003 /*************************************************************/
000004 start = time('r')
000005 say 'User-Id          :' userid()
000006 say 'Zeit             :' time()
 .  .  .  .  .  .  .  .  .  .  .  .  .  .  .  .  .  .  .  .  .  .  .  .  .
                         ISPF Command Shell
Enter TSO or Workstation commands below:

===> %info_
```

Oder man kann die EXEC im EDIT auch direkt aufrufen, indem man den Prefix TSO vor den Command setzt:

```
Command ===> tso %info
```

9.9 SYSVAR-Funktion

Die SYSVAR-Funktion stellt mit Hilfe verschiedener Argumente eine Reihe von System-Informationen zur Verfügung. Die Argumente können in vier Kategorien aufgeteilt werden.

Bildschirm

`SYSWTERM`	Spaltenzahl des Bildschirms
`SYSLTERM`	Zeilenzahl des Bildschirms

Benutzer

`SYSUID`	Userid
`SYSPREF`	Dataset-Prefix
`SYSPROC`	Logon-Prozedur

System

`SYSCPU`	Für die Session benötigte CPU-Zeit
`SYSSRV`	Für die Session benötigten Service Units
`SYSHSM`	Angabe der HSM-Version
`SYSRACF`	RACF:(NOT) AVAILABLE - (NOT) INSTALLED
`SYSLRACF`	Angabe der RACF-Version
`SYSTSOE`	Angabe der TSOE-Version

EXEC

`SYSICMD`	EXEC-Name
`SYSPCMD`	Command-Name
`SYSSCMD`	Subcommand-Name
`SYSNEST`	`YES - NO`
`SYSENV`	`BACK - FORE`
`SYSISPF`	ISPF: `ACTIVE - NOT ACTIVE`

9.10 Testmöglichkeiten

Wenn wir beim Schreiben und Testen einer EXEC feststellen, daß sie nicht so läuft, wie wir es geplant haben, so können wir versuchen, durch scharfes Hinschauen den Fehler zu finden. Oder wir können auf die Testmöglichkeiten zugreifen, die uns zur Verfügung stehen. Man kann sich nämlich den Verlauf einer EXEC und die dabei auftretenden Werte einzelner Variablen anzeigen lassen, wodurch es oftmals wesentlich einfacher ist, einem Fehler auf die Spur zu kommen. Die TRACE-Funktion ermöglicht mit einer Vielzahl von Parametern unterschiedliche Test-Varianten. Es seien hier stellvertretend für alle Möglichkeiten genannt:

`trace a (all)`	Alle Statements werden vor ihrer Ausführung angezeigt
`trace i (intermediates)`	Zwischenergebnisse werden angezeigt
`trace r (results)`	Endergebnisse werden angezeigt
`trace n (normal)`	Nur Statements, die Fehler bringen, werden angezeigt

Darüber hinaus hat man auch die Möglichkeit, in einen interaktiven Test-Modus zu gehen, indem man ein ? vor den Trace-Parameter setzt. Das hat zur Folge, daß die Ausführung eines Statements, das durch den entsprechenden Trace-Parameter angesprochen ist, ausgesetzt wird. Dem Benutzer bieten sich dann folgende Möglichkeiten:

`ENTER`	Fortsetzung der EXEC-Ausführung
`=`	Wiederholung des zuletzt ausgeführten Statements

Ansonsten ist jedes EXEC-Statement erlaubt, so daß man beispielsweise Werte von Variablen anzeigen oder ändern kann:

```
say kzeit
gzeit = 170
trace &n
```

Durch das & vor dem Parameter beendet man den interaktiven Trace-Modus und fährt entsprechend dem Parameter (hier Normal-Modus) fort. Das Ende aller Trace-Aktivitäten bestimmt man durch

```
trace 0
```

und wenn man die EXEC insgesamt beenden will, so erreicht man das durch

```
exit
```

Sehen wir uns dazu noch einmal die WANN-EXEC an (diejenige Version, die im Lösungsteil erklärt worden ist) und fügen ein TRACE-Statement ein:

```
%wann
     7 *-* say 'Wann bin ich heute gekommen:'
       >>>   "Wann bin ich heute gekommen:"
Wann bin ich heute gekommen:
     8 *-* pull kzeit                  /* Eingabe : hh:mm */
8:15
       >>>   "8:15"
     9 *-* if substr(kzeit,2,1) = ':'
       >>>   "1"
       *-*  then
       *-*  kzeit = 0||kzeit
       >>>    "08:15"
    10 *-* kstd = substr(kzeit,1,2)
       >>>   "08"
    11 *-* kmin = substr(kzeit,4,2)%6
       >>>   "2"
    12 *-* kzeit0 = kstd||kmin         /* Industrie-Zeit   */
       >>>   "082"
    13 *-* gzeit0 = (kzeit0 + 85)//240
       >>>   "167"
    14 *-* gstd = gzeit0%10
       >>>   "16"
    15 *-* gmin      = 6*gzeit0//10
       >>>   "2"
    16 *-* if gmin < 10
       >>>   "1"
       *-*  then
       *-*  gmin = 0||gmin             /* Fuehrende Null */
       >>>    "02"
    17 *-* say 'Dann kann ich um' gstd||':'||gmin 'gehen'
```

```
        >>>    "Dann kann ich um 16:02 gehen"
Dann kann ich um 16:02 gehen
    18 *-* if (kzeit0+85) > 240
        >>>    "0"
    22 *-* else
        *-*  morgen = 'no'
        >>>     "no"
    23 *-* zeit = time()                /* Tageszeit          */
        >>>    "10:32:11"
    24 *-* std = substr(zeit,1,2)
        >>>    "10"
    25 *-* min = substr(zeit,4,2)
        >>>    "32"
    26 *-* if morgen = 'yes'
        >>>    "0"
    27 *-* if gstd||gmin > std||min
        >>>    "1"
        *-*  then
        *-*  do                         /* Frueher ?          */
    28 *-*   reststd = gstd - std
        >>>     "6"
    29 *-*   restmin = gmin - min
        >>>     "-30"
    30 *-*   if gmin < min
        >>>     "1"
        *-*    then
        *-*    do
    31 *-*     reststd = reststd - 1
        >>>       "5"
    32 *-*     restmin = restmin + 60
        >>>       "30"
    33 *-*    end
    34 *-*   say,
             'Ich habe in' reststd 'Stunden und' restmin 'Minu-
ten Feierabend'
        >>>     "Ich habe in 5 Stunden und 30 Minuten Feierabend"
Ich habe in 5 Stunden und 30 Minuten Feierabend
    36 *-*   say 'Hurra .....'
        >>>     "Hurra ....."
Hurra .....
    37 *-*  end
```

Die TRACE-Funktion ist einerseits zum Testen recht nützlich, anderseits aber überflüssig, wenn die EXEC erst einmal richtig läuft. Deshalb sollte man eine EXEC so definieren, daß man mittels Parameter beim Aufruf der EXEC angeben kann, ob man im TRACE-Modus arbeiten will. Das läßt sich durch

```
arg t
if abbrev(TEST,t,1) then trace r
```

leicht erreichen. Gibt man beim Aufruf der Prozedur einen Parameter an, so

- wird dieser durch ARG der Variablen T zugeordnet und
- durch die ABBREV-Funktion wird geprüft, ob es der Wert TEST (oder eine gültige Abkürzung) ist, wenn ja, so wird die TRACE-Funktion aufgerufen.

Die 1 als dritter Parameter der Funktion legt fest, daß eine Abkürzung des Wortes TEST bei auf *ein* Zeichen erlaubt ist, d.h. gültige Werte sind

```
TEST, TES, TE, T
```

Noch eine andere Bemerkung zum Testen:

Wir haben in unserer Prozedur WANN nach einer Uhrzeit gefragt und bei deren Verarbeitung angenommen, daß ein Wert, der als Uhrzeit interpretiert werden kann, eingegeben wurde. Anderenfalls wäre irgendwann einmal die EXEC mit einer Fehlermeldung beendet worden. Kann man das verhindern?

Oder die generelle Frage: Inwieweit muß man die eingegebenen Daten auf ihre Richtigkeit (Format, Größe, Typ usw.) überprüfen? Die Beantwortung der Frage hängt wesentlich davon ab, für wen wir eine EXEC schreiben. Wenn sie nur für den eigenen Gebrauch gedacht ist, so können wir davon ausgehen, daß wir die Daten schon im richtigen Format eingeben, da wir ja wissen, wonach gefragt wurde. Anders sieht es schon aus, wenn man beispielsweise in einer Support-Funktion arbeitet und Prozeduren schreibt, die von anderen Benutzern aufgerufen werden sollen. Da darf man dann nicht immer eine fehlerfreie Dateneingabe voraussetzen und muß versuchen, gewisse vorhersehbare Fehler intern abzuprüfen und mittels einer Erklärung erneut nach einem richtigen Wert zu fragen.

Dabei können uns zwei Built-in-Funktionen helfen:

`DATATYPE(expression)`	`NUM` oder `CHAR`
`LENGTH(expression)`	Länge

Die DATATYPE-Funktion liefert entweder CHAR oder NUM als Ergebnis, wenn man keinen Typ angibt. Man kann allerdings eine genauere Prüfung durch Angabe eines bestimmten Typs (z.B. A= alphanumerisch, B= Bit-Folge, L/U = Klein- oder Großbuchstaben, W= ganze Zahl) mit dem Ergebnis 1 oder 0 durchführen.

Wenn wir etwa sicherstellen wollen, daß bei einer PULL-Instruktion eine Zahl eingegeben wird, so können wir das folgendermaßen überprüfen:

```
do forever
  pull x
  if datatype(x) = num then leave
  else say x 'ist keine Zahl, bitte neu eingeben:'
end
```

Als Textdaten werden dabei alle Werte interpretiert, die keine Zahlen sind, also beispielsweise auch Variablen, die leer sind.

Die LENGTH-Funktion hat als Ergebnis die Länge einer Zeichenfolge oder eines Ausdrucks. Wir sehen uns dafür ein Beispiel an:

```
say 'Bitte Namen eingeben, zwischen 2 und 8 Buchstaben:'
do forever
  pull name
  if length(name) < 2 | length(name) > 8 then
    say 'Falsche Laenge, Wiederholung:'
  else leave
end
```

Noch eine Bemerkung zum Format von EXECs. Wir wissen, daß man ein Statement über mehrere Zeilen, jeweils mit einem Komma als Fortsetzungszeichen, schreiben kann. Eine Ausnahme hiervon bilden THEN und ELSE. Entsprechend obiger Regel müßte es eigentlich

```
.. then say...
```

Oder

```
if... then,
say....
```

Hier erlaubt, wie im Beispiel zu sehen ist, die REXX-Syntax den Wegfall des Kommas.

Übungsaufgabe

Bei dieser Aufgabe handelt es sich eigentlich um eine Spielerei, aber vielleicht kann sie dazu benutzt werden, um die oben besprochenen Testmöglichkeiten zu studieren.

Berechnung des Osterdatums :

Nach einer Formel von Gauß gilt für alle Osterdaten im 20. Jahrhundert (ausgenommen die Jahre 1954 und 1981) die folgende Formel:

- Man dividiere die Jahreszahl durch 19 und nenne den Rest A, ferner durch 4 und nenne den Rest B und durch 7 mit dem Rest C.
- Die Division (19A+24) durch 30 ergebe den Rest D, die Division (2B+4C+6D+5) durch 7 den Rest E.
- Der Ostersonntag ist dann (D+E) Tage nach dem 22. März.

Dafür ist nun eine Prozedur zu schreiben, die die Jahreszahl als Parameter übernimmt und dann das Osterdatum am Bildschirm anzeigt: `%ostern 1996`

```
 Ostersonntag 1996: 7. April
```

Nebenbemerkung: Man mag jetzt argumentieren, daß diese Aufgabe nicht mehr zeitgemäß ist, da wir das Jahr 1999 schon lange hinter uns haben. Aber einerseits eignet sich die Formel von Herrrn Gauß ganz gut für eine Übungsaufgabe, und andererseits bringt sie vielleicht einen neuen Gauß unter den Lesern dieses Buches auf die Idee, eine entsprechende Formel für das neue Jahrtausend zu entwickeln.

9.11 Fehlerbehandlung

Es gibt ein SIGNAL-Statement zur Behandlung von in EXECs auftretenden Fehlern. Ein Fehler ist dabei ein fehlerhaftes EXEC-Statement oder ein Return Code eines aufgerufenen Programms (TSO-Command, EXEC usw.), der ungleich 0 ist. Generell, und das bedeutet ohne SIGNAL-Statement wird eine EXEC beim Auftreten eines Fehlers abgebrochen:

```
%teilen
 Wieviel Stellen sollen berechnet werden:
3
 Zaehler :
20
 Nenner :
a
```

```
     13 +++    say z 'geteilt durch' n 'ist' z/n
DMSREX476E Error 41 running TEILEN EXEC, line 13: Bad arithmetic
conversion
```

Mit Hilfe von SIGNAL kann man Fehlersituationen innerhalb der EXEC selbst behandeln und entsprechende Aktionen starten.

```
SIGNAL  ON  condition  NAME  label
SIGNAL  OFF condition
```

Dabei gibt es die folgenden Werte für *condition*:

ERROR	Fehler mit positivem oder negativem Return Code
FAILURE	Fehler mit negativem Return Code
HALT	Unterbrechung durch den HI-Command
NOVALUE	Referenz einer nicht-definierten Variablen
SYNTAX	Syntax-Fehler

Man kann somit verschiedene Fehlersituationen unterscheiden und eventuell jeweils zu einer anderen Adresse, die man in der Instruktion als *Label* angegeben hat, verzweigen.

Die beiden Parameter ON und OFF begrenzen den Definitionsbereich der SIGNAL-Instruktion innerhalb der EXEC.

Nebenbemerkung: Man kann durch

```
SIGNAL label
```

auch ohne Fehlerbedingung zu einer beliebigen Adresse innerhalb der Prozedur verzweigen. Das entspricht einer GOTO-Instruktion in anderen Programmiersprachen (oder auch in CLISTs). Eine solche Technik widerspricht aber modernen Programmier-Praktiken und sollte nicht benutzt werden. Das ist sicherlich mit ein Grund dafür, daß die Instruktion SIGNAL und nicht GOTO heißt. Und in den bisherigen Beispielen sind wir auch ganz gut ohne derartige Verzweigungen ausgekommen.

Doch nun zurück zur Fehlerbehandlung. In REXX gibt es dafür noch zwei spezielle Variablen:

RC	Return Code der zuletzt ausgeführten Instruktion
SIGL	Zeilenzahl der Instruktion, die den Fehler verursacht hat

Diese Variablen könnte man beispielsweise folgendermaßen in eine Fehlerroutine einbauen:

```
signal on syntax
     .
     .
     .
  Instruktionen
     .
     .
     .
exit
syntax:
msg = 'REXX Fehler' rc 'in Zeile' sigl': 'errortext(rc)
say msg
say sourceline(sigl)
trace '?r';nop
```

Damit wird zuerst eine Fehlermeldung erstellt und angezeigt, wobei wir die Built-in-Funktion ERRORTEXT benutzen, dann folgt die fehlerhafte Anweisung in der EXEC, und anschließend wird der interaktive TRACE-Mode aufgerufen, um sich beispielweise die Werte der relevanten Variablen anzeigen zu lassen.

Falls wir das in die EXEC TEILEN einbauen, so ergibt sich bei einem fehlerhaften Aufruf folgende Sequenz:

```
%teilen
 Wieviel Stellen sollen berechnet werden:
3
 Zaehler :
20
 Nenner :
a
 REXX Fehler 41 in Zeile 13: Bad arithmetic conversion
    say z 'geteilt durch' n 'ist' z/n
       22  *-* nop
           +++ Interactive trace.  TRACE OFF to end debug, ENTER
to continue. +++
say z
 10
say n
 a
                          << ENTER
 23 *-* exit
```

Das sieht eigentlich auch nicht viel anders als vorher aus, gibt uns allerdings doch einerseits die Möglichkeit, eine Fehlermeldung nach eigenem Design zu entwickeln, und erleichtert andererseits eine Fehleranalyse dadurch, daß man im TRACE-Mode die bekannten Test-Möglichkeiten hat.

9.12 ATTN-Unterbrechung

Wenn man die Ausführung einer EXEC durch Drücken der ATTN-Taste unterbricht, so gibt es dafür Funktionen, durch die man das weitere Vorgehen bestimmen kann.

HI

Mit HI (*Halt Interpretation*) wird die Ausführung einer Prozedur beendet. Falls die EXEC eine SIGNAL ON HALT Instruktion enthält, so läuft die Prozedur an der Adresse HALT: weiter.

HT/RT

HT (*Halt Typing*) unterdrückt die Ausgabe von Daten auf dem Bildschirm (produziert beispielsweise von der SAY-Funktionen). Das mag Sinn machen, wenn etwa innerhalb einer sehr langen Schleife eine Ausgabe stattfindet. Diese Unterdrückung kann durch den Command RT (*Resume Typing*) wieder aufgehoben werden.

TS/TE

Durch die beiden Commands TS (*Trace Start*) und TE (*Trace End*) kann man, nachdem man die Prozedur durch ATTN unterbrochen hat, den TRACE-Mode beginnen bzw. beenden und dann die bereits in Abschnitt *Testmöglichkeiten* beschriebenen Funktion benutzen, um die Prozedur auszutesten.

9.13 TSO-Commands

Neben den vielen REXX-Instruktionen und Funktionen, die man in einer EXEC aufrufen kann, ist auch die Möglichkeit gegeben, TSO-Commands auszuführen. Um sie also solche zu charakterisieren, ist es notwendig, sie in einfache oder doppelte (das wird allgemein empfohlen) Hochkommas einzuschließen:

```
"alloc f(beispiel) da(test.data) shr"
```

Falls Variablen in dem Command vorkommen, so sind sie außerhalb der Hochkommas anzugeben:

```
dsname = test.data
"alloc f(beispiel) da("dsname") shr"
```

Wir wissen, daß in solchen Commands auch Hochkommas auftreten können, wenn man beispielsweise einen Dataset-Namen voll-qualifiziert angeben muß, auch das ist möglich:

```
"alloc f(beispiel) da('ed3.test.data') shr"
```

In gleicher Weise könnte man auch eine CLIST oder eine andere EXEC aufrufen:

```
"%wann"
```

9.14 Stack

Wir haben bisher verschiedene Möglichkeiten kennengelernt, Information zu speichern oder weiterzugeben. Es gibt einerseits Variablen, denen man Werte zuordnen kann, und es gibt Parameter, die man zur Datenübergabe zwischen Prozeduren benutzt.

Ein anderer Mechanismus ist der STACK (Stapel). Hierbei hat man in REXX die Möglichkeit, Daten in einem internen - praktisch unbegrenzt großen - Speicher abzulegen, um sie später wieder benutzen oder auch an andere Funktionen weitergeben zu können. Wir werden uns hier nicht zu intensiv mit dieser Thematik beschäftigen, sondern nur die Grundbegriffe erläutern.

Es gibt eine ganze Reihe von REXX-Commands zur Verarbeitung von Stacks, wir werden zunächst drei von ihnen kennenlernen:

`PUSH`	Ein Datenelement wird *auf* den Stapel gelegt
`QUEUE`	Ein Datenelement wird *unter* den Stapel gelegt
`(PARSE) PULL`	Das oberste Datenelement wird vom Stapel genommen. Durch PARSE wird eine Konvertierung in Großbuchstaben vermieden.

Nanu? PULL kennen wir doch als die Funktion, mit der man Daten von Bildschirm liest, warum nun eine völlig andere Funktion? Die Antwort ist einfach: das Lesen vom Bildschirm ist der Spezialfall, daß der Stack leer ist, und da wir uns bisher nicht mit dem

Stack beschäftigt und somit auch nichts darin gespeichert haben, war er immer leer. Und deshalb hat the PULL-Command eben nicht vom Stack, sondern vom Bildschirm gelesen.

Die Funktionsweise obiger Commands kann an einem einfachen Beispiel gezeigt werden:

```
/**** REXX ***********************************/
/*    EXEC zum Stack-Test                    */
/*********************************************/
elem1 = 'Text1'
elem2 = 'Text2'
elem3 = 'Text3'
push elem1                   /* Oberstes = erstes Element    */
queue elem2                  /* Unterstes = letztes Element  */
push elem3                   /* Oberstes = erstes Element    */
do queued()                  /* Zahl der Elemente im Stack   */
  pull element
  say element                /* Auflisten aller Elemente     */
end
```

Durch diese - zugegebenermaßen recht triviale - EXEC werden drei Elemente, abwechselnd oben und unten, im Stack abgelegt und anschließend wieder gelesen und am Bildschirm angezeigt. Durch die Built-in-Funktion

```
QUEUED()
```

wird dabei die Zahl der Element im Stack angegeben.

Was ist das Ergebnis dieser EXEC - wer wagt einen Tip? Rufen wir sie doch auf:

```
%stack
 TEXT3
 TEXT1
 TEXT2
```

Richtig getippt? Prima: denn auch hier gilt für PULL die Konvertierung zu Großbuchstaben, falls ohne PARSE gearbeitet wird.

Wofür kann man nun den Stack benutzen? Wir werden die EXECIO-Funktion kennenlernen, mit der man Daten aus einem Dataset lesen oder in einen Dataset schreiben kann. Dort bietet sich beispielsweise der Stack dafür an, die zu verarbeitenden Daten zwischenzuspeichern - Einzelheiten dazu später.

Eine andere Anwendung für den Stack ist die Weitergabe von Daten an TSO-Commands. Bekanntlich bietet TSO die Möglichkeit, nach Informationen für einen Command zu fragen (Prompting), und diese Information können wir im Stack speichern.

Abschließend sei noch die Möglichkeit erwähnt, den Stack zur Datenübergabe zwischen Prozeduren zu benutzen. Hat etwa eine Prozedur Daten in den Stack geschrieben, so kann eine andere Prozedur, die danach aufgerufen wird, auf diese Daten zugreifen, sie verarbeiten und die Ergebnisse auch wieder in den Stack schreiben, so daß sie dort von der aufrufenden Prozedur übernommen werden können.

9.15 Dataset-Verarbeitung

Wir erinnern uns sicherlich noch an unsere Editier-Übung mit der Namensliste. Dieses Beispiel wollen wir nun aufgreifen, um die Dateneingabe und die Formatierung über eine EXEC zu lösen.

Zuvor werden wir uns noch zwei TSO-Funktionen ansehen, mit deren Hilfe man feststellen kann, ob ein Dataset existiert und welche Struktur er hat.

SYSDSN

Diese Funktion prüft, ob ein Dataset oder ein Member in einem Dataset existiert. Im Erfolgsfall erhält man das Ergebnis

```
OK
```

ansonsten eine selbsterklärende Fehlermeldung wie

```
DATASET NOT FOUND
MEMBER NOT FOUND
```

oder ähnliches. Das läßt sich etwa folgendermaßen in eine EXEC einbauen:

```
if sysdsn(test.data) = ok then "alloc da(test.data) f(abc) shr"
  else "alloc da(test.data) f(abc) new track space(1 1)"
```

Falls man darüber hinaus noch weitere Informationen über einen Dataset benötigt, so kann man das mit Hilfe der LISTDSI-Funktion (*List Data Set Information*) erreichen.

LISTDSI

Diese Funktion stellt eine Vielzahl von Informationen zur Verfügung, die in verschiedenen System-Variablen wie SYSVOLUME, SYSUNIT, SYSDSORG, SYSRECFM, SYSLRECL, SYSBLKSIZE, SYSALLOC, SYSPRIMARY, SYSSECONDS, SYSUNITS, SYSUSED, um nur einige von ihnen zu nennen, gespeichert werden.

Ein einfaches Beispiel soll das veranschaulichen. Die EXEC DSINFO

```
/**** REXX ***********************************/
/*    EXEC zum LISTDSI-Test                  */
/*********************************************/
arg dsn
x = listdsi(dsn)
say 'Groesse :' sysalloc sysunits
say 'Belegung:' sysused sysunits
```

zeigt folgendes Ergebnis:

```
%dsinfo mvs.exec
 Groesse : 7 TRACK
 Belegung: 6 TRACK
```

EXECIO

Der EXECIO-Command ist in REXX diejenige Funktion, mit der man Records aus Datasets verarbeiten kann:

`"EXECIO n DISKR filename (option"`	Lesen
`"EXECIO n DISKRU filename (option"`	Lesen und Schreiben
`"EXECIO n DISKW filename (option"`	Schreiben

Durch den Parameter *n* gibt man dabei die Anzahl der Records an, die man lesen oder schreiben will, wobei ein * an dieser Stelle festlegt, daß man alle Records verarbeiten will.

Nun fällt vielleicht auf, daß dieser Command nicht den Parameter *dsname*, sondern *filename* hat. Das bedeutet, daß wir den Dataset, den wir bearbeiten wollen, vorher einem Filenamen (oder DD-Namen) zuordnen müssen. Wie geht das?

Richtig: Durch den ALLOC-Command. Wir erinnern uns, daß wir diesen Command - oder sein Gegenstück, den DD-Record - als eine Funktion kennengelernt haben, mit der man einen Dataset einem DD-Namen zuordnen kann. Einem DD-Namen, der vom Autor des Programms, das wir ausführen wollen, festgelegt wurde und den wir als Benutzer kennen mußten. Da wir jetzt selbst 'Autor' sind, haben wir hier somit die künstlerische Freiheit, den Parameter *filename* beliebig zu wählen.

Wo werden nun die Records, die man aus dem Dataset liest, gespeichert?

Wenn man beim EXECIO keine anderen Angabe macht, so wird mit dem Stack gearbeitet. Will man alle Records eines Datasets lesen und in den Stack schreiben, so geschieht das folgendenmaßen:

Mit dem ALLOC-Command definieren wir den Dataset, den wir lesen wollen, und im EXECIO-Command legen wird durch FINIS fest, daß die Verarbeitung des Datasets abgeschlossen ist, wenn alles komplett gelesen ist, so daß er anderweitig benutzt werden kann.

Und wie funktioniert das nun mit dem Stack? Wir erinnern uns, daß man Daten in zwei Varianten in den Stack schreiben kann, nämlich *auf* den Stack (mit dem PUSH-Command) und *unter* den Stack (mit dem QUEUE-Command). Wenn man mittels EXECIO in den Stack schreibt, so ist der Mechanismus der gleiche, als hätte man mit QUEUE geschrieben. Das bedeutet, daß der erste Record der oberste, und der letzte Record der unterste im Stack ist, so daß man sie danach mit dem PULL-Command wieder in der richtigen Reihenfolge aus dem Stack auslesen kann.

Man kann die Records aber auch in Variablen speichern, der Command ist dann folgendermaßen aufzusetzen:

```
"execio * diskr input (stem data. finis"
```

Durch STEM DATA. wird eine Gruppe von Variablen DATA.1 bis DATA.n (bei n eingelesenen Records - dieser Wert steht in DATA.0) definiert, in denen die Werte aller Records gespeichert werden.

Will oder muß man die Records einzeln lesen und verarbeiten, so ruft man den Command mit

```
"execio 1 diskr input"
```

auf. Man muß dann allerdings über den Return Code prüfen, ob man am Ende des Datasets angekommen ist.

EXECIO gibt über die Variable RC einen Return Code zurück, aus dem man den Erfolg der Operation ablesen kann:

`RC = 0` Record gelesen

`RC = 2` Ende des Datasets

Ein Beispiel dazu könnte folgendermaßen aussehen:

```
  .
  .
"alloc da(test.data) f(input) shr"
eof = no
do while eof = no
  "execio 1 diskr input"
  if rc = 2 then eof = yes
  else do
    parse pull record
         .
     (Verarbeitung des Records)
         .
  end
end
  .
  .
```

In vielen Fällen ist es am einfachsten, den gesamten Dataset entweder in den Stack zu schreiben oder einer STEM-Variablen zuzuordnen, um danach die Records entsprechend der Aufgabenstellung bearbeiten zu können.

Wir sehen uns das an einem Beispiel an: Die EXEC AUSKUNFT hat einen Parameter ORT und soll alle Records der Namensliste am Bildschirm anzeigen, die einen mit dem Aufruf der Prozedur anzugebenden Ortsnamen enthalten.

```
/**** REXX ********************************************/
/*    EXEC zum Lesen und Auswaehlen aus einem Dataset */
/******************************************************/
arg ort t
if abbrev(TEST,t,1) then trace r
"alloc f(beispiel) da(namen.data) shr reu"
"execio * diskr beispiel (finis"
do queued()
  pull rec
  if index(rec,ort) > 0 then
    do
      say rec
      found=yes
    end
end
if found ¬= yes then
 say 'Fuer' ort 'wurde kein Eintrag gefunden'
"free f(beispiel)"
```

- In der Variablen RECORD.0 steht die Zahl der eingelesenen Records.
- Mit der INDEX-Funktion prüft man, ob der in ORT gespeicherte Ortsname in der Variablen RECORD enthalten ist.
- FREE ist ein TSO-Command und Gegenstück zum ALLOC-Command, der die bestehende Zuordnung zwischen dem Filenamen BEISPIEL und dem Dataset beendet.

Der Aufruf der Prozedur bringt folgendes Ergebnis

```
%auskunft ulm
 | HEINEMANN  | DIETER              | ULM                 | 6650   |
 READY
%auskunft stuttgart
 | BOEHM      | JUTTA               | STUTTGART           | 1634   |
 READY
%auskunft neuwied
 Fuer NEUWIED wurde kein Eintrag gefunden
 READY
```

Als nächstes wollen wir für unsere Namensdatei eine Prozedur zur Eingabe neuer Daten erstellen. Dafür ist es notwendig, die über PULL einzulesenden Werte zu einem richtig formatierten Record zusammenzustellen.

Wenn wir bisher den PULL-Command zum Einlesen *eines* Wertes benutzt haben, so sollten wir wissen, daß wir damit auch mehrere Daten einlesen können:

```
say 'Bitte Namen, Vornamen, Pers.Nr. und Ort eingeben:'
parse pull name vname pn ort .
```

Für PULL gelten dieselben Regeln bezüglich Wertzuordnung und Konvertierung wie für die ARG-Instruktion.

Diese EXEC werde als LISTE gespeichert und aufgerufen:

```
%liste
 Bitte Namen, Vornamen, Pers.Nr. und Ort eingeben:
Mueller Hans 27316 Berlin
```

Damit werden vier Begriffe eingelesen und den entsprechenden Variablen zugeordnet

```
NAME:  Mueller
VNAME: Hans
PN:    27316
ORT:   Berlin
```

Nach dem Einlesen sollten wir die formale Richtigkeit der Daten überprüfen, wir sehen uns das am Beispiel der Personalnummer an, die eine maximal 5-stellige Zahl sein darf:

```
do while datatype(pn) = CHAR | length(pn) > 5
  say 'Pers.Nr falsch, Neueingabe:'
  pull pn
end
```

Nachdem die Daten eingelesen worden sind, muß aus ihnen der Record im richtigen Format erstellt werden.

```
 File  Edit  Edit_Settings  Menu  Utilities  Compilers  Test  Help
-------------------------------------------------------------------------------
EDIT      ED1.NAMEN.DATA                               Columns 00001 00072
Command ===> _                                            Scroll ===> HALF
****** ***************************** Top of Data *****************************
000100 | ANDREAS    | FRANZ              | DARMSTADT         | 34275    |
000200 | BECK       | PETER              | HANNOVER          |  1933    |
=COLS> ----+----1----+----2----+----3----+----4----+----5----+----6----+----7--
000300 | BOEHM      | JUTTA              | STUTTGART         |  1634    |
000310 | DORRMANN   | KARIN              | BREMEN            |   788    |
000311 | EBEL       | HANS-DIETER        | REGENSBURG        | 29044    |
000312 | ENGELHARDT | KARL               | BERLIN            | 37601    |
000313 | FABER      | HANS               | DORTMUND          | 22999    |
000320 | FRITSCH    | GERDA              | AUGSBURG          | 23439    |
000400 | GROSS      | CLAUDIA            | BERLIN            |  2287    |
000500 | HEINEMANN  | DIETER             | ULM               |  6650    |
****** **************************** Bottom of Data ****************************
```

Das bedeutet:

```
Name                      Spalte   3-13
Vorname                           16-34
Ort                               38-55
Pers.Nr.                          58-62
| (Tabellen-Strich)               1, 14, 35, 56, 66
```

Zur Lösung dieses Problems können wir die OVERLAY-Funktion benutzen:

Hierbei wird die Zeichenfolge der Variablen NAME über die Zeichenfolge in RECORD gelegt, und zwar ab Position 3 in der Länge von 11. Falls dabei NAME eine andere Länge als 11 hat, wird entweder auf die Länge gekürzt oder mit Leerzeichen verlängert. Entsprechend können wir den Vornamen und den Ort in die gewünschte Position bringen:

```
record = overlay(vname,record,16,19)
record = overlay(ort,record,38,18)
```

Somit bleibt nur noch das Problem der 5-stelligen Personalnummer, die gegebenenfalls mit führenden Nullen aufgefüllt werden muß. Hierfür gibt es die RIGHT-Funktion

`RIGHT(str,length[,pad])` Rechtsbündige Teilfolge

mit der man aus einer Zeichenfolge rechtsbündig eine Teilfolge entnehmen kann, die links bei Bedarf mit einem Füllzeichen ergänzt wird. In diesem Fall läßt sich die Lösung als

```
pn = right(pn,5,0)
```

darstellen.

Ergänzend sei bemerkt, daß es auch eine entsprechende LEFT-Funktion gibt.

Wir sehen uns jetzt die komplette EXEC im Zusammenhang an:

```
/**** REXX *******************************/
/* EXEC zum Schreiben in einen Dataset    */
/*****************************************/
arg t
if abbrev(TEST,t,1) then trace r
"alloc f(beispiel) da(namen.data) mod reuse"
```

```
do forever
  say 'Bitte Namen, Vornamen, Pers.Nr. und Ort eingeben:'
  pull name vname pn ort .
  if name = '' then leave
  do while datatype(pn) = char | length(pn) > 5
    say 'Pers.Nr. falsch, Neueingabe:'
    pull pn
  end
  pn = right(pn,5,0)
  record = ''
  record = overlay(name,record,3,11)
  record = overlay(vname,record,16,19)
  record = overlay(ort,record,38,18)
  record = overlay(pn,record,58,5)
  record = overlay('|',record,1)
  record = overlay('|',record,14)
  record = overlay('|',record,14)
  record = overlay('|',record,35)
  record = overlay('|',record,56)
  record = overlay('|',record,66)
  push record
  "execio 1 diskw beispiel (finis"
end
"free f(beispiel)"
```

Da wir nun mittlerweile echte Data-Processing-Spezis geworden sind, braucht eigentlich nicht noch einmal erwähnt zu werden, daß

- im ALLOC-Command die Option MOD erscheint, die bewirkt, daß an das Ende des Datasets geschrieben wird, denn wir wollen die neuen Daten anfügen,
- der Record mit PUSH im Stack gespeichert und dann mit EXECIO in den Dataset geschrieben wird,
- im EXECIO die Option DISKW notwendig ist, damit wir in den Dataset schreiben können.

```
%liste
 Bitte Namen, Vornamen, Pers.Nr. und Ort eingeben:
Lehmann Klaus 1238 Darmstadt
Oppermann Gerd 182753 Neuwied
 Pers.Nr falsch, Neueingabe:
18275
```

Übungsaufgabe

Die Namensliste, die wir früher im EDIT-Mode erstellt haben, unterscheidet sich im Format von den jetzt neu eingegebenen Daten dadurch, daß die Personalnummern ohne führende Nullen gespeichert sind. Die Übungsaufgabe soll jetzt dazu benutzt werden, hier dasselbe Format zu erreichen. Sicherlich könnte man das im EDIT auch sehr einfach machen (möglicherweise mit der OVERLAY-Funktion), aber wir wollen ja unsere EXEC-Kenntnisse vertiefen.

Wie kann die EXEC UPDATE aufgebaut werden?

1. Zuordnen des Datasets mit der Disposition OLD, wir wollen schreiben.

2. EXECIO-Funktion mit der Option DISKRU, die zum Ändern notwendig ist.
3. Es muß jetzt jeder Record gelesen und daraufhin überprüft werden, ob die Personalnummer, die in den Spalten 58-62 steht, führende Nullen hat.
4. Wenn das nicht der Fall ist, werden die Nullen davorgesetzt, und ein neuer Record wird erstellt.
5. Danach muß der Record, unabhängig davon, ob er geändert wurde oder nicht, wieder geschrieben werden.
6. Nach dem Verarbeiten aller Records wird der Dataset wieder freigegeben.

EDIT-Command

Es gibt noch eine weitere Möglichkeit, Daten in einen Dataset zu schreiben, den EDIT-Command. Hierbei handelt es sich nicht um die uns bereits bekannte EDIT-Funktion des ISPF, sondern um einen TSO-Command, der mit ISPF nichts zu tun hat. Es ist der Standard-Editor, der noch aus den Anfangszeiten des TSO stammt und heute ziemlich in Vergessenheit geraten ist, da das Editieren im ISPF wesentlich einfacher ist und mehr Möglichkeiten bietet.

Weshalb beschäftigen wir uns nun aber mit dem 'old fashioned' EDIT-Command? Weil er uns in Prozeduren hilfreich sein kann, auf einfache Art Daten zu erstellen.

Der EDIT-Command hat viele Untercommands (Subcommands), die wir mit den Primary Commands im ISPF-EDIT vergleichen und benutzen können, wenn wir nach Aufruf des EDIT-Commands im EDIT-Mode sind. Von diesen Subcommands, eine komplette Auflistung ist im Kapitel *17. TSO-Commands* zu finden, werden wir uns nur einige ansehen, beispielsweise den INSERT-Command, mit dem man Daten in einen Dataset einfügen kann.

```
Syntax -
   EDIT     dsname NEW | OLD  SCAN | NOSCAN
            PLIF(n1,n2,CHAR60 | CHAR48) | FORTE | FORTG |
            FORTGI | FORTH | COBOL | ASM | TEXT | DATA | EXEC |
            CNTL | VSBASIC | GOFORT(FREE | FIXED) |
            PLI(n1,n2,CHAR60 | CHAR48)
            NUM(n3,n4) | NONUM   BLOCK(n5)  LINE(n6)  LRECL(n7)
            CAPS | ASIS  EMODE | IMODE RECOVER | NORECOVER

Notwendig - dsname

Defaults  - NUM, NOSCAN

Alias     - E
```

Der EDIT-Command hat einen großen Vorteil gegenüber dem ISPF-EDIT, man kann mit ihm nämlich einen neuen Dataset erstellen, das ist auch aus dem Parameter NEW zu erkennen. Dabei sind keine Werte über Größe, Format und ähnliches anzugeben, sondern es werden gewisse Standards dafür übernommen.

Eine Commandfolge, mit der man einen neuen Dataset anlegen und drei Zeilen darin speichern kann, sieht folgendermaßen aus:

```
edit test.data new emode
in line 1
in line 2
in line 3
end save
```

Für die EXEC-Verarbeitung ist es natürlich wichtig, daß man in den Commands auch Variablen verwenden kann. Wir brauchen dabei keinen ALLOC-Command, der wird intern im EDIT-Command durchgeführt. Das EXECIO DISKW entspricht im EDIT-Mode dem INSERT (IN), und das Äquivalent zum EXECIO DISKR ist der EDIT-Command selbst, der alle Records eines bestehenden Datasets direkt in den Speicher liest, so daß sie dort zur Bearbeitung durch Subcommands (z.B. CHANGE-DELETE-LIST) zur Verfügung stehen.

Durch den Parameter EMODE kommt man in einen Command-Modus, d.h. der EDIT-Command wartet auf die Eingabe von Subcommands, die üblicherweise vom Benutzer eingegeben werden. In einer REXX-Umgebung sieht das nun so aus, daß diese Subcommands, wenn wir sie nicht direkt eingeben wollen, aus dem Stack gelesen werden. Das bedeutet, daß alles vorher im Stack gespeichert werden muß, bevor der EDIT-Command aufgerufen werden kann.

Versuchen wir doch zum Abschluß noch, die Lösung der EXEC LISTE in den EDIT-Formalismus zu übertragen, die geänderten Zeilen sind durch ein Kommentar-Feld gekennzeichnet.

```
/**** REXX *********************************/
/* EXEC zum Schreiben in einen Dataset     */
/*******************************************/
arg t
if abbrev(TEST,t,1) then trace r
/*"alloc f(beispiel) da(namen.data) mod reuse"*/
do i = 2 by 1
  say 'Bitte Namen, Vornamen, Pers.Nr. und Ort eingeben:'
  pull name vname pn ort .
  if name = '' then leave
  do while datatype(pn) = char | length(pn) > 5
    say 'Pers.Nr. falsch, Neueingabe:'
    pull pn
  end
  pn = right(pn,5,0)
  record = ''
  record = overlay(name,record,3,11)
  record = overlay(vname,record,16,19)
  record = overlay(ort,record,38,18)
  record = overlay(pn,record,58,5)
  record = overlay('|',record,1)
  record = overlay('|',record,14)
  record = overlay('|',record,35)
  record = overlay('|',record,56)
  record = overlay('|',record,66)
  record.i = in record
  /* Record schreiben */
  /* push record */
  /* "execio 1 diskw beispiel (finis" */
end
```

```
record.1 = 'bottom'                  /* Am Ende einfuegen */
record.i = 'end save'                /* Daten speichern   */
do j = 1 to i
  queue record.j
end
/* "free f(beispiel)" */
"edit namen.data emode nonum"        /* Editieren         */
```

Wenn man im EDIT-Mode auf einen bestehenden Dataset zugreift, so kann man durch Subcommands (TOP, BOTTOM, UP, DOWN) bestimmen, an welcher Stelle man Daten einfügen will. In unserem Beispiel wird durch den BOTTOM-Subcommand festgelegt, daß die neuen Daten an das Ende des Datasets angefügt werden.

9.16 Unterprozeduren und Funktionen

Wir haben bisher in EXECs die Möglichkeit kennengelernt,

- EXEC-Statements oder Built-in-Funktionen
- TSO-Commands

aufzurufen. Man kann aber darüber hinaus auch andere EXECs aufrufen - man könnte das als eine Art Unterprogramm ansehen.

Hier sind zwei Varianten zu unterscheiden, wir wollen sie als externe und interne Prozeduren bezeichnen und den Unterschied in diesem Bild veranschaulichen:

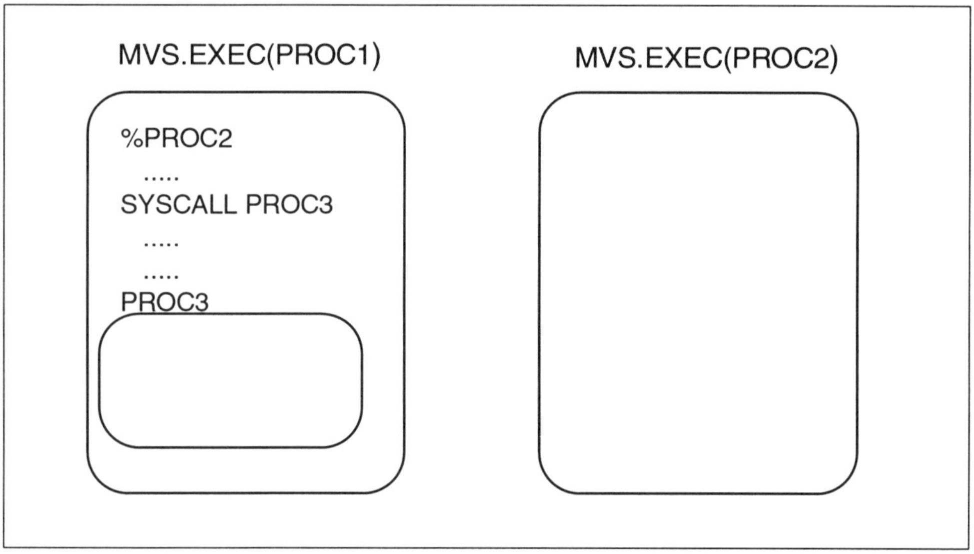

In der Prozedur PROC1 wird einerseits PROC2 aufgerufen, wobei PROC2 als separate EXEC gespeichert ist. Hier sprechen wir von der *externen* Prozedur.

Bei PROC3 handelt es sich um eine *interne* Prozedur, die innerhalb von PROC1 gespeichert ist.

Unterprozeduren werden immer, unabhängig davon, ob sie intern oder extern sind, durch das CALL-Statement

```
call proc2 parm1 ... parmn
call proc3 parm1 ... parmn
```

aufgerufen, wobei maximal 10 Parameter erlaubt sind. Falls ein Ergebnis zurückgegeben werden soll, so hat man in der Unterprozedur dafür das RETURN-Statement.

Durch Unterprozeduren ganz allgemein hat man die Möglichkeit, einen Funktionsablauf besser zu strukturieren oder auch zu vereinfachen. Funktionell besteht zwischen den internen und externen Unterprozeduren eigentlich kein Unterschied, sondern man muß sich in Abhänigkeit von der jeweiligen Anwendung entscheiden, welcher Weg der bessere ist.

Die externe Prozedur wird man dann wählen, wenn damit eine Funktion beschrieben wird, deren Verwendung in mehreren anderen Prozeduren notwendig oder denkbar ist. Will man dagegen nur innerhalb einer - eventuell etwas komplexen - Prozedur eine übersichtlichere Struktur erreichen, so kann man diese Gliederung durch Aufteilung einzelner Funktionsabschnitte in Unterprozeduren durchführen.

Um eine EXEC implizit zur Ausführung bringen zu können, muß sie entweder in einem als SYSEXEC definierten Dataset gespeichert sein, oder man kann alternativ auch über den ALTLIB-Command einen Dataset definieren.

```
Syntax -
   ALTLIB    ACTIVATE | DEACTIVATE
             USER(EXEC | CLIST)
             APPLICATION(EXEC | CLIST)
             DATASET(dslist) | DSNAME(dslist)
             FILE(ddname) | DDNAME(ddname)
             LIBRARY(ddname)
             COND | UNCOND   RESET   DISPLAY

Defaults   - APPLICATION, wenn USER, APPLICATION oder SYSTEM
              nicht angegeben ist.

           - DATASET, wenn DATASET, DSNAME, FILE, DDNAME oder
              LIBRARY nicht angegeben ist.

           - UNCOND
```

Mit

```
altlib activate application(exec) dataset(temp.exec)
```

spezifiziert man, daß zuerst im Dataset userid.TEMP.EXEC nach einer EXEC gesucht wird.

Neben Unterprozeduren kann man sich auch Funktionen definieren, die ebenfalls intern und extern aufrufbar sind. Der Unterschied zu Unterprozeduren liegt in ihrem Aufruf und in der Festlegung, daß sie in jedem Fall ein Ergebnis zurückgeben müssen.

Ruft man obige Prozeduren PROC2 und PROC3 als Funktionen auf, so lassen sich ihre Ergebnisse direkt in REXX-Instruktionen verarbeiten:

```
x = proc2(parm1 ... parmn)
say 'Das Ergebnis lautet' proc3(parm1 ... parmn)
```

Ansonsten gilt alles im folgenden über Unterprozeduren gesagte genauso für Funktionen.

Wir wollen uns die Definition von Unterprozeduren an einem sehr einfachen Beispiel klarmachen und dazu noch einmal an die EXEC erinnern, mit der man zwei Zahlen dividieren kann. Die EXEC soll noch dahingehend erweitert werden, daß sie mit zwei Parametern definiert ist, da auf den Dialog verzichtet werden soll. Außerdem wird die Überprüfung der Argumente erweitert.

Der Sinn des Ganzen liegt nun darin, daß wir diese Prozedur innerhalb einer anderen Prozedur aufrufen wollen und dabei Zähler und Nenner als Parameter mitgeben. Die EXEC TEILEN soll, falls die Division möglich ist, das Ergebnis, andernfalls, z.B. bei Division durch 0, den Text FEHLER, an die aufrufende Prozedur zurückgeben.

Die Prozedur TEILEN könnte folgendermaßen aussehen:

```
/**** REXX ***********************************/
/*    EXEC zum Teilen zweier Zahlen          */
/*********************************************/
arg z n
if n = 0 | datatype(z) = char ,
 | datatype(n) = char then erg = fehler
else erg = z/n
return erg
```

Die Prozedur ist natürlich recht einfach. Durch die ARG-Funktion greift man in der Prozedur auf die beiden Parameter Z und N zu. Nach einer Prüfung der Gültigkeit beider Parameter hat man entweder ein Divisions-Ergebnis oder den Fehlertext in der Variablen ERG, die man durch das RETURN-Statement wieder an die aufrufende Prozedur zurückgibt.

Wir sehen uns jetzt beide Möglichkeiten, dieser Prozedur aufzurufen, an und benutzen dafür eine sehr einfache Test-Prozedur.

Externe Unterprozedur

Ruft man TEILEN als externe Prozedur auf, so sieht das folgendermaßen aus:

```
/**** REXX ***********************************/
/*    EXEC zum Testen der TEILEN-EXEC        */
/*********************************************/
say 'Bitte Zaehler und Nenner eingeben:'
pull zaehler nenner
call teilen zaehler nenner
if result = fehler then
  say 'Die Daten sind ungueltig'
else say 'Ergebnis:' result
```

Das über das RETURN-Statement zurückgegebene Ergebnis erscheint in der rufenden Prozedur in der Variablen RESULT und kann damit entsprechend weiterverarbeitet werden.

Da TEILEN ein Ergebnis zurückgibt, könnte die Prozedur auch als Funktion aufgerufen werden, an ihrer Definition braucht dafür nichts geändert zu werden, nur an ihrem Aufruf:

```
result = teilen(zaehler,nenner)
```

Hier ist allerdings nicht zwingend vorgeschrieben, mit der Variablen RESULT zu arbeiten, jeder Variablenname ist erlaubt.

Interne Unterprozedur

Wenn man die Unterprozedur innerhalb der Hauptprozedur gespeichert hat und damit intern aufrufen kann, so vereinfacht sich die Datenübergabe, da in der Haupt- wie in der Unterprozedur dieselben Variablen benutzt werden:

```
/**** REXX ***********************************/
/*    EXEC zum Testen der TEILEN-EXEC        */
/*********************************************/
say 'Bitte Zaehler und Nenner eingeben:'
pull zaehler nenner
call teilen
if erg = fehler then
  say 'Die Daten sind ungueltig'
else say 'Ergebnis:' erg
exit
teilen:
if nenner = 0 | datatype(zaehler) = char ,
 | datatype(nenner) = char then erg = fehler
else erg = zaehler/nenner
return
```

Auch in diesem Fall können wir TEILEN als Funktion aufrufen, wobei natürlich darauf zu achten ist, daß durch

```
return erg
```

ein Ergebnis zurückgegeben wird.

An dieser Stelle ist es noch wichtig, darauf hinzuweisen, daß die Hauptprozedur mit einem EXIT-Statement abgeschlossen werden muß, bevor die Statements der Unterprozedur kommen.

Es kann durchaus Fälle geben, in denen man bei gleichnamigen Variablen in der Haupt- und Unterprozedur durchaus mit unterschiedlichen Werten arbeiten will. Dafür gibt es das PROCEDURE-Statement, mit dem alle Variablen innerhalb der Unterprozedur auf diese lokalisiert werden:

```
a = 3
call subrtn
say a                /* Ergebnis: 3 */
  .
  .
exit
subrtn: procedure
a = 5
return
```

Wir erkennen also, daß es zwischen Unterprozeduren und Funktionen nur geringe Unterschiede gibt, so daß es oftmals die künstlerische Freiheit des einzelnen ist, welcher Lösungsweg gewählt wird.

Übungsaufgabe

Im Zusammenhang mit der Parameterübergabe für EXECs haben wir kennengelernt, daß es grundsätzlich nur Positions-, aber keine Keyword-Parameter gibt. Auf die Parameter kann man mit der ARG-Instruktion zugreifen.

Es soll nun eine Unterprozedur PARMS entwickelt werden, die es erlaubt, für eine EXEC beide Parameterarten zu definieren. Dafür ist eine Unterprozedur zu schreiben, die die beim Aufruf der Hauptprozedur angegebenen Parameter überprüft. Diese Unterprozedur soll für folgendes Beispiel entwickelt werden:

Die EXEC PRINT, mit der man einen Dataset drucken kann, erlaubt die folgenden Parameter:

DSNAME	Positionsparameter: Dataset-Name
COPIES(1)	Keyword-Parameter: Zahl der Kopien mit dem Defaultwert 1
CONF	Keyword-Parameter: Klassifizierung, der Parameter kann, aber muß nicht angegeben werden
SCRIPT/LIST/TEXT	Keyword-Parameter: diese Parameter geben das Format des zu druckenden Datasets an, Defaultwert ist TEXT

Die Übungsaufgabe besteht nun nicht darin, die EXEC PRINT zu schreiben, sondern es soll eine interne Unterprozedur PARMS entwickelt werden, die

- die angegebenen Parameter überprüft,
- den Variablen DSN, COPY, CONF=YES/NO und TYPE=SCRIPT/LIST/TEXT die entsprechenden Werte zuordnet,
- eine Fehlermeldung schreibt, wenn falsche Parameter angegeben werden, und die Prozedur beendet,
- eine Erklärung der PRINT-Prozedur anzeigt, falls keine Parameter (d.h. Fehlen des Positionsparameters DSNAME) oder nur ein Fragezeichen angegeben worden sind; dabei ist vorauszusetzen, daß diese Erklärung in Form eines Kommentars direkt am Beginn der PRINT-Prozedur gespeichert ist,
- erlaubt, daß Keyword-Parameter entsprechend den üblichen TSO-Konventionen soweit abgekürzt werden können, wie sie eindeutig bleiben.

Generell sei noch einmal erwähnt, daß die Regel für Angaben von Parametern, wie sie im TSO für Commands üblich ist, aussagt, daß Positionsparameter angegeben werden müssen, während Keyword-Parameter angegeben werden können, wobei ihre Reihenfolge beliebig ist.

Die PRINT EXEC könnte folgendermaßen skizziert werden:

```
/**** REXX ***********************************************/
/*                                                       */
/*   Die Prozedur PRINT wird zum Formatieren und         */
/*   Drucken eines DATASETS benutzt und hat das folgende */
/*   Format:                                             */
/*                                                       */
/*     print dsname COPIES() CONF SCRIPT/LIST/TEXT       */
/*                                                       */
```

```
/*   Default-Werte sind: COPIES(1) und TEXT                   */
/*                                                            */
/************************************************************/

arg parmlist
call parms
/************************************************************/
/*   Nach dem Aufruf dieser Unterprozedur haben die           */
/*   Variablen DSN, COPY, SEC und TYPE einen Wert             */
/*   zugeordnet bekommen, der im weiteren Verlauf             */
/*   verarbeitet wird.                                        */
/*                                                            */
/*   Wenn keine gueltigen Parameter angegeben worden          */
/*   sind, ist die Prozedur nach Ausgabe des HELP-            */
/*   Textes beendet worden.                                   */
/************************************************************/
  .
  .
  Instruktionen
  .
  .
exit
parms:
  .
  .
  Instruktionen
  .
  .
return
```

Da PARMS als interne Prozedur definiert ist, braucht man sich über die Datenübergabe keinerlei Gedanken zu machen, sondern kann überall mit denselben Variablen arbeiten.

Zur Lösung der Aufgabe sollen noch die folgenden Erklärungen gegeben werden:

- Entsprechend den Regeln für das ARG-Statement sind sämtliche angegebenen Parameter der Variablen PARMLIST zugeordnet worden. Der erste Schritt besteht nun darin, diese Parameter-Liste aufzuschlüsseln, um danach die einzelnen Parameter zu analysieren.
- Dafür können wir die beiden Funktionen WORD und WORDS benutzen. Durch

  ```
  WORDS(parmlist)
  ```

  interpretieren wir PARMLIST als eine Wortliste und erhalten die Zahl der Wörter, d.h. der Parameter. Die Funktion

  ```
  WORD(parmlist,n)
  ```

  liefert als Ergebnis den *n.* Parameter. Damit kann man in einer Schleife sämtliche Parameter abarbeiten.
- Der nächste Schritt besteht darin, festzustellen, ob überhaupt Parameter angegeben wurden. Ist das nicht der Fall oder ist der erste Parameter ein Fragezeichen, so ist der im Anfang der EXEC angegebene Kommentar am Bildschirm zu

zeigen, und die Prozedur ist danach zu beenden.

Auf alle Records innerhalb der EXEC kann man durch die SOURCELINE-Funktion zugreifen, und man erhält durch

```
SOURCELINE(n)
```

den *n.* Record der EXEC. Da jede Kommentarzeile mit /* beginnt, sollte es nun nicht schwierig sein, diesen Teil der Aufgabe zu lösen.

Hier bietet es sich durchaus an, noch eine HELP-Unterprozedur zu definieren, die an mehreren Stellen (beim Fehlen von Parametern und bei ungültigen Werten) aufgerufen werden kann.

- Wenn man feststellt, daß es mehr als einen Parameter gibt, so muß man alle weiteren daraufhin prüfen, ob sie - eventuell als gültige Abkürzung - einem der Keyword-Parameter entsprechen. Da es gemäß der Aufgabenstellung als Werte nur COPIES, CONF, SCRIPT, LIST und TEXT gibt, bietet sich für eine solche Prüfung das SELECT-Statement an.
- Zur Prüfung kann man die ABBREV-Funktion benutzen. Hat man beispielweise den n. Parameter durch

```
parm = word(parmlist,n)
```

der Variablen PARM zugeordnet, so sieht in der SELECT-Gruppe die Prüfung auf den Wert CONF folgendermaßen aus:

```
when abbrev(CONF,parm,3) then ...
```

- Beim Parameter COPIES wird man mit der INDEX-Funktion die Position der Klammern suchen, um dann den dazwischenstehenden Wert (nach einer Überprüfung auf numerisch) der Variablen COPY zuzuordnen.

9.17 Kommunikation mit TSO-Commands

Wir wissen, daß wir innerhalb von Prozeduren TSO-Commands aufrufen können, und wollen nun einen Weg kennenlernen, die Ergebnisse dieser Commands zu verarbeiten. Wenn hier von Ergebnissen gesprochen wird, so sind damit die Meldungen gemeint, die normalerweise am Bildschirm erscheinen, etwa vom LISTCAT- oder STATUS-Command. Andere Commands, beispielsweise der ALLOC-Command, melden sich im Erfolgsfall nur mit dem READY zurück, da bleibt nichts zu verarbeiten.

Es gibt dafür die OUTTRAP-Funktion, mit deren Hilfe man auf die gewünschten Daten zugreifen kann. Wenn wir beispielsweise die Meldungen des STATUS-Commands verarbeiten wollen, so können sie folgendermaßen in Variablen gespeichert werden:

```
x = outtrap(stat.)
"status"
x = outtrap(OFF)
do i=1 to stat.0
  say stat.i
end
```

Dieses einfache Beispiel spricht eigentlich für sich, die Erklärung der OUTTRAP-Funktion ist recht einfach:

- Durch den ersten Aufruf der OUTTRAP-Funktion wird festgelegt, daß die vom STATUS-Command erzeugten Ausgabezeilen in die STEM-Variable STAT. geschrieben werden.
- Nach Ausführung des STATUS-Commands wird die Speicherung durch die Option OFF wieder beendet.
- In STAT.0 ist die Zahl der geschriebenen Zeilen gespeichert, die Verarbeitung kann dann innerhalb einer Schleife durchgeführt werden.

Hinweis: Es gibt im TSO die Möglichkeit, den Empfang irgendwelcher Mitteilungen zu unterdrücken. Das wird über den Parameter NOINTERCOM im PROFILE-Command gesteuert, wir werden uns im Kapitel *16. Kommunikation* damit noch genauer beschäftigen. Falls man das definiert hat, es ist durch Aufruf des PROFILE-Commands

```
profile list
```

festzustellen, dann funktioniert der oben beschriebene Ablauf mit der OUTTRAP-Funktion nicht, eine Änderung ist mit

```
profile intercom
```

möglich.

Wir wollen uns das noch an einer EXEC veranschaulichen, die für beliebige Commands die Ergebnisse festhält, und die wir deshalb mit dem Namen TSOLOG bezeichnen.

```
/**** REXX *******************************************/
/*    EXEC fuer ein TSO-Protokoll                    */
/*****************************************************/
arg t
if abbrev(TEST,t,1) then trace r
say 'Es koennen beliebige TSO-Commands ausgefuehrt werden,'
say 'die Eingabe wird beendet mit '
say ''
say 'neu     Ueberschreiben des Log-Datasets '
say 'alt     Anfuegen an das Ende des Log-Datasets '
say ''
x = outtrap(stat.)
do forever
  pull command
  if command = neu | command = alt then leave
  interpret command
end
x = outtrap(OFF)
select
  when (command = alt) then rec.1 = bottom
  when (command = neu) then rec.1 = 'del * 1000'
end
rec.2 = in date() time()
rec.3 = 'in ********************************************'
do i = 1 to 3
  queue rec.i
end
```

```
do i = 1 to stat.0
  queue in stat.i
end
queue end save
"edit log.data nonum emode"
say 'Die Daten befinden sich im Dataset' sysvar(sysuid).LOG.DATA
```

In dieser EXEC lernen wir noch die INTERPRET-Funktion kennen. Mit dieser Funktion können wir die Ausführung eines Ausdruckes, in diesem Beispiel ist das der eingelesene Command, bewirken.

9.18 ISPF-Interface

Wir haben bisher zwei Funktionen kennengelernt, mit denen man einen Dialog am Bildschirm steuern konnte:

```
pull und say
```

Damit erreicht man die gleiche zeilenweise Verarbeitung, wie sie im READY-Mode üblich ist. Andererseits wissen wir vom ISPF, daß das Arbeiten mit Menus einfacher und angenehmer ist. Und darauf brauchen wir innerhalb von Prozeduren auch nicht zu verzichten. Wir können hier unsere eigenen Menus, man spricht in diesem Zusammenhang auch von Panels, definieren und in einer EXEC aufrufen. Darüber hinaus werden wir uns auch informieren, wie man die VIEW-, BROWSE- und EDIT-Funktion benutzen kann.

ISPF bietet zusätzlich noch eine Vielzahl von Funktionen an, deren Behandlung würde aber unseren Rahmen bei weitem sprengen, deshalb werden wir uns auf die oben definierten Funktionen beschränken.

Panels

Wenn wir eigene Panels definieren, so können wir sie als Members in einem Partitioned Dataset speichern, den wir dem System bekanntgeben, d.h. entsprechend zuordnen müssen. Dafür sind wir jetzt ja schon Experten. Wir sollten nur wissen, daß der entsprechende DD-Name ISPPLIB heißt. Wir blättern noch einmal zum LISTALC-Command zurück und stellen fest, welcher Dataset systemseitig diesem DD-Namen zugeordnet ist. Hier ist es PPLIB.ISPF.ISPPLIB, in einer anderen Installation mag es ein anderer Dataset sein. Wir wissen, daß wir den eigenen PANEL-Dataset

```
userid.ISPF.ISPPLIB
```

in demselben Format anlegen und zusammen mit dem System-Dataset zuordnen müssen:

```
alloc da(ispf.ispplib,'pplib.ispf.ispplib') fi(ispplib) shr reu
```

Wir können nun ein Panel als Member in unserem Panel-Dataset im EDIT-Mode erstellen und ihm das gewünschte Format geben. Dafür sollten wir wissen, daß es gewisse Steuerzeichen gibt, mit deren Hilfe man den Bildschirm in Eingabe- und Ausgabe-Felder aufteilen kann. Die drei wichtigsten Zeichen sind:

%	Ausgabe-Feld (intensiv)
+	Ausgabe-Feld (normal)
_	Eingabe-Feld (sichtbar)

Es gibt darüber hinaus noch weitere Steuerzeichen und auch die Möglichkeit, sich eigene Steuerzeichen zu definieren, was beispielsweise notwendig wäre, wenn man ein % als sichtbares Zeichen am Bildschirm haben wollte. Aber auf diese Feinheiten und die vielfältigen Möglichkeiten, wie man etwa für Eingabe-Felder bestimmte Definitionen (Länge, Typ, .. usw.) festlegen kann, gehen wir nicht weiter ein, hier sei auf die ausführliche Literatur[13] verwiesen.

Wir wollen uns die Definition eines Panels am Beispiel einer EXEC ansehen, mit der man einen Dataset neu anlegen kann, also ein Äquivalent zum 3.2 im ISPF. Dafür wäre folgendes Panel denkbar:

```
%--------- Erstellen eines neuen Datasets --------------------
%
+  Dataset-Name: %&DSN
%
%  Platte:
%
+  Platten-Name %  ===>  _VOL     (Freilassen bei Default-Platte)
+  Platten-Typ  %  ===>  _UNIT
%
%  Groesse:
%
+  1. Extent    %  ===>  _PRIM
+  2. Extent    %  ===>  _SEC
+  Typ          %  ===>  _TYP     (TRACK oder CYL)
%
%  Format:
%
+  Record-Format%  ===>  _RECFM
+  Record-Laenge%  ===>  _LRECL
+  Blockgroesse %  ===>  _BLK
%
+  Directory    %  ===>  _DIR           (Nur bei PDS angeben)
)END
```

- Im Panel haben wir Eingabe-Felder mit den Namen VOL, UNIT, PRIM, SEC, TYP, RECFM, LRECL, BLK und DIR definiert. Wenn wir hier beim Aufruf des Panels Daten eingeben, so werden diese gleichnamigen Variablen in der EXEC zugeordnet, die dort in derselben Weise verarbeitet werden könnten, als wären sie über PULL eingelesen worden.
- Die Variable DSN, die in der EXEC definiert wird, erscheint im Panel als &DSN, und damit wird ihr Wert angezeigt, das entspricht also einer SAY-Instruktion.
- Ansonsten haben wir einige durch % oder + definierte Ausgabefelder im Panel.
- Wichtig: Der Panel-Abschluß darf nicht vergessen werden:

  ```
  )END
  ```

Aufruf eines Panels

Ein Panel aus dem eigenen Panel-Dataset kann durch ein Statement

```
ADDRESS ISPEXEC "DISPLAY PANEL(member)"
```

[13] z/OS ISPF Services Guide

aufgerufen werden, wobei der entsprechende Member-Name anzugeben ist.

Um jetzt das oben begonnene Beispiel abschließen zu können, sollte noch eine Erklärung zum ALLOC-Command gegeben werden. Wir kennen von diesem Command bisher nur einige Parameter und sehen uns deshalb an zwei Beispielen die Parameter-Definitionen für das Erstellen eines sequentiellen und eines Partitioned Datasets an.

Sequentiell:

```
"alloc da(seq.data) new space(1 1) track vol(tsoe0a) ",
"unit(3390) recfm(f b) lrecl(80) blk(27920)"
```

Partitioned:

```
"alloc da(pds.data) new space(1 1) track vol(tsoe0a) ",
"unit(3390) recfm(f b) lrecl(80) blk(27920) dir(5)"
```

Der ALLOC-Command kann nicht nur zum Zuordnen von Datasets zu DD-Namen benutzt werden, sondern man kann mit ihm auch neue Datasets erstellen. Dabei kann beispielsweise auf VOL und UNIT verzichtet werden, wenn der Dataset auf der systemseitig definierten Default-Platte angelegt werden soll.

Die einzelnen Parameter sprechen für sich und brauchen deshalb nicht genauer erklärt zu werden.

Wenn wir nun das Format der ALLOC-Commands kennen, so können wir folgende EXEC zum Erstellen eines Datasets definieren, wobei wir den Dataset-Namen als Parameter angeben wollen:

```
/**** REXX *******************************************/
/*    EXEC zum Anlegen eines Datasets                */
/*****************************************************/
arg dsn t
if abbrev(TEST,t,1) then trace r
/* Test ob voll qualifiziert */
if substr(dsn,1,1) ¬= "'" then dsn = "'"sysvar(syspref)"."dsn"'"
if sysdsn(dsn) = ok then do
  say 'Der Dataset' dsn 'existiert bereits'
  exit
end
dsn = strip(dsn,,"'")
/* Anzeigen des Panels */
address ispexec "DISPLAY PANEL(ALLOC)"
if vol ¬= '' then vol = vol(vol)
if unit ¬= '' then unit = unit(unit)
if length(recfm) > 1 then do
  rec = substr(recfm,1,1) substr(recfm,2,1) /* FB  -> F B   */
  if length(recfm) = 3 then
  rec = rec substr(recfm,3,1)               /* FBA -> F B A */
end
else rec = recfm
if dir ¬= '' then dir = 'dir('dir')'
"alloc da('"dsn"') new" vol unit ,
  "space("prim sec")" typ ,
  "recfm("rec") blk("blk") lrecl("lrecl")" dir
```

Für uns EXEC-Experten sind die folgenden Erklärungen fast überflüssig, dennoch:

- Die EXEC läßt beide Varianten für die Angabe eines Dataset-Namens zu, also mit und ohne Userid. Deshalb wird zuerst überprüft, ob der Name voll qualifiziert ist. Falls das nicht geschehen ist, wird über SYSVAR(SYSPREF) der erste Qualifier des Namens (Prefix) davor gesetzt.

  Bisher haben wir nur gesagt, daß der Userid als erster Qualifier vom System genommen wird, man hat aber die Möglichkeit, das über den PROFILE-Command zu ändern und sich einen anderen ersten Qualifier zu definieren. Selbstverständlich setzt das voraus, daß man im RACF auch eine entsprechende Autorisierung hat, auf Datasets, die mit diesem Qualifier beginnen, zugreifen oder sie sogar neu anlegen zu können. Das sei aber nur als Randbemerkung verstanden, um die Variable SYSVAR(SYSPREF) erklären zu können. Solange man nicht mit dem PROFILE-Command, der im Kapitel *17. TSO-Commands* behandelt wird, arbeitet, sind Prefix und Userid identisch.
- Über die SYSDSN-Funktion wird geprüft, ob der Dataset schon existiert, gegebenenfalls wird die Prozedur beendet.
- Für die Anzeige im Panel benötigen wir den Dataset-Namen ohne Hochkommas, diese entfernen wir mit der STRIP-Funktion.
- Der DIR-Parameter entscheidet über sequentiell oder Partitioned, er gibt die Zahl der Directory-Blöcke in einem PDS an.

Wenn wir nun diese neue EXEC mit dem TEST-Parameter aufrufen, so können wir den internen Ablauf verfolgen:

```
%alloc testrexx.data t
     6 *-* /* Test ob voll qualifiziert */
     7 *-* if substr(dsn,1,1) ¬= "'"
       >>>   "1"
       *-*  then
       *-*  dsn = "'"sysvar(syspref)"."dsn"'"
       >>>    "'ED1.TESTREXX.DATA'"
     8 *-* if sysdsn(dsn) = ok
       >>>   "0"
    12 *-* dsn = strip(dsn,,"'")
       >>>   "ED1.TESTREXX.DATA"
    13 *-* /* Anzeigen des Panels */
    14 *-* address ispexec "DISPLAY PANEL(ALLOC)"
       >>>   "address ispexec DISPLAY PANEL(ALLOC)"
```

```
--------- Erstellen eines neuen Datasets -----------------------------

 Dataset-Name: ED1.TESTREXX.DATA


 Platte:

 Platten-Name     ===>              (Freilassen bei Default-Platte)
 Platten-Typ      ===>

 Groesse:

 1. Extent        ===> 1
 2. Extent        ===> 2
 Typ              ===> track        (TRACK oder CYL)

 Format:

 Record-Format    ===> vba
 Record-Laenge    ===> 133
 Blockgroesse     ===> 6233_

 Directory        ===>              (Nur bei PDS angeben)
```

```
    15 *-* if vol ¬= ''
       >>>   "0"
    16 *-* if unit ¬= ''
       >>>   "0"
    17 *-* if length(recfm) > 1
       >>>   "1"
       *-*  then
       *-*  do
    18 *-*   rec = substr(recfm,1,1) substr(recfm,2,1) /*FB->F B
       >>>     "V B"
    19 *-*   if length(recfm) = 3
       >>>     "1"
       *-*    then
       *-*    ,  rec = rec substr(recfm,3,1)      /* FBA -> F B A
       >>>      "V B A"
    21 *-*  end
    23 *-* if dir ¬= ''
       >>>   "1"
       *-*  then
       *-*  dir = 'dir('dir')'
       >>>    "dir(3)"
    24 *-* "alloc da('"dsn"') new" vol unit , "space("prim
           sec")" typ ,  "recf
       >>>   "alloc da('ED1.TESTREXX.DATA') new space(1 1) TRACK
           recfm(V B A)
    27 *-* exit
```

BROWSE, VIEW und EDIT

Neben der Anzeige eines Panels innerhalb einer EXEC ist es auch möglich, die BROWSE-, VIEW oder EDIT-Funktion aufzurufen. Dafür gibt es folgende Statements:

```
ADDRESS ISPEXEC "BROWSE DATASET(dsname)"
ADDRESS ISPEXEC "VIEW DATASET(dsname)"
ADDRESS ISPEXEC "EDIT DATASET(dsname)"
```

Man kann dann dieselben Commands benutzen, die wir im ISPF kennengelernt haben, die Funktionen in gewohnter Weise mit F3 beenden und in die EXEC zurückkehren.

EXEC-Aufruf

Wenn wir eine EXEC, die ISPF-Funktionen benutzt, aufrufen, so ist folgendes zu beachten:

1. Aufruf innerhalb des ISPF, z.B. in der Option 6:

   ```
   %execname
   ```

2. Aufruf außerhalb des ISPF, d.h. im READY-Mode:

   ```
   ispstart cmd(%execname)
   ```

3. Durch dieses Format teilen wir dem System mit, daß wir innerhalb der Prozedur auf ISPF-Funktionen zugreifen wollen.

Wir sehen, daß man eine solche EXEC unterschiedlich aufrufen muß. Läßt sich das vermeiden, indem man intern abfragt, ob man in einer ISPF-Umgebung arbeitet? Ja, das kann man. Die System-Variable SYSVAR(SYSISPF) gibt durch den Wert ACTIVE oder NOT ACTIVE darüber Auskunft. Damit könnte beispielsweise die EXEC ALLOC folgendermaßen ergänzt werden:

```
/**** REXX ****************************************/
/*    EXEC zum ISPF-Test                          */
/**************************************************/
arg dsn t
if abbrev(TEST,t,1) then trace r
if sysvar(sysispf) ¬= active then do
  exec = sysvar(sysicmd)
  "ispstart cmd(%"exec dsn t")"
  exit
end
if substr(dsn,1,1) ....
```

Die Prozedur kann jetzt überall in derselben Form aufgerufen werden:

```
%alloc testrexx.data t
     6 *-* if sysvar(sysispf) ¬= active
       >>>   "1"
       *-*  then
       *-*  do
     7 *-* exec = sysvar(syspcmd)
       >>>   "alloc"
     8 *-* "ispstart cmd(%"exec dsn t")"
       >>>   "ispstart cmd(%alloc dsn t)"
     6 *-* if sysvar(sysispf) ¬= active
       >>>   "0"
    11 *-* if substr(dsn,1,1) ¬= "'"
       >>>   "1"
```

```
         *-*  then
         *-*  dsn = "'"pref"."dsn"'"
         >>>    "'ED1.TESTREXX.DATA'"
      12 *-* if sysdsn(dsn) = ok
         >>>   "1"
         *-*  then
         *-*  do
      13 *-*   say 'Der Dataset' dsn 'existiert bereits'
         >>>   "Der Dataset 'ED1.TESTREXX.DATA' existiert bereits"
Der Dataset 'ED1.TESTREXX.DATA' existiert bereits
       9 *-*   exit
```

9.19 Abschlußbeispiel

Mit einem etwas umfangreicheren Beispiel wollen wir das Thema 'REXX' zum Abschluß bringen.

Aufgabenstellung:

Erstellung eines gegenüber dem von ISPF 3.8 angebotenen erweiterten Panels mit der Anzeige aller in der TSO-Outputklasse stehenden Jobs mit einer Verarbeitungsmöglichkeit.

Das Panel soll alle Jobs, die zur TSO-Verarbeitung (in unseren früheren Überlegungen MSGCLASS=Q / SYSOUT=Q, ist aber installationsabhängig) bereitstehen, so auflisten, daß man durch Angabe der entsprechenden Option festlegen kann, daß der Job-Output angezeigt, gelöscht, gedruckt oder in einem Dataset gespeichert werden kann.

Wie können wir an die Aufgabe herangehen? Im Prinzip sind drei Schritte durchzuführen:

1. Abfrage mittels STATUS-Command nach allen Jobs in den TSO-Output-Klassen.
2. Anzeigen der Jobnamen in einem Panel und Einlesen der gewählten Optionen.
3. Verarbeiten der Optionen mittels OUTPUT-Command.

Auf dem Weg zur fertigen Lösung sind noch einige Schwierigkeiten zu überwinden, aber das soll uns nicht hindern, mit Schwung an die Aufgabe zu gehen.

Bestimmung der Jobnamen

Der STATUS-Command hat keinen Parameter, der es ermöglicht, gezielt nach diesen Namen zu fragen, sondern man muß den Status jedes Jobs daraufhin analysieren. Das Format der Anzeige ist im JES2 und JES3 unterschiedlich und kann in den einzelnen Installationen auch noch variieren. Wer also die EXEC selbst nachvollziehen möchte, muß an dieser Stelle etwas modifizieren. Wir gehen hier von folgendem Format der Anzeige des STATUS-Commands aus:

Job vor der Ausführung (er muß noch warten):

```
IAT8969  JOB3445 ED1SEQ   P=09 MAIN(Q)
```

Job während der Ausführung (er befindet sich im Step SORT):

```
IAT8969  JOB3455 ED1SORT  SORT     P=09 MAIN(O-SY1)
```

Jobs nach der Ausführung:

```
IAT8969   JOB3419 ED1PS       P=09 OUTSERV(T)
IAT8969   JOB3420 ED1NAMES    P=09 OUTSERV(P,T)
IAT8969   JOB3421 ED1HSM      P=09 OUTSERV(T)
IAT8969   JOB3427 ED1START    P=09 OUTSERV(W,T)
IAT8969   JOB3428 ED1ALC      P=09 OUTSERV(P)
```

Ein Job befindet sich in einer TSO-Outputklasse, wenn sein Status

OUTSERV(T)	TSO-Output
OUTSERV(P,T)	TSO-Output + Warten auf Drucker
OUTSERV(W,T)	TSO-Output + Drucken

ist. In den beiden letzten Fällen sind im Job mehrere Outputklassen angegeben worden, und ein Teil des Outputs wird entweder gerade gedruckt (W = Writing) oder wartet auf den Drucker (P = Pending). Es müssen also alle Jobs nach der Zeichenfolge T) untersucht werden, die bei obigem Format irgendwo ab Spalte 41 auftauchen kann.

Wie aber kommen wir überhaupt in der EXEC an die entsprechende Information heran? Der STATUS-Command schreibt seine Daten in keinen Dataset, sondern direkt auf den Bildschirm. Mit diesem Problem haben wir uns bereits beschäftigt und wissen, daß wir das mit der OUTTRAP-Funktion lösen können:

```
x = outtrap(stat.)
"status"
x = outtrap(OFF)
```

Der nächste Schritt wird sein, alle Records daraufhin zu untersuchen, ob in ihnen die Zeichenfolge T) vorhanden ist, dabei hilft wieder die INDEX-Funktion:

```
if index(stat.1,'T)')>0 then do
```

Definition des Panels

Als nächstes müssen wir die Jobnamen über ein Panel auf den Bildschirm bringen. Mit unseren Panel-Kenntnissen können wir das in der Form machen, daß wir in einem Panel die Variablen JOB1 bis JOB20 anzeigen, wenn wir der Einfachheit halber annehmen, wir hätten maximal 20 Jobs. ISPF bietet auch noch andere Funktionen (Tabellen) an, mit denen unsere Aufgabe lösbar wäre, aber wir wollen nicht zu weit in die ISPF-Anwendungen einsteigen.

Falls wir weniger Jobs zur Anzeige gefunden und damit auch weniger als 20 Variablen haben, so gibt das beim Aufruf des Panels keine Fehlermeldung, sondern die entsprechenden Zeilen bleiben frei. Beim Aufbau des Panels wäre folgende Lösung denkbar:

```
)ATTR
 @ TYPE(OUTPUT) INTENS(HIGH)
)BODY
%---------- J O B S   I N   O U T S E R V ( T ) -------------
%
% Gueltige Optionen :
%
% B  -  BROWSE (Auflisten des Jobs)         Datum   :   &ZDATE
% P  -  PRINT  (Drucken des Jobs)           Uhrzeit:    &ZTIME
% D  -  DELETE (Loeschen des Jobs)
% S  -  SAVE   (Speichern des Jobs)
%
```

```
+   JOBNR   JOBNAME      OPTION
%
%   &JOB1                % _OPT1
%   &JOB2                % _OPT2
%   &JOB3                % _OPT3
%   &JOB4                % _OPT4
%   &JOB5                % _OPT5
%   &JOB6                % _OPT6
%   &JOB7                % _OPT7
%   &JOB8                % _OPT8
%   &JOB9                % _OPT9
%   &JOB10               % _OPT10
%   &JOB11               % _OPT11
%   &JOB12               % _OPT12
%   &JOB13               % _OPT13
%   &JOB14               % _OPT14
%   &JOB15               % _OPT15
%   &JOB16               % _OPT16
%   &JOB17               % _OPT17
%   &JOB18               % _OPT18
%   &JOB19               % _OPT19
%   &JOB20               % _OPT20
)END
```

Wenn wir das Panel als Member OUTSERV in unserem Panel-Dataset gespeichert haben, so kann es mit

```
ADDRESS ISPEXEC "DISPLAY PANEL(OUTSERV)"
```

in der EXEC aufrufen werden.

Aufruf des OUTPUT-Commands

Die 20 Eingabefelder OPT1 bis OPT20 können nun im weiteren Verlauf der EXEC als Variablen OPT1 bis OPT20 verarbeitet werden. Jede Variable muß daraufhin überprüft werden, ob sie den Wert B (Browse), P (Print), S (Save) oder D (Delete) hat, und der OUTPUT-Command muß in der entsprechenden Form aufgerufen werden. Dieser Command, der im Kapitel *5. Job-Verarbeitung* besprochen wurde, hat das Format

```
OUTPUT jobname(jobnummer) option
```

Die Jobnummer muß eigentlich nur dann angegeben werden, wenn mehrere Jobs mit demselben Namen im System sind. Diese Überprüfung können wir uns sparen, wenn wir grundsätzlich die Nummer angeben, wobei die Command-Syntax noch vorschreibt, daß der Buchstabe J vor die Nummer gesetzt wird.

Über die Option definiert man die Verarbeitungsweise. Dabei haben wir für unser Beispiel die folgenden Varianten:

<u>BROWSE - Auflisten am Bildschirm</u>

Um die Daten im BROWSE-Mode auf den Bildschirm bringen zu können, ist es notwendig, sie vorher in einen Dataset zu kopieren. Dafür wählen wir die Option

```
PRINT(JOBNAME) HOLD KEEP
```

wodurch der Job-Output in den Dataset JOBNAME.OUTLIST kopiert wird, der dann über

```
ADDRESS ISPEXEC "BROWSE DATASET(JOBNAME.OUTLIST)"
```

aufgelistet werden kann. Die Parameter HOLD und KEEP sind notwendig, damit der Job weiterhin im System bleibt, um eventuell danach noch ausgedruckt werden zu können.

PRINT - Drucken des Jobs

Das Drucken des Jobs kann durch Umsetzen in eine andere Outputklasse erreicht werden, also

```
NEWCLASS(A)
```

SAVE - Speichern im Dataset

Das Speichern haben wir bereits oben kennengelernt, allerdings jetzt ohne die HOLD/KEEP-Parameter.

DELETE - Löschen des Job-Outputs

Auch diese Funktion bereitet keine großen Schwierigkeiten, mit

```
DELETE
```

kann der Job-Output gelöscht werden.

Damit haben wir für alle möglichen Fälle die entsprechende Option des OUTPUT-Commands festgelegt und brauchen nach Rückkehr aus dem Panel-Display nur noch die Variablen OPT1...OPT20 auf ihren Wert zu überprüfen.

Darüber hinaus kann man jeder Variablen OPTn, der eine Option zugeordnet war, eine Zeichenfolge, etwa

```
*** BROWSED ***
```

geben, die beim nächsten Anzeigen des Panels auf dem Bildschirm erscheinen wird. Das bedeutet, daß man bei der Überprüfung der Variablen OPTn auch nach dieser Zeichenfolge oder zumindest nach dem ersten Zeichen fragen muß.

Die komplette EXEC hat damit folgendes Aussehen:

```
/**** REXX *******************************************/
/*    EXEC zum Outserv-Processing                    */
/*****************************************************/
signal on error
arg t
if abbrev(TEST,t,1) then trace r
x = outtrap(stat.)
"status"
x = outtrap(OFF)
i = 0                           /* Zaehler der gefundenen Jobs */
do l = 1 to stat.0              /* Zeilenzaehler */
  if index(stat.l,'T)')>0 then do
    i = i+1
    interpret job||i '= substr(stat.l,10,16)       ''==>'''
  end
end
if i = 0 then do
  say 'Keine Jobs gefunden'
  exit
end
```

```
do until flag = 0
  address ispexec "DISPLAY PANEL(OUTSERV)"
  flag = 0
  do k = 1 to i
    interpret 'opt.k =' opt||k
    interpret 'job.k =' job||k
    if opt.k = '' | substr(opt.k,1,1) = '*' then nop
    else do
      flag = 1
      jobno = substr(job.k,1,7)
      jobname = strip(substr(job.k,9,8))
      select
        when (opt.k = b) then do
          "output" jobname"("jobno") print("jobname") keep hold"
          address ispexec "BROWSE DATASET("jobname".OUTLIST)"
          opt.k = '*** BROWSED ***'
        end
        when (opt.k = p) then do
          "output" jobname"("jobno") new(a)"
          opt.k = '*** PRINTED ***'
        end
        when (opt.k = s) then do
          "output" jobname"("jobno") print("jobname")"
          opt.k = '*** SAVED ***'
        end
        when (opt.k = d) then do
          "output" jobname"("jobno") delete"
          opt.k = '*** DELETED ***'
        end
        otherwise opt.k = '*** 'opt.k' ist ungueltig ***'
      end
      interpret opt||k '=  opt.k'
    end
  end
end
exit
error:
retcode = rc
if retcode = 8 then exit
else do
  say 'Return Code:' retcode
  pull
  exit
end
```

Wenn man den Panel-Aufruf im ISPF mit F3 beendet, so endet diese Funktion mit dem Return Code 8, deshalb also die Instruktion SIGNAL ON ERROR mit dem ERROR-Exit, um die Prozedur zu beenden.

Wir wollen die Prozedur jetzt aufrufen und uns vorher mit dem STATUS-Command (zur Kontrolle) den Status aller unserer Jobs anzeigen lassen:

```
st
 IAT8969  JOB3419 ED1PS     P=09 OUTSERV(T)
 IAT8969  JOB3420 ED1NAMES  P=09 OUTSERV(P,T)
 IAT8969  JOB3421 ED1HSM    P=09 OUTSERV(T)
```

```
 IAT8969   JOB3427 ED1START   P=09 OUTSERV(W,T)
 IAT8969   JOB3428 ED1ALC     P=09 OUTSERV(P)
 IAT8969   JOB3429 ED1ALC1    P=09 OUTSERV(T)
 IAT8969   JOB3443 ED1ALC2    P=09 OUTSERV(W,T)
 IAT8969   JOB3445 ED1SEQ     P=09 MAIN(Q)
 IAT8969   JOB3455 ED1SORT    SORT     P=09 MAIN(O-SY1)
%outserv
```

```
---------- J O B S   I N   O U T S E R V ( T ) ---------------------

  Gueltige Optionen :

  B  -  BROWSE (Auflisten des Jobs)         Datum  :   01/03/16
  P  -  PRINT  (Drucken des Jobs)           Uhrzeit:   17:35
  D  -  DELETE (Loeschen des Jobs)
  S  -  SAVE   (Speichern des Jobs)

  JOBNR   JOBNAME       OPTION

  3419 ED1PS       ==> b_
  3420 ED1NAMES    ==>
  3421 ED1HSM      ==>
  3427 ED1START    ==>
  3429 ED1ALC1     ==>
  3443 ED1ALC2     ==>
```

Nach Eingabe der Option BROWSE für den ersten Job erscheint die Output-Liste im BROWSE-Mode auf dem Bildschirm.

```
 Browse - ED1.ED1PS.OUTLIST                          Line 000000 Col   001 080
 Command ===> _                                                   Scroll ===>
********************************* Top of Data ********************************
 IAT6140 JOB ORIGIN FROM GROUP=ANYLOCAL, DSP=IR , DEVICE=INTRDR  , 000
 17:19:24 IAT4401  LOCATE FOR STEP=PRINT     DD=SYSUT1    DSN=ED1.NAMEN.DATA
 17:19:24 IAT4402 UNIT=3380     ,VOL(S)=TSOE0A
 17:19:24 IAT5110 JOB 3419 (ED1PS    ) USES      D TSOE0A
 17:19:24 IAT5200 JOB 3419 (ED1PS    ) IN SETUP ON MAIN=SY2
 17:19:24 IAT5210 SYSUT1   USING D TSOE0A ON 258
 17:19:24 IAT2000 JOB 3419 ED1PS     SELECTED SY2       GRP=A
 17:19:25  ICH70001I ED1       LAST ACCESS AT 16:48:34 ON FRIDAY, MARCH 16, 200
 17:19:25  IEF403I ED1PS - STARTED - TIME=17.20.29
 17:19:26  UX31,03419 ED1PS     STEP(001)=PRINT        R C =X(0000)/     0
 17:19:26  IEF404I ED1PS - ENDED - TIME=17.20.30
 17:19:26  UX31,03419 ED1PS     ENDED     CPU TIME = 00:00:00.06  EXCPS=000002
 17:19:26 IAT5400 JOB 3419 (ED1PS    ) IN BREAKDOWN
//ED1PS    JOB (EDUC,04-37),TEUFFEL,NOTIFY=ED1,CLASS=C,TIME=(,30),      *
// MSGCLASS=Q
//PRINT    EXEC PGM=IEBPTPCH
//SYSPRINT DD SYSOUT=Q
//SYSUT1   DD DISP=SHR,DSN=ED1.NAMEN.DATA
//SYSUT2   DD SYSOUT=A
//SYSIN    DD *
/*
    1     //ED1PS    JOB (EDUC,04-37),TEUFFEL,NOTIFY=ED1,CLASS=C,TIME=(,30),
```

Mit F3 beendet man den BROWSE-Mode in gewohnter Weise und fährt mit der Ausführung der EXEC fort.

```
---------- J O B S   I N   O U T S E R V ( T ) ----------------------

  Gueltige Optionen :

  B  -  BROWSE (Auflisten des Jobs)        Datum  :   01/03/16
  P  -  PRINT  (Drucken des Jobs)          Uhrzeit:   17:37
  D  -  DELETE (Loeschen des Jobs)
  S  -  SAVE   (Speichern des Jobs)

  JOBNR   JOBNAME      OPTION

  3419 ED1PS      ==> *** BROWSED ***
  3420 ED1NAMES   ==> _
  3421 ED1HSM     ==>
  3427 ED1START   ==>
  3429 ED1ALC1    ==>
  3443 ED1ALC2    ==>
```

Die Ausführung der EXEC wird beendet, wenn keine weiteren Optionen mehr angegeben sind.

9.20 Zusammenfassung

Diese Zusammenfassung ist eigentlich mehr, sie enthält auch eine Anzahl von Funktionen und Commands, die im vorhergehenden Teil dieses Kapitels nicht besprochen worden sind. Der Funktionsreichtum in REXX ist so groß, daß eine Gesamtbeschreibung dieses TSO-Buch sprengen würde. Deshalb ist versucht worden, sich auf die wichtigsten Teile (zumindest aus der Sicht des Nicht-Super-Experten) zu konzentrieren. Der Leser, der in der Übersicht das eine oder andere Interessante findet, das bisher nicht erklärt wurde, möchte bitte in die entsprechenden Manuals sehen, um sich dort über Einzelheiten zu informieren. Dort ist auf fast 650 Seiten (das sind mehr als 37 Quadratmeter Papier) alles beschrieben, was das Herz des REXX-Freaks höher schlagen läßt.

Operatoren

Arithmetische Operatoren

+	Addition	/	Division
-	Subtraktion	%	Ganzzahlige Division
*	Multiplikation	//	Restbildung
**	Potenzieren		

Vergleichs-Operatoren

=	Gleich	==	Identisch
¬=	Ungleich (oder ><, <>)	¬==	Nicht identisch
<	Kleiner	<<	Echt kleiner
>	Größer	>>	Echt größer

<=	Kleiner oder gleich	<<=	Echt kleiner oder gleich
>=	Größer oder gleich	>>=	Echt größer oder gleich
¬>	Nicht größer	¬>>	Echt nicht größer
¬<	Nicht kleiner	¬<<	Echt nicht kleiner

Logische Operatoren

&	Und	|	Oder
¬	Negation	&&	Exklusives Oder

Als Negativ-Symbol sind bei allen Operatoren generell \ wie auch ¬ erlaubt.

Instruktionen

`ADDRESS [envir [expr]]`	EXEC-Umgebung
`ARG [template]`	Parameter-Übernahme
`CALL name`	Aufruf einer Unterprozedur
`DO - END`	Command-Folge

`DO expr TO expr BY expr`
`[WHILE logic expression]`
`[UNTIL logic expression]`
	Command-Schleife

`DROP var1 ... varn`	Wertlöschung von Variablen
`EXIT expr`	Beendigung einer Prozedur
`IF logic expression THEN [action]` `[ELSE [action]]`	Test von Bedingung
`INTERPRET expr`	Ausführung einer Instruktion
`ITERATE [name]`	Ablaufkontrolle von DO
`LEAVE [name]`	Beenden von DO
`NOP`	Null-Instruktion
`NUMERIC DIGITS [expr]`	Genauigkeit bei Berechung

`NUMERIC FORM`
`[SCIENTIFIC ∣ ENGINEERING]`
`[expr]`
	Darstellung von Zahlen

`NUMERIC FUZZ [expr]`	Genauigkeit bei Vergleich
`OPTIONS expr`	Parameter für Language Processor

`PARSE [UPPER]`
`[ARG ∣ EXTERNAL ∣ NUMERIC ∣`
`PULL ∣ SOURCE ∣ VAR name ∣`
`VALUE[expr] with ∣ VERSION]`
`[template]`
	Datenzuordnung

`PROCEDURE [EXPOSE name]`	Schutz von Variablen
`PULL var1 ... varn`	Lesen vom Stack oder Bildschirm

`PUSH [expr]`	Schreiben auf den Stack
`QUEUE [expr]`	Schreiben unter den Stack
`RETURN [expr]`	Rücksprung
`SAY [expr]`	Schreiben auf den Bildschirm
`SELECT - WHEN - OTHERWISE - END`	Test von Bedingungen
`SIGNAL [ON | OFF] [ERROR | FAILURE |HALT] [NOVALUE | SYNTAX] [NAME name]`	Ausnahme-Bedingung
`TRACE [? | &]`	TRACE-Modus
`UPPER var1 ... varn`	Konvertierung zu Großbuchstaben

Built-In-Funktionen

Arithmetische Funktionen

`ABS(number)`	Absolutwert einer Zahl
`DIGITS()`	Wert von NUMERIC DIGITS
`FORM()`	Wert von NUMERIC FORM
`FUZZ()`	Wert von NUMERIC FUZZ
`MAX(number[,number]..)`	Maximum einer Zahlengruppe
`MIN(number[,number]..)`	Minimum einer Zahlengruppe
`RANDOM([min][,[max][,seed]])`	Zufallszahl
`SIGN(number)`	Vorzeichen (-1, 0,1)
`TRUNC(number[,n])`	Formatieren einer Zahl

Vergleichs-Funktionen

`COMPARE(str1,str2[,pad])`	Vergleich zweier Zeichenfolgen
`DATATYPE(str[,type])`	Feststellung des Datentypes
`SYMBOL(name)`	Überprüfung eines REXX-Symbols

Konvertierungs-Funktionen

`B2X(str)`	Bitfolge → Hex-Zahl
`C2D(str[,n])`	Zeichenfolge → Dez-Zahl
`C2X(str)`	Zeichenfolge → Hex-Zahl
`D2C(whole-number[,n])`	Dez-Zahl → Zeichenfolge
`D2X(whole-number[,n])`	Dez-Zahl → Hex-Zahl
`X2B(hex-str)`	Hex-Zahl → Bitfolge
`X2C(hex-str)`	Hex-Zahl → Zeichenfolge
`X2D(hex-str[,n])`	Hex-Zahl → Dez-Zahl

Formatierungs-Funktionen

`CENTER(str,length[,pad])`	Zentrieren einer Zeichenfolge
`COPIES(str,n)`	Vervielfältigen einer Zeichenfolge
`FORMAT(num[,[bef][,[aft][,[expp][,expt]]]])`	Rundung und Formatierung einer Zahl
`JUSTIFY(str,length[,pad])`	Formatieren einer Zeichenfolge
`LEFT(str,length[pad])`	Linksbündige Teilfolge
`RIGHT(str,length[,pad])`	Rechtsbündige Teilfolge
`SPACE(str[,[n][,pad]])`	Formatieren einer Zeichenfolge

Zeichenfolgen-Bearbeitung

`ABBREV(info,info[,length])`	Überprüfung einer Abkürzung
`DELSTR(str,n[,length])`	Löschen einer Teil-Zeichenfolge
`DELWORD(str,n[,length])`	Löschen von Wörtern in Zeichenfolge
`FIND(str,phrase)`	Suchen einer Zeichenfolge
`INDEX(haystack,needle[,start])`	Suchen einer Zeichenfolge
`INSERT(new,target[,[n][,[length][,pad]]])`	Einfügen einer Zeichenfolge
`LASTPOS(needle,haystack[,start])`	Letzte Position in einer Zeichenfolge
`LENGTH(str)`	Länge einer Zeichenfolge
`OVERLAY(new,target[,[n][,[length][,pad]]])`	Überlagerung einer Zeichenfolge
`POS(needle,haystack[,start])`	Suchen einer Zeichenfolge
`REVERSE(str)`	Umkehren einer Zeichenfolge
`STRIP(str[,[option][,char]])`	Verkürzen einer Zeichenfolge
`SUBSTR(str,n[,[length][,pad]])`	Teil-Zeichenfolge
`SUBWORD(str,n[,length])`	Teilfolge einer Wortfolge
`TRANSLATE(str[,[tableo][,[tablei][,pad]]])`	Übersetzung einer Zeichenfolge
`VERIFY(str,reference[,[option][,start]])`	Überprüfen einer Zeichenfolge
`WORD(str,n)`	Auswahl eines Wortes aus Zeichenfolge
`WORDINDEX(str,n)`	Position eines Wortes in Zeichenfolge
`WORDLENGTH(str,n)`	Länge eines Wortes in Zeichenfolge
`WORDPOS(phrase,str[,start])`	Position eines Wortes in Wortfolge
`WORDS(str)`	Zahl der Wörter in Zeichenfolge

Diverses

`ADDRESS()`	Ausführungsumgebung für Commands

`ARG([n[,option]])`	Information über Parameter
`BITAND(str1[,[str2][,pad]])`	UND-Verknüpfung zweier Bit-Folgen
`BITOR(str1[,[str2][,pad]])`	ODER-Verknüpfung zweier Bit-Folgen
`BITXOR(str1[,[str2][,pad]])`	EXKL ODER-Verkn. zweier Bit-Folgen
`CONDITION([option])`	Anzeige einer Fehlerbedingung
`DATE([option])`	Datum
`ERRORTEXT(n)`	Anzeigen einer Fehlermeldung
`EXTERNALS()`	0 (Nur in VM von Bedeutung)
`LINESIZE()`	Zeilenlänge des Terminals - 1
`QUEUED()`	Zeilenzahl im Stack
`SOURCELINE([n])`	n-ter Record in der EXEC
`TIME([option])`	Zeit
`TRACE([option])`	Anzeige der gültigen Trace-Aktionen
`USERID()`	TSO-Userid
`VALUE(name)`	Wert eines Symbols
`XRANGE([start][,end])`	Zeichenfolge innerhalb eines Bereiches

TSO/E-Funktionen

`LISTDSI`	Dataset-Information
`MSG([ON | OFF])`	Anzeigen von Messages
`MVSVAR(argname)`	Information über MVS-System
`OUTTRAP(OFF|var)`	Speichern von TSO-Ausgabe
`PROMPT([ON] | [OFF])`	Prompting von TSO-Commands
`STORAGE(addr[,length][,data])`	Speicher-Zugriff
`SYSCPUS(argname)`	CPU-Information
`SYSDSN(dsname)`	Dataset-Information
`SYSVAR(argname)`	System-Variablen

SYSVAR hat die folgenden Argumente:

- **Bildschirm**

`SYSWTERM`	Spaltenzahl des Bildschirms
`SYSLTERM`	Zeilenzahl des Bildschirms

- **Benutzer**

`SYSUID`	Userid
`SYSPREF`	Dataset-Prefix
`SYSPROC`	Logon-Prozedur

- **System**

SYSCPU	Für die Session benötigte CPU-Zeit
SYSSRV	Für die Session benötigten Service Units
SYSHSM	Angabe der HSM-Version
SYSRACF	RACF: (NOT) AVAILABLE - (NOT) INSTALLED
SYSLRACF	Angabe der RACF-Version
SYSTSOE	Angabe der TSOE-Version

- **EXEC**

SYSICMD	EXEC-Name
SYSPCMD	Command-Name
SYSSCMD	Subcommand-Name
SYSNEST	YES - NO
SYSENV	BACK - FORE
SYSISPF	ISPF: ACTIVE - NOT ACTIVE

REXX-Commands

DELSTACK	Löschen eines Stacks
DROPBUF [n]	Entfernen eines Stack-Buffers
EXECIO n DISKR | DISKW | DISKRU ddname (opt	Lesen und Schreiben eines Datasets
EXECUTIL TS | TE | HT | RT | HI	Ausführungskontrolle
HE	Unterbrechen der Prozedur
HI	Abbrechen der Prozedur
HT	Unterdrücken der Bildschirm-Ausgabe
MAKEBUF	Definieren eines Stack-Buffers
NEWSTACK	Definieren eines neuen Stacks
QBUF	Zahl der Stack-Buffer
QELEM	Zahl der Stack-Elemente
QSTACK	Zahl der Stacks
RT	Fortsetzung der Bildschirm-Ausgabe
SUBCOM env	Abfrage der Ausführungsumgebung
TE	Beenden des TRACE-Modes
TS	Starten des TRACE-Modes

ISPF-Interface

- Der Panel-Dataset wird als ISPPLIB zugeordnet.
- In den Panels gibt es verschiedene Steuerzeichen, beispielsweise

%	Ausgabe-Feld (intensiv)
+	Ausgabe-Feld (normal)
_	Eingabe-Feld (sichtbar)

- Es stehen unter anderem die folgenden ISPF-Funktionen zur Verfügung:

`ADDRESS ISPEXEC "DISPLAY PANEL(panel)"`	Panel-Anzeige
`ADDRESS ISPEXEC "VIEW DATASET(dsname)"`	Dataset-Anzeige
`ADDRESS ISPEXEC "BROWSE DATASET(dsname)"`	Dataset-Anzeige
`ADDRESS ISPEXEC "EDIT DATASET(dsname)"`	Dataset-Editing

- Aufruf einer EXEC außerhalb der ISPF-Umgebung

```
ISPSTART CMD(%execname)
```

10.0 Vergleich CLIST - REXX

- Worin unterscheiden sich die CLIST und die EXEC?

  Wenn wir schon nicht verstehen, warum sie so unterschiedlich sind, wollen wir wenigstens verstehen, welches die Unterschiede sind.

- Variablen und Funktionen - fast gleich und doch anders

  Vieles ist vergleichbar, aber doch nicht gleich, wir müssen da sehr genau sein.

- Welcher Variante geben wir den Vorzug?

  REXX ist die universellere und mächtigere Sprache, ihr gehört die Zukunft.

In diesem Kapitel wollen wir uns die Aufgabe stellen, beide Sprachen

- CLIST (Command Prozedur)
- REXX EXEC

miteinander zu vergleichen. Dabei wird dieser Vergleich aus der Sicht des CLIST-Benutzers vorgenommen, denn mit REXX kommt etwas Neues in die TSO-Welt. Allerdings ist diese Blickrichtung für viele Fragen irrelevant, so daß durchaus auch ein im TSO neuer Benutzer, der bereits REXX-Kenntnisse mitbringt, die er etwa in VM aufgebaut hat, die folgenden Ausführungen zum Lernen der CLIST-Sprache nutzen kann.

In beiden Sprachen gibt es viele Funktionen, die gleich sind - da lacht des Herz des Computer-Freaks. Oder fast gleich - oder besser gesagt: gleichnamig, aber anders. Wer ist jetzt verwirrt? Beispiele gefällig?

Beide Sprachen haben eine Reihe von Built-in-Funktionen mit gleichem Namen - wenn man davon absieht, daß sie in CLISTs immer mit einem & beginnen - und gleicher Bedeutung, wir sehen uns die SUBSTR-Funktion an:

```
CLIST:   &SUBSTR(anfang:ende,string)
REXX :   SUBSTR(string,anfang,laenge)
```

Abgesehen von der Reihenfolge wird in einem Fall die Teilfolge durch ANFANG und ENDE definiert, im anderen Fall durch ANFANG und LAENGE.

Zweites Beispiel:

```
CLIST:   &LENGTH('ABCDE')
REXX :   LENGTH('ABCDE')
```

Das sieht durch gleich aus - na also. Aber: es kommen unterschiedliche Ergebnisse dabei raus. Wir wissen von CLISTs, daß das Hochkomma ein ganz normales Zeichen ist, also erhalten wir dort das Ergebnis

```
&LENGTH('ABCDE')              : 7
```

In REXX wird das Hochkomma als Begrenzung einer Zeichenfolge interpretiert, somit ergibt sich

```
LENGTH('ABCDE')               : 5
```

Verwirrung? Drittes Beispiel:

```
CLIST:   SET X = 3
REXX :   X = 3
```

Die Wertzuordnung für Variablen ist in REXX einfacher, da man keine SET-Funktion benötigt. Das Ergebnis ist - gleich! In beiden Fällen hat X den Wert 3: unser erstes großes Erfolgserlebnis.

Doch jetzt heißt es erst einmal: STOP. Wir wollen uns nicht verwirren lassen, sondern die Unterschiede vorstellen. Aber warum ist vieles gleich oder ähnlich, aber anders?

Früher hätte man gesagt, das machen wir, um die Russen zu verwirren, aber heute???? Also, Spaß beiseite, der Ernst des Lebens beginnt:

10.1 Allgemeiner Aufbau

EXECs werden genauso wie CLISTs als Members in einem Partitional Dataset gespeichert, dessen Name typischerweise EXEC also letzten Qualifier hat, sie können sowohl *explizit*

```
exec cmdproc(myexec) 'parm1 parm2' exec
```

durch den EXEC-Command mit dem EXEC-Parameter wie auch *implizit*

```
%myexec parm1 parm2
```

aufgerufen werden, sofern der Dataset dem System als SYSEXEC bekannt gemacht wurde, in diesem Beispiel ED1.CMDPROC.EXEC:

```
alloc dd(sysexec) dsn(cmdproc.exec) shr
```

Ansonsten gelten hier dieselben Spielregeln wie bei CLISTs.

Wir haben in beiden Sprachen ein freies Format für die Statements, REXX bietet zusätzlich die Möglichkeit, mehrere Statements in einer Zeile zu haben:

```
x=3;y=4;z=5
```

An diesem Beispiel erkennen wir auch, daß in REXX Kleinschreibung erlaubt ist, in CLIST muß ja außer Text-Zeichenfolgen alles in Großbuchstaben geschrieben werden.

Will man ein Statement über zwei Zeilen fortsetzen, so ist das unterschiedlich:

```
CLIST:    IF &X = 3 | -
            &Y = 4 THEN DO
REXX :    if x = 3 | ,
            y = 4 then do
```

Das Komma löst also den Strich als Fortsetzungszeichen ab.

Kommentare werden in beiden Sprachen durch die üblichen Zeichenfolgen /* bzw. */ begrenzt, mit dem Unterschied, daß bei CLISTs ein Kommentar automatisch am Ende eines Records aufhört, auch wenn kein */ den Abschluß anzeigt, während in REXX der Abschluß durch */ zwingend vorgeschrieben ist.

Generell gilt, daß die erste Zeile einer EXEC immer ein Kommentar sein muß, der das Wort REXX enthält. Das gibt dem System die Möglichkeit, zwischen einer CLIST und einer EXEC zu unterschieden.

10.2 Variablen und Statements

Die Entwickler von REXX hatten offensichtlich eine Aversion gegen das &-Zeichen. Dieses Zeichen, das wir in CLISTs so gern und häufig benutzen, kommt in REXX fast nirgends mehr vor (Ausnahme: UND-Operator), und damit wird manches einfacher. Wir haben das auch schon an einigen Beispielen gesehen.

Bei der Wahl der Variablennamen ist in REXX der Zeichenvorrat etwas größer:

```
CLIST:  A-Z a-z _ # $ @ 0-9
REXX :  A-Z a-z _ # $ @ ¢ . ! ? 0-9
```

Auch der Wertebereich ist größer geworden, CLIST-Variablen können als Wert entweder ganze Zahlen oder Zeichenfolgen haben, in REXX gibt es mehr Möglichkeiten:

Statement	*CLIST-Ergebnis*	*REXX-Ergebnis*
(SET) A = 5	A : 5	A : 5
(SET) B = -5.73	B : -5.73	B : -5.73
(SET) C = 3.9E6	C : 3.9E6	C : 390000
(SET) D = text1	D : TEXT1	D : TEXT1
(SET) E = 'text2'	E : 'TEXT2'	E : text2
(SET) F = "Text2"	F : "TEXT2"	F : Text2
(SET) G = 'ABCD'x	G : 'ABCD'X	G : Hex-Zahl ABCD
(SET) H = '1 d8'x	H : '1 D8'X	H : Hex-Zahl 01D8

In der CLIST sind außer der Variablen A alle anderen Variablen Zeichenfolgen (einschließlich der Hochkommas), die automatisch zu Großbuchstaben umgesetzt werden, falls man das nicht durch CONTROL NOCAPS ausgeschlossen hat.

In REXX haben die Variablen A, B und C einen numerischen Wert erhalten, während D, E und F jeweils eine Zeichenfolge zugeordnet wurde. Bei der Darstellung für C handelt es sich um die sogenannte Exponentialdarstellung, die in diesem Beispiel mit dem Wert $3.9 * 10^6$ identisch ist. Bei Zeichenfolgen ist zu beachten, daß sie zu Großbuchstaben konvertiert werden, sofern sie nicht durch einfache oder doppelte Hochkommas (und diese beiden Schreibweisen sind gleich) eingeschlossen sind. Bei G und H handelt es sich um hexadezimale Zeichenfolgen, wir sehen, daß durchaus unterschiedliche Darstellungen erlaubt sind.

Ganz allgemein gilt für alle Variablen, daß ihr Wert aus ihrem zu Großbuchstaben konvertierten Namen besteht, falls ihnen kein anderer Wert zugeordnet wurde. Es kann somit innerhalb einer EXEC nicht vorkommen, daß wegen einer unbekannten (nicht definierten) Variablen eine Fehlermeldung erscheint, sofern man das nicht explizit angibt - Näheres dazu später.

In welcher Form sich Zusammensetzungen von Variablen und Zeichenfolgen unterscheiden, kann man an diesem Beispiel erkennen. Dabei sei CONTROL NOCAPS in der CLIST vorausgesetzt:

CLIST-Statement	*REXX-Statement*	*Ergebnis*
SET A = Zusammen	A = 'Zusammen'	A : Zusammen
SET B = ung	B = 'ung'	B : ung
SET C = &A.setz&B	C = a||'setz'||b	C : Zusammensetzung
	D = a'setz'b	D : Zusammensetzung

Es sollte vielleicht noch erwährt werden, daß der Leser, dem der eine oder andere Vergleich zu knapp ausfällt, sich durchaus nicht scheuen sollte, auf die eventuelle etwas ausführlichere Beschreibung des entsprechenden Themas im vorigen Kapitel zurückzugreifen.

Bei der Gestaltung und Struktur von Variablen, etwa dem Aufbau von Vektoren, hat man es in REXX einfacher, es gibt zusammengesetzten Namen. Unser anfängliches Beispiel mit der Namensliste hatte die Variablen NAME1, NAME2 und NAME3, die wir durch

```
NAME&I
```

dargestellt haben. In REXX heißt das jetzt

```
name.i
```

wobei sich der Variablenname auch aus mehreren Teilen zusammensetzen kann. Die erste Komponente einer solchen Struktur - man verwendet hier die Bezeichnung STEM (Stamm) - kann man auch einzeln ansprechen und ihr einen Wert zuordnen:

```
x. = 'Text'
```

Damit haben alle Variablen, deren Name zu dieser Struktur gehört, diesen Wert bekommen, falls ihnen nicht expliziert, wie in obigem Beispiel etwa X.1 und X.2, ein anderer Wert zugeordnet wird. Man kann damit beispielsweise eine gesamte Datenstruktur initialisieren.

Mit der DROP-Instruktion werden die Werte von Variablen gelöscht, so daß sie auf ihren Namen referieren:

```
drop a
drop x.
```

Im zweiten Fall werden wieder alle Variablen derselben Struktur angesprochen.

Bildschirm-Dialog

Die Instruktionen READ and WRITE gehen in PULL und SAY über, ein Äquivalent zum WRITENR gibt es in REXX nicht.

Unterschiede READ/PULL:

```
CLIST:  READ A B C
REXX :  pull a b c
```

- In beiden Fällen wird Text-Eingabe zu Großbuchstaben konvertiert, das kann man durch folgende Angaben vermeiden:

  ```
  CLIST:  CONTROL CONLIST
  REXX :  parse pull ...
  ```

- Werden mehr als drei Werte eingegeben, beispielsweise

  ```
  Das ist ein langer Satz
  ```

  so ergibt sich folgende Zuordnung:

  ```
  CLIST:   A: DAS       B: IST       C: EIN
  REXX :   A: DAS       B: IST       C: EIN LANGER SATZ
  ```

- In der CLIST werden die zusätzlichen Werte ignoriert, in der EXEC werden sie der letzten Variablen zugeordnet. Das läßt sich dadurch vermeiden, daß man PULL durch einen Punkt abschließt:

  ```
  REXX :   pull a b c.
  ```

Ablaufkontrolle

Hier gibt es glücklicherweise keine großen Unterschiede, die Funktionszusammenfassung durch

```
DO - END
```

ist gleich, und auch der Aufbau einer Schleife durch

```
DO WHILE
DO UNTIL
```

Iteratives `DO`

unterscheidet sich nicht. In REXX gibt es noch die Variante

```
DO FOREVER
```

zur Definition einer Endlos-Schleife, die man durch eine interne Abfrage, etwa über

```
IF - THEN - ELSE
```

steuern und mit

```
LEAVE
```

verlassen kann.

In diesem Zusammenhang sei noch erwähnt, daß es ein direktes Gegenstück zum GOTO-Statement nicht gibt. REXX kennt zwar die SIGNAL-Instruktion, die aber mehr zur Behandlung von Ausnahme-Situationen (Fehlerfall) genommen wird, um an einer bestimmten Adresse mit der Ausführung fortzufahren.

Die Ablaufkontrolle in einer Prozedur durch GOTO durchzuführen widerspricht modernen Programmiertechniken, und das ist der Grund, weshalb man ein GOTO nicht in REXX direkt implementiert hat.

Damit haben wir schon einmal die Herausforderung, die kommenden Übungsaufgaben, die in diesem Kapitel im wesentlichen in der Übertragung der CLIST-Prozeduren in REXX-Prozeduren bestehen werden, ohne ein GOTO zu lösen - und das wird sich als nicht sonderlich schwierig herausstellen.

Last - but not least: Das SELECT-Statement unterscheidet sich etwas, wir können das an folgendem Beispiel erkennen:

CLIST-Implementierung

```
WRITENR STADT
READ STADT
SELECT &STADT
  WHEN (MUENCHEN) SET X = SUED
  WHEN (KOELN) SET X = WEST
  WHEN (BERLIN | HAMBURG) SET X = NORD
OTHERWISE SET X = NO
END
IF &X = NO THEN WRITE &STADT IST KEINE DEUTSCHE MILLIONENSTADT
ELSE WRITE &STADT IST EINE &X.DEUTSCHE MILLIONENSTADT
```

REXX-Implementierung

```
/**** REXX ***********************************/
/* EXEC zum Millionenstadt-Test              */
/*******************************************/
say 'Stadt:'
pull stadt
select
  when (stadt = MUENCHEN) then x = 'sued'
  when (stadt = KOELN) then x = 'west'
  when (stadt = BERLIN | stadt = HAMBURG) then x = 'nord'
  otherwise x = NO
end
if x = NO then say stadt 'ist keine deutsche Millionenstadt'
else say stadt 'ist eine' x'deutsche Millionenstadt'
```

10.3 Operatoren

Bei den *arithmetischen* Operatoren gibt es bei der Division einen Unterschied, da wir in EXECs nicht auf ganzzahlige Arithmetik beschränkt sind. Die Übertragung der Prozedur TEILEN in die REXX-Sprache veranschaulicht dies. Standardmäßig werden Zahlen in einer Genauigkeit von 9 Ziffern berechnet und dargestellt. Will man davon abweichen, so gibt es dafür die NUMERIC DIGITS-Funktion:

```
/**** REXX ***********************************/
/*    EXEC zum Dividieren zweier Zahlen      */
/*******************************************/
say 'Wieviel Stellen sollen berechnet werden: '
pull s
numeric digits s
say 'Zaehler :'
pull z
say 'Nenner :'
pull n
if n = 0 then say 'Division durch 0 ist nicht erlaubt'
else do
  say z 'geteilt durch' n 'ist' z/n
  say 'oder'
  say z 'geteilt durch' n 'ist' z%n 'Rest' z//n
end
```

Die Ausführung sieht folgendermaßen aus:

```
%teilen
 Wieviel Stellen sollen berechnet werden:
3
 Zaehler :
20
 Nenner :
7
 20 geteilt durch 7 ist 2.86
 oder
 20 geteilt durch 7 ist 2 Rest 6
```

Während durch NUMERIC DIGITS die Genauigkeit festgelegt wird, mit der gerechnet wird, hat man noch zum Formatieren die FORMAT-Funktion

`FORMAT(num[,[bef][,[aft][,[expp][,expt]]]])` Rundung/Formatierung einer Zahl

Hier kann man die Zahl der Stellen vor und nach dem Komma (mit entsprechender Rundung) angeben

```
Statement              Ergebnis

format(3,4)            '   3'
format(1.73,4,3)       '   1.730'
format(-.76,4,1)       '  -0.8'
```

Wir erkennen, daß in jedem der drei Beispiele 4 Stellen vor dem Komma erstellt worden sind. Die *Vergleichs*-Operatoren werden noch durch

`==`	Identisch
`¬==    oder \==`	Nicht identisch

ergänzt. Der Unterschied zwischen GLEICH (=) und IDENTISCH (==) liegt darin, daß bei ersterem führende Leerzeichen, Nullen usw. innerhalb der zu vergleichenden Zeichenfolgen ignoriert werden, während anderenfalls wirklich eine Identität innerhalb aller Zeichen geprüft wird.

Als Negativ-Symbol sind sowohl \ wie auch ¬ erlaubt, jeder kann das nach seinem persönlichen Geschmack wählen.

Die Gruppe der *logischen* Operatoren ist der Unterschied beim UND-Operator zu beachten:

```
CLIST:  &&   oder   AND
REXX :  &
```

Darüber hinaus gibt es in REXX noch die Operatoren

```
&&   Exklusives Oder
\    Negation
```

auf, wobei das Ergebnis einer EXKLUSIV ODER-Operation RICHTIG ist, falls *genau eine* Bedingung RICHTIG ist.

Abschließend ist zu bemerken, daß eine Darstellung der Operatoren durch Buchstaben (z.B. NE, EQ, oder AND) nicht möglich ist, lediglich die symbolische Darstellung ist erlaubt.

10.4 System-Variablen

Die meisten der in der CLIST zur Verfügung stehenden System-Variablen gibt es auch in der EXEC, allerdings mit dem Unterschied, daß sie als Argument der SYSVAR-Funktion aufgerufen werden:

CLIST	*REXX*
&SYSWTERM	SYSVAR(SYSWTERM)
&SYSLTERM	SYSVAR(SYSLTERM)
&SYSUID	SYSVAR(SYSUID)
&SYSPREF	SYSVAR(SYSPREF)
&SYSPROC	SYSVAR(SYSPROC)
&SYSCPU	SYSVAR(SYSCPU)
&SYSSRV	SYSVAR(SYSSRV)
&SYSHSM	SYSVAR(SYSHSM)
&SYSLRACF	SYSVAR(SYSLRACF)
&SYSTSOE	SYSVAR(SYSTSOE)
&SYSISPF	SYSVAR(SYSISPF)
&SYSRACF	SYSVAR(SYSRACF)
&SYSICMD	SYSVAR(SYSICMD)
&SYSPCMD	SYSVAR(SYSPCMD)
&SYSSCMD	SYSVAR(SYSSCMD)
&SYSNEST	SYSVAR(SYSNEST)
&SYSENV	SYSVAR(SYSENV)

Für einige Variablen gibt es ein Äquivalent:

&SYSDATE	DATE(USA)
&SYSSDATE	DATE(ORDERED)
&SYSJDATE	DATE(JULIAN)
&SYSTIME	TIME()
&SYSSTIME	SUBSTR(TIME(),1,5)
&SYSOUTTRAP	OUTTRAP(..)
&SYSOUTLINE	OUTTRAP-Variable
&LASTCC	RC
&SYSSYMLIST	TRACE
&SYSCONLIST	TRACE
&SYSLIST	TRACE
&SYSMSG	MSG(..)
&SYSPROMPT	PROMPT(..)

Die restlichen Variablen sind in REXX nicht vorhanden:

&SYSSCAN	-
&SYSASIS	-
&SYSFLUSH	-
&SYSDLM	-
&SYSDVAL	-
&MAXCC	-

10.5 Built-in-Funktionen

Die Zahl der Built-in-Funktionen ist in REXX so groß, daß eine Erklärung den Rahmen dieses Buches sprengen würde, darum sei auf eine Übersicht im Kapitel *9.7 Built-in-Funktionen* verwiesen. Hier sollen lediglich diejenigen Funktionen aufgelistet werden, die es entweder in der CLIST-Sprache auch gibt oder die in den Beispielen des Kapitels *9. REXX* angesprochen wurden.

Folgende Funktionen sind gleichnamig und gleichwertig, unterscheiden sich allerdings teilweise in ihren Parametern:

`&SUBSTR(expr[:expr],string)`	`SUBSTR(str,n[,[length][,pad]])`
`&DATATYPE(expression)`	`DATATYPE(str[,type])`
`&LENGTH(expression)`	`LENGTH(str)`
`&SYSINDEX(str1,str2[,start])`	`INDEX(haystack,needle[,start])`
`&SYSDSN(dsname[(member)])`	`SYSDSN(dsname[(member)])`

Anmerkung: SYSDSN ist allerdings keine Built-in-, sondern eine TSO/E-Funktion, aber das macht keinen Unterschied.

Bei diesen Funktionen gibt es ein funktionelles Äquivalent:

`&STR(string)`	`'string'`
`&SYSCAPS(string)`	`UPPERvar1...varn`

Die folgenden drei Funktionen werden in REXX nicht benötigt, da sie sich entweder mit dem & beschäftigen oder eine Berechnung ausführen, die in REXX automatisch gemacht wird.

`&EVAL(expression)`	Arithmetische Berechnung
`&NRSTR(string)`	Bewahrung des doppelten &
`&SYSNSUB(level,expr)`	Begrenzung einer symbol. Substitution

Lediglich für

`&SYSLC(string)`	Übersetzung in Kleinbuchstaben

gibt es in REXX keine entsprechende Funktion. Es gibt zwar eine generelle TRANSLATE-Funktion, die aber etwas aufwendiger zu benutzen ist.

Die folgenden Built-in-Funktionen von REXX sind im Kapitel *9. REXX* in einzelnen Beispielen angesprochen worden, viele von ihnen werden auch in den folgenden Übungsaufgaben benutzt.

`FORMAT(num[,[bef][,[aft][,[expp][,expt]]]])`	Rundung und Formatierung einer Zahl
`LEFT(str,length[pad])`	Linksbündige Teilfolge
`RIGHT(str,length[,pad])`	Rechtsbündige Teilfolge
`ABBREV(info,info[,length])`	Überprüfung einer Abkürzung

`INSERT(new,target[,[n][,[length][,pad]]])`	Einfügen einer Zeichenfolge
`OVERLAY(new,target[,[n][,[length][,pad]]])`	Überlagerung einer Zeichenfolge
`STRIP(str[,[option][,char]])`	Verkürzen einer Zeichenfolge
`WORD(str,n)`	Auswahl eines Wortes aus Zeichenfolge
`WORDPOS(phrase,str[,start])`	Position eines Wortes in Wortfolge
`WORDS(str)`	Zahl der Wörter in Zeichenfolge
`ARG([n[,option]])`	Information über Parameter
`DATE([option])`	Datum
`ERRORTEXT(n)`	Anzeigen einer Fehlermeldung
`QUEUED()`	Zeilenzahl im Stack
`SOURCELINE([n])`	n-ter Record in der EXEC
`TIME([option])`	Zeit
`USERID()`	TSO-Userid

10.6 Testmöglichkeiten

In Command Prozeduren hat man mit

```
CONTROL CONLIST SYMLIST LIST
```

die Möglichkeit verschiedener Testarten. In REXX gibt es die TRACE-Funktion. Sie ist im Kapitel *9.7 Testmöglichkeiten* ausführlich beschrieben.

Sorry für das Zurückblättern, aber es macht doch wohl keinen Sinn, alles zweimal zu schreiben.

10.7 Übungsaufgaben

1. Es ist ein EXEC-Dataset anzulegen und so zu definieren, daß alle EXECs implizit aufgerufen werden können.
2. Die CLIST NAMEN (s. *Absatz 8.5*) ist als EXEC zu schreiben.
3. Die EXEC INFO (s. *Absatz 9.7*) ist so zu ändern, daß bei der Datumsangabe der Monat und der Wochentag in deutscher Bezeichnung angegeben werden.

   In diesen Zusammenhang sollte man sich auch die Erklärung zur TIME- und DATE-Funktion ansehen.
4. Übertragung der CLIST WANN (s. *Absatz 8.9*) in die EXEC-Sprache.
5. Auch die OSTERN-CLIST (s. *Absatz 8.10*) sollte noch als EXEC geschrieben werden. Wenn der alte Gauß schon gewußt hätte, daß man in REXX nicht auf Restzahl-Rechnung bei Divisionen beschränkt ist, hätte er sich vielleicht noch eine einfachere Formel einfallen lassen.

10.8 Fehlerbehandlung

Die Fehlerbehandlung unterscheidet sich in beiden Sprachen recht deutlich. In CLISTs hat man eine ERROR-DO-Gruppe mit Instruktionen, die im Fehlerfall ausgeführt werden:

```
ERROR DO      <--+
 .               |
 .               |
 Instruktionen
 .
 .
END
 .
 .
 Instruktionen
 .
 .                ^
 .                |
 .                |
  Fehler        --+
 .
 .
```

In REXX wird die Situation über die SIGNAL-Instruktion gesteuert:

```
signal on error
 .
 .
 Instruktionen
 .
 .
  Fehler        --+
 .                |
 .                |
 .                V
 .
exit              |
error           <-+
 .
 .
 Instruktionen
 .
 .
```

Der Return Code wird über die Variablen

```
CLIST:   &LASTCC und &MAXCC
REXX :   rc
```

bereitgestellt.

In REXX gibt es außerdem noch die Variable SIGL, die die Zeilennummer des fehlerhaften Statements enthält, und die Built-in-Funktion ERRORTEXT.

Neben ERROR hat SIGNAL noch andere Varianten wie FAILURE und SYNTAX.

10.9 ATTN-Unterbrechung

Eine Unterbrechung durch Drücken der ATTN-Taste wird in der CLIST durch das ATTN-Statement (funktionell ähnlich dem ERROR-Statement) behandelt. In REXX läuft das über die Funktion SIGNAL ON HALT. Außerdem gibt es noch die Commands HE, HI, HT/RT und TS/TE, für Einzelheiten bitte in das Kapitel *9.13 ATTN-Unterbrechung* schauen.

10.10 Stack

Der STACK (Stapel) ist in REXX eine Speichermöglichkeit für Daten, die es in CLISTs nicht gibt. Er is ein interner - praktisch unbegrenzt großer - Speicher, den man für die verschiedensten Anwendungen benutzen kann. Es seien hier nur das Lesen und Schreiben von Dataset-Records oder die Datenübergabe zwischen Prozeduren und Commands genannt. Eine ausführliche Beschreibung ist im Absatz *9.14 STACK* zu finden.

10.11 TSO-Commands

In beiden Sprachen können TSO-Commands aufgerufen werden, der Unterschied liegt darin, daß man in REXX den Command in doppelte Hochkommas einschließen muß. Falls der Command Variablen enthält, so sind sie außerhalb der Hochkommas anzugeben:

```
CLIST:   ALLOC F(BEISPIEL) DA(TEST.DATA) SHR

         SET DSNAME = TEST.DATA
         ALLOC F(BEISPIEL) DA(&DSNAME) SHR

         ALLOC F(BEISPIEL) DA('ED3.TEST.DATA') SHR

REXX :   "alloc f(beispiel) da(test.data) shr"

         dsname = test.data
         "alloc f(beispiel) da("dsname") shr"

         "alloc f(beispiel) da('ed3.test.data') shr"
```

Kommunikation mit TSO-Commands, das heißt: wie bekommt man Ergebnisse oder Meldungen von Commands in die Prozedur zurück? In beiden Fällen wird dabei die OUTTRAP-Funktion benutzt. Wir sehen uns dazu das Beispiel mit dem STATUS-Command an:

```
CLIST:   SET &SYSOUTTRAP = 100
         STATUS
         SET &SYSOUTTRAP = 0
         DO I=1 TO &SYSOUTLINE
           SET LINE = &&SYSOUTLINE&I
           WRITE &LINE
         END

REXX :   x = outtrap(stat.)
         "status"
```

```
x = outtrap(OFF)
do i=1 to stat.0
  say stat.i
end
```

In CLISTs steuern wir die Speicherung der Ausgabezeilen durch entsprechende Werte der System-Variablen &SYSOUTTRAP, in REXX gibt es dafür die OUTTRAP-Funktion, die den Namen einer STEM-Variablen zum Starten und den Wert OFF zum Beenden des Speicherns als Operanden bekommt. Die Zahl der gespeicherten Zeilen erhält man über &SYSOUTLINE bzw. das Null-Element der STEM-Variablen. Die Zeilen selbst sind, wie aus obigem Beispiel ersichtlich, in den Variablen &SYSOUTLINEn bzw. in den angegebenen STEM-Variablen verfügbar.

Übungsaufgabe

Im CLIST-Kapitel gibt es zu diesem Thema eine TSOLOG-Prozedur als Beispiel, in der man beliebige TSO-Commands ausführen und ihre Ergebnisse in einem Dataset speichern kann.

Dabei wurden das TERMIN-Statement und die System-Variable &SYSDLM benutzt, um die CLIST temporär verlassen und TSO-Commands eingeben zu können. Ein Äquivalent dazu gibt es in REXX nicht. Die Aufgabe kann dadurch gelöst werden, daß man den Command durch PULL einliest und mit Hilfe der INTERPRET-Funktion zur Ausführung bringt:

```
pull command
interpret command
```

Also frisch ans Werk: Übertragung der TSOLOG-CLIST nach REXX. Die Lösung ist im Kapitel *9.17 Kommunikation mit TSO-Commands* zu finden.

10.12 Dataset-Verarbeitung

Wie in CLISTs kann man auch in EXECs Records aus einem Dataset lesen, schreiben und ändern. Allerdings hat man hier statt vier Funktionen nur eine, das vereinfacht das ganze Verfahren beträchtlich. Das Öffnen und Schließen des Datasets (OPENFILE und CLOSFILE) ist nicht notwendig, und Lesen und Schreiben geht mit einer Funktion:

`"EXECIO n DISKR filename (option"`	Lesen
`"EXECIO n DISKRU filename (option"`	Lesen und Schreiben
`"EXECIO n DISKW filename (option"`	Schreiben

Da es auf diesem Gebiet doch erhebliche Unterschiede zwischen CLISTs und EXECs gibt, kann nicht darauf verzichtet werden, auf die entsprechenden Ausführungen in den beiden vorhergehenden Kapiteln zurückzublättern und dort alles zu lesen. Eine Wiederholung der Beschreibung an dieser Stelle macht wegen deren Umfang keinen Sinn.

Übungsaufgabe

Im Kapitel *8.12 Dataset-Verarbeitung* wird in den beiden CLISTs AUSKUNFT und LISTE das Lesen und Schreiben von Datasets erklärt, in der dazugehörigen Übungsaufgabe soll eine CLIST UPDATE zum Ändern von Datasets geschrieben werden.

Wie lautet jetzt die Aufgabe? RICHTIG: diese drei CLISTs sollen nach REXX übertragen werden. Auf geht's.

10.13 Unterprozeduren und Funktionen

Unterprozeduren

In beiden Sprachen haben wir selbstverständlich die Möglichkeit, sowohl interne wie externe Unterprozeduren aufzurufen.

Externe Unterprozedur

```
CLIST:   %PROC2 parm1 .. parmn
REXX :   "%proc2" parm1 ...parmn
         call proc2 parm1 .. parmn
```

Interne Unterprozedur

```
CLIST:   SYSCALL PROC3 parm1 .. parmn
REXX :   call proc3 parm1 .. parmn
```

Die externe Unterprozedur kann, unter der Annahme, sie sei richtig zugeordnet, implizit aufgerufen werden. In REXX ist der Aufruf auch über CALL möglich, für die interne Unterprozedur hat man den Aufruf über SYSCALL bzw. CALL.

Wie geschieht nun die Datenübergabe zwischen den einzelnen Prozeduren? Generell kann man natürlich beim Aufruf der Prozedur immer Parameter mitgeben, aber wir wissen auch, daß es sich dabei um eine "Einbahnstraße" handelt. Will man einen echten Datenaustausch zwischen den Prozeduren ermöglichen, so hat man in beiden Sprachen dafür unterschiedliche Mechanismen.

CLIST

- *Globale* Variablen (definiert im GLOBAL-Statement über ihre Position) werden bei externen Prozeduren benutzt.
- Zum Datenaustausch mit einer internen Unterprozedur hat man *referierte* Variablen (SYSREF-Statement).
- Mehrere interne Prozeduren können gemeinsame *namentliche* Variablen haben: NGLOBAL-Statement.

REXX

- Externe Prozeduren bekommen ihre Daten als Parameter und geben Ergebnisse über das RETURN-Statement zurück, die rufende Prozedur erhält diese dann in der Variablen RESULT.
- Bei internen Prozeduren gelten alle Variablen sowohl für die äußere wie für die innere Prozedur und können demzufolge überall verarbeitet und geändert werden. Man hat mit dem PROCEDURE-Statement in der Unterprozedur allerdings die Möglichkeit, den Gültigkeitsbereich von Variablen auf diese zu beschränken.
- Darüber hinaus hat man in REXX noch den STACK zur Verfügung, in den eine Prozedur Daten hineinschreiben kann, um sie von anderen Prozeduren wieder lesen zu lassen, unabhängig davon, ob es sich um interne oder externe

Prozeduren handelt. Dazu muß aber sehr genau definiert werden, wer was in welcher Reihenfolge schreibt oder liest, sonst kann es leicht zu einem großen Durcheinander kommen.

Zum Format interner Unterprozeduren ist noch auf einen Unterschied hinzuweisen:

- In CLISTs beginnt die Unterprozedur mit dem PROC-Statement, das den Unterprozedur-Namen als Label hat:

  ```
  SUBIDX: PROC 3 ARG STRING POS
  ```

  Die Unterprozedur endet mit dem END-Statement, kann aber auch durch ein EXIT vorzeitig verlassen werden.

- In REXX hat man allein den Label, das den Beginn der Unterprozedur anzeigt, eventuell mit dem PROCEDURE-Statement, die eigentlichen Instruktionen folgen danach.

  ```
   .
   .
  exit
  subrtn: [procedure]
   .
   .
  Instruktionen
   .
   .
  ```

  Deshalb muß vor dem Label auch ein EXIT stehen, um das Ende der Haupt-Prozedur anzuzeigen.

  Abgeschlossen wird die Unterprozedur durch RETURN.

Funktionen

REXX bietet auch noch die Möglichkeit, Funktionen zu definieren. Sie unterscheiden sich in ihrer Definition von Unterprozeduren nur dadurch, daß sie mit dem RETURN-Statement einen Wert zurückgeben *müssen:*

```
return ergebnis
```

Dieses RETURN beendet auch die Unterprozedur, dort ist die Rückgabe eines Wertes allerdings nicht zwingend notwendig.

Im Aufruf einer Funktion liegt der Unterschied zur Unterprozedur darin, daß man

- die Parameter innerhalb von Klammern übergibt
- und direkt auf das Ergebnis zugreifen kann:

```
x=proc2(parm1...parmn)
say Das Ergebnis lautet' proc3(parm1...parmn)
```

Es sind sowohl interne wie externe Funktionen möglich.

Übungsaufgaben

Zu diesem Thema gibt es in beiden Sprachen unterschiedliche Übungsaufgaben.

- Der Leser, der sich neu in REXX einarbeitet, sollte die Prozedur PARMS schreiben, die die Definition von Keyword-Parametern in EXECs ermöglicht (s. *Absatz 9.16*)
- Die CLIST-Übung (s. *Absatz 8.13*) befaßt sich mit dem Erstellen einer INDEX-Unterprozedur.

Viel Spaß dabei !

10.14 ISPF-Interface

Beide Umgebungen bieten die Möglichkeit, mit ISPF-Panels und -Funktionen zu arbeiten, der Aufruf unterscheidet sich folgendermaßen:

```
CLIST:    ISPEXEC DISPLAY PANEL(OUTSERV)
          ISPEXEC VIEW DATASET(TEST.DATA)
          ISPEXEC BROWSE DATASET(TEST.DATA)
          ISPEXEC EDIT DATASET(TEST.DATA)

REXX :    address ispexec "DISPLAY PANEL(OUTSERV)"
          address ispexec "VIEW DATASET(TEST.DATA)"
          address ispexec "BROWSE DATASET(TEST.DATA)"
          address ispexec "EDIT DATASET(TEST.DATA)"
```

Übungsaufgabe

Als Beispiel für die Benutzung von ISPF-Funktionen gibt es im Kapitel *8.16 Abschlußbeispiel* eine CLIST OUTSERV, mit der man Job-Output-Verarbeitung ins ISPF integrieren kann. Wer jetzt noch Lust und Laune hat, kann sich diese CLIST vornehmen und sie in die REXX-Sprache übertragen.

10.15 Zusammenfassung

Da dieses Kapitel in kürzester Form die Unterschiede zwischen der CLIST- und der REXX-Sprache schildert, macht es eigentlich keinen Sinn, noch einmal alles zu wiederholen. Deshalb wird hier mit der Tradition der Zusammenfassung gebrochen - sie ist nicht notwendig.

Allerdings sollte doch abschließend die Frage gestellt werden:

Welches ist die bessere Sprache?

Wenn man *besser* im Sinne von gut oder schlecht versteht, gibt es darauf vermutlich keine befriedigende Antwort. Bezieht man die Frage allerdings mehr auf die Mächtigkeit oder Funktionalität, so erkennt man schnell, daß REXX wesentlich mehr Funktionen anbietet. Diese mögen für den in der Programmierung nicht so geübten TSO-Benutzer vielleicht anfangs nicht so relevant erscheinen, bieten aber dennoch enorme

Möglichkeiten, mit wachsender Programmiererfahrung, Übung und Praxis auch komplexere Funktionsabläufe mit REXX gut abbilden zu können.

Es gibt noch einen weiteren wesentlichen Vorteil von REXX gegenüber der CLIST, diesen erkennt man, wenn man einmal über den TSO-Tellerrand hinausblickt. Die CLIST gibt es nur in einer TSO-Umgebung - und ist damit für denjenigen, der nur im TSO arbeitet, ausreichend. REXX ist dagegen eine Sprache, die man auch außerhalb von TSO einsetzen kann. Wie bereits früher erwähnt, hat REXX seinen Ursprung im VM-Betriebssystem und wurde erst Jahre später im TSO zur Verfügung gestellt. Die Zukunft liegt allerdings, und wer wollte das bestreiten, auf der Workstation, und auch dort kann man REXX-Prozeduren erstellen und ausführen. Wenn man außerdem bedenkt, daß es auch REXX-Compiler gibt, durch die bei größeren und komplexeren Prozeduren deutliche Performance-Gewinne gegenüber der interpretativen Ausführung erzielt werden, so läßt das den Schluß zu, daß REXX die *strategische Sprache der Zukunft* ist.

11.0 Ausführung von Programmen

- Der CALL-Command zur Ausführung von Programmen im Foreground

  Dabei lernen wir kennen, wie man JCL-Statements in TSO-Commands umsetzt.

- Die STEPLIB im TSO

  Der TSOLIB-Command gibt uns die Möglichkeit, eine eigene STEPLIB für die TSO-Session zu definieren.

- Die TSO-Session im Background

  Ja, gibt's denn das - man kann TSO auch als Background-Session in einem Job zur Ausführung bringen.

Im Kapitel 5. *Job-Verarbeitung* haben wir die Möglichkeit kennengelernt, in einem Job ein oder mehrere Programme zur Ausführung zu bringen, wir erinnern uns vielleicht an IEBPTPCH zum Drucken und SORT zum Sortieren. Dazu mußten die entsprechenden JCL-Records erstellt werden, und mit SUBMIT konnte man den Job zur Ausführung bringen, das Ganze bezeichnet man bekanntlich als BACKGROUND-Verarbeitung. Im FOREGROUND haben wir bisher immer nur von Commands gesprochen und diese ausgeführt, und in diesem Zusammenhang taucht die Frage auf:

Was ist eigentlich der Unterschied zwischen einem Command und einem Programm?

Antwort von Radio Eriwan: Im Prinzip gibt es da keinen Unterschied, außer ......

Ein Command ist auch ein Programm, das allerdings einige spezielle Eigenschaften hat:

- Es ist intern so aufgebaut, daß es auf bestimmte interne Systeminformationen zugreifen kann, beispielsweise auf den Speicherplatz, der den Userid des TSO-Benutzers enthält.
- Es kann mittels spezieller Systemfunktionen auf Datasets zugreifen, ohne diese vorher über einen ALLOC-Command zugeordnet zu haben. Man spricht hier von dynamischer Zuordnung.
- Darüber hinaus kann man in Commands Positions- und Keyword-Parameter (ähnlich wie bei Command Prozeduren) definieren.
- Die Programme, die den TSO-Benutzern als Commands zur Verfügung stehen, müssen in Datasets gespeichert sein, die intern im System definiert sind oder über die LOGON-Prozedur mittels eines //STEPLIB-Records den Benutzern zugeordnet sind. Es gibt keine Möglichkeit, sich einen eigenen Dataset mit TSO-Commands (etwa in der Form, wie wir es bei Command Prozeduren kennengelernt haben) zu erstellen.

Nach diesem kurzem Überblick über TSO-Commands kommen wir wieder zur Ausführung von Programmen zurück.

11.1 CALL-Command

Mit dem CALL-Command kann man ein beliebiges Programm aufrufen.

```
Syntax -
   CALL     dsname(member) 'parm'

Notwendig - dsname, member oder beides

Defaults  - USERID.LOAD falls kein Dataset-Name,
            TEMPNAME falls kein Member angegeben wurde
```

Dabei ist der Name des Datasets, in dem das aufgerufene Programm als Member gespeichert ist, entsprechend der TSO-Namenkonvention anzugeben. Als letzter Qualifier ist LOAD üblich, so kann man beispielsweise das Programm

```
ARCHIVE
```

das im Dataset

```
ED1.PROGRAMM.LOAD
```

gespeichert ist, über

```
call programm(archive)
```

aufrufen. Will man Programme aus anderen Datasets ausführen, so ist der Dataset-Name komplett anzugeben:

```
call 'sys1.linklib(iebptpch)'
```

Außerdem kann man dem Programm Parameter übergeben, die innerhalb von Hochkommas angegeben werden.

Handelt es sich um Programme, die auf Daten zugreifen und diese verarbeiten sollen (also nicht etwa nur ein Programm, das Primzahlen berechnet und am Bildschirm anzeigt), so muß man dem Programm diese Daten zuordnen. Wir wissen, daß es dafür im Foreground den ALLOC-Command gibt. Während man diese Zuordnung im Background über die DD-Records macht, die dem EXEC-Record, der das Programm aufruft, folgen, so muß man im Foreground zuerst die ALLOC-Commands aufrufen, bevor man mit dem CALL-Command das Programm ausführen lassen kann.

Wir wollen uns das an einem Beispiel ansehen. Es gibt neben dem IEBPTPCH-Programm noch ein anderes Programm zum Drucken von Daten, das, speziell wenn es sich um sequentielle Datasets handelt, einfacher ist: IEBGENER. Dieses Programm wollen wir innerhalb einer CLIST aufrufen, um einen Dataset drucken zu können, ohne dafür einen Job generieren und starten zu müssen.

Die folgenden JCL-Records sind notwendig, um das Programm als Job-Step zur Ausführung zu bringen.

```
//PRINT     EXEC  PGM=IEBGENER
//SYSUT1    DD    DISP=SHR,DSN=ED1.NAMEN.DATA
//SYSUT2    DD    SYSOUT=A
//SYSPRINT  DD    SYSOUT=A
//SYSIN     DD    DUMMY
```

Die 'Übersetzung' der JCL in TSO-Commands sieht nun folgendermaßen aus:

Der **EXEC-Record** geht in einen **CALL-Command** über.

Dafür müssen wir allerdings wissen, in welchem Dataset das Programm gespeichert ist. Diese Kenntnis war bisher nicht notwendig, da solche Standard-Programme in System-Datasets gespeichert sind, die den entsprechenden Systemfunktionen, die den Job steuern, bekannt sind. Normalerweise befinden sich diese Programme in dem Dataset

```
SYS1.LINKLIB
```

aber da kann es in einzelnen Installationen durchaus Abweichungen geben, nach denen man sich gegebenenfalls erkundigen sollte. Leider gibt es keinen Command, mit dem man in Erfahrung bringen kann, in welchem Dataset ein bestimmtes Programm gespeichert ist.

Somit lautet der Command

```
call 'sys1.linklib(iebgener)'
```

Die **DD-Records** müssen wir in **ALLOC-Commands** umsetzen.

Es ist unschwer zu erkennen, daß über SYSUT1 der zu druckende Dataset angegeben wird:

```
alloc dd(sysut1) dsn(namen.data) shr reuse
```

Den REUSE-Parameter sollte man grundsätzlich verwenden, um eventuell bestehende Zuordnungen zu überschreiben.

Der SYSUT2 DD-Record definiert den Druck-Output, und SYSOUT=A ist dabei, wie wir wissen, die Standard-Outputklasse, wodurch die Liste entweder auf einem Drucker im Rechenzentrum oder auf einem Remote-Drucker, falls wir das über einen entsprechenden JES-Record festgelegt haben, gedruckt wird. Wie können wir das nun im ALLOC-Command definieren? Der Command, von dem wir bisher nur wenige Parameter kennengelernt haben, bietet auch diese Möglichkeit und muß jetzt folgendermaßen lauten:

```
alloc dd(sysut2) sysout(a) dest(xxxx) reuse
```

Dabei bedeutet xxxx den Namen des Druckers, auf dem wir unsere Liste drucken lassen wollen.

Gibt man

```
dest(local)
```

an, so wird die Liste im Rechenzentrum gedruckt.

Das ist allerdings *nicht* günstig, da sie wegen des fehlenden Job-Records nicht mit den notwendigen Informationen (Name, Adresse) versehen ist, sondern nur den Userid enthält. Und da kann es in einem großen Rechenzentrum schon zu Verteilungsproblemen kommen.

Deshalb ist dieser Prozeß des Foreground-Druckens nur dann zu empfehlen, wenn man beispielsweise einen Abteilungsdrucker hat, von dem man sich seine Liste direkt abholen kann. Diese Drucker haben bestimmte, im System definierte Namen, z.B. RMT99, die man dann als

```
dest(rmt99)
```

angeben kann.

Es ist noch zu vermerken, daß die Daten erst dann auf den Drucker geschickt werden, wenn der DD-Name freigegeben wird. Dazu haben wir den FREE-Command, den wir in der Form

```
free dd(sysut2)
```

aufrufen können, nachdem das Programm ausgeführt worden ist.

Über den DD-Namen SYSPRINT werden Informationen über den Verlauf des Programms oder eventuelle Fehlermeldungen ausgegeben. Da wir an diesen Daten interessiert sind, um beispielsweise im Fehlerfall eine Korrektur durchführen zu können, werden wir sie uns am Bildschirm anzeigen lassen und müssen diesen demzufolge obigem DD-Namen zuordnen:

```
alloc dd(sysprint) dsn(*) reuse
```

Eigentlich ist dieser Command überflüssig, außer für den Fall, daß man im bisherigen Verlauf der TSO-Sitzung dem SYSPRINT einen anderen Dataset zugeordnet hat. Denn dieser DD-Name ist standardmäßig über die LOGON-Prozedur mit dem Terminal verbunden. Wir haben das bereits früher festgestellt, als uns der LISTALC-Command die bestehenden Zuordnungen anzeigte, wobei unter anderem auch die Zuordnung SYSPRINT → TERMFILE auftrat.

Bleibt noch ein DD-Name: SYSIN. Über diesen Namen werden, wir haben das schon in anderem Zusammenhang kennengelernt, dem Programm die notwendigen Eingabedaten, beispielsweise Steuerdaten für das SORT-Programm, mitgeteilt. In unserem einfachen Fall benötigt das Programm IEBGENER keine solche Daten, obwohl grundsätzlich die Möglichkeit besteht, für das Drucken spezielle Parameter zu definieren. Das bedeutet, daß man auch für diesen DD-Namen eine Zuordnung treffen muß, allerdings in der Form, daß das Programm weiß, daß hier keine Eingabedaten zu erwarten sind. Und das läßt sich durch den Command

```
alloc dd(sysin) dummy reuse
```

lösen. Ohne eine solche Zuordnung würde ganz allgemein ein Programm mit einem ABEND abbrechen, wenn es auf einen nicht zugeordneten DD-Namen zugreifen wollte. In diesem speziellen Fall allerdings besteht auch wieder über die LOGON-Prozedur die Zuordnung des DD-Namens SYSIN zum Terminal, was sich beim Aufruf des Programms darin äußert, daß der Bildschirm eine Dateneingabe erwartet (ähnlich, wie wir es vom READ-Command in CLISTs kennen), durch ENTER kann man das Programm weiterlaufen lassen.

Übungsaufgabe

Nachdem wir die notwendigen Commands kennengelernt haben, um das Druckprogramm aufrufen zu können, wollen wir alles so zusammenfassen, daß der gesamte Prozeß über eine Prozedur (CLIST oder EXEC) aufgerufen werden kann.

Deshalb lautet die Aufgabe:

Es ist eine CLIST zu erstellen, mit der man einen sequentiellen Dataset (denn mit einem Partitioned Dataset läuft obiger Programmaufruf nicht, da wären über SYSIN noch Steuerparameter notwendig) drucken kann. Dabei sei der Dataset-Name als Positionsparameter und der Drucker-Name als Keyword-Parameter PRINTER anzugeben.

Jetzt kommen die REXX-Fans zu ihrem Recht:

Für das Drucken von Partitioned Datasets haben wir im Kapitel *5. Job-Verarbeitung* die JCL kennengelernt, um das Programm IEBPTPCH (befindet sich auch im Dataset SYS1.LINKLIB) aufzurufen. Es sollte uns nun nicht schwerfallen, im zweiten Teil der Übungsaufgabe diese JCL in eine EXEC zu übertragen. Der einzige Unterschied zum ersten Teil besteht ja wohl darin, daß über SYSIN die Steuerdaten für das Programm erwartet werden. Diese könnte man direkt über den Bildschirm eingeben, da SYSIN dem Terminal zugeordnet ist, aber eine Lösung über einen Dataset ist sicherlich besser. Deshalb sollten wir die notwendigen Daten in einem temporären Dataset speichern, den wir innerhalb der EXEC neu anlegen und nach Aufruf des Programms wieder löschen. Wie wir die Steuerdaten speichern können, haben wir im Kapitel *9. REXX* besprochen, es gibt zwei Wege, entweder über EXECIO oder mit dem

EDIT-Command - also dort bitte noch einmal nachlesen, wenn wir nicht mehr so genau wissen, wie es geht.

Die Prozedur sollte so geschrieben werden, daß sie wieder den Dataset-Namen als Positionsparameter hat und nach den Member-Namen per PULL fragt. Werden keine Members angegeben, dann soll der gesamte Dataset gedruckt werden.

11.2 TSOLIB-Command

Bei der Ausführung von Programmen entsteht oft die Situation, daß ein Programm intern ein anderes Programm aufruft. Dabei stellt sich dann für das System die Frage, in welchem Dataset sich dieses Programm befindet. In der Job-Verarbeitung haben wir kennengelernt, das wir dafür einen STEPLIB- oder JOBLIB-Record definieren können. Eine derartige Definition kennt man im TSO einerseits über die LOGON-Prozedur, in der man eine STEPLIB-Allocation machen kann, andererseits gibt es den TSOLIB-Command, mit dem man eine solche Definition für die momentane TSO-Session durchführen kann.

```
Syntax -
   TSOLIB    DSNAME(dsn1,dsn2,...)
             DDNAME(ddname)
             ACTIVATE | DEACTIVATE
             COND | UNCOND   QUIET
             RESET  DISPLAY

Notwendig - DSNAME oder DDNAME

             Statt DSNAME auch DATASET möglich
             Statt DDNAME auch FILE oder LIBRARY möglich
```

Wenn das Programm ARCHIVE, das wir aus dem Dataset ED1.PROGRAMM.LOAD aufgerufen haben, intern noch weitere Programme aus demselben Dataset aufruft, so können wir die richtige Durchführung folgendermaßen sicherstellen:

```
tsolib dsname(programm.load)activate
call programm(archive)
```

11.3 TSO im Background

TSO im Background - was soll das? Die Frage ist durchaus berechtigt, denn bisher haben wir gelernt, daß die TSO-Aktivitäten als Foreground bezeichnet werden, im Gegensatz zur Job-Verarbeitung, die im Background stattfindet. Die Erklärung ist einfach, man kann Commands oder Command Prozeduren auch in einem Job ablaufen lassen. Die dafür notwendige JCL sieht folgendermaßen aus:

```
//TSO       EXEC PGM=IKJEFT01,DYNAMNBR=20,REGION=1000K
//SYSTSPRT DD SYSOUT=Q
//SYSTSIN  DD *
```

Alle Commands oder Prozeduren, die man zur Ausführung bringen will, werden über

```
//SYSTSIN  DD *
```

direkt in die JCL eingegeben. Dabei gelten dieselben TSO-Namenskonventionen wie im Foreground, und eigene CLISTs oder EXECs kann man dann implizit aufrufen, wenn die Datasets entsprechend zugeordnet wurden, beispielsweise über

```
//SYSPROC  DD DSN=ED1.MVS.CLIST,DISP=SHR
//SYSEXEC  DD DSN=ED1.REXX.CLIST,DISP=SHR
```

Es können allerdings keine CLISTs aufgerufen werden, die über READ Daten einlesen wollen, da dieses Statement im Background nicht unterstützt wird.

Wir sehen uns ein Beispiel an, in dem die Prozedur AUSKUNFT sowie der TSO-Command STATUS aufgerufen werden.

```
//ED1TSO JOB (EDUC,04-37),TEUFFEL,CLASS=C,TIME=(,30),NOTIFY=ED1,
// MSGCLASS=Q
//TSO       EXEC PGM=IKJEFT01,DYNAMNBR=20,REGION=1000K
//SYSPROC  DD DSN=ED1.MVS.CLIST,DISP=SHR
//SYSEXEC  DD DSN=ED1.REXX.CLIST,DISP=SHR
//SYSTSPRT DD SYSOUT=Q
//SYSTSIN  DD *
%auskunft berlin
%auskunft neuwied
st
```

Das Ergebnis dieses TSO-Jobs ist in der Output-Klasse Q gespeichert:

```
READY
%auskunft berlin
| ENGELHARDT | KARL                | BERLIN              | 37601    |
| GROSS      | CLAUDIA             | BERLIN              |  2287    |
READY
%auskunft neuwied
FUER NEUWIED WURDE KEIN EINTRAG GEFUNDEN
READY
st
IAT8674 JOB 9093 ED1TSO             P=09 R=1000K,OUTSERV(T)
IAT8674 JOB 9112 ED1TSO   TSO       P=09 R=1000K,MAIN(O-SY2)
READY
END
```

Wir rufen in dem Job die Prozedur AUSKUNFT auf, die es sowohl als CLIST wie als EXEC gibt, was wird ausgeführt? Entscheidend dafür ist die Reihenfolge der DD-Records, hier kommt SYSPROC vor SYSEXEC, also wird AUSKUNFT zuerst im CLIST-Dataset gefunden und deshalb als CLIST ausgeführt.

Probleme gibt es im Background, wenn man eine Prozedur aufruft, die auf ISPF-Funktionen zugreifen will. Es gehört sicherlich nicht viel Phantasie dazu, sich vorzustellen, daß das nicht geht. Es gibt innerhalb von Prozeduren eine Möglichkeit, diesen Fehler zu vermeiden, indem man die System-Variable &SYSENV (bzw. SYSVAR(SYSENV)) überprüft (SYSENV = System Environment = Umgebung), die einen der beiden Werte FORE oder BACK haben kann. Es hängt nun im Einzelfall von den durchzuführenden Funktionen innerhalb der Prozedur ab, ob man für den Fall der Background-Ausführung eine andere Funktionsfolge als die ISPF-Funktion definieren kann.

11.4 Foreground - Background

Abschließend noch einige generelle Bemerkungen zum Thema:

FOREGROUND - BACKGROUND

Wir haben uns mit Commands im Foreground und Programmen im Background beschäftigt, wir haben alles umgedreht und Programme im Foreground bzw. Commands im Background ablaufen lassen. Wozu eigentlich?

TSO ist ein interaktives System, ein Dialog-System. Durch entsprechende Eingaben am Bildschirm teilt man dem System mit, daß irgendwelche Funktionen auszuführen sind, und ob das nun Commands oder Programme sind, ist eigentlich ganz gleich. Was eher bedacht werden muß, ist, wie lange eine solche Aufgabe dauert oder auf welche Systemkomponenten dabei zugegriffen werden soll.

Fangen wir bei letzterem an. Wenn wir beispielsweise Daten verarbeiten wollen, die auf Bändern gespeichert sind, so können wir das nicht im Foreground machen, da der TSO-Benutzer (normalerweise) nicht auf Bänder zugreifen kann. Das kann in einer Installation im Einzelfall möglicherweise erlaubt sein, ist aber nicht üblich, weil damit ein relativ großer Einfluß auf andere Benutzer gegeben ist. Also bleibt hier nichts anderes übrig, als die Daten im Job verarbeiten zu lassen.

Oder das Beispiel mit dem Drucken: Wenn man keinen Remote-Drucker zur Verfügung hat und die Daten auf dem Rechenzentrumsdrucker mit der kompletten Titelseite drukken lassen will, so bleibt einem auch keine andere Möglichkeit als die Background-Verarbeitung.

Der andere Punkt, den wir oben angeschnitten haben, ist die Zeitdauer für die Ausführung einer Funktion. In einem interaktiven System erwartet man eigentlich eine schnelle Antwort des Systems, wenn man einen Command eingegeben hat. Nun ist es klar, daß nicht jeder Command dieselbe Antwortzeit haben kann, das hängt sehr vom Umfang der Aufgabe ab, sei es Rechenzeit (Berechnung der ersten 10 oder der ersten 100000 Primzahlen) oder Datenzugriff (Editieren und damit Laden in den Hauptspeicher eines Datasets mit 20 oder mit 5000000 Records). Deshalb sollte man sich, sofern man die Wahl hat - beim Editieren hat man sie vielleicht nicht -, überlegen, ob man eine bestimmte Funktion unbedingt im Foreground ausführen lassen will. Das mag im Einzelfall einfacher sein, denn man muß keine JCL definieren, aber man sollte sich darüber klar sein, daß der Bildschirm blockiert ist, während das Programm läuft, und man solange nichts anderes eingeben kann. Das ist eben der Vorteil der asynchronen Verarbeitung über Jobs, daß man nach dem SUBMIT mit anderen Aufgaben fortfahren kann.

Deshalb die Empfehlung: Aufwendige Funktionen sollten, soweit es möglich ist, in den Background verlagert werden. Es zahlt sich aus! Wenn man von der einmaligen Arbeit, dafür die notwendige JCL zu erstellen, absieht, so hat man den Vorteil, in seinem Bildschirm-Dialog frei von langlaufenden Programmen zu sein und sich schnell der nächsten Aufgabe widmen zu können. Hat man darüber hinaus, entsprechend der notwendigen Rechnerzeit, auch noch die richtige Jobklasse gewählt, so wird man in vielen Fällen, besonders in einem Mehr-Rechner-Verbund, kaum länger auf die Beendigung des Jobs warten müssen als bei einer Ausführung am Bildschirm.

11.5 Zusammenfassung

Ausführen von Programmen

Die Zusammenfassung dieses Kapitels fällt recht kurz aus:

- **Ausführung von Programmen**

CALL	Aufruf eines Programms
TSOLIB	Zuordnung einer privaten Step-Library
ALLOC	Zuordnung eines Datasets

- **TSO im Background**

```
//TSO       EXEC PGM=IKJEFT01,DYNAMNBR=20,REGION=1000K
//SYSTSPRT DD SYSOUT=Q
//SYSPROC   DD DISP=SHR,DSN= ...
//SYSEXEC   DD DISP=SHR,DSN= ...
//SYSTSIN   DD *
```

12.0 UNIX System Services

- Die UNIX-Umgebung im z/OS MVS

  Mit dem OMVS-Command kommt man in die z/OS Shell.

- Die wesentliche Datenstruktur im Unix ist das HFS

  Sehr viele Unix-Daten sind in einem Hierarchischen File-System gespeichert.

- Daten im MVS und im UNIX

  Es gibt im TSO und in der Shell verschiedene Möglichkeiten, die Daten zu verarbeiten, und auch der Datenaustausch zwischen MVS und UNIX ist recht einfach.

- Die ISPF Shell - Die Integration von UNIX in das MVS

  In der ISPF Shell kann man seine Aufgaben in vergleichbarer Form wie im MVS ausführen.

Die Datenverarbeitung im MVS/ESA, OS/390 und jetzt z/OS auf dem Großrechner und die Datenverarbeitung im Unix auf der Workstation, das sind zwei verschiedene Welten, die nichts miteinander zu tun haben - so die Meinung vieler. Hier die traditionsreiche, aber veraltete Arbeitsumgebung, dort die moderne und zukunftsträchtige neue Welt - so das Vorurteil vieler. Für einige Jahre mag das richtig gewesen sein, aber es hat doch längst ein Umdenken stattgefunden. Die Host-Rechner (die Dinosaurierer) sind nicht ausgestorben, sie leben in neuer Stärke weiter, und sie leben mit den Workstations in schöner Eintracht zusammen. Einerseits gibt es viele Client/Server-Konfigurationen, wie wir sie ja beispielsweise auch im ISPF kennengelernt haben, andererseits gibt es die Variante, daß Anwendungen und auch Betriebssysteme von der Workstation zum Host hinüberwandern. Und ein Beispiel dafür ist Unix.

Seit einigen Jahren gibt es nun Unix auf dem Host, anfangs war es unter den Namen MVS OpenEdition und OS/390 UNIX System Services bekannt, und der jetzige offizielle Name lautet

z/OS UNIX System Services

Damit kann man im z/OS auf dem Host eine Unix-Umgebung erstellen, kann auf Unix-Daten zugreifen und mit Unix-Anwendungen arbeiten.

Alle diejenigen, die beispielsweise von der Universität mit einer fundierten Ausbildung als Informatiker kommen, kennen Unix als die typische Arbeitsumgebung, in der sie mit allen Funktionen und Programmiermöglichkeiten vertraut sind. Sie haben aber in den meisten Fällen kaum etwas oder garnichts von Großrechnern und den dazugehörigen Betriebssystemen und Anwendungen gehört. Das bringt dann in der Praxis des Berufslebens einige Probleme mit sich, denn dort gibt es in vielen Firmen die Großrechner, und die Firmen erwarten nun von ihren neuen Mitarbeitern, daß sie schnell in dieser Umgebung produktiv mitarbeiten können.

Aus diesem Grund ist es wichtig, eine Brücke zwischen der Host-Welt und der Unix-Welt zu errichten, die die Verbindung bezüglich Funktionalität und Datenstruktur herstellt. Und diese Brücke ist dann nicht nur für die Unix-Freaks interessant, die sich mit dem MVS vertraut machen wollen, sondern natürlich auch für diejenigen, die vom Host kommen und wissen wollen, wie man mit Unix arbeiten kann. Im weiteren Verlauf wird aber im wesentlichen die Richtung Unix → MVS beschrieben und vorausgesetzt, daß die entsprechenden Daten-Strukturen sowie Funktionen und Commands im Unix bekannt sind. Wer also vom MVS kommt, kann dieses Kapitel als Unix-Einleitung lesen, sollte dann aber auf die entsprechende Literatur[14], die für beide Lesergruppen interessant ist, zurückgreifen, in der alle Unix-Details beschrieben werden.

Für den Begriff Arbeitsumgebung wird in der Praxis typischerweise der Begriff **Shell** verwendet, und das soll in den folgenden Betrachtungen auch so gehandhabt werden. Es gibt innerhalb der z/OS UNIX System Services, im folgenden kurz UNIX genannt, zwei unterschiedliche Shells, in denen man arbeiten kann:

- Die z/OS Shell

  Diese Shell basiert auf der UNIX System V Shell mit einigen Funktionen, die man in der KornShell findet. Als z/OS Shell entspricht sie dem POSIX Standard 1003.2, aus dem der ISO/IEC International Standard 9945-2: 1992 hervorgegangen ist.

[14] z/OS UNIX System Services User's Guide

- Die tcsh Shell

  Diese Shell ist eine kompatible Erweiterung der csh, der Berkeley UNIC C Shell. Sie kann als login Shell und als Shell Script Command Processor benutzt werden.

Im weiteren Verlauf dieses Kapitels werden wir uns ausschließlich mit der z/OS Shell beschäftigen.

12.1 Etwas über Shells - Einleitung

Eine Shell ist eine Funktion oder Umgebung (auch als Command Interpreter bezeichnet), die man zu folgenden Aufgaben benutzen kann:

- Aufruf von Shell-Commands oder Utilities, die bestimmte Services vom System anfordern
- Erstellung von Shell Scripts basierend auf eine Shell Programmiersprache
- Ausführung von Shell Scripts und Programmen (beispielsweise in C oder Java geschrieben), entweder interaktiv (im Foreground), oder im Background oder Batch.

Es gibt zwei Gruppen von Shell-Benutzern: den *Superuser* und den *User*. Der Superuser darf alles machen, was der User auch darf, aber (wie sich aus dem Namen schon herleiten läßt) noch ein bißchen mehr, wir werden uns hier auf den normalen User konzentrieren.

Um mit UNIX arbeiten zu können, muß man vom System-Administrator definiert werden, man bekommt dafür zu seiner TSO UserID eine OMVS UserID (UID) und eine Group ID (GID) zugeordnet. Damit wird über RACF der Zugriff auf die UNIX Services, auf die Daten und auf die auszuführenden Prozesse gesteuert.

z/OS bietet verschiedene Terminal-Emulatoren an, mit denen man auf eine Shell zugreifen kann:

- **OMVS** - ein TSO-Command als Interface zum 3270 Terminal
- **rlogin** und **telnet** - Commands als Interface zu asynchronen Terminals

Der erfahrene Unix-Benutzer ist sicherlich mit dem asynchronen Terminal vertraut, so daß es einer gewissen Umstellung bedarf, wenn man nun im TSO mit einem 3270 Terminal (was natürlich auch eine Workstation sein kann, die ein 3270 Terminal emuliert) arbeiten wird. Ein wesentlicher Unterschied ist der Shell-Mode: auf asynchronen Terminals gibt es zwei Modes:

- **Line Mode** - Jede Dateneingabe wird nach Drücken der Enter-Taste verarbeitet
- **Raw Mode** - Jedes Zeichen wird sofort verarbeitet, wenn man es eingegeben hat

OMVS arbeitet ausschließlich im Line Mode, das bedeutet, daß man beispielsweise den **vi** Editor nicht zur Verfügung hat, der im Raw Mode arbeitet, aber dafür gibt es im TSO den ISPF Editor.

Darüber hinaus gibt es auf dem 3270 Keyboard Funktionstasten (F1 - F24), denen verschiedene Funktionen (Scrolling, Help, usw.) zugeordnet sind. Diese Tasten sind in OMVS und im ISPF aktiv, nicht aber im TSO READY-Mode.

Wer unbedingt seine vertraute Unix-Umgebung im z/OS behalten will, kann mit **rlogin** oder **telnet** auf einer über TCP/IP mit z/OS verbundenen Workstation arbeiten, allerdings außerhalb von TSO, deshalb wird diese Möglichkeit hier auch nicht weiter beschrieben.

Es gibt zwischen MVS und der z/OS Shell ein hohes Maß an Zusammenarbeit:

- Man kann zwischen MVS-Datasets und dem *Hierarchical File System* (*HFS*) Daten austauschen.
- Sowohl mit TSO-Commands wie mit Shell-Commands oder auch mit ISPF ist der Zugriff auf das HFS möglich. So kann man beispielsweise eine Directory mit dem TSO-Command MKDIR, mit dem Shell-Command mkdir oder mit der ISPF Shell generieren.
- TSO-Commands können von der Shell Command Line, in einem Shell Script oder Programm aufgerufen werden.
- Man kann MVS Job Control Language JCL erstellen, die Shell-Commands enthält.
- Zum Editieren von HFS-Files kann man den Full-Screen Editor im ISPF wie auch die in der Shell verfügbaren Editoren benutzen.
- REXX Prozeduren können auf UNIX Services zugreifen, man kann sie im TSO, im Batch, in der Shell oder in einem Programm aufrufen.

MVS-Umgebung	Aufgaben	Shell-Umgebung
CLIST und REXX (TSO)	Tägliche Programmier-aufgaben	Shell Scripts und REXX
ISPF	Editieren	ed
SDSF	Job-Kontrolle	ps, jobs, kill
Submit Job (TSO)	Background Job	Command &
Compiler, Link	Programmierung	c89, make, ar
TSO TEST	Programm-Test	dbx
DFSMShsm	Datenverwaltung	tar, cpio, pax

Die Grafik zeigt die Parallelen zwischen der MVS-Umgebung und der Shell-Umgebung für die wichtigsten Aufgaben eines Programmierers. Jeder Benutzer, der über den

Command OMVS in die Shell-Umgebung kommt, kann zwischen Shell und TSO beliebig hin und her wechseln.

- Der mit der UNIX oder AIX Umgebung vertraute Programmierer wird sich in der Shell-Umgebung wohler fühlen.
- Die aus dem TSO und ISPF kommenden Programmierer können auch in dieser Umgebung viele ihrer UNIX-Aufgaben durchführen.

Die tagtäglichen Programmierungsaufgaben

In der Shell-Umgebung kennt man Shell Scripts, diesen stehen im TSO die Command Prozeduren (CLISTs) und *REstructured eXtended EXecutor* (REXX) Prozeduren gegenüber.

Die CLIST-Sprache ist eine sehr effektive Sprache innerhalb des TSO, mit der man Commands und Programme ausführen kann. Sie ist im Kapitel *8. Command Prozeduren* beschrieben.

Eine andere Sprache (und zwar die modernere Variante) ist REXX, in der man sehr vielseitige Prozeduren oder Programme schreiben kann. Innerhalb einer REXX-Prozedur kann man auch z/OS UNIX System Services aufrufen, und man bringt sie im TSO, im Batch, in der Shell oder in einem Programm zur Ausführung. Eine detaillierte Beschreibung findet man im Kapitel *9. REXX-Prozeduren.*

Editieren

Um im TSO HSF-Files zu editieren, ruft man über den OEDIT-Command den ISPF Editor auf, falls man sich nicht schon direkt im ISPF befindet.

In der z/OS Shell gibt es einerseits die Editoren ed und sed, andererseits kann man über Shell-Command oedit den ISPF Editor aufrufen.

Job-Verarbeitung im Background

Im MVS erstellt man einen Background-Job mit Hilfe von JCL, die man über den Command SUBMIT zur Ausführung bringt. Mit den Commands STATUS, OUTPUT und CANCEL hat man die weitere Kontrolle über den Job, oder man benutzt dafür die Funktion SDSF, so wie sie im Kapitel *5. Job-Verarbeitung im Background* beschrieben ist.

In der Shell startet man einen Background-Job dadurch, daß man ein Ampersand (&) am Ende der Command-Zeile eingibt. Danach kann man mit den Commands ps und jobs den Jobablauf verfolgen und den Job gegebenenfalls durch kill abbrechen.

Programmierung

Im MVS ruft man den z/OS C/C++ Compiler und den Linkage Editor auf, um aus einem C/C++ Anwendungsprogramm ein ausführbares Load Module zu erstellen.

In der Shell stehen die Commands c89, cc und c++ zur Compilation und zum Link-Edit eines UNIX Programms zur Verfügung. Darüber hinaus gibt es noch die Programme make zum Erstellen von Anwendungen, sowie lex und yacc zur Parser-Generierung.

Debugging und Test

Im TSO gibt es den TEST-Command zum Testen von UNIX-Programmen, solange sie kein fork() oder exec() benutzen.

Zum Testen eines C/C++ Programms benutzt man in der Shell den Command dbx.

Data Management

Im MVS stehen zur Daten-Sicherung und Archivierung von HFS Files die Funktionen von DFSMShsm (Data Facility System-Managed Storage Hierarchical Storage Manager) zur Verfügung.

In der Shell kann man mit den Commands tar, cpio und pax auf archivierte Daten zugreifen. Darüber hinaus kann man archivierte Daten in einen MVS-Dataset kopieren und diesen dann auf ein Band schreiben - natürlich ist auch der umgekehrte Weg möglich.

Aufruf der Shell

Zum Aufruf der z/OS Shell sind die beiden folgenden Schritte notwendig:

1. LOGON zum TSO mit der TSO Userid und dem Passwort
2. Eingabe des Commands OMVS im TSO READY-Mode.

Wenn die Shell gestart ist, erhält man folgendes Panel:

```
IBM
Licensed Material - Property of IBM
5647-A01 (C) Copyright IBM Corp. 1993, 2001
(C) Copyright Mortice Kern Systems, Inc., 1985, 1996.
(C) Copyright Software Development Group, University of Waterloo, 1989.

All Rights Reserved.

U.S. Government users - RESTRICTED RIGHTS - Use, Duplication, or
Disclosure restricted by GSA-ADP schedule contract with IBM Corp.

IBM is a registered trademark of the IBM Corp.

ED1:/u/ed1>




 ===>
                                                                   INPUT
ESC=¢   1=Help       2=SubCmd      3=HlpRetrn  4=Top        5=Bottom     6=TSO
         7=BackScr    8=Scroll      9=NextSess 10=Refresh   11=FwdRetr   12=Retrieve
```

Standardmäßig wird das Zeichen $ angezeigt, das auf Eingabe wartet. In obigem Beispiel ist das Initialisierungspanel dahingehend eingerichtet, das es schon die Home-Directory des Users ED1 als Input-Prompt anzeigt, so daß man sofort mit der Eingabe des ersten Commands beginnen kann.

Wenn man mehrere Commands eingegeben hat, könnte das Panel folgendermaßen aussehen:

```
ED1:/u/ed1>ls
a               osrel10.text  reports       test.c
allocrmf.c      programm      test          test.txt
ED1:/u/ed1>cd programm
ED1:/u/ed1/programm>ls
b            mop.c        schawer.c
curv.c       msg.c        sclm.c
dasd.c       msgtest.c    script2.c
def0.c       mvs7.c       smf.c
default.c    mypanpp.c    spa.c
dtl.c        myprt.c      sys5.c
genbld.c     new.c        testpan.c
gendtl.c     new.d        trans.c
help2.c      ow39393.c    trans0.c
html.c       plx.c        tso.c
link.c       pmmvs.c      visa#ini.c
lvdvm3.c     pmmvsz.c     visa.c
lvdvm3x.c    prthelp.c    vm.c
map.c        ri.c         vm3.c
memb.c       rmf3.c       vm4.c
ED1:/u/ed1/programm>
 ===>
                                                                    INPUT
ESC=¢  1=Help      2=SubCmd    3=HlpRetrn  4=Top       5=Bottom   6=TSO
        7=BackScr   8=Scroll    9=NextSess 10=Refresh  11=FwdRetr  12=Retrieve
```

Man sollte immer daran denken, daß man im Line Mode arbeit, das bedeutet, daß ein Command erst dann zur Ausführung kommt, wenn man die Command-Eingabe durch Enter beendet hat.

Danach ändert sich der Status-Indicator am rechten unteren Rand von `INPUT` nach `RUNNING`, nach einer gewissen Zeit wieder nach `INPUT`. Falls zu diesem Zeitpunkt noch nicht alle Ergebniszeilen des zuvor eingegebenen Commands am Bildschirm angezeigt worden sind, werden sie momentan auch nicht angezeigt, da im Status `INPUT` auch keine weitere Ausgabe möglich ist. Durch Drücken von CLEAR oder PA2 (über die rechte Maustaste erreichbar) kann man sich die fehlenden Daten anzeigen lassen.

Mit dem Command `exit` kann man die Shell wieder verlassen.

Funktionstasten

Wie in obigem Panel zu sehen ist, gibt es eine Reihe von Funktionstasten mit folgender Bedeutung:

Taste	Subcommand	Beschreibung der Funktion
F1 / F13	HELP	Erklärung des TSO-Commands OMVS
F2 / F14	SUBCMD	Verarbeitung eines OMVS Subcommands
F3 / F15	HLPRETRN RETURN	Beendigung der Help-Funktion oder des Subcommand-Modes
F4 / F16	TOP	Sprung an den Anfang der anzuzeigenden Information
F5 / F17	BOTTOM	Sprung an das Ende der anzuzeigenden Information
F6 / F18	TSO	Beginn des TSO-Command-Modes.

F7 / F19	BACKSCR	Zurückblättern der angezeigten Daten
F8 / F20	SCROLL	Vorwärtsblättern der angezeigten Daten
F9 / F21	NEXTSESS	Verzweigen zur nächsten Session
F10 / F22	REFRESH	Auffrischen der Bildschirm-Information mit den neuesten Daten der Session. Kann benutzt werden, wenn vom letzten Command noch Daten fehlen.
F11 / F23	FWDRETR	Kann zusammen mit F12 benutzt werden, um einen früheren Command (den vor dem mit F12 zuletzt angezeigten) in die Commandzeile zu bringen.
F12 / F24	RETRIEVE	Zeigt den zuletzt ausgeführten Command in der Commandzeile.

Eingabe von Shell-Commands

Shell-Commands werden in der Commandzeile eingegeben und mit Enter beendet. Falls ein Command so lang ist, daß er nicht in einer Zeile eingegeben werden kann, so ist er mit dem Fortsetzungszeichen \ zu unterbrechen, und der zweite Teil des Commands wird danach eingegeben.

Man kann einen Shell-Command auch im TSO READY-Mode mit Hilfe der OSHELL REXX-Prozedur eingeben:

`oshell` *`shell_command`*

Parallele Sessions

Man kann mehrere Sessions parallel laufen lassen. Das ist auf zweierlei Weise möglich:

- Man gibt beim OMVS-Command über den Parameter SESSIONS die Zahl der Sessions an, die automatisch gestartet werden sollen.
- Man startet mit dem OPEN-Subcommand eine weitere Session.

Mit F9 kommt man von einer Session in eine andere Session, oder man ruft einen der Subcommands NEXTSESS oder PREVSESS auf.

Ausführung von TSO-Commands

Wenn man innerhalb der Shell einen TSO-Command ausführen will, gibt es zwei Möglichkeiten:

- Man ruft den Shell-Command `tso` auf und gibt den TSO-Command in Doppel-Hochkommas an:

  ```
  tso "oput source.c(hello) '/u/ed1/source/hello.c'"
  ```

- Man ruft den Command direkt auf und gibt durch Drücken der TSO-Funktionstaste F6 bekannt, daß es sich um einen TSO-Command handelt. TSO-Commands zeigen nach Beendigung typischerweise '***', danach ist Enter anzugeben, um zur Shell zurückzukommen.

Wenn man temporär in den TSO-Mode wechseln möchte, ohne die z/OS Shell verlassen zu wollen, so erreicht man das, indem man bei einer leeren Commandzeile F6 drückt. Dabei bleiben alle aktiven Shell Scripts oder Prozesse aktiv und laufen weiter. Im TSO-Mode bekommt man jetzt nicht das übliche READY angezeigt, sondern

```
OMVS - Enter a TSO/E command, or press PA1 to return to the shell
```

Man kommt somit über PA1 wieder in die Shell zurück, wobei man PA1 über die rechte Maustaste erreicht, wenn man diese Funktion nicht auf seinem Keyboard findet.

12.2 Das Hierarchische File-System

Im z/OS UNIX sind die Files hierarchisch organisiert, so wie in jedem anderen Unix-System. Jede File gehört zu einer *Directory*, und jede Directory gehört wieder zu einer in der Hierarchie höheren Directory. Die oberste Ebene dieser Hierarchie ist die *Root Directory*.

HFS-Datasets

MVS betracht die gesamte File-Hierarchie als eine Sammlung von *Hierarchical File System Datasets* (HFS-Datasets). Man bezeichnet jeden HFS-Dataset als ein *mountable*[15] File-System. Das Root File-System ist das erste montierte File-System, und alle weiteren File-Systeme können in der Root Directory oder einer anderen Directory eines montierten File-Systems montiert werden.

File oder *Dataset*? Eigentlich ist es dasselbe, aber es haben sich in verschiedenen Umgebungen unterschiedliche Bezeichnungen etabliert. In der Host-Umgebung, also im klassischen MVS, bezeichnet man eine Ansammlung von Daten als Dataset, während dafür im Unix der Begriff File benutzt wird, so wie es ja auch auf der Workstation die gängige Bezeichnung ist. Und so werden wir jetzt im Unix-Umfeld mit beiden Ausdrücken arbeiten, um so relativ einfach zu charakterisieren, in welcher Umgebung wir uns gerade befinden.

Eine File in einem hierarchischen File-System wird HFS-File genannt. HFS-Files sind byte-orientiert, im Gegensatz zu Datasets im MVS, die record-orientiert sind. Deshalb hat jeder Dataset auch eine Record-Länge, diesen Begriff kennt man bei der File nicht. Dennoch gibt es bei allen Struktur-Unterschieden im UNIX Funktionen, mit denen man Files in Datasets (sequentiell, partitioned oder partitioned extended) und Datasets in Files kopieren kann.

---

[15] Was versteht man unter mountable? In der MVS-Welt gibt es mountable Datenträger (Bänder oder (in grauer Vorzeit auch Platten), die der Operator montieren, also verfügbar machen kann). Und dieses zur Verfügung stellen ist hier gemeint, das heißt, ein File-System steht zur Benutzung zur Verfügung, wenn es montiert worden ist. Es handelt sich damit um ein Charakteristikum, das so im MVS nicht bekannt ist - alle Platten-Datasets stehen permanent zur Verfügung.

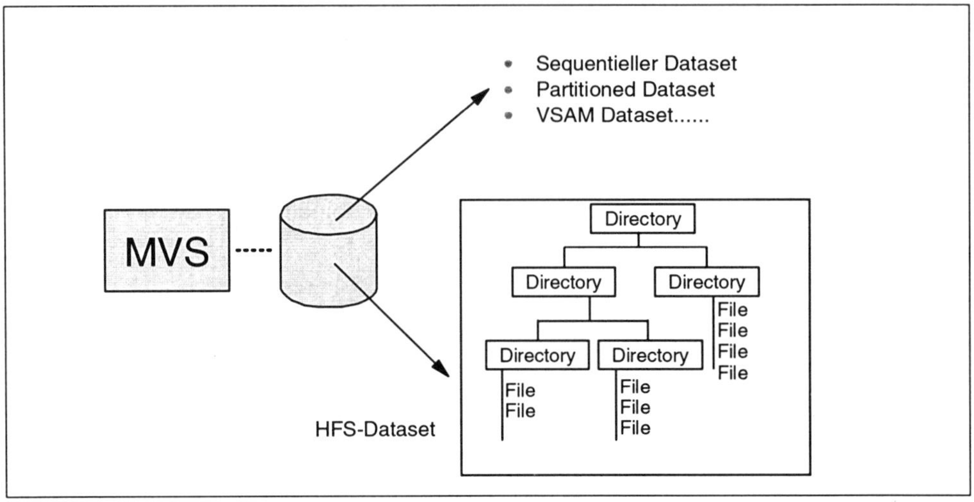

Die Shells und Utilities in z/OS, mit denen man Files verarbeiten kann, gehen von einer *Zeilen-Orientierung* der byte-orientierten Files aus. Eine *Zeile* ist eine Folge von Bytes, die durch ein <newline>-Zeichen beendet wird. Eine solche Zeile wird dann auch als Record bezeichnet. Diese <newline>-Zeichen sind allerdings nur in Text-Files vorhanden, nicht aber in binären Files.

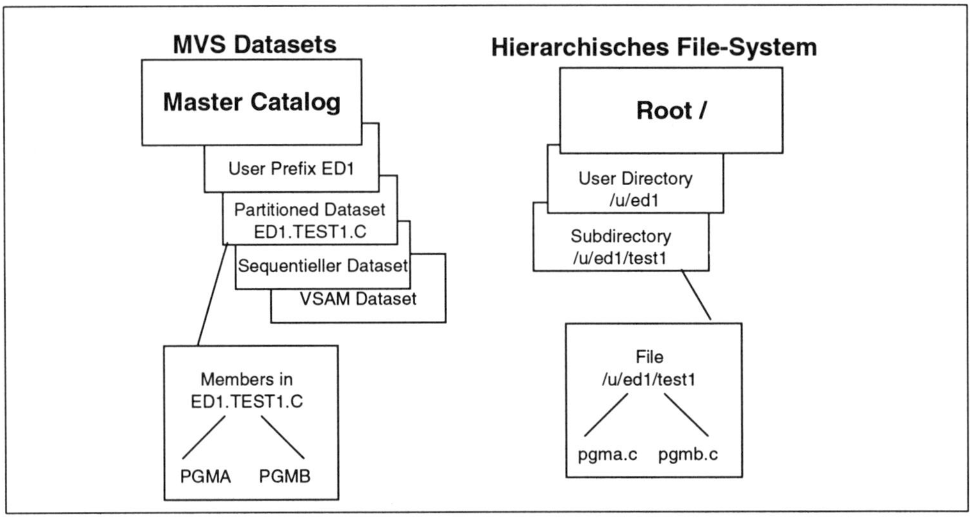

Diese Darstellung zeigt einen Vergleich zwischen Datasets im MVS und einem Hierarchischen File-System.

- Der Master Catalog im MVS ist das Analogon zur Root Directory im HFS.
- Der User-Prefix (**ED1**), mit dem die Dataset-Namen beginnen, hat die gleiche organisatorische Bedeutung wie die User-Directory (**/u/ed1**) im File-System.

Typischerweise gehören einem User alle Datasets, deren Namen mit dem eigenen Prefix beginnen, beispielsweise ED1.TEST1.C und ED1.TEST1.LIST sowie ED1.TEST2.C und ED1.TEST2.LIST

Im File-System hat ED1 die User-Directory /u/ed1, und in dieser Directory sind zwei weitere Directories /u/ed1/test1 und /u/ed1/test2 definiert.

- Von den verschiedenen Datenorganisationen im MVS ist der Partitioned Dataset (PDS) am ehesten mit einer Directory zu vergleichen. Im PDS ED1.TEST1.C könnte es beispielsweise die Members PGMA und PGMB geben, dargestellt als ED1.TEST1.C(PGMA) und ED1.TEST1.C(PGMB). Im Vergleich dazu könnte die Directory /u/ed1/test1 die Files pgma.c und pgmb.c enthalten.

Die gesamte File-Hierarchie im z/OS kann man aus Sicht des Benutzers folgendermaßen darstellen:

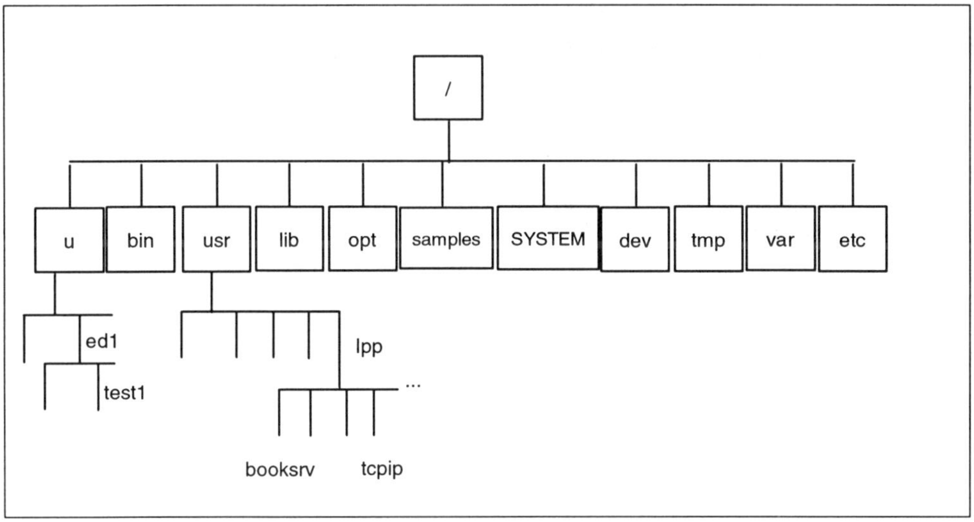

Die meisten der oben gezeigten Directories beinhalten System-Daten, während die Directory /u der Ankerpunkt für alle Benutzer-Daten im File-System ist. Jede Directory kann wieder andere Directories (auch Subdirectory genannt) enthalten. Die Root Directory wird in der Grafik als / dargestellt. Aus MVS-Sicht ist die Directory /u/ed1 mit den dazugehörigen Subdirectories ein HFS-Dataset.

Files

Es gibt vier Kategorien von Files im HFS:

- **Reguläre Files** haben einen Namen und beinhalten Text- oder Binär-Information.
- **Character Special Files** haben spezielle Eigenschaften und können typischerweise nur vom Superuser verwendet werden, wir werden uns damit nicht beschäftigen.

- **FIFO Special Files** werden benutzt, um Daten von einem Prozeß zu einem anderen Prozeß zu übertragen, der die Daten nach einem First-in-first-out (FIFO) Algorithmus liest. Eine solche File wird auch *Named Pipe* genannt.
- Ein **Symbolic Link** ist eine File, die den Pfadnamen für eine andere File enthält. Ein Spezialfall ist der External Link, der den Namen eines MVS-Datasets enthält.

Der Vollständigkeit halber sollte erwähnt werden, daß es noch **Unnamed Pipes** und **Sockets** gibt, beides hängt mit der Kommunikation zwischen Prozessen zusammen und wird hier nicht weiter behandelt. Diese beiden File-Kategorien existieren nur außerhalb des HFS.

Um in Commands auf Files zugreifen zu können, muß man den Pfadnamen angeben, der sich aus der Kombination aller Directory-Namen und dem eigentlichen File-Namen ergibt:

```
/u/ed1/projekt1/plan/1draft
```

Dieses ist der **absolute Name** der File 1draft. Wollte man im MVS eine vergleichbare Daten-Struktur definieren, so würde der Dataset

```
ED1.PROJEKT1.PLAN.1DRAFT
```

heißen. **STOP!** So könnte der Dataset nicht heißen, denn nach den Namensregeln im MVS, die deutlich restriktiver als im Unix sind, darf kein Teil eines Namens, man spricht hier von einem Qualifier, mit einer Zahl beginnen - Einzelheiten dazu sind im Kapitel *2. Daten* zu finden. Also würde man sich wohl für

```
ED1.PROJEKT1.PLAN.DRAFT1
```

entscheiden. An diesem Beispiel erkennt man, daß jeder Subdirectory ein Qualifier entspricht, wobei man einen Qualifier im Gegensatz zu einer Subdirectory nicht speziell definieren muß, man gibt seinem Dataset einfach den aus (beliebig vielen) Qualifiern zusammengesetzten Namen, den man für richtig hält. Dabei ist beliebig viel allerdings auch wieder relativ, denn ein Name darf aus maximal 44 Zeichen (einschließlich der Punkte) bestehen, das dürfte für die Praxis allerdings nur von geringer Bedeutung sein. Wer also im Unix die volle Möglichkeit von bis zu 255 Zeichen, wobei der gesamte Zeichenvorrat des POSIX Portable Character Sets zur Verfügung steht, ausnutzt, hätte erhebliche Schwierigkeiten, das eins-zu-eins ins MVS zu übertragen ...

Wieder zurück zum Unix: man kann anstelle des absoluten Namens auch einen **relativen Pfadnamen** angeben, wenn sich die File in der Working Directory befindet. Arbeitet man beispielsweise in der Directory `projekt1`, so kann man einfach den relativen Namen angeben:

```
plan/1draft
```

Dieser Verkürzung entspricht im TSO (nicht generell im MVS) ungefähr die Möglichkeit, den eigenen Userid im Namen wegzulassen:

```
PROJEKT1.PLAN.DRAFT1
```

Es gibt für diese Kurzform keine spezielle Bezeichnung, während der komplette Name auch als voll-qualifizierter Name bezeichnet wird. Eine weitere Analogie zu den relativen Pfadnamen gibt es aber nicht.

In einigen Fällen ist es notwendig, den absoluten Pfadnamen anzugeben, beispielsweise in der JCL zur Job-Verarbeitung oder bei TSO-Commands. In diesen Fällen gilt für die Länge des Namens eine Beschränkung auf 255 Zeichen.

Anwendung	Pfadname	Dataset-Name
JCL	Absoluter Name in Hochkommas	Voll qualifiziert, ohne Hochkommas
ALLOCATE	Absoluter Name in Hochkommas	Voll qualifiziert in Hochkommas Wird der Name ohne Hochkommas angegeben, setzt TSO den Userid (oder Prefix) vor den Namen.
OEDIT, OBROWSE	Absoluter Name, außer in der Home Directory	Nicht zutreffend
OPUT, OGET	Absoluter Name in Hochkommas, außer in der Home Directory	Wie bei ALLOCATE
OPUTX, OGETX	Absoluter Name, außer in der Home Directory	Wie bei ALLOCATE

EBCDIC und ASCII

Bekanntlich gibt es verschiedene Codes, in denen man Daten darstellen kann, und diese Codes sind im Unix und im z/OS unterschiedlich. Wer seine Daten und Programme heute noch in einem reinen Unix-System hat, weiß, daß sie im ASCII-Code gespeichert sind. Im z/OS hat man es dagegen mit EBCDIC-Daten zu tun, und das gilt dann auch für alles im z/OS UNIX. Das bedeutet, daß man eine Konvertierung vornehmen muß, wenn man Daten von einem Unix-System in das z/OS UNIX portiert.

12.3 Das Arbeiten mit Daten

Um mit Daten arbeiten zu können, muß man Daten haben - eine nicht sonderlich tiefschürfende Erkenntnis. Wir können einerseits auf existierende Daten zugreifen, die im System bereitstehen, und wir können uns andererseits unsere eigenen Daten erstellen, die wir für unsere Arbeit benötigen. Dafür ist es notwendig, sich eine logische Struktur dieser Daten zu überlegen, da wir sie ja im HFS auch in einer hierarchischen, also logischen Struktur speichern müssen.

Es ist also notwendig, Directories zu definieren, denen dann die Files zugeordnet werden können. Um das durchzuführen, werden wir uns mit den folgenden Aufgaben beschäftigen:

- Erstellen von Directories
- Erstellen/Editieren von Files
- Kopieren und Löschen von Files
- Auflisten unseres Datenbestandes

Wie so oft im Leben gibt es mehrere Wege, die nach Rom führen, und so gibt es auch für obige Aufgaben verschiedene Möglichkeiten, sie auszuführen. Im Prinzip gibt es drei Varianten, und es wird immer die persönliche Preferenz eines jeden sein, welchen Weg er wählen will.

- Es gibt TSO-Commands, die man entweder im TSO READY-Mode oder in der z/OS Shell aufrufen kann.
- Es gibt Shell-Commands, die man ebenfalls in der Shell aufruft.
- Man geht in die ISPF Shell und benutzt ISPF-Funktionen.

Welche Variante sollte man nun wählen? Die Frage ist nicht so einfach zu beantworten. Sicherlich hängt eine Antwort wesentlich davon ab, mit welchem Wissen man an die Aufgaben herangeht und in welche Richtung man vorangehen will.

Wenn man als erfahrener Unix-Benutzer neu in die MVS-Welt kommt, mag es sein, daß man sich in der z/OS Shell am ehesten heimisch fühlt, da man dort im wesentlichen die Commands benutzen kann, die man im Unix kennt. Wenn die zukünftigen Aufgaben sich auch hauptsächlich auf Unix beziehen, mag das auch die richtige Vorgehensweise sein.

Mit einiger Wahrscheinlichkeit wird man es im Lauf der Zeit aber auch mit Aufgaben zu tun haben, die außerhalb von Unix angesiedelt sind, und für die man sich im MVS-Umfeld auskennen sollte. Und damit kommt man dann näher an das TSO heran und könnte dann auf diesem Weg auch Unix-Aufgaben mit TSO-Commands lösen, sie sind in ihrer Syntax und Funktionalität den Shell-Commands oft recht ähnlich.

Die Hauptkomponente des TSO ist, wie schon in vielen vorherigen Kapiteln beschrieben, ISPF mit sehr vielseitigen Funktionen zur Datenverarbeitung. Und so bietet auch ISPF eine Unix-Umgebung an, die sogenannte ISHELL, in der man Unix-Datenverarbeitung mit einem *ISPF-Look-and-Feel* durchführen kann.

Ohne nun eine der obigen Varianten werten zu wollen, werden wir erst die wichtigsten TSO- und Shell-Commands kennenlernen, um uns dann im Kapitel *12.5 ISPF Shell* mit der ISPF-Alternative zu beschäftigen.

Arbeiten mit Directories

Jeder Benutzer hat eine Home Directory, in der er arbeiten kann. Sie lautet für den Benutzer ED1

`/u/ed1` (oder auch `/u/ed1/` das ist eine gleichwertige Schreibweise)

Wenn man nun nicht alle Files in dieser Directory ablegen will, so wird man neue Directories erstellen wollen, dafür gibt es den Shell-Command `mkdir`. Fangen wir also mit dem ersten Projekt an:

```
mkdir projekta
```

Damit haben wir die Directory

```
/u/ed1/projekta
```

erstellt. Zu jeder neuen Definition einer Directory oder File gehört auch automatisch das Definieren eines Zugriffs-Modes. Wir werden uns aber mit dieser Thematik nicht weiter beschäftigen, alle Einzelheiten sind dazu wieder in der Literatur zu finden.

Will man nun in der neuen Directory arbeiten und sie somit zu seiner Working Directory machen, so gibt es dafür den Command `cd`.

```
cd projekta
```

Auch hier kann man wieder neue Directories anlegen, beispielsweise

```
mkdir produktion
mkdir test
```

Dadurch erhält man beispielsweise

```
/u/ed1/projekta/produktion
```

Will man nun aber noch in der Home Directory eine weitere Directory für ein zweites Projekt anlegen, so muß man den kompletten Pfadnamen angeben:

```
mkdir /u/ed1/projektb/
```

Mit diesen Definitionen ergibt sich nun folgende Struktur:

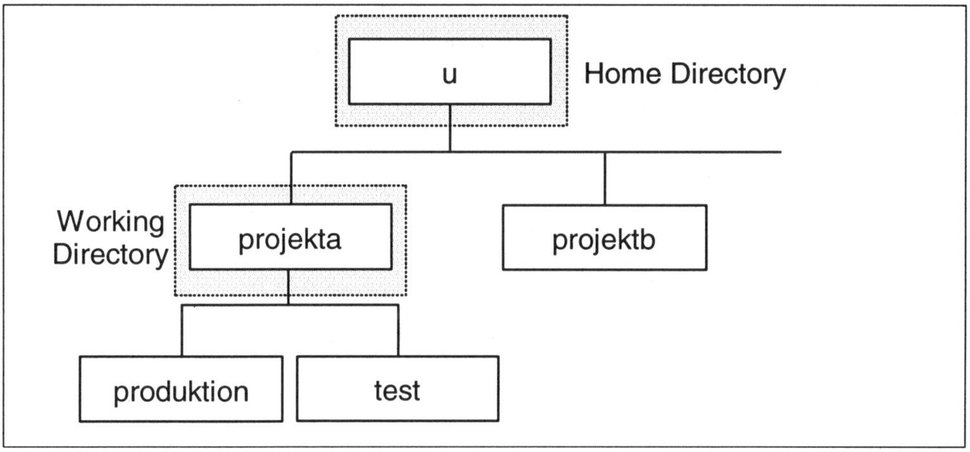

Um die Directory `test` zur Working Direktory zu machen, gibt man

```
cd test
```

an. Auf diese Weise kann man dann immer auf alle Files einer Directory (auch wenn momentan dort noch keine Files existieren) zugreifen, ohne den kompletten Pfadnamen angeben zu müssen. Will man in der Directory-Hierarchie wieder zurückgehen, so erreicht man das mit

`cd ..`	Wechsel in die nächst höhere Directory
`cd`	Wechsel in die Home Directory

Es wurde bereits daraufhin gewiesen, daß man die Möglichkeit der absoluten und der relativen Adressierung hat, und das gilt sowohl für Directories wie für Files. Deshalb kann man das oben beschriebene Erstellen der Directory `projektb` auch über eine relative Adressierung durchführen, wobei die beiden Punkte auf die nächst höhere Directory verweisen (dabei wird angenommen, daß `projekta` noch die Working Directory ist):

```
mkdir ../projektb/
```

Will man wissen, welches die aktuelle Working Directory ist, so ruft man den Command `pwd` (print working directory) auf:

```
pwd
```

```
/u/ed1/projekta/test
```

Die Information darüber, welche Files zu einer Directory gehören, bekommt man durch den Command `ls`:

`ls`	Anzeige der Working Directory
`ls /u/ed1/projekta/test`	Anzeige einer beliebigen Directory

Hinweis: Diese Directories oder Files sind im MVS (beispielsweise über ISPF 3.4) nicht sichtbar, da sie Teil eines HFS-Datasets sind.

Zum Löschen einer Directory gibt es folgende Commands:

`rmdir` *directory-name*	Löschen einer leeren Directory
`rm` *-r directory-name*	Löschen einer Directory und aller Files

Vorsicht: Mit letzterem Command wird sofort alles gelöscht, ohne daß noch einmal eine Sicherheitskontrolle aktiviert wird. Wenn man die haben wollte, kann man den Command in der folgenden Variante eingeben:

`rm` *-ri directory-name*

Alle hier beschriebenen Commands sind Shell-Commands. Es gibt für sie auch, wie eingangs erwähnt, eine Variante als TSO-Command, beispielsweise MKDIR, aber wir werden hier darauf verzichten, diese Zweigleisigkeit weiter auszuführen. Wer an Details interessiert ist, findet diese in der Unix-Dokumentation[16].

Analogie zum MVS: Es gibt im MVS keine direkte Analogie zur Directory bzw. zum Umgang mit einer Directory. Wir haben bei der Gegenüberstellung MVS mit HFS festgestellt, daß man von der logischen Struktur her eine Directory mit einem Qualifier in einem Dataset-Namen vergleichen kann. Es gibt aber im MVS keine Commands, die sich auf diese Qualifier beziehen. Ein Qualifier ist Teil des Namens, und alle Commands beziehen sich immer auf den vollen Dataset-Namen.

Ein Spezialfall ist der erste Qualifier eines Dataset-Namens. Man könnte ihn mit der Home Directory vergleichen, und so, wie man im Unix darauf verzichten kann, die Home Directory anzugeben (falls es die aktuelle Working Directory ist), so kann man im TSO darauf verzichten, den ersten Qualifier eines Namens anzugeben, falls er mit dem TSO-Userid (oder einem anderen als Prefix definierten Qualifier) übereinstimmt.

Arbeiten mit Files

Zum Erstellen einer File benutzt man einen Editor. Im Unix gibt es die Editoren `ed` und `vi`. Wie bereits eingangs erwähnt, ist der `vi` Editor im TSO nicht zu benutzen, da er im Raw Mode arbeitet, und das wird auf dem 3270 Terminal nicht unterstützt. Somit bleibt der `ed` Editor als Line-Editor für den Benutzer, der damit im Unix vertraut ist. Wie man mit diesem Editor arbeiten kann, wird hier nicht beschrieben - entweder kennt man den Editor, oder man benutzt doch die andere Variante.

Die andere Variante, die in diesem Kontext empfohlen wird, ist der Full-Screen-Editor im ISPF. Man kann ihn mit dem TSO-Commands OEDIT, aus der z/OS Shell durch den Command `oedit` oder direkt aus der ISPF Shell heraus aufrufen. Einzelheiten dazu sind im Kapitel *12.5 Die ISPF Shell* zu finden.

[16] z/OS UNIX System Services Command Reference

Ein File-Name kann aus maximal 255 Zeichen bestehen, wobei nur Zeichen aus dem *POSIX Portable Filename Character Set* zugelassen sind:

- Groß- und Kleinbuchstaben A - Z, a - z
- Ziffern 0 - 9
- Sonderzeichen . _ - (Punkt, Unterstreichung, Bindestrich)

Analogie zum MVS: Für den Dataset-Namen im MVS gelten restriktivere Regeln: maximal 44 Zeichen, nur Großbuchstaben, Ziffern (diese nicht am Beginn eines Qualifiers) und die Sonderzeichen #, @ und $. Jeder Qualifier hat maximal 8 Zeichen, und die Qualifier werden mit einem Punkt zum Namen verbunden.

Wer Daten erstellt, will sie eventuell auch wieder löschen, dafür gibt es den Command `rm` (remove):

`rm` *`file1 file2 file3`*

Es ist dabei auch möglich mit einer *Wildcard* zu arbeiten:

`rm test*.c`

Damit werden alle Files in der Working Directory gelöscht, deren Name mit `test` beginnt und mit `.c` endet.

Wie auch für andere Commands gilt stets, daß man den File-Namen in kurzer Form angeben kann, wenn sich die File in der Working Directory befindet, anderenfalls muß man den kompletten Pfad angeben.

Analogie zum MVS: Im TSO gibt es den Command DELETE, mit dem man einen Dataset löschen kann, das Löschen mehrerer Datasets durch einen Command oder die Verwendung einer Wildcard sind nicht möglich.

Will man sich eine File am Terminal ansehen, ohne sie ändern zu wollen, so gibt es dafür den Command `cat`:

`cat` *`filename`* oder `cat` *`filename`* `|` *`more`*

Mit den Commands `head` und `tail` kann man sich die ersten oder die letzten 10 Zeilen anzeigen zu lassen.

Darüber hinaus gibt es eine Reihe anderer Shell-Commands, wie beispielsweise `cp` (Copy), `mv` (Move oder Rename), `diff` (Vergleichen), `sort` (Sortieren) oder `grep` (Suchen), die hier nicht weiter besprochen werden. Ihre Funktionalität ist im MVS in den meisten Fällen im ISPF zu finden.

12.4 Datenaustausch UNIX - MVS

Zum Kopieren von Datasets und Files zwischen UNIX und MVS gibt es verschiedene Commands:

- **z/OS Shell** cp und mv
- **TSO** OPUT, OPUTX, OGET, OGETX und OCOPY

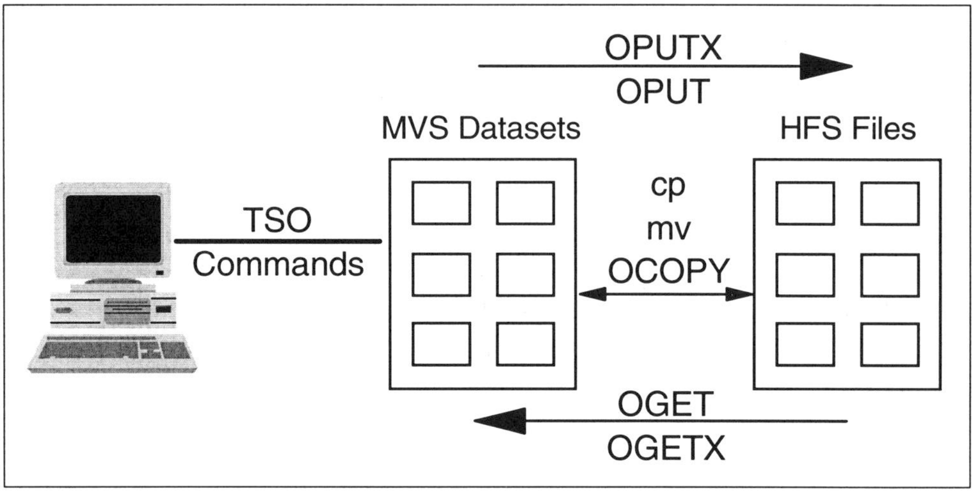

Wer Unix-Kenntnisse hat, wird sicherlich die Commands cp und mv kennen, wir werden sie hier nicht weiter beschreiben, sondern nur auf die entsprechende Literatur[17] hinweisen.

Im MVS gibt es als Datenstrukturen bekanntlich den sequentiellen und den Partitioned Dataset (als PDS und PDSE - wir brauchen hier in diesem Zusammenhang keinen Unterschied zu machen), im Unix kennen wir die Directories und Files. Dafür sind folgende Kombinationen des Datenaustauschs möglich:

Sequentiell / Member	←→	File	OPUT - OGET
Partitioned Dataset	←→	Directory	OPUTX - OGETX

Mit OCOPY kann man alle Varianten von OPUT und OGET ausführen.

Wir werden uns hier an einzelnen Beispielen mit der Funktionalität der Commands vertraut machen, ohne dabei auf alle Parameter detailliert einzugehen. Generell gilt für alle Commands:

- Es gibt die Parameter `TEXT | BINARY`, mit denen man festlegt, ob es sich um binäre oder Text-Daten handelt.
- Mit dem Parameter `CONVERT(convert_table) | YES | NO)` kann man eine Single-Byte Konvertierung festlegen.

Die Begriffe PUT und GET in den Command-Namen bezeichnen immer die MVS-Sichtweise, also bedeutet GET das Kopieren vom UNIX zum MVS, während bei PUT vom MVS zum UNIX kopiert wird.

[17] z/OS UNIX System Services Command Reference

Sequentieller Dataset oder Member ➔ HFS File

```
Syntax
   OPUT       dsname[(member)] 'filename'
              TEXT | BINARY
              CONVERT(conversion-table | YES | NO)

Notwendig - dsname filename

Defaults  - TEXT CONVERT(NO)
```

Wir wollen das Member ED1.SOURCE.C(HELLO) in die Directory /u/ed1/source/ kopieren:

```
oput source.c(hello) '/u/ed1/source/hello.c' text
```

Dieses Beispiel sollten wir durch einige Erklärungen ergänzen:

- Die Schreibweise: im MVS unterscheiden wir, im Gegensatz zum UNIX, bei Dataset-Namen nicht zwischen Groß- und Kleinschreibung, alle Namen werden automatisch zu Großbuchstaben konvertiert, deshalb ist es egal, in welcher Form wir den Dataset-Namen eingeben.

  Anders sieht es im UNIX aus, wo man die Unterscheidung kennt, deshalb ist es bei den Commands auch notwendig, den Filenamen korrekt anzugeben.

- Im TSO haben wir die Konvention, daß der Userid weggelassen werden kann, wenn er erster Qualifier des Namens ist. Deshalb haben wir nur source.c angegeben, was dann vom System zu ED1.SOURCE.C ergänzt wird.

HFS File ➔ Sequentieller Dataset oder Member

```
Syntax
   OGET       'filename' dsname[(member)]
              TEXT | BINARY
              CONVERT(conversion-table | YES | NO)

Notwendig - filename dsname

Defaults  - TEXT CONVERT(NO)
```

Daß das Kopieren in die andere Richtung genauso geht, ist zu erwarten, und deshalb gibt es bei dem Command auch keinerlei Überraschungen. Diesmal werden wir aber in einen sequentiellen Dataset, dessen Name nicht mit dem eigenen Userid beginnt, kopieren:

```
oget '/u/ed1/source/hello.c' 'ed2.hello.c' text
```

Wir müssen also den Dataset-Namen voll-qualifiziert in Hochkommas angeben.

Partitioned Dataset ➔ Directory

```
Syntax
   OPUTX     dsname[(member)] 'directory' | 'filename'
             ASIS
             TEXT | BINARY
             CONVERT(conversion-table | YES | NO)
             LC       MODE      QUIET
             SUFFIX[(suffix)]

Notwendig - dsname directory oder filename

Defaults  - ASIS TEXT CONVERT(NO)
```

Will man einen kompletten Partitioned Dataset in eine Directory kopieren, so kann man das mit dem Command OPUTX erreichen.

Sollen beispielsweise alle Members des Partitioned Datasets ED1.TEST1.C in die Directory /u/ed1/test1/ kopiert werden und soll dabei jeder Filename den Suffix .c bekommen, so ruft man den Command folgendermaßen auf:

```
oputx test1.c '/u/ed1/test1' text suffix(c)
```

Mit diesem Command werden folgende Daten kopiert:

ED1.TEST1.C(PGM1) ➔ /u/ed1/test1/PGM1.c
ED1.TEST1.C(PGM2) ➔ /u/ed1/test1/PGM2.c
ED1.TEST1.C(PGM3) ➔ /u/ed1/test1/PGM3.c

Hier hat wieder die Groß/Klein-Schreibung eine Bedeutung, die von TSO akzeptiert wird. Die Zeichenfolge `/u/ed1/test1` wird genauso übernommen, wie wir sie eingegeben haben, die Membername allerdings auch, und das erste Member heißt PGM1, und deshalb wird daraus die File PGM1.c generiert. Falls man daran interessiert ist, die Filenamen in Kleinschreibung zu bekommen, so erreicht man das mit dem Parameter `lc` (lower case).

Alle über OPUTX kopierten Files werden neu erstellt, falls sie noch nicht existieren, anderenfalls werden sie überschrieben. Die Directory muß allerdings schon existieren.

Man kann mit diesem Command auch ein einzelnes Member kopieren, wenn man das entsprechend angibt.

Directory ➔ Partitioned Dataset

```
Syntax
   OGETX      'directory' | 'filename' dsname[(member)]
              ASIS
              TEXT | BINARY
              CONVERT(conversion-table | YES | NO)
              LC      QUIET
              SUFFIX[(suffix)]

Notwendig - directory oder filename dsname

Defaults  - ASIS TEXT CONVERT(NO)
```

Beim Kopieren in die umgekehrte Richtung (wobei nur in einen existierenden Dataset kopiert werden kann) muß man darauf achten, daß die Filenamen den Konventionen für Membernamen entsprechen, sonst bekommt man die Fehlermeldung `File not selected`, die besagt, daß die File nicht kopiert worden ist. Falls die Filenamen aus Kleinbuchstaben bestehen, muß man das durch `lc` charakterisieren, und man stellt damit sicher, daß daraus die richtigen Membernamen (in Großbuchstaben) generiert werden.

```
getx '/u/ed1/test1' test1.c text suffix lc
```

Mit dem Parameter `SUFFIX` legt man fest, daß alle Files der Directory, unabhängig davon, welchen Suffix sie haben, kopiert werden sollen.

/u/ed1/test1/pgm1.c	➔	ED1.TEST1.C(PGM1)
/u/ed1/test1/pgm2.c	➔	ED1.TEST1.C(PGM2)
/u/ed1/test1/list.prg	➔	ED1.TEST1.C(LIST)

Will man beim Kopieren sicherstellen, daß nur die Files mit dem Suffix .c kopiert werden, so kann man das durch den Parameter `SUFFIX(c)` festlegen.

Kopieren mit dem Command OCOPY

Alle bisher beschriebenen Kopier-Funktionen von OGET und OPUT kann man auch mit dem Command OCOPY durchführen. Der wesentliche Unterschied liegt darin, daß man nicht die Namen des Datasets und der File oder Directory angibt, sondern daß man über den TSO-Command ALLOCATE Zuordnungen zwischen Daten und DD-Namen festlegt, auf die man dann im OCOPY-Command referiert. Das ergibt eine höhere Flexibilität, falls man den Command innerhalb einer Prozedur oder eines Programms aufrufen will.

```
Syntax
   OCOPY        INDD(ddname1) OUTDD(ddname2)
                TEXT | BINARY
                CONVERT(conversion-table | YES | NO)
                TO1047 | FROM1047
                PATHOPTS(USE | OVERRIDE)

Notwendig -     INDD OUTDD

Defaults  -     TEXT CONVERT(NO)
```

Der Begriff des DD-Namens (DD steht dabei für *Data Definition*) und der ALLOCATE-Command sind in anderen Kapiteln dieses Buches (beispielsweise *5.1 Einführung in JCL* und *11.1 CALL-Command*) beschrieben worden. Es soll hier nur generell erwähnt werden, daß man damit einem Dataset oder einer File einen logischen Ankerpunkt zuordnet, auf den man dann für die Verarbeitung der Daten referieren kann.

Wir haben bereits den OPUT-Command kennengelernt, um ein Member eines Partitioned Datasets (oder auch einen sequentiellen Dataset) in eine Directory zu kopieren. Die Aufgabe, das Member ED1.SOURCE.C(HELLO) in die Directory /u/ed1/source/ zu kopieren, werden wir jetzt mit dem OCOPY-Command lösen. Die Wahl der DD-Namen ist dabei beliebig, die Namen müssen nur den allgemeinen MVS-Konventionen entsprechen.

- `alloc ddname(mvs) dsname(source.c(hello)) shr`

  Den ALLOCATE-Command kann man mit ALLOC abkürzen, der Parameter SHR gibt die Disposition an, SHR bedeutet, daß kein exklusiver Zugriff auf den Dataset (wie er etwa beim Schreiben notwendig wäre) geplant ist.

- ```
  alloc ddname(hfs) path('u/ed1/source/hello.c') -
  pathdisp(keep,delete) pathopts(ordwr,ocreat) -
  pathmode(sirusr,siwusr)
  ```

  Anstelle des Parameters DSNAME benutzt man jetzt den Parameter PATH, um die File zu definieren. Die weiteren Parameter sollte man in der TSO-Dokumentation[18] nachlesen.

  Desweiteren erkennt man an dem Beispiel, daß man im TSO einen Command, den man nicht in einer Zeile eingeben kann, durch ein Minuszeichen unterbrechen und in der nächsten Zeile fortsetzen kann.

- `ocopy indd(mvs) outdd(hfs) text pathopts(use)`

  Mit PATHOPTS legt man fest, daß beim Kopieren die mit ALLOCATE definierten Werte benutzt werden sollen.

Das Kopieren in die andere Richtung geht entsprechend, wobei die DD-Namen vertauscht werden müssen. Generell ist noch zu unterscheiden, ob man den Dataset überschreiben will, oder ob man die Daten an das Ende anhängen will. Das legt man durch die Disposition des Datasets fest (OLD oder MOD), wobei letzteres bei einem Member nicht möglich ist, da kann man nur überschreiben oder ein neues Member er-

[18] z/OS TSO/E Command Reference
  ```

stellen. Die Disposition wäre in beiden Fällen OLD, da sie sich auf den Dataset und nicht auf ein einzelnes Member bezieht.

Nebenbemerkung: Man kann mit OCOPY auch einen MVS-Dataset in einen anderen MVS-Dataset kopieren, wenn man das im ALLOCATE entsprechend angibt.

12.5 Die ISPF Shell

Es gibt einerseits Shell-Commands, mit denen man seine Aufgaben ausführen kann, und es gibt die ISPF Shell, innerhalb der man ISPF-Dialoge aufruft, besonders dann, wenn man mit Files oder File-Systemen arbeitet.

Die Grundstruktur von ISPF und das Arbeiten mit ISPF-Dialogen ist in den Kapiteln 4 und 6 sehr ausführlich behandelt worden, und die dortigen Ausführungen gelten jetzt für die ISPF Shell im Unix-Umfeld genau so. Aus diesem Grund werden die ganzen Erklärungen in diesem Kapitel natürlich nicht noch einmal wiederholt, sondern der Schwerpunkt wird auf den Unix-spezifischen Einzelheiten liegen.

Aber einleitend doch noch einmal einige grundsätzliche Bemerkungen für unsere Unix-Freunde:

> Am Anfang dieses Kapitels wurden die Unterschiede zwischen dem **Raw Mode,** in dem jedes Zeichen nach Eingabe sofort verarbeitet wird, und dem **Line Mode** mit der Datenverarbeitung nach Drücken der Enter-Taste erwähnt. Im Zusammenhang mit ISPF gibt es noch einen anderen Mode, den **Full-Screen Mode**. Die eingegebenen Daten werden auch erst nach Drücken von Enter oder einer Funktionstaste verarbeitet, aber man kann Daten in mehreren Zeilen auf dem Bildschirm einfügen, löschen oder ändern, bevor ein Verarbeitungsschritt beginnt.

Womit kann man nun im ISPF arbeiten? Als *normaler* Benutzer (und nicht als der vollautorisierte *superuser*) hat man im ISPF Zugriff auf:

- Directories
- Reguläre Files
- FIFO Special Files
- Symbolische Links einschließlich externer Links

In den folgenden Betrachtungen werden wir uns auf Directories und reguläre Files konzentrieren, wer sich darüber hinaus mit den anderen Objekten beschäftigen möchte, findet im ISPF leicht die dafür notwendigen Informationen.

Neben den direkt angebotenen Funktionen kann man innerhalb der ISPF Shell auch Shell-Commands, REXX-Prozeduren und Programme ausführen.

Die ISPF Shell wird entweder durch den TSO-Command ISHELL oder durch Selektion der Shell innerhalb vom ISPF aufgerufen. Wo sie im ISPF zur Verfügung steht, ist installationsabhängig, hier sollte man gegebenenfalls bei seinem TSO-Administrator nachfragen.

Wenn man sich also von ISPF aus auf den Weg in die Unix-Welt macht, erhält man dieses MASTER Menu:

```
----------- OpenEdition MASTER Menu ----------------------------------------
OPTION ===>

            1 - Browse Files
            2 - Edit Files
            I - OpenMVS ISPF Shell
            O - OpenMVS Shell for additional help enter OH
                ALARM      ===> YES   YES/NO
                AUTOSCROLL ===> YES   YES/NO
                DBCS       ===> YES   YES/NO
                DEBUG      ===> NO    YES/NO/EVENT/DATA
                ECHO       ===> NO    YES/NO
                ESCAPE     ===>
                LINES      ===>       25-3000
                PFSHOW     ===> YES   YES/NO
                SESSIONS   ===> 1     1-100
                SHAREAS    ===> YES   YES/NO
                CONVERT    ===>
                add. PARMs ===>
```

Die beiden ersten Optionen (1 und 2) in diesem Menu[19] bieten uns direkt an, eine File aufzulisten oder zu Editieren, mit der Option O erhalten wir die z/OS Shell, die wir bereits kennen (OMVS-Command im TSO READY-Mode). Neben der Möglichkeit, noch diverse Parameter für die Session zu definieren, gibt es schließlich noch die Option I, mit der wir die ISPF Shell aufrufen.

```
  File  Directory  Special_file  Tools  File_systems  Options  Setup  Help
--------------------------------------------------------------------------
                                 ISPF Shell

Enter a pathname and do one of these:

    - Press Enter.
    - Select an action bar choice.
    - Specify an action code or command on the command line.

Return to this panel to work with a different pathname.
                                                              More:     +
   /u/ed1
   ________________________________________________________________
   ________________________________________________________________
   ________________________________________________________________

Command ===>
```

Dieses Panel ist genauso aufgebaut wie die *traditionellen* Panels im ISPF:

- In der obersten Zeile des Panels befindet sich die Action Bar, die alle Funktionen beinhaltet, die über die Shell angeboten werden, zu jedem der aufgeführten Begriffe gehört ein Pull Down, aus dem man die zur Verfügung stehenden Funktionen erkennt.

[19]Hier taucht noch der Begriff OpenEdition auf, unter diesem Namen wurde Unix erstmals in das MVS integriert, die jetzige Bezeichnung lautet, wie bereits erwähnt, UNIX System Services, aber das ist hier nun von keiner größeren Bedeutung.

- Im Mittelteil des Panels gibt man den Namen einer File an, sie kann existieren oder auch neu erstellt werden.
- Und der dritte Teil des Panels ist die Command-Zeile, hier kann man einen Command eingeben.

Die Arbeit in der ISPF Shell besteht aus zwei Schritten:

1. Man wählt ein Objekt, mit dem man arbeiten will, also den Pfad einer existierenden oder neu zu erstellenden File.
2. Man gibt die Funktion an, die man ausführen will.

Auswahl des Objekts

An dieser Stelle sollte vielleicht für den Unix-Benutzer, der mit den Eigenschaften von ISPF noch nicht so vertraut ist, darauf hingewiesen werden, daß die Action Bar ein wesentlicher Teil der meisten Panels ist, der den Benutzer in seiner Arbeit unterstützt. In der momentanen Situation bietet einem beispielsweise die Selection `Directory` eine Directory-Liste an, aus der man das gewünschte Objekt selektieren kann.

```
 File  Directory  Special_file  Tools  File_systems  Options  Setup  Help
----- +-----------------------------+ ------------------------------
      | _  1. List directory(L)...  | Shell
      |    2. New(N)...             |
Enter |    3. Attributes(A)...      |
      |    4. Delete(D)...          |
    - |    5. Rename(R)...          |
    - |    6. Copy to PDS(C)...     |
    - |    7. Copy from PDS(I)...   | n the command line.
      |    8. Print(P)              |
Retur |    9. Compare(M)...         | rent pathname.
      |   10. Find strings(F)...    |                       More:     +
   /u |   11. Set working directory(W) |
   __ |   12. File system(U)...     | ____________________________
   __ +-----------------------------+ ____________________________
   ____________________________________________________________

Command ===>
```

Hat man als Directory `/u/ed1/programm/` angegeben, so sieht die Auflistung der Directory folgendermaßen aus:

```
                              Directory List

/u/ed1/programm/
Select one or more files with / or action codes.

  Type  Filename                                               Row 1 of 44
_ Dir   .
_ Dir   ..
_ File  curv.c
_ File  dasd.c
_ File  default.c
_ File  def0.c
_ File  dtl.c
_ File  genbld.c
_ File  gendtl.c
_ File  help2.c
_ File  html.c
_ File  link.c
Command ===>
```

Will man beispielsweise eine File editieren, so gibt man den Action Code e an. Informationen über alle verfügbaren Action Codes erhält man, wie generell im ISPF üblich, über F1.

Die andere Möglichkeit, ein Objekt festzulegen, ist, dessen Namen direkt im Panel anzugeben. Falls man dabei einen Pfadnamen für eine File angibt, der nicht existiert, so bekommt man ein Pop-up Panel angezeigt, das einem unter anderem folgende Selektionen anbietet:

- Erstellen einer Directory
- Erstellen einer File durch den ISPF Editor
- Erstellen einer File durch Kopieren einer anderen File
- Erstellen einer File durch Kopieren eines Datasets

```
  File  Directory  Special_file  Tools  File_systems  Options  Setup  Help
- +-------------------------------------------------------------------------+
  |                         Create a New File                               |
  |                                                                         |
E | Pathname:                                                               |
  |                                                          More:     +    |
  |   /u/ed1/programm/new.d                                                 |
  |   _____________________________________________________________________ |
  |   _____________________________________________________________________ |
  |   _____________________________________________________________________ |
R |                                                                         |
  | Permissions  . . 600  (3 digits, each 0-7)                              |
  |                                                                         |
  | File type                          File source for regular file         |
  | __   1.  Directory                 __   1.  Edit...                     |
  |      2.  Regular file                   2.  Copy file...                |
  |      3.  FIFO                           3.  Copy data set...            |
  |      4.  Symbolic link...                                               |
  |      5.  Hard link...                                                   |
  |                                                                         |
  +-------------------------------------------------------------------------+
```

Gibt man den Namen einer existierenden File an, so wird nach dem ENTER die zu dem Typ gehörende *Default Action* (diese Definition kann man über `Options` in der Action Bar ändern) ausgeführt:

- Directory: Auflisten aller Files der Directory
- File: Auflisten (BROWSE) der File

Auswahl der Funktion

Nicht zum ersten Mal stellen wir fest, daß es wieder mehrere Möglichkeiten gibt, eine Aufgabe zu lösen. Man wird sich im Lauf der Zeit auf ein bestimmtes System konzentrieren, wie man arbeiten möchte, aber hier sollten doch wieder alle Varianten aufgeführt werden.

- Eine Möglichkeit haben wir bereits kennengelernt, die Auswahl über die Directory-Liste, in der man einen Action Code angeben kann.
- Eingabe in der Command-Zeile: hier kann man dieselben Action Codes wie in der Directory-Liste angeben.
- Man trifft in der Action Bar seine Wahl, indem man den Cursor auf die gewünschte Action positioniert und nach einem ENTER ein Pull Down mit den möglichen Aktionen angezeigt bekommt.

Wählt man beispielsweise das zu `FILE` gehörende Pull Down, so erhält man die foldenden Funktionen angeboten, mit denen man eine File verarbeiten kann.

```
 File  Directory  Special_file  Tools  File_systems  Options  Setup  Help
+---------------------------+ -----------------------------------------
|    1. New(N)...           | nMVS ISPF Shell
|    2. Attributes(A)...    |
|    3. Delete(D)...        | these:
|    4. Rename(R)...        |
|    5. Edit(E)...          |
|    6. Browse text(B)...   | ce.
|    7. Browse records(V)...|  command on the command line.
|    8. Copy to(C)...       |
|    9. Replace from(I)...  | th a different pathname.
|   10. Print(P)            |                                More:
|   11. Compare(M)...       |
|   12. Find strings(F)...  | ____________________________________
|   13. Run(X)...           | ____________________________________
|   14. Link...             | ____________________________________
|   15. File system(U)...   |
+---------------------------+
```

In der gleichen Form werden auch für die anderen Elemente der Action Bar Funktionen angeboten, es ist sicherlich nicht notwendig, diese hier aufzuzeigen, das probiert man einfach selbst einmal aus.

Editieren einer File

Wir haben bereits kennengelernt, daß es verschiedene Möglichkeiten gibt, den Editor aufzurufen, entweder über den Action Code `e` innerhalb der ISPF Shell oder auch direkt aus dem OpenEdition MASTER Menu heraus durch die Option 2. In letzterem Fall bekommt man das folgende Panel angezeigt:

```
--------------------------- EDIT - ENTRY PANEL -----------------------
Command ===>


Directory       ===> /u/ed1


Filename        ===> .sh_history

Profile name    ===>

Initial macro   ===>
```

Die Felder `Directory` und `Filename` sind uns vertraut, bei `Profile name` und `Initial macro` geht es um Feinheiten im Editor, die im Kapitel *4. ISPF* beschrieben sind, wir können sie hier erst einmal ignorieren und die Felder leer lassen.

Beim Aufruf des Editors über einen Action Code wird man auch nach diesen Optionen gefragt:

```
                          Directory List
   +----------------------------------------------------+
 / |            Select Edit or Browse Options           |
 S |                                                    |
   | Enter options for edit:                            |
   | Profile name . . . . ________                      |
 _ | Initial macro  . . . ____________________          |
 _ |                                                    |
 e | Select additional options:                         |
   | _  Edit or browse command line on bottom           |
   |  _  Bypass this panel on edit                      |
   |                                                    |
   +----------------------------------------------------+
```

Hier kann man mit den Default-Werten arbeiten und durch ENTER in den EDIT-Mode kommen:

```
  File  Edit  Edit_Settings  Menu  Utilities  Compilers  Test  Help
-------------------------------------------------------------------------------
EDIT       /u/ed1/.sh_history                              Profile overridden
Command ===>                                                   Scroll ===> PAGE
****** ***************************** Top of Data ******************************
==MSG> -CAUTION- Data contains invalid (non-display) characters. Use command
==MSG>           ===> FIND P'.' to position cursor to these
==MSG> -CAUTION- Profile changed to STATS OFF (from STATS ON) because
==MSG>           ISPF statistics cannot be collected for EDIF service data sets
000001  cd ..
000002   cd ..
000003   cd usr
000004   cd lpp
000005   ls
000006   ldap
000007   cd ldap
000008   ls
000009   cd etc
000010   ls
```

Man sollte sich an dieser Stelle nicht über die durch `==MSG>` gekennzeichneten Informationen irritieren lassen, man kann sie ignorieren und durch `RESET` löschen.

Damit befindet man sich jetzt im Edit-Mode und kann mit allen Funktionen des Editors so arbeiten, wie sie in den Kapiteln *4. ISPF* und *6. ISPF - Teil 2* beschrieben worden sind. Am Anfang mag es vielleicht recht hilfreich sein, wenn man sich durch

```
Command ===> pfshow
```

die Funktionstasten anzeigen läßt, falls dieses nicht schon automatisch geschieht.

Von den vielen zur Verfügung stehenden Commands seien zumindest noch die folgenden erwähnt:

COPY	Kopieren einer anderen File oder eines Datasets in die editierte File
MOVE	Verschieben einer anderen File oder eines Datasets in die editierte File
REPLACE	Überschreiben einer anderen File oder eines Datasets mit den Daten der editierten File
CREATE	Generieren einer anderen File oder eines Datasets aus den Daten der editierten File

Diese Funktionen sind im Kapitel *6.1 ISPF EDIT - Kopieren von Daten* beschrieben, wobei lediglich das Panel, in dem man auf eine andere File referiert, anders aussieht, als wenn man mit Datasets arbeitet, es tauchen dort allerdings keine neuen Begriffe auf.

Zumindest eine weitere Funktion sollte noch kurz erwähnt werden - wie kann ich aufhören: F3 (END) speichert die eingegebenen Daten und beendet die Edit-Session.

12.6 Ausführung von Programmen

Es gibt verschiedene Möglichkeiten, z/OS UNIX System Services zu nutzen. Wir haben bereits TSO-Commands wie OGET oder OCOPY kennengelernt, mit denen man Daten zwischen MVS-Datasets und HFS-Files kopieren kann. Oder es gibt die ISPF Shell, in der man Unix-Funktionen aufrufen kann. Eine andere Möglichkeit bietet das Utility BPXBATCH.

Programm-Ausführung als Batch-Job

Mit BPXBATCH kann man Shell-Commands, Shell-Scripts oder Programme, sie werden im Unix *Executable Files* genannt, ausführen.

Hat man beispielsweise ein Java-Programm, das man als Batch-Job zur Ausführung bringen will, so ist das mit folgender JCL möglich:

```
//ED1JAVA JOB (EDUC,19-30),TEUFFEL,CLASS=A,MSGCLASS=H,
// TIME=5,NOTIFY=ED1
//*********************************************************
//* AUSFUEHRUNG EINES JAVA-PROGRAMMS IM BATCH
//*********************************************************
//STEP1 EXEC PGM=BPXBATCH,PARM='SH java Test1'
//STDOUT DD PATH='/u/ed1/stdout',
// PATHOPTS=(OWRONLY,OCREAT,OTRUNC),
// PATHMODE=SIRWXU
//STDERR DD PATH='/u/ed1/stderr',
```

```
// PATHOPTS=(OWRONLY,OCREAT,OTRUNC),
// PATHMODE=SIRWXU
//STDENV DD *
  CLASSPATH=/u/ed1:$CLASSPATH/*
```

Die allgemeinen Informationen über JCL sind im Kapitel *5. Job-Verarbeitung im Background* zu finden. Zu den speziellen Unix-Parametern in der JCL ist folgendes zu sagen:

- Im EXEC-Statement wird das Programm BPXBATCH aufgerufen, und als Parameter wird der Name des Programms angegeben, das ausgeführt werden soll.
- In den DD-Statements werden die Daten definiert, mit denen das Programm arbeiten soll. **stdin**, **stdout** und **stderr** sind dabei Standardbezeichnungen, sie werden in der JCL allerdings als STDIN, STDOUT und STDERR angegeben, da hier, von Ausnahmen (wie beispielsweise Pfadnamen) abgesehen, alles in Großbuchstaben angegeben werden muß. Fehlt eine dieser Angaben, so werden dafür Default-werte genommen.

In den DD-Statements tauchen einige Parameter auf, die es nur im Unix gibt:

PATH	Pfadname für eine HFS-File
PATHOPTS	Beschreibung des Zugriffs auf eine File (z.B. Lesen oder Schreiben)
PATHMODE	Beschreibung der Zugriffs-Autorisierung
PATHDISP	Beschreibung, was mit der File bei Programm-Ende geschehen soll

Wenn das Programm nicht auf eine HFS-File, sondern auf einen MVS-Dataset zugreifen soll, so ist das DD-Statement entsprechend zu ändern:

```
//STDOUT DD DSN=ED1.TEST.DATA,DISP=SHR
```

In dem JCL-Beispiel taucht noch ein Statement für STDENV auf, darin wird eine *Environment Variable File* für die Ausführung des Jobs definiert. Dort werden bestimmte Charakteristiken einer Unix-Umgebung festgelegt, auf die hier nicht weiter eingegangen wird. Einzelheiten dazu wie auch zu den nur generell beschriebenen Parametern in dem Job sind in der UNIX-Dokumentation[20] nachzulesen.

Im Kapitel 5 ist auch beschrieben worden, wie man mit SDSF relativ einfach auf die von einem Job erstellten Ergebnisse zugreifen kann. Wenn man von dieser Möglichkeit Gebrauch machen will, muß man die JCL um einen zweiten Step (hier wird TSO im Batch aufgerufen) erweitern, in dem die Ergebnisse in SYSOUT-Files kopiert werden, auf die man mit SDSF zugreifen kann.

```
//ED1JAVA JOB (EDUC,19-30),TEUFFEL,CLASS=A,MSGCLASS=H,
// TIME=5,NOTIFY=ED1
//*************************************************************
//* AUSFUEHRUNG EINES JAVA-PROGRAMMS IM BATCH
//*************************************************************
//STEP1 EXEC PGM=BPXBATCH,
// PARM='SH java itso.jni.CBl2C2JWineReader'
//STDIN    DD DUMMY
//STDENV   DD DUMMY
//STDOUT   DD PATH='/tmp/ed1.out',
// PATHOPTS=(OWRONLY,OCREAT,OTRUNC),PATHMODE=SIRWXU
```

[20] z/OS UNIX System Service User's Guide, Java Programming Guide for OS/390

```
//STDERR   DD PATH='/tmp/ed1.err',
// PATHOPTS=(OWRONLY,OCREAT,OTRUNC),PATHMODE=SIRWXU
//STEP1 EXEC PGM=IKJEFT01 ,DYNAMNBR=300,COND=EVEN
//SYSTSPRT DD SYSOUT=*
//HFSOUT   DD PATH='/tmp/ed1.out'
//HFSERR   DD PATH='/tmp/ed1.err'
//STDOUTL  DD SYSOUT=*,DCB=(RECFM=VB,LRECL=133,BLKSIZE=137)
//STDERRL  DD SYSOUT=*,DCB=(RECFM=VB,LRECL=133,BLKSIZE=137)
//SYSPRINT DD SYSOUT=*
//SYSTSIN  DD *
  OCOPY INDD(HFSOUT) OUTDD(STDOUTL)
  OCOPY INDD(HFSERR) OUTDD(STDERRL)
```

BPXBATCH im TSO

Man kann BPXBATCH auch direkt im TSO READY-Mode aufrufen, um einen Shell-Command oder ein Shell-Script zur Ausführung zu bringen:

```
bpxbatch sh shellcmd
```

- Der Parameter `sh` bewirkt, daß zuerst das Unix-Profil verarbeitet wird
- `shellcmd` ist der Name eines Commands oder Scripts

Wie bereits früher beschrieben, gibt es auch eine REXX-Prozedur OSHELL (die intern BPXBATCH aufruft), mit der man Shell-Commands im TSO READY-Mode ausführen kann. Will man beispielsweise die File `dbtest.c` löschen, so ruft man OSHELL folgendermaßen auf:

```
oshell rm -r /u/ed1/testdir/dbtest.c
```

12.7 Zusammenfassung

UNIX System Services

OMVS Aufruf der z/OS Shell
ISHELL Aufruf der ISPF Shell
OEDIT Aufruf des ISPF-Editors
OSHELL Ausführung von Programmen

MVS-Datasets

- Master Catalog
  - User Prefix (Alias)
    - Partitioned Dataset
      - Members
    - Sequentieller Dataset

Hierarchisches File-System

- Root Directory
  - User Directory (Home Directory)
    - Subdirectories
      - Files
      - Files

Datenaustausch UNIX - MVS

OPUT	Sequentiell / Member	→	File
OGET	Sequentiell / Member	←	File
OPUTX	Partitioned Dataset	→	Directory
OGETX	Partitioned Dataset	←	Directory
OCOPY	Sequentiell / Member	←→	File

Ausführung von Programmen

BPXBATCH Utility, das im TSO oder in Batch-Jobs aufgerufen werden kann

Sprachvergleich z/OS MVS und Unix

In Ergänzung zu dieser Zusammenfassung werden jetzt noch einige Begriffe aufgeführt, die man im z/OS MVS und im Unix mit unterschiedlichen Namen bezeichnet. Sie werden inhaltlich nicht weiter erklärt und sind deshalb besonders für diejenigen Leser interessant, die sie aus der einen oder anderen Umgebung kennen.

	z/OS MVS	**Unix**
Betriebssystem	z/OS MVS Nucleus	System Kernel
Zugriff auf Funktionen im Betriebssystem	Supervisor Call	System Service Routine Call
Ausführbares Programm	Programm in Load Library	Executable File
Speicher für allgemein verfügbare Programme	SYS1.LINKLIB	/bin Directory
Starten des Betriebssystems	Initial Program Load (IPL)	Boot
Plattenspeicher	Direct Access Storage Device (DASD)	Spindle - Disk - Disc
Asynchrone Verarbeitung	Job	Batch Process
Aktivität, die nicht unter Kontrolle eines End-Benutzers abläuft	System Started Task	Daemon Process
Speicher im Rechner, der allen Benutzern zur Verfügung steht	Common Storage	Shared Memory Segment
Autorisierung für spezielle System-Funktionen	Supervisor Mode	Superuser Mode

13.0 Programmierung im TSO

- TSO bietet vielfältige Unterstützung zur Programmierung und zum Test eigener Programme an

  Wir lernen hier nicht kennen, wie man programmiert, sondern wie man die TSO-Unterstützung ausnutzen kann.

- Assembler - die Mutter aller Programmiersprachen

  Vermutlich ist der Assembler nicht mehr so zeitgemäß, aber er bildet doch immer noch eine wichtige Programmiergrundlage.

- Von PL/I zu C++ - alle Sprachen werden unterstützt

  Für alle geläufigen Sprachen findet man im ISPF den richtigen Compiler

TSO bietet seinen Benutzern verschiedene Programmierhilfen an, die man zur Entwicklung und zum Testen heranziehen kann. In diesem Kapitel wird nicht darüber gesprochen, wie man programmieren lernt, das ist ein anderes Thema, sondern für die weiteren Betrachtungen werden Programmierkenntnisse vorausgesetzt. Aus den vielen zur Verfügung stehenden Programmiersprachen wollen wir uns dabei auf den

- Assembler

konzentrieren. Für andere Sprachen, wie beispielsweise PL/I, FORTRAN, COBOL, PASCAL oder C++, kann man in den ISPF-Optionen 4 und 5 in gleicher Form die entsprechenden Compiler aufrufen, wobei es allerdings installationsabhängig ist, welche Compiler zur Verfügung stehen.

An dieser Stelle mag vielleicht die Frage aufkommen: ***Warum Assembler?***

Warum Assembler - gute Frage. Die jungen Programmierer von heute werden den Assembler vielleicht noch vom Hörensagen als Opas Programmiersprache kennen, ansonsten darüber lachen und mit Java arbeiten - das ist heute IN. Und sicherlich wird heute niemand auf die Idee kommen, neue Anwendungen in Assembler zu schreiben.

Wir sollten aber nicht übersehen, daß es auf den Großrechnern noch viele Programme gibt (seit vielen Jahren gibt), die im Assembler geschrieben sind, sie laufen und laufen, und man möchte sie überhaupt nicht anrühren, solange sie tun. Aber wenn es dann doch einmal notwendig sein sollte, sich mit ihnen zu beschäftigen, dann wird ganz dringend nach jemandem Umschau gehalten, der sich damit auskennt oder sich zumindest einarbeiten könnte. Und dann ist es ganz gut, wenn man auch Unterlagen dazu findet. Der TEST-Command im TSO ist ein hervorragendes Tool zur Fehlersuche in einem Assembler-Programm, und deshalb soll auf ihn in diesem Buch nicht verzichtet werden.

Der Leser mag vielleicht aus obigen Ausführungen auf eine gewisse Nostalgie meinerseits schließen und damit auch nicht unbedingt falsch liegen - aber wer mit Java arbeiten will, wird die Informationen darüber mit Sicherheit nicht in diesem Buch suchen.

In den vorhergehenden Ausgaben dieses Buches wurde als zweite Sprache noch relativ ausführlich PL/I besprochen. Der Grund lag in der Verfügbarkeit eines PL/I Checkout Compilers, der sehr gute Testmöglichkeiten geboten hat und deshalb im Rahmen der interaktiven Programmierung im TSO an dieser Stelle beschrieben wurde. Da es diesen Compiler nicht mehr gibt, wird über ISPF nur noch der PL/I Optimizing Compiler angeboten, der sich in seinem Aufruf und Funktionalität nicht von anderen Compilern unterscheidet. Deshalb ist auf eine ausführliche Beschreibung verzichtet worden. Zum Testen von PL/I-Programmen gibt es das IBM Debug Tool[21], das hier aber nicht beschrieben wird.

13.1 ISPF-Optionen

Im ISPF haben wir, wie erwähnt, zwei Optionen, um den Assembler oder die diversen Compiler aufzurufen:

4 FOREGROUND, also Aufruf der Funktionen im Dialog

5 BATCH, es wird JCL für eine Job-Ausführung erstellt

[21] Debug Guide User's Guide and Reference (SC09-2137)

Wir werden uns im weiteren Verlauf auf die Foreground-Ausführung konzentrieren, von der Handhabung her gibt es in der Option 5 kaum Unterschiede, es muß, wie wir es schon kennen, ein gültiger JOB-Record definiert werden, und wir können mehrere Schritte, beispielsweise Assembler und Linkage Editor, in einem Job ablaufen lassen.

```
  Menu  Utilities  Help
-----------------------------------------------------------------------------
                          Foreground Selection Panel
Option ===> _

1     Assembler                           11  *FORTRAN debug
2     COBOL                               12   Member Parts List
3     VS FORTRAN                          13  *C/370
5     PL/I                                14  *REXX/370
6     VS PASCAL                           15  *ADA/370
7    *Binder/Link editor                  16  *AD/Cycle C/370
9     SCRIPT/VS                           18   ISPDTLC
10   *VS COBOL II debug                   19  *OS/390 C/C++
10A  *OS/VS COBOL debug                   20  *z/OS C/C++

    Enter "/" to select option            * No packed data support
       Source Data Packed
```

Das über Option 4 bereitgestellte Menu bietet uns verschiedene Funktionen an, von denen sich alle bis auf SCRIPT, das wir bereits früher behandelt haben, auf die Programmierung beziehen.

Außerdem hat man die Möglichkeit, festzulegen, ob die vom Compiler erstellte Programmliste automatisch angezeigt, gedruckt oder gelöscht werden soll. Es kann dabei, falls man es angibt, direkt auf gepackte Daten zugegriffen werden, wir haben das für den EDIT-Mode besprochen.

13.2 Assembler-Programm

Die Entwicklung eines Assembler-Programms besteht aus folgenden Schritten:

- Erstellen des Programms (Source Code) über EDIT
- Aufruf des Assemblers
- Aufruf des Linkage Editors
- Testen des Programms

Zum Editieren brauchen wir nichts zu sagen, nur, daß jedes Programm als Member eines Partitioned Datasets gespeichert sein sollte, mit der Namenskonvention

- drei Qualifier
- letzter Qualifier ASM

Als Beispiel für das Entwickeln und Testen eines Programms werden wir versuchen, die Abfrage unserer Namensliste (wir haben das ja bereits als CLIST definiert) als Assembler-Programm zu schreiben, allerding diesmal die Suche nach einem Namen. Dabei setzen wir der Einfachheit halber voraus, daß die Liste bezüglich der Namen sortiert ist, anderenfalls müßte man sie vor Aufruf des Programms sortieren.

TGET - TPUT

Als etwas TSO-Spezifisches sei in diesem Zusammenhang auf zwei System-Macros hingewiesen, mit denen man zwischen Programm und Benutzer kommunizieren kann:

TGET - Lesen vom Bildschirm

TPUT - Schreiben auf den Bildschirm

Diese beiden Macros können nur in einer TSO-Umgebung benutzt werden, sie sind einfacher als die GET/PUT-Macros und benötigen kein OPEN/CLOSE, so wie es sonst die Assembler-Programmierer bei der Ein- und Ausgabe von Daten gewohnt sind.

Die Macros haben folgendes Format:

`TGET` Adresse,Länge
`TPUT` Adresse,Länge

Es ist die Adresse des Feldes, das gelesen oder geschrieben werden soll, anzugeben, sowie die jeweilige Länge. Beim Lesen ist dabei zu beachten, daß eine eingelesene Zeichenfolge, die kürzer als angegeben ist, mit Leerzeichen aufgefüllt wird. Im Register 1 ist danach die Zahl der eingegebenen Zeichen gespeichert.

Es gibt noch ein zweites Format für die Macros, nämlich

```
TGET (Reg1),(Reg2),R
TPUT (Reg1),(Reg2),R
```

Dabei enthalten die Register Reg1 und Reg2 jeweils die Adressen des Datenfelds bzw. die Länge.

Wenden wir uns jetzt dem Programm zu, das wir schreiben und testen wollen. Wir speichern es als Member NAMEN im Dataset ED1.PROGRAMM.ASM, es sieht folgendermaßen aus:

```
PRINT NOGEN
**********************************************************************
*        INITIALISIERUNG
**********************************************************************
NAMEN    CSECT
         STM   14,12,12(13)          SPEICHERN DER REGS
         LR    12,15                 LADE-ADRESSE
         USING NAMEN,12              ADRESSIERUNG DER CSECT
         ST    13,SAVE+4
         LA    8,SAVE                ADRESSE DER SAVE-AREA
         ST    8,8(13)
**********************************************************************
*        FRAGE/ANTWORT - PRUEFUNG AUF NULL = ENDE
**********************************************************************
EINGABE  TPUT  FRAGE,L'FRAGE         FRAGE NACH DEM NAMEN
         TGET  INNAME,11             ANTWORT
         LTR   1,1                   IST EINE ANTWORT GEKOMMEN ?
         BZ    KOMPLETT              NEIN ----> PROGRAMM KOMPLETT
         OPEN  (DATEN,(INPUT))
         MVI   JA,X'00'              JA-SCHALTER AUS
**********************************************************************
*        SUCHEN DES NAMENS IN DER LISTE
**********************************************************************
LESEN    GET   DATEN,LISTE           ADRESSE DER LISTE
VERGL    CLC   INNAME,NAME           NAMENS-VERGLEICH
         BE    FOUND                 GEFUNDEN ? JA
         BH    NOTFOUND              NAME IST NICHT IN TABELLE
         B     LESEN                 NAECHSTER RECORD
NOTFOUND CLI   JA,X'FF'              ZWEITES NAMENSSUCHEN?
```

```
         BE    NEXT
         TPUT  NONAME,L'NONAME+11  NAME NICHT GEFUNDEN
NEXT     CLOSE (DATEN)
         B     EINGABE
FOUND    MVC   ANAME,NAME          AUSGABE VORBEREITEN
         MVC   AVNAME,VNAME
         MVC   AORT,ORT
         MVC   APERSNR,PERSNR
         TPUT  ANTWORT,L'ANTWORT   ERGEBNIS SCHREIBEN
         MVI   JA,X'FF'            JA-SCHALTER AN
         B     LESEN
***************************************************************
*        BEENDEN DES PROGRAMMS
***************************************************************
KOMPLETT LM    14,12,12(13)        LADEN DER REGISTER
         SR    15,15               RETURN CODE 0
         BR    14                  RUECKSPRUNG
***************************************************************
*        KONSTANTEN
***************************************************************
FRAGE    DC    C'GEBEN SIE BITTE DEN NAMEN EIN :'
NONAME   DC    C'KEIN EINTRAG GEFUNDEN FUER : '
INNAME   DC    CL11' '
JA       DC    X'00'
ANTWORT  DS    0CL80
         DC    C'NAME : '
ANAME    DC    CL11' '
         DC    C' '
AVNAME   DC    CL19' '
         DC    C' ORT : '
AORT     DC    CL18' '
         DC    C' PN : '
APERSNR  DC    CL5' '
         DC    CL6' '
LISTE    DS    0CL80
         DS    CL2
NAME     DS    CL11
         DS    CL2
VNAME    DS    CL19
         DS    CL3
ORT      DS    CL18
         DS    CL2
PERSNR   DS    CL5
         DS    CL18
DATEN    DCB   DSORG=PS,MACRF=GM,DDNAME=DATEN,EODAD=NOTFOUND
SAVE     DS    18F
         END
```

Aufruf des Assemblers (4.1)

Über Option 1 wählen wir den Assembler und erhalten damit das Menu, in dem wir die notwendigen Parameter festlegen können.

```
  Menu  RefList  Utilities  Help
------------------------------------------------------------------------------
                            Foreground Assembler
Command ===>

ISPF Library:
   Project . . . ED1
   Group . . . . PROGRAMM . . .        . . .        . . .
   Type  . . . . ASM
   Member  . . . _          (Blank or pattern for member selection list)

Other Partitioned or Sequential Data Set:
   Data Set Name  . .

List ID . . .              Assembler
Password  . .              1  1. High Level Assembler  2. Assembler H

Assembler Options: (Options OBJECT and LIST generated automatically)
       ===>  TEST,TERM

Additional input libraries:
       ===>
       ===>
       ===>
```

Über dieses Panel stehen zwei verschiedene Assembler-Varianten zur Verfügung, ein High Level Assembler und ein Assembler H, von denen man eine auszuwählen hat.

Neben dem Input-Dataset, der das Programm enthält, ist im Feld

```
List ID     . . .
```

der Dataset anzugeben, in dem die Output-Liste gespeichert werden soll. Bleibt dieses Feld frei, so wird vom ISPF dafür ein Dataset

```
USERID.member.LIST
```

angelegt, in unserem Fall ist das also der Dataset ED1.NAMEN.LIST. Ferner hat man im Feld

```
Assembler Options: (Options OBJECT and LIST generated automatically)
           ===> TEST,TERM
```

die Möglichkeit, Assembler-Optionen anzugeben. Wir wählen hier die Optionen TEST (um später beim Testen symbolische Adressen ansprechen zu können) und TERM (Assembler-Mitteilungen an den Bildschirm).

Wenn man zusätzliche Macro-Datasets hat oder Dateien angeben will, aus denen man sich über ein COPY-Statement Daten in das zu assemblierende Programm kopieren lassen will, so können diese im Feld

```
Additional input Libraries:
        ===>
        ===>
        ===>
```

angegeben werden.

Durch ENTER wird nun der Assembler aufgerufen und produziert, wenn wir Glück haben, die Mitteilung, daß keine Fehler gefunden wurden:

```
NO STATEMENTS FLAGGED IN THIS ASSEMBLY
HIGHEST SEVERITY WAS    0
OPTIONS FOR THIS ASSEMBLY
  ALIGN, ALOGIC, BUFSIZE(STD), NODECK, NOESD, FLAG(0), LINECOUNT(55), LIST,
  NOM, CALL, YFLAG, WORKSIZE(2097152)
  NOMLOGIC, NUMBER, OBJECT, NORENT, NORLD, STMT, NOLIBMAC, TERMINAL, TEST,
  XREF SYSPARM()
```

Falls doch Fehler auftreten, so sind diese im EDIT zu beheben. Die fehlerhaften Programmzeilen sind aus der Programmliste, die wir jetzt im BROWSE-Mode am Bildschirm haben, zu erkennen.

```
LOC  OBJECT CODE    ADDR1 ADDR2  STMT   SOURCE STATEMENT
                                    1          PRINT NOGEN
                                    2 ************************************
                                    3 *        INITIALISIERUNG
                                    4 ************************************
0000                                5 NAMEN    CSECT
0000 90EC D00C      0000C           6          STM   14,12,12(13)        SPE
0004 18CF                           7          LR    12,15               LAD
                          00000     8          USING NAMEN,12            ADR
0006 50D0 C238      00238           9          ST    13,SAVE+4
000A 4180 C234      00234          10          LA    8,SAVE              ADR
000E 508D 0008      00008          11          ST    8,8(13)
                                   12 ************************************
                                   13 *        FRAGE/ANTWORT - PRUEFUNG AUF
                                   14 ************************************
                                   15 EINGABE  TPUT  FRAGE,L'FRAGE       FRA
                                   26          TGET  INNAME,11           ANT
0046 1211                          38          LTR   1,1                 IST
0048 4780 C0E4      000E4          39          BZ    KOMPLETT            NEI
                                   40          OPEN  (DATEN,(INPUT))
0056 9200 C133      00133          46          MVI   JA,X'00'            JA-
                                   47 ************************************
                                   48 *        SUCHEN DES NAMENS IN DER LIST
                                   49 ************************************
                                   50 LESEN    GET   DATEN,LISTE         ADR
0068 D50A C128 C186 00128 00186    55 VERGL    CLC   INNAME,NAME         NAM
006E 4780 C0AA      000AA          56          BE    FOUND               GEF
0072 4720 C07A      0007A          57          BH    NOTFOUND            NAM
0076 47F0 C05A      0005A          58          B     LESEN               NAE
007A 95FF C133      00133          59 NOTFOUND CLI   JA,X'FF'            ZWE
007E 4780 C09C      0009C          60          BE    NEXT
                                   61          TPUT  NONAME,L'NONAME+11  NAM
                                   72 NEXT     CLOSE (DATEN)
00A6 47F0 C014      00014          78          B     EINGABE
00AA D20A C13B C186 0013B 00186    79 FOUND    MVC   ANAME,NAME          AUS
00B0 D212 C147 C193 00147 00193    80          MVC   AVNAME,VNAME
00B6 D211 C161 C1A9 00161 001A9    81          MVC   AORT,ORT
00BC D204 C179 C1BD 00179 001BD    82          MVC   APERSNR,PERSNR
                                   83          TPUT  ANTWORT,L'ANTWORT   ERG
00DC 92FF C133      00133          94          MVI   JA,X'FF'            JA-
00E0 47F0 C05A      0005A          95          B     LESEN
                                   96 ************************************
                                   97 *        BEENDEN DES PROGRAMMS
                                   98 ************************************
00E4 98EC D00C      0000C          99 KOMPLETT LM    14,12,12(13)        LAD
00E8 1BFF                         100          SR    15,15               RET
00EA 07FE                         101          BR    14                  RUE
                                  102 ************************************
                                  103 *        KONSTANTEN
                                  104 ************************************
00EC C7C5C2C5D540E2C9             105 FRAGE    DC    C'GEBEN SIE BITTE DEN N
010B D2C5C9D540C5C9D5             106 NONAME   DC    C'KEIN EINTRAG GEFUNDEN
0128 4040404040404040             107 INNAME   DC    CL11' '
0133 00                           108 JA       DC    X'00'
```

```
0134                           109 ANTWORT  DS    0CL80
0134 D5C1D4C5407A40            110          DC    C'NAME : '
013B 4040404040404040          111 ANAME    DC    CL11' '
0146 40                        112          DC    C' '
0147 4040404040404040          113 AVNAME   DC    CL19' '
015A 40D6D9E3407A40            114          DC    C' ORT : '
0161 4040404040404040          115 AORT     DC    CL18' '
0173 40D7D5407A40              116          DC    C' PN : '
0179 4040404040                117 APERSNR  DC    CL5' '
017E 404040404040              118          DC    CL6' '
0184                           119 LISTE    DS    0CL80
0184                           120          DS    CL2
0186                           121 NAME     DS    CL11
0191                           122          DS    CL2
0193                           123 VNAME    DS    CL19
01A6                           124          DS    CL3
01A9                           125 ORT      DS    CL18
01BB                           126          DS    CL2
01BD                           127 PERSNR   DS    CL5
01C2                           128          DS    CL18
                               129 DATEN    DCB   DSORG=PS,MACRF=GM,DDNAM
0234                           183 SAVE     DS    18F
                               184          END
```

Da bei uns alles fehlerfrei lief, können wir den nächsten Schritt ausführen.

Aufruf des Linkage Editors (4.7)

Der Assembler produziert neben der Programmliste das sogenannten OBJECT Module, das in einem Dataset gespeichert wird, dessen Name sich vom Programm-Dataset durch den letzten Qualifier OBJ unterscheidet. Wir haben diesen Dataset nicht selbst erstellt, sondern haben ihn von ISPF anlegen lassen. Er ist jetzt Input für den Linkage Editor, der das Object Module in ein Load Module, und damit in ein ausführbares Programm umwandelt.

```
  Menu  RefList  Utilities  Help
------------------------------------------------------------------------
                        Foreground Binder/Linkage Editor
Command ===>

ISPF Library:
   Project . . . ED1
   Group . . . . PROGRAMM . . .          . . .          . . .
   Type  . . . . OBJ
   Member  . . . NAMEN_     (Blank or pattern for member selection list)

Other Partitioned Data Set:
   Data Set Name  . .

                              Processor
List ID . . . . .             1  1. Binder
Password  . . . .                2. Linkage Editor

Linkage editor/binder options: (Options LOAD, LIB, and PRINT generated
automatically)
         ===>

Additional input libraries:
SYSLIB  . .
SYSLIB  . .
SYSLIB  . .
SYSLIN  . .
```

Wenn wir den Linkage Editor in der Form aufrufen wollen, daß wir nicht nur ein Object Module als Eingabe haben, sondern über Kontroll-Statements ein komplexeres Load Module erstellen wollen, so gibt man als Eingabe einen Dataset mit einem anderen letzten Qualifier als OBJ, z.B. LEL, in dem sich die Kontroll-Statements befinden. Dafür wird der entsprechende OBJ-Dataset von ISPF mit dem DD-Namen OBJECT zugeordnet. Durch die Angabe

```
Project . . . ED1
Group   . . . LIB1      . . . LIB2      . . .          . . .
Type    . . . LEL
Member  . . . LMOD1
```

wobei der Dataset

```
ED1.LIB1.LEL(LMOD1)
```

die folgenden Kontroll-Statements enthält

```
INCLUDE OBJECT(OBJMOD1)
INCLUDE OBJECT(OBJMOD2)
NAME LMOD1(R)
```

werden die Datasets ED1.LIB1.OBJ und ED1.LIB2.OBJ nach den Modules OBJMOD1 und OBJMOD2 durchsucht, und das vom Linkage Editor produzierte Load Module erhält den Namen LMOD1.

In unserem einfachen Fall reicht nach Angabe des Parameters TEST ein Drücken von ENTER, um den Linkage Editor aufzurufen.

```
  Menu  Utilities  Compilers  Help
-----------------------------------------------------------------------------
BROWSE    ED1.NAMEN.LINKLIST                          Line 00000000 Col 001 080
Command ===> _                                                 Scroll ===> HALF
******************************** Top of Data **********************************
DFSMS/MVS V1 R5.0 PROGRAM MANAGEMENT SERVICES 16:47:48 FRIDAY MAY 4, 2001 PAGE
BATCH EMULATOR  JOB(ED1      ) STEP(LOGISPF ) PGM= IEWBLINK  PROCEDURE(LOGISPF )
IEW2308I 1112 SECTION NAMEN HAS BEEN MERGED.
IEW2650I 5102 MODULE ENTRY NOT PROVIDED.  ENTRY DEFAULTS TO SECTION NAMEN.


                         *** M O D U L E   M A P ***

 LOCATION  SECTION                                             ³---------  SOUR
            OFFSET  NAME                TYPE            LENGTH DDNAME   CONCAT

       0         0  NAMEN               CSECT              27C SYS00156   01


          ***  DATA SET SUMMARY  ***

DDNAME    CONCAT   FILE IDENTIFICATION
SYS00156    01     ED1.PROGRAMM.OBJ

          *** E N D   O F   M O D U L E   M A P ***
```

Nachdem dieser Schritt fehlerfrei gelaufen ist, können wir zur Ausführung des Programms kommen, das im Dataset ED1.PROGRAMM.LOAD gespeichert ist. Dieser Dataset wird, falls er noch nicht existiert, vom Linkage Editor angelegt.

Testen von Programmen

Optimistisch, wie wir sind, rufen wir das Programm auf, vielleicht ist ein spezielles Testen nicht notwendig. Vorher müssen wir noch in bekannter Weise den Dataset, den wir verarbeiten wollen, mit dem ALLOC-Command zuordnen.

```
alloc dd(daten) dsn(namen.data) shr reuse
 READY
call programm(namen)
 GEBEN SIE BITTE DEN NAMEN EIN :
mueller
 KEIN EINTRAG GEFUNDEN FUER : mueller
 GEBEN SIE BITTE DEN NAMEN EIN :
andreas
 KEIN EINTRAG GEFUNDEN FUER : andreas
 GEBEN SIE BITTE DEN NAMEN EIN :

 READY
```

Erfreut bemerken wir, daß das Programm richtig festgestellt hat, daß der Name MUELLER nicht in der Liste vorhanden ist. Leider wurde aber auch der Name ANDREAS nicht gefunden, es ist also noch etwas falsch in unserem Programm, und wir müssen versuchen, den Fehler zu finden.

Wir haben jetzt zwei Wege, die wir beschreiten können, um dem Fehler auf die Spur zu kommen:

- Durch scharfes Hinschauen - aber auf höhere Eingebungen wollen wir uns momentan nicht verlassen.
- Durch gezieltes Testen - dafür gibt es im TSO den TEST-Command, und mit dem werden wir uns nun etwas genauer beschäftigen.

```
Syntax -
   TEST     dsname 'parameter'
            LOAD | OBJECT  CP | NOCP

Notwendig - Nichts

Defaults  - LOAD NOCP

Note      - Alle Operanden sind nur für Programme gültig, die
            zum Testen in den Speicher geladen werden.
```

Hinweis: Der TEST-Command kann nur im READY-Mode, nicht aber im ISPF aufgerufen werden.

dsname Name des Datasets, in dem das Programm als Member gespeichert ist, die TSO-Namenskonvention nimmt dabei in Abhängigkeit vom Parameter LOAD/OBJECT den letzten Qualifier als LOAD oder OBJ an, ein anderer Dataset-Name muß voll qualifiziert angegeben werden.

parameter Falls das Programm Parameter zur Ausführung benötigt, können diese mit dem TEST-Command ebenfalls angegeben werden.

LOAD/OBJECT Man kann mit dem TEST-Command sowohl Load Modules wie auch Object Modules testen, die Warn-Meldung

```
NO ENTRY POINT
```

kann dabei ignoriert werden.

CP/NOCP CP steht für Command Processor (*nicht* Command Prozedur), und damit ist ein TSO-Command gemeint, der getestet werden soll. Durch diesen Parameter wird das Programm in den speziellen Systemstatus gebracht, den wir bei der Diskussion Command/Programm kurz angesprochen haben.

Der TEST-Command kann auf zwei unterschiedliche Arten benutzt werden:

- Man kann mit ihm, ähnlich wie mit dem CALL-Command, ein Programm aufrufen und dann austesten. Das Programm wird in den Speicher geladen, und am Bildschirm erscheint die Mitteilung TEST, die bedeutet, daß wir uns im TEST-Mode befinden und durch Aufruf der verschiedenen *Subcommands* mit dem Testen beginnen können:

```
test programm(namen)
 TEST
```

- Man kann für ein Programm, das wegen eines Fehlers abgebrochen wurde, in den TEST-Mode gehen und versuchen, den Fehler zu analysieren.

```
call programm(namen)
 NAMEN ENDED DUE TO ERROR +
 READY
?
 SYSTEM ABEND CODE 0C1    REASON CODE 0001
 READY
test
 SYSTEM ABEND CODE 0C1    REASON CODE 0001
 TEST
```

Die erste Fehlermeldung endet mit einem +, das bedeutet, wir können über ? noch nach weiteren Informationen fragen, die wir in Form des ABEND-Codes '0C1' bekommen, eine Beschreibung des Fehlers ist im bereits erwähnten Manual über System Codes zu finden.

Das Programm befindet sich in seiner Ausführung genau hinter der Instruktion, die den ABEND ergeben hat, so daß man gezielt mit der Fehlersuche beginnen kann.

Zum Austesten eines Programms hat man Funktionen wie

- Anhalten an einer beliebigen Programm-Adresse
- Anzeigen und Ändern von Registern, Speicher und Instruktionen

- Kontrolle des Programm-Verlaufs

Adressierung

Im TEST-Mode gibt es verschiedene Möglichkeiten der Adressierung:

Register — Adressierung eines Registers:

`3R` - General Register 3
`2E` - Floating Point Register 2 (Einfache Genauigkeit)
`4D` - Floating Point Register 4 (Doppelte Genauigkeit)

Symbolisch — Falls beim Aufruf des Assemblers und des Linkage Editors jeweils der Parameter TEST angegeben wurde, kann man die im Programm angegebenen Namen direkt angeben:

`VERGL, NEXT, NAME`

Absolut — Hierbei handelt es sich um die direkte Speicheradresse, sie wird durch den Punkt hinter dem Wert gekennzeichnet:

`973FC.`

Relativ — Eine relative Adresse bezieht sich auf einen bestimmten Startpunkt. Falls man es nicht anders angegeben hat, ist das der Anfang der CSECT, in der man sich gerade befindet:

`+3A`

Dieser Wert entspricht dem in der ersten Spalte der Assembler-Liste unter der Überschrift LOC (Location) angezeigten Wert, man bezeichnet ihn auch als 'Displacement'.

Indirekt — Als Adresse wird hierbei der Inhalt eines Registers oder einer anderen Adresse genommen:

`12R%   62FA8.%`

Es ist auch eine Adreß-Rechnung möglich, wie an folgendem Beispiel erklärt werden soll:

Wenn man dem Programm beim Aufruf Parameter mit übergibt, so gilt folgenden Konvention:

- Register 1 enthält die Adresse der Parameter-Liste
- Die Parameter-Liste enthält die Adresse des Parameter-Feldes
- Das Parameter-Feld enthält

  Länge des Parameters (Halbwort = 2 Bytes)
  Parameter

Will man sich nun im Test-Mode den angegebenen Parameter ansehen, so geht das mit indirekter Adressierung. Wir benutzen dabei den LIST-Subcommand, den wir im Anschluß noch genauer vorstellen werden:

```
test programm(prog1) 'beispiel'
 TEST
l 1r%% h
```

```
 0001AFAC. +7
 TEST
l 1r%%+2 c l(7)
 0001AFAE. BEISPIEL
```

Wir haben damit ein Beispiel für Adreß-Rechnung kennengelernt, das wir uns noch einmal ausführlich ansehen wollen:

```
l 1r
  1R 0001AFA8
 TEST
l 1r%
 0001AFA8. 8001AFAC
 TEST
l 1r%%
 0001AFAC. 0007C2C5
 TEST
```

Wichtig: alle hier aufgeführten Werte sind Hexadezimal-Zahlen (abgesehen von den Registern, die gehen von 0R bis 15R). Bei der Adreß-Rechnung ist allerdings auch eine (teilweise) Dezimal-Darstellung möglich, wir werden das später noch im Beispiel sehen. Generell sollte das Arbeiten mit Hexadezimal-Zahlen aber keine Probleme machen, für einen Assembler-Programmierer gehört das mit zu den Grundkenntnissen.

Adreß-Rechnungen dieser Art kommen in vielen Programmen vor, und man kann sie im TEST-Mode relativ einfach nachvollziehen.

Subcommands

Es gibt im TEST-Mode viele Subcommands, die sich entweder direkt auf das Testen eines Programms beziehen oder im eigentlichen Sinn TSO-Commands sind, die man im TEST-Mode aufrufen kann.

Direkte TEST-Subcommands:

ASSIGN (=)	Ändern eines Registers oder Speicherplatzes
AT	Definition einer Stop-Adresse
CALL	Aufruf eines Programms
COPY	Kopieren von Daten
DELETE	Löschen eines vorher geladenen Load Modules
DROP	Löschen einer symbolischen Adresse
END	Beenden des TEST-Modes
EQUATE	Definition einer symbolischen Adresse
FREEMAIN	Freigabe eines temporären Speicherbereichs
GETMAIN	Definition eines temporären Speicherbereichs
GO	Starten des Programms an einer bestimmten Adresse
HELP	Information über Subcommands
LIST	Anzeigen eines Registers oder Speicherplatzes
LISTDCB	Anzeigen eines DCB (Data Control Block)
LISTDEB	Anzeigen eines DEB (Data Extent Block)

LISTMAP	Anzeigen der Speicherbelegung
LISTPSW	Anzeigen des PSW (Program Status Word)
LISTTCB	Anzeigen eines TCB (Task Control Block)
LOAD	Laden eines Programms zur Ausführung
OFF	Löschen von Stop-Adressen
QUALIFY	Definition von symbolischen und relativen Adressen
RUN	Programm-Ausführung ohne Berücksichtigung von Stop-Adressen
WHERE	Anzeige der momentanen Adresse der Programm-Ausführung

TSO-TEST-Subcommands:

ALLOCATE, ATTRIB, CANCEL, EXEC, LINK, LISTALC, LISTBC, LISTCAT, LISTDS, PROFILE, PROTECT, RENAME, SEND, STATUS, SUBMIT, TERMINAL, UNALLOC (entspricht dem FREE-Command)

Mit den TSO-Commands werden wir uns nicht weiter beschäftigen, und aus der ersten Gruppe suchen wir uns die wichtigsten heraus. Einige der dort aufgeführten Commands setzen doch detaillierte Programmierkenntnisse voraus, und so tief wollen wir in diesem Rahmen nicht einsteigen. Weitere Informationen sind in gewohnter Form über HELP zu erfragen.

Wir teilen die Commands, die wir uns ansehen werden, in die folgenden Gruppen ein:

- Anzeigen : L addr[:addr] [L(Länge)] [M(Multiplikator)] [Typ]

  Dabei sind folgende Typen möglich (außer bei symbolischer Adressierung ist der Default-Wert: hexadezimal in der Länge 4):

  ```
  F   Fullword
  H   Halfword
  C   Character
  X   Hexadecimal
  I   Instruction
  B   Binary
  ```

  Die Bedeutung der Typen 'Fullword' und 'Halfword' liegt darin, daß die Daten dezimal angezeigt werden.

  Beispiele:

`l 3r:5r`	Register 3 bis Register 5
`l 6r f`	Register 6 als Fullword, d.h. dezimal
`l +3a i`	Instruktion an relativer Adresse +3A
`l 8r% c l(10) m(5)`	Beginnend bei der im Register 8 gespeicherten Adresse werden fünfmal 10 Zeichen angezeigt.

- Ändern : =

  Alle Register oder Speicherplätze können im TEST-Mode geändert werden.

`4r=f'500'`	Register 4 erhält den Wert 500(dezimal)
`namen=c'meier'`	Das Feld mit der symbolischen Adresse NAMEN wird mit dem Text MEIER überschrieben.

- Programm-Verlauf kontrollieren: WHERE - GO - AT - OFF - RUN - END

WHERE (W) - Anzeige der Adresse, an der sich das Programm momentan befindet:

```
w
```

'Übersetzung' einer beliebigen Adresse in eine relative Adresse:

```
w 67540.
w vergl
```

GO - Starten des Programms an der momentanen Adresse:

```
go
```

Starten an einer beliebigen Adresse:

```
go +48
```

AT - Definition einer Stop-Adresse:

```
at +34
```

Das Programm stoppt vor Ausführung der Instruktion an der Adresse +34.

Stop bei allen Adressen von +34 bis +50 gewünscht:

```
at (+34:+50)
```

Stop bei den Adressen +34, +42 und +60, Dezimal-Anzeige des Registers 3 und Fortsetzung der Ausführung:

```
at (+34,+42,+60) (l 3r f;go)
```

In dieser Form kann man den AT-Subcommand als Trace-Funktion ansehen, d.h. als eine Funktion, die alle ausgeführten Instruktionen anzeigt:

```
at (+20:+8a) (go)
```

Man hat damit ein sehr nützliches Mittel, wenn man in einem mehr oder weniger komplizierten Programm den Ablauf erkennen will.

OFF - Die Stop-Adresse wird außer Kraft gesetzt, ohne Angabe der Adresse werden alle Stops gelöscht.

```
off (+34,+60)
```

RUN - Das Programm läuft ohne Berücksichtigung eventueller Stop-Adressen zu Ende und verläßt den TEST-Mode.

END - Sofortige Beendigung des TEST-Modes.

- Erstellen von symbolischen Adressen: EQ - DROP

Man kann einerseits symbolische Adressen benutzen, wenn man den TEST-Parameter (Assembler und Linkage Editor) angegeben hat, oder man kann diese auch im TEST-Mode definieren.

EQ - Definition einer symbolischen Adresse mit bestimmten Eigenschaften, beispielsweise eine Tabelle mit 20 8-stelligen Zeichenfolgen:

```
eq tabelle 3r%+8 c l(8) m(20)
```

DROP - Löschen einer symbolischen Adresse

```
drop tabelle
```

Aufruf des TEST-Commands

Nachdem wir nun einige theoretische Kenntnisse über den TEST-Command erworben haben, können wir damit beginnen, den Fehler in unserem Programm zu suchen.

Zuerst muß noch über ein grundsätzliches Problem gesprochen werden. Beim Testen wollen wir uns einzelne Instruktionen oder Speicherplätze ansehen oder auch verändern. Dazu scheint es notwendig zu sein, die Assembler-Liste neben sich zu haben, um über die notwendigen Informationen (z.B. Adressen) zu verfügen. Wir haben zwar nach Aufruf des Assemblers die Liste am Bildschirm gesehen, aber da das Drucken dieser Liste einige Zeit dauert, wird man meist darauf verzichten; bei größeren Programmen wird es allerdings unumgänglich sein.

Um nun beim Testen überhaupt einige Anhaltspunkte zu haben, kann man sich Notizen über wichtige Adressen machen, in unserem Beispiel etwa die Adresse der Vergleichs-Instruktion (+68). Da wir allerdings den TEST-Parameter angegeben haben, können wir im TEST-Mode auch die Adresse VERGL ansprechen.

Im weiteren Verlauf werden wir dann allerdings versuchen, mit den im TEST-Mode zur Verfügung stehenden Informationen auszukommen.

```
test programm(namen)
 TEST
at +vergl
 TEST
```

Mit GO beginnt die Ausführung des Programms: `go`

```
 GEBEN SIE BITTE DEN NAMEN EIN :
andreas
 AT +VERGL
 TEST
```

Das Programm stoppt an der richtigen Stelle, und wir wollen uns anzeigen lassen, welche Werte miteinander verglichen werden. Dabei können wir INNAME und NAME direkt ansprechen oder uns aus der CLC-Instruktion die Adressen geben lassen.

```
l +68 i
      +68     CLC    296(11,12),390(12)
 TEST
l +68 l(6)
      +68   D50AC128 C186
 TEST
```

Die erste Anzeige liefert uns die Instruktion, die Adressen sind dabei in dezimaler Darstellung. Wir wollen aber noch die zweite (hexadezimale) Darstellung interpretieren:

D5	Op-Code CLC
0A	Längenschlüssel (Länge minus 1)
C128	Basisregister 12 und Displacement 128
C186	Basisregister 12 und Displacement 186

Da das Basisregister in unserem Fall die Anfangsadresse des Programms enthält, sind die folgenden Adressiermöglichkeiten gleichwertig:

1. Adresse	`12R%+128`	oder `12R%+296N`	oder `+128`
2. Adresse	`12R%+186`	oder `12R%+390N`	oder `+186`

In der Adreß-Rechnung ist eine dezimale Darstellung (z.B. +296N) möglich. Damit können wir uns die Werte der beiden Felder ansehen.

```
l +128 c l(11)
     +128  andreas
 TEST
l +186 c l(11)
     +186  ANDREAS
 TEST
```

Die direkte Angabe der Adressen, die in unserem Fall möglich ist, zeigt natürlich dasselbe Ergebnis:

```
l (inname,name)
 INNAME  andreas
 NAME    ANDREAS
 TEST
```

In beiden Feldern steht der erwartete Name, weshalb wird keine Gleichheit erkannt? Lassen wir uns doch noch zusätzlich die Daten hexadezimal anzeigen.

```
l +128 x l(11)
     +128  81958499 8581A240 404040
 TEST
l +186 x l(11)
     +186  C1D5C4D9 C5C1E240 404040
 TEST
```

Offensichtlich gibt es doch einen Unterschied. Richtig, das System ist so pingelig und unterscheidet zwischen Groß- und Kleinschreibung. Wie ist das Problem zu lösen? Entweder geben wir den Namen in Großbuchstaben ein, und das wollen wir gleich ausprobieren, oder wir lassen das Programm die Konvertierung zu Großbuchstaben durchführen.

```
go
 KEIN EINTRAG GEFUNDEN FUER : andreas
 GEBEN SIE BITTE DEN NAMEN EIN :
ANDREAS
 AT +VERGL
 TEST
off vergl
 TEST
go
 NAME: ANDREAS     FRANZ            ORT: DARMSTADT    PN: 34275
 GEBEN SIE BITTE DEN NAMEN EIN :
BECK
 KEIN EINTRAG GEFUNDEN FUER : BECK
 GEBEN SIE BITTE DEN NAMEN EIN :

 PROGRAM UNDER TEST HAS TERMINATED NORMALLY +
 TEST
end
```

```
 READY
```

Unser lieber Freund ANDREAS wurde nun glücklich gefunden, aber es ist offensichtlich noch ein weiterer Fehler im Programm. Ein neuer Versuch ist also notwendig.

```
test programm(namen)
 TEST
at +68
 TEST
at (+6e:+7a) (go)
 TEST
go
 GEBEN SIE BITTE DEN NAMEN EIN :
BECK
 AT +68
go
 AT +6E
 AT +4 FROM 6E
 AT +C FROM 6E
 KEIN EINTRAG GEFUNDEN FUER : BECK
 GEBEN SIE BITTE DEN NAMEN EIN :
BECK
 AT +68
```

Aus dem Test-Verlauf sehen wir, daß wir nicht bis zum zweiten Namen kommen, sondern wegen der Instruktion

```
BH   NOTFOUND
```

sofort die Suche beenden. Wir haben ja vorausgesetzt, daß die Daten sortiert sind und können deshalb die Suche abbrechen, wenn wir im Alphabet die Stelle hinter uns haben, bei der wir noch den gesuchten Namen finden können. Die Bedingungen *größer* oder *kleiner* beziehen sich immer auf den ersten Operanden (in unserem Fall ist das der eingegebene Name im Feld INNAME). Deshalb kann das Suchen beendet werden, wenn der Name *kleiner* als der in der Liste gefundene Name ist. Wir haben hier also die falsche Instruktion im Programm, statt

```
BH   NOTFOUND
```

müßte es

```
BL   NOTFOUND
```

heißen. Wie können wir das Programm jetzt testen, ohne wieder durch den ganzen Prozeß gehen zu müssen? Wir haben die Möglichkeit, die Instruktionen im TEST-Mode zu ändern. Dazu müssen wir allerdings die entsprechenden Op-Codes kennen:

```
BH   4720
BL   4740
```

Mit dieser Änderung - sie ist allerdings nur temporär - lassen wir das Programm weiterlaufen und sehen, daß jetzt alles richtig verläuft.

```
l +72
      +72   4720C07A
 TEST
+73=x'40'
 TEST
l +72
```

```
      +72  4740C07A
 TEST
go
 AT +6E
 AT +4 FROM 6E
 AT +8 FROM 6E
 AT +68
go
 AT +6E
 NAME: BECK         PETER                ORT: HANNOVER       PN:  1933
 GEBEN SIE BITTE DEN NAMEN EIN :

 PROGRAM UNDER TEST HAS TERMINATED NORMALLY +
 TEST
end
 READY
```

Wir sollten jetzt allerdings nicht vergessen, unser Programm im Source Code zu verändern. Vorher wollen wir uns aber noch überlegen, wie sich das Problem mit der Klein- und Großschreibung lösen läßt. Dazu sehen wir uns am Beispiel des Buchstaben 'A' den Unterschied in der Darstellung an:

```
A  -  hexadezimal C0  -  binär 1100 0000
a  -  hexadezimal 80  -  binär 1000 0000
```

Der Unterschied ist letztendlich nur ein einziges Bit in der zweiten Position. Und das ist bei allen Buchstaben im EBCDIC-Code der Fall. Die Konvertierung von Klein- zu Großbuchstaben besteht also nur im 'Einschalten' dieses einen Bits.

Man mag eventuell denken, daß man zu X'80' nur X'40' zu addieren braucht, um zu X'C0' zu kommen, aber damit läuft man schnell in Probleme, wenn man nicht bei jedem Zeichen untersucht, ob es sich um einen Kleinbuchstaben handelt. Unsere Konvertierungsfunktion sollte natürlich die Großbuchstaben oder auch andere Zeichen (Leerzeichen, Ziffern, Sonderzeichen) unverändert lassen. Wie läßt sich aber dann das Bit 'einschalten'? Dafür gibt es die OR-Instruktion:

```
    1000 0000          1100 0000
OR  0100 0000          0100 0000
    ---------          ---------
    1100 0000          1100 0000
```

Zwei Bits, die mit OR kombiniert werden, ergeben immer dann 1 als Ergebnis, wenn mindestens ein Bit den Wert 1 hat. In unserem Fall wird also durch ein OR mit X'40' sichergestellt, daß das zweite Bit des Ergebnisses immer den Wert 1 hat. Und wie verhält sich das nun mit den 'Nicht-Buchstaben'? Glücklicherweise haben alle darstellbaren Zeichen im EBCDIC-Code (mit Ausnahme der Kleinbuchstaben) eine 1 im zweiten Bit, so daß sich durch diese OR-Funktion an ihrem Wert nichts ändert, wir brauchen also bei der Konvertierung keine Spezialfälle auszusortieren.

Was müssen wir also machen? Alle Zeichen des Eingabefeldes müssen mit X'40', und das ist ja bekanntlich die Darstellung des Leerzeichens, über die OR-Funktion verbunden werden. In unserem Programm muß damit hinter die Instruktion

```
TGET INNAME,11
```

die Konvertierung mit

```
OC    INNAME,GROSS
```

gesetzt werden, wobei das Feld GROSS bei den Konstanten zu

```
GROSS DC CL11' '
```

definiert wird.

Mit der Ergänzung dieser beiden Instruktionen und der Änderung der BH- in eine BL-Instruktion sollte das Programm nun fehlerfrei laufen. Ein letzter Aufruf des Programms nach diesen Korrekturen bestätigt uns das auch.

```
call programm(namen)
 GEBEN SIE BITTE DEN NAMEN EIN :
mueller
 KEIN EINTRAG GEFUNDEN FUER : mueller
 GEBEN SIE BITTE DEN NAMEN EIN :
andreas
 NAME: ANDREAS     FRANZ           ORT: DARMSTADT    PN: 34275
 GEBEN SIE BITTE DEN NAMEN EIN :
faber
 NAME: FABER       HANS            ORT: DORTMUND     PN: 22999
 GEBEN SIE BITTE DEN NAMEN EIN :

 READY
```

13.3 Zusammenfassung

Programmierung im TSO

- **ISPF-Implementierung**

Option 4	Foreground
Option 5	Background

In beiden Menus stehen die diversen Optionen zum Aufruf der jeweiligen Compiler und des Linkage Editors zur Verfügung.

- **TSO-Commands**

TEST	Testen eines Assembler-Programms
LINK	Linkage Editor
LOADGO	Laden und Ausführen eines Programms

14.0 Datenverwaltung - Datensicherung

- Der Hierarchische Speicher-Manager als eine mächtige Funktion zur Datenverwaltung im z/OS

  Aus HSM wird DFSMShsm - auch wenn der Name immer komplizierter wird, die Funktionen bleiben einfach, aber wirkungsvoll.

- Migration - damit immer Plattenplatz verfügbar ist

  Mit dem Migration/Recall-Mechanismus sind die Daten immer auf dem richtigen Speicher-Level.

- Backup - damit die Daten immer gesichert sind

  Durch den Backup/Recover-Mechanismus kann man auch einmal einen Fehler korrigieren.

Das Thema dieses Kapitels bezieht sich auf Funktionen, für die in erster Linie das Rechenzentrum verantwortlich ist. Jeder Benutzer ist sicherlich erst einmal für die eigenen Daten zuständig und sollte dafür sorgen, daß sich im Lauf der Zeit nicht zu viel ansammelt, was nie mehr gebraucht wird. Diese private Datenverwaltung läßt sich beispielsweise über

```
ISPF 3.4
```

recht einfach durchführen, und das soll jetzt auch nicht das Thema sein.

Wenn hier über Datenverwaltung gesprochen wird, so soll einerseits kurz die Problematik aus der Sicht einer Installation aufgezeigt werden, und darüber hinaus wollen wir uns mit den Commands beschäftigen, mit denen man als TSO-Benutzer zu tun haben wird.

Wir haben im ISPF kennengelernt, wie einfach es ist, einen Dataset neu anzulegen. Und es gibt standardmäßig in einem MVS-System keine Einschränkung eines Benutzers auf eine bestimmte Zahl von Datasets oder Tracks, die er belegen darf. Die sich daraus ergebende Problematik ist leicht zu erkennen. Die Zahl der in einem Rechenzentrum zur Verfügung stehenden Speicherplatten ist begrenzt und endlich, so ist es also nur eine Frage der Zeit, bis der Platz auf allen Platten belegt ist. Das geht natürlich nicht, und deshalb muß man sich von seiten der Installation etwas einfallen lassen. Und das ist in der Vergangenheit geschehen, es gab viele Ideen, den Benutzer in seinem Ausdehnungsdrang zu limitieren, auf die hier aber nicht eingegangen werden soll.

Diejenige Idee, die sich letztendlich nicht nur als lokale Lösung durchgesetzt hat und seit Jahren eine Basiskomponente von OS/390 und z/OS ist, sieht vor, in einem System verschiedene Speicherhierarchien zu definieren, die üblicherweise auf verschiedenen Speichermedien realisiert sind. Aus der Grunderfahrung heraus, daß es Daten gibt, die man häufig benutzt, und solche, die nur selten angesprochen werden, hat man entschieden, daß man diese Daten auf schnelle (Plattenspeicher) und langsame (Magnetband oder Magnetbandkassette) Speicher verteilt.

14.1 Hierarchischer Speicher-Manager

Das Programm, das die oben beschriebene Speicherverwaltung durchführt, ist unter dem Namen *Hierarchical Storage Manager (HSM)* bekannt, der offizielle Name hat sich im Lauf der Jahre aber von HSM über DFHSM zu DFSMShsm entwickelt. Für den Benutzer bleibt die gesamte Verwaltung weitgehend transparent, denn wir haben uns ja daran gewöhnt, daß wir beim Zugriff auf einen Dataset nie den Namen der Platten angeben, da wir wissen, daß die notwendige Information darüber, wo sich der Dataset befindet, im Katalog gespeichert ist. Dennoch sollten wir einige DFSMShsm-Einzelheiten kennen.

Alle zur Verfügung stehenden Speichermedien sind in drei Ebenen eingeteilt:

`LEVEL 0`	Primary Volumes
`LEVEL 1`	Migration Volumes
`LEVEL 2`	Migration Volumes

Das Grundprinzip sieht recht einfach aus, es setzt voraus, daß jeder Dataset einen 'Tagesstempel' bekommt, aus dem man dann ablesen kann, wann er letztmalig benutzt (gelesen oder geschrieben) wurde, und entsprechend dieser Markierung bleiben die

Datasets mit dem jüngsten Tagesstempel auf den sogenannten 'Primary Volumes', also auf den Platten, die wir bisher auch schon als TSO-Platten kannten. Bis hierher ändert sich für den Benutzer nichts. Wenn diese Platten nun eine von der Installation festgelegte (obere) Belegungsgrenze (beispielsweise 90% der zur Verfügung stehenden Kapazität) überschreiten, so werden die Daten mit dem ältesten Stempel auf die als LEVEL 1 definierten 'Migration Volumes' kopiert. Man bezeichnet diesen Vorgang als Auslagerung (Migration). Diese Auslagerung wird jetzt mehr oder weniger automatisch von DFSMShsm durchgeführt, ohne daß der Benutzer einen Einfluß darauf hat oder eingreifen muß. Der Prozeß läuft so lange, bis eine zweite (untere) Belegungsgrenze (etwa 70% der Kapazität) erreicht ist.

Wie wirkt sich das auf den Benutzer aus? Eigentlich nicht direkt, denn er merkt nicht sofort etwas. Im Katalog wird lediglich eine Änderung durchgeführt, die besagt, daß sich ein Dataset nicht mehr auf der TSO-Platte (z.B. TSO002) befindet, sondern der Eintrag lautet nun

```
MIGRAT
```

Dabei handelt es sich ausnahmsweise um keine Platte (oder ein anderes Medium) mit diesem Namen, sondern um eine Anzeige dafür, daß der Dataset über DFSMShsm ausgelagert worden ist. Ein Benutzer könnte sich somit über eine Kataloganzeige (oder einen noch kennenzulernenden DFSMShsm-Command) darüber informieren, welche seiner Datasets ausgelagert sind.

Die genaue Information darüber, auf welchem Migration Volume sich der Dataset befindet, ist in einem DFSMShsm-internen Kontroll-Dataset gespeichert (**MCDS** = Migration Control Data Set).

Aber das braucht den Benutzer nicht zu interessieren, denn er kann auf die Daten weiterhin zugreifen. In diesem Fall tritt nämlich eine Automatik in Kraft, die aus dem Katalog-Eintrag MIGRAT erkennt, daß der Dataset ausgelagert ist, und ihn auf ein Primary Volume zurückholt. Am Bildschirm merkt man das nur dadurch, daß die Meldung

```
DFSMShsm IS RECALLING FROM DASD DSN=ED1.NAMEN.DATA
```

erscheint und es etwas länger als normal dauert, bis man mit dem Arbeiten fortfahren kann. Dieses Zurückholen bezeichnet man auch (wie beispielsweise aus obiger Meldung ersichtlich) als RECALL.

Der gleiche Vorgang läuft ab, wenn die ausgelagerten Daten in einem Job verarbeitet werden sollen. Also auch hier das automatische Zurückholen auf LEVEL 0, und das bedeutet, daß sich ein Benutzer nicht darum zu kümmern braucht, wo die Daten gespeichert sind, er kann jederzeit darauf zugreifen.

Die Geschichte mit dem Auslagern ist noch nicht zu Ende erzählt. Denn bisher haben wir nur den LEVEL 1 erwähnt. Hierbei handelt es sich meistens auch um Platten, die ständig montiert und damit verfügbar sind, so daß der Zugriff auf LEVEL 1 relativ schnell geht. Was ist dann der Unterschied zu LEVEL 0? Die Daten sind in einem anderen Format, das sehr platzsparend ist, und unter einem anderem Namen gespeichert, und deshalb kann man sie auch nicht mehr direkt ansprechen.

Die über LEVEL 1 zur Verfügung stehende Speicherkapazität ist natürlich auch begrenzt, und deshalb gibt es noch einen LEVEL 2, dem in den meisten Fällen Magnetband-Kassetten oder Bänder zugeordnet sind. Hierbei handelt es sich um eine Ausnahme gegenüber der früher aufgestellten Aussage, daß man im TSO keine Daten, die auf Bändern gespeichert sind, verarbeiten kann, denn selbstverständlich kann man auch auf LEVEL-2-Daten in der oben schon beschriebenen Automatik zugreifen.

Für den Benutzer zeigt sich ein Recall von LEVEL 2 durch die Meldung

```
VOLUME MOUNT ISSUED FOR RECALL OR RECOVER OF ED1.NAMEN.DATA
```

wobei dieser Vorgang etwas länger dauert, besonders dann, wenn dazu ein Magnetband montiert werden muß. Die Daten werden dabei selbstverständlich direkt auf LEVEL 0 zurückgeholt.

Nun kann sich die Frage anschließen: Wie sieht es mit der Kapazität von LEVEL 2 aus? Sie ist sicherlich wesentlich größer als bei LEVEL 0 und LEVEL 1, aber auch hier muß man sich in einem Rechenzentrum Gedanken machen, was man mit der langsam wachsenden Menge von LEVEL 2-Daten, die naturgemäß oft schon recht alt sind, machen soll. Hier gibt es noch keine offizielle Strategie, so daß in den einzelnen Installationen unterschiedliche Lösungen implementiert werden, wie etwa ein automatisches Löschen nach einer angemessenen Frist (eventuell mit der Möglichkeit, wichtige Daten zu archivieren). Da das aber installationsabhängig ist, sollte man beim zuständigen Daten-Administrator nachfragen, welche Prozedur im eigenen Haus definiert ist.

Commands

Alle bisher beschriebenen Vorgänge laufen automatisch ab, ohne daß der Benutzer sich darum kümmern muß. Es gibt allerdings eine Reihe von DFSMShsm-Commands, mit denen der Benutzer direkt in das Geschehen eingreifen kann.

Beispiel 1: Das Zurückholen eines ausgelagerten Datasets geht zwar automatisch, während dieser Zeit ist der Bildschirm aber für andere Aufgaben blockiert. Um das zu vermeiden, kann man auch ein RECALL starten, das asynchron abläuft, und während dieser Zeit kann man etwas anderes machen.

Beispiel 2: Man hat die Arbeit an einem Dataset beendet und weiß, daß man ihn vorläufig nicht mehr benötigen wird. Dann empfiehlt es sich, besonders wenn es sich um einen sehr großen Dataset handelt, ihn direkt auszulagern, vielleicht sogar sofort auf LEVEL 2, um wieder mehr Platz auf den Primary Volumes zu haben.

Dafür gibt es die folgenden Commands:

HMIGRATE	Auslagern eines Datasets
HRECALL	Zurückholen eines ausgelagerten Datasets
HDELETE	Löschen eines ausgelagerten Datasets
HLIST	Auflisten der ausgelagerten Datasets
HQUERY	Auflisten von nicht-beendeten DFSMShsm-Funktionen
HCANCEL	Abbrechen von nicht-beendeten DFSMShsm-Funktionen

Die meisten Commands haben das Parameter-Paar WAIT/NOWAIT, wobei NOWAIT der Default ist. Das bedeutet, daß der Command dem DFSMShsm zur Ausführung übergeben wird, daß aber nicht gewartet wird, bis die Ausführung beendet ist. Man bekommt dann irgendwann eine Mitteilung, beispielsweise

```
RECALL PROCESSING ENDED
```

aus der man erkennt, daß die aufgerufene Funktion abgeschlossen ist. Der WAIT-Parameter, der bedeutet, daß man erst nach Beendigung des Commands fortfahren kann, ist beispielsweise innerhalb einer CLIST sinnvoll, wenn man sicherstellen will, daß die Funktionen in der richtigen Reihenfolge ausgeführt werden.

Außerdem haben viele Commands den Parameter EXTENDRC, der im Fehlerfall eine ausführliche Fehlermeldung zur Verfügung stellt.

Mit dem HMIGRATE kann man einen Dataset direkt auslagern.

```
Syntax -
   HMIGRATE dsname
            MIGRATIONLEVEL2   WAIT | NOWAIT    EXTENDRC

Notwendig - dsname

Defaults  - NOWAIT

Alias     - HMIG
```

Neben den üblichen Abkürzungsregeln für Parameter gibt es für einige Keyword-Parameter noch folgende spezielle Abkürzungen.

```
Abkürzungen -  MVOL   - MIGRATIONVOLUME
               PVOL   - PRIMARYVOLUME
               BVOL   - BACKUPVOLUME
               DSNAME - DATASETNAME
               MCDS   - MIGRATIONCONTROLDATASET
               BCDS   - BACKUPCONTROLDATASET
               ML1    - MIGRATIONLEVEL1
               ML2    - MIGRATIONLEVEL2
               SDSP   - SMALLDATASETPACKING
               NOSDSP - NOSMALLDATASETPACKING
               ODS    - OUTDATASET
```

Der HRECALL-Command wird benutzt, um einen ausgelagerten Dataset zurückzuholen. Dabei kann noch eine spezielle Platte als Speicher definiert werden.

```
Syntax -
   HRECALL  dsname
            VOLUME(volser)   UNIT(unittype)
            WAIT | NOWAIT      EXTENDRC

Notwendig - dsname

Defaults  - NOWAIT

Alias     - HRECA
```

Um sich einen Überblick über alle ausgelagerten Datasets zu verschaffen, ruft man den HLIST-Command auf.

```
Syntax -
   HLIST
            PRIMARYVOLUME | MIGRATIONVOLUME | VOLUME(volser)
            BACKUPVOLUME(volser)
            USER(userid)
            DATASETNAME(dsname) | LEVEL(qualifier)
            BOTH /MIGRATIONCONTROLDATASET /BACKUPCONTROLDATASET
            INCLUDEPRIMARY
            SELECT(MIGRATIONLEVEL1 | MIGRATIONLEVEL2(DASD/TAPE)
              VOLUME(volser) | AGE(mindays maxdays)
              SMALLDATASETPACKING | NOSMALLDATASETPACKING)
            VSAM       SUMMARY
            TERMINAL | SYSOUT(class) | OUTDATASET(dsname)

Defaults  - TERMINAL
            MIGRATIONCONTROLDATASET (fuer PRIMARYVOLUME,
            MIGRATIONVOLUME, VOLUME, DATASETNAME oder LEVEL)

Alias     - HL
```

Der HLIST-Command gibt sowohl über ausgelagerte Datasets Auskunft wie auch über Backup-Kopien, ein Thema, das wir im Anschluß besprechen werden. Von den diversen Parametern beziehen sich einige auf beide Funktionen, während andere nur etwas mit Migration oder mit Backup zu tun haben. Viele Parameter sind auch nur für den DFSMShsm-Koordinator im Rechenzentrum von Bedeutung, so daß wir uns hier auf die für den Benutzer wichtigsten Parameter konzentrieren wollen.

MCDS/BCDS Diese Parameter entscheiden darüber, ob man Information über Migration (MCDS = Migration Control Data Set) oder Backup (BCDS = Backup Control Data Set) haben will, MCDS ist der Default.

BOTH Hiermit werden der MCDS und der BCDS gemeinsam angesprochen.

DATASET Information über einen Dataset

LEVEL Information über einen Level

Beispiel: `level(ed1.namen)`

informiert über alle Datasets, deren Namen mit ED1.NAMEN beginnt.

SELECT Auswahl-Möglichkeit

AGE Es werden nur Datasets mit einem bestimmten Alter angezeigt

TERMINAL Die Information wird am Bildschirm angezeigt

OUTDATASET Die Information wird in einem Dataset gespeichert

Zwei Beispiele sollen diesen Command verdeutlichen:

1. Auflisten aller ausgelagerten Daten:

```
hlist

 DSN=ED1.ISPF.ISPPLIB                                  MIGVOL=BE1626 DSO=PO SDSP=
   LAST REF=00/12/10 MIG=01/01/03 TRKS=0001 2K BLKS=000001 TIMES MIG=01

 DSN=ED1.KURS.ASM                                      MIGVOL=HSML1A DSO=PO SDSP=
   LAST REF=01/06/04 MIG=01/06/04 TRKS=0001 2K BLKS=000003 TIMES MIG=03

 DSN=ED1.KURS.DATA1                                    MIGVOL=HSML1A DSO=PS SDSP=
   LAST REF=01/06/04 MIG=01/06/04 TRKS=0001 2K BLKS=000001 TIMES MIG=02

 DSN=ED1.KURS.DATA2                                    MIGVOL=HSML1A DSO=PS SDSP=
   LAST REF=01/06/04 MIG=01/06/04 TRKS=0001 2K BLKS=000001 TIMES MIG=02

 DSN=ED1.KURS.DATA3                                    MIGVOL=HSML1A DSO=PS SDSP=
   LAST REF=01/06/04 MIG=01/06/04 TRKS=0001 2K BLKS=000001 TIMES MIG=02

 DSN=ED1.KURS.DATA4                                    MIGVOL=HSML1A DSO=PS SDSP=
   LAST REF=01/06/04 MIG=01/06/04 TRKS=0002 2K BLKS=000010 TIMES MIG=02

 DSN=ED1.KURS.LOAD                                     MIGVOL=BE2062 DSO=PO SDSP=
   LAST REF=01/02/17 MIG=01/02/26 TRKS=0001 2K BLKS=000004 TIMES MIG=02

 DSN=ED1.KURS.OBJ                                      MIGVOL=BE2062 DSO=PO SDSP=
   LAST REF=01/02/17 MIG=01/02/26 TRKS=0012 2K BLKS=000006 TIMES MIG=02

 DSN=ED1.NEWTEST.CNTL                                  MIGVOL=BE0967 DSO=PS SDSP=
   LAST REF=00/12/10 MIG=01/06/07 TRKS=0001 2K BLKS=000001 TIMES MIG=01

 DSN=ED1.PERSONAL.DATEN                                MIGVOL=BE1553 DSO=PS SDSP=
   LAST REF=00/12/09 MIG=01/01/03 TRKS=0001 2K BLKS=000001 TIMES MIG=01

 MIGRATED DATASETS = 000010 TRACKS = 000022  K-BYTES = 00000058

 ARC0140I LIST COMPLETED,
 ARC0140I(CONT.)       20 LINE(S) OF DATA OUTPUT
```

Die meisten Werte dieser Anzeige sprechen eigentlich für sich und brauchen nicht ausführlich erklärt zu werden.

MIGVOL	Migration Volume
DSO	Dataset-Organisation
SDSP	'Small-Dataset-Packaging' ist ein spezielles DFSMShsm-Speicherverfahren
LAST REF	Referenz-Datum, das als Kriterium für die Auslagerung benutzt wird
MIG	Migration-Datum
TRKS	Größe des Datasets in Tracks
2K BLKS	Größe des ausgelagerten Datasets in 2K Bytes
TIMES MIG	Häufigkeit der Auslagerung

2. Auflisten aller ausgelagerten Daten, die mindestens 160 Tage alt sind, dabei wird auf das Referenz-Datum Bezug genommen.

```
hlist select(age(160))
```

```
DSN=ED1.ISPF.ISPPLIB                                   MIGVOL=BE1626 DSO=PO SDSP=
  LAST REF=00/12/10 MIG=01/01/03 TRKS=0001 2K BLKS=000001 TIMES MIG=01

DSN=ED1.NEWTEST.CNTL                                   MIGVOL=BE0967 DSO=PS SDSP=
  LAST REF=00/12/10 MIG=01/06/07 TRKS=0001 2K BLKS=000001 TIMES MIG=01

DSN=ED1.PERSONAL.DATEN                                 MIGVOL=BE1553 DSO=PS SDSP=
  LAST REF=00/12/09 MIG=01/01/03 TRKS=0001 2K BLKS=000001 TIMES MIG=01

MIGRATED DATASETS = 000003 TRACKS = 000003  K-BYTES = 00000006

ARC0140I LIST COMPLETED,
ARC0140I(CONT.)        6 LINE(S) OF DATA OUTPUT
```

Mit dem HDELETE-Command kann man einen ausgelagerten Dataset löschen, das ist vorteilhafter, als wollte man das mit dem TSO-Command DELETE oder der entsprechenden Funktion im ISPF machen, weil dabei der Dataset zuerst auf LEVEL 0 zurückgeholt und dann gelöscht wird.

```
Syntax -
   HDELETE  dsname   WAIT | NOWAIT PURGE EXTENDRC

Notwendig - dsname

Defaults  - NOWAIT

Alias     - HDEL
```

Wir haben anfangs erwähnt, daß die Ausführung der DFSMShsm-Commands asynchron abläuft und wir eine Meldung am Bildschirm erhalten, wenn sie beendet sind. Es gibt nun noch die Möglichkeit nachzufragen, welche Funktionen auf die Ausführung warten, das macht der HQUERY-Command.

```
Syntax -
   HQUERY   REQUESTS(reqnum)   DATASETNAMES(dsname...)

Notwendig - Nichts

Defaults  - REQUESTS

Alias     - HQ
```

Ein Beispiel für den HQUERY-Command:

```
hquery
 ARC1007I COMMAND REQUEST 1328 SENT TO DFSMShsm
 READY

 ARC0162I RECALLING DATASET ED1.ORT.DATA FOR USER
          (CONT.) ED1, REQUEST 1326
```

Falls man feststellt, daß noch DFSMShsm-Request unterwegs sind, die aber nicht mehr ausgeführt werden sollen, so kann man sie mit HCANCEL abbrechen:

```
Syntax -
   HCANCEL  DATASETNAME(dsn)     REQUEST(number)

Notwendig - Nichts

Defaults  - Nichts

Alias     - HCAN
```

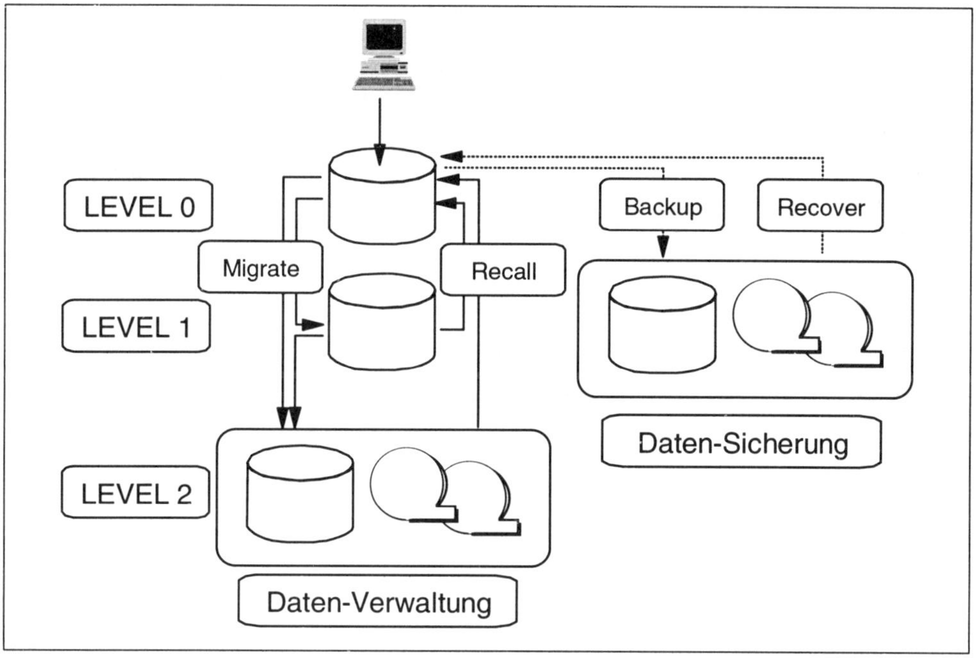

14.2 Datensicherung mit DFSMShsm

DFSMShsm hat neben der Datenverwaltung noch eine zweite wichtige Aufgabe, nämlich die der Datensicherung. Man hat in diesem Zusammenhang die beiden Begriffe

Backup Erstellen von Sicherungskopien (Backup-Kopien) von Daten

Recovery Wiederherstellen zerstörter Daten aus den Backup-Kopien

Der Backup-Prozeß läuft auch wieder unter der Kontrolle des Rechenzentrums, während eine Daten-Recovery vom einzelnen Benutzer durchgeführt wird, ausgenommen den Fall, daß eine gesamte defekte Speicherplatte wiederhergestellt werden muß, das wird dann von den zuständigen System-Administratoren gemacht.

Die Erstellung von Sicherungskopien ist von einem systemseitig gesteuerten Indikator in jedem Dataset abhängig, der aussagt, ob der Dataset seit dem letzten Backup-Prozeß geändert wurde.

Es wird also nur von geänderten oder neuen Daten eine solche Kopie gespeichert, und es sind Installations-Parameter, die über die Häufigkeit und Anzahl dieser Kopien entscheiden. In vielen Rechenzentren ist es üblich, beispielsweise maximal zwei Backup-Kopien eines Datasets zu speichern und etwa jeden zweiten oder dritten Tag zu prüfen, ob sich ein Dataset geändert hat. Existieren von einem Dataset zwei Kopien und es müßte aufgrund einer Änderung eine weitere Kopie erstellt werden, so wird die älteste Kopie gelöscht. Die Kopien bleiben auch nach dem Löschen eines Datasets über einen installationsseitig festgelegten Zeitraum bestehen, so daß man auch noch einige Tage, nachdem man beispielsweise festgestellt hat, daß man einen Dataset versehentlich gelöscht hat, diesen aus der letzten Backup-Kopie wiederherstellen kann. Das trifft natürlich nicht zu, wenn man etwa morgens einen Dataset erstellt und tüchtig Daten speichert, dann allerdings am Nachmittag einen 'Black-Out' hat und ihn wieder löscht. Zu diesem Zeitpunkt hat man normalerweise noch keine Backup-Kopie (dieser Vorgang läuft üblicherweise abends oder nachts), und dann muß man die Daten leider neu eingeben.

Hier liegt es im Ermessen eines Rechenzentrums, den Aufwand für Backup (Rechenzeit und Speicherplatz) in die richtige Relation zum Vorteil für den Benutzer (Häufigkeit/Zahl der Kopien) zu setzen.

Commands

Im Zusammenhang mit Datensicherung und Wiederherstellung stehen dem Benutzer die folgenden Commands zur Verfügung:

HBACKDS	Erstellen einer Backup-Kopie eines Datasets
HRECOVER	Wiederherstellen eines Datasets aus einer Backup-Kopie
HALTERDS	Ändern der Backup-Parameter
HBDELETE	Löschen einer Backup-Kopie
HLIST	Auflisten der Backup-Kopien
HQUERY	Auflisten von nicht-beendeten DFSMShsm-Funktionen
HCANCEL	Abbrechen von nicht-beendeten DFSMShsm-Funktionen

Mit dem HBACKDS-Command kann man selbst eine Backup-Kopie erstellen, das kann etwa dann sinnvoll sein, wenn man bei der Entwicklung von Daten einen bestimmten, fest definierten Zustand hat, von dem man eine Kopie haben möchte.

```
Syntax -
   HBACKDS  dsname VOLUME(volser) UNIT(unittype)
            WAIT | NOWAIT EXTENDRC

Notwendig - dsname

Defaults  - NOWAIT

Alias     - HBACK
```

Der uns bereits bekannte HLIST-Command zeigt auch an, von welchen Datasets ein Backup existiert bzw. zu welchem Zeitpunkt die einzelnen Kopien erstellt werden.

Will man beispielsweise wissen, welche Backup-Kopien für einen bestimmten Dataset existieren, so kann man das mit folgendem Command erfragen:

```
hlist da(mvs.clist) bcds

 DSNAME = ED1.MVS.CLIST                                BACK FREQ=***  MAX VERS=***

   BDSN=HSM.BACK.T535219.ED1.MVS.H9144                 BACKVOL=HSMB49 FRVOL=LST009
   BACKDATE=01/02/24 CAT=YES GEN=000 VER=065 UNS/RET=NO RAC IND=NO BACK PRO=N

   BDSN=HSM.BACK.T464819.ED1.MVS.H9137                 BACKVOL=HSMB72 FRVOL=LST009
   BACKDATE=01/02/17 CAT=YES GEN=001 VER=064 UNS/RET=NO RAC IND=NO BACK PRO=N

 ARC0140I LIST COMPLETED,    5 LINE(S) OF DATA OUTPUT
```

Auch hier eine kurze Beschreibung der Daten:

BACK FREQ	Häufigkeit der Backup-Funktion, der Wert 0 besagt, daß der System-Default genommen wird. Dieser Wert kann ebenso wie der nächste mit dem HALTERDS-Command geändert werden.
MAX VERS	Maximale Zahl der Backup-Versionen
GEN	Die jüngste Backup-Kopie hat die Generation-Nummer 0, die dann für ältere Kopien ansteigt. Auf sie kann im HRECOVER-Command Bezug genommen werden.
VER	Versions-Nummer der Kopie.

Die meisten anderen Daten sprechen für sich selbst.

Falls man für einen speziellen Dataset die systemseitig definierten Werte der Häufigkeit (SYSFREQUENCY) und Zahl der Kopien (SYSVERSIONS) ändern will, so verwendet man dafür den HALTERDS-Command.

```
Syntax -
   HALTERDS dsname
            VERSIONS(limit)  | SYSVERSIONS
            FREQUENCY(days)  | SYSFREQUENCY

Notwendig - dsname, außerdem mindestens einer der anderen
            Parameter

Alias     - HAL
```

Der Parameter VERSIONS gibt die Maximalzahl der Backup-Kopien an, während man über FREQUENCY den Tagesrhythmus festlegt, in dem Kopien bei möglichen Änderungen des Datasets erstellt werden.

Um auf eine Sicherungskopie von einem Dataset zurückzugreifen, haben wir den Command HRECOVER. Dabei muß beachtet werden, ob der Original-Dataset noch existiert, dann muß mit REPLACE (Überschreiben) oder NEWNAME (Neuanlegen) über die Art der Recovery entschieden werden.

```
Syntax -
   HRECOVER dsname
            TOVOLUME(volser) UNIT(unittype) NEWNAME(newdsname)
            REPLACE          FROMVOLUME(volser)
            GENERATION(gennum) | DATE(date) WAIT | NOWAIT
            EXTENDRC

Notwendig - dsname

Defaults  - NOWAIT

Alias     - HRECOV
```

Die Parameter GENERATION oder DATE geben uns die Möglichkeit, aus mehreren Backup-Kopien auszuwählen. Falls nichts angegeben ist, wird auf die jüngste Kopie zurückgegriffen.

Der Backup- und Recovery-Prozeß geschieht jeweils auf Dataset-Ebene und kann nicht für einzelne Members in einem Partitioned Dataset durchgeführt werden. Verändert man ein Member, so wird vom gesamten Dataset eine Backup-Kopie erstellt. Wie kann man aber im Fehlerfall ein einzelnes Member wiederherstellen? Die folgenden Commands sind die Lösung dieses Problems.

```
hrecover mylib.asm newname(mylib.temp)
smcopy fromdata(mylib.temp(prog3a)) todata(mylib.asm(prog3a))
delete mylib.temp
```

Der gesamte Dataset wird mit einem neuen Namen aus dem Backup erstellt, das entsprechende Member wird in den Original-Dataset kopiert, und danach wird der neue Dataset wieder gelöscht, die beiden letzten Commands sind natürlich auch durch die jeweiligen ISPF-Funktionen möglich.

Mit dem HBDELETE-Command löscht man eine Backup-Kopie.

```
Syntax -
  HBDELETE  dsname   FROMVOLUME(volser) VERSIONS(version)

Notwendig - dsname

Defaults  - NOWAIT

Alias     - HBDEL
```

14.3 ISPF-Unterstützung

Die Ausführung von DFSMShsm-Commands über ISPF-Panels ist durch die Funktion

`ISMF - Interactive Storage Management Facility`

möglich. Ihre Implementierung wird in den einzelnen Rechenzentren unterschiedlich sein. Deshalb kann hier kein genereller Weg vom Primary Option Menu angegeben werden, sondern man muß sich in der eigenen Installation etwas danach umsehen.

Wählt man im `ISMF PRIMARY OPTION MENU` die Option 1, so erhält man dieses Panel:

```
  Panel  Defaults  Utilities  Scroll  Help
------------------------------------------------------------------------------
                        DATA SET SELECTION ENTRY PANEL             Page 1 of 5
Command ===> _

For a Data Set List, Select Source of Generated List  . . 2  (1 or 2)

  1  Generate from a Saved List          Query Name To
       List Name  . .                    Save or Retrieve

  2  Generate a new list from criteria below
       Data Set Name . . . **
       Enter "/" to select option       Generate Exclusive list
       Specify Source of the new list  . . 2     (1 - VTOC, 2 - Catalog)
       1 Generate list from VTOC
          Volume Serial Number . . .             (fully or partially specified)
       2 Generate list from Catalog
          Catalog Name . . .
            Catalog Password . . . .             (if password protected)
          Volume Serial Number . . .             (fully or partially specified)
          Acquire Data from Volume . . . . . . . Y   (Y or N)
          Acquire Data if DFSMShsm Migrated  . . Y   (Y or N)
Use ENTER to Perform Selection; Use DOWN Command to View next Selection Panel;
Use HELP Command for Help; Use END Command to Exit.
```

Hiermit kann man sich entweder über den Katalog oder über einen VTOC eine Dataset-Liste erstellen, ähnlich, wie wir es aus der ISPF-Option 3.4 kennen.

```
  Panel  Defaults  Utilities  Scroll  Help
------------------------------------------------------------------------------
                    DATA SET LIST
Command ===> _                                                 Scroll ===> HALF
                                                          Entries 1-4 of 4
Enter Line Operators below:                               Data Columns 3-7 of 21

    LINE                                        ALLOC    ALLOC    % NOT  COMPRESSED
    OPERATOR          DATA SET NAME             SPACE    USED     USED   FORMAT
   ---(1)----  ------------(2)------------     --(3)--  --(4)--  -(5)-  ---(6)----
               ED1.MVS.CLIST                         7        7      0  ---
               ED1.MVS.EXEC                          5        2     60  ---
               ED1.NAMEN.DATA                        1        1      0  ---
               ED1.ORT.DATA                          1        1      0  ---
   ----------  --------------- BOTTOM OF DATA ---------------------------------

USE HELP COMMAND FOR HELP; USE END COMMAND TO EXIT.
```

In dieser Liste sind die folgenden DFSMShsm-Commands möglich:

COMPRESS	Freigabe von nicht belegtem Platz in einem Dataset
DELETE	Löschen eines ausgelagerten Datasets
HALTERDS	Ändern der Backup-Parameter
HBACKDS	Erstellen einer Backup-Kopie eines Datasets
HBDELETE	Löschen einer Backup-Kopie
HMIGRATE	Auslagern eines Datasets
HRECALL	Zurückholen eines ausgelagerten Datasets
HRECOVER	Wiederherstellen eines Datasets aus einer Backup-Kopie

14.4 Übung

Die Übung besteht aus drei Teilen, die helfen sollen, sich mit den DFSMShsm-Funktionen vertraut zu machen:

- Welche eigenen Datasets sind ausgelagert, dabei sollte zwischen LEVEL 1 und LEVEL 2 unterschieden werden?

  Bei den meisten Benutzern taucht im Lauf der Zeit dasselbe Problem auf, es sammeln sich viele Datasets an, die vermutlich nicht mehr benötigt werden - es sei denn, es gibt von seiten des Rechenzentrums eine sehr strenge Limitierung im Anlegen von Datasets, so daß man laufend seinen Datenbestand kontrollieren muß.

  Aus diesem Grund wollen wir hier versuchen, eine Anleitung zum Überprüfen des Datenbestandes zu geben, und die konkrete Aufgabe lautet deshalb:

  1. Man verschaffe sich eine Übersicht über alle Datasets, die seit mehr als 3 Monaten nicht mehr benutzt worden sind.
  2. Anhand der Dataset-Namen ist dann abzuschätzen, ob alle diese Daten noch benötigt werden bzw. welche Datasets man löschen kann.
  3. Nach dieser Entscheidung sollte man mutig zur Tat schreiten und die überflüssigen Daten löschen - ohne sie vorher auf die LEVEL 0-Platten zurückzuholen. Das mag im Einzelfall notwendig sein, wenn man sich vergewissern will, ob man löschen will oder ob nicht, wenn man aber eine vernünftige Namensstruktur hat, wird man für die meisten Daten die Entscheidung auch direkt treffen können.

- Vorschlag eines Lösungswegs für diejenigen Benutzer, die mehr als drei Datasets haben:

  1. Das Ergebnis des HLIST-Commands wird in einem Dataset gespeichert.
  2. Diese Liste wird auf die Namen derjenigen Datasets reduziert, die man löschen will.

3. Durch einiges Editieren bringt man die Liste auf ein solches Format, daß sie für jeden verbliebenen Dataset einen HDELETE-Command enthält, so daß man sie anschließend als CLIST zur Ausführung bringen kann. Dadurch erspart man sich das direkte Eingeben aller Commands.

- Im dritten Teil dieser Übung wollen wir versuchen, auf die älteste Sicherungskopie eines ausgelagerten Datasets zurückzugreifen:
  1. Auswahl eines (für unsere Übung beliebigen) Datasets aus der Reihe der ausgelagerten Daten
  2. Information über alle Backup-Kopien dieses Datasets
  3. Wiederherstellen der ältesten Kopie mit einem neuen Namen

14.5 Zusammenfassung

DFSMShsm - Hierarchical Storage Manager

- **Datenverwaltung**

Migration	Auslagern der Daten entsprechend ihrem Alter von `LEVEL 0` - Primary Volumes nach `LEVEL 1/2` - Migration Volumes
Recall	Zurückholen ausgelagerter Daten auf LEVEL 0

Commands

HMIGRATE	Auslagern eines Datasets
HRECALL	Zurückholen eines ausgelagerten Datasets
HDELETE	Löschen eines ausgelagerten Datasets
HLIST	Auflisten der ausgelagerten Datasets
HQUERY	Auflisten von nicht-beendeten DFSMShsm-Funktionen
HCANCEL	Abbrechen von nicht-beendeten DFSMShsm-Funktionen

- **Datensicherung**

Backup	Erstellen von Sicherungskopien
Recovery	Wiederherstellen zerstörter Daten aus Backup-Kopien

Commands

HBACKDS	Erstellen einer Backup-Kopie eines Datasets
HRECOVER	Wiederherstellen eines Datasets
HALTERDS	Ändern der Backup-Parameter
HBDELETE	Löschen einer Backup-Kopie
HLIST	Auflisten der Backup-Kopien
HQUERY	Auflisten von nicht-beendeten DFSMShsm-Funktionen
HCANCEL	Abbrechen von nicht-beendeten DFSMShsm-Funktionen

15.0 Online Dokumentation

- Es gibt noch mehr als gedruckte Bücher

  Viele Bücher stehen direkt im System oder auch im Internet zur Verfügung.

- Im TSO BOOKSHELF ist die gesamte TSO Dokumentation zu finden

  Wir können hier direkt auf die neuesten Bücher zugreifen und gezielt nach bestimmten Themen suchen.

- Das Internet bietet alles druckreif an

  Über die IBM Homepage im Internet finden wir die z/OS Literatur, um sie auf unsere Workstation zu Drucken herunterladen zu können.

In der heutigen Zeit geht der Trend dahin, daß alles immer schneller laufen muß, und diese Tendenz ist natürlich auch in der Datenverarbeitung zu finden. Immer häufiger werden neue Programme entwickelt oder alte Programme verbessert, und das hat natürlich auch zur Folge, daß die dazugehörige Dokumentation im selben Rhythmus überarbeitet und neu zur Verfügung gestellt werden muß. Aber wer will (und kann) sich schon ständig alle neuen Bücher besorgen und die alten Bücher entsorgen. Das mag zwar im Einzelfall wichtig und notwendig sein, aber sicherlich nicht immer und für alles.

Aus diesem Tatbestand heraus hat es sich ergeben, daß man nach anderen Wegen suchte, um die neuesten Informationen so schnell und effektiv wie möglich zur Verfügung zu stellen. Und hier haben sich nun verschiedene Medien entwickelt und angeboten, über die man Dokumentation verteilen kann.

Wir wollen uns in diesem Zusammenhang auf z/OS System-Literatur konzentrieren, für die drei verschiedene Medien genannt werden sollen:

- z/OS Collection Kit

  Hierbei handelt es sich um die Zusammenstellung aller zu z/OS gehörenden Bücher in einem sogenannten BOOK Format auf mehreren CDROMs. Über den IBM Library Reader für Windows und OS/2 (diese Funktion ist im Collection Kit enthalten) kann man sich die Literatur auf seiner Workstation ansehen. Hier ist man von dem, was im eigenen z/OS System installiert ist, unabhängig, sofern man sich nur selbst den Collection Kit besorgt. Oftmals sind die Bücher auch auf einem haus-internen LAN-Server installiert, falls ein solcher vorhanden ist.

- z/OS BookManager

  Wenn man als TSO-Benutzer auf ein Buch zugreifen will, ist es notwendig, daß die Funktion **BookManager READ** im eigenen System installiert ist und dort das gewünschte Buch vorhanden ist.

- Internet Library

  Falls man daran interessiert ist, sich ein bestimmtes Buch nicht nur online anzusehen, sondern es drucken zu wollen, so kann man über die IBM Homepage im Internet darauf zugreifen und zum Drucken auf die eigene Workstation laden.

  Unser Thema ist TSO - deshalb werden wir uns hier hauptsächlich mit dem BookManager beschäftigen, die Vorgehensweise mit dem Collection Kit ist prinzipiell gleich und wird deshalb nicht extra behandelt.

15.1 z/OS BookManager

Am Anfang sollten noch zwei Begriffe genannt werden:

Book Hierbei handelt es sich um ein einzelnes Buch

Bookshelf Das ist eine Sammlung (Zusammenstellung) von Büchern, meist alle Bücher eines bestimmten Produkts.

Da der Aufruf des BookManagers installationsabhängig ist, beschreiben wir ihn hier allgemein durch den Aufruf im ISPF (Option 6):

```
bookmgr
```

Wir erhalten dann beispielsweise diese Übersicht aller installierten Sammlungen:

```
  Books  View  Options  Help
------------------------------------------------------------------------------

Command ===> ________________________________________________ SCROLL ===> PAGE

                                Bookshelf List
                                                       Shelves 9 to 16 of 225
   Shelf Name  Description

__ ILM1BK10    z/OS V1R2.0 IBM License Manager
__ AOPBK340    z/OS V1R2.0 Infoprint Server
__ ISPZPM10    z/OS V1R2.0 ISPF
__ HAS2BK10    z/OS V1R2.0 JES2
__ IAT2BK10    z/OS V1R2.0 JES3
```

Wir beginnen mit einigen Optionen in der Action Bar.

Books

Über diese Funktion kann man nach einem bestimmten Buch oder Bookshelf suchen, oder den BookManager auch verlassen.

```
  Books  View  Options  Help
+---------------------------------------+-------------------------------------
|     1. Open a book...                 |
|     2. Open a bookshelf...            | __________________ SCROLL ===> PAGE
|     3. List books...                  |
|     4. List bookshelves...            | List
|     5. Describe...                    |             Shelves 9 to 16 of 225
|     6. Perform file functions...      |
|     7. Close bookshelf list...     F3 |
|     8. Exit BookManager...            | ager
+---------------------------------------+ r
__ ISPZPM10    z/OS V1R2.0 ISPF
__ HAS2BK10    z/OS V1R2.0 JES2
__ IAT2BK10    z/OS V1R2.0 JES3
```

View

Hier kann man eine gezielte Selektion festlegen.

```
 Books  View  Options  Help
------ +----------------------------------+------------------------------------
       |       1. All                      |
Comman |       2. Some...                  |  __________________ SCROLL ===> PAGE
       |       3. Sort by name             |
       |       4. Sort by description      | ist
       |       5. Refresh               F5 |        Shelves 9 to 16 of 225
   She +----------------------------------+
__ ILM1BK10    z/OS V1R2.0 IBM License Manager
__ AOPBK340    z/OS V1R2.0 Infoprint Server
__ ISPZPM10    z/OS V1R2.0 ISPF
__ HAS2BK10    z/OS V1R2.0 JES2
__ IAT2BK10    z/OS V1R2.0 JES3
```

Wenn wir beispielsweise nach allen Büchern zum Thema **ISPF** suchen wollen, so können wir das hier festlegen.

```
 Books  View  Options  Help
-------------------------------------------------------------------------------

C +------------------------------+ _________________________ SCROLL ===> PAGE
  |         Some Bookshelves      |
  |                               | shelf List
  |                               |                  Shelves 9 to 16 of 225
  | 2    1.  Selected bookshelves |
_ |      2.  By name...           |
_ |                               |
_ |                               |
_ |                               |
_ |  F1=Help        F12=Cancel    |
_ +------------------------------+
```

```
 Books  View  Options  Help
-------------------------------------------------------------------------------

C +------------------------------+ ________________________ SCROLL ===> PAGE
  |        Some Bookshelves       |
  |   +-------------------------------------------------------------+
  |   |                  Some Bookshelves by Name                    |
  | 2 |                                                             |
_ |   |                                                             |
_ |   |                                                             |
_ |   | To list bookshelves with similar names, use an asterisk     |
_ |   | (*) to stand for the non-matching characters.  For          |
_ |   | example, type *PUB to list all bookshelves whose names      |
_ +---|                                                             |
__    |                                                             |
__    | Bookshelf name  . . . isp*____                              |
__    |                                                             |
__    |                                                             |
__    |                                                             |
__    |  F1=Help   F12=Cancel                                       |
__    +-------------------------------------------------------------+
__
```

Und so sieht dann die Liste aller Bücher aus:

```
  Books  View  Search  Group  Options  Help
------------------------------------------------------------------------------

Command ===> ___________________________________________ SCROLL ===> PAGE

                               ISPZPM10 Bookshelf

                                                          Books 1 to 11 of 11
   Book Name    Book Title                                          Date
__ ISPZGD10     z/OS V1R2.0 ISPF Dialog Developer's Guide         07/13/01
__ ISPZDT10     z/OS V1R2.0 ISPF Dialog Tag Language              07/13/01
__ ISPZEM10     z/OS V1R2.0 ISPF Edit and Edit Macros             07/13/01
__ ISPZMC10     z/OS V1R2.0 ISPF Messages and Codes               07/13/01
__ ISPZPC10     z/OS V1R2.0 ISPF Planning and Customizing         07/12/01
__ ISPZRS10     z/OS V1R2.0 ISPF Reference Summary                07/13/01
__ ISPZSG10     z/OS V1R2.0 ISPF Services Guide                   07/13/01
__ ISPZSC10     z/OS V1R2.0 ISPF SCLM Project Manager's Guide     07/12/01
__ ISPZSR10     z/OS V1R2.0 ISPF SCLM Reference                   07/12/01
__ ISPZUG10     z/OS V1R2.0 ISPF User's Guide Vol I               07/13/01
__ ISPZU210     z/OS V1R2.0 ISPF User's Guide Vol II              07/13/01
 F1=Help      F3=Exit      F4=Search     F5=Refresh    F6=Describe  F7=Bkw
 F8=Fwd      F10=Actions  F11=Retrieve F12=Cancel
```

Durch die Selektion des Buches
`/ ISPZUG10    z/OS V1R2.0 ISPF User's Guide Vol I`

erhalten wir direkt das Inhaltsverzeichnis:

```
  Books  GoTo  Search  Notes  Services  Options  Help
------------------------------------------------------------------------------

Command ===> ___________________________________________ SCROLL ===> PAGE

CONTENTS  Table of Contents                   Copyright IBM Corp. 1980, 2001
                                                   Topic lines 1 to 23 of 145
COVER         Book Cover
NOTICES       Notices
EDITION       Edition Notice
CONTENTS      Table of Contents
FIGURES       Figures
PREFACE       Preface
PREFACE.1       About This Book
PREFACE.2       Who Should Use This Book
PREFACE.3       Summary of Changes
PREFACE.3.1       ISPF Product Changes
PREFACE.3.2       ISPF DM Component Changes
PREFACE.3.3       ISPF PDF Component Changes
```

Man kann jetzt durch einfaches Anklicken einer Zeile zu dem gewünschten Teil des Buches kommen, geht man beispielsweise mit dem Cursor in die Zeile `COVER`, so bekommt man die Titelseite des Buchs angezeigt.

```
  Books  GoTo  Search  Notes  Services  Options  Help
------------------------------------------------------------------------

Command ===> ________________________________________ SCROLL ===> PAGE

                                        Copyright IBM Corp. 1980, 2001
                                                  Topic lines 1 to 16
   +--------------------------------------------------------------+
   Interactive System Productivity Facility (ISPF)

   User's Guide Volume I

   z/OS Version 1 Release 2.0

   Document Number SC34-4822-01

   Program Number
   5694-A01

   File Number S370/4300-39
```

GoTo

Diese Option gibt uns die Möglichkeit, weiter im Buch zu navigieren.

```
  Books  GoTo  Search  Notes  Services  Options  Help
------ +--------------------------------+-------------------------------
       |     1. Topic...                |
Comman |     2. Table of contents       | ______________ SCROLL ===> PAGE
       |     3. Index                   |
COVER  |     4. Figure list             |   Copyright IBM Corp. 1980, 2001
       |     5. *able list              |             Topic lines 1 to 16
   +-- |     6. Revisions...            | -------------------------+
   Int |     7. Previous link or reference | (ISPF)
       |     8. Topics seen list...     |
   Use |     9. Retrace topic path      |
       |    10. *ookmark list...        |
   z/O +--------------------------------+

   Document Number SC34-4822-01

   Program Number
   5694-A01

   File Number S370/4300-39
```

Search

Wollen wir nach einem bestimmten Wort oder Thema suchen, so können wir hier eine Suchfunktion starten.

```
  Books  GoTo  Search  Notes  Services  Options  Help
------------ +----------------------------------------+ ----------------------
             |    1. *ist all topics with matches...  |
Command ===> |    2. Set up search...                 | ______ SCROLL ===> PAGE
             |    3. *o to next match                 |
CONTENTS  Ta |    4. *o to next best topic            | ht IBM Corp. 1980, 2001
             |    5. *mphasize matches                |    Topic lines 1 to 25
COVER        +----------------------------------------+
NOTICES       Notices
EDITION       Edition Notice
CONTENTS      Table of Contents
FIGURES       Figures
PREFACE       Preface
PREFACE.1       About This Book
PREFACE.2       Who Should Use This Book
PREFACE.3       Summary of Changes
```

Sind wir etwa an dem Thema **EDIT** interessiert, so geben wir das als Suchbegriff ein.

```
  Books  GoTo  Search  Notes  Services  Options  Help
---------------------------------------------------------------------------

C +------------------------------------------------------------------+ => PAGE
  |                         Set Up Search                            |
C |                                                                  |
  |                                                                  |
C | Search for . . edit________________________________________      |
N |                                                                  |
E |  or                                                              |
C |                                                                  |
F | Modify a previous search request:                                |
F |                ____________________________________________      |
F |                                                                  |
F |                ____________________________________________      |
P |                ____________________________________________      |
P |                ____________________________________________      |
P | Phrase separator . . . . ,                                       |
P | Wildcard character . . . *                                       |
P | Current matching option  1   1.  Fuzzy matching                  |
P |                              2.  Exact matching, any case        |
P |                              3.  Exact matching, including case  |
P |                                                                  |
P |                                                                  |
P |                                                                  |
P |  F1=Help     F4=Wordchk   F5=Synonyms F12=Cancel                 |
P +------------------------------------------------------------------+
```

Damit erhalten wir die Auflistung aller Kapitel, in denen der gesuchte Begriff enthalten ist:

```
 Books  GoTo  Search  Notes  Services  Options  Help
------------------------------------------------------------------------------

C +-------------------------------------------------------------------+ => PAGE
  |                        Set Up Search                              |
+-----------------------------------------------------------------------------+
|                        List All Topics with Matches                         |
| Command ===> ___________________________________________ SCROLL ===> PAGE   |
|                                                                             |
| Fuzzy matches for: edit                                                     |
|                                         Search matches 1 to 15 of 86        |
| 1.5.1.8      Mixed Mode                                                     |
| 1.5.1.7      Format Definitions                                             |
| 1.2.1.1      View, Browse, Edit, Edit Macros and Models                     |
| FRONT 2.3    ISPF PDF Component Changes                                     |
| 1.1.6        The ISPF Workstation Tool Integration Program                  |
| 1.2.6.1.2    Option Descriptions                                            |
| 1.5.1.5.5    Member Selection List Commands                                 |
| 1.5.1.11.7   Data Set Processing Options                                    |
| 1.2.9.1.3    PDF Component Primary and Line Commands                        |
```

Die Navigation ist immer gleich: eine Zeile

`1.2.9.1.3    PDF Component Primary and Line Commands`

mit dem Cursor anklicken, und man ist im richtigen Kapitel.

```
 Books  GoTo  Search  Notes  Services  Options  Help
------------------------------------------------------------------------------

Command ===> ______________________________________________ SCROLL ===> PAGE

1.2.9.1.3   PDF Component Primary and Line Commands
                                                    Topic lines 1 to 23 of 100

  These commands are valid only when you call them within the PDF
  component. Exceptions are the primary and line commands for Edit
  (option 2), which are defined in ISPF Edit and Edit Macros, and
  those for SCLM (option 10), which are defined in ISPF SCLM
  Developer's and Project Manager's Guide. The ISPF primary option
  that you are using determines which commands are valid. For example,
  the CAPS primary command is valid only when using the Edit option.

  See the chapter in this book on the option you are using for
  information about the valid commands for that option.
```

Options

Wenn man nun daran interessiert ist, Teile des Buches zu drucken, so muß man zuerst (und auch nur einmalig) die notwendigen Definitionen zum Drucken festlegen. Über Options wählt man dafür

`Set print options...`

Empfehlenswert ist die Option `BookMaster GML`, sie gibt das beste Format. Es sollte aber doch ganz klar festgestellt werden, daß man über die im Internet oder auf dem z/OS Collection Kit verfügbaren PDF-Versionen aller Bücher eine wesentlich bessere

Qualität erhält, sodaß man nur im Ausnahmefall auf obige Print-Funktion zurückgreifen sollte.

Sind wir dann mit dem Lesen des Buches für heute fertig, so beenden wir die Funktion, und wir können dabei noch festlegen, ob wir für das nächste Mal ein *Lesezeichen* (`closing bookmark`) hinterlassen wollen.

```
 Books  GoTo  Search  Notes  Services  Options  Help
---------------------------------------------------------------------------

C +-------------------------------------------+              SCROLL ====> PAGE
  |              Closing Bookmark             |
2 |                                           |  Copyright IBM Corp. 1980, 2001
  | 1   1.  Keep current closing bookmark     |           Topic lines 1 to 23
  |     2.  Place the closing bookmark        |
  |     3.  Exit without closing bookmark     | hem within the PDF
  |                                           | e commands for Edit
  |                                           | d Edit Macros, and
  |                                           | in ISPF SCLM
  |  F1=Help       F12=Cancel                 | ISPF primary option
  +-------------------------------------------+ are valid. For example,
```

Haben wir das Buch zugeklappt, so bleibt noch der *Bücherschrank* (`bookshelf`) geöffnet, und wir müssen auch diesen schließen. Über `Close Bookshelf` und `Close Bookshelf List` verlassen wir dann den BookManager.

15.2 Die z/OS Library im Internet

Die Bücher der z/OS Library befinden sich (in verschiedenen Versionen und Releases) in einem PDF-Format im Internet, das man mit dem Adobe Acrobat Reader drucken kann. Man findet die Bücher über die Adresse:

http://www.ibm.com/servers/eserver/zseries/zos/bkserv

Ein guter Einstieg ist die *Information Roadmap*, dort kann man nach bestimmten Begriffen oder Produkten suchen und bekommt einen Überblick über die verfügbare Literatur.

Wenn man das Buch gefunden hat, das man sucht, kann man durch einfaches Anklicken ein Download starten, mit dem das Buch auf die Workstation geladen wird, um es anschließend zu drucken oder es sich auch am Bildschirm anzuschauen.

15.3 Zusammenfassung

Online Dokumentation

- z/OS Collection Kit

  Zusammenstellung der z/OS Dokumentation auf CDROM
  Zugriff über den IBM Library Reader für Windows und OS/2

- z/OS BookManager

  z/OS Dokumentation im TSO
  Zugriff über die Funktion BookManager READ

- Internet Library

  z/OS Dokumentation im PDF-Format für den Adobe Acrobat Reader
  Zugriff über http://www.ibm.com/servers/eserver/zseries/zos/bkserv

16.0 Kommunikation

- Kommunikation wird immer wichtiger - auch TSO bietet dafür Funktionen an

  Wir können sowohl intern wie auch extern Mitteilungen und Daten austauschen.

- Mit SEND und LISTBC kommunizieren wir TSO-intern

  Wir unterscheiden dabei zwischen allgemeinen und persönlichen Messages.

- XMIT und RECEIVE erlauben auch den Datenaustausch mit anderen Systemen

  Das firmen-interne Netzwerk kann weltweit sein, und wir schicken unsere Daten überall hin.

Kommunikation - ein Thema, das immer mehr an Bedeutung gewinnt. Deshalb wollen wir uns auch in diesem Zusammenhang damit beschäftigen und uns ansehen, welche Funktionen im TSO dafür zur Verfügung stehen.

Kommunikation - das kann ein Austausch von Informationen oder von Daten sein. Und wir werden dafür mehrere Commands kennenlernen, mit denen man entweder mit anderen Teilnehmern im selben System kommunizieren kann oder mit denen man, wenn das eigene System in einem Leitungsnetzwerk mit anderen Installationen verbunden ist, über die Grenzen hinaus Daten und Informationen austauschen kann.

16.1 SEND und LISTBC

SEND und LISTBC sind zwei Standard-Commands in jedem TSO-System, die es ermöglichen, Mitteilungen zwischen den Benutzern auszutauschen.

```
Syntax -
   SEND       'text'  USER(userid list)
                      oder
                      OPERATOR(routing code)
                      oder
                      CN(console identifier)
              NOW | LOGON | SAVE  NOWAIT | WAIT

Notwendig - text

Defaults  - OPERATOR(2)  NOW  NOWAIT

Alias     - SE

Note      - OPERATOR(2) ist die Master Console
```

Der Text in einem SEND-Command wird innerhalb von Hochkommas angegeben und kann, wie aus der Syntax ersichtlich ist, an andere Benutzer, an den System-Operator oder an eine spezielle System-Konsole - aber das wird vermutlich mehr für systeminterne Mitteilungen verwendet - geschickt werden.

Die Bedeutung der anderen Parameter:

NOW Die Mitteilung wird nur geschickt, falls der Empfänger momentan im System und auch bereit ist, sie zu empfangen.

LOGON Die Mitteilung erscheint jetzt oder wird im BRODCAST-Dataset gespeichert.

SAVE Die Mitteilung wird im BRODCAST-Dataset gespeichert.

(NO)WAIT Das eigene Terminal wird (nicht) blockiert, bis die Mitteilung empfangen ist.

Vom BRODCAST-Dataset haben wir bereits ganz am Anfang gehört, als wir über den LOGON-Command sprachen und dabei erwähnten, daß man zwischen zwei Arten von Mitteilungen, nämlich den persönlichen (MAIL) und den allgemeinen (NOTICES), unterscheidet.

Die Mitteilungen, die von einem Benutzer an einen anderen geschickt werden, fallen dabei in die Kategorie MAIL, während die vom Systemoperator für alle Benutzer bestimmten Mitteilungen als NOTICES eingeordnet werden. Dieser Unterschied ist zu beachten, wenn es darum geht, den BRODCAST-Dataset abzufragen. Abzufragen, warum?

Weil man durchaus definieren kann, daß man 'nicht ungefragt' Mitteilungen empfangen will. Wer Wert darauf legt, von Zeit zu Zeit im 'Briefkasten' nachzuschauen, ob etwas für ihn angekommen ist, kann die ständige Empfangsbereitschaft durch den PROFILE-Command ausschalten.

```
Syntax   -
   PROFILE  LINE(character) | LINE(ATTN) | LINE(CTLX) | NOLINE
            CHAR(character) | CHAR(BS) | NOCHAR
            PROMPT | NOPROMPT  INTERCOM | NOINTERCOM
            PAUSE | NOPAUSE  MSGID | NOMSGID
            MODE | NOMODE  WTPMSG | NOWTPMSG
            PREFIX(prefix) | NOPREFIX    LIST
            RECOVER | NORECOVER

Notwendig - Nichts

Defaults  - Der Default für PREFIX ist der LOGON-Userid
          - Falls keine Operanden angegeben sind ist LIST
            der Default

Alias     - PROF
```

Von den diversen Parametern dieses Commands interessieren uns nur die folgenden:

(NO)INTERCOM Steht für INTERCOMMUNICATION und definiert, ob man Meldungen empfangen will oder nicht.

(NO)PREFIX Dieser Parameter legt fest, welcher erste Qualifier im Rahmen der TSO-Namenskonvention benutzt werden soll. Defaultmäßig ist das, wie wir wissen, der Userid. Mit NOPREFIX entscheidet man sich dafür, daß jeder Dataset-Name vollqualifiziert angegeben wird, ohne in Hochkommas gesetzt werden zu müssen.

LIST Damit kann man sich das Profil anzeigen lassen.

Wichtig: Das Profil wird fest im System gespeichert und ist somit über die momentane TSO-Session hinaus gültig, kann aber natürlich jederzeit mit dem PROFILE-Command wieder geändert werden.

Und wie kommt man nun an die gespeicherten Mitteilungen, falls man PROFILE NOINTERCOM spezifiziert hat? Entweder beim nächsten LOGON, dort ist der Parameter MAIL der Default - man müßte also explizit NOMAIL angeben, wenn man nichts empfangen wollte - oder durch den LISTBC-Command.

```
Syntax -
   LISTBC    MAIL | NOMAIL NOTICES | NONOTICES

Notwendig - Nichts

Defaults  - MAIL  NOTICES

Alias     - LISTB
```

Da dieser Command defaultmäßig alles anzeigt, wir aber nicht daran interessiert sind, jedesmal die allgemeinen Mitteilungen zu lesen, muß man diese explizit ausschließen:

```
listbc nonotices
```

Wem das als Command zu lang ist, kann es sich als CLIST, z.B. mit dem Namen MAIL, speichern (das ist damit die konkurrenzlos kürzeste CLIST, die wir kennenlernen werden) und seine Mitteilungen über

```
%mail
```

abfragen.

Natürlich kann man sich zu diesem Thema auch eine Command Prozedur für etwas gehobene Ansprüche einfallen lassen, und deshalb sehen wir uns eine CLIST mit dem Namen BRIEF an, mit der man einen mehrzeiligen Text an einen anderen Benutzer schicken kann.

Der Aufruf der Prozedur könnte folgendermaßen geschehen:

```
%brief an(ed3)
 EINGABE EINER MEHR-ZEILEN MITTEILUNG AN USER(ED3):
Lieber Freund,
ich schicke dir heute einen Brief, den ich mit meiner
neuen Clist BRIEF geschrieben habe.
Viele Gruesse von ed1.
                                                <- Leerzeile
```

Beim Empfänger kommen dann diese Mitteilungen an:

```
** MSG VON ED1 - 11:03:44 04/23/01 ** ED1
LIEBER FREUND, ED1
ICH SCHICKE DIR HEUTE EINEN BRIEF, DEN ICH MIT MEINER ED1
NEUEN CLIST BRIEF GESCHRIEBEN HABE. ED1
VIELE GRUESSE VON ED1. ED1
****** ENDE DES BRIEFS **** ED1
```

Wir sehen, daß der Absender automatisch bei jeder Zeile steht, also Vorsicht, wenn man denkt, man könnte damit unerkannt ein Späßchen mit anderen machen:

Wie sieht die CLIST aus? Es wird dabei nur auf bekannte Funktionen Bezug genommen, deshalb ist wohl eine Erklärung nicht notwendig.

```
PROC 0 AN(OPER)
/**************************************************************/
/*       CLIST ZUM SENDEN EINES 'BRIEFES'                     */
/**************************************************************/
IF &AN ¬= OPER THEN SET AN = USER(&AN)
```

```
SEND '** MSG VON &SYSUID - &SYSTIME &SYSDATE **' &AN LOGON
WRITE EINGABE EINER MEHR-ZEILEN MITTEILUNG AN &AN:
L1:READ
IF &STR(&SYSDVAL) ¬= THEN DO
  SEND '&STR(&SYSDVAL)' &AN LOGON
  GOTO L1
END
ELSE SEND '****** ENDE DES BRIEFS ****' &AN LOGON
```

16.2 Kommunikation - auch im Netzwerk

Bessere Möglichkeiten der Kommunikation als mit SEND und LISTBC bieten zwei Commands, mit denen wir uns jetzt beschäftigen werden. Neben dem Informationsaustausch innerhalb eines Systems gibt es dabei auch die Übertragung von Daten und Mitteilungen zwischen mehreren Systemen, die in einem gemeinsamen Netzwerk miteinander verbunden sind.

Da wir uns hier auf der Benutzerebene unterhalten, ist es nicht notwendig, sich darüber Gedanken zu machen, wie solche Verbindungen funktionieren oder welche Voraussetzungen dafür notwendig sind. Diejenigen Leser, die in einem System arbeiten, das keine derartigen Verbindungen zur Außenwelt hat, mögen bitte zum nächsten Kapitel weiterblättern.

Die Systeme, die in einem solchen Netz verbunden sind, müssen nicht notwendigerweise MVS-Systeme sein, es gibt auch noch ein anderes IBM Betriebssystem: VM ist ebenfalls ein System, das interaktiv, also im Dialog, benutzt werden kann, und so ist es möglich, Mitteilungen und Daten zwischen einem MVS-TSO-Benutzer und einem VM-Benutzer auszutauschen.

Es gibt dafür zwei Commands:

XMIT Senden von Daten und Mitteilungen

RECEIVE Empfangen von Daten und Mitteilungen

Die Übertragung von Daten beschränkt sich auf sequentielle und Partitioned Datasets, aber das sollte für uns kein Problem sein, denn nur damit haben wir uns bisher beschäftigt. Sofern man Daten zu einem VM-System übertragen will, kann man das nur mit sequentiellen Datasets oder einzelnen Members eines Partitioned Datasets machen, da im VM die Struktur des Partitioned Datasets nicht existiert.

XMIT

Dieser Command hat eine Vielzahl von Parametern, wir werden uns die wichtigsten heraussuchen und ansonsten mit den Defaults leben. Wer noch mehr wissen will, kann sich mit HELP noch genauere Informationen verschaffen.

Der erste und einzige Positionsparameter ist die Adressenliste, d.h. also der oder die Empfänger. Da wir über die Grenzen des eigenen Systems hinausgehen können, muß man neben dem Userid des Empfängers auch dessen Systemnamen angeben, man nennt das auch NODE (= Knoten im Netzwerk). Jedes im Netz befindliche System hat einen solchen Namen. Zur Angabe sind zwei verschiedene Formate möglich:

```
node/userid          boevs07/meier
node.userid          boevs07.meier
```

```
Syntax -
   TRANSMIT addresseelist  COPYLIST | NOCOPYLIST
            DATASET(dsn) | DSNAME(dsn) | DDNAME(ddname) |
            FILE(ddname) | TERMINAL
            ENCIPHER  MESSAGE | MSG  EPILOG | NOEPILOG
            PROLOG | NOPROLOG  FULLSCREEN | LINE | LINE(nn)
            LOG | NOLOG | LOG(ALL)  LOGNAME(name)
            MEMBERS(memberlist)   PDS | SEQ
            NOTIFY | NOTIFY(ALL) | NONOTIFY
            OUTDDNAME(ddname) | OUTFILE(ddname) |
            OUTDSNAME(dsname) | OUTDSN(dsname)
            PARM(parameters)   SYSOUT(sysout class oder *)

Notwendig - addresseelist

Defaults  - TERMINAL  PROLOG  EPILOG  LOG  NOTIFY  PDS
            NOCOPYLIST

Alias     - XMIT
```

Man hat nun die Möglichkeit, einer solchen Adreß-Kombination einen Kurznamen (NICKNAME) zuzuordnen, den man selbst wählen kann:

```
fritz  → boevs07.meier
```

Oftmals besteht die Notwendigkeit, Informationen an einen bestimmten, fest definierten Benutzerkreis zu schicken. Man kann dafür mehrere Kurznamen zu einer Verteilerliste (Distribution List) zusammenfassen:

```
abt2406  → fritz, karl, peter1, peter2
```

DATASET Dataset, den man verschicken will

MEMBERS Auswahl eines oder mehrerer Members eines Partitioned Datasets

TERMINAL Übertragung einer Mitteilung; man kommt in einen ISPF-EDIT-ähnlichen Mode (allerdings ohne EDIT-Commands), in dem man den zu übertragenden Text eingibt. Mit F3 startet man die Übertragung.

(NO)PROLOG Automatisches Einfügen eines vorher definierten Anfangstextes bei der Übertragung einer Mitteilung.

(NO)EPILOG Das ist der Endtext der Mitteilung.

MESSAGE Hiermit kann man bei der Übertragung eines Datasets noch eine Mitteilung anfügen, man kommt dabei in denselben Mode wie mit dem Parameter TERMINAL.

NO(NOTIFY) Mit diesem Parameter legt man fest, ob nach dem Empfang der Mitteilung oder des Datasets automatisch eine Bestätigung an den Absender geschickt werden soll.

Der gesamte XMIT-Vorgang wird protokolliert, d.h. alle Mitteilungen bzw. Dataset-Namen werden in einem vom XMIT-Command angelegten Dataset

`userid.LOG.XMIT`

notiert, einschließlich Empfänger, Datum und Uhrzeit. Man kann sich für einzelne Empfänger auch private LOG-Datasets erstellen lassen, wir werden das im Zusammenhang mit den Kurznamen noch genauer kennenlernen.

Die Einträge im LOG-Dataset sehen folgendermaßen aus:

```
---------------------------------------------------------------
TRANSMIT         ED1.ORT.DATA                      21 MAY 2001 12:33
 TO: FRITZ       BOEVS07  FRITZ    Fritz Meier
---------------------------------------------------------------
RECEIVE          ** ACKNOWLEDGMENT **              21 MAY 2001 13:01
 FROM:           BOEVS07  FRITZ                    21 MAY 2001 13:01
   STORED        ED1.ORT.DATA                      21 MAY 2001 12:33
---------------------------------------------------------------
RECEIVE          ** MESSAGE **                     21 MAY 2001 13:47
 FROM: FRITZ     BOEVS07  FRITZ    Fritz Meier 21 MAY 2001 13:47
Schicke mir bitte noch die Namensliste
---------------------------------------------------------------
```

Nickname-Dataset

Wir haben den Begriff NICKNAME im Zusammenhang mit der Definition eines oder mehrerer Empfänger als Kurzform einer Adresse kennengelernt und wollen uns nun ansehen, wie man solche Kurznamen definieren kann.

Man legt sich dafür einen Dataset

`userid.NAMES.TEXT`

an (RECFM=FB,LRECL=80), in dem man die notwendigen Informationen speichern kann.

Der Dataset kann mit einem CONTROL-Teil beginnen, der folgende Angaben erlaubt:

`:LOG.`	Eintrag im Log-Dataset ist Default
`:NOLOG.`	Kein Eintrag im Log-Dataset ist Default
`:NOTIFY.`	NOTITY ist Default
`:NONOTIFY.`	NONOTITY ist Default
`:PROLOG.`	Text einer Prolog-Zeile
`:EPILOG.`	Text einer Epilog-Zeile
`:ALTCTL.`	Dataset-Name von weiterem 'NAMES'-Dataset
`:LOGSEL.`	Mittlerer Qualifier des Log-Dataset-Namens (z.B. userid.:logsel.xmit)
`:LOGNAME.`	Letzter Qualifier des Log-Dataset-Namens (z.B. userid.name.:logname)

Man kann also die Defaults für LOG und NOTIFY selbst wählen, kann bezüglich der Datasets eine andere Namenskonvention festlegen, und man kann, und das ist wohl das wichtigste, einen Prolog (Beginn einer Mitteilung) und einen Epilog (Ende einer Mitteilung) definieren.

Der CONTROL-Teil ist nicht notwendig, muß aber, wenn vorhanden, am Anfang des Datasets stehen. Ohne CONTROL-Teil gelten die folgenden Defaults:

`:LOG` und `:NOTIFY`.

Danach folgt der NICKNAME-Teil für die Definition der Kurznamen und Distribution-Listen:

```
:NICK.nickname
:NODE.nodename
:USERID.userid
:NAME.username
:ADDR.adresse
:LOG
:NOLOG
:NOTIFY
:NONOTIFY
:LIST.nicknamen
```

Da die einzelnen Parameter nun sicherlich nicht mehr einzeln erklärt werden müssen, sehen wir uns ein Beispiel für einen Nickname-Dataset an:

```
************************** CONTROL SECTION ********************
:PROLOG.Michael Teuffel
:PROLOG.Autor des beruehmten Buches
:PROLOG.'TSO'
:EPILOG.Das war's fuer heute,
:EPILOG.viele Gruesse von
:EPILOG.Mike
************************** NICKNAME SECTION *******************
:NICK.fritz                               :NAME.Fritz Meier
:NODE.boevs07                             :ADDR.Sindelfingen
:USERID.meier
:LOGNAME.fritz
***************************************************************
:NICK.karl                                :NAME.Karl Huber
:NODE.boevs07                             :ADDR.Sindelfingen
:USERID.huber
***************************************************************
:NICK.peter1                              :NAME.Peter Haberland
:NODE.boevs07                             :ADDR.Sindelfingen
:USERID.haberl
***************************************************************
:NICK.peter2                              :NAME.Peter Stockmann
:NODE.boevs07                             :ADDR.Sindelfingen
:USERID.haberl
***************************************************************
:NICK.hans                                :NAME.Hans Bernhard
:NODE.ghona                               :ADDR.Hamburg
:USERID.72445276
********************* DISTRIBUTION LIST SECTION ***************
:NICK.abt2406
:LIST.fritz    karl     peter1    peter2
***************************************************************
```

Aus der Definition erkennt man, daß für den Empfänger FRITZ (dahinter verbirgt sich die Adresse BOEVS07.MEIER) ein privater LOG-Dataset userid.LOG.FRITZ angelegt wird, in dem alle XMIT- und RECEIVE-Vorgänge mit dem User MEIER im System BOEVS07 gespeichert werden.

Ebenfalls ersichtlich ist die Definition der Verteilerliste ABT2406.

Dazu sehen wir uns noch das einfache Beispiel an:

```
xmit fritz da(namen.data) msg
```

Damit erscheint im Full-Screen-Mode das folgende Menu, das uns die Eingabe der Mitteilung an FRITZ erlaubt. Der Prolog ist bereits darin zu sehen, der Epilog wird abschließend noch hinzugefügt.

```
                     MESSAGE TO BOEVS07.MEIER
00001 Michael Teuffel
00002 Autor des beruehmten Buches
00003 'TSO'
00004
00005 Fritz,
00006 ich schicke Dir heute die Namensliste, nach der Du
00007 mich gefragt hast. _
00008
00009
00010
00011
00012
PF3 = FINISHED  |  PF7 = FORWARD  |  PF8 = BACKWARD  |  PA1=ABORT

INMX000I 10 message and 12 data records sent as 19 records to BOEVS07.MEIER
READY
```

Nach dem Senden der Mitteilung über F3 sehen wir uns noch einmal an, was im LOG-Dataset gespeichert wurde.

```
---------------------------------------------------------------
TRANSMIT        ED1.NAMEN.DATA                21 MAY 2001 14:11
 TO:   FRITZ
Michael Teuffel
Autor des beruehmten Buches
'TSO'

Fritz,
ich schicke Dir heute die Namensliste, nach der Du
mich gefragt hast.
Das war's fuer heute,
viele Gruesse von
Mike

---------------------------------------------------------------
```

RECEIVE

```
Syntax -
   RECEIVE

Note        - Wenn ein Dataset zu empfangen ist, können die
              folgenden Parameter angegeben werden

              INDATASET(dsname) | INDSNAME(dsname) |
              INDDNAME(ddname) | INFILE(ddname)
              DATASET(dsn) | DSNAME(dsn)
              NEW | OLD | MOD | SHR
              TRACKS | CYLINDERS | BLOCKS(size)
              SPACE(primary secondary)
              BLKSIZE(size) DIRECTORY(blocks) RELEASE
              UNIT(unitname) VOLUME(volser)
              PARM(parameter strings)
              PREVIEW | NOPREVIEW
              RESTORE | RESTORE(LOG) | COPY | DELETE | END
              SYSOUT(sysoutclass oder *)

Defaults    - TRACKS RESTORE NOPREVIEW
```

Wenn ein Dataset zu empfangen ist, so wird dessen Name angezeigt, und man hat die Möglichkeit,

- ihn per ENTER einzulesen, gegebenenfalls durch Angabe einiger der Parameter, die sich auf den Dataset-Namen oder sein Format beziehen. Defaultmäßig erhält der Dataset denselben Namen (lediglich der erste Qualifier wird angepaßt) und dieselben Attribute wie der Original-Dataset. Falls ein Dataset mit demselben Namen bereits existiert, so wird man danach gefragt, ob man diesen überschreiben oder den RECEIVE-Vorgang beenden will.
- ihn zu löschen - man gibt DELETE ein,
- den Command durch END zu beenden.

Handelt es sich nicht um einen Dataset, sondern um eine Mitteilung, so wird diese am Bildschirm angezeigt.

Auch beim RECEIVE werden alle relevanten Informationen in den LOG-Dataset geschrieben, genauso, wie wir es beim XMIT besprochen haben.

ISPF-Unterstützung

Unter dem Namen

`IDTF (Interactive Data Transmission Facility)`

gibt es auch eine ISPF-Version der Commands XMIT und RECEIVE. Das ist besonders für die Angabe der Daten im Nickname-Dataset nützlich, weil man dann das genaue Format nicht zu kennen braucht, sondern in gewohnter Weise über Menus die gewünschten Informationen eingeben kann.

Wir wollen darauf nicht zu detailliert eingehen, da jetzt eigentlich genügend ISPF-Erfahrung vorausgesetzt werden kann, deshalb sehen wir uns nur das Einstiegs-Menu an, hier kann man

- Daten empfangen
- Daten verschicken
- Kurznamen definieren

```
--------------------- IDTFISPF Primary Option Menu  V2R3 ---------------------
SELECT OPTION ===> 1                                               TIME : 11:02
                                                              TEST-MODE :
          1 - Receive                4 - Receive from INDSN
          2 - Transmit               5 - Transmit to OUTDSN
          3 - Nicknames Update       6 - Fullscreen Receive
                                     M - TSO Mail

Enter/Verify XMIT parameters below:
  Data Set Name   ===> RMF.CNTL
                                     (Data Set Name or leave BLANK for Terminal Input)
  Member List     ===> *             ( * to request a Member Selection List)
  Volume Serial   ===>               (Volume Serial, if not catalogued)
  Node ID         ===> FRITZ
                                     (Node ID/User ID  or  Nickname)
XMIT OPTIONS:
   LOG         ===> YES              (Yes or No)
   MESSAGE     ===> NO               (Yes for accompany Message, else No)
   OPTIONS     ===>
                                     (Any valid other XMIT option. See Help)
   MEMBEROPT   ===> NO               ( YES to XMIT each member as single PDS-member)
   IN/OUTDSN   ===>
                                     (Input or Output data set name)

Press the  END PF key to return, HELP PF key for help
```

Falls man einen Partitioned Dataset verschicken will, erhält man als nächstes die Member-Liste zur Auswahl.

```
-------------------------- IDTFISPF PDS Member List ----------- Row 1 from 93
COMMAND INPUT ===>                                             SCROLL ===> PAGE
                                                               01/06/26 11:02
B - Browse member        E - Edit member
S - Select member for transmission
use   END  PF Key  to transxmit the selected member(s)

SN:  'ED1.RMF.CNTL'
MD|  NAME    | Action  | VV.MM CREATED  LAST MODIFIED   SIZE  INIT   MOD   ID
--|---------|--------|-----------------------------------------------------
_   $COMP                01 00 94/07/07 01/06/05 13:57    25    25     0 ED1
    $GOAL                01 01 94/07/07 94/07/11 18:48    26    25     0 ED1
    ALL                  01 05 93/10/11 95/10/25 16:54    25    13     0 ED1
    ALLOC                01 02 95/12/13 99/12/07 17:28     7     8     0 ED1
    AQTS                 01 01 93/10/21 93/10/22 10:31    20    19     0 ED1
    BR14                 01 00 96/03/08 96/03/08 17:50     4     4     0 ED1
    BWATOOL              01 00 00/01/18 00/01/18 16:21    91    91     0 ED1
    CACHE                01 03 00/04/18 00/05/15 16:52    17    17     0 ED1
    CHANNEL              01 00 00/04/18 00/04/18 17:07    11    11     0 ED1
    COPYM1               01 00 94/12/09 94/12/09 14:21    56    56     0 ED1
```

16.3 Übung

Diese Übung soll im wesentlichen die Voraussetzungen für die Kommunikation mit anderen Benutzern schaffen, hier erst einmal im eigenen System.

1. Man erstelle einen Nickname-Dataset mit
   - dem eigenen Namen und der Adresse als Prolog
   - einem herzlichen Abschiedsgruß als Epilog
   - den Kurznamen aller Mitglieder der eigenen Abteilung
   - einer Verteiler-Liste für die Abteilung
2. Die Members PRINTS und PRINTPO des Datasets userid.MYJCL.CNTL sollen übertragen werden, der Einfachheit halber schicken wir sie an uns selbst - es geht ja nur um die Übung
3. Konsequenterweise müssen die Members auch wieder empfangen werden.

Selbstverständlich sind hier der Phantasie - oder den Anforderungen der Praxis keine Grenzen gesetzt. Wer sehr intensive Kommunikation mit anderen Benutzern betreibt, kann beispielsweise auch die Mitarbeiter aller zur Hauptabteilung gehörenden Abteilungen und dann eine HA-Verteilerliste bestehend aus mehreren Abteilungs-Listen definieren. Den so definierten Nickname-Dataset kann man dann durch Namen und Adressen von anderen Benutzern, mit denen man kommunizieren will, ergänzen.

16.4 Zusammenfassung

Kommunikation

- **Lokale Kommunikation**

SEND	Senden einer Mitteilung
LISTBC	Empfangen einer Mitteilung
PROFILE	Empfangsbereitschaft definieren

- **Globale Kommunikation (im Netzwerk)Commands**

XMIT	Senden von Daten und Mitteilungen
RECEIVE	Empfangen von Daten und Mitteilungen

Datasets

userid.NAMES.TEXT	Nickname-Dataset
userid.LOG.XMIT	Kommunikations-Protokoll

17.0 TSO-Commands

- Abschließend noch einmal sämtliche Standard-Commands

  Viele Installationen haben noch eigene Commands, die hier nicht beschrieben werden können.

- ISPF-Commands oder TSO-Commands?

  Der Unterschied liegt oft im direkten Aufruf oder in der Benutzung innerhalb von CLISTs oder EXECs.

In den vorhergehenden Kapiteln ist eine Vielzahl von TSO-Commands besprochen worden, einige von ihnen waren Standard-Commands, und andere haben sich auf spezielle Anwendungen bezogen (z.B. Datenschutz, Programmentwicklung usw.). Was ist dabei unter Standard-Commands zu verstehen? Damit sind diejenigen Commands gemeint, die im 'offiziellen' TSO-Manual[22] aufgeführt und beschrieben sind, wobei dieses Manual bei weitem nicht alle Funktionen abdeckt, die für den TSO-Benutzer wichtig sind. Darüber hinaus enthält es viele Commands, die dadurch an Bedeutung verloren haben, daß sie im ISPF in die verschiedenen Menus integriert sind. Dennoch sollte man von ihrer Existenz wissen, denn speziell in Prozeduren (CLIST und REXX) ist es wichtig, auch außerhalb des ISPF Funktionen zur Verfügung zu haben, mit denen man Datasets anlegen, kopieren oder löschen kann.

Aus diesem Grund werden jetzt noch einmal alle Standard-Commands aufgeführt; sofern sie allerdings schon in einem der vorhergehenden Kapitel erklärt worden sind, wird lediglich darauf verwiesen. Es wird auch darauf verzichtet, die Operanden im einzelnen zu erklären, meist sind sie vom Namen her verständlich, ansonsten kann man sich über HELP die notwendige Information besorgen. Die Commands können in folgende Gruppen eingeteilt werden:

- Terminal-Kontrolle und Kommunikation
- Dataset-Verarbeitung
- Job-Verarbeitung
- Aufruf von Programmen und Prozeduren

17.1 Terminal-Kontrolle und Kommunikation

Zu dieser Kategorie gehören die folgenden Commands:

LOGON	Beginn der TSO-Sitzung
LOGOFF	Ende der TSO-Sitzung
HELP	Information über TSO-Commands

Diese Commands wurden im Kapitel *3. TSO - Der Beginn* vorgestellt.

TERMINAL	Definition der Terminal-Eigenschaften - kann man vergessen
PROFILE	Definition des Benutzer-Profils
SEND	Versenden von Mitteilungen
LISTBC	Empfangen von Mitteilungen
TRANSMIT	Versenden von Daten und Mitteilungen
RECEIVE	Empfangen von Daten und Mitteilungen

In Kapitel *16. Kommunikation* haben wir die meisten dieser Commands kennengelernt.

TIME	Anzeige von Datum und Uhrzeit

[22] TSO/E Command Reference

Der TIME-Command gibt Datum und Uhrzeit, die Dauer der TSO-Sitzung, außerdem die bisher verbrauchte Rechnerzeit sowie die Service Units an. Dabei handelt es sich um eine system-interne Darstellung der Belegung der einzelnen Systemkomponenten (Rechner, Speicher usw.).

```
Syntax -
   TIME

Notwendig - Nichts

Defaults  - Nichts
```

17.2 Dataset-Verarbeitung

Dieses Thema haben wir im ISPF sehr ausführlich kennengelernt und besprochen, man könnte einige der folgenden Commands als aus der 'Vor-ISPF'-Zeit stammend bezeichnen:

EDIT	Erstellen und Verändern eines Datasets
ALLOCATE	Anlegen und Zuordnen von Datasets
ATTRIB	Definition einer Attribut-Liste
FREE	Beenden einer Dataset-Zuordnung
LISTALC	Anzeigen von Dataset-Zuordnungen
RENAME	Umbenennen eines Datasets
DELETE	Löschen eines Datasets
PRINTDS	Drucken eines Datasets
SMCOPY	Kopieren eines Datasets
LISTDS	Anzeigen der Dataset-Attribute
LISTCAT	Anzeigen von Katalog-Einträgen
PROTECT	Opas Datenschutz - bitte vergessen !

Es war einmal ... Früher (das ist schon einige Zeit her) gab es einmal die Commands COPY, FORMAT, LIST und MERGE als *Dataset Utilities*. Diese Commands existieren nicht mehr - das als Information für diejenigen Leser, die sie eventuell vermissen.

Hier einige Einzelheiten zu den anderen Commands:

Der EDIT-Command kann zum Erstellen und zum Editieren eines Datasets benutzt werden. Man kommt dabei entweder in den INPUT-Mode (Eingabe neuer Records) oder in den EDIT-Mode, in dem man mittels diverser Subcommands den Dataset verändern kann. Bei den Subcommands unterscheidet man, so wie wir es auch beim TEST-Command kennengelernt haben, zwischen *echten* Subcommands und solchen, die im eigentlichen Sinne TSO-Commands sind und nichts mit dem EDIT zu tun haben.

```
Syntax -
   EDIT      dsname    NEW | OLD  SCAN | NOSCAN
             PLIF(n1,n2,CHAR60 | CHAR48) | FORTE | FORTG |
               FORTGI | FORTH | COBOL | ASM | TEXT | DATA |
               CLIST | CNTL | VSBASIC | GOFORT(FREE | FIXED) |
               PLI(n1,n2,CHAR60 | CHAR48)
             NUM(n3,n4) | NONUM    BLOCK(n5)   LINE(n6)
             LRECL(n7)
             CAPS | ASIS  EMODE | IMODE RECOVER | NORECOVER

Notwendig  - dsname

Defaults   - NUM  NOSCAN

Alias      - E
```

Es gibt die folgenden Subcommands:

BOTTOM	Line-Pointer auf letzten Record setzen
CHANGE	Daten ändern
CKPOINT	Datensicherung definieren
COPY	Zeilen kopieren
DELETE	Zeilen löschen
DOWN	Line-Pointer nach unten setzen
END	EDIT beenden
FIND	Daten suchen
HELP	Abfrage der Subcommand-Bedeutung
INPUT	Wechseln zum INPUT-Mode
INSERT	Record einfügen
LIST	Records anzeigen
MERGE	Daten mischen
MOVE	Zeilen vertauschen
RENUM	Zeilen neu numerieren
RUN	Programm übersetzen und ausführen
SAVE	Daten speichern
SCAN	Programm überprüfen
TABSET	Tabulator definieren
TOP	Line-Pointer auf ersten Record setzen
UNNUM	Zeilen-Numerierung löschen
UP	Line-Pointer nach oben setzen
VERIFY	Änderungen anzeigen lassen

In verschiedenen Subcommands taucht der Begriff des *Line-Pointers* auf, mit dem man auf einen bestimmten Record innerhalb des Datasets Bezug nimmt. Das ist besonders in Datasets ohne Numerierung von Bedeutung.

Zu allen diesen Subcommands kann man sich über HELP (im EDIT-Mode) genauere Informationen verschaffen.

Zusätzlich gibt es noch folgende EDIT-TSO-Subcommands:

`ALLOCATE, ATTRIB, EXEC, FORMAT, FREE, PROFILE, SEND, SUBMIT`

Den ALLOCATE-Command haben wir bereits mehrfach benutzt und dabei auch die wichtigsten Operanden besprochen. Hier ist er jetzt in seiner vollen Schönheit - die Beschreibung aller Operanden könnte Bände füllen.

```
Syntax  -
   ALLOCATE DATASET(dsname | list of dsnames | *) oder DUMMY
            FILE(ddname) ALTFILE(ddname) DEST(userid)
            NEW | OLD | MOD | SHR | SYSOUT(CLASS)
            VOLUME(serial | serial list) | MSVGP(identifier)
            SPACE(quantity,increment) DIR(integer)
            BLOCK(value) | AVBLOCK(value) | TRACKS | CYLINDERS
            USING(attr-list-name) oder LIKE(model-dataset-name)
            HOLD | NOHOLD
            UNIT(unit-type)   UCOUNT(count) | PARALLEL
            LABEL(label-type) POSITION(sequence-number)
            MAXVOL(vol-count) PRIVATE RELEASE
            VSEQ(vol-seq-number) ROUND REUSE
            KEEP | DELETE | CATALOG | UNCATALOG
            BFALN(buffer boundary alignment)
            BFTEK(buffer technique)   BLKSIZE(block size)
            BUFL(buffer length)   BUFNO(number of buffers)
            BUFOFF(buffer offset)
            DEN(magnetic tape density)    DIAGNS(trace option)
            DSORG(data set organization)
            EROPT(error option)   KEYLEN(key length)
            LIMCT(limct length)   LRECL(logical record length)
            NCP(max. no. r/w macros)
            RECFM(record format) TRTCH(recording technique)
            INPUT  OUTPUT  EXPDT(yyddd)    RETPD(nnnn)
            EXPDT(yyddd or yyyy | ddd)
            FCB(image-id,align | verify)
            PROTECT   ACCODE(code)    BURST | NOBURST
            CHARS(characterset,characterset,...)
            COPIES(nnn,(groupvalue,groupvalue...))
            FLASH(name,copies)
            MODIFY(name,trc)   OPTCD(optional services codes)
            FORMS(formsname)
            OUTDES(output descriptor name,...)
            UCS(ucs name)   WRITER(external writer name)
            DATACLAS(dataclass) MGMTCLAS(mgmtclass)
            STORCLAS(storclass)
            AVGREC(U | K | M) REFDD(filename) SECMODEL(profile)
            KEYOFF(offset) RECORG(organisation)
            PATH(/pathname) PATHDISP(disposition)
            PATHMODE(file access attributes)
            PATHOPTS(file options) FILEDATA(BINARY | TEXT)
            RLS(NR | CR) DSNTYPE(LIBRARY | PSD | HFS | PIPE)

Notwendig - Nichts

Defaults  - Nichts

Alias     - ALLOC
```

```
Note       - Eine Dataset-Zuordnung bleibt bis zum LOGOFF be-
             stehen, falls sie nicht durch einen FREE-Command
             beendet oder durch einen ALLOC-Command mit REUSE
             geändert wird.
           - Die Operanden DATASET bzw. FILE können auch als
             DSNAME bzw. DDNAME angegeben werden.
```

Der ATTRIB-Command definiert eine sogenannte Attribut-Liste, in der Eigenschaften eines Datasets (z.B. Format) festgelegt sind. Diese Attribut-Liste kann vom ALLOC-Command benutzt werden.

```
Syntax -
   ATTRIB     attr-list-name
              BFALN(buffer boundary alignment)
              BFTEK(buffer technique)   BLKSIZE(block size)
              BUFL(buffer length)   BUFNO(number of buffers)
              BUFOFF(buffer offset)
              DEN(magnetic tape density) DIAGNS(trace option)
              DSORG(data set organization)
              EROPT(error option) KEYLEN(key length)
              LIMCT(limct length) LRECL(logical record length)
              NCP(max.  no. r/w macros)
              OPTCD(optional services) RECFM(record format)
              TRTCH(recording technique) INPUT  OUTPUT
              EXPDT(yyddd) RETPD(nnnn)   COMP | NOCOMP

Notwendig - attr-list-name

Defaults   - Nichts

Alias      - ATTR

Note       - Eine Attribut-Liste hat für eine TSO-Session
             Gültigkeit, sofern sie nicht durch den FREE-Command
             gelöscht wird.
```

Der FREE-Command ist das Gegenstück zum ALLOC und beendet die Zuordnung eines Datasets zu einem DD-Namen.

```
Syntax -
   FREE      DATASET(dslist) FILE(ddlist)  ATTRLIST(alnlist)
             DEST(stationid)  HOLD | NOHOLD
             KEEP | DELETE | CATALOG | UNCATALOG | SYSOUT(class)
             ALL  OUTDES(destination)

Notwendig - Entweder Dataset-, DD- oder Attribut-Listen-Name
            oder ALL

Defaults  - Nichts

Note      - Die Operanden DATASET bzw. FILE können auch als
            DSNAME bzw. DDNAME angegeben werden.
```

Mit LISTALC läßt man sich alle bestehenden Zuordnungen anzeigen.

```
Syntax -
   LISTALC  STATUS  HISTORY  MEMBERS  SYSNAMES

Notwendig - Nichts

Defaults  - Nichts

Alias     - LISTA
```

Mit dem RENAME-Command kann man einen Dataset oder ein Member umbenennen, wobei man mit dem Parameter ALIAS einem Member einen zweiten Namen geben kann.

```
Syntax -
   RENAME   dsname1 dsname2 ALIAS

Notwendig - dsname1 und dsname2

Defaults  - Nichts

Alias     - REN
```

Der DELETE-Command schließlich löscht - und wen wird das noch sonderlich wundern? - Datasets oder Members.

```
Syntax -
   DELETE     entryname
              CATALOG(catname | password)  FILE(dname)
              PURGE | NOPURGE        ERASE | NOERASE
              SCRATCH | NOSCRATCH    FORCE | NOFORCE
              CLUSTER | SPACE | USERCATALOG | ALIAS  |
                  GENERATIONDATAGROUP | PAGESPACE | NONVSAM  |
                  PATH | ALTERNATEINDEX | TRUENAME | VVR

Notwendig - entryname SPACE  USERCATALOG (falls anwendbar)

Defaults  - NOPURGE  SCRATCH  NOFORCE

Alias     - DEL
```

Den PRINTDS-Command benutzt man zum Drucken von Datasets.

```
Syntax -
   PRINTDS    DATASET(dsname-list) | DSNAME(dsname-list) |
                FILE(file-name) | DDNAME(file-name)
              BIND | LMARGIN(columns) BMARGIN(lines)
              BURST | NOBURST
              CCHAR | SINGLE | DOUBLE | TRIPLE
              CHARS(charname, ...)
              CLASS(output class) | SYSOUT(output class)
              COLUMNS(start1:end1,start2:end2,..)
              COPIES(nnn,(group value, ...)) DCF | NODCF
              DEST(destination | destination.userid)
              FCB(fcb name)
              FLASH(overlay,count) FOLD(width) | TRUNCATE(width)
              FORMS(forms name) HOLD | NOHOLD
              LINES(line-num1:line-num2)
              MEMBERS | DIRECTORY | ALL MODIFY(module name,trc)
              NUM(loc,len) | SNUM(loc,len) | NONUM
              OUTDES(output-descriptor-name, ...)  PAGELEN(lines)
              TITLE | NOTITLE TMARGIN(lines)
              TODATASET(dsname) | TODSNAME(dsname) TRC | NOTRC
              UCS(ucs name) WRITER(external writer name)

Notwendig - DATASET | DSNAME oder FILE | DDNAME

Defaults  - ALL BIND(0) BMARGIN(0) TMARGIN(0) PAGELEN(60) NONUM
            NOTRC TITLE
            Nur für SYSOUT:  CLASS(A) COPIES(1) DCF NOBURST
            NOHOLD

Alias     - PR
```

Mit SMCOPY kann man einen Dataset in einen anderen Dataset kopieren.

```
Syntax -
    SMCOPY   FROMDATASET(dsname) oder FROMSTREAM(streamname)
             TODATASET(dsname) oder TOSTREAM(streamname)
                   oder PRINT(sysout)
             ASIS | CAPS | NOTRANS
             FORMAT | NOFORMAT | PREFORMAT
             LINE(start line : stop line)

Notwendig - Nichts

Defaults  - FROMSTREAM(TSOOUT) PRINT(A) CAPS NOFORMAT

Alias     - SMC
```

LISTDS zeigt die Attribute und (falls vorhanden) Members eines Datasets an.

```
Syntax -
   LISTDS    dsname
             STATUS  HISTORY  MEMBERS  LABEL  CATALOG(cat.name)
LEVEL

Notwendig - dsname

Defaults  - Nichts

Alias     - LISTD
```

LISTCAT ist ein Command mit sehr vielfältigen Funktionen, in einfacher Form kann man ihn benutzen, um sich die Namen aller eigenen Datasets anzeigen zu lassen.

```
Syntax -
   LISTCAT   CATALOG(catname | password)
             FILE(dname) OUTFILE(dname)
             LEVEL(level) | ENTRIES(entryname)
             CREATION(nnnn)  EXPIRATION(nnnn)
             CLUSTER  DATA  INDEX  ALIAS  SPACE  NONVSAM
                 USERCATALOG  GENERATIONDATAGROUP  PAGESPACE
                 ALTERNATEINDEX  PATH
             ALL | NAME | HISTORY | VOLUME | ALLOCATION | ALIAS
             DATACLAS NOTUSABLE

Notwendig - Nichts

Defaults  - Anzeige aller Dataset-Namen, die mit dem eigenen
            Userid beginnen.

Alias     - LISTC
```

In der Übersicht der Commands haben wir noch den PROTECT-Command erwähnt, der zwar auch zu den Standard-Commands gehört, aber die Erklärung *OPAs Datenschutz* soll darauf hinweisen, daß dieser Command seit Einführung von RACF ausgedient hat. Die Möglichkeit, mit PROTECT einem Dataset ein READ- oder WRITE-Password zu geben, wird durch die RACF-Funktionen bei weitem übertroffen. Bei einzelnen TSO-Commands findet man, beispielsweise über HELP, im Zusammenhang mit Dataset-Namen noch den Begriff *Password*. Damit ist oben erwähntes Password gemeint und kann somit vergessen werden.

17.3 Job-Verarbeitung

Hierzu gibt es vier Commands, sie werden in der Literatur als FIB-Commands (Foreground Initiated Background) bezeichnet, und wir haben sie bereits ausführlich besprochen.

SUBMIT	Starten eines Jobs
STATUS	Abfragen des Job-Status
OUTPUT	Verarbeiten des Job-Outputs
CANCEL	Abbrechen eines Jobs

17.4 Programme und Prozeduren

In diese Kategorie gehören die folgenden Commands:

CALL	Aufrufen eines Programms
LINK	Aufrufen des Linkage Editors
LOADGO	Laden und Ausführen eines Programms
RUN	Übersetzen, Laden und Ausführen eines Programms
TEST	Testen eines Programms
TSOLIB	Definition einer Step-Library
EXEC	Aufrufen einer CLIST oder EXEC
ALTLIB	Alternative CLIST- oder EXEC-Library
WHEN	Abfragen eines Return Codes (in CLIST)
END	Beenden einer CLIST
TSOEXEC	Ausführen von autorisierten Programmen

Die ersten Commands haben wir in den Kapiteln *8. Command Prozeduren*, *9. REXX-Prozeduren* bzw. *13. Programmierung im TSO* kennengelernt.

END und WHEN sind zwei Commands, die man in CLISTs benutzen kann, sie sind dort aber durch die CLIST-Commands END bzw. IF &LASTCC ersetzt und können deshalb vergessen werden.

Der TSOEXEC-Command erlaubt die Ausführung autorisierter Commands in einer nicht-autorisierten Umgebung.

```
Syntax
   TSOEXEC   command

Notwendig - command

Defaults  - Nichts
```

Mit TSOEXEC kann man beispielsweise im ISPF autorisierte Commands wie TEST, XMIT, RECEIVE oder RACF-Commands ausführen.

Wird TSOEXEC innerhalb einer CLIST aufgerufen, so stehen folgende CLIST-Variablen zur Verfügung:

`&SYSABNCD`	ABEND Code
`&SYSABNRC`	ABEND Reason Code
`&SYSCMDRC`	Command Return Code

17.5 Zusammenfassung

TSO-Commands

- Terminal-Kontrolle und Kommunikation

LOGON	Beginn der TSO-Sitzung
LOGOFF	Ende der TSO-Sitzung
HELP	Information über TSO-Commands
PROFILE	Definition des Benutzer-Profils
SEND	Versenden von Mitteilungen
LISTBC	Empfangen von Mitteilungen
TRANSMIT	Versenden von Daten und Mitteilungen
RECEIVE	Empfangen von Daten und Mitteilungen
TIME	Anzeige von Datum und Uhrzeit

- Dataset-Verarbeitung

EDIT	Erstellen und Verändern eines Datasets
ALLOCATE	Anlegen und Zuordnen von Datasets
ATTRIB	Definition einer Attribut-Liste
FREE	Beenden einer Dataset-Zuordnung
LISTALC	Anzeigen von Dataset-Zuordnungen
RENAME	Umbenennen eines Datasets
DELETE	Löschen eines Datasets
PRINTDS	Drucken eines Datasets
SMCOPY	Kopieren eines Datasets
LISTDS	Anzeigen der Dataset-Attribute
LISTCAT	Anzeigen von Katalog-Einträgen

- Job-Verarbeitung

SUBMIT	Starten eines Jobs
STATUS	Abfragen des Job-Status
OUTPUT	Verarbeiten des Job-Outputs
CANCEL	Abbrechen eines Jobs

- Aufruf von Programmen und Prozeduren

CALL	Aufrufen eines Programms
LINK	Aufrufen des Linkage Editors
LOADGO	Laden und Ausführen eines Programms
RUN	Übersetzen, Laden und Ausführen eines Programms
TEST	Testen eines Programms
TSOLIB	Definition einer Step-Library
EXEC	Aufrufen einer CLIST oder EXEC
ALTLIB	Alternative CLIST- oder EXEC-Library
TSOEXEC	Ausführen von autorisierten Programmen

Anhang A. Lösungen der Übungsaufgaben

- Übung macht den Meister

  Nur eigenes praktisches Arbeiten mit den vielen TSO-Funktionen bringt die richtige Erfahrung.

- Alle Lösungen im Zusammenhang

  Zu vielen Fragestellungen gibt es mehrere Lösungsansätze - hier ist jeweils eine Möglichkeit dargestellt.

- Alle Aufgaben richtig gelöst?

  Gratulation - ein neuer TSO-Experte macht sich auf den erfolgreichen Weg.

A.1 Übung 4.6 (Erstellen von Daten)

Die Lösung der Aufgabe besteht aus vier Schritten:

- Erstellen der zwei Datasets
- Eingabe der Daten
- Kopieren der Daten in den zweiten Dataset
- Umsortieren der Daten

Zum Erstellen eines Datasets gibt es bei den Utilities (Option 3) die entsprechende Funktion (Option 2). Wir kommen damit aus dem Primary Option Menu zu folgendem Menu:

```
  Menu  RefList  Utilities  Help
-------------------------------------------------------------------------------
                              Data Set Utility
Option ===> _

    A Allocate new data set                  C Catalog data set
    R Rename entire data set                 U Uncatalog data set
    D Delete entire data set                 S Data set information (short)
blank Data set information                   V VSAM Utilities

ISPF Library:
   Project  . . ed1
   Group  . . . namen
   Type . . . . data_

Other Partitioned, Sequential or VSAM Data Set:
   Data Set Name . . .
   Volume Serial . . .        (If not cataloged, required for option "C")

Data Set Password  . .        (If password protected)
```

Nach dem Dataset-Namen geben wir die notwendigen Parameter an, die die Größe und das Format des Datasets festlegen.

```
  Menu  RefList  Utilities  Help
------------------------------------------------------------------------------
                           Allocate New Data Set

 Command ===>

 Data Set Name . . . . : ED1.NAMEN.DATA

  Management class . . . STANDARD        (Blank for default management class)
  Storage class  . . . . SMS             (Blank for default storage class)
   Volume serial . . . . _               (Blank for system default volume) **
   Device type . . . . .                 (Generic unit or device address) **
  Data class . . . . . .                 (Blank for default data class)
   Space units . . . . . trk             (BLKS, TRKS, CYLS, KB, MB, BYTES
                                          or RECORDS)
   Average record unit                   (M, K, or U)
   Primary quantity  . . 1               (In above units)
   Secondary quantity    1               (In above units)
   Directory blocks  . . 0               (Zero for sequential data set) *
   Record format . . . . fb
   Record length . . . . 80
   Block size  . . . . . 27920
   Data set name type  :                 (LIBRARY, HFS, PDS, or blank)  *
                                         (YY/MM/DD, YYYY/MM/DD
   Expiration date . . .                  YY.DDD, YYYY.DDD in Julian form
  Enter "/" to select option              DDDD for retention period in days
     Allocate Multiple Volumes            or blank)

  ( * Specifying LIBRARY may override zero directory block)

  ( ** Only one of these fields may be specified)
```

Denselben Vorgang führen wir durch, um nun den zweiten Dataset zu erstellen, wir erkennen dabei, daß die Parameter des ersten Datasets noch gespeichert sind, so daß wir die Funktion nur durch ENTER zur Ausführung zu bringen brauchen, da wir den zweiten Dataset im selben Format wie den ersten anlegen wollen.

Hinweis: Die Funktion *Anlegen eines Datasets* wird nur dann ausgeführt, wenn wir nach Eingabe (oder Übernahme) aller notwendigen Parameter ENTER eingeben, *nicht aber* F3. Das ist ein Fehler, der manchmal gemacht wird, aber F3 bedeutet:

Beenden einer Funktion

und das heißt in unserem Fall, daß der Dataset *nicht* angelegt wird, also hier bitte aufpassen!

Die Dateneingabe geschieht jetzt im EDIT-Mode, um sie möglichst einfach durchführen zu können, treffen wir einige Vorbereitungen:

- Groß- und Kleinschreibung: CAPS OFF
- Keine Numerierung: NUMBER OFF
- Tabulator aktiv: TABS ON
- Nulls-Mode, um besser einfügen zu können: NULLS ON
- Tabulator-Definition: Line Command TABS
- Masken-Definition: Line Command MASK

Zuerst sehen wir uns das Profil unseres Datasets an, so wie es durch die installationsseitig definierten Default-Werte gegeben ist, dabei wird durch

```
Command ==> prof 9
```

die Anzeige des gesamten Profiles, also einschließlich der eventuell leeren TABS-, MASK- und BNDS-Zeile (diese werden sonst nur angezeigt, wenn sie nicht leer sind) erreicht.

```
  File  Edit  Edit_Settings  Menu  Utilities  Compilers  Test  Help
 ------------------------------------------------------------------------
EDIT       ED1.NAMEN.DATA                                 Columns 00001 00072
Command ===>                                                 Scroll ===> HALF
****** ***************************** Top of Data ******************************
=PROF> ....DATA (FIXED - 80)....RECOVERY ON....NUMBER ON STD..................
=PROF> ....CAPS ON....HEX OFF....NULLS OFF....TABS OFF........................
=PROF> ....AUTOSAVE ON.....AUTONUM OFF....AUTOLIST OFF....STATS OFF...........
=PROF> ....PROFILE UNLOCK....IMACRO NONE....PACK OFF....NOTE ON...............
=PROF> ....HILITE OFF CURSOR FIND ............................................
=TABS>
=MASK>
=BNDS> <
=COLS> ----+----1----+----2----+----3----+----4----+----5----+----6----+----7--
****** **************************** Bottom of Data ***************************
```

Durch die entsprechenden Primary Commands können wir jetzt das gewünschte Profil erreichen, es sind dabei durchaus mehrere Commands gleichzeitig möglich, sie werden durch ein ';' miteinander verbunden. Außerdem werden in der MASK- und TABS-Zeile die entsprechenden Definitionen eingegeben.

```
  File  Edit  Edit_Settings  Menu  Utilities  Compilers  Test  Help
 ------------------------------------------------------------------------
EDIT       ED1.NAMEN.DATA                                 Columns 00001 00072
Command ===> tabs on;caps off;number off;reset               Scroll ===> HALF
****** ***************************** Top of Data ******************************
=PROF> ....DATA (FIXED - 80)....RECOVERY ON....NUMBER ON STD..................
=PROF> ....CAPS ON....HEX OFF....NULLS OFF....TABS OFF........................
=PROF> ....AUTOSAVE ON.....AUTONUM OFF....AUTOLIST OFF....STATS OFF...........
=PROF> ....PROFILE UNLOCK....IMACRO NONE....PACK OFF....NOTE ON...............
=PROF> ....HILITE OFF CURSOR FIND ............................................
=TABS>  *                     * *       * *                    *
=MASK> |                      |         |                      |
=BNDS> <
i15_   ----+----1----+----2----+----3----+----4----+----5----+----6----+----7-
****** **************************** Bottom of Data ***************************
```

Frage: Warum sind in den Spalten 24, 34 und 55 Tabulator-Positionen definiert worden, obwohl dort kein neues Eingabe-Feld beginnt?

Antwort: Mit dem Tabulator wird auch ein Eingabe-Feld beendet, das bedeutet für die Praxis: der NULLS-Mode gilt beispielsweise innerhalb eines solchen Feldes, und man kann deshalb innerhalb des Feldes etwas einfügen (oder auch durch die DELETE- oder ERASE EOF- (End-of-field) Taste löschen), ohne daß die anderen Bereiche in dieser Zeile davon betroffen sind.

Die Eingabe der Daten macht jetzt keine Probleme mehr, die einzelnen Eingabe-Positionen können über die Tabulator-Taste (>) angesprochen werden.

```
 File  Edit  Edit_Settings  Menu  Utilities  Compilers  Test  Help
---------------------------------------------------------------------
EDIT       ED1.NAMEN.DATA                         Columns 00001 00072
Command ===>                                         Scroll ===> HALF
****** ***************************** Top of Data ******************************
000001 | Name                  | Pers.Nr.|  Ort                |
000002 - -------------------- - ------- - ------------------ -
000003 | Andreas, Franz        | 34275    |  Darmstadt          |
000004 | Beck, Peter           | 1933     |  Hannover           |
000005 | Boehm, Jutta          | 1634     |  Stuttgart          |
000006 | Dorrmann, Karin       | 788      |  Bremen             |
000007 | Ebel, Hans-Dieter     | 29044    |  Regensburg         |
000008 | Engelhardt, Karl      | 37601    |  Berlin             |
000009 | Faber, Hans           | 22999    |  Dortmund           |
000010 | Fritsch, Gerda        | 23439    |  Augsburg           |
000011 | Gross, Claudia        | 2287     |  Berlin             |
000012 | Heinemann, Dieter     | 6650     |  Ulm                |
****** **************************** Bottom of Data ****************************
```

Wir sehen dabei, daß die durch die Maske vorgegebenen Zeichen überschrieben werden können, daß es aber bei den Tabulator-Positionen in Zeile 2 ein Problem gegeben hat: sie sind frei geblieben. Wenn wir sie noch überschreiben wollen, so müssen wir, wie schon erklärt wurde, den Cursor auf die entsprechende Position setzen und ENTER drücken. Dadurch wird der Tabulator für *diese Zeile* temporär gelöscht und die Daten können eingegeben werden.

Mit F3 speichern wir die Daten und beenden das Editieren.

Das Kopieren der Daten in den zweiten Dataset ist mit zwei Funktionen möglich:

- Im EDIT-Mode mit dem REPLACE-Command
- Bei den Utilities mit der COPY-Funktion

Beide Wege werden in den beiden ISPF-Kapiteln *4.7 Utilities* und *6.1 EDIT* ausführlich geschildert, deshalb hier nur eine kurze Skizze der Utility-Funktion COPY, die wir über Option 3.3 zur Eingabe des zu kopierenden Datasets aufrufen:

```
  Menu  RefList  Utilities  Help
-------------------------------------------------------------------------------
                               Move/Copy Utility
Option ===> _

 C  Copy data set or member(s)          CP Copy and print
 M  Move data set or member(s)          MP Move and print

Specify "From" Data Set below, then press Enter key

From ISPF Library:
   Project . . . ed1          (--- Options C and CP only         ----)
   Group . . . . namen    . . .          . . .           . . .
   Type  . . . . data_
   Member  . . .                 (Blank or pattern for member list,
                                  "*" for all members)

From Other Partitioned or Sequential Data Set:
   Data Set Name . . .
   Volume Serial . . .           (If not cataloged)

Data Set Password  . .           (If password protected)
```

Angabe des Datasets, in den kopiert werden soll:

```
  Menu  RefList  Utilities  Help
-------------------------------------------------------------------------------
COPY        From ED1.NAMEN.DATA
Command ===>

Specify "To" Data Set Below

To ISPF Library:
   Project  . . ED1             Replace option:
   Group  . . . NAMEN              Enter "/" to select opt
   Type . . . . DATA                  Replace like-named members
   Member . . .

To Other Partitioned or Sequential Data Set:
   Data Set Name . . . ort.data_
   Volume Serial . . .          (If not cataloged)

Data Set Password  . .          (If password protected)

To Data Set Options:
   Sequential Disposition       Pack Option          SCLM Setting
   1  1. Mod                    3  1. Yes            3  1. SCLM
      2. Old                       2. No                2. Non-SCLM
                                   3. Default           3. As is
```

Die Erklärung der einzelnen Parameter ist im Abschnitt *4.7 Utilities* zu finden.

Danach müssen die Daten im EDIT-Mode mit Hilfe der Line Commands M und A sortiert werden, aber das braucht wohl nicht im einzelnen beschrieben zu werden.

Man kann zum Sortieren auch den SORT-Command benutzen, falls man diesen schon in der Übersicht der Primary Commands gefunden hat:

```
 File  Edit  Edit_Settings  Menu  Utilities  Compilers  Test  Help
-------------------------------------------------------------------------------
EDIT       ED1.ORT.DATA                                     Columns 00001 00072
Command ===> sort 38 55 a .a .b_                              Scroll ===> HALF
****** ***************************** Top of Data ******************************
000001 | Name                 | Pers.Nr.|  Ort                |
000002 - -------------------- - ------- - ----------------- -
=COLS> ----+----1----+----2----+----3----+----4----+----5----+----6----+----7-
.A     | Andreas, Franz       | 34275   |  Darmstadt          |
000004 | Beck, Peter          | 1933    |  Hannover           |
000005 | Boehm, Jutta         | 1634    |  Stuttgart          |
000006 | Dorrmann, Karin      | 788     |  Bremen             |
000007 | Ebel, Hans-Dieter    | 29044   |  Regensburg         |
000008 | Engelhardt, Karl     | 37601   |  Berlin             |
000009 | Faber, Hans          | 22999   |  Dortmund           |
000010 | Fritsch, Gerda       | 23439   |  Augsburg           |
000011 | Gross, Claudia       | 2287    |  Berlin             |
.B     | Heinemann, Dieter    | 6650    |  Ulm                |
****** **************************** Bottom of Data ****************************
```

Mit dem SORT-Command gibt man den Spaltenbereich (38 - 55) an, in dem sortiert werden soll, die Reihenfolge (a = ascending = aufsteigend) und den Bereich (Label .A bis Label .B). Dieser Command wird im Kapitel *6.1 EDIT* noch einmal beschrieben.

A.2 Übung 5.6 (Drucken eines Datasets)

1. Der Dataset kann mit ISPF 3.2 angelegt werden. Um einen Partitioned Dataset zu erstellen, gibt man entweder eine Anzahl von `Directory blocks` an oder spezifiziert LIBRARY als `Data set name type`, in letzterem Fall erhält man einen Dataset im Format Partitioned Extended, was empfehlenswert ist.
2. Die JCL im Member PRINTPS sieht folgendermaßen aus:

```
 File  Edit  Edit_Settings  Menu  Utilities  Compilers  Test  Help
-------------------------------------------------------------------------------
EDIT       ED1.MYJCL.CNTL(PRINPS)                           Columns 00001 00072
Command ===> _                                                Scroll ===> Half
****** ***************************** Top of Data ******************************
000001 //ED1PRTPS JOB (EDUC,04-37),TEUFFEL,CLASS=C,TIME=(,30),NOTIFY=ED1,
000002 // MSGCLASS=Q
000003 //STEP1    EXEC PGM=IEBPTPCH
000004 //SYSPRINT DD SYSOUT=Q
000005 //SYSUT1   DD DISP=SHR,DSN=ED1.NAMEN.DATA
000006 //SYSUT2   DD SYSOUT=A
000007 //SYSIN    DD *
000008  PRINT TYPORG=PS,MAXFLDS=1
000009  RECORD FIELD=(80)
****** **************************** Bottom of Data ****************************
```

Das Member PRINTPO unterscheidet sich nur geringfügig von PRINTPS, deshalb kopieren wir PRINTPS und führen die notwendigen Änderungen durch:

```
 File  Edit  Edit_Settings  Menu  Utilities  Compilers  Test  Help
-------------------------------------------------------------------------------
EDIT       ED1.MYJCL.CNTL(PRINTPO)                          Columns 00001 00072
Command ===> copy printps_                                     Scroll ===> Half
****** ***************************** Top of Data ******************************
''''''
''''''
''''''
''''''
''''''
''''''
''''''
''''''
''''''
''''''
''''''
''''''
****** **************************** Bottom of Data ****************************
```

PRINTPO sieht dann folgendermaßen aus:

```
 File  Edit  Edit_Settings  Menu  Utilities  Compilers  Test  Help
-------------------------------------------------------------------------------
EDIT       ED1.MYJCL.CNTL(PRINTPO)                          Columns 00001 00072
Command ===> _                                                 Scroll ===> Half
****** ***************************** Top of Data ******************************
000001 //ED1PO    JOB (EDUC,04-37),TEUFFEL,NOTIFY=ED1,CLASS=C,TIME=(,30),
000002 // MSGCLASS=Q
000003 //PRINT    EXEC PGM=IEBPTPCH
000004 //SYSPRINT DD SYSOUT=Q
000005 //SYSUT1   DD DISP=SHR,DSN=ED1.MYJCL.CNTL
000006 //SYSUT2   DD SYSOUT=A
000007 //SYSIN    DD *
000008  PRINT TYPORG=PO,MAXFLDS=1
000009  RECORD FIELD=(80)
****** **************************** Bottom of Data ****************************
```

Nach demselben Verfahren erstellen wir noch das Member PRINTM:

```
 File  Edit  Edit_Settings  Menu  Utilities  Compilers  Test  Help
-------------------------------------------------------------------------------
EDIT       ED1.MYJCL.CNTL(PRINTM)                           Columns 00001 00072
Command ===> _                                                 Scroll ===> Half
****** ***************************** Top of Data ******************************
000001 //ED1PM    JOB (EDUC,04-37),TEUFFEL,NOTIFY=ED1,CLASS=C,TIME=(,30),
000002 // MSGCLASS=Q
000003 //PRINT    EXEC PGM=IEBPTPCH
000004 //SYSPRINT DD SYSOUT=Q
000005 //SYSUT1   DD DISP=SHR,DSN=ED1.MYJCL.CNTL
000006 //SYSUT2   DD SYSOUT=A
000007 //SYSIN    DD *
000008  PRINT TYPORG=PO,MAXFLDS=2,MAXNAMES=2
000009  MEMBER NAME=PRINTPS
000010  RECORD FIELD=(80)
000011  MEMBER NAME=PRINTPO
000012  RECORD FIELD=(80)
****** **************************** Bottom of Data ****************************
```

Wenn wir danach den EDIT-Mode durch F3 verlassen, erhalten wir in der Memberliste eine Übersicht über alle Members im Dataset:

```
  Menu  Functions  Utilities  Help
------------------------------------------------------------------------------
EDIT        ED1.MYJCL.CNTL                                Row 00001 of 00003
Command ===> _                                              Scroll ===> PAGE
   Name      Prompt             Size   Created          Changed           ID
. PRINTM                          12   2001/03/14  2001/03/14 17:18:20  ED1
. PRINTPO                          9   2001/03/14  2001/03/14 17:17:12  ED1
. PRINTPS                          9   2001/03/14  2001/03/14 17:16:34  ED1
  **End**
```

3. Die Jobs können direkt aus dem EDIT-Mode heraus durch

   `Command ===> sub`

   oder in Option 6 durch

   `Command ===> sub myjcl(printps)`

   zur Ausführung gebracht werden.

4. Der Ablauf der Jobs kann durch

   `Command ===> st` (Abfragen aller Jobs)

   oder

   `Command ===> st ed1prtps` (Abfragen eines Jobs)

   verfolgt werden.

   Wenn ein Job beendet ist, bekommt man vom System eine Meldung darüber an den Bildschirm - das ist das Ergebnis des NOTIFY-Parameters im JOB-Record. Wie diese Mitteilung aussieht, ist installationsabhängig, sie kann einfach

   `JOB ED1PRTPS ENDED`

   lauten, oder es kann darin noch Information z.B. für Rechenzeit oder Return Code enthalten sein, derartige Erweiterungen sind systemseitig möglich.

   Hier sei noch einmal wiederholt, was wir früher bereits kennengelernt haben. Falls wir uns im ISPF befinden, wenn obige Mitteilung am Bildschirm erscheint, dann wird sie durch

   `*** _`

   beendet, und das bedeutet, daß wir durch Drücken der ENTER-Taste dem System kundtun müssen, daß wir den Text gelesen haben. Jede andere Eingabe am Terminal wird ignoriert.

Man hat übrigens die Möglichkeit, dem System zu sagen, man wolle nicht unkontrolliert irgendwelche Mitteilungen empfangen. Diese können nämlich im System gespeichert und dann gezielt abgefragt werden, wann man es für sinnvoll hält.

Das Ganze geschieht folgendermaßen:

Es gibt den TSO-Command PROFILE (nicht mit dem gleichnamigen ISPF-EDIT-Command zu verwechseln), den man mit

```
Command ===> profile nointercom
```

aufruft, wobei man durch den Parameter NOINTERCOM (= No Intercommunication) festlegt, daß man keine Mitteilungen empfangen will. Diese Tatsache wird im TSO-Profil des Benutzers festgehalten und ist über das Ende der momentanen Session hinaus gültig. Genaueres über diesen Command ist im Kapitel *16. Kommunikation* nachzulesen.

Wenn man später nachfragen möchte, welche Mitteilungen gespeichert wurden, so kann man das mit dem LISTBC-Command machen:

```
Command ===> listbc non
```

LISTBC steht für LIST BROADCAST, damit wird der System-Dataset angesprochen, in dem alles gespeichert wird. Durch den Parameter NON (= NONOTICES) vermeiden wir, daß auch allgemeine Mitteilungen, die für alle TSO-Benutzer gespeichert sind, angezeigt werden.

Falls man die Mitteilungen übrigens nicht abfragt, so werden sie beim nächsten LOGON automatisch auf dem Bildschirm erscheinen.

5. Die Kontrolle des Job-Protokolls geschieht zweckmäßigerweise über SDSF. Durch die Commands

   ```
   COMMAND INPUT ===> prefix ed1*   (Selektion aller ED1-Jobs)
   COMMAND INPUT ===> st            (Status aller Jobs)
   ```

   bekommt man eine Anzeige aller eigenen Jobs:

```
  Display  Filter  View  Print  Options  Help
-----------------------------------------------------------------------------
SDSF STATUS DISPLAY ALL CLASSES                          LINE 1-6 (6)
COMMAND INPUT ===>                                              SCROLL ===> HALF
NP   JOBNAME  JobID    Owner    Prty Queue      C  Pos  SAff  ASys Status
     ED1      TSU02698 ED1        15 EXECUTION          SYSF  SYSF
?    ED1PRTPS JOB02719 ED1         1 PRINT      A    27
     ED1WLM5  JOB06567 ED1         1 PRINT      A    29
```

Wählt man als Action Code ein ?, so bekommt man eine Liste aller Output-Daten:

```
  Display  Filter  View  Print  Options  Help
-------------------------------------------------------------------------------
SDSF JOB DATA SET DISPLAY - JOB ED1PRTPS(JOB06409)    LINE 1-4 (4)
COMMAND INPUT ===>                                            SCROLL ===> HALF
NP    DDNAME    StepName ProcStep DSID Owner     C Dest              Rec-Cnt Page
      JESMSGLG                       2 ED1       Q LOCAL                  20
      JESJCL                         3 ED1       Q LOCAL                  12
      JESYSMSG                       4 ED1       Q LOCAL                  32
      STEP1     SYSPRINT           103 ED1       Q LOCAL                  26
```

Es gibt für ED1PRTPS vier Ausgaben, wobei die DD-Namen JESMSGLG, JESJCL und JESYSMSG auf Informationen zum Jobablauf verweisen. Die danach folgenden Daten, in obigem Beispiel der DD-Name SYSPRINT aus dem Jobstep STEP1, beinhalten anwendungsspezifische Daten zu dem Job, was einen in diesem Fall aber auch nicht gerade vom Hocker haut.

```
PRINT/PUNCH DATA SET UTILITY
 PRINT TYPORG=PS,MAXFLDS=1
 RECORD FIELD=(80)
 EOF ON SYSIN
 END OF DATA FOR SDS OR MEMBER
```

Normalerweise wird man diese Informationen nicht in gedruckter Form haben wollen, sondern sie, nachdem man sie gelesen und geistig verarbeitet hat, im System durch den Action Code D löschen.

A.3 Übung 7.4 (RACF)

Wir lassen uns zuerst unser RACF-Profil anzeigen. Der LISTUSER-Command zeigt uns an, welches unsere Default-Gruppe ist und für welche anderen Gruppen wir noch autorisiert sind.

```
lu
```

Mit dem LISTDSD-Command läßt man sich das allgemeine (generic) Profil aller Datasets anzeigen, für die keine spezielle Definition angegeben wurde.

```
ld da(*)    oder      ld da(**)
```

Nach dem Anlegen der drei Übungsdatasets können wir mit der Definition der unterschiedlichen Zugriffsberechtigungen beginnen.

```
pe racf1.data id(ed2) ac(read)
 NO RACF DESCRIPTION FOUND FOR ED1.RACF1.DATA
```

Achtung: Bevor man mit dem PERMIT-Command für einen Dataset spezielle Autorisierungen angeben kann, muß man ihn zuerst im RACF definieren:

```
ad (racf1.data,racf3.data) uacc(none) seclevel(iuo)
ad racf2.data uacc(read) seclevel(iuo)
```

Danach kann der PERMIT-Command eingesetzt werden, wobei angenommen wird, daß EDUC die eigene Default-Gruppe ist:

```
pe racf1.data id(ed2) uacc(read)
```

```
pe racf2.data id(ed2) uacc(alter)
pe racf3.data id(educ) uacc(read)
pe racf3.data id(ed2) uacc(none)
```

A.4 Übung 8.9 (CLIST-Einstieg)

Initialisierung

Im Aufgabentext ist der folgende Lösungsweg vorgeschlagen worden:

- Information über System-Datasets besorgen (LISTALC)
- Anlegen eines Datasets userid.MVS.CLIST in demselben Format
- Zuordnen dieser Datasets als SYSPROC (ALLOC)

Information über System-Datasets:

```
lista st

 --DDNAME---DISP--
 TERMFILE   SYSPRINT
 TERMFILE   SYSTERM
 TERMFILE   SYSIN
 .
 SYS3.CLIST
   SYSPROC  KEEP
 .
```

Aus ISPF 3.2 erhält man das Format dieses Datasets:

```
                          Data Set Information
Command ===> _

Data Set Name . . . . : SYS3.CLIST

General Data                           Current Allocation
 Management class . . : STANDARD        Allocated tracks  . : 50
 Storage class  . . . : SMS             Allocated extents . : 3
  Volume serial . . . : SYSSM1          Maximum dir. blocks : 40
  Device type . . . . : 3390
 Data class . . . . . :                Current Utilization
  Organization  . . . : PO              Used tracks . . . . : 42
  Record format . . . : VB              Used extents  . . . : 3
  Record length . . . : 255             Used dir. blocks    : 21
  Block size  . . . . : 6160            Number of members   : 102
  1st extent tracks . : 30
  Secondary tracks  . : 30
  Data set name type  : PDS             SMS Compressible  . : NO

  Creation date . . . : 1998/06/27      Referenced date . . : ***None**
  Expiration date . . : ***None***
```

Der eigene Dataset wird nun im selbem Format (aber nicht notwendigerweise in derselben Größe) erstellt und danach als SYSPROC zugeordnet:

```
alloc da(mvs.clist,'sys3.clist') f(sysproc) shr reuse
```

Viele Installationen bieten ihren Benutzern die Möglichkeit an, während (oder genauer gesagt, als Abschluß) des LOGON Prozesses eine CLIST zur Ausführung zu bringen. Dafür muß man sich natürlich auf einen gemeinsamen Namen einigen, den man dann von seinem TSO-Koordinator erfragen muß. Wir wollen einmal annehmen, beim LOGON wird folgender Command automatisch ausgeführt:

```
exec mvs.clist(default)
```

Damit hätte jeder Benutzer die Möglichkeit, sich eine Command Prozedur DEFAULT in dem Dataset userid.MVS.CLIST zu definieren, die bei jedem LOGON zur Ausführung gebracht wird.

Die CLIST DEFAULT könnte dann im einfachsten Fall so aussehen:

```
ALLOC DA(MVS.CLIST,'SYS3.CLIST') F(SYSPROC) SHR REUSE
```

Damit wird jetzt automatisch für jede TSO-Sitzung der eigene Dataset zusammen mit dem System-Dataset zur impliziten Ausführung bereitgestellt.

CLIST WANN

```
/*****************************************************************/
/*                                                               */
/*        COMMAND PROCEDURE ZUR ARBEITSZEIT-BERECHNUNG           */
/*                                                               */
/*****************************************************************/
WRITENR WANN BIN ICH HEUTE GEKOMMEN:
READ KZEIT                              /* EINGABE : HH:MM */
IF &SUBSTR(2,&KZEIT)=: THEN SET KZEIT=0&KZEIT
SET KSTD = &SUBSTR(1:2,&KZEIT)
SET KMIN = &EVAL(&SUBSTR(4:5,&KZEIT))/6
SET KZEIT0 = &KSTD&KMIN                 /* INDUSTRIE-ZEIT  */
SET GZEIT0 = (&KZEIT0 + 85)//240
SET GSTD = &GZEIT0/10
SET GMIN  = 6*&GZEIT0//10
IF &GMIN < 10 THEN SET GMIN = &STR(0&GMIN) /* FUEHRENDE NULL */
WRITE DANN KANN ICH UM &GSTD:&GMIN GEHEN
IF (&KZEIT0+85) > 240 THEN DO
  WRITE ABER ERST MORGEN
  SET MORGEN = YES
END
ELSE SET MORGEN = NO
SET ZEIT = &SYSTIME                     /* TAGESZEIT       */
SET STD = &SUBSTR(1:2,&ZEIT)
SET MIN = &SUBSTR(4:5,&ZEIT)
IF &MORGEN = YES THEN SET GSTD = &GSTD + 24
IF &EVAL(&GSTD&GMIN) > &EVAL(&STD&MIN) THEN DO /* FRUEHER ?  */
  SET RESTSTD = &GSTD - &STD
  SET RESTMIN = &GMIN - &MIN
  IF &GMIN < &MIN THEN DO
    SET RESTSTD = &RESTSTD - 1
    SET RESTMIN = &RESTMIN + 60
  END
  WRITE -
  ICH HABE IN &RESTSTD STUNDEN UND &RESTMIN MINUTEN FEIERABEND
  WRITE HURRA .....
```

```
END
ELSE DO                                         /* SPAETER ?        */
  SET RESTSTD = &STD - &GSTD
  SET RESTMIN = &MIN - &GMIN
  IF &MIN < &GMIN THEN DO
    SET RESTSTD = &RESTSTD - 1
    SET RESTMIN = &RESTMIN + 60
  END
  WRITE -
 ICH MACHE SEIT &RESTSTD STUNDEN UND &RESTMIN MINUTEN -
UEBERSTUNDEN
END
```

Wenn wir die CLIST um 18:30 aufrufen, liefert sie dieses Ergebnis:

```
%wann
  WANN BIN ICH HEUTE GEKOMMEN: 7:50
  DANN KANN ICH UM 16:18 GEHEN
  ICH MACHE SEIT 2 STUNDEN UND 12 MINUTEN UEBERSTUNDEN
```

Im weiteren Verlauf des CLIST-Kapitels wird das Testen von Command Prozeduren erläutert, denn nicht immer wird man beim ersten Anlauf die richtige Lösung haben.

A.5 Übung 8.10 (CLIST OSTERN)

Zum Aufbau der CLIST gibt es eigentlich nicht viel zu bemerken, nach Überprüfung auf gültige Jahreszahlen hat man nur noch einfache Arithmetik.

```
PROC 1 JAHR TEST
/****************************************************************
/*
/*   BERECHNUNG DES OSTERDATUMS NACH EINER FORMEL VON GAUSS
/*
/****************************************************************
IF &TEST ¬= THEN CONTROL CONLIST
/****************************************************************
/*   UEBERPRUEFUNG AUF GUELTIGE EINGABE DER JAHRESZAHL
/****************************************************************
IF &DATATYPE(&JAHR)=CHAR THEN DO
  WRITENR &JAHR IST LEIDER KEINE GUELTIGE JAHRESZAHL
  EXIT
 END
IF &JAHR=1954 | &JAHR=1981 | &JAHR<1900 | &JAHR>1999 THEN DO
  WRITE FUER &JAHR GILT DIE FORMEL LEIDER NICHT
  EXIT
 END
/****************************************************************
/*   BERECHNUNG DES DATUMS
/****************************************************************
SET A = &JAHR//19
SET B = &JAHR//4
SET C = &JAHR//7
SET D = (24+19*&A)//30
SET E = ((2*&B)+(4*&C)+(6*&D)+5)//7
SET DELTA = &D+&E
IF &DELTA > 9 THEN WRITE OSTERSONNTAG &JAHR : -
```

```
  &EVAL(&DELTA-9). APRIL
ELSE WRITE OSTERSONNTAG &JAHR : &EVAL(22+&DELTA). MAERZ
```

Wir probieren die CLIST aus:

```
%ostern 1954
 FUER 1954 GILT DIE FORMEL LEIDER NICHT
 READY
%ostern 1996
 OSTERSONNTAG 1996: 7. APRIL
```

Wer Spaß daran hat, kann die CLIST noch durch das Weihnachtsdatum ergänzen, die Formel dafür wird aber nicht angegeben ...

A.6 Übung 8.12 (CLIST UPDATE)

Wenn man einen Dataset mit der Option UPDATE verarbeitet, ist es notwendig, jeden Record nach dem Lesen wieder zu schreiben, unabhängig davon, ob er verändert wird oder nicht.

```
PROC 0 TEST
IF &TEST ¬= THEN CONTROL LIST CONLIST
CONTROL NOFLUSH
/********************************************************
/* DEFINITION DER ERROR-VERARBEITUNG
/********************************************************
ERROR DO
  SET RC = &LASTCC
  IF &RC ¬= 400 THEN WRITE &SYSICMD HAT FEHLERCODE &RC
  ELSE DO
    CLOSFILE DATEN
    FREE FILE(DATEN)
  END
  EXIT
END
/********************************************************
/* ZUORDNEN UND OEFFNEN DES DATASETS
/********************************************************
ALLOC F(DATEN) DA(NAMEN.DATA) OLD REUSE
OPENFILE DATEN UPDATE
/********************************************************
/* LESEN EINES RECORDS UND EVENTUELLE AENDERUNG
/********************************************************
READ: GETFILE DATEN
SET PERSNR = &EVAL(&SUBSTR(58:62,&DATEN))
SET LPERSNR = &LENGTH(&PERSNR)
IF &LPERSNR < 5 THEN DO
  SET PERSNR = &SUBSTR(1:5-&LPERSNR,00000)&PERSNR
  SET DATEN = &SUBSTR(1:57,&DATEN)&PERSNR&SUBSTR(63:80,&DATEN)
END
/********************************************************
/* SCHREIBEN JEDES RECORDS
/********************************************************
PUTFILE DATEN
GOTO READ
```

A.7 Übung 8.13 (CLIST INDEX)

Bei der Entwicklung dieser CLIST ist es wichtig, darauf zu achten, daß man immer mit der &SUBSTR-Funktion arbeitet, um auch alle Sonderfälle von Zeichenfolgen richtig verarbeiten zu können.

```
PROC 0 TEST
IF &TEST ¬= THEN CONTROL CONLIST
GLOBAL ARG STRING IDX
SET LA = &LENGTH(&STR(&ARG))
SET LS = &LENGTH(&STR(&STRING))
IF &LA = 0 | &LS = 0 THEN EXIT
DO &IDX = 1 TO &LS-&LA+1
  IF &STR(&ARG) = &STR(&SUBSTR(&IDX:&IDX-1+&LA,&STR(&STRING)))-
      THEN EXIT
END
SET IDX = 0
END
```

Die CLIST kann jetzt folgendermaßen aufgerufen werden :

```
PROC 0 TEST
GLOBAL SUCH TEXT POS
WRITENR BITTE TEXT EINGEBEN :
READ
SET TEXT = &STR(&SYSDVAL)
WRITENR WAS WIRD GESUCHT :
READ
SET SUCH = &STR(&SYSDVAL)
%INDEX &TEST
IF &POS = 0 THEN WRITE &STR(&SUCH) WURDE NICHT GEFUNDEN
  ELSE WRITE &STR(&SUCH) WURDE IN POSITION &POS GEFUNDEN
```

Wir sehen uns ein Beispiel dazu an:

```
%globtest
 BITTE TEXT EINGEBEN : das ist ein satz
 WAS WIRD GESUCHT : ein
 EIN WURDE IN POSITION 9 GEFUNDEN
 READY
%globtest
 BITTE TEXT EINGEBEN : 3+4=7
 WAS WIRD GESUCHT : 7
 7 WURDE IN POSITION 5 GEFUNDEN
 READY
```

A.8 Übung 9.8 (REXX-Einstieg)

Initialisierung

Im Aufgabentext ist der folgende Lösungsweg vorgeschlagen worden:

- Information über System-Datasets besorgen (LISTALC)
- Anlegen eines Datasets userid.MVS.REXX in demselben Format

- Zuordnen dieser Datasets als SYSEXEC (ALLOC)

Information über System-Datasets:

```
lista st

 --DDNAME---DISP--
 TERMFILE   SYSPRINT
 TERMFILE   SYSTERM
 TERMFILE   SYSIN
 .
 .
 SYS3.REXX
   SYSEXEC  KEEP
 .
 .
```

Aus ISPF 3.2 erhält man das Format dieses Datasets (siehe Übung 8.9). Der eigene Dataset wird nun im selbem Format (aber nicht notwendigerweise in derselben Größe) erstellt und danach als SYSEXEC zugeordnet:

```
alloc da(mvs.rexx,'sys3.rexx') f(sysexec) shr reuse
```

Viele Installationen bieten ihren Benutzern die Möglichkeit an, während (oder genauer gesagt, als Abschluß) des LOGON Prozesses eine CLIST zur Ausführung zu bringen. Dafür muß man sich natürlich auf einen gemeinsamen Namen einigen, den man dann von seinem TSO-Koordinator erfragen muß. Wir wollen einmal annehmen, beim LOGON wird folgender Command automatisch ausgeführt:

```
exec mvs.clist(default)
```

Damit hätte jeder Benutzer die Möglichkeit, sich eine Command Prozedur DEFAULT in dem Dataset userid.MVS.CLIST zu definieren, die bei jedem LOGON zur Ausführung gebracht wird.

Die CLIST DEFAULT könnte dann im einfachsten Fall so aussehen:

```
ALLOC DA(MVS.CLIST,'SYS3.CLIST') F(SYSPROC) SHR REUSE
ALLOC DA(MVS.REXX,'SYS3.REXX') F(SYSEXEC) SHR REUSE
```

Damit werden jetzt automatisch für jede TSO-Sitzung der eigene CLIST- und EXEC-Dataset zusammen mit den System-Datasets zur impliziten Ausführung bereitgestellt.

EXEC INFO

```
/*** REXX ***************************************************/
/*   REXX-EXEC zum Anzeigen einiger System-Informationen    */
/************************************************************/
start = time(r)
trace off
say 'User-Id            :' userid()
say 'Zeit               :' time()
say 'Datum              :' date()
zeit = time()
tag = substr(date(),1,2)
jhr = substr(date(),8,4)
std = substr(zeit,1,2)
min = substr(zeit,4,2)
```

```
stop = time(e)
elaps = stop - start
day = date(w)
mon = date(m)
select
  when (day = 'Monday') then day = 'Montag'
  when (day = 'Tuesday') then day = 'Dienstag'
  when (day = 'Wednesday') then day = 'Mittwoch'
  when (day = 'Thursday') then day = 'Donnerstag'
  when (day = 'Friday') then day = 'Freitag'
  when (day = 'Saturday') then day = 'Samstag'
  otherwise day = 'Sonntag'
end
months ='January February March April May June July August ,
September October November December'
monate ='Januar Februar Maerz April Mai Juni Juli August ,
September Oktober November Dezember'
pos = wordpos(mon,months)
mon = word(monate,pos)
say 'Es ist' std 'Uhr und' min 'Minuten'
say 'am' day', den' tag||'.' mon jhr
say 'Die Ausfuehrung der EXEC hat' elaps 'Sekunden gedauert.'
```

Aus der EXEC erkennen wir, daß es verschiedene Möglichkeiten der Übersetzung gibt:

- Für die Wochentage benutzen wir die SELECT-Instruktion.
- Für die Monate helfen die beiden Built-in-Funktionen WORDPOS und WORD, ihre Funktionalität braucht wohl nicht extra beschrieben zu werden.

EXEC WANN

```
/**** REXX ***************************************************/
/*                                                            */
/*        REXX-EXEC zur Arbeitszeit-Berechnung                */
/*                                                            */
/**************************************************************/
say 'Wann bin ich heute gekommen:'
pull kzeit                               /* Eingabe : hh:mm */
if substr(kzeit,2,1) = ':' then kzeit = 0||kzeit
kstd = substr(kzeit,1,2)
kmin = substr(kzeit,4,2)%6
kzeit0 = kstd||kmin                      /* Industrie-Zeit   */
gzeit0 = (kzeit0 + 85)//240
gstd = gzeit0%10
gmin = 6*gzeit0//10
if gmin < 10 then gmin = 0||gmin         /* Fuehrende Null */
say 'Dann kann ich um' gstd||':'||gmin 'gehen'
if (kzeit0+85) > 240 then do
  say 'Aber erst morgen'
  morgen = 'yes'
end
else morgen = 'no'
zeit = time()                            /* Tageszeit        */
std = substr(zeit,1,2)
min = substr(zeit,4,2)
if morgen = 'yes' then gstd = gstd + 24
```

```
if gstd||gmin > std||min then do          /* Frueher ?          */
  reststd = gstd - std
  restmin = gmin - min
  if gmin < min then do
    reststd = reststd - 1
    restmin = restmin + 60
  end
  say,
  'Ich habe in' reststd 'Stunden und' restmin 'Minuten ,
Feierabend'
  say 'Hurra .....'
end
else do                                   /* Spaeter ?         */
  reststd = std - gstd
  restmin = min - gmin
  if min < gmin then do
    reststd = reststd - 1
    restmin = restmin + 60
  end
  say,
 'Ich mache seit' reststd 'Stunden und' restmin 'Minuten ,
Ueberstunden'
end
```

Wenn wir die EXEC um 18:30 aufrufen, liefert sie dieses Ergebnis:

```
%wann
 Wann bin ich heute gekommen: 7:50
 Dann kann ich um 16:18 gehen
 Ich mache seit 2 Stunden und 12 Minuten Ueberstunden
```

Im weiteren Verlauf des REXX-Kapitels wird das Testen von EXECs erläutert, denn nicht immer wird man beim ersten Anlauf die richtige Lösung haben.

A.9 Übung 9.10 (EXEC OSTERN)

Zum Aufbau der EXEC gibt es eigentlich nicht viel zu bemerken, nach Überprüfung auf gültige Jahreszahlen hat man nur noch einfache Arithmetik.

```
/**** REXX ***********************************************/
/*                                                       */
/*   Berechnung des Osterdatums nach einer Formel von Gauss  */
/*                                                       */
/*********************************************************/
arg jahr t
if abbrev(TEST,t,1) then trace r
/*********************************************************/
/*   Ueberpruefung auf gueltige Eingabe der Jahreszahl     */
/*********************************************************/
if datatype(jahr)=char then do
  say jahr 'ist leider keine gueltige Jahreszahl'
  exit
 end
if jahr=1954 | jahr=1981 | jahr<1900 | jahr>1999 then do
  say 'Fuer' jahr 'gilt die Formel leider nicht'
  exit
```

```
 end
/****************************************************************/
/*   Berechnung des Datums                                      */
/****************************************************************/
a = jahr//19
b = jahr//4
c = jahr//7
d = (24+19*a)//30
e = ((2*b)+(4*c)+(6*d)+5)//7
delta = d+e
if delta > 9 then say 'Ostersonntag' jahr ':' delta-9'. April'
else say 'Ostersonntag' jahr ':' 22+delta'. Maerz'
```

Wir probieren die EXEC aus:

```
%ostern 1954
 Fuer 1954 gilt die Formel leider nicht
 READY
%ostern 1996
 Ostersonntag 1996: 7. April
```

Wer Spaß daran hat, kann die EXEC noch durch das Weihnachtsdatum ergänzen, die Formel dafür wird aber nicht angegeben ...

A.10 Übung 9.15 (EXEC UPDATE)

Wenn man einen Dataset bearbeiten und verändern will, so ist es notwendig, jeden Record nach dem Lesen wieder zu schreiben, unabhängig davon, ob er verändert wird oder nicht.

```
/**** REXX ******************************************************/
/*                                                              */
/*   Ueberarbeitung eines Datasets                              */
/*                                                              */
/****************************************************************/
arg t
if abbrev(TEST,t,1) then trace r
/****************************************************************/
/* Zuordnen eines Datasets                                      */
/****************************************************************/
"alloc f(daten) da(namen.data) old reuse"
/****************************************************************/
/* Lesen eines Records und eventuelle Aenderung                 */
/****************************************************************/
eof = no
do while eof = no
  "execio 1 diskru daten"
  if rc = 2 then eof = yes
  else do
    parse pull record
    pn = strip(substr(record,58,5),,' ')
    pn = right(pn,5,0)
    record=overlay(pn,record,58,5)
    push record
    "execio 1 diskw daten"
  end
```

```
end
"execio 0 diskw daten (finis"
"free f(daten)"
```

A.11 Übung 9.16 (Unterprozedur PARMS)

```
/**** REXX ***********************************************/
/*                                                        */
/*   Die Prozedur PRINT wird zum Formatieren und         */
/*   Drucken eines DATASETS benutzt und hat das folgende */
/*   Format:                                             */
/*                                                        */
/*     print dsname COPIES() CONF SCRIPT/LIST/TEXT       */
/*                                                        */
/*   Default-Werte sind: COPIES(1) und TEXT              */
/*                                                        */
/**********************************************************/
arg parmlist
call parms
/**********************************************************/
/*   Nach dem Aufruf dieser Unterprozedur haben die      */
/*   Variablen DSN, COPY, SEC und TYPE einen Wert        */
/*   zugeordnet bekommen, der im weiteren Verlauf        */
/*   verarbeitet wird.                                   */
/*                                                        */
/*   Wenn keine gueltigen Parameter angegeben worden     */
/*   sind, ist die Prozedur nach Ausgabe des HELP-       */
/*   Textes beendet worden.                              */
/*                                                        */
/*   Es werden jetzt zur Kontrolle der Unterprozedur     */
/*   die Werte der Parameter angezeigt.                  */
/*                                                        */
/**********************************************************/
say dsn
say copy
say sec
say type
exit
/****************************************/
/* Parameter-Test                       */
/****************************************/
parms:
num = words(parmlist)
if num > 0 then parm = word(parmlist,1)
 else parm = ''
/****************************************/
/* Pruefung des ersten Parameters       */
/****************************************/
if num = 0 | parm = '?' then call help
else dsn = parm
/****************************************/
/* Setzen der Default-Werte             */
/****************************************/
copy = 1         /* Default-Wert */
sec = no         /* Default-Wert */
```

```
type = text      /* Default-Wert */
if num = 1 then return
/********************************************/
/* Pruefung der weiteren Parameter         */
/********************************************/
do j = 2 to num
  parm = word(parmlist,j)
  left = index(parm,'(')
  if left > 0 then p = substr(parm,1,left-1)
  else p = parm
  select
    when abbrev(COPIES,p,3) then
      do
        right = index(parm,')')
        copy=substr(parm,left+1,right-left-1)
        if datatype(copy,'w') = 0 then call help /*Ganze Zahl?*/
      end
    when abbrev(CONF,parm,3) then sec = yes
    when abbrev(SCRIPT,parm,1) then type = script
    when abbrev(LIST,parm,1) then type = list
    when abbrev(TEXT,parm,1) then type = text
    otherwise call help
  end
end
return
/********************************************/
/* Hilfe im Fehlerfall                      */
/********************************************/
help:
do i = 1 until substr(line,1,2) ¬= '/*'
  line = sourceline(i)
  say line
end
exit 16
end
```

Auf Einzelheiten braucht wohl nicht eingegangen zu werden, diese sind ja bereits in der Formulierung der Aufgabe enthalten.

A.12 Übung 10.7 (REXX-Einstieg)

Die Lösung ist in *Absatz A.8 und A.9* zu finden.

A.13 Übung 10.11 (TSOLOG)

Die Lösung ist im *Absatz 9.7* zu finden.

A.14 Übung 10.12 (Dataset-Verarbeitung)

Die Lösung ist im *Absatz 9.15 (AUSKUNFT/LISTE)* und *Absatz A.10 (UPDATE)* zu finden.

A.15 Übung 10.13 (Unterprozeduren)

Die Lösung ist im *Absatz A.11 (PARMS)* und *Absatz A.7 (INDEX)* zu finden.

A.16 Übung 10.14 (ISPF-Interface)

Die Lösung ist im *Absatz 9.9 (OUTSERV)* zu finden.

A.17 Übung 11.1 (Drucken im Foreground)

Sequentieller Dataset

Für das Drucken des sequentiellen Datasets ist nur das Umsetzen der JCL-Records in die entsprechenden ALLOC- und CALL-Commands notwendig. Selbstverständlich muß die Reihenfolge geändert werden, die ALLOC-Commands müssen vor dem CALL-Command ausgeführt werden.

```
PROC 1 DSN PRINTER(LOCAL) TEST
IF &TEST ¬= THEN CONTROL LIST CONLIST
CONTROL NOFLUSH
/*********************************************************
/* DEFINITION DER ERROR-VERARBEITUNG
/*********************************************************
ERROR DO
  SET RC = &LASTCC
  WRITE &SYSICMD HAT FEHLERCODE &RC
  EXIT
END
/*********************************************************
/* ZUORDNEN DER FILES (DDNAMEN)
/*********************************************************
ALLOC F(SYSUT1) DA(&DSN) SHR REUSE
ALLOC F(SYSUT2) SYSOUT(A) DEST(&PRINTER) REUSE
ALLOC F(SYSPRINT) DA(*) REUSE
ALLOC F(SYSIN) DUMMY REUSE
/*********************************************************
/* AUFRUF DES PROGRAMM UND FREIGABE DER FILES
/*********************************************************
CALL 'SYS1.LINKLIB(IEBGENER)'
ALLOC F(SYSIN) DA(*) REUSE
FREE F(SYSUT1,SYSUT2)
```

Partitioned Dataset

Das Drucken eines Partitioned Datasets ist etwas aufwendiger, da hierfür noch die entsprechenden Steuerparameter definiert werden müssen.

Von den verschiedenen Lösungsmöglichkeiten haben wir uns hier dazu entschlossen, eine CLIST mit der PUTFILE-Variante und eine EXEC mit dem EDIT-Command zu zeigen:

```
PROC 1 DSN PRINTER(LOCAL) TEST
IF &TEST ¬= THEN CONTROL LIST CONLIST
```

```
CONTROL NOFLUSH
/*******************************************************
/* DEFINITION DER ERROR-VERARBEITUNG
/*******************************************************
ERROR DO
  SET RC = &LASTCC
  WRITE &SYSICMD HAT FEHLERCODE &RC
  EXIT
END
/*******************************************************
/* EINLESEN DER MEMBER-NAMEN
/*******************************************************
SET I = 0
WRITE BITTE MEMBER-NAMEN EINGEBEN:
EINGABE: READ MEM
IF &MEM ¬= THEN DO
  SET I = &I+1
  SET M&I = &MEM
  GOTO EINGABE
END
/*******************************************************
/* AUFBAU DER SYSIN-DATEN ALS TEMPORAERER DATASET
/*******************************************************
ALLOC F(SYSIN) NEW DELETE REUSE RECFM(F) LRECL(80)
OPENFILE SYSIN OUTPUT
IF &I = 0 THEN DO
  SET SYSIN = &STR( PRINT TYPORG=PO,MAXFLDS=1)
  PUTFILE SYSIN
  SET SYSIN = &STR( RECORD FIELD=(80))
  PUTFILE SYSIN
END
ELSE DO
  SET SYSIN = &STR( PRINT TYPORG=PO,MAXFLDS=&I,MAXNAME=&I)
  PUTFILE SYSIN
  SET N=1
  DO WHILE (&N <= &I)
    SET MEMBER = &&M&N
    SET SYSIN = &STR( MEMBER NAME=&MEMBER)
    PUTFILE SYSIN
    SET SYSIN = &STR( RECORD FIELD=(80))
    PUTFILE SYSIN
    SET N = &N+1
  END
END
CLOSFILE SYSIN
/*******************************************************
/* ZUORDNEN ALLER FILES UND AUFRUF VON IEBPTPCH
/*******************************************************
ALLOC F(SYSUT1) DA(&DSN) SHR REU
ALLOC F(SYSUT2) SYSOUT(A) DEST(&PRINTER) REUSE
ALLOC F(SYSPRINT) DA(*) REUSE
CALL 'SYS1.LINKLIB(IEBPTPCH)'
ALLOC F(SYSIN) DA(*) REUSE
FREE F(SYSUT1,SYSUT2)
```

Die EDIT-Version der EXEC sieht folgendermaßen aus:

```
/**** REXX ***********************************************/
/*                                                        */
/*   Die Prozedur PRINTPO wird zum Drucken eines          */
/*   Partitioned Datasets benutzt und hat folgendes       */
/*   Format:                                              */
/*                                                        */
/*     printpo dsname printer() test                      */
/*                                                        */
/*   Default-Wert: PRINTER(LOCAL)                         */
/*                                                        */
/*   Die Prozedur fragt nach den Member-Namen, wenn       */
/*   keine Members angegeben werden, wird der gesamte     */
/*   Dataset gedruckt.                                    */
/*                                                        */
/**********************************************************/
arg parmlist
call parms
if testp ¬= '' then trace r
/***************************************************/
/* Einlesen der Member-Namen                       */
/***************************************************/
i = 0
say 'Bitte Member-Namen eingeben:'
do forever
  pull mem
  if mem = '' then leave
  else do
    i = i+1
    mem.i = mem
  end
end
/***************************************************/
/* Mit dem EDIT-Command wird ein Dataset fuer die  */
/* Steuerparameter erstellt                        */
/***************************************************/
if i = 0 then do
  queue in ' PRINT TYPORG=PO,MAXFLDS=1'
  queue in ' RECORD FIELD=(80)'
end
else do
  queue in ' PRINT TYPORG=PO,MAXFLDS='i',MAXNAME='i
  do j = 1 to i
    queue in ' MEMBER NAME='mem.j
    queue in ' RECORD FIELD=(80)'
  end
end
queue end save
"edit ptpch.data new emode"
/***************************************************/
/* Zuordnen der Files                              */
/*                                                 */
/* Fuer SYSIN geben wir an, dass der Dataset nach  */
/* Beendigung der Zuordnung geloescht werden soll  */
/***************************************************/
"alloc f(sysin) da(ptpch.data) shr reuse delete"
"alloc f(sysut1) da("dsn") shr reuse"
```

```
"alloc f(sysut2) sysout(a) dest("prt") reuse"
"alloc f(sysprint) da(*) reuse"
/*****************************************************/
/* Aufruf von IEBPTPCH und Freigabe der Files        */
/*****************************************************/
"call 'sys1.linklib(iebptpch)'"
"alloc f(sysin) da(*) reuse"
"free f(sysut1,sysut2)"
exit
/******************************************/
/* Parameter-Test                         */
/******************************************/
parms:
num = words(parmlist)
if num > 0 then parm = word(parmlist,1)
 else parm = ''
/******************************************/
/* Pruefung des ersten Parameters         */
/******************************************/
if num = 0 | parm = '?' then call help
else dsname = parm
/******************************************/
/* Setzen der Default-Werte               */
/******************************************/
prt = local      /* Default-Wert */
testp = ''       /* Default-Wert */
if num = 1 then return
/******************************************/
/* Pruefung der weiteren Parameter        */
/******************************************/
do j = 2 to num
  parm = word(parmlist,j)
  left = index(parm,'(')
  if left > 0 then p = substr(parm,1,left-1)
  else p = parm
  select
    when abbrev(PRINTER,p,1) then
      do
        right = index(parm,')')
        prt = substr(parm,left+1,right-left-1)
      end
    when abbrev(TEST,parm,1) then testp = t
    otherwise call help
  end
end
return
/******************************************/
/* Hilfe im Fehlerfall                    */
/******************************************/
help:
do i = 1 until substr(line,1,2) ¬= '/*'
  line = sourceline(i)
  say line
end
exit 16
end
```

A.18 Übung 14.4 (DFSMShsm)

1. Die Auflistung aller ausgelagerten Datasets erhält man durch den HLIST-Command, wenn dabei zwischen Level 1 und Level 2 unterschieden werden soll, so sehen die Commands folgendermaßen aus:

   ```
   hlist select(ml1)
   hlist select(ml2)
   ```

   Der HLIST-Command kann sowohl Informationen über ausgelagerte Daten wie über Backup-Kopien geben, man steuert das durch die Parameter MCDS (Migration Control Data Set) bzw. BCDS (Backup Control Data Set), wobei MCDS der Default ist und deshalb nicht angegeben werden muß.

2. Mit dem SELECT-Parameter kann man auch eine Auswahl nach dem Alter machen (dabei wird auf das letzte Referenz-Datum, nicht auf das Migration-Datum Bezug genommen). Der ODS-Parameter bewirkt, daß das Ergebnis des Commands in einem Dataset gespeichert wird.

   ```
   hlist select(age(90)) ods(age90.data)
   ```

   Damit haben wir die Liste der ausgelagerten Daten im Dataset und können nun, nachdem wir eventuell noch die Namen der Datasets, die wir nicht löschen wollen, entfernt haben, die einzelnen Zeilen zu entsprechenden HDELETE-Commands umformen.

```
-- DFSMShsm CONTROL DATASET - MIGRATED DATASET - LISTING - AT 17:18:55 ON 9

DATASET NAME                            MIGRATED   LAST REF MIGRATED  TRKS
                                        ON VOLUME    DATE     DATE   ALLOC 2K

ED1.$TSO0072.SCRIPT                       HSMM11   01/03/04 01/03/05  0001  0
ED1.$W.A                                  HSMM08   01/01/24 01/02/02  0010  0
ED1.A.B                                   HSMM08   01/02/06 01/02/07  0001  0
ED1.ASM.DATA                              HSMM04   01/01/22 01/01/23  0004  0
ED1.ATEMP.VSAPLWS                         HSMM02   01/01/24 01/02/02  0012  0
ED1.ATEMP1.SCRIPT                         HSMM08   01/02/28 01/03/02  0002  0
ED1.ATEMP2.SCRIPT                         HSMM08   01/01/24 01/02/02  0001  0
ED1.ATEMP3.SCRIPT                         HSMM07   01/01/24 01/02/02  0001  0
ED1.ATEMP4.SCRIPT                         HSMM07   01/01/24 01/02/02  0001  0
ED1.BEISPIEL.DATA                         HSMM14   01/02/05 01/02/06  0008  0
ED1.BENZ.SCRIPT                           HSMM07   01/01/24 01/02/02  0001  0
ED1.BENZ.VSAPLWS                          HSMM07   01/02/28 01/03/02  0001  0
ED1.DAXPY.ASSEMBLE                        HSMM15   01/02/05 01/02/06  0001  0
ED1.ED1.LABELTEL.PLI.FORM                 HSMM01   01/02/21 01/02/28  0010  0
ED1.ED1.PROGRAMM.PLI.FORM                 HSMM01   01/02/21 01/02/28  0017  0
ED1.HLIST.DATA                            HSMM12   01/02/25 01/02/28  0001  0
ED1.HLIST1.DATA                           HSMM11   01/02/06 01/02/07  0001  0
```

```
ED1.ISPF.JOBCNTL                        HSMM04  01/02/08 01/02/11  0001  0
ED1.ISPF.JOBPROF                        HSMM14  01/03/06 01/03/07  0001  0
ED1.LABELTEL.PLI                        HSMM01  01/03/21 01/03/28  0001  0
ED1.LINDATA2.FORTRAN                    HSMM15  01/03/05 01/03/06  0002  0
ED1.NAMEN.TESTLIST                      HSMM07  01/02/25 01/02/28  0001  0
ED1.NAMENALL.DATA                       HSMM04  01/02/24 01/02/24  0002  0
ED1.NAMES.DATA                          HSMM06  01/02/23 01/02/28  0001  0
ED1.NONUM.ENCODE                        HSMM15  01/02/05 01/02/06  0001  0
ED1.NONUM.NEW                           HSMM15  01/02/05 01/02/06  0001  0

-- DFSMShsm CONTROL DATASET - SUMMARY-- LISTING ----- AT 17:20:15 ON 01/06/

                                         MIGRATED      TRACKS     K-BYTE
                                         DATA SETS    MIGRATED    MIGRAT

                                           000026      000083     000004

----- END OF - MIGRATED DATASET - LISTING -----
```

Wir beginnen damit, daß wir nur die Zeilen in der Anzeige behalten, die einem Dataset entsprechen:

```
 File  Edit  Edit_Settings  Menu  Utilities  Compilers  Test  Help
-----------------------------------------------------------------------
EDIT      ED1.AGE90.DATA                           Columns 00001 00072
Command ===> f ed1 1 all_                             Scroll ===> Half
****** ***************************** Top of Data ***************************
x999   -- DFSMShsm CONTROL DATASET - MIGRATED DATASET-- LISTING -- AT 17:18:55
000002
000003 DATASET NAME                         MIGRATED  LAST REF MIGRATED  TRK
000004                                      ON VOLUME   DATE     DATE   ALLO
000005
000006 ED1.$TSO0072.SCRIPT                    HSMM11  01/03/04 01/03/05  00
000007 ED1.$W.A                               HSMM08  01/01/24 01/02/02  00
000008 ED1.A.B                                HSMM08  01/02/06 01/02/07  00
000009 ED1.ASM.DATA                           HSMM04  01/01/22 01/01/23  00
000010 ED1.ATEMP.VSAPLWS                      HSMM02  01/01/24 01/02/02  00
000011 ED1.ATEMP1.SCRIPT                      HSMM08  01/02/28 01/03/02  00
000012 ED1.ATEMP2.SCRIPT                      HSMM08  01/01/24 01/02/02  00
000013 ED1.ATEMP3.SCRIPT                      HSMM07  01/01/24 01/02/02  00
000014 ED1.ATEMP4.SCRIPT                      HSMM07  01/01/24 01/02/02  00
000015 ED1.BEISPIEL.DATA                      HSMM14  01/02/05 01/02/06  00
000016 ED1.BENZ.SCRIPT                        HSMM07  01/01/24 01/02/02  00
000017 ED1.BENZ.VSAPLWS                       HSMM07  01/02/28 01/03/02  00
000018 ED1.DAXPY.ASSEMBLE                     HSMM15  01/02/05 01/02/06  00
```

Jetzt werden alle nicht-angezeigten Zeilen gelöscht:

```
  File  Edit  Edit_Settings  Menu  Utilities  Compilers  Test  Help
-------------------------------------------------------------------------------
EDIT        ED1.AGE90.DATA                                  41 CHARS 'ED1'
Command ===> delete all x_                                 Scroll ===> Half
****** ***************************** Top of Data *****************************
- - -  - - - - - - - - - - - - - - - - - - -  5 LINE(S) NOT DISPLAYED
cols   ED1.$TSO0072.SCRIPT                        HSMM11  01/03/04 01/03/05  00
000007 ED1.$W.A                                   HSMM08  01/01/24 01/02/02  00
000008 ED1.A.B                                    HSMM08  01/02/06 01/02/07  00
000009 ED1.ASM.DATA                               HSMM04  01/01/22 01/01/23  00
000010 ED1.ATEMP.VSAPLWS                          HSMM02  01/01/24 01/02/02  00
000011 ED1.ATEMP1.SCRIPT                          HSMM08  01/02/28 01/03/02  00
000012 ED1.ATEMP2.SCRIPT                          HSMM08  01/01/24 01/02/02  00
000013 ED1.ATEMP3.SCRIPT                          HSMM07  01/01/24 01/02/02  00
000014 ED1.ATEMP4.SCRIPT                          HSMM07  01/01/24 01/02/02  00
000015 ED1.BEISPIEL.DATA                          HSMM14  01/02/05 01/02/06  00
000016 ED1.BENZ.SCRIPT                            HSMM07  01/01/24 01/02/02  00
000017 ED1.BENZ.VSAPLWS                           HSMM07  01/02/28 01/03/02  00
000018 ED1.DAXPY.ASSEMBLE                         HSMM15  01/02/05 01/02/06  00
000019 ED1.ED1.LABELTEL.PLI.FORM                  HSMM01  01/02/21 01/02/28  00
000020 ED1.ED1.PROGRAMM.PLI.FORM                  HSMM01  01/02/21 01/02/28  00
```

Im nächsten Schritt werden alle Zeichen, die nicht zu einem Dataset-Namen gehören, gelöscht:

```
  File  Edit  Edit_Settings  Menu  Utilities  Compilers  Test  Help
-------------------------------------------------------------------------------
EDIT        ED1.AGE90.DATA                             Columns 00001 00072
Command ===> c p'¬' '' all 42 121_                         Scroll ===> Half
****** ***************************** Top of Data *****************************
=COLS> ----+----1----+----2----+----3----+----4----+----5----+----6----+----7-
000001 ED1.$TSO0072.SCRIPT                        HSMM11  01/03/04 01/03/05  00
000002 ED1.$W.A                                   HSMM08  01/01/24 01/02/02  00
000003 ED1.A.B                                    HSMM08  01/02/06 01/02/07  00
000004 ED1.ASM.DATA                               HSMM04  01/01/22 01/01/23  00
000005 ED1.ATEMP.VSAPLWS                          HSMM02  01/01/24 01/02/02  00
000006 ED1.ATEMP1.SCRIPT                          HSMM08  01/02/28 01/03/02  00
000007 ED1.ATEMP2.SCRIPT                          HSMM08  01/01/24 01/02/02  00
000008 ED1.ATEMP3.SCRIPT                          HSMM07  01/01/24 01/02/02  00
000009 ED1.ATEMP4.SCRIPT                          HSMM07  01/01/24 01/02/02  00
000010 ED1.BEISPIEL.DATA                          HSMM14  01/02/05 01/02/06  00
000011 ED1.BENZ.SCRIPT                            HSMM07  01/01/24 01/02/02  00
000012 ED1.BENZ.VSAPLWS                           HSMM07  01/02/28 01/03/02  00
000013 ED1.DAXPY.ASSEMBLE                         HSMM15  01/02/05 01/02/06  00
000014 ED1.ED1.LABELTEL.PLI.FORM                  HSMM01  01/02/21 01/02/28  00
000015 ED1.ED1.PROGRAMM.PLI.FORM                  HSMM01  01/02/21 01/02/28  00
```

Damit bleibt nur noch die Aufgabe, jede Zeile in einen Command umzuformen:

```
 File  Edit  Edit_Settings  Menu  Utilities  Compilers  Test  Help
------------------------------------------------------------------------------
EDIT       ED1.AGE90.DATA                                    CHARS '¬' changed
Command ===> c ed1. 'hdel ' all 1_                           Scroll ===> Half
****** ***************************** Top of Data *****************************
=COLS> ----+----1----+----2----+----3----+----4----+----5----+----6----+----7-
==CHG> ED1.$TSO0072.SCRIPT
==CHG> ED1.$W.A
==CHG> ED1.A.B
==CHG> ED1.ASM.DATA
==CHG> ED1.ATEMP.VSAPLWS
==CHG> ED1.ATEMP1.SCRIPT
==CHG> ED1.ATEMP2.SCRIPT
==CHG> ED1.ATEMP3.SCRIPT
==CHG> ED1.ATEMP4.SCRIPT
==CHG> ED1.BEISPIEL.DATA
==CHG> ED1.BENZ.SCRIPT
==CHG> ED1.BENZ.VSAPLWS
==CHG> ED1.DAXPY.ASSEMBLE
==CHG> ED1.ED1.LABELTEL.PLI.FORM
==CHG> ED1.ED1.PROGRAMM.PLI.FORM
```

Die Records haben damit das gewünschte Format, und man kann den Dataset als CLIST, auch wenn er weder so definiert ist noch ein entsprechendes Format hat, zur Ausführung bringen.

```
 File  Edit  Edit_Settings  Menu  Utilities  Compilers  Test  Help
------------------------------------------------------------------------------
EDIT       ED1.AGE90.DATA                                 CHARS 'ED1.' changed
Command ===> _                                               Scroll ===> Half
****** ***************************** Top of Data *****************************
=COLS> ----+----1----+----2----+----3----+----4----+----5----+----6----+----7-
==CHG> HDEL $TSO0072.SCRIPT
==CHG> HDEL $W.A
==CHG> HDEL A.B
==CHG> HDEL ASM.DATA
==CHG> HDEL ATEMP.VSAPLWS
==CHG> HDEL ATEMP1.SCRIPT
==CHG> HDEL ATEMP2.SCRIPT
==CHG> HDEL ATEMP3.SCRIPT
==CHG> HDEL ATEMP4.SCRIPT
==CHG> HDEL BEISPIEL.DATA
==CHG> HDEL BENZ.SCRIPT
==CHG> HDEL BENZ.VSAPLWS
==CHG> HDEL DAXPY.ASSEMBLE
==CHG> HDEL ED1.LABELTEL.PLI.FORM
==CHG> HDEL ED1.PROGRAMM.PLI.FORM
```

Da der Dataset nicht den Namenskonventionen entspricht, muß er beim Aufruf des EXEC-Commands voll-qualifiziert angegeben werden:

```
exec 'ed1.age90.data'
```

3. Wir sehen uns an, welche Backup-Kopien vom Dataset ED1.TSO.HELP existieren:

```
hlist da(tso.help) bcds

 DSNAME = ED1.TSO.HELP                                BACK FREQ=***  MAX VERS=***

   BDSN=HSM.BACK.T535219.ED1.TSO.H9144                BACKVOL=HSMB49 FRVOL=LST009
   BACKDATE=01/02/24 CAT=YES GEN=000 VER=065 UNS/RET=NO RAC IND=NO BACK PRO=N

   BDSN=HSM.BACK.T464819.ED1.TSO.H9137                BACKVOL=HSMB72 FRVOL=LST009
   BACKDATE=01/02/17 CAT=YES GEN=001 VER=064 UNS/RET=NO RAC IND=NO BACK PRO=N

 ARC0140I LIST COMPLETED,     5 LINE(S) OF DATA OUTPUT
```

Wenn wir auf die ältere Kopie zurückgreifen wollen, müssen wir das beim Command HRECOVER angeben. Um die Original-Version behalten zu können, lassen wir uns die Daten in einen neuen Dataset schreiben:

```
hrecover tso.help newname(recover.data) gen(1)

 ARC0778I DATA SET ED1.TSO.HELP WAS RECOVERED FROM A BACKUP MADE AT 00:20:57
 ARC0778I(CONT.)  ON 2001/02/17
 ARC1000I ED1.TSO.HELP RECOVER PROCESSING ENDED
```

Noch eine Bemerkung zum Arbeiten mit DFSMShsm: Wir arbeiten quasi in einem indirekten Dialog mit DFSMShsm, das bedeutet, daß die Antwort von DFSMShsm auf einen eingegebenen Command nicht direkt zurückkommt. Das Terminal wird sofort nach der Command-Eingabe wieder freigegeben und wartet nicht auf die Antwort von DFSMShsm, es sei denn, man hat im Command den Parameter WAIT angegeben. Die von DFSMShsm erstellte Antwort erscheint aber nur dann auf dem Bildschirm, wenn wir dem System durch ENTER den Bildschirm zur Datenübertragung freigeben, also normalerweise nach der Eingabe des nächsten Commands.

Deshalb kann man schon einmal in Schwierigkeiten kommen, wenn man einen DFSMShsm-Command eingibt und dann der Dinge harrt, die da kommen sollen. Da kann man nämlich langen warten, DFSMShsm mag den Command schon längst abgearbeitet haben, solange wir am Bildschirm nichts tun, werden wir auch keine Antwort von DFSMShsm erhalten. Deshalb sollte man in einem solchen Fall von Zeit zu Zeit durch ENTER dem System mitteilen, daß man zum Empfang von Mitteilungen bereit ist.

A.19 Übung 16.3 (Kommunikation)

Wir erstellen den Nickname-Dataset in diesem Format:

DSNAME	userid.NAMES.TEXT
DSORG	Sequentiell
RECFM	FB
LRECL	80
BLKSIZE	6160

Mit Prolog, Epilog und den Kurznamen für zwei Abteilungen und die gemeinsamen Hauptabteilung könnte der Dataset folgendermaßen aussehen:

```
*************** CONTROL SECTION ******************************
*
:prolog.Hans Petermann
:prolog.Planung und Kommunikation
:prolog.Abt. 3324 - BOEVS23(PETERM)
```

```
:epilog.Viele Gruesse
:epilog.Hans
*************** NICKNAME SECTION ******************************
*
*************** Nickname Abt. 3324 ***************************
:nick.gerd     :userid.gschmidt  :node.boevs23   :addr.d/3324
:nick.klaus    :userid.gruber    :node.boevs23   :addr.d/3324
:nick.paul1    :userid.siepmann  :node.boevs23   :addr.d/3324
:nick.paul2    :userid.mock      :node.boevs23   :addr.d/3324
:nick.juppi    :userid.petri     :node.boevs23   :addr.d/3324
*************** Nickname Abt. 3325 ***************************
:nick.karin    :userid.bock      :node.boevs23   :addr.d/3325
:nick.hennes   :userid.hschwarz  :node.boevs23   :addr.d/3325
:nick.didi     :userid.dieters   :node.boevs23   :addr.d/3325
:nick.werner   :userid.brink     :node.boevs23   :addr.d/3325
*************** DISTRIBUTION LIST SECTION ********************
*
:nick.d3324    :list.gerd klaus paul1 paul2 juppi
:nick.d3325    :list.karin hennes didi werner
:nick.haupt    :list.d3324 d3325
```

Die Übertragung eines Datasets geschieht mit dem XMIT-Command:

```
xmit boevs23.ed1 da(myjcl.cntl) member(printpo,printps)
```

```
                              IEBCOPY MESSAGES AND CONTROL STATEMENTS
                            PAGE 0001
          COPY OUTDD=SYS00033,INDD=((SYS00027,R))
          SELECT MEMBER=(PRINTPO,PRINTPS)
IEB167I FOLLOWING MEMBERS UNLOADED FROM INPUT DATA SET
  REFERENCED BY SYS00027
IEB154I PRINTPO    HAS BEEN SUCCESSFULLY UNLOADED
IEB154I PRINTPS    HAS BEEN SUCCESSFULLY UNLOADED
IEB147I END OF JOB -00 WAS HIGHEST SEVERITY CODE
INMX000I 0 message and 5 data records sent as 52 records to
BOEVS23.ED1
INMX000I Transmission occurred on 05/28/2001 at 20:34:10
READY
```

Der XMIT-Command ruft intern das Utility-Programm IEBCOPY auf, um die Daten in ein Format umzusetzen, das eine Übertragung erlaubt. Die von IEBCOPY erstellten Mitteilungen erscheinen am Bildschirm. Dabei handelt es sich in obigem Beispiel nur um eine Teilmenge aller Mitteilungen, mit denen IEBCOPY den TSO-Benutzer zu erschlagen versucht.

Im nächsten Schritt werden wir versuchen, die übertragenen Daten zu empfangen. Es gibt keinen speziellen Command, um nachfragen zu können, ob etwas zum Einlesen eingetroffen ist. Man muß den RECEIVE-Command eingeben und erhält dann die Information über den ersten Dataset (oder Mitteilung), der vorhanden ist. Falls etwas eintrifft, solange man nicht im System ist, bekommt man beim Logon eine Information darüber aus dem BRODCAST-Dataset.

```
receive
```

```
 INMR900I ---------------------------------------------------
 INMR901I Dataset ED1.MYJCL.CNTL from ED1 on BOEVS23
 INMR902I Members: PRINTPO, PRINTPS
```

```
 INMR906A Enter restore parameters or 'DELETE' or 'END' +
?
 INMR908A The input file attributes are: DSORG=PARTITIONED,
RECFM=FB, BLKSIZE=27920, LRECL=80, File size=32K bytes +
?
 INMR909A You may enter DSNAME, SPACE, UNIT, VOL, OLD/NEW, or
RESTORE/COPY/DELETE/END
                                                    (< ENTER)
 INMR045I Dataset 'ED1.MYJCL.CNTL' already exists. Reply 'R'
to replace identically named members. +
?
 INMR046I Any other reply will cause RECEIVE to terminate
without overwriting the file.
                                                    (< ENTER)
  READY
```

Das + am Ende einer System-Mitteilung gibt uns bekanntlich zu verstehen, daß noch zusätzliche Informationen durch ? abrufbar sind.

Der RECEIVE-Command hat erkannt, daß es einen Dataset mit demselben Namen schon gibt, und fragt danach, ob der Dataset bzw. die gleichnamigen Members überschrieben werden sollen. Falls man das nicht will, die Daten aber dennoch empfangen möchte, so gibt man eine andere Antwort als R, dadurch wird der Command beendet; man muß ihn erneut aufrufen und dann einen neuen Dataset-Namen eingeben:

```
receive

 INMR900I ----------------------------------------------------------
 INMR901I Dataset ED1.MYJCL.CNTL from ED1 on BOEVS23
 INMR902I Members: PRINTPO, PRINTPS
 INMR906A Enter restore parameters or 'DELETE' or 'END' +
da(newjcl.cntl)

                        IEBCOPY MESSAGES AND CONTROL STATEMENTS
                      PAGE 0001
         COPY INDD=SYS00045,OUTDD=((SYS00044,R))
IEB167I FOLLOWING MEMBERS LOADED FROM INPUT DATA SET
  REFERENCED BY SYS00045
IEB154I PRINTPO    HAS BEEN SUCCESSFULLY LOADED
IEB154I PRINTPS    HAS BEEN SUCCESSFULLY LOADED
IEB144I THERE ARE 000001 UNUSED TRACKS IN OUTPUT DATA SET
  REFERENCED BY SYS00044
IEB149I THERE ARE 000000 DIRECTORY BLOCKS IN OUTPUT DIRECTORY
IEB147I END OF JOB -00 WAS HIGHEST SEVERITY CODE
INMR001I Restore successful to dataset 'ED1.NEWJCL.CNTL'
INMR144I Sender notified of receipt
INMR900I -----------------------------------------------------------
INMR931I Acknowledgement from ED1 on BOEVS23
INMR932I Dataset 'ED1.MYJCL.CNTL' sent 28 MAY 2001 20:34 STORED
INMR900I -----------------------------------------------------------
INMR000I  No  more  files  remain  for  the  receive  command  to
process.
READY
```

Der Dataset ist jetzt mit einem neuen Namen gespeichert worden. Da wir bei dieser Übung auch der Absender der Daten sind, erhalten wir im Anschluß daran sofort die Bestätigung des richtigen Empfangs.

Anhang B. Literatur-Übersicht

- Einige Hinweise auf das große Angebot offizieller Literatur

  Wer die letzten Einzelheiten wissen möchte, hat hier die Möglichkeit, das richtige Buch zu finden.

- Mit z/OS ist die Literatur-Übersicht sehr einfach

  In der z/OS Roadmap findet man alle relevanten Bücher auf einen (oder vielleicht auch auf den zweiten) Blick.

Aus der großen Menge der zur Verfügung stehenden IBM Systemliteratur ist hier einiges ausgewählt worden, was für den Standard-Benutzer (im Gegensatz zum System-Programmierer oder Daten- bzw. Sicherheits-Administrator im Rechenzentrum) von Interesse sein könnte.

Wie bereits in der Einleitung erwähnt worden ist, gibt es mehrere Versionen von MVS:

- OS/390 MVS
- z/OS MVS

Alle vorhergehenden Betrachtungen sind sowohl für OS/390 MVS wie auch für z/OS MVS richtig. Für jeden Benutzer ist es zweckmäßig, sich im eigenen Rechenzentrum zu erkundigen, welche Version installiert ist, damit man sich, falls es notwendig sein sollte, die richtige Literatur besorgen kann. Die folgende Übersicht beinhaltet sowohl OS/390 wie z/OS.

TSO

OS/390	z/OS	
GC28-1964	SA22-7784	TSO/E General Information
GC28-1967	SA22-7787	TSO/E Primer
SC28-1973	SA22-7781	TSO/E CLISTs
SC28-1969	SA22-7782	TSO/E Command Reference
SC28-1968	SA22-7794	TSO/E User's Guide
SC28-1974	SA22-7791	TSO/E REXX User's Guide
SC28-1975	SA22-7790	TSO/E REXX Reference

ISPF

OS/390	z/OS	
SC28-1308	SC34-4816	ISPF Reference Summary
SC28-1312	SC34-4820	ISPF Edit and Edit Macros
SC28-1273	SC34-4821	ISPF Dialog Developer's Guide and Reference
SC28-1219	SC34-4824	ISPF Dialog Tag Language Guide and Reference
SC34-4791	SC34-4822	ISPF User's Guide Volume I
SC34-4792	SC34-4823	ISPF User's Guide Volume II
SC28-1272	SC34-4819	ISPF Services Guide
SC28-1320	SC34-4818	ISPF SCLM Reference

MVS

Jetzt kommt einiges über MVS und Job-Verarbeitung, wer daran noch genauer interessiert ist, könnte in die folgenden Unterlagen einmal hineinschauen.

OS/390	z/OS	
GC28-1725	GA22-7502	Introduction and Release Guide
GC28-1808	SA22-7551	JES3 Introduction

SC28-1802	SA22-7549	JES3 Initialization and Tuning Guide
GC28-1794	SA22-7535	JES2 Introduction
SC28-1791	SA22-7532	JES2 Initialization and Tuning Guide
GC28-1780	SA22-7626	MVS System Codes
GC28-1784/88	SA22-7631/40	MVS System Messages
GC28-1758	GA22-7598	MVS JCL User's Guide
GC28-1757	SA22-7597	MVS JCL Reference

Eine komplette Übersicht der Literatur von OS/390 und z/OS ist in der

- *OS/390 Information Roadmap* (GC28-1727)
- *z/OS Information Roadmap* (GA22-7500)

zu finden.

SecureWay Security Server (RACF)

OS/390	z/OS	
SC28-1919	SA22-7687	RACF Command Language Reference
SC28-1917	SA22-7685	RACF General User's Guide
SX23-0027	SA22-7688	RACF Command Syntax Summary

DFSMS

OS/390	z/OS	
SC35-0387	SC35-0420	DFSMShsm Managing Your Own Data
SC35-0388	SC35-0421	DFSMShsm Storage Administration Guide
SX26-6020	SX35-5062	DFSMShsm User Commands Ref Summary
SC26-7343	SA26-7414	DFSMSdfp Utilities

UNIX System Services

OS/390	z/OS	
SC28-1891	SA22-7801	UNIX System Services User's Guide
SC28-1892	SA22-7802	UNIX System Services Command Reference

SDSF

OS/390	z/OS	
SC28-1623	SA22-7670	SDSF Operation and Customization
SC28-1622	-	SDSF Guide and Reference

DFSORT

SC26-4109	Getting Started with DFSORT

Speicherplatten

SG24-4951	IBM RAMAC Virtual Array
SG24-5465	IBM Enterprise Storage Server

CD Collection Kits

OS/390	**z/OS**	
SK2T-6700	SK3T-4269	Collection Kit

Internet Library

Alle OS/390 und z/OS Bücher sind im Internet im BookManager- und PDF-Format verfügbar:

- http://www.ibm.com/servers/s390/os390/bkserv/
- http://www.ibm.com/servers/eserver/zseries/zos/bkserv/

INDEX

Sonderzeichen

A

T